Brand/Raza (Hrsg.)
Fit für den Postfordismus?

Ulrich Brand, geb. 1967, Dr. phil., studierte Tourismus in Ravensburg und Politikwissenschaft in Frankfurt/M., Berlin und Buenos Aires, arbeitet seit 2001 als wissenschaftlicher Assistent an der Universität Kassel, Fachgebiet „Globalisierung & Politik", Mitautor der Studie *Global Governance. Alternative zur neoliberalen Globalisierung?*, Münster 2000, Mitherausgeber von *Nichtregierungsorganisationen in der Transformation des Staates,* Münster 2001. Mitglied im wissenschaftlichen Beirat der Zeitschrift „Peripherie" und korrespondierendes Redaktionsmitglied der Zeitschrift „Das Argument".

Werner Raza, geb. 1967, Dr. rer.soz.oec., studierte Wirtschaftswissenschaften in Graz, Wien und den USA, arbeitete von 1992 bis 2002 als wissenschaftlicher Assistent an der Wirtschaftsuniversität Wien, 1998-2001 Mitarbeiter des vom FWF geförderten Forschungsprojekt „Economic Restructuring and Urban Governance in Europe and Latin America", Autor von *Desarrollo sostenible en la periferia neoliberal. Una Mirada a Bolivia desde fuera.* La Paz 2000. Mitglied im Beirat für gesellschafts-, wirtschafts- und umweltpolitische Alternativen (BEIGEWUM), Vorstandsmitglied des Instituts für Politökonomische Forschung in Wien.

Ulrich Brand/Werner Raza (Hrsg.)

Fit für den Postfordismus?

Theoretisch-politische Perspektiven des Regulationsansatzes

WESTFÄLISCHES DAMPFBOOT

Bibliographische Information Der Deutschen Bibliothek
Die Deutsche Bibliothek verzeichnet diese Publikation in der Deutschen Nationalbibliografie; detaillierte bibliografische Daten sind im Internet über http://dnb.ddb.de abrufbar.

1. Auflage Münster 2003

Umschlag: Lütke · Fahle · Seifert, Münster
Druck: Fuldaer Verlagsanstalt
Gedruckt auf säurefreiem, alterungsbeständigem Papier.
ISBN 3-89691-529-0

Inhalt

Werner Raza/Ulrich Brand

Einleitung: Der Regulationsansatz als Fordismus- oder Kapitalismustheorie?

Seit etwa 15 Jahren wird die ursprünglich in Frankreich entstandene Regulationstheorie auch im deutschsprachigen Raum rezipiert und weiter entwickelt (Hirsch/Roth 1986, Mahnkopf 1988, Hübner 1990, Demirović et al. 1992, Esser et al. 1994, Bruch/Krebs 1996). Ihr Beitrag war von Beginn an ein doppelter, nämlich ein theoretischer und ein zeitdiagnostischer. Sie stellte einerseits eine grundlegende Herausforderung für die historisch-materialistische Theorie dar. Daher war mit ihr in den 80er Jahren die Hoffnung verbunden, bestimmte theoretische „Sackgassen" zu überwinden. Zum anderen bot sie mit dem von Antonio Gramsci entlehnten Begriff des Fordismus ein Gerüst, um die dynamische Nachkriegsentwicklung des Kapitalismus und seine Krise einordnen zu können: Die strukturellen Bedingungen, ihre Veränderungen und institutionellen Ausprägungen als historisch-spezifische, umkämpfte Prozesse zu verstehen, ohne einen allgemeinen Begriff kapitalistischer Vergesellschaftung aufzugeben. Gleichzeitig wurde damit eine Krisendiagnose und die Frage nach einer möglicherweise neu enstehenden kapitalistischen Formation verbunden.

Dieser zweite, zeitdiagnostische Aspekt war immer wieder Gegenstand sozialwissenschaftlicher wie politischer Auseinandersetzungen. Ash Amin (1994) bezeichnete etwa die Klärungen, inwieweit sich in der Krise des Fordismus eine neue Formation herausbilde, als „Postfordismus-*Debatte*". Sie sollte nicht als konsistente Theorie des Übergangs (miss-)verstanden werden. So brachte die Bearbeitung der Frage, ob wir in einer neuen Formation leben (etwa Hirsch 2001) oder nicht (z.B. Alnasseri et al. 2001), einige Erkenntnisse zutage - und neue Probleme. Der Postfordismus-Begriff fand zudem in anderen Theorieansätzen Verwendung. Neben der Regulationstheorie, die häufig damit synonym gesetzt wird, nennt Amin neo-schumpeterianische Ansätze und die These der flexiblen Flexibilisierung als zentrale Theorien, um den Übergang zum Postfordismus zu verstehen (sowie einige andere am Rande).[1] Die Regulationstheorie profilierte sich also auch in Auseinandersetzungen mit anderen Ansätzen.

Der erste Aspekt, nämlich die theoretische Herausforderung für die historisch-materialistische Theorie, trat allerdings immer stärker in den Hintergrund. Zwar wurden mit der globalisierungsvermittelten Dynamik postfordistischer Restrukturierung diese theoretisch-konzeptionellen Probleme offensichtlich. Denn mit den tiefgreifenden Transformationsprozessen stellte sich zunehmend die Frage, ob die regulationstheoretischen Kategorien nicht zuvorderst fordistische seien, also weniger zu einer übergreifenden Kapitalismustheorie beitragen, sondern lediglich einigermaßen plausibel die Formation des Fordismus und ihre Krise erklären konnten. Und dennoch: Auch die mit „Globalisierung" und „Postfordismus" bezeichneten Prozesse führten kaum dazu, die regulationstheoretischen Kategorien zu überdenken.

Dieser Sachverhalt hat uns dazu motiviert, im Oktober 2001 in Wien eine Tagung mit folgender Fragestellung zu organisieren: Wie tragfähig sind eigentlich die regulationstheoretischen Konzepte, die sich für die Theoretisierung des Fordismus als sehr fruchtbar erwiesen haben? Wenn sich historisch-materialistische Theorie am geschichtlich Konkreten misst, dann bedeutet das, dass Theorien der permanenten Aktualisierung im Sinne einer Reflexion aktueller Veränderungen bedürfen sowie Rückwirkungen auf die Theorie und ihre zentralen Begriffe selbst stattfinden müssen. Dies gilt umso mehr für eine Kapitalismustheorie, die sich theoretisch-konzeptionell wie zeitdiagnostisch auf der Höhe der Zeit befinden will. Gelingt dies nicht, dann wird mittelfristig der provokanten Aufforderung Bernd Röttgers (2001) nachzukommen sein: „Vergesst die Regulationstheorie!"

Dem soll, nicht nur in diesem Band, entgegen gearbeitet werden. Konsens ist weitgehend, dass für ein solches Unterfangen die grundlegenden regulationstheoretischen Begriffe aus ihrer „nationalstaatlichen Verankerung" gelöst werden müssen. Der Kapitalismus ist ein internationales System und dem ist Rechnung zu tragen. Joachim Hirsch (2001: 173) schlägt zudem vor, die zentrale Kategorie des „Akkumulationsregimes" deutlich zu erweitern, um sie über eine ökonomische Analyse hinaus fruchtbar zu machen. Andere Anregungen der Reformulierung, insbesondere hinsichtlich der Vergewisserung gesellschaftstheoretischer Grundlagen, sind in diesem Band zahlreich zu finden.

Der Regulationsansatz hat weiterhin „blinde Flecken". Zwar geraten nach und nach andere soziale Verhältnisse in den Blick, in diesem Band insbesondere die gesellschaftlichen Naturverhältnisse, aber auch Fragen des Wissens und das Verständnis einer permanenten ursprünglichen Akkumulation. Und dennoch bleiben zentrale Bereiche wie die Geschlechterverhältnisse, Rassismus, Fragen des Rechtssystems bzw. der Rechtsform oder die Subjektkonstitution (vgl. dazu Naumann 2000) unterbelichtet. Insgesamt ist jedoch fraglich, ob ein theoretischer Ansatz sprichwörtlich alle Fragen überhaupt adäquat bearbeiten kann. Dies soll keine Rechtfertigung einer eventuellen *strategic silence* (Isabella Bakker) sein, sondern ein Plädoyer dafür, neben Stärken auch Grenzen zu sehen und, als Konsequenz dessen, Theorien bei bestimmten Fragen mit anderen Ansätzen resonant zu machen. Ein gutes Beispiel ist die aktuelle Rezeption Foucaults, um die Formen „neoliberaler Gouvernementalität" zu verstehen (vgl. Bröckling et al. 2000).

Wir wollen in dieser Einleitung keinen Überblick über die Defizite geben; das wird in den einzelnen Beiträgen facettenreich herausgearbeitet. Dabei werden (natürlich unterschiedliche) Vorschläge unterbreitet, wie mit diesen Defiziten umgegangen werden kann. Deutlich wird jedoch, dass der Ansatz in einem doppelten Prozess weiterentwickelt werden muss: Durch die Anerkennung des wechselseitigen Verhältnisses von allgemeinen Bestimmungen und konkreten Prozessen sowie durch theoretische und empirische Arbeiten.

Theoretische Arbeit ist immer auch „Kritik im Handgemenge". Daher bleibt es wichtig, Geschichte als offenen Prozess und damit die Gewordenheit und Veränderbarkeit bürgerlich-kapitalistischer Vergesellschaftung zu verstehen. Das ist angesichts der aktuellen theoretisch-politischen Verhältnisse, in denen die herrschaftsförmigen Transformationsprozesse häufig genug als unausweichlich dargestellt werden, nicht wenig. Die Regulationstheorie hat zur Entwicklung einer kritischen Perspektive einiges beizutragen. Es könnte daher neben den theoretischen und zeitdiagnostischen Aspekten ein dritter hinzugefügt werden, der genauer bedacht werden muss: Inwieweit nämlich ein herrschaftskritisches und emanzipatives Potenzial im Regulationsansatz angelegt ist und fruchtbar gemacht werden kann. Und zwar nicht in der schlecht-orthodoxen Annahme, Theorie hätte emanzipative Praxen „anzuleiten", sondern in der Herausarbeitung der historisch-spezifischen strukturellen Bedingungen, Kräfteverhältnisse sowie Grenzen und Möglichkeiten sozialer Akteure - und damit auch Grenzen und Möglichkeiten praktischer Kritik in emanzipativer und verändernder Absicht.

Die Wiener Tagung und die Beiträge dieses Bandes

Die hier versammelten Studien entstanden im Kontext der schon angesprochenen Tagung in Wien am 5. und 6. Oktober 2001. Es handelte sich um eine bewusste Entscheidung, Wien als Veranstaltungsort zu wählen. Denn wir hatten schon seit längerem die Absicht gehabt, die deutsche Diskussion enger mit der in Österreich stattfindenden zu vernetzen. Auf dieser Tagung verständigten sich dementsprechend über dreißig Personen allgemein und an spezifischen Fragen darüber, welche theoretischen und politischen Probleme und Perspektiven die Regulationstheorie hat. Der gerade wegen seiner Offenheit ungemein produktive Charakter veranlasste uns dazu, einen Band zu konzipieren, in dem viele Fragen präzisiert werden, ohne dass bereits an allen Stellen eine zufriedenstellende Bearbeitung in Sicht wäre. Tagung und Band sind, hoffentlich im besten Sinne, *work in progress*.

Der Tagungsband beginnt in einem ersten Teil mit Beiträgen, welche die theoretische Entwicklung der Regulationstheorie nochmals aufrollen, den Stand der Diskussion aus unterschiedlichen Blickwinkeln reflektieren und schließlich versuchen, Perspektiven für die zukünftige regulationstheoretische Forschung zu skizzieren. Im einführenden Beitrag setzt *Bernd Röttger* seine kritische Betrachtung über Stand und Potenzial der Regulationstheorie fort. Röttger sieht die regulationstheoretische Debatte von einer neuen Lebendigkeit erfasst. In Abgrenzung zum „neuen Aglietta" insistiert er aber auf dem herrschaftskritischen, emanzipativen Potenzial des Regulationsansatzes. Seine Ausführungen beendet er mit dem Vorschlag einer „neo-regulationistischen Perspektive". Deren Grundintention ist die Analyse der Stabilitätsreserven der bürgerlichen Gesellschaft. Dazu gelte es, den middle-range-Charakter der Regulationstheorie hinter sich zu lassen und die kapitalismustheoretische Absicht wieder in den Blickpunkt der theoretischen Aufmerksamkeit zu rücken.

Gesellschaftstheoretische Rückfragen an die Regulationstheorie stellt *Alex Demirović* in seinem Essay. Demirović resümiert dabei nochmals die theoretischen Vorzüge des Regulationsansatzes: die Betonung der Kontingenz der gesellschaftlichen Entwicklung, gelungene gesellschaftliche Reproduktion und damit Regulation als historische Fundsache. Andererseits konstatiert er aber auch eine Tendenz zur Versteinerung des theoretisch-analytischen Apparats und zur undifferenzierten Anwendung desselben auf die neue post-fordistische Formation. Demirović verweist hier auf Michel Foucault und auf die Bedeutung von dessen Konzept der Gouvernementalität für eine adäquate analytische Behandlung des Staates. Im Hinblick auf eine adäquate Substantiierung des Postfordismus-Begriffs sucht er Anregungen bei der historisch weiten Perspektive der weltsystemtheoretischen Arbeiten von Giovanni Arrighi u.a.. Daher warnt er vor vorschnellen Versuchen, die neoliberale Hegemonie des Postfordismus zu diagnostizieren und verweist auf die sekuläre Dauer der Herausbildung neuer Akkumulationszyklen. Nehmen wir ernst, dass es sich hier um einen offenen historischen Prozess handelt, sind wir nolens volens zu einer ex-post Betrachtung verurteilt. Demgemäss vermutet Demirović auch, dass das Ende des Fordismus eine wesentlich grundlegendere und weitgehendere Zeitenwende bedeuten könnte als bisher angenommen.

Joachim Becker behandelt in seinem Beitrag die Dialektik zwischen realen gesellschaftlichen Prozessen, politischer Praxis und Theorieproduktion der französischen RegulationistInnen und vergleicht diese mit der deutschen Diskussion. Dabei arbeitet er die unterschiedlichen Akzentsetzungen, Stärken und Schwächen der theoretischen Arbeit heraus. Er erklärt diese durch die Verschiedenheit der jeweiligen gesellschaftlichen Verhältnisse, wissenschaftlichen Traditionen und disziplinären Ausrichtung – ÖkonomInnen jenseits, PolitikwissenschaftlerInnen diesseits des Rheins. Aus der Sicht eines kleinen, eher peripheren Landes wie Österreich macht Becker abschließend einige Vorschläge zur Reformulierung des Regulationsansatzes, speziell zur Frage von Raum und Macht, und skizziert deren politische Implikationen.

An einen anderen Strang der jüngeren, maßgeblich französisch geprägten Debatte schließt *Vanessa Redak* in ihrem Beitrag an. Die zentrale Funktion des Finanzwesens in der Transformation zum Postfordismus haben Autoren wie Boyer oder Aglietta dazu veranlasst, von einem „finanz-getriebenen Akkumulationsregime“ bzw. von einem „Akkumulationsregime der Vermögensbesitzer“ zu sprechen. Redak hinterfragt die empirischen Grundlagen dieser Thesen und arbeitet die verteilungspolitischen Implikationen eines solchen Regimes heraus. Vor diesem Hintergrund zeigt sie sich bezüglich der daran geknüpften gesellschaftspolitischen Empfehlungen mit gutem Grund skeptisch. Nichts anderes als die Verfestigung der ungleichen, gesellschaftlich polarisierenden Strukturen wäre nämlich das zu erwartende Resultat.

Bob Jessop unterbreitet in seinem Beitrag einen Vorschlag für eine inhaltliche Substantiierung der unbefriedigenden Begriffshülse „Postfordismus“. Indem er das Kapitalverhältnis in den Mittelpunkt seiner Analyse der Transformation vom Fordismus zum Postfordismus stellt, geht es ihm vor allem um die ökonomischen Veränderungen hin zur wissensbasierten Ökonomie. In dieser sowie in der lernenden Gesellschaft sieht er die Schlüsselkonzepte eines sich herausbildenden postfordistischen Akkumulationsregimes wie auch einer Regulationsweise. Diese werden als „ökonomische Vorstellungswelten" zum fixen Orientierungspunkt für Ökonomie und Politik und verleihen damit dem zeitgleich stattfindenden umfassenden und konfliktiv verlaufenden gesellschaftlichen Veränderungsprozess wichtige Kohärenz und Legitimität. Ihre Funktion als „Großerzählung" ist mithin eine hegemoniale.

„Blinde Flecken" bilden das Thema der Beiträge im zweiten Teil des Bandes. Um das Verhältnis von kapitalistischen und nicht-kapitalistischen Produktionsweisen bzw. von kapitalistischem Zentrum und Peripherie geht es in den Beiträgen von Michaela Bohn und Sabah Alnasseri. Allerdings geschieht dies mit sehr unterschiedlichen Zugängen. *Michaela Bohn* verweist zunächst in ihrem Aufsatz auf einen blinden Fleck der internationalen Rezeption der Regulationstheorie: die sog. Grenobler Schule. Diese in Grenoble basierte Forschergruppe rund um Gérard Déstanne de Bernis entwickelte in etwa zeitgleich zur sog. Pariser Schule ihr Schlüsselkonzept des „Produktivsystems". Mit diesem Konzept eröffnete sich eine transnationale, die Nationalstaatszentriertheit der Pariser Variante frühzeitig überwindende Analyseperspektive. Bohn wendet das Konzept des Produktivsystems auf die Analyse der südafrikanischen Entwicklung an. Sie zeigt, dass das Konzept des Produktivsystems trotz seiner Schwächen gerade für die Analyse peripherer Formationen neue Impulse bringen könnte.

Sabah Alnasseris Ansatz besteht hingegen darin, die Artikulation kapitalistischer mit nicht-kapitalistischen Produktionsweisen als ein grundlegendes internes Widerspruchsverhältnis des Kapitalismus zu fassen. Nicht-kapitalistische Produktionsweisen sind keine tradierten, vor-kapitalistischen Phänomene, sondern notwendiger Bestandteil des Kapitalismus. Verschiedene Produktionsweisen stehen dabei in einem hierarchischen, von der kapitalistischen Produktionsweise dominierten Artikulationsverhältnis. Dazu schlägt er die Einführung einer eigenen strukturellen Form vor, mittels derer die historisch-konkreten Ausprägungen der widersprüchlichen Artikulation von kapitalistischen mit nicht-kapitalistischen Produktionsweisen untersucht werden sollen. So könnte es laut Alnasseri gelingen, die Regulationstheorie auch für die Analyse peripherer Gesellschaftsformationen fruchtbar zu machen.

Werner Raza und Christoph Görg greifen einen weiteren blinden Fleck der Regulationstheorie auf. Sie führen in ihren Beiträgen die Diskussion um die regulationstheoretische Fassung gesellschaftlicher Naturverhältnisse fort, welche bereits bei der Tagung in Wien kontrovers behandelt worden war. Ausgehend von einer Aufarbeitung polit-ökonomischer Literatur zur Umweltproblematik, welche zwischen strukturalistischem Überhang und Akteurzentriertheit changiert, macht *Werner Raza* in seinem Aufsatz den Vorschlag, gesellschaftliche Naturverhältnisse als eigene strukturelle Form zu konzeptualisieren und diese Form aufgrund der relativen Beschränktheit der natürlichen Umwelt bzw. deren mangelnder kapitalistischer Reproduktionsfähigkeit als „ökologische Beschränkung" zu fassen. Damit wäre ein konzeptueller Rahmen geschaffen, sowohl die spezifische Bedeutung der natürlichen Umwelt in bestimmten Akkumulationsregimen und Regulationsweisen herauszuarbeiten als auch die gesellschaftliche Auseinandersetzungen um die Aneignung von Natur bzw. Fragen der ökologischen Verteilung zu analysieren. Raza versucht dann mit diesem konzeptuellen Apparat, die Grundcharakteristika der ökologischen Beschränkung im Postfordismus zu skizzieren.

Christoph Görg nimmt in seinem Beitrag Bezug auf zwei Aspekte der Konzeption von Raza. Einerseits richten sich seine Bedenken gegen die Verwendung des Konzepts der strukturellen Form. Er meint, dass die von den Pariser Regulationisten eingeführten strukturellen Formen letztlich alle von der Wertform ableitbar wären. Auch wenn Raza die Relativität, d.h. Phasenspezifizität und damit Veränderbarkeit dieser Schranken betont hatte, hält Görg die Rede von ökologischen Schranken trotzdem für eine objektivistische Verkürzung. Demgegenüber betont er die Pluralität der gesellschaftlichen Naturverhältnisse, deren integrative Transversalität quer über alle gesellschaftlichen Sphären und schließlich deren gesellschaftliche Konstruiertheit und Wandelbarkeit. Für den entscheidenden Aspekt einer gesellschaftstheoretischen Bearbeitung der ökologischen Problematik im Kapitalismus hält Görg demgegenüber in Nachfolge von Horkheimer und Adorno das Herausarbeiten der spezifischen Strategie der Gestaltung der Naturverhältnisse, nämlich jene der Naturbeherrschung.

Im dritten Teil des Bandes geht es um das in letzter Zeit ins Zentrum der Kritik geratene raum-theoretische Defizit der Regulationstheorie sowie um Wege zu seiner Überwindung. *Jens Winter* bietet zunächst in seinem Beitrag eine Bestandsaufnahme der weiterentwickelten raumtheoretischen Kritik an der Regulationstheorie. Diese Kritik führt für den Regulationsansatz, so Winter weiter, jedoch zu teilweise höchst problematischen Konsequenzen für dessen zentrale Kategorien. Das vertieft er am Beispiel Hegemonie. Die Frage nach deren Ausbildung und Reproduktion für die Bestimmung der gegenwärtigen Situation rückt insbesondere vor dem Hintergrund einer angenommenen Relativierung territorialer Maßstäbe stärker denn je in das Zentrum der Analyse. Hegemoniebildung selbst, so zeigt Winter, wird zusehends multiskalar, d.h. ihre generelle Multiskalarität wird in der Weise reartikuliert, dass Akteure und Auseinandersetzungen jenseits des unmittelbaren nationalstaatlichen Bezugsraumes bedeutsamer werden. Die Regulationstheorie sieht sich daher in Zukunft einer beachtlichen Komplexitätssteigerung gegenüber. Winter verbirgt seine Skepsis nicht, ob die Regulationstheorie dieser Herausforderung gewachsen sein wird, lehnt es aber gleichzeitig auch ab, vorschnelles „Theorien-Dumping“ zu betreiben.

Christian Schmid versucht in seinem Beitrag, die Regulationstheorie für die Analyse städtischer Entwicklung fruchtbar zu machen. Der Ausgangspunkt für Schmid ist dabei das regulationstheoretische Defizit hinsichtlich eines adäquaten gesellschaftstheoretischen Verständnisses des gesellschaftlichen Raumes. Mit der Theorie der Produktion des Raumes von Henri Lefebvre will Schmid diese Blindstelle füllen. Auf der Basis dieser raumtheoretischen Konzeption schlägt Schmid dann die Einführung einer strukturellen Form, des Territorialverhältnisses, als analytisches Gerüst für eine regulationstheoretisch angeleitete Stadtforschung vor. Damit markiert er eine Differenz zu *Johannes Jäger*, der in Anlehnung an Arbeiten von Becker eine unterschiedliche methodisch-theoretische Behandlung von Raum und Zeit ablehnt. Unter Rückgriff auf das Konzept der ökologischen Beschränkung entwickelt Jäger in seinem Beitrag eine regulationstheoretische „politische Ökologie" des städtischen Bodens. Dabei operationalisiert er das Konzept der ökologischen Beschränkung für die Analyse städtischer Problemlagen, indem er sie mit der bodenrententheoretischen Diskussion der 1970er und frühen 1980er Jahre verknüpft. Bodenrente wird hier als institutionelle Konkretisierung der strukturellen Form ökologische Beschränkung gefasst. Jäger entwickelt dabei eine differenzierte Typologie von verschiedenen Rententypen, mithilfe derer er den Wandel stadträumlicher Entwicklung, deren ökonomische Bedingungen und sozialräumlichen Konsequenzen untersuchen kann. Das wird an den Fallsbeispielen Wien, München, Montevideo und Santiago de Chile illustriert.

Margit Mayer stellt in ihrem Aufsatz die Frage, welche Rolle die lokale Ebene im den Übergang zum Postfordismus kennzeichnenden Ent- und Reterritorialisierungsprozess spielt bzw. inwieweit die transformierte lokale Staatlichkeit und damit lokale Politik im Postfordismus noch emanzipatorisches Potenzial zu entfalten vermag. Ihre Analyse der territorialen Anti-Armutspolitik vermag aufzuzeigen, dass Armut im postfordistischen Wettbewerbsdispositiv als Barriere der Wettbewerbsfähigkeit gedeutet wird. Dabei geht es darum, die benachteiligten bzw. exkludierten Bevölkerungsgruppen zu aktivieren, d.h. wieder fit für die Teilnahme am ökonomischen Prozess zu machen. Dies geschieht unter Einbindung neuer zivilgesellschaftlicher Akteure des sog Dritten Sektors. Obwohl dies einen Bruch zum universellen Fürsorgemodell des keynesianischen Wohlfahrtsstaates markiert, fehlt ihm die emanzipative Perspektive. Zum einen wandeln sich die Dritt-Sektor-Organisationen zu Dienstleistungsagenturen und gehen dabei der ursprünglichen gesellschaftsreformerischen Ansprüche verlustig. Zum anderen wird mit den Maßnahmen zur ökonomischen Aktivierung meist nur ein Niedriglohnsektor etabliert, der ein Reproduktionsminimum absichert und so das Schlimmste verhindert. Damit besteht, so Mayer resümierend, die spezifische Rolle der lokalen Ebene im Postfordismus in der Sicherstellung eines „prekären Gleichgewichts zwischen totaler Marktdynamik und korrigierender Politik des Empowerment".

Im letzten Abschnitt des Bandes widmen sich die Autoren nochmals den politischen und theoretischen Perspektiven der Regulationstheorie. Eingangs stellt *Andreas Novy* in seinem Beitrag brasilianische Anfragen an die Regulationstheorie. Den Befund, wonach das Lager der kritischen Gesellschaftstheorie an zunehmender politischer Orientierungslosigkeit leidet, obwohl noch vor wenigen Jahren Autoren wie Esser, Görg und Hirsch das Konzept des radikalen Reformismus als möglichen theoretischen Bezugsrahmen eines alternativen politischen Projektes propagiert hatten, nimmt Novy zum Ausgangspunkt. Seine Kritik ist keine abstrakte, sondern vor dem Hintergrund der jüngeren brasilianischen Geschichte wird konkret die Frage der Gestaltbarkeit von Politik thematisiert. Für Novy zentral im Hinblick auf eine emanzipatorische politische Praxis ist die gleichzeitige Konzeptualisierung von Raum, Macht und Wissen. Anhand einer „Konjunkturanalyse“ der jüngeren brasilianischen Entwicklungsgeschichte zeigt Novy, wie aufgrund des mechanistischen bzw. positivistischen Verständnisses von Raum, Wissen und Macht progressive Politik letztendlich scheiterte. Über die Konstruktion des nationalen Machtraums vergaß man die strukturelle Kraft von Raummacht. Letzterer Begriff umschreibt die strukturellen Beziehungen zwischen Machträumen und deren Veränderungen. Dennoch stellt für Novy die politische Neu-Konstruktion eines „nationalen politischen Projekts von unten“, d.h. als Projekt eines partizipativen demokratischen Prozesses, eine vielversprechendere Alternative dar als das in der linken Diskussion vielzitierte Glokalisierungsdispositiv, das sich mit der lokalen Ebene als alleinig verbleibender Ebene für progressive Handlungsspielräume abgibt.

Im zweiten Beitrag dieses abschließend-ausblickenden Teils skizziert *Ulrich Brand* die Innovationen und Schwächen des Regulationsansatzes, um zu fragen, inwieweit er zur Reformulierung einer Politik- und Staatstheorie unter gegenwärtigen Bedingungen beitragen könnte. Dafür greift er auf den Marxschen Begriff der sozialen bzw. politischen Form zurück, der jedoch aus seiner nationalstaatlichen Verankerung gelöst werden müsste. Hierfür werden einige Vorschläge unterbreitet, u.a. das internationale Politische nicht nur institutionell zu verstehen sowie, mit dem Begriff „Netzwerk internationaler Regulation“, das Verhältnis internationaler Institutionen theoretisch genauer zu fassen. Zudem werden einige, Brand anregend scheinende Aspekte aus dem stark rezipierten Buch von Michael Hardt und Toni Negri („Empire“) im Hinblick auf die Reformulierung einer Staats- und Politiktheorie diskutiert. Schließlich werden einige (theorie-)politische Implikationen der Regulationstheorie benannt.

Den Band beschließt ein von *Erik Borg* verfasster Bericht über die Diskussionen der Wiener Tagung im Oktober 2001.

Danksagungen

Zu danken ist natürlich allen TeilnehmerInnen am Wiener Workshop. Es zeigte sich wieder einmal, dass theoretische Arbeit auch vom persönlichen Zusammenkommen und den *face-to-face*-Diskussionen lebt. Teilgenommen haben Sabah Alnasseri, Ilker Atac, Roland Atzmüller, Joachim Becker, Michaela Bohn, Erik Borg, Ulrich Brand, Jens Dangschat, Alex Demirović, Stefan Gandler, Karin Fischer, Christoph Görg, Alexander Hamedinger, Elisabeth Hammer, Joachim Hirsch, Johannes Jäger, Bob Jessop, Bettina Köhler, Sebastian Leitner, Margit Mayer, Andreas Novy, Emine Asli Odman, Susanne Pernicka, Werner Raza, Vanessa Redak, Thomas Sablowski, Christoph Scherrer, Christian Schmid, Robert Scharz, Ulas Sener, Rainer Tommasovits und Jens Winter.

Solch eine Tagung ist nicht ohne materielle und personelle Unterstützung möglich. Hier zu nennen sind zuerst die finanziellen Förderungen durch das Bundesministerium für Bildung, Wissenschaft und Kultur (BMBWK), die Stadt

Wien (Magistratsabteilung 7 - Kultur), die Grüne Bildungswerkstatt Wien. Dem Bruno Kreisky-Forum für internationalen Dialog sind wir verbunden für die Gastfreundschaft in den wunderbaren Tagungsräumlichkeiten. Ursula Bauer und Vanessa Redak haben für die interessierten TagungsteilnehmerInnen mit großer Fachkompetenz eine Exkursion über rezente städtische Entwicklungen in Wien veranstaltet. Schließlich gilt unser Dank der organisatorischen Umsicht und geduldigen Hilfsbereitschaft von Angelika Horvath.

Dass diese Tagung intellektuell und persönlich für alle ein Gewinn war, drückt sich auch in der hohen Bereitschaft der AutorInnen aus, für diesen Band eigenständige Beiträge zu verfassen. Leider mussten einige wegen hoher Arbeitsbelastung absagen. Mit Bernd Röttger konnten wir hingegen einen Autor gewinnen, der nicht in Wien dabei war. Danken möchten wir schließlich Ina Lebid und Erik Borg für das exzellente Lektorat, bei dem am Ende auch noch Stefan Thimmel mitgearbeitet hat. Stefan Armborst sagen wir für die Übersetzung des Textes von Bob Jessop *muchísimas gracias.* Unser Dank gilt schließlich den MitarbeiterInnen vom Verlag Westfälisches Dampfboot, Günter Thien, Susanne Paul-Menn und Sylvia Glass, für die gewohnt unkomplizierte und motivierende Zusammenarbeit. Wir hoffen mit diesem Buch eine Diskussion voranzutreiben, zu welcher der Verlag in den letzten 15 Jahren im deutschsprachigen Raum einiges beigetragen hat.

Wien und Kassel, im Oktober 2002

Anmerkung

1 Amin wies zudem auf etwas hin, was heute kaum noch diskutiert wird und den Erfolg der Postfordismusthese belegt: Dass es nämlich historisch-materialistische Ansätze gibt, denen die Periodisierung des Kapitalismus in Phasen stabilerer und instabilerer Formationen zu weit geht. Geschichte sei ein offenerer, zu jedem Zeitpunkt ähnlich umkämpfter und nicht „pfadabhängiger" Prozess (vgl. Holloway/Bonefeld 1991).

Literatur

Alnasseri, Sabah/Brand, Ulrich/Sablowski, Thomas/Winter, Jens (2001): Raum, Regulation und die Periodisierung des Kapitalismus. In: Das Argument 239, 23-42.

Amin, Ash (Hg., 1994): Post-Fordism. A Reader. Oxford und Cambridge.

Bröckling, Ulrich/Krasmann, Susanne/Lemke, Thomas (Hg., 2000): Gouvernementalität der Gegenwart. Studien zur Ökonomisierung des Sozialen. Frankfurt/M.

Bruch, Michael/Krebs, Hans-Dieter (Hg.) (1996): Unternehmen Globus. Facetten nachfordistischer Regulation. Münster

Demirović, Alex/Krebs, Hans-Peter/Sablowski, Thomas (Hg., 1992): Hegemonie und Staat. Kapitalistische Regulation als Projekt und Prozeß. Münster.

Esser, Josef/Görg, Christoph/Hirsch, Joachim (Hg., 1994): Politik, Institutionen und Staat. Zur Kritik der Regulationstheorie. Hamburg.

Hirsch, Joachim (2001): Postfordismus. Dimensionen einer neuen kapitalistischen Formation. In: Hirsch, Joachim/Jessop, Bob/Poulantzas, Nicos (Hg.), Die Zukunft des Staates. Hamburg, 171-209.

Hirsch, Joachim/Roth, Roland (1986): Das neue Gesicht des Kapitalismus. Vom Fordismus zum Postfordismus. Hamburg.

Holloway, John/Bonefeld, Werner (1991): The Great Bear: Post-Fordism and Class Struggle. In: Bonefeld, Werner/Holloway, John (Hg.), Post-Fordism and Social Form. Basingstoke, 92-102.

Hübner, Kurt (1989): Theorie der Regulation. Eine kritische Rekonstruktion eines neuen Ansatzes der Politischen Ökonomie. Berlin.

Mahnkopf, Birgit (Hg., 1988): Der gewendete Kapitalismus. Kritische Beiträge zu einer Theorie der Regulation. Münster.

Naumann, Thilo Maria (2000): Das umkämpfte Subjekt. Subjektivität, Hegemonie und Emanzipation im Postfordismus. Tübingen.

Röttger, Bernd (2001): New Economy - old theory. Die Regulationstheorie am Ende der Fahnenstange? In: blätter des iz3w 254, 38-41.

I
Regulationstheorie – zum Stand der Diskussion

Bernd Röttger

Verlassene Gräber und neue Pilger an der Grabesstätte. Eine neo-regulationistische Perspektive

„Oft genügen ein paar Jahre, um mit vielen Ansprüchen fertig zu werden." (Patrick Modiano, Sonntage im August)

1. Metamorphosen der Regulationstheorie

Vor nicht allzu langer Zeit genügten wenige regulationstheoretische Veröffentlichungen, um die kritisch-sozialwissenschaftliche Debatte substanziell zu verändern. Nach den Jahren ausgiebiger „Marx-Exegese" und der Suche nach den „Entwicklungsgesetzen" bürgerlicher Gesellschaften wurde in den 80er Jahren die französische Theorie der Regulation - neben der Rezeption der politischen Theorie Antonio Gramscis - zu einem entscheidenden Vehikel für eine nicht-ökonomistische Neupositionierung kritischer Gesellschaftstheorie. Sie versprach ein vertieftes Verständnis der ökonomischen Dimensionen dessen, was Gramsci den „erweiterten Staat" genannt hat.

Den Regulationsansatz, obwohl nicht originär marxistischer Herkunft, verband ein gemeinsames Forschungsprogramm: Er war sowohl eine allgemeine Theorie des Kapitalismus und seiner Periodisierung als auch ein analytisches Konzept zur Erforschung eines historisch-spezifischen Entwicklungsmodells, des Fordismus. Im Unterschied zu vormals eingängigen ökonomistischen Verkürzungen verstand die Regulationstheorie das Politische in der Ökonomie nicht als eine abgeleitete Herrschaftsform, sondern als Bedingung der Kapitalakkumulation. Das Erkenntnisinteresse der Regulationstheorie - folgt man der grundlegenden Arbeit von Michel Aglietta (1979a: 16) - richtete sich gerade nicht auf die Suche nach „abstrakten ökonomischen Gesetzen", sondern verstand sich als Konzept für die Analyse der „transformation of social relations as it creates new forms that are both economic and non-economic, that are organized in structures and themselves reproduce a determinant structure, the mode of production". Im Mittelpunkt stand die Frage nach der historischen Kontinuität des Kapitalverhältnisses, nach der „Art und Weise, in der sich dieses Verhältnis trotz und wegen seines konfliktorischen und widersprüchlichen Charakters reproduziert" (Lipietz 1985: 109).

Jede Lektüre wurde vor dem Hintergrund vormals gefestigter Einsichten über die Entwicklungsweisen des Kapitalismus und vor allem über seine Krisen zum „Aha-Erlebnis": Die Begründung des Übergangs vom Begriff der Reproduktion zu dem der Regulation und damit der transformative Charakter der gesellschaftlichen Verhältnisse und die Bedeutung der gesellschaftlichen Subjekte, wie Alain Lipietz (1992) sie in seiner Auseinandersetzung mit dem strukturalen Marxismus Louis Althussers deutlich machen konnte, genauso wie die insbesondere von Michel Aglietta (1978) herausgehobene wechselseitige Durchdringung von warenförmigen und nicht-warenförmigen Beziehungen in der fordistischen Revolutionierung der

Lohnarbeiterexistenz, durch welche die Theorie der Kapitalakkumulation als Theorie der Regulation reformuliert werden konnte. Kurzum: Regulationstheorie lenkte das Erkenntnisinteresse auf die wechselseitigen Konstitutionsverhältnisse von Ökonomie und Politik.

Die Begeisterung währte jedoch nicht lange. Und das aus durchaus gutem Grund: Die Theorie kapitalistischer Regulation, von Aglietta am „Experiment USA" entwikkelt und erprobt, war als Theorie einer Formation entstanden, die schon zum Zeitpunkt ihrer Theoretisierung dem Untergang geweiht war. Die Eulen der Minerva setzten auch für die Theorie der Regulation erst spät zu ihrem Flug an. Es begann die Phase einer Rezeption, in der versucht wurde, „Lücken", „Leerstellen" und „blinde Flecken" der Regulationstheorie zu schließen, um sie „fit" zu machen für die Analyse „post"-fordistischer Produktions- und Gesellschaftsverhältnisse. Die Unterbelichtung ökologischer Risiken, der Geschlechterverhältnisse oder die nationalstaatliche Borniertheit und die vereinfachten Begriffe der Staatsformen in den regulationstheoretischen Arbeiten wurden zum Anlass, an ihren Grundbegriffen zu rütteln und zunehmend auch andere Theoriebezüge einzubauen. So lässt sich die bisherige Geschichte der Regulationstheorie als Geschichte ihrer beständigen Modifikationen schreiben, in die sich schleichend ein Methoden-Eklektizismus einlagerte.

Es kam zu einer Polarisierung der Debatte: Auf der einen Seite standen Versuche, die Theorie kapitalistischer Regulation als eine Theorie der Institutionen zu reformulieren (Boyer 1995); auf der anderen Seite wurden erste Anstrengungen unternommen, sie als eine an der Hegemonietheorie Gramscis und Poulantzas orientierte Staats- und Gesellschaftstheorie weiter zu entwickeln (Jessop 1990). Es war gleichzeitig die Phase, in der sich in Frankreich in der durchaus nicht homogenen Truppe der Regulationisten weitgehend Ernüchterung hinsichtlich ihrer weiterführenden Potenziale breit machte. Es war die Zeit formaler Bilanzierungen (Boyer/Saillard 1995) und sogar eingeschränkter Abgesänge (Aglietta et al. 1994). Dies bildete den Hintergrund, auf dem ich mich zu der Formulierung hinreißen ließ, „wie viele Lücken [...] eine Theorie eigentlich aufweisen [kann], um nicht als 'Grundgerüst' einer kritischen Gesellschaftstheorie zusammen zu purzeln? Der immer ausgefuchster werdende Methoden-Eklektizismus jedenfalls" – so meine Befürchtung – „erledigt einen strukturierten Gesellschaftsbegriff *en passant* gleich mit und lässt eine kritische Gesellschaftstheorie [...] weit hinter sich." (Röttger 2001)

Wie dem auch sei: Der trunkenen Begeisterung folgte die katergetriebene Ernüchterung. Die Zeiten der Aha-Erlebnisse schienen unwiederbringlich vorbei. Die Theorie der Regulation schien den schleichenden Tod ihrer eigenen Obsoletheit zu sterben. Ich vermutete, dass dies vor allem damit zusammen hing, dass die Analysen dahin tendierten, die „fordistische Bedingungskonstellation [...] zum Maßstab der Geschichte" zu machen, „an dem die Widersprüche des neoliberalen Kapitalismus und die politischen und sozialen Formen ihrer Bearbeitung vermessen wurden" (Röttger 1997: 101).

Erst die 1997er Neuauflage seiner *Theorie der kapitalistischen Regulation*, für die Michel Aglietta ein neues Nachwort schrieb (dt.: Aglietta 2000), markierte einen Wendepunkt. Im Unterschied zur bisherigen regulationstheoretischen Debatte und ihrer Tendenz, die Krisenhaftigkeit und Nicht-Kohärenz der nachfordistischen Transformation des historischen Kapitalismus heraus zu stellen, geht Aglietta hier, wie inzwischen auch Robert Boyer (2000), davon aus, dass die postfordistische Krise von einem sich herausbildenden nachfordistischen Regime abgelöst wurde. Nicht verwunderlich daher, dass die Regulationstheorie (wieder) den Zenith der aufkeimenden Periodisierungsdebatte erklommen hat (Albritton et al. 2001; Bieling et al. 2001; Candeias/Deppe 2001).

Was sind also die entscheidenden Thesen, die Aglietta in seinem Nachwort formuliert? Unter einer Regulationsweise versteht er zunächst die „Gesamtheit von Vermittlungen, welche die von der Kapitalakkumulation hervorgerufenen Verwerfungen so eingrenzen, dass sie mit dem sozialen Zusammenhalt innerhalb der Nationen vereinbar sind" (Aglietta 2000: 11). Regulationstheorie sei der „Versuch, die Keime einer neuen Regulationsweise noch im Schoße der Krise der alten wahrzunehmen" (ebd.). Auf einer theoretisch-konzeptionellen Ebene begreift Aglietta den historischen Kapitalismus als eine soziale Formation, die in Strukturen eingebettet werden muss, die sie einschränken. „Diese sind weder das Ergebnis der Vernunft der Kapitalisten noch das spontane Resultat der Konkurrenz. Diese Strukturen gehen vielmehr aus der Einrichtung gesellschaftlicher Institutionen hervor, die wiederum durch die kollektiven Werte legitimiert werden, die den Gesellschaften ihren Zusammenhalt verleihen." (ebd.: 20) Aglietta hält explizit an der Marxschen Vorstellung der kapitalistischen Produktionsweise als eines durch den Stachel der Konkurrenz angetriebenen Systems der permanenten Revolutionierung von Arbeit und Produktivkräften fest. Diese „Macht der Veränderung" aber trage ihr Regulationsprinzip nicht in sich. „Dieses befindet sich in der Kohärenz der sozialen Vermittlungen, die die Kapitalakkumulation auf den Fortschritt ausrichten." (ebd.: 40) „Die Regulationsweise bewirkt eine Spannung zwischen der Expansionskraft des Kapitals und dem demokratischen Prinzip." (ebd.: 25)

Entscheidend für die Argumentation Agliettas ist, dass mit dem Wandel der makroökonomischen Konstellation, konkret: dem Übergang zu einem finanzgetriebenen Akkumulationsregime, die bisherigen, d.h. fordistischen Formen der Vermittlung obsolet geworden sind. Im finanzgetriebenen Akkumulationsregime würden „die Regeln des ökonomischen Spiels im Innern der Unternehmen umgestoßen" (ebd.: 55), was bedeutet, „dass die Unternehmen nicht mehr die privilegierten Orte der sozialen Integration auf dem Gebiet des Nationalstaats sind" (ebd.: 70). Der Übergang zur Politik der „désinflation compétitive" in Frankreich, einer Politik der Unterordnung unter das Ziel der Weltmarktkonkurrenzfähigkeit und Profitabilität Mitte der 80er Jahre wurde so zu einem Schlüsselerlebnis, das diesen Weg der Re-Interpretation ebnete. Aglietta bestimmte diese Politik schon Anfang der 90er Jahre als die politische Form, in die eine grundlegende Transformation der makroökonomischen Wachstumsbedingungen des Kapitalismus übersetzt würde (Aglietta 1994). Die Fortführung und Festschreibung einer solchen Politik in der Europäischen Wirtschafts- und Währungsunion und das damit verbundene „Ende der Debatte" wurde für Aglietta schließlich zum Anlass, endgültig von einer neuen Epoche des historischen Kapitalismus auszugehen (Aglietta 2000: 87ff.).

Auf der politisch-praktischen Ebene mündet diese Reformulierung der Regulationstheorie - so Aglietta in einem Papier für die „Fondation Saint-Simon" - in einem neuen Konzept des „sozialen Liberalismus". Das bedeutet für ihn, „eine Konzeption des sozialen Fortschritts zu erarbeiten, die mit dem Regime des Vermögensbesitzes zusammenpasst, vor allem aber mit der Globalisierung und der Ausrichtung des technischen Fortschritts auf die Dienstleistungen" (ebd.: 107). Man sollte sich nichts vormachen: Damit würde die Theorie kapitalistischer Regulation zu einer Variante des „besseren Regierens", zu einer regulationstheoretischen Fassung der Losung „Anpassen oder Untergehen" und einer abgehungerten Variante zur Verfügung gestellten technokratischen Herrschaftswissens, die eine Kritik der Politik und eine Kritik der politischen Ökonomie des Kapitalismus wohl endgültig hinter sich lässt. „Theorie trägt praktische Früchte", titelte die linke Wochenzeitung WoZ, ohne allerdings die Frage zu stellen, ob diese Früchte nicht wurmstichig-ungenießbar sind. Klaus Dörre (2001: 83), sonst dem „neuen Aglietta" nicht ungewogen, wenn er hervorhebt, dass „die Kämpfe um und für eine Regulationsweise auf dem Terrain des neuen Produktionsmodells ausgetragen werden müssen, um nicht wirkungslos zu blieben", scheint dem vordergründigem „Trug der Erscheinung" (Theodor W. Adorno) doch zu misstrauen: Akzeptiere man Agliettas Prämisse des Endes tradierter Formen von Wirtschaftsdemokratie im Rahmen des neuen Produktionsmodells, so „verengen sich die arbeitspolitischen Optionen auf einen schmalen Korridor" (ebd.: 103).

Kommt also in dieser Neufassung der Regulationstheorie ihr „wahres Gesicht" zum Ausdruck? Die Regulationstheorie doch nur eine „Gleichgewichtstheorie anderen Typs" (Cartelier/De Vroey 1988: 75) und ihre Konzeption von Regulation „une sorte de canon mythique de l'équilibre" (Cocco 1994: 196f.)? Kann diese Neukonzeption also wirklich als Revival der Theorie kapitalistischer Regulation verstanden werden? Zweifel dürften angebracht sein. Zumindest aber muss die These ihres schleichenden Todes der Obsoletheit relativiert werden, zumal sich die Debatte gerade auch in Frankreich durchaus rege gestaltet, wie etwa der unregelmäßig aber stetig erscheinende „Lettre de la régulation" verdeutlicht. Es ist also keineswegs ausgemacht, dass das analytische Instrumentarium ausgedient hat. Eins dürfte aber bei dem eher diffusen *mixtum compositum* vertretener Positionen und Ansätze deutlich geworden sein: Die Regulationstheorie kann kaum mehr als ein kohärentes Forschungsprogramm begriffen werden, das sie ungeachtet ihrer inneren Heterogenität zu Beginn noch verkörperte. Regulationstheorie changiert heute zwischen anhaltenden Versuchen ihrer (neo-institutionalistischen) Neuinterpretation bzw. ihrer ökonomisch-technokratischen Dienstbarmachung. Was bleibt dann aber noch von ihrem Gehalt als kritischer Gesellschaftstheorie?

Ich möchte zunächst diesem Wandel der Regulationstheorie nachspüren und die Metamorphose ihres herrschaftskritischen und emanzipatorischen Potenzials am Begriff der Regulation verdeutlichen. Meine These lautet: In der Tradition der Kritik der Politischen Ökonomie, in der ich nach wie vor die Theorie der Regulation verorte, kann es nicht darum gehen, Regulation für ein neues makroökonomisches Expansionsmodell des Kapitalismus neu zu erfinden. Zwar werden in der neuen geschichtlichen Phase des entwickelten Kapitalismus die vormals zentralen Formen kapitalistischer Vergesellschaftung (zentralisierte Produktion, große Industriegewerkschaften, Eingriffe des Staates in die Wirtschaft, Sozial- und Wohlfahrtsstaat) hinweg gefegt; in einer sich wandelnden Artikulation von Ökonomie und Politik aber werden veränderte Kräfteverhältnisse zwischen den Klassen und Klassenfraktionen herausgebildet, neue soziale Praktiken erprobt und eingeschliffen und damit die Konstitutionsbedingungen sozialer und politischer Regulation samt der Korridore, in denen der Staat agiert, systematisch neu geschaffen. Das erfordert dann allerdings eine hegemonietheoretische Bestimmung von Handlungskorridoren politökonomischer Entwicklung, nicht ihre Verklärung zur Regulationsherausforderung.

Ausgehend von einer explorativen Skizze der politökonomischen Reorganisationsrealitäten des „neuen Kapitalismus" werde ich anschließend unter dem Schlagwort „Insignien einer neuen Epoche des Kapitalismus" die Rehabilitierung einer vorwiegend ökonomischen Konzeption und Analyse vorschlagen (und hoffentlich plausibel machen): das Konzept hegemonialer Produktions- und Tauschnormen (Aglietta 1979b). In ihm sehe ich das essenzielle Erkenntnisinteresse der ursprünglichen Regulationstheorie aufgehoben: die Erforschung historisch-konkreter Stabilitätsreserven der bürgerlichen Gesellschaft in kapitalismustheoretischer Absicht. Mit diesem Konzept kann es gelingen, sowohl die signifikanten neuen Dimensionen kapitalistischer Expansion kenntlich zu machen als auch die darunter liegende Kontinuität kapitalistischer Ausbeutung. Diese Normen - so meine These - entstehen im kapitalistischen Globalisierungsprozess als transnationale Produktionsnormen neu. Sie verallgemeinern sich mittels wirkungsmächtiger Kräfte der „Interiorisierung" (Nicos Poulantzas). Sie wirken also nicht von außen auf die sozialen und politischen Formationen ein. Die „Gesetze" nachfordistischer Reorganisation von Unternehmen und Arbeit durchdringen sie gleichsam von innen und erzeugen so einen global-kapitalistischen Vergesellschaftungszusammenhang neuen Typs.

Abschließend werden die herrschaftskritischen und emanzipatorischen Potenztiale der Theorie kapitalistischer Regulation erneut aufgespürt, um die Regulationstheorie aus dem Grab des technokratischen Herrschaftswissens zu sprengen. Diese Lebendigkeit als Gesellschaftskritik könnte sich meines Erachtens als eine neoregulationistische Perspektive der Forschung entfalten. Einige ihrer Orientierungspunkte möchte ich skizzieren.

2. Kapitalistische Regulation: Über das Politische an der Politischen Ökonomie, ausgefuchsten Regulierungsoptimismus und die Verkorridorisierung politischen Handelns

Bezeichnenderweise geht Michel Aglietta das von Karl Polanyi entwickelte und in den Zeiten neoliberaler Globalisierung zum Regulierungsoptimismus verhelfende Konzept der „Great Transformation" nicht weit genug. Zur Erinnerung: Polanyi

(1995: 185) hat in seiner Untersuchung und Kritik der historischen Durchsetzung des kapitalistischen Marktes als „krasser Utopie“ eine notwendige „Doppelbewegung“ der kapitalistischen Produktionsweise konstatiert, in der zwei für den Kapitalismus konstitutive Organisationsprinzipien zum Prozess kommen: Das „Prinzip des Wirtschaftsliberalismus auf der einen Seite, welches auf die Schaffung eines selbstregulierten Marktes abzielt“ - d.h. das Gesetz der Entfesselung der Ökonomie, das die „alte soziale Ordnung zerstört“ sowie „eine neue Integration von Mensch und Natur erfolglos versucht“; und das „Prinzip des Schutzes der Gesellschaft auf der anderen Seite, welches auf die Erhaltung des Menschen und der Natur sowie der Produktivkräfte“ gerichtet ist.
Aglietta sieht hier noch Pessimismus walten: Er, Polanyi, „unterschätzt die Fähigkeit, soziale Bindungen neu zu erschaffen, die hervorgehen aus Lohnkonflikten, unter der Bedingung, dass diese auf das politische Gebiet verlagert werden können, dank dem demokratischen Prinzip, das politische Gruppierungen ermutigt, gemeinsame Interessen kollektiv auszudrücken“ (Aglietta 2000: 29, Anm. 7). Tatsächlich aber wird - mit Antonio Gramsci gesprochen - genau dann, wenn die „Tendenzgesetze“ der Kapitalakkumulation sich mittels des demokratisch erweiterten Staates durchzusetzen beginnen, „der ökonomische Widerspruch [...] zum politischen Widerspruch“ und löst „sich politisch in einer Umwälzung der Praxis“ (Gramsci 1991ff.: 1290). Die kapitalistische Ökonomie und ihre Konfliktualität reüssiert nicht als Markt *sans phrase*, sondern als kapitalistisch-bestimmter Markt und damit als ein bestimmtes gesellschaftliches (Kräfte-)Verhältnis, „das von einer bestimmten politischen, moralischen, juristischen Superstruktur garantiert (und das heißt dauerhaft) gemacht wird“ (ebd: 1465f.). Was Aglietta folglich als Beginn des Regulationsprozesses vorstellt, ist in Wahrheit bereits in die Widerspruchskonstellation des Kapitalismus eingelassen und lässt sich als doppelte Grenzziehung herrschaftstheoretisch fassen und präzisieren: Zum einen, indem die Tendenz einer (zunächst) schrankenlosen Unterwerfung der Menschen unter das Kapital, die Marx die „freie Menschenverwüstung“ (MEW 23: 509) genannt hat, die Notwendigkeit erzeugt, das Kapital „an die Kette der Regulation“ zu legen. Bob Jessop (2001: 28) nennt dies die „konstitutive Unvollkommenheit des Kapitals“, das in seinem Streben nach „vollständiger Kommodifizierung von Allem und Jedem“ notwendig scheitern muss. Zum anderen aber auch, indem dieser „Kette der Regulation“ selbst Grenzen gesetzt werden: Das über die Systemgrenzen hinausweisende Potenzial der demokratisch erweiterten Staaten wird von einem historischen Bürgertum aufgegriffen und eingehegt und damit in Formen gepresst, die mit den vorherrschenden ökonomischen Organisationsprinzipien vereinbar sind. Jessop (ebd.: 38) nennt dies die „Grenzen der Regulation“. Der ‘alte Aglietta’ sprach von kapitalistischer Kontrolle „to canalize the class struggle into forms compatible with the law of accumulation“ (Aglietta 1979a: 123) und von der „canalization of economic class struggle by collective bargaining“ (ebd. 190ff.).

Dieser „prozessierende Widerspruch“ des Kapitalismus, d.h. die politische Durchsetzung seiner ökonomischen Zwänge, verlangt von einer Gesellschaftstheorie, sofern sie sich als kritisch zu verstehen gibt, von der kapitalistischen Regulation als einem Herrschaftsverhältnis zu sprechen, das aus der politischen Konstitution des kapitalistischen Marktes erwächst und in deren Prozess die jeweils historisch dominierenden Formen der Kapitalakkumulation durchgesetzt und dauerhaft gemacht werden. Um keine Missverständnisse aufkommen zu lassen: Konfliktarm oder gar widerspruchsfrei ist dieser Prozess keinesfalls. Im Gegenteil: Gerade die „glückliche Fundsache" (Alain Lipietz) fordistischer Regulation begründete keinen Primat der Politik; sie fungierte als Bestandteil eines elementaren Widerspruchs, der das gesamte 20. Jahrhundert charakterisierte. Auf der einen Seite nämlich erlangte der nationale Staat als Zentrum der fordistischen Regulation eine zunehmende Bedeutung im gesellschaftlichen Reproduktionsprozess, auf der anderen Seite aber kam in den sich durchsetzenden Krisen- und Umbruchprozessen der kapitalistischen Ökonomien spätestens mit der Weltwirtschaftskrise 1974/75 - und natürlich zuletzt auch in der Implosion des sozialistischen Weltsystems - die Untauglichkeit aller Versuche zum Ausdruck, mittels staatlicher Macht die Grundstrukturen der Gesellschaften tatsächlich verändern respektive stabilisieren zu können. Der Staat als herrschaftliche Organisation blieb ein hochgradig zerbrechliches Gebilde, dem es nicht gelang, die momentanen Kräfte- und Bündniskonstellationen dauerhaft zu stabilisieren. Somit sind es eher zwei immer präsente und widerstreitende Tendenzen, die zu den „bestimmenden Vermittlungen" des 20. Jahrhunderts wurden: „die Politisierung der Ökonomie und die Ökonomisierung der Politik" (Deppe 1999: 35). Regulationsverhältnisse vermögen nicht, die Gesellschaft und ihre momentanen Kräfte- und Bündniskonstellationen dauerhaft zu kontrollieren und damit zu stabilisieren, denn: „Nichts ist so zerbrechlich, so vergänglich wie herrschaftliche Organisation, selbst dann, wenn sie glaubt, alles 'im Griff' zu haben." (Ziebura 1989: 432)

Für die Neu-Konzeption von Regulation, deren Notwendigkeit infolge des Mangels an Kohärenz der Übergangsweisen postuliert wird, gilt das, was Alex Demirović (1997: 77) für die gesamte Diskussion im Anschluss an die kritische Theorie der Gesellschaft festgestellt hat. In Anlehnung an Max Horkheimer hebt er hervor, dass „das Politische als eine Sphäre der Unfreiheit kritisiert" werden muss. „Der Inbegriff der Wege, die zur Beherrschung der Natur, wie zur Herrschaft von Menschen über Menschen führen, und der Maßnahmen, die der Aufrechterhaltung dieser Herrschaft dienen, heißt Politik. Demgegenüber wird, wenn gegenwärtig die Selbstblockierung der Moderne diagnostiziert wird, wenn in der postmarxistischen Theorie die sozialistische Tradition überprüft wird, das Politische positiv bewertet. Das Politische erscheint als die Sphäre, in der die Menschen schöpferisch und frei handeln, sich aus alten Institutionen herauslösen und einen neuen Anfang setzen."

Es drängt sich ein Bild förmlich auf, das Alain Lipietz einst in seiner Kritik an der Regulationskonzeption von Robert Boyer bemühte. Dieser, Boyer, verstehe Regulation als ein Pflänzchen, das beliebig zu züchten und in die Landschaft zu setzen sei. Dies aber suggeriere, dass Regulationsmechanismen geplant und ihre erfolgreiche Implementierung garantiert werden könne. Eine solche Regulationstheorie folge keiner kritischen Theoriearchitektur mehr, sondern entspreche einer „Ordnung französischer Gärten“ (zit. nach Waringo 1998: 38). Theoretisch-konzeptionell findet dieser praktizierte Regulierungsoptimismus seinen Ausdruck im sich verflüchtigenden Unterscheidungsvermögen zwischen den institutionellen und strukturellen Formen kapitalistischer Regulation, die zunehmend in eins gesetzt werden (Aglietta 2000: 21; Petit 1998: 2). Diese verwischte theoretische Trennschärfe interpretiere ich als ein Symptom für den Wandel von einer kritischen Kapitalismustheorie zu einer Theorie kapitalistischen Regierens (*problem solving theory*). Mit strukturellen Formen wurden einst jene grundlegenden Widersprüche der Ware und des Werts benannt, die Marx als „Grundformen“ (MEW 13: 44) bezeichnete (Aglietta 1979a: 188f.). Strukturelle Formen verwiesen auf formationsunabhängige Strukturen im kapitalistischen Entwicklungsmodus, also auf die grundlegende Widersprüchlichkeit und die allgemeinen Funktionsmodi einer Produktionsweise. Institutionelle Formen dagegen standen für soziale Formen historisch-konkreter Widerspruchsbearbeitung, also für formationsspezifische Verhältnisse, die auf der Grundlage von Kräfteverschiebungen ein hegemoniales System ausbilden, in denen sich die kapitalistischen Grundstrukturen reproduzieren können. Das Bürgertum stützt also seine Herrschaft immer auf die Grundformen kapitalistischer Eigentums-, Produktions- und Aneignungsverhältnisse; deren Reproduktion aber kann nur in - historisch variierenden - hegemonialen Praxen politisch organisiert werden.

Es kam, wie es vielleicht kommen musste: In der Geschichte der Regulationstheorie entwickelte sich der Begriff der „institutionellen Form“ zur „doktrinären Pedanterie“ (Gramsci), mit der sukzessive kapitalismustheoretische Grundfragen ausgetrieben und eine „reife Wissenschaft“ auf den Weg gebracht werden konnte. Die aus der Geschichte (des Fordismus) bekannten institutionellen Formen wurden aus ihrem historischen Entstehungs- und Funktionskontext herausgesprengt und zu allgemeinen Reproduktionsbedingungen kapitalistischer Gesellschaften stilisiert, die forschungsmethodisch formalisiert werden können. Gemeinhin werden fünf solcher Formen unterschieden: Staatsapparate, Geldverhältnisse, internationale Beziehungen, Unternehmens- bzw. Wettbewerbsformen und Arbeitsbeziehungen. Das Erkunden ihres Wandels bezeichnet inzwischen das Herzstück der empirischen regulationstheoretischen Untersuchungen.

Immerhin: Pascal Petit (1998) hat gegen die beschreibende Beliebigkeit solcher Transformationsforschungen vorgeschlagen, eine Hierarchie in den Beziehungen der institutionellen Formen theoretisch als „dominante Strukturform“ zu konzeptualisieren. Demnach konnte der fordistische Vergesellschaftungszusammenhang vor allem über die Veränderung entlang der Achse „Arbeitsbeziehungen“ generiert werden. Im Nachfordismus nun erwiesen sich die Formen der Konkurrenz als gesellschaftsbestimmend. Um sie werde ein umfassender Regulationsmodus des nachfordistischen Kapitalismus organisiert. Wie Petit (ebd.: 32) treffend herausarbeitet, stehen die institutionellen Formen für die Vermittlung von „externen Strukturen", d.h. dominierenden Formen der Weltmarktbewegung des Kapitals, mit den geronnenen sozialen und politischen Verhältnissen der Gesellschaftsformationen. Sie erlauben demnach zu verstehen, wie eine Expansionsdynamik des kapitalistischen Weltsystems - regulationstheoretisch: ein „Wachstumsregime" - tatsächlich stattfindet („take place").

So weit aber ist es mit einem vertieften Verständnis doch nicht her. Mit der lapidaren Feststellung der „Vermittlung" ist noch relativ wenig über den eigenwilligen Weg der Reproduktion-Regulation *struktureller* Formen mittels der Innovation *institutioneller* Formen und gar nichts über die Durchsetzungsverhältnisse kapitalistischer Regulation gesagt. Die schillernde Analyse der institutionellen Formen und ihres Wandels kann daher einen grundlegenden Defekt der Regulationstheorie nur schwer übertünchen: Sie hat ungeachtet ihres programmatischen Anspruchs nie die „Herausbildung einer Regulationsweise oder eines Akkumulationsregimes" analysiert. Analysegegenstand waren nicht die sozialen Auseinandersetzungen, institutionellen Widerstände oder Anpassungen, sondern „nur ihre Ergebnisse in geronnener Form" (Sablowski 1994: 144). Von daher blieb die immer wieder eingeforderte Analyse hegemonialer Prozesse zumeist abstrakte These.

Auch der am stärksten hegemonietheoretisch argumentierende Regulationist, Alain Lipietz, bleibt letztlich hinter dem von ihm formulierten Anspruch zurück. Seine Konzeption der Regulation als einer historischen Fundstelle („trouvaille") aufgrund von Klassenkämpfen und politischen Auseinandersetzungen unterstellt eine quasi politisch-voluntaristische Offenheit der Geschichte und vernachlässigt systematisch strukturell verankerte Herrschaftsverhältnisse (Haug 2001) - Mächte, die sich „gleichsam hinter dem Rücken der handelnden Personen" (MEW 23: 385) durchsetzen, den Aktivitäten entgegentreten und ihren Gestaltungsabsichten Widerstand entgegensetzen (Görg 1994: 25). Gerade weil Regulation aber als Prozess ohne steuerndes Subjekt historisch daher kommt (Hirsch 1992), bezeichnet sie keinen kontingenten Prozess, sondern ist selbst kapitalistisch formbestimmt. Genau dies entgleitet der Analyse zunehmend.

Gerade unter den Bedingungen des „Aufdröselns" der fordistischen „Regulation des Raumes" in multiskalare „Räume der Regulation" (Alain Lipietz) und der Herrschaft des „liberal-produktivistischen Paradigmas" (ebenfalls Lipietz), das Ökonomisierungstendenzen hegemonial trägt, werden Reproduktionsanforderungen der weltmarktdominierenden Koalitionen weitgehend ungebrochen in politische Programme und wettbewerbskorporative Formen der Bearbeitung sozialer Konflikte verdolmetscht. Der „Sachzwang Weltmarkt" (Altvater 1987: 87) als ein Prozess, „wie exogene Strukturen endogenisiert werden", d.h. sich Konfigurationen von ökonomischen Entwicklungstendenzen des Weltmarktes und politische Interventionen zur hegemonialen Blockbildung artikulieren, bewirkt eine Rekonfiguration von Politik, die sich zunehmend an den Kriterien betriebswirtschaftlicher Nutzenkalküle misst. In diesem Prozess gesellschaftlicher Durchdringung verlagern sich Orte und Formen hegemonialer Widerspruchsbearbeitung. „Dislocations associated with commodification" (Stephen Gill) bezeichnet einen Grundtrend der

Restrukturierung: Tradierte Orte der Regulation brechen weg bzw. werden inhaltlich geschliffen. Neue Regulationsverhältnisse werden zu „Subjekten des Wettbewerbs“ und „Objekten der Produktion“ - zu „Orten, an denen die Ressourcen lokaler Gesellschaftlichkeit mobilisiert und ‘verbraucht’ werden, d.h. umgewandelt und in das Innere der abstrakten Kreisläufe der globalen Ökonomie transferiert werden“ (Revelli 1999: 114ff.).

Diese Diagnose scheint mir Anlass genug, die von der Staatsableitung herausgestellten Struktur-Analogien zwischen der kapitalistischen Ökonomie und dem bürgerlichen Staat erneut zur Kenntnis zu nehmen, will man die politische Durchsetzung der nachfordistischen Konstellation analysieren. Folgt man ihrem Argumentationsmuster, sind dem Handlungsraum der Regulation und des bürgerlichen Staates durch die ihnen eigenen Interventionsmedien in ökonomische Prozesse enge Grenzen gezogen: „Denn der Staat kann in die bürgerliche Gesellschaft nur mit Mitteln intervenieren, die aus dieser bürgerlichen Gesellschaft selbst stammen. Da er in der Regel lediglich in der Zirkulationssphäre anzusetzen vermag, sind seine typischen Interventionsmedien die Medien, die auch in der bürgerlichen Welt die Zirkulation, also den Verkehr der gesellschaftlichen Individuen untereinander, vermitteln: das Geld im ökonomischen Tauschverkehr und das Recht als die regulierende Beziehung derjenigen, die die Waren austauschen.“ (Altvater 1979: 78)

Jürgen Hoffmann (1984; 1987) hat in den 80er Jahren gegen die vom Eurokommunismus getragene „Kultur des Regierens“ (Altvater/Kallscheuer 1979) versucht, die Erkenntnisse der Staatsableitung für eine gesellschafts-historisierende Analyse fruchtbar zu machen und zu erweitern, indem er nach dem „sich verändernden bzw. sich auch periodisch verengenden Korridor politischen Handels“ fragt. Im Rahmen der Staatsableitung wird mit dem Basis- und Rechtsinstitut des Privateigentums die Einflussnahme des Staates auf die Gesellschaft als sozusagen systemisch begrenzt begriffen. Diese „Systemgrenzen“ reichen aber zur Bestimmung staatlichen Handeln nicht aus. Staatlichem Handeln werden - so Hoffmann - „durch die sich verändernden Strukturen der Kapitalreproduktion und die sozialen Kräfteverhältnisse“ Tätigkeitsgrenzen und vor-politisch eingegrenzte Korridore politischen Handelns auferlegt, die zugleich dem bürgerlichen Staat historisch-konkrete Gestalt verleihen. Diese Korridore zwingen der Politik bestimmte Merkmale auf, die Buci-Glucksmann/Therborn (1982) als „strukturelle Formen der Politik“ charakterisierten. Sie sind weniger das Resultat der Systemgrenzen des Staats in Bezug auf die Regulierung der bürgerlichen Gesellschaft, sondern werden durch historische Erweiterungen des Staates in „passiven Revolutionen“ erst konstituiert. Bei jeder Form von „neuer Staatlichkeit“ und Regulationsverhältnissen handelt es sich also um eine Neukonfiguration dessen, was Antonio Gramsci den „erweiterten Staat“ genannt hat. Die „passive Revolution“ wird zum entscheidenden Mittel zur Veränderung der gesellschaftlichen Grundlagen des Staates (Telò 1979). Staatlich vermittelte Politik bleibt die entscheidende Instanz, in der sich die gesellschaftliche Dialektik von Reproduktion und Transformation im Kapitalismus, die Reproduktion-Regulation, verdichtet.

Auch die Genese nachfordistischer Regulation kann als ein solcher Prozess der Erweiterung des Staates begriffen werden - einer Erweiterung der „klassischen“ Interventionsmedien Geld und Recht, die in ihrem Wirkungszusammenhang verändert werden, durch neue Kooperationsformen und „Verhandlungssysteme“ auf lokaler, regionaler, nationaler und transnationaler Ebene. Sie fungieren als zentrale Arenen für die Ökonomisierung des Staates und die Neukonzeption des instabilen Kompromissgleichgewichts der Kräfte in wettbewerbskorporativen Formen, die zunehmend zur hegemonial abgesicherten „gesellschaftlichen Manier“ (Karl Marx) werden. Der Staat löst sich nicht in Ökonomie auf; im Prozess der Destruktion und Neuproduktion sozialer Formen aber verändern sich seine Formen und Funktionen im gesellschaftlichen Reproduktionsprozess. Mein zentraler Einwand gegen die zunehmend vorherrschende Konzeptionen von politischer Regulation ist also, dass die Vorstellung einer notwendigen Anpassung, die als Basis fungieren soll für ein scheinbar beliebig inhaltlich zu füllendes Regulations*erfordernis* widersprüchlicher Produktionsverhältnisse, die strukturellen Tendenzen der Produktionsweise verkennt, welche den Rahmen politischen Handelns setzen. Die neue Produktionsweise (Wolfgang Fritz Haug), die neue makroökonomische Konstellation (Michel Aglietta) bzw. das neue Wachstumsregime (Pascal Petit) oder wie immer man die Neukonfiguration bürgerlicher Herrschaft tituliert, figuriert eben nicht als eine „schmetternde Ouvertüre“ der neuen Formation des Kapitalismus, deren Regulation kontingent zu erschließen ist. Sie ist vielmehr Ausdruck einer schon geronnenen Objektivität gesellschaftlicher Verhältnisse, d.h. strukturell verankerter Herrschaft und errichteter Synthesen bzw. „Schützengräben“ (Gramsci), die diese Herrschaftsverhältnisse sichern, indem sie die Regulation mittels „struktureller Selektivitäten“ und politischer „non-decisions“ in Korridoren balanciert, die die neuen Systemgrenzen nicht transzendieren (Röttger 2002).

3. Insignien einer neuen Epoche des Kapitalismus: Transnationale Produktionsnormen und die Mechanismen der Interiorisierung global-kapitalistischer Vergesellschaftung

Wenn auch die neuen Regulationsverhältnisse nicht ex post aus dem neuen Produktionsmodell heraus, sondern nur in einem wechselseitigen Konstitutionsverhältnis von Ökonomie und Politik verständlich werden, vermag doch ein Blick auf die neue ökonomische Realität erhellend sein. Die „im Hintergrund [...] lärmender Auftritte still sich vollziehenden und wirklich vorantreibenden“ Kräfte der Gesellschaftsgeschichte (MEW 20: 148) werden hier konstituiert. Im Wandel der Produktionsweise und hier veränderter Strukturen der Kapitalreproduktion werden der Regulationsweise bestimmte Merkmale aufgeherrscht. In dieser Neukonfiguration des inneren Konstitutionsverhältnisses von Ökonomie und Politik vollzieht sich ein Akt, den bereits Marx skizzierte, indem er darauf hinwies, dass sich die Reproduktion des Kapitalverhältnisses immer zugleich als „Neuproduktion und Destruktion der alten (sozialen) Form“ darstellen muss (Marx 1974: 393).

Vor allem Untersuchungen zur Veränderung der Arbeitspolitik konnten inzwischen eindeutig zeigen, dass die weiterhin bestehenden institutionellen Formen des Systems industrieller Beziehungen im nachfordistischen Globalisierungs- und Restrukturierungsprozess inhaltlich geschliffen wurden (Dörre 2002). Am prägnantesten kommen diese Veränderungen in der sozialen und politischen Alltagspraxis der Gewerkschaften zum Tragen: „Vor zwanzig Jahren genügten einem Gewerkschaftsfunktionär zwei Versammlungen, um an einem einzigen Tag mit mehreren Tausend Beschäftigten in Kontakt zu treten und persönlich die Stimmung zu beurteilen." (Leonardi 2001: 755) Tempi passati. Der Ansprechpartner „kollektiv organisierter Arbeitskraft" verschwindet tendenziell. Vertikal integrierte Großunternehmen werden in der Neustrukturierung der Weltarbeitsteilung radikal desintegriert. Mit ihnen wandelt sich die von den Organisationen der Arbeiterbewegung getragene Regulation gesellschaftlicher Arbeit bis zur Unkenntlichkeit. Das im Rahmen eines „politischen Ökonomismus" (Richard Hyman) erstrittene Kompromissgleichgewicht fordistischer Regulation wird durch schwindende Organisationsgrade, bröckelnde tarifvertragliche bzw. branchenübergreifende Regulationen und absterbende gewerkschaftliche Konfliktfähigkeit aufgezehrt. An die Stelle der für die fordistische Formation charakteristischen Generalisierbarkeit von Regeln über Betriebs- und Branchenebenen hinaus ist ein Prozess der Verbetrieblichung und Privatisierung des Systems industrieller Beziehungen getreten. Damit aber werden die durch Eigentums- und Aneignungsverhältnisse vorgegebenen strukturellen Machtasymmetrien zwischen Kapital und Arbeit (wieder) tendenziell uneingeschränkt in den Rang einer strukturbildenden Kraft gehoben. Der „stumme Zwang ökonomischer Verhältnisse", in dem Marx zufolge die Herrschaft des Kapitals besiegelt wird (MEW 23: 765), kann wieder „souveräner" herrschen. Diese Erosionsverhältnisse sind als „Ensemble" eines historischen Bruchs unentwirrbar eingewoben nicht nur in bestimmte Ideologien, die diesen Bruch rechtfertigen, sondern auch in eine gründliche Rekomposition des gesellschaftlichen und politischen Bedingungsgefüges, das die sozialen Praxen der Regulation einhegt.

Der Staat, anfangs selbst eine treibende Kraft der Durchsetzung neuer Formen kapitalistischer Globalisierung und des Wandels der Regulation (Röttger 1997; Scherrer 1999), wird zunehmend selbst zu einem getriebenen Verhältnis, das die ihm zugeschriebene Funktion der Absicherung „pfadabhängiger" Transformation nicht mehr zu erfüllen vermag. Der Weltmarkt betrat also nicht als „Sachzwang" die politische Bühne; seine Gestalt in der kapitalistischen Globalisierung seit den 90er Jahren des 20. Jahrhunderts setzte nicht selten „autoritäre Regierungsinterventionen" (Bruno Trentin) gegen fordistische Regulationen und insbesondere gegen die Arbeiterbewegung voraus. Und dennoch: Im Vergleich zur Durchsetzungsphase kapitalistischer Globalisierung dominieren in der „fortgeschrittenen Globalisierung" zunehmend die strukturellen Momente gegenüber den politischen Momenten. Nationalstaatliches Handeln bezieht sich in der fortgeschrittenen Globalisierung immer weniger auf nationale Ökonomien, sondern definiert und garantiert verstärkt die Regeln der globalen Ausdehnung der Kapitale (Gill 1998).

Die „fortgeschrittenen Staaten“ (Antonio Gramsci) werden unter den Bedingungen fortgeschrittener Globalisierung als „nationale Wettbewerbsstaaten“ (Joachim Hirsch) reorganisiert und fungieren damit als Momente einer grundlegenden Tendenz zur Internationalisierung des Staates. Unter diesen Bedingungen bleiben also die fordistischen Institutionen der Arbeit zwar bestehen; sie werden aber inhaltlich zersetzt. Die Gewerkschaften hören nicht auf zu existieren. Sie werden „aber in der Wurzel getroffen. Die Gewerkschaft, oder was von ihr bleibt, 'verhandelt' weiter, aber nur noch in subalternen Formen, nämlich innerhalb der von der Unternehmenslogik festgelegten Koordinaten“ (Revelli 1997: 33).

Diese Logik der ökonomischen Reorganisation, die die Politik strukturiert, ist in neueren industriesoziologischen Untersuchungen - unabhängig davon, ob die These eines nachfordistischen Produktionsmodells geteilt wird und ungeachtet kontrastierender Einschätzungen *en détail* - hinreichend beschrieben worden. Als zentrales Element der Identifizierung eines Bruchs mit der fordistischen Vergangenheit wird hier auf die Durchsetzung eines marktvermittelten, „abstrakten“ Kontrollmodus sowohl in der internen und übergreifenden Unternehmenssteuerung als auch in den sozialen Beziehungen verwiesen. „Ökonomisierung“ erscheint als Signatur einer neuen Entwicklungsepoche des Kapitalismus (Dörre/Röttger 2002).

Diese ausgebildete Gemeinsamkeit, die sich hinter der Vielfalt regional- oder branchenspezifischer Varianten des Umbaus der Produktionsweise verbirgt, ist nicht das Ergebnis „plötzlicher Entdeckungen“, sondern kann mit Michel Foucault (1976: 279) als Resultat „breiter historischer Prozesse, die ökonomischer, rechtlich-politischer und wissenschaftlicher Art sind“, aufgefasst werden. Sie kann verstanden werden „als eine Vielfalt von oft geringfügigen, verschiedenartigen und verstreuten Prozessen, die sich überschneiden, wiederholen oder nachahmen, sich aufeinander stützen, sich auf verschiedenen Gebieten durchsetzen, miteinander konvergieren - bis sich allmählich die Umrisse einer allgemeinen Methode abzeichnen“ (ebd.: 177). In der Begrifflichkeit der Weltsystemtheorie lassen sich die in einem komplexen, konfigurativen Zusammenspiel von betrieblichen Unterwerfungs-, nationalstaatlichen Herrschafts- und weltökonomisch vermittelten Machtverhältnissen entfalteten Veränderungsprozesse als Herausbildung eines „systemischen Akkumulationszyklus“ (Arrighi/Moore 2001) interpretieren.

So besteht das Verdienst der Weltsystemtheorie darin, darauf aufmerksam gemacht zu haben, dass die Geschichte der Herausbildung und Expansion des kapitalistischen Weltsystems seit dem „langen 16. Jahrhundert“ (Immanuel Wallerstein) als Geschichte seiner nationalen Verstaatlichung und Vergesellschaftung geschrieben werden kann. Die Weltsystemtheorie bewegt(e) sich damit in der 'guten' Tradition marxistischer Ansätze, den internationalen Zusammenhang als Klassenbeziehung *und* als hierarchisches Verhältnis im internationalen Staatensystem zu interpretieren. Ihr Verdienst besteht ferner darin, immer auch gezeigt zu haben, dass die entscheidende analytische Bezugsgröße des Kapitalismus schon immer das Weltsystem und die ihm eigenen ökonomischen Prozesse und Verknüpfungen sein musste und nicht „irgendwelche anderen Einheiten, die sich nach juristischen, politischen, kulturellen, geologischen oder sonstigen Kriterien definieren lassen" (Hopkins/Wallerstein 1979: 187).

Die neogramscianische Globale Politische Ökonomie konnte inzwischen aber auch deutlich machen, wo die Grenzen der Weltsystemtheorie liegen. Stephen Gill (1990) verortet den Kern ihrer Krise darin, dass sie die Synergie der fortschrittlichen Kräfte über die nationalen Grenzen hinweg nicht theoretisch zu erfassen vermochte. Konzeptionell verdichtet sich diese Krise in einer defizitären Analyse von (globaler) Hegemonie, die nicht mehr umstandslos auf die in „starken Staaten" organisierten Klassenkompromisse zurück geführt werden kann. Robert W. Cox (1983: 172f.) hat in seinem die neogramscianische Globale Politische Ökonomie grundlegenden Aufsatz vorgeschlagen, globale Hegemonie als dominierende Akkumulations-, Gesellschafts- und Regulationsstruktur auf weltwirtschaftlicher Ebene zu begreifen: „Hegemony at the international level is thus not merely an order among states. It is an order within a world economy with a dominant mode of production which penetrates into all countries and links into other subordinate modes of production. It is also a complex of international social relationships which connects the social classes of the different countries. World hegemony is describable as a social structure, an economic structure, and a political structure; and it cannot be simply one of these things but must be all three."

Die Verschränkung von betrieblichen Unterwerfungs-, nationalstaatlichen Herrschafts- und weltökonomisch vermittelten Machtverhältnissen bleibt das Erklärungsbedürftige. Mit der kapitalistischen Globalisierung konstituiert sie sich aber grundlegend neu. Erstmals vollzieht sich ein kapitalistischer Verallgemeinerungsprozess dergestalt, dass sich die kapitalistische Weltökonomie nicht mehr vorrangig über ein hierarchisches Staatensystem und nationalstaatlich organisierten Zentrum-Peripherie-Beziehungen organisiert und konstituiert, sondern als hierarchisierende Funktion der Kapitalakkumulation selbst. Dieser Wandel erzwingt endgültig, die analytische Dichotomie von nationaler und globaler Ebene bzw. endogenen und exogenen Faktoren zu überwinden (Beaud 1987). Dieser Konstitutionswandel der kapitalistischen Weltökonomie lässt sich als Übergang von der Inter- zur Transnationalisierung der Produktionsweise charakterisieren. Dies lässt sich am Beispiel der Automobilindustrie (Volkswagen) verdeutlichen: Basierte die *multinationale Strategie* einer konzerninternen Funktionsteilung zwischen den „zentralen" deutschen Standorten und den „peripheren" Übersee-Standorten der 60er Jahre noch auf einer strikt hierarchischen Arbeitsteilung und fungierte somit als Bestandteil eines exportgestützten Produktionsmodells, das die wirtschaftliche Nachkriegsentwicklung der Bundesrepublik entscheidend trug, begann sich bereits mit der so genannten „Verbundfertigung" der 80er Jahre infolge einer komplexer werdenden internationalen Aufgabenstruktur und Arbeitsteilung die „Modernitätslücke" zwischen den verschiedenen Konzernstandorten tendenziell zu schließen. In der Strategie des global atmenden Produktionsnetzwerkes mit weltweit standardisierter Produktion und standardisierten Produkten (bei ungleichen Systemen der Arbeitsbeziehungen) wurde die Strategie der produktionstechnischen Angleichung der weltweiten Produktion des Konzerns vollendet - wie etwa die Verantwortlichkeit des Werkes in Puebla für die Produktion des New Beetle zeigt.

Verallgemeinernd kann mit Lothar Hack (1998: 590) davon ausgegangen werden, dass diese Transnationalisierung des Kapitals als ein Prozess des „Aufbaus von polyzentrischen Strukturen" zu charakterisieren ist, durch den „die weltweiten Vorgänge und Ereignisse in den verschiedenen Geschäftsfeldern und Regionen teilweise sehr direkte Rückwirkungen auf andere lokale Prozesse - gerade auch in den Metropolen - erhalten". Die Globalisierung arbeitsteiliger Produktionssysteme geht über den Aufbau von Produktionsnetzwerken mit immer weiter ausgreifenden Zulieferbeziehungen, in denen sich die klassischen Zentrum-Peripherie-Beziehungen reproduzieren, hinaus. Die polyzentrische Struktur im Rahmen der produktionstechnischen Angleichung/Austauschbarkeit der Standorte transnationaler Konzerne bewirkt ein neues Verhältnis von Zentrum und Peripherie und damit eine Neuordnung der Strukturen der Weltarbeitsteilung samt der ihr eigenen lokalisierten Ausbeutungsstrategien (Lipietz 1997). Die alte Spaltung zwischen Zentrum und Peripherie wird durch eine neue Spaltung überlagert, die sowohl das Zentrum als auch die Peripherie durchzieht: In den peripheren Gesellschaften entstehen „zentrale", hochmoderne und global agierende Produktionskomplexe (bei gleichzeitiger Reproduktion internationaler Hierarchien), während in den metropolitanen Gesellschaften neuartige Formen der „low-road"-Fertigung Einzug halten, die sich im Rahmen der Neuordnung regionalisierter Zulieferbeziehungen und - im Kontext der Prozessintegration - erzwungener Formen der Lokalisierung von Liaisonfunktionen in den Zentren der Weltökonomie einnisten („Entgrenzung der Peripherie").

Diese Entwicklungstendenzen in der globalisierten Produktionsweise lassen sich durchaus regulationstheoretisch interpretieren, nicht zuletzt weil sich die „allgemeine Methode" der Reorganisation durch die verschiedensten arbeitspolitischen Kontexte organisiert, diese transformiert und so den Rahmen vorgibt, in dem sich die verschiedenen Kapitalismustypen der Zukunft ausbilden werden. Eine, wenn nicht *die* zentrale Fragestellung der Regulationstheorie richtete sich immer auch auf das Verhältnis von so genannten exogenen und endogenen Faktoren, konkreter: auf die Prozesse der Endogenisierung („endogénéisation") weltmarktdominierender Produktionsverhältnisse (Aglietta 1994).

Diesen Grundgedanken weltmarktgültiger, hegemonialer Produktions- und Tauschnormen - letztlich: ein Konzept zur Erforschung kapitalistischer Expansion - entwickelte Michel Aglietta allerdings schon in seiner der Theorie kapitalistischer Regulation (Aglietta 1979a) vorgelagerten Untersuchung der Internationalisierung des Kapitals nach dem Zweiten Weltkrieg als einem Prozess der Übertragung des fordistischen Regimes von den USA nach Europa. Aglietta entfaltete hier seine zentrale These, dass die Internationalisierung des Kapitals in ihrem wesentlichen Kern als „die Verallgemeinerung der kapitalistischen Produktionsverhältnisse" aufzufassen sei, „durch die sich das dominierende Kapital verwertet" (Aglietta 1979b: 74). Die internationale Durchsetzungsfähigkeit des US-amerikanischen Kapitals im Fordismus basierte auf seiner Vorreiterfunktion in der Umwälzung des Arbeitsprozesses und der Konsumformen bereits in den 30er Jahren - sozusagen auf einer weltweiten Implementation einer *nationalen* Produktionsnorm. Infolge der Verschiebungen im Schwerpunkt der Internationalisierung vom Handel hin zur Produktion in den 60er Jahren kommt es Aglietta zufolge zu einer Angleichung der Produktions- und Austauschbedingungen in den transatlantischen Beziehungen. Auf diese Verallgemeinerung und die daraus resultierende Konkurrenzverschärfung reagierte die US-amerikanische Ökonomie - neben der Reform des Weltwährungssystems, die schließlich im „Casino-Kapitalismus" (Susan Stange) neue finanzielle Normen generieren sollte - vor allem mit der Restrukturierung ihrer Industrie. Aglietta sieht eine Konzentration auf Branchen auf den Weg gebracht, die „spezialisierte Produktionsmittel" herstellen und der „Produktion von neuen Produktionsnormen" dienen, Branchen, die gleichzeitig die „materielle Grundlagen für neue Formen gesellschaftlicher Beziehungen [...] liefern" und „in der Lage sind, die gesellschaftlichen Produktionsbedingungen umzuwälzen" (ebd.: 110f.).

In diesem Zusammenhang thematisiert Aglietta das aufsteigende „Engineering" als eine Beherrschungsform der weltweiten Ausdehnung dominanter Produktionsbedingungen: „Die Engineering-Funktion ist eine der wichtigsten autonomen Funktionen, die aus der Zersplitterung der ökonomischen Tätigkeiten mit dem Ziel hervorgingen, diese zu koordinieren." (ebd.:118ff.) Entscheidend für Aglietta ist, dass die infolge der Restrukturierung systematisierte Internationalisierung der Produktion einen Prozess ausgelöst hat, „der zu einer neuen internationalen Spezialisierung führt, deren ökonomisches Grundprinzip [nun] die Herausbildung von *weltweit gültigen Produktions- und Tauschnormen* ist" (ebd.: 122). Heute sieht Aglietta eine treibende Kraft der Durchsetzung und Verallgemeinerung eines neuen Normensystems im finanzgetriebenen Akkumulationsregime, das die Unternehmen zwingt, „ihre Produktionsweise und ihre Arbeitsorganisation [zu] transformieren, um den finanziellen Normen gerecht zu werden" (Aglietta 2002: 14). Die neuen Informationstechnologien aber blieben ein „Schlüsselelement der Umstrukturierungen" (ebd.: 15).

Der Rückgriff auf das regulationstheoretische Konzept der Produktions- und Tauschnormen erscheint mir vordergründig aktuell, weil in ihm bereits die in der „New Economy" systematisierte mikroelektronische Integration fragmentierter Produktionszusammenhänge (Hack 2001) vorweggenommen ist. Der Rückgriff ist meines Erachtens aber vor allem deshalb sinnvoll, weil die internationale Restrukturierung der letzten 15 Jahre zu neuartigen Kontrollkonzepten und Wechselbeziehungen zwischen der „Globalisierung" der Produktionsbedingungen und der „Lokalisierung" der Ausbeutungsstrategien geführt hat (Ruigrok/vanTulder 1995), die in diesem Konzept thematisiert werden können (Lüthje 1998). Eine hegemoniale Produktionsnorm bezeichnet dabei nicht nur einen Rationalisierungstyp, der sich im Konglomerat aus Managementprinzipien, Firmenorganisation und Arbeitsbeziehungen realisiert. Sie geht als analytisches Konzept über das „Produktionsmodell" hinaus, weil sie eine Produktionsweise thematisiert, die sich durch ökonomische, soziokulturelle und arbeitspolitische Kontexte hindurch organisiert und reproduziert. Der Weltmarkt als „Kampffeld ungleicher Gruppen und Staaten, auf dem der Stärkere dem Schwächeren sein Gesetz auferlegt" (Ziebura 1973: 297) ist ihr Wirkungsfeld; sie begründet einen Verbreitungsprozess (durch Nachahmung oder durch Gewalt) jener gesellschaftlichen Beziehungen, die ihnen eigen sind.

Um keine Missverständnisse aufkommen zu lassen: Die These der Herausbildung neuer hegemonialer Produktionsnormen als „Umrisse einer allgemeinen Methode" der Reorganisation bedeutet keineswegs, einen „one best way" der Restrukturierung zu konstatieren. Insbesondere im Kontext der Regulationstheorie ist immer wieder darauf hingewiesen worden, dass ein hegemoniales Akkumulationsregime keineswegs das Ergebnis einer einzelnen Akkumulationsstrategie ist. Jedes Regime konstituiert sich über eine Vielzahl von Existenzbedingungen und Strategien, die in einem hegemonialen „Prozess der Verallgemeinerung von Interessen in einem instabilen Kompromissgleichgewicht" erfolgen (Demirović 1992: 154). Im Anschluss an Nicos Poulantzas, der das Konzept einer *dominierenden* Produktionsweise entwickelte, formuliert Alain Lipietz (1983: 33) einen Kern des regulationstheoretischen Forschungsprogramms: Auszuloten, wie sich ein großer Teil des gesellschaftlichen Lebens um die Reproduktion dieses dominierenden Verhältnisses herum organisiert, und zu zeigen, wie sich in komplexen Gesellschaftsformationen die Dominanz einer Produktionsweise artikuliert.

Diese Durchsetzungs- und Verallgemeinerungsverhältnisse können mit Nicos Poulantzas als Kräfte der „Interiorisierung" gefasst werden, d.h. sie vollziehen sich nicht durch äußeren Zwang, sondern als „Artikulation" von Weltmarktbeziehungen im Innern der Gesellschaftsformationen. Der „neue Kapitalismus" ist Ausdruck nicht waltender Kräfte linearer Konvergenz, aber einer neuartigen Verdichtung ökonomischer und politischer Momente kapitalistischer Regulation. Die Durchsetzung dieser neuen Regulationsverhältnisse erfolgt als ein Prozess der Erosion und Transformation der gesellschaftlichen Kompromissstrukturen mittels Ökonomisierung gleichsam von innen aus den Gesellschaften heraus. Bereits Poulantzas (1975: 43) konnte herausarbeiten, dass unter den Bedingungen der Internationalisierung des Kapitals die kapitalistische Produktionsweise die Gesellschaftsformationen „nicht mehr einfach von 'außen' und durch die Reproduktion des Abhängigkeitsverhältnisses" (beherrscht), sondern ihre unmittelbare Herrschaft in ihnen selbst errichtet.

Systematisch entfaltet hat Poulantzas das Konzept der „Interiorisierung" in seiner Theorie des „internationalen imperialistischen Zusammenhangs". Das „Primat der internen Faktoren" verweise auf das entscheidende Problem, dass es nämlich, „strenggenommen, nicht auf der einen Seite die externen Faktoren [gibt], die lediglich von außen wirken, und auf der anderen Seite die in ihrem eigenen 'Raum' 'isolierten' internen Faktoren. Das Postulat vom Primat der internen Faktoren bedeutet, dass die in jedem Land von 'außen' gesetzten Koordinaten der imperialistischen Kette [...] auf diese Länder nur kraft ihrer Interiorisierung wirken, durch Verknüpfung mit deren jeweiligen Widersprüchen." (Poulantzas 1977: 20) Interiorisierung bleibt dabei nicht auf die Nationalstaaten beschränkt, „sie lässt sich auf lokalen, regionalen, grenzübergreifenden und interregionalen Ebenen genauso feststellen wie in den

Aktivitäten der sogenannten ‚unternehmerischen Städte'" (Jessop 1999: 487). Die im „neuen Kapitalismus" wirkungsmächtigen hegemonialen Produktionsnormen begründen also ein gesellschaftliches *Durchdringungsverhältnis*, durch das es gelingt, die „Räume der Regulation" einzuhegen und damit in mit dem vorherrschenden ökonomischen Organisationsprinzip zu vereinbarende Formen zu pressen.

„Primat der internen Faktoren" bedeutet somit keineswegs, die Funktion globaler Kräfte und Organisationen im Prozess der Erosion des fordistischen Kompromissgleichgewichts zu unterschätzen. Dieses Primat setzt vielmehr globale Hegemonie als dominierende Akkumulations-, Gesellschafts- und Regulationsstruktur auf weltwirtschaftlicher Ebene voraus. Es verpflichtet aber im Unterschied zu verbreiteten „top-down"-Perspektiven dazu, zur Kenntnis zu nehmen, dass die „Gesetze" der Globalisierung nur Kraft der Interiorisierung, also der Einlagerung in die gesellschaftlichen Verhältnisse „vor Ort", tatsächlich wirken. In diesem Prozess, „wie exogene Strukturen endogenisiert werden" (Elmar Altvater), lässt sich ein Wandel feststellen. Die Durchsetzungsverhältnisse sind von ihren Konstitutionsverhältnissen zu unterscheiden, die erst eine gesellschaftliche Durchdringung ermöglichen. Inzwischen verdichtet sich eine globale Konstellation, in der sich die weltökonomische „Herrschaft der constraints" mit neu sich austarierenden Aushandlungskonfigurationen (Ruigrok/van Tulder) im Rahmen transnationaler Produktionsnormen verbindet. Die neue Produktionsnorm gewinnt Gestalt, weil sie sich durch die arbeitspolitischen und regulativen Kontexte organisiert. Die nachfordistische Reorganisation der Gesellschaften basiert auf hegemonialer Blockbildung, die die gesellschaftlichen Akteure auf wettbewerbskonforme Strategien und Projekte verpflichtet. Ihr werden aber zugleich weltökonomische Mechanismen zur Seite gestellt, die diesen Prozess stützen und diese Koalitionen stabilisieren. Wettbewerbskorporatismus kann so zur hegemonial abgesicherten „gesellschaftlichen Manier" (Karl Marx) werden.

4. Eine neo-regulationistische Perspektive

Die permanente Umwälzung der Produktions- und Arbeitsbedingungen gehört bekanntlich zu den Wesensmerkmalen einer kapitalistischen *Produktionsweise*. Erst durch das Einweben des ökonomischen Strukturwandels in einen Umbau der gesellschaftlichen, politischen und ideologischen Beziehungen, die die *Produktionsverhältnisse* strukturieren, können ökonomische Entwicklungen auf relative Dauer gestellt werden. Eine Produktionsweise bezeichnet nach Marx abstrakt die widersprüchliche Einheit von Produktivkräften und Produktionsverhältnissen, die eigentliche „ökonomische Struktur" einer Gesellschaftsformation. Eine konkrete Produktionsweise stellt immer „die widersprüchliche Einheit der Produktivkräfte eines bestimmten Entwicklungsniveaus mit den diesem Niveau entsprechenden modifizierten Produktionsverhältnissen" erst her. Produktionsweise und Produktionsverhältnisse müssen sich im historischen Prozess „interdependent qualitativ verändern" (Haug 2001: 42), um ihre Grundmerkmale – den von Marx als „Springpunkt der Politischen Ökonomie" beschriebenen Warencharakter der Arbeitskraft und das als „Bedingung des Kapitals" bezeichnete Lohnverhältnis (MEW 23: 56) - reproduzieren zu können. Das ist der Kern eines erweiterten, historisch-konkretisierenden Begriffs der Produktionsweise: Zusammenhänge aufzuzeigen, die sich zwischen den Formen der Herrschaft, die das Kapital im ökonomischen Reproduktionsprozess ausübt, und den Formen auf gesamtgesellschaftlicher Ebene ausbilden. Bob Jessop (1992) spricht in diesem Zusammenhang von der Existenz einer „integralen Ökonomie", die den „integralen Staat" in den entwickelten kapitalistischen Gesellschaftsformationen ergänzt.

In der Analyse dieses Themenfeldes verorte ich auch die Theorie kapitalistischer Regulation: Als ein Forschungsprogramm historisch-konkreter Stabilitätsreserven der bürgerlichen Gesellschaft in kapitalismustheoretischer und selbstverständlich - kritischer Absicht. Als eine „Theorie mittlerer Reichweite", die sich allein der Analyse institutioneller Formen verpflichtet, kann sie dies aber nur noch sehr bedingt leisten. Zweifelsohne bedeuten die von mir vorgeschlagene Thematisierung hegemonialer Produktionsnormen, die sich durch die gesellschaftlichen und politischen Regulationsverhältnisse organisieren, sowie die These ihrer gesamtgesellschaftlich strukturprägenden Bedeutung eine Re-Traditionalisierung der Kritik. Sie impliziert, dass erst die Bestimmung der weltmarktgültigen und hegemonialen Produktionsnormen im historischen Kontext und in dynamischer Perspektive den angemessenen Rahmen für die Analyse der politischen, sozialen und betrieblichen Realitäten und ihrer Veränderung bildet. Deren empirische Untersuchung steht allerdings noch weitgehend aus.

Christoph Görg (1995: 637) hat auf der theoretisch-konzeptionellen Ebene in seiner Auseinandersetzung mit diskurstheoretischen Erneuerungsversuchen der Regulationstheorie völlig zu Recht die „Einheit von Reproduktion und Regulation" zum Ausgangspunkt seines Plädoyers für Gesellschaftstheorie gemacht: „Regulation ist [...] immer auch Reproduktion strukturell verankerter Positionen und daraus sich ergebender (Geld- oder Macht-)Ressourcen im Rahmen kapitalistischer Verhältnisse, und deren Reproduktion schließt immer eine institutionelle Regulation ein." Diese Einheit kann daher nur gesellschaftstheoretisch gedacht und analysiert werden. Regulation als „Fundsache" ist nicht allein Ergebnis ideologisch-hegemonialer Stabilisierung und kann nicht ohne Berücksichtigung „eigenständiger struktureller Komponenten" erklärt werden (ebd.: 638). Sie ist also durch die gesellschaftliche Totalität vermittelt, die Adorno (1979: 549f.) explizit als „eine Kategorie der Vermittlung" begriff. Die gesellschaftlichen Einzelphänomene werden „erst in der herrschenden Totale, von der sie abweichen" zu dem, was sie tatsächlich sind. „Das dürfte in der heute beliebtesten soziologischen Konzeption, der der middle range theory, arg unterschätzt sein." Im Kern möchte ich also daran festhalten, dass das gesellschaftskritische Potenzial auch der Regulationstheorie nur dann hervortreten kann, wenn Vorstellungen und Begriffe von einer gesellschaftlichen Totalität und ihrer strukturellen Komponenten erarbeitet werden. Diese zentrale Kategorie kritischer Gesellschaftstheorie, die Totalität bzw. das gesellschaftliche Ganze, kann aber „nur dann sinnvoll benutzt werden [...], wenn ihr ein anderer grundlegender marxistischer Begriff, der der 'Hegemonie', zur Seite gestellt wird" (Williams 1977: 189f.).

Wenn also Regulationstheorie in ihrer gegenwärtigen Gestalt vor allem der Schärfung ihrer kapitalismustheoretischen Grundpfeiler bedarf, so richtet sich das (auch) gegen den in der Diskussion um neue Governanceformen des transnationalen Kapitalismus sich herausschälenden Gestaltungsoptimismus sozialen Wandels. Sofern dieser Wandel selbst hegemonial bestimmt ist und Hegemonie als Schnittstelle der gesellschaftlichen Totalität und damit auch der Regulationsverhältnisse begriffen wird, reüssiert sie im Rahmen dessen, was Joachim Hirsch (1994: 207) eine gesamtgesellschaftliche „Bedingungskonstellation" genannt hat:

„Der bestehende Modus von Akkumulation und Regulation ist also sowohl Basis als auch Ergebnis eines komplizierten Prozesses von Hegemoniebildung. Indem der Prozeß der Regulation die sozialen Konflikte in eine mit der Verwertung des Kapitals verträgliche Form bringt und damit die materielle Reproduktion der Gesellschaft gewährleistet, legitimiert er sich selbst. Sowohl die allgemeine Struktur der kapitalistischen Gesellschaft als auch der konkret existierende Akkumulations- und Regulationsmodus und die sich mit dessen Entwicklung und Krisen verändernden sozialen Interessenkonstellationen und Kräfteverhältnisse sind somit die Basis hegemonialer Prozesse, ohne sie indessen kausal zu bestimmen. Vielmehr bezeichnen sie eine *Bedingungskonstellation*, die durchaus unterschiedliche 'hegemoniale Strategien' zuläßt."

Dies nicht zuletzt deshalb, weil Hegemonie nichts Singuläres bezeichnet. Ihre inneren Strukturen sind vielmehr höchst komplexer Natur, die ständig erneuert, neu geschaffen und verteidigt werden müssen. Und weil Hegemonie bzw. eine hegemoniale Ordnung „nicht den spezifischen Inhalt der Ideen vor[schreibt], sondern die Grenzen, innerhalb denen Ideen und Konflikte sich bewegen dürfen und gelöst werden" (Clarke et al. 1979: 82), gewinnt ein anderes Thema zentrale Bedeutung in einer Bestimmung kapitalistischer Regulationsverhältnisse: Die Frage nämlich, wie die unbestritten über die Systemgrenzen hinausweisende Dimension von Regulation im demokratisch erweiterten Staat immer wieder in Korridore balanciert wird, in denen soziale Praxen in eine mit dem vorherrschenden Modus der Kapitalakkumulation zu vereinbarende Form gebracht werden, wie also kapitalistische Regulation formationsspezifische Merkmale und „strukturelle Formen" erhält, die mittels struktureller Selektivitäten und *non-decisions* wirken. Diese Verkorridorisierung der Regulation kann als Ergebnis dessen analysiert werden, was Gramsci eine „passive Revolution" des Kapitalismus genannt hat - ein Prozess „molekularer Veränderungen, die in Wirklichkeit die vorhergehende Zusammensetzung der Kräfte zunehmend verändern und folglich zur Matrix neuer Veränderungen werden" (Gramsci 1991ff.: 1727f.).

Für Gramsci stand aufgrund der sich in der „großen Industrie" selbst organisierenden Arbeiterbewegung fest, dass die passive Revolution in den Kapitalismen des 20. Jahrhunderts der „unmittelbaren Notwendigkeit der Organisation einer Planwirtschaft" entspringt. Eine passive Revolution findet dann statt, wenn

„vermittels des gesetzgeberischen Eingriffs des Staates und über die korporative Organisation mehr oder weniger tiefe Veränderungen in der ökonomischen Struktur des Landes eingeführt werden, um das Element 'Produktionsplan' zu betonen, dass also die Vergesellschaftung und Kooperation der Produktion betont werden, ohne deshalb die individuelle und gruppenmäßige Aneignung des Profits anzutasten“ (ebd.: 1243; vgl. auch 1080).

Trotz dieser offensichtlichen Fehleinschätzung gelingt es Gramsci gerade im Konzept der „passiven Revolution“ deutlich zu machen, dass die Trennung von Politik, Ideologie und Ökonomie, von Akkumulation und Regulation nur eine formelle sein kann, d.h. die unterschiedlichen Elemente einer Gesellschaftsformation als Momente der „Einheit des Prozesses des Wirklichen“ fungieren und folglich „als innerlich zusammenhängend und notwendig aufeinander bezogen und in Wechselwirkung“ begriffen werden müssen (ebd.: 1308) - als ein Prozess, in dem sich aber auch Strukturen herausbilden und verfestigen, die neuartige System- und Tätigkeitsgrenzen politischen Handelns festzurren.

Eine Erneuerung der Regulationstheorie bedarf also einer Theorie der regulativen Handlungskorridore, deren Bestimmung sich aus unterschiedlichen, aber in Einklang balancierten Handlungs- und Rationalisierungslogiken kapitalistischer Totalität ergibt. Eine solche Theorie der Handlungskorridore wäre in der Lage, die verschütteten Traditionen einer Kritik der Politik genauso wiederzubeleben, wie die Herrschaftsförmigkeit des Regulationsprozesses neu zu analysieren. Dass diese herrschaftliche Organisation ein hochgradig zerbrechliches Gebilde darstellt, das vergänglich und damit auch historisch veränderbar ist, versteht sich von selbst. Die Bedingungen eines solchen Bruchs jedoch müssen neu bestimmt werden. Auch das wäre ein Aufgabenfeld für eine Forschungsperspektive, die ich eine neo-regulationistische nennen würde.

5. Schluss: Regulationstheorie – „im Rücken die Ruinen von Europa" (Heiner Müller)

Verfolgt man die Zyklen, in denen Regulationstheorie zu Ehren gelangte bzw. Objekt der Kritik wurde, ergibt sich eine recht eigenwillige Verlaufsform. Entstanden (auch) als ein Konzept der Analyse einer schon zum Untergang geweihten Epoche kapitalistischer Entwicklung feierte sie zum Zeitpunkt ihres Ablebens - wohl noch getragen von der eurokommunistischen Euphorie - ihren Triumph. In den Phasen der neoliberalen Konterrevolution in Europa seit Ende der 70er Jahre jedoch verfinsterte sich zunehmend ihre „rationalistische Endzeiterwartung“ (Alain Lipietz), die sich des Übergangs zur sozialistischen Regulation noch sicher war. Auch in Europa wurden Ökonomie und Politik zu wechselseitig verschränkten Bastionen der Kapitalreproduktion, deren Wirkungsmechanismen selbst unter den Bedingungen der „Eroberung“ der Staatsmacht durch die Parteien der sozialistischen Arbeiterbewegung nicht aufgebrochen werden konnten. Das „Experiment Mitterand“ in Frankreich 1981/82 brachte wohl endgültig die Gewissheit, dass die ursprünglichen Hoffnungen zu Grabe getragen werden mussten. Die Politik der „désinflation compétitive“ versetzte ihr förmlich den Todesstoß. Die nachfordistische Reorganisation des historischen Kapitalismus leitete eine Art „belle époche des Kapitals“ (Samir Amin) ein und verdichtete sich zu einer grundlegenden „condition bourgeoise", in die die Austreibung der „regulativen Idee" des Sozialismus fest eingeschrieben wurde. Regulationstheorie war von nun an nur noch von theoretischem, wenn nicht historischem Interesse. Die Theorie kapitalistischer Regulation schien beerdigt.

15 Jahre später scheint sich die Konjunktur der Regulationstheorie gewendet zu haben. Die Verallgemeinerung des finanzgetriebenen Akkumulationsregimes, das nicht weniger als der politische Neoliberalismus der 80er Jahre die regulative Idee diskreditiert, wird nun aber zum Anlass, die Gräber zu verlassen, um dem regulationstheoretischen Forschungsprogramm neues Leben einzuhauchen. An die verlassenen Gräber der ursprünglichen Theorie kapitalistischer Regulation können nun freilich all diejenigen pilgern, die das Projekt einer „besseren Regulierung" zu dem ihren gemacht haben, mit dem Ziel, die sozialen Konflikte in eine mit der Verwertung des Kapitals verträgliche Form zu bringen.

Mit einer gesellschaftskritischen Perspektive hat dies kaum mehr etwas zu tun. Was bleibt, sind vorerst die ursprünglichen Texte. „Denn / Ein Schwert kann zerbrochen werden und ein Mann / Kann auch zerbrochen werden, aber die Worte / Fallen in das Getriebe der Welt uneinholbar / Kenntlich machend die Dinge oder unkenntlich." (Heiner Müller, *Der Horatier*). Aus ihrem Material ließe sich durchaus eine politökonomische Analyse der Einheit kapitalistischer Gesellschaftsformationen als einem „historischen Block" (Antonio Gramsci) rekonstruieren. Auf der Grundlage einer solchen Rekonstruktion wird sich auch das theoretische Interesse an den Formen politischer Regulation mit dem politischen Interesse an der Gewinnung von Gegenhegemonie neu paaren können. Genau darauf zielt mein Vorschlag für eine neo-regulationistische Perspektive. Ihre besonderen Schwierigkeiten möchte ich gar nicht verhehlen. Geschichtlich agierte nämlich der Marxismus immer vom Standpunkt entwickelter Voraussetzungen - als Gesellschaftskritik gepaart mit einer „rationalistischen Endzeiterwartung". Auf diesem Hintergrund muss heute eine tiefe Krise des Marxismus und damit auch der von Marx inspirierten Theorie kapitalistischer Regulation konstatiert werden. Vieles spricht jedoch dagegen, angesichts der immensen Schwierigkeiten, die bei einer hegemonie- bzw. regulationstheoretischen Reformulierung der marxistischen Staats- und Kapitalismustheorie entstehen, in die allgemeine (Globalisierungs-)Litanei auf die Entbettung marktlicher Prozesse und in die damit zusammenhängende euphemistische Umdeutung nationalstaatlicher oder regionaler Regulationsverhältnisse einzustimmen. Die Kritik der Politik bleibt aktuell, wird vielleicht aktueller denn je. Sie kann auch der Hebel sein, mit dem die Theorie der Regulation wirklich aus ihrem Sarg gesprengt und (wieder) lebendiges Element der Auseinandersetzung um soziale Emanzipation werden kann.

Literatur

Adorno, Theodor W. (1979): Soziologische Schriften 1. Frankfurt/M.

Aglietta, Michel (1978): Phases of US Capitalist Expansion. In: New Left Review 110, 17-28.

- (1979a): A Theory of Capitalist Regulation. The US Experience. London.

- (1979b): Die gegenwärtigen Grundzüge der Internationalisierung des Kapitals. Die Wertproblematik. In: Deubner, Christian et al.: Die Internationalisierung des Kapitals. Neue Theorien in der internationalen Diskussion. Frankfurt/M., 70-124.

- (1994): De „Régulation et crises du capitalisme" à la „Violence de la monnaie" et au-delà. Interview. In: ders. et al., 47-70.

- (2000): Ein neues Akkumulationsregime. Die Regulationstheorie auf dem Prüfstand. Hamburg.

- (2002): Mutationen des Kapitalismus: Eine schizophrene Lohnarbeitsgesellschaft? Interview. In: Sozialismus 4, 13-19.

- et al. (1994): École de la régulation et critique de la raison économique. Paris.

Albritton, Robert et al. (Hg., 2001): Phases of Capitalist Development. Booms, Crises and Globalizations. Wiltshire.

Altvater, Elmar (1979): Die bürgerliche Hegemonie, die „Logik der ökonomischen Sachzwänge" und die Alternativen der Arbeiterbewegung. In: Arbeitskreis Westeuropäische Arbeiterbewegung (Hg.): Eurokommunismus und marxistische Theorie der Politik. Berlin/W., 65-83.

- (1987): Sachzwang Weltmarkt. Verschuldungskrise, blockierte Industrialisierung und ökologische Gefährdung - der Fall Brasilien. Hamburg.

-/Kallscheuer, Otto (Hg.,1979): Den Staat diskutieren. Berlin/W.

Arrighi, Giovanni/Moore, Jason W. (2001): Kapitalismus in welthistorischer Sicht. In: Das Argument 239, 43-58.

Beaud, Michel (1987): Le système national mondial hiérarchisé. Paris.

Bieling, Hans-Jürgen et al. (Hg., 2001): Flexibler Kapitalismus. Analyse, Kritik und politische Praxis. Hamburg.

Boyer, Robert (1995): Vers une théorie originale des institutions économiques? In: Boyer, Robert/ Saillard, Yves (Hg.), 530-538.

- (2000): Is a finance-led growth regime a viable alternative to Fordism? A preliminary analysis. In: Economy and Society, No. 1, 111-145.

-/Saillard, Y. (Hg., 1995): Théorie de la réglation. L'état des savoirs. Paris.

Buci-Glucksmann, Christine/Therborn, Göran (1982): Der sozialdemokratische Staat. Die „Keynesianisierung" der Gesellschaft. Hamburg.

Candeias, Mario/Deppe, Frank (Hg., 2001): Ein neuer Kapitalismus? Akkumulationsregime - Shareholder Society - Neoliberalismus und Neue Sozialdemokratie. Hamburg.

Cartelier, Jean/De Vroey, Michel (1988): Der Regulationsansatz: Ein neues Paradigma? In: Prokla 72, 72-92.

Clarke, John et al. (1979): Subkulturen, Kulturen und Klasse. In: ders. et al., Jugendkultur als Widerstand. Frankfurt/M., 39-131.

Cocco, Guiseppe (1994): Régulation, „operaismo" et subjectivités antagonistes. In: Aglietta, Michel et al (1994), 191-218.

Cox, Robert W. (1983): Gramsci, Hegemony and International Relations: An Essay in Method. In: Millenium 12(2), 162-175.

Demirović, Alex (1992): Regulation und Hegemonie. Intellektuelle, Wissenspraktiken und Akkumulation. In: ders. et al. (Hg.), Hegemonie und Staat. Kapitalistische Regulation als Projekt und Prozess. Münster, 128-157.

- (1997): Demokratie und Herrschaft. Aspekte kritischer Gesellschaftstheorie. Münster.

Deppe, Frank (1999): Politisches Denken im 20. Jahrhundert. Die Anfänge. Hamburg.

Dörre, Klaus (2001): Gibt es ein nachfordistisches Produktionsmodell? Managementprinzipien, Firmenorganisation und Arbeitsbeziehungen im flexiblen Kapitalismus. In: Candeias, Mario/ Deppe, Frank (Hg.), 83-107.

- (2002): Kampf um Beteiligung. Arbeit, Partizipation und industrielle Beziehungen im flexiblen Kapitalismus. Wiesbaden.

-/Röttger, Bernd (Hg., 2002): Das neue Marktregime. Konturen eines nachfordistischen Produktionsmodells. Hamburg (i.E.).

Foucault, Michel (1976): Überwachen und Strafen. Die Geburt des Gefängnisses. Frankfurt/M.

Gill, Stephen (1990): Intellectuals and Transnational Capital. In: Socialist Register. London, 290-310.

- (1998): European Governance and New Constitutionalism: Economic and Monetary Union and Alternatives to Disciplinary Neoliberalism in Europe. In: New Political Economy 3 (1), 5-26.

Görg, Christoph (1994): Regulation - ein neues Paradigma? In: Esser, Josef et al. (Hg.): Politik, Institutionen und Staat. Zur Kritik der Regulationstheorie. Hamburg, 13-30.

- (1995): Plädoyer für Gesellschaftstheorie. Eine Replik auf Christoph Scherrer. In: Prokla 101, 625-643.

Gramsci, Antonio (1991ff.): Gefängnishefte. Hamburg.

Hack, Lothar (1998): Unternehmensinterne Organisation internationaler Arbeitsteilung. Industrielle Forschungs- und Entwicklungsorganisation als Form und Träger von Globalisierungsprozessen. In: Prokla 113, 589-618.

- (2001): Die „New Economy" als neue Formation der Unternehmensorganisation (General Electric zum Beispiel). In: Fricke, Werner (Hg.), Jahrbuch Arbeit und Technik 2001/2002. Bonn, 19-41.

Haug, Wolfgang Fritz (2001): Die Produktionsweise denken. In: Bieling, Hans-Jürgen et al. (Hg.), 36-53.

Hirsch, Joachim (1992): Regulation, Staat und Hegemonie. In: Demirović, Alex et al. (Hg.): Hegemonie und Staat. Kapitalistische Regulation als Projekt und Prozess. Münster, 203-231.

- (1994): Politische Form, politische Institutionen und Staat. In: Esser, Josef et al. (Hg.): Politik, Institutionen und Staat. Zur Kritik der Regulationstheorie. Hamburg, 157-211.

Hoffmann, Jürgen (1984): Modernisierungspolitik als arbeitspolitische Arena - Überlegungen zu ambivalenten Funktionen eines neuen Politiktypus. In: Jürgens, Ulrich/Naschold, Frieder (Hg.): Arbeitspolitik. Materialien zum Zusammenhang von politischer Macht, Kontrolle und betrieblicher Organisation der Arbeit. Opladen, 408-427.

- (1987): Von der Vollbeschäftigungspolitik zur Politik der Deregulierung. Ökonomische und soziale Strukturveränderungen in der Bundesrepublik 1967 bis 1985 und der sich daraus ableitende Korridor politischen Handelns. In: Abromeit, Heidrun/Blanke, Bernhard (Hg.): Arbeitsmarkt, Arbeitsbeziehungen und Politik in den 80er Jahren. Opladen, 344-363.

Hopkins, Terence K./Wallerstein, Immanuel (1979): Grundzüge der Entwicklungen des modernen Weltsystems. Entwurf für ein Forschungsvorhaben. In: Senghaas, Dieter (Hg.): Kapitalistische Weltökonomie. Kontroversen über ihren Ursprung und ihre Entwicklungsdynamik. Frankfurt/M., 151-200.

Jessop, Bob (1990): Regulation theories in retrospect and prospect. In: Economy and Society 19 (2), 153-216.

- (1992): Regulation und Politik. Integrale Ökonomie und integraler Staat. In: Demirovia, Alex et al. (Hg.): Hegemonie und Staat. Kapitalistische Regulation als Projekt und Prozess. Münster, 232-262.

- (1999): Globalisierung und Nationalstaat. Imperialismus und Staat bei Nicos Poulantzas - 20 Jahre später. In: Prokla 116, 469-495.

- (2001): Kritischer Realismus, Marxismus und Regulation. Zu den Grundlagen der Regulationstheorie. In: Candeias, Mario/Deppe, Frank (Hg.), 16-40.

Leonardi, Salvo (2001): Flexible Arbeit und Krise der sozialen Repräsentativität der Gewerkschaften. In: WSI-Mitteilungen, H. 12, 750-758.

Lipietz, Alain (1983): Le capital et son espace. 2. Aufl. Paris.

- (1985): Akkumulation, Krisen und Auswege aus der Krise: Einige methodische Überlegungen zum Begriff „Regulation". In: Prokla 58, 109-137.

- (1992): Vom Althusserismus zur Theorie der Regulation. In: Demirović, Alex et al. (Hg.): Hegemonie und Staat. Kapitalistische Regulation als Projekt und Prozess. Münster, 9-54.

- (1997): The post-fordist World: labour relations, international hierarchy and global ecology. In: Review of International Political Economy 4(1), 1-41.

Lüthje, Boy (1998): „Vernetzte Produktion" und „post-fordistische" Reproduktion. Theoretische Überlegungen am Beispiel „Silicon Valley". In: Prokla 113, 557-588.

Marx, Karl (1974): Grundrisse der Kritik der Politischen Ökonomie. Berlin/DDR.

MEW: Marx-Engels-Werke. Berlin/DDR.

Petit, Pascal (1999): Structural Forms and Growth Regimes of the Post-Fordist Era. CEPREMAP Working Paper 9818.

Polanyi, Karl (1995): The Great Transformation. Politische und ökonomische Ursprünge von Gesellschaften und Wirtschaftssystemen. 3. Aufl. Frankfurt/M.

Poulantzas, Nicos (1975): Klassen im Kapitalismus - heute. Berlin/W.

- (1977): Die Krise der Diktaturen. Portugal, Griechenland, Spanien. Frankfurt/M.

Revelli, Marco (1997): Vom Fordismus zum Postfordismus. Das kapitalistische Wirtschafts- und Sozialmodell im Übergang. Supplement der Zeitschrift Sozialismus, H. 4.

- (1999): Die gesellschaftliche Linke. Jenseits der Zivilisation der Arbeit. Münster.

Röttger, Bernd (1997): Neoliberale Globalisierung und eurokapitalistische Regulation. Die politische Konstitution des Marktes. Münster.

- (2001): New Economy - old theory. Die Regulationstheorie am Ende der Fahnenstange? In: blätter des iz3w 254, 38-41.

- (2002): Nachfordistisches Produktionsmodell - „schmetternde Ouvertüre" einer neuen Formation des Kapitalismus? Insignien einer transnationalen Produktionsweise. In: Jahrbuch Arbeit, Bildung, Kultur. Bd. 19/20, 2001/2002. Hrsg. vom Forschungsinstitut Arbeit, Bildung, Partizipation (FIAB). Recklinghausen, 85-99.

Ruigrok, Winfried/van Tulder, Rob (1995): The Logic of International Restructuring. London.

Sablowski, Thomas (1994): Zum Status des Hegemoniebegriffs in der Regulationstheorie. In: Esser, Josef et al.(Hg.): Politik, Institutionen und Staat. Zur Kritik der Regulationstheorie. Hamburg, 133-156.

Scherrer, Christoph (1999): Globalisierung wider Willen. Die Durchsetzung liberaler Außenwirtschaftspolitik in den USA. Berlin.

Telò, Mario (1979): Formen und Widersprüche des erweiterten Staates. In: Altvater, Elmar/ Kallscheuer, Otto (Hg.), 179-193.

Waringo, Karin (1998): Die Internationalisierung der Produktion in der französischen Regulationstheorie. Frankfurt/M. und New York.

Williams, Raymond (1977): Innovationen. Über den Prozeßcharakter von Literatur und Kultur. Frankfurt/M.

Ziebura, Gilbert (1973): Zusammenfassung: Verflechtungsgrad und Handlungsfähigkeit. In: Regionale Verflechtung der Bundesrepublik Deutschland. Empirische Analysen und theoretische Probleme. Schriften des Forschungsinstituts für Auswärtige Politik. Bd. 33. München, 293-311.

- (1989): Der Staat - das unbekannte Wesen? In: Leviathan 3, 432-443.

Alex Demirović

Stroboskopischer Effekt und die Kontingenz der Geschichte. Gesellschaftstheoretische Rückfragen an die Regulationstheorie

Die Regulationstheorie hat der materialistischen Theoriebildung entscheidende Impulse gegeben und damit eine Tendenz auch auf den Bereich der kritischen Ökonomietheorie ausgedehnt, die in den vergangenen Jahrzehnten verstärkt den relationalen und umkämpften Charakter gesellschaftlicher Verhältnisse betonte. Mit der Renaissance der Rezeption von Antonio Gramsci in den 1970er Jahren konnten Prozesse kultureller Herrschaft als Konflikte zwischen Klassen und ihren Allianzen besser gefasst werden als etwa in der Diskussion über materialistische Ästhetik, die auf das Kunstwerk zentriert blieb. Dies hat zu einem enormen Aufschwung einer kritischen Kultur- und Ideologietheorie geführt. Methodisch konnte ein steriler materialistischer Determinismus in Ansätzen überwunden werden, der bei allen Problemen immer schon wusste, wie die Antwort auszusehen hat: es ist das Kapital, die Kapitalverwertung, der Profit. Durch die Produktion solcher Tautologien wurden die komplexen Überlegungen von Marx zur Reproduktion und Dynamik der kapitalistischen Gesellschaftsformation auf die Verfügungsgewalt über einen universellen Erklärungsschlüssel reduziert. Mit diesem Schlüssel glaubte man, für alles immer schon eine Antwort parat zu haben. Doch schon Marx hatte ja ausdrücklich betont: „Es ist in der Tat viel leichter, durch Analysen den irdischen Kern der religiösen Nebenbildungen (und diese stehen hier für alle Überbauphänomene; AD) zu finden, als umgekehrt, aus den jedesmaligen wirklichen Lebensverhältnissen ihre verhimmelten Formen zu entwickeln. Die letztre ist die einzig materialistische und daher wissenschaftliche Methode." (Marx 1867: 393)

Im Anschluss an Gramscis Auffassung vom Staat als einem integralen Staat, der Gewalt und Konsens, Repression und ethisch-moralische Erziehung, Notwendigkeit und Freiheit miteinander verbindet, sowie im Anschluss an Althussers Begriffe des strukturierten, artikulierten Ganzen und der Überdetermination hatte Nicos Poulantzas den Staat als die materielle Verdichtung eines Kräfteverhältnisses bestimmt. Es reicht nicht aus, den Staat als Klassenstaat zu charakterisieren, der mit Mitteln der Gewalt die Interessen der bürgerlichen Klasse verteidigt. Vielmehr wird nun auch der Staat als ein Konfliktfeld begriffen, auf dem herrschende Klassen und ihre Fraktionen um Macht und Herrschaft kämpfen, auf dem auch die beherrschten Klassen und sozialen Bewegungen mit ihren Forderungen und ihrem Widerstand präsent sind. Die Ergebnisse solcher Kämpfe - und das ergibt sich logisch aus dem Begriff des Kampfes selbst, der immer mit Kontingenz verknüpft ist - sind nicht jeweils schon vorweg bestimmt, weil sich die kollektive Identität einer sozialen Gruppe, ihre relative Stärke und ihre zukünftige Machtposition jeweils aus diesen Kämpfen selbst ergeben.

Mehr noch als bei Poulantzas finden sich schon bei Gramsci Hinweise darauf, dass Marx' Überlegung, das Kapitalverhältnis sei ein gesellschaftliches Verhältnis, ernst genommen werden muss. Das, was Marx manchmal als Naturgesetz charakterisiert, die gesetzmäßige Gewalt der Vermittlung der gesellschaftlich notwendigen Teilarbeiten durch den anonymen Markt und der stumme Zwang des profitgetriebenen Akkumulationsprozesses - eine Gesetzmäßigkeit, welche die Kritische Theorie als zweite Natur auffasst, um dann allein deren Form als systemisch geronnenen Prozess zu kritisieren -, muss gleichzeitig als durch und durch vermittelt durch soziale Kämpfe, nicht allein als ihr verdinglichtes Ergebnis, sondern als ihre Form selbst dechiffriert und begriffen werden. Darin, dass die kapitalistische Produktionsweise beides zugleich beinhaltet: Gesetzmäßigkeit und Kampf, Herrschaft und Widerstand, Notwendigkeit und Freiheit, liegt die Schwierigkeit des theoretischen Verständnisses, die vielfach thematisiert wurde.

Besser wäre: Auch in der jüngst wiederbelebten werttheoretischen und Staatsableitungsdiskussion der 1970er Jahre war diese Schwierigkeit ein zentrales Thema. Diese Ansätze hatten Stärken und Schwächen. Die Stärke lag vor allem darin, die Form des Staates als eine der Formen der kapitalistischen Produktionsweise zu bestimmen - nachdem der Wohlfahrtsstaat von einflussreichen Autoren als der kapitalistischen Akkumulation systemfremd begriffen wurde - und in diesem Zusammenhang die besondere Bedeutung der Werttheorie und ihrer Implikationen herauszuarbeiten. Doch auch die Schwächen waren offenkundig. Zwar nahm diese theoretische Strategie die Überlegung von Marx auf, aus den wirklichen Lebensverhältnissen die verhimmelten Formen abzuleiten. Doch diese Art der Ableitung wurde schnell steril, weil sie an wesentlichen Punkten über eine Ideologiekritik des Staates nicht hinauskam, der in seiner Funktion für die Herrschaft des Kapitals bestimmt wurde. Denn im Sinne eines wesenslogischen Verständnisses wurden die „verhimmelten Formen", also die ganze Vielzahl von Überbauten mit den ihnen eigenen Lebenspraktiken, allein aus der Wert- und Warenform abgeleitet. Das gesellschaftstheoretische Verständnis für die Komplexität und Differenziertheit der Lebensverhältnisse vieler Individuen war demnach gering. Der Schlüssel zum Verständnis des gesamtgesellschaftlichen Prozesses waren die formalen Implikationen der Warenform, also vor allem rechtliche Gleichheit der Warenbesitzer, die Eigentumsgarantie und die Freiheit, über Ware und Geld ungezwungen verfügen zu können. Einer der wahrscheinlich wichtigsten theoretischen Begriffe von Marx, jener der Form, wurde verkürzt.

Form meint bei Marx einen Widerspruch, der ständig auf Auflösung hindrängt, dies jedoch gar nicht kann und deswegen einen bestimmten, wenn man will: elliptischen Bewegungsprozess durchläuft. Es ist grundlegend für die kapitalistische Produktionsweise, dass sie sich widersprüchlich reproduziert. Das Bürgertum schafft mit dem Privateigentum an den Produktionsmitteln die Bedingungen einer Klasse der LohnarbeiterInnen, deren Mehrarbeit sie aneignen muss, um Profit zu machen; gleichzeitig muss, damit der Profit erhalten oder gesteigert werden kann, die Produktivität erhöht werden, so dass die Lohnarbeit überflüssig und der Profit bedroht wird. Die Lohnabhängigen brauchen das Bürgertum, weil es die Mittel hat, mit denen sie sich materiell reproduzieren können; durch ihre eigene Arbeit vergrößern sie den Produktionsstock der anderen Seite und damit deren Macht und ihre eigene Abhängigkeit. Gleichzeitig stellen die Lohnabhängigen die Verfügungsrechte des Bürgertums über die gesellschaftlichen Produktionsmittel schon dann in Frage, wenn wie sich selbst organisieren, höhere Löhne, bessere Schutzvorkehrungen und Bildung oder mehr freie Zeit durchsetzen. Bürgertum und Lohnarbeiterklasse bilden eine widersprüchliche Einheit, beide streben voneinander weg und sind doch immer wieder durch nicht frei gewählte Verhältnisse zusammengezwungen. Dieser Widerspruch nimmt die Form der bürgerlichen Gesellschaft als eine Ganzheit an.

Demgegenüber wurde (und wird) in der Staatsableitungsdiskussion Form nur noch als Rechtsform betrachtet. Wohl rückt damit die Abstraktion und formale Allgemeinheit des Rechts und des Staates als Rechtsstaat in den Blick, doch der Staat als spezifische Form und im weiteren die verschiedenen Staats- und Regimeformen sowie die ihn kennzeichnenden konstituierenden Widersprüchlichkeiten werden nicht analysiert. Die Rechtsform gilt als eine Funktion der Warenvergesellschaftung; alle anderen Widersprüche des kapitalistischen Produktionsprozesses und der Reproduktionsprozess der Gesellschaftsformation werden aber faktisch durch die Art der Analyse übergangen, weil die Verhältnisse - um es mit Marx zu sagen - in die einfachen Beziehungen aufgelöst werden, die der Warenzirkulation entspringen. Der Stand der gesellschaftlichen Arbeit und Kooperation, die Produktionsverhältnisse, die Prozesse der Akkumulation, der bestimmte Markt - das alles bleibt ebenso unberücksichtigt wie die konkreten Praktiken der gesellschaftlichen Auseinandersetzungen. Die Wertform und die Ware rücken an die Stelle, wo traditionell das philosophische Bedürfnis nach Sinn befriedigt und der metaphysische Wunsch nach einem letzten Halt, einem sicheren Ort der Erkenntnis erfüllt wird. Denn es wird der Anschein erweckt, als sei der Wert und die Wertform ein Allererstes, Stabiles, von dem aus alles abgeleitet werden kann. Die deutsche Außenpolitik, der Rassismus in Deutschland, die Strategien der Linken - und dabei kommen dann doch nur reichlich konventionelle Stereotype zumeist über den deutschen Volkscharakter zum Zuge. Sind also allein der Wert und die Ware schon die „wirklichen Lebensverhältnisse", die Marx vor Augen hatte? Sieht man sich seine eigenen Analysen an, dann ist offenkundig, dass ihn die sozialen Kämpfe, die sozialen Klassen, die Parteien und ihre Strategien, das Militär, die Verwaltung, die Presse und die Wissenschaft im Detail interessiert haben - und dies alles nicht, um den Nachweis zu erbringen, dass sie der Wertform gemäß bestimmt sind, sondern um zu analysieren, wie sie alle in ihrer Widersprüchlichkeit zur komplexen Gliederung der Gesamtheit der gesellschaftlichen Verhältnisse beitragen und diese gestalten.

1. Innovationen der Regulationstheorie

Der entscheidende Beitrag der Regulationstheorie war es, die methodische Kritik am logischen Essentialismus ernst zu nehmen und das Kapitalverhältnis als ein konkretes, gegliedertes gesellschaftliches Verhältnis, als artikuliertes Ganzes zu begreifen. Um die Besonderheit zu verstehen, ist es sinnvoll, auch in anderer Hinsicht auf einen Unterschied zur marxistischen Tradition hinzuweisen. In vielen marxistischen Ansätzen wurde durchaus gesehen, dass in der Dynamik des Verwertungsprozesses einzelne Funktionen des Kapitalkreislaufs ein besonderes Gewicht annehmen können, so dass sich Kapitalfraktionen mit einer besonderen Dominanz herausbilden; auch kommt es im Zuge der Akkumulation zu einer Selbsttransformation des Kapitals, also der Unternehmensform, der Kapitalgröße und der Art der Marktorganisation. Entsprechend wurden verschiedene Stadien des Kapitalismus unterschieden: Konkurrenzkapitalismus, Imperialismus, monopolistischer Staatskapitalismus. In diesem Fall werden sowohl Herrschaftsaspekte als auch historische Aspekte thematisiert. Aber die Logik dieser Argumentation bleibt noch zu einfach: das Monopolkapital wird als ein seinen Kapitalfunktionen entsprechender Akteur betrachtet, der als homogener Block linear über die Volksklassen herrscht und zu diesem Zweck den Staat einsetzt. Das Grundverhältnis, das von Lohnarbeit und Kapital, bleibt diesem Verständnis nach identisch, es polarisiert sich nur: der Konzentration des Kapitals entspricht eine Zunahme der Zahl der Lohnabhängigen.

Das Besondere der Regulationstheorie ist demgegenüber, in besonderer Weise die Krise, also das Unwahrscheinliche des Gelingens der Reproduktion ins Zentrum der Theorie zu stellen. Das Kapitalverhältnis existiert nicht einfach als Konstante, mit deren Hilfe alle Veränderungen an der Oberfläche als immer noch kapitalistisch bestimmt werden. Es geht also weniger um die Identität von Identität und Differenz, sondern eher um die Differenz von Identität und Differenz. Bis hinein in die Bestimmung des Wertes und die Eigentumsrelation ist das Kapitalverhältnis bestimmt von der besonderen Art und Weise, wie die sozialen Kräfte und Kämpfe in die Reproduktion selbst eingebunden sind. Dies stellt sich der zumeist eher implizit in Anspruch genommenen Annahme entgegen, es gebe auf der einen Seite die systemische Reproduktion des Kapitals und auf der anderen Seite den Klassenkampf, der zumeist als politische Aktion vorgestellt wird, während die alltäglichen, häufig mikrosoziologischen Vorgänge durch das Wahrnehmungsraster hindurchfallen. Die Reproduktion des Kapitalverhältnisses ist selbst eine Form von Klassenkampf, weil sie dadurch zustande kommt, dass die verschiedenen Elemente des Kapitalkreislaufs in ein jeweils besonderes Verhältnis zueinander gebracht werden: einen Regulationsmodus. Dies bedeutet aber, dass selbst das, was als Grundlage gilt - die Ware, das Geld, die Lohnarbeit, das Eigentum an Produktionsmitteln, die Arbeitsorganisation - nicht einfach unterstellt werden kann. Jedes Einzelne dieser Elemente wird als Form begriffen, in dem sich ein Widerspruch bewegen kann; oder als eine Institution, weil sich mit diesen Elementen bestimmte Verhaltenserwartungen, eine bestimmte soziale Regelmäßigkeit, Alltag, Normalität erwarten lässt. So wird schließlich auch der Wert der Ware im allgemeinen und insbesondere der Wert der Ware Arbeitskraft als ein Verhältnis begriffen, das sich in und durch einen sozialen Konflikt reproduziert: Individuen müssen immer wieder von Neuem auf das abstrakte Arbeitsvermögen hin normalisiert und subjektiviert werden, so dass sie überhaupt erst eine Ware Arbeitskraft sein können und sich die Paradoxie ertragen lässt, jeweils zu arbeiten, um sich zu reproduzieren, um erneut gewinnbringend für andere zu arbeiten und zu konsumieren usw.

Die Verausgabung von Arbeitskraft wird zu einer Normalität und Regelmäßigkeit, diese Regelmäßigkeit selbst nimmt verschiedene Form an. Mit der Analyse des Fordismus entwickelt die Regulationstheorie das Verständnis für eine dieser historisch besonderen Formen des Lohnverhältnisses. Obwohl dies häufig beschrieben wurde, will ich es hier noch einmal tun, um den methodischen Aspekt des sozialen Konflikts und die Transformation der Lohnarbeit besonders hervorzuheben. Der Fordismus wird geläufig als die besondere Verknüpfung von standardisierter, halbautomatisierter Fließfertigung und Massenkonsum erläutert. Die Beschäftigten konnten langlebige Konsumgüter erwerben, an den Bau eines Eigenheims denken und das Risiko eingehen, ihre Kinder auf weiterführende Schulen zu schicken. Für die Arbeiterklasse ergab sich damit - für die Geschichte des Kapitalismus einmalig - eine erhebliche Erwartungsstabilität hinsichtlich der eigenen Zukunft, die verstärkt wurde durch einen relativ großzügigen Schutz gegen die Risiken Arbeitslosigkeit, Krankheit und Altersarmut. Der Zeithorizont und das alltägliche Leben des fordistischen Subjekts, seine Sozialontologie, waren auf Sicherheit eingestellt. Das alles basierte darauf, dass die Reallöhne der lohnabhängig Beschäftigten mit der zunehmenden Produktivität langfristig stiegen. Anders ausgedrückt: Die wachsende Produktivität führte nicht - vermittelt über die Freisetzung einer großen Zahl von Lohnabhängigen - zu einem kontinuierlichen Druck auf das Einkommen der Beschäftigten, vielmehr wurde ein Teil der größeren Unternehmensgewinne direkt oder indirekt auf dem Umweg über den Staat an die Beschäftigten zurückgegeben. Natürlich stellt sich die Frage, wie das Einzelkapital eine derartige makroökonomische und schließlich auch gesellschaftliche Rationalität entwickeln konnte. Es gab dafür selbstverständlich keinen Plan. Gleichwohl sollten das Wissen und die Strategien der Akteure nicht unterschätzt werden. Dieses Wissen, das auf langfristige Lenkung zielt, durchdrang Ökonomie, Regional- und Stadtplanung, Politik, Konzernstrategien und führte zur Reorganisation des Wissenschaftsfeldes selbst. Es ist eben ein Merkmal von Herrschaft, durch Wissen zu herrschen und auf diesem Wissen beruhende Strategien und Entscheidungen erfolgreich gegen Widerstrebende durchzusetzen. Aus der Komplexität des Wissens selbst, aus Unklarheiten der Strategie, aus Inkonsistenzen, aus Reibungen unter denen, die herrschen, aus unvorhergesehenen Folgen, aus Widerstand resultiert *Kontingenz*. Doch diese Kontingenz kann selbst eine spezifische Form annehmen und zu einer besonderen Logik der Reproduktion der Gesellschaft führen. Im Fall des Fordismus vereinbarten Unternehmen und die Organisationen der Lohnabhängigen auf betrieblicher, branchen- oder gesellschaftlicher Ebene Lohnzuwächse oder Arbeitszeiten. Der Klassenkonflikt wurde in geregelte, halböffentliche Verfahren übergeleitet, grundlegende Interessengegensätze in Konflikte um teilbare Größen transformiert. Die Lohnabhängigen gewannen damit ebenso wie die Unternehmen Erwartungssicherheit. Diese waren durch die Tarifvereinbarungen vor überzogenen Forderungen und Streiks geschützt, die zu Arbeitsverweigerung oder Produktionsausfällen und damit Verlusten führten, die Leistungsabgabe folgte festgelegten Normen und machte im Durchschnitt die betrieblichen Transaktionskosten kalkulierbar. Es wurde erwartbar, dass die Lohnabhängigen mit einiger Wahrscheinlichkeit und Regelmäßigkeit als Konsumenten von bestimmten Produktgruppen auf dem Markt auftraten. Vor allem aber wurde die Produktivität der Unternehmen belohnt. Waren - wie das in Deutschland der Fall war - bestimmte exportorientierte Branchen (Metallverarbeitung, Maschinenbau) und Unternehmen (Automobilindustrie) dominant, dann geschah dies, weil sie ein vereinbartes Niveau der Löhne, der Regeln für die Leistungsabgabe und betriebliche Zusatzleistungen festschreiben konnten. Mit solchen Standards im Verhältnis von Lohnarbeit und Kapital wurde der Wert der Ware Arbeitskraft auf einem hohen Niveau der Konkurrenz zwischen den Einzelkapitalen definiert, Unternehmen, die dem nicht entsprechen konnten, waren in geringerem Maße profitabel und nicht konkurrenzfähig. Auf diese Weise wurde der Klassenkonflikt systematisch in die Reproduktion des Kapitals eingebunden und trug zur Kapitalvernichtung, Beseitigung von Konkurrenz und Restrukturierung des Kapitals bei. Die Produktivitätssteigerung musste also nicht gegen die LohnarbeiterInnen durchgesetzt werden, sondern konnte sich auf sie stützen; mit ihrer Hilfe, mit ihrem Kampf für höhere Löhne, geringere Arbeitszeiten, besseren sozialen Schutz wurde der Markt reorganisiert. So verstanden, ist es vielleicht gar nicht so sinnvoll davon zu sprechen, dass während des Fordismus die Arbeiterklasse durch die Gewerkschaften und die politischen Parteien, den Massenkonsum oder was auch immer sonst integriert worden ist. Die Paradoxie besteht vielmehr darin, dass die besondere Konstellation, der Widerspruch von Lohnarbeit und Kapital selbst zu einer Funktion der Reproduktion des Kapitalverhältnisses auf höherem Niveau wurde.

Es erscheint mir als der entscheidende Beitrag der Regulationstheorie, diese besondere Form, die das Verhältnis von Lohnarbeit und Kapital angenommen hat, herausgearbeitet zu haben. Lipietz nennt diese eigenartige Verschlungenheit, durch welche die Klasse der LohnarbeiterInnen mit ihrem Gegensatz zur Kapitalseite zu deren höherstufigen Reproduktion beiträgt, den *stroboskopischen Effekt*. „Das bedeutet, dass die in den sozialen Beziehungen vereinigten Praktiken zu einem doppelten Resultat führen: sie reproduzieren die Gesamtheit der betroffenen Akteure in ihrer materiellen Existenz und versetzen sie in die Lage, die gleichen Verhältnisse zu akzeptieren, durchzusetzen oder aufgezwungen zu bekommen. *Im Rahmen eines Verhältnisses erscheinen die Resultate der sozialen Praktiken (mit) den Bedingungen ihres Zustandekommens identisch*." (Lipietz 1985: 111; Hvh. AD) Der Fordismus gibt demnach dem Widerspruch von Lohnarbeit und Kapital eine besondere Form. Mit der fordistischen Regulation ist es gelungen, die widersprüchliche Abhängigkeit in eine Form zu bringen, durch die der Widerstand der Lohnabhängigen die Reproduktion nicht mehr bedrohte, sondern als normalisierte Praxis zum Motor einer vergleichsweise gleichmäßigen Form von Akkumulation wurde. Mein Eindruck ist, dass diese wichtige, ja zentrale Bedeutung des Regulationsbegriffs - die im Übrigen in mancher Hinsicht einfach eine gesellschaftstheoretisch präzisierte Darlegung des Begriffs der Dialektik ist - im Weiteren in den Hintergrund trat und in seiner methodischen Bedeutung eher zu geringes Gewicht hatte. Gesellschaftstheoretisch und in den Details sozialer Prozesse wurde dies nicht weiter ausgearbeitet.

Mit Regulation ist im Sinne des stroboskopischen Effekts die Art und Weise gemeint, mit der sich ein „soziales Verhältnis trotz und wegen seines konfliktorischen und widersprüchlichen Charakters reproduziert" (ebd.: 109). Eine solche Definition von Regulation hat weitreichende gesellschaftstheoretische Konsequenzen. Üblicherweise wird in der Politikwissenschaft ja angenommen - aber es finden sich solche Formulierungen auch in der materialistischen Staatstheorie -, dass das Kapitalverhältnis zu Konflikten und die Marktvergesellschaftung zu Desintegration und Krisen führen müsse. In diesem Fall tritt der Staat von außen hinzu und reguliert diese primären Verhältnisse. Er hat eine ordnungspolitische Funktion, indem er die Rahmenbedingungen schafft, unter denen sich die gegensätzlichen Interessenparteien bewegen. Das Verhältnis von Ökonomie und Staat wird hier demnach so gefasst, dass die Ökonomie, getrieben von egoistischen Nutzenkalkülen, dazu tendiert, das gesellschaftliche Zusammenleben zu bedrohen, während der Staat mit rechtlichen, finanziellen und politischen Mitteln zur Zivilisierung, Hegung, Regulierung, Einbettung beiträgt. Sieht man von der unterschwelligen moralischen Konnotation einmal ab, die dem Staat die Bedeutung des Allgemeinen und Guten, der Ökonomie die Bedeutung des Partikularen und Eigennützigen zuordnet - eine moralische Werteverteilung, die unangemessen ist, da der partikularistische und selektive Charakter des Staates außer Acht bleibt -, so wird damit auch die spezifische Gesellschaftlichkeit der Ökonomie übergangen. In ihr findet sich gleichfalls das Moment von Freiheit und Bestätigung, das den Individuen jedoch enteignet oder ihnen nur dann zuerkannt wird, wenn es selbst wiederum der Verwertung dient. Die Regulationstheorie lehnt nun eine solche analytische Entgegensetzung und Externalisierung von Ökonomie und Staat ab. Gerade der Klassenkonflikt kann als solcher schon - und auf einer ökonomischen Ebene - zu einer Regulierung des Lohnarbeit-Kapital-Verhältnisses gelangen. Der Staat ist in diesem Sinn als eingelassener Staat eher ein Moment dieses regulatorischen Prozesses - wobei dann mit Regulierung auch nicht der der Gesellschaft übergeordnete, zielgerichtete, teleologisch ausgerichtete Prozess der staatlichen Lenkung autonomer Wirtschaftsprozesse gemeint ist, sondern tatsächlich die Form, in der sich ein Widerspruch bewegen kann.

Die wichtige Einsicht, die daraus folgt, ist also, dass der Staat nicht von außen regulierend eingreift, sondern vielmehr aus dem widersprüchlich verlaufenden Akkumulationsprozess ein regulatorisches Element als Staatsfunktion ausgelagert wird. Damit wird der kapitalistische Staat transformiert - wie in den Analysen zum Wohlfahrtsstaat vielfach nachgewiesen wurde: Er erweitert sich um ökonomische Funktionen, ist stark in den Kapitalkreislauf eingebunden und von diesem abhängig, die Allgemeinheit des Gesetzes der vor-fordistischen Zeit gilt nicht mehr. Der Staat stellt wohlfahrtsstaatliche Leistungen zur Verfügung, schafft und erhält die Infrastruktur und organisiert aktiv Kompromisse (vgl. Poulantzas 1978, Hirsch/Roth 1986).

Dies hat eine zweite und wichtige Konsequenz, die viel zu wenig bedacht wird. Der Staat gilt in der langen staatsrechtlichen und politikwissenschaftlichen Tradition als eine von der Gesellschaft getrennte Institution, ein Herrschaftsverband. Als solcher, so heißt es, ist er souverän. Er entscheidet über das, was als allgemein verbindlich gilt und kodifiziert dies in Gesetzen, an die er sich als moderner Rechtsstaat selbst bindet. Souveränität schließt auch die nach rechtlichen Regeln bestimmte Verwendung der dem Staat als einziger gesellschaftlicher Instanz zur Verfügung stehenden Gewaltmittel ein. Die staatliche Gewalt trägt im Verständnis einer solchen Konzeption zur Aufrechterhaltung von Herrschaft bei, da das Kapitalverhältnis sonst Opfer seiner Widersprüche würde. Das allgemeine Recht, die Beteiligung der Bevölkerung an Wahlen, die von den politischen Parteien organisierten Diskussionen - das alles sei letztlich nur Legitimation dieser Herrschaft. Es scheint alles dazu zu dienen, bei den Menschen den Glauben an die Legitimität dieser Herrschaft aufrecht zu erhalten. Das ganze Modell der Legitimation ist jedoch ein juridisches Modell der souveränen Entscheidungsfreiheit des Staates, der außerhalb der gesellschaftlichen Verhältnisse steht, der nicht selbst ein gesellschaftliches Verhältnis, eine Form für eine bestimmte Konfliktkonstellation ist. Wird der Staat demgegenüber als Teil des regulatorischen Gesamtprozesses begriffen, dann organisiert er politische Strategien, stellt Allianzen her und repräsentiert eine allgemein gewordene Lebensweise, einen Kompromiss - er ist ein Teil des stroboskopischen Effekts. Der Staat ist demnach nicht Gewalt und Legitimation (im Sinne einer juridisch-souveränen Distanz zur Gesellschaft), sondern Konsens und Gewalt. Als erweiterter Staat besteht er aus Regierung, Parlament, Justiz, polizeilicher und militärischer Gewalt sowie aus der Vielzahl von Organisationen des Konsenses. Überlegt man, dass mit diesen Apparaten ein riesiges Terrain der alltäglichen Lebensführung umrissen ist, dann macht es keinen Sinn, davon zu sprechen, dass das alles nur dazu dient, das Lohnarbeit-Kapital-Verhältnis zu legitimieren - es ist gerade die Form, in der sich dieses Verhältnis zu einer umfassenden Lebensweise entfaltet.

2. Verpasste Anschlüsse an Foucault: zum Begriff der Gouvernementalität

Zu bedauern ist mit Blick auf diesen Aspekt, dass im Kontext der Regulationstheorie in so geringem Maße der Anschluss an Foucault gesucht wurde. Denn mit dem von ihm in den späten 1970er Jahren entwickelten Konzept der Gouvernementalität hat er darauf hingewiesen, dass „Staat" sich schon als ein besonderes Dispositiv des Macht-Wissens herausgebildet hat (vgl. allgemein dazu Burchell u.a. 1991, Schwarz 1994, Lemke 1997, Bröckling u.a. 2000). Allein eine juridische Auffassung des Staates als Gewalt- und Legitimationsinstanz ist unzureichend, um das Feld politischen Handelns zu verstehen; wahrscheinlich reicht auch der Konsens- und Hegemoniebegriff von Gramsci in der von ihm konzipierten Fassung noch nicht völlig aus. Vielmehr bildet sich ein regulierendes Wissen, das soziale Regelmäßigkeiten feststellt, analytisch als statistische Zusammenhänge und

Wahrscheinlichkeiten thematisiert, und damit zur Herausbildung von regulatorischen Mustern beiträgt. Frühe Wissen-Macht-Dispositive sind die Statistiken zur Agrarproduktion, zu Außenhandel, zu Mortalitäts- und Geburtenraten, Seuchen und Krankheiten. Die Entwicklung des Risikomanagements durch Versicherungen und des sozialwissenschaftlichen Wissensfeldes lässt sich als weitere Ausarbeitung dieses gouvernementalistischen Dispositivs verstehen. Während im Verein mit einer keynesianisch orientierten Makroökonomie insbesondere Soziologie und Politikwissenschaft in erheblichem Maße zur Entwicklung des langen fordistischen Jahrhunderts und zur fordistischen Gouvernementalität beitrugen (vgl. Wagner 1990, Demirović 1999), scheint sich mit der Krise des Fordismus und der Transformation von Staatlichkeit auch der Komplex der Wissensorganisation zu verändern. Soziologie und Politikwissenschaft verlieren im Wissenschaftsfeld gegenüber den Kultur- und Biowissenschaften erheblich an Bedeutung. Es scheint ihre Bedeutung als Krisen-, Planungs- und Demokratiewissenschaften zurückzugehen. Gleichzeitig aber nimmt ihr Gewicht im unmittelbaren Umfeld der politischen Entscheidungsprozesse zu. Dieser ist zunehmend umgeben von zahlreichen privaten Einrichtungen der Wissensproduktion, Dokumentation, Strategieentwicklung, sogenannten Think tanks (vgl. dazu Plehwe/Walpen 2001) und zahlreichen Nichtregierungsorganisationen, die gleichfalls Expertise und Beratung für den politischen Prozess zur Verfügung stellen (vgl. Brand u.a. 2001). Mit schwachen Rationalitätserwartungen verbunden, gelangt Wissen-Macht insgesamt im gesamtgesellschaftlichen Reproduktionsprozess zu größerer und wahrscheinlich auch formierender Bedeutung (vgl. Demirović 1998).

Diese gesellschaftstheoretische Schwäche, nämlich die widersprüchliche Reproduktion für alle Bereiche des gesamtgesellschaftlichen Prozesses und seinen inneren Zusammenhang zu analysieren - ein Anspruch, wie er im Anschluss an Marx mit dem Begriff der Regulation eigentlich verbunden ist -, resultiert auf eigentümliche Weise aus der Regulationstheorie selbst. Sie hat insofern eine holistische Auffassung begünstigt, als die innere und widersprüchliche Dynamik der Verhältnisse zugunsten gelingender Reproduktion zurücktrat. Damit meine ich Folgendes: Dem Prinzip nach wird unterstellt, dass die Begriffe der Entwicklungsweise, des Akkumulationsregimes und des Regulationsmodus den Rahmen vorgeben; man weiß, was Fordismus ist und kennt die ihn auszeichnenden Grundmerkmale. In diesen Rahmen wird schließlich eingefügt, was im Weiteren analysiert werden soll: die Parteien, der Rassismus, das Geschlechterverhältnis oder einzelne Philosophien oder massenkulturelle Prozesse. Es wird ein Entsprechungsverhältnis als gegeben unterstellt. So gerät der Fordismus zu einer homogenen - um mit Althusser zu sprechen - expressiven Totalität. Alles, was in dieser historischen Konjunktur stattfindet, scheint erneut und immer wieder zu bestätigen, dass es sich um Fordismus handelt. Umgekehrt ist alles, was dem Modell des Fordismus seit der Krise Anfang der siebziger Jahre nicht mehr zu entsprechen scheint, Postfordismus. Wobei Postfordismus häufig nicht als ein offener Begriff für Forschung konzipiert ist, sondern ebenfalls als eine expressive Totalität, in die wiederum alles als Ausdruck und Phänomen eingeordnet werden kann. Deren Grundlagen stehen aber schon fest und werden durch soziale Kämpfe nicht reproduziert und verändert. So kommt es schließlich zu einem Begriffsgeklappere, das manchmal den Erkenntnisprozess gerade dort hindert, wo er stattfinden müsste, bei der Frage nämlich, wie die Individuen und sozialen Gruppen in und durch die Widersprüche ihrer Lebensweise hindurch, also durch die Verhältnisse, unter denen sie leben, gegen etwas gerichtet und aktiv etwas erstrebend und mit einem besonderen Wissen über ihr Leben, diese Verhältnisse erneut reproduzieren. Es bedürfte eines genaueren Verständnisses dafür, in welchen vielfältigen Formen sich die Kämpfe abspielen - nicht allein politische, sondern vor allem soziale Kämpfe, die so häufig als alltägliche Verzweiflung, Enttäuschung, Entmutigung, Ärger, Wut, als Mobbing, Schikane, Druck, als Verweigerung, Absentismus, Selbstermutigung, freundschaftliche Gespräche, Rumhängen zur Geltung kommen. Dabei geht es darum zu bestimmen, wie die sozialen Akteure daran arbeiten, dem Widerspruch von Lohnarbeit und Kapital durch ihre sozialen Praktiken hindurch eine neue Form zu geben. Dabei ist keineswegs gesagt, dass er nun erneut auch diesen stroboskopischen Effekt produziert, durch den noch der Widerstand zur Reproduktion auf höherem Niveau beiträgt.

Daran, dass die Begrifflichkeit der Regulationstheorie häufig mit holistischem Verständnis ganz standardisiert abgespult wird, ist der Ansatz selbst nicht ganz unbeteiligt. Um die Kontingenz der sozialen Konflikte und des kapitalistischen Reproduktionsprozesses zu betonen, löst sie den Kapitalkreislauf in einzelne Formen auf. Deren Zusammenhang soll sich erst innerhalb eines historisch-spezifischen Regulationsmusters finden; die Elemente ebenso wie ihr Zusammenhang gelten als historische Fundstücke. In gewisser Weise ist dies strukturalistisch gedacht. Damit geht der innere Zusammenhang dieser Elemente verloren, und politisch verbindet sich damit ein gewisser Rationalismus. Denn es erscheint nun so, als könnte man bei genauerem Wissen über die Elemente, die zur Bildung einer Regulationsweise notwendig sind, darauf gezielt Einfluss nehmen, diese politisch zu finden oder herzustellen. Es verbindet sich mit der Regulationstheorie in gewisser Weise der Anspruch auf makroökonomische Planung.

3. Probleme des Postfordismusbegriffs – Anregungen der Weltsystemtheorie

Diese Art, gleichsam von einer expressiven Totalität, dem Fordismus, zu einer anderen expressiven Totalität, dem Postfordismus überzugehen, wirft aber besondere Probleme auf. Zunächst ist der Übergang nicht völlig kontingent, die Elemente sind nicht völlig arbiträr. Vielmehr wird Kontingenz strategisch hergestellt, indem Akteure aus affirmativen oder kritischen Gründen systematisch die innere Logik gesellschaftlicher Zusammenhänge zerstören. Deswegen müssen die Übergänge als Teil eines Gesamtprozesses auch ihrerseits materialistisch bestimmt werden. Gelegentlich wird vorgeschlagen, die gegenwärtige Dominanz des Neoliberalismus schon als das entscheidende Charakteristikum für ein neues Regulationsmodell zu nehmen. Andere sind der Ansicht, dass die Dominanz der Finanzmärkte auf eine Art ursprüngliche Akkumulation hinweist; vorgeschlagen wird, Marx' Überlegungen zu dieser Thematik nicht nur historisch zu lesen, sondern derart, dass sich auch ursprüngliche Akkumulationen auf je höherer Stufenleiter ergeben. Einen etwas anderen Vorschlag haben Giovanni Arrighi und Jason Moore gemacht, der mir diskutierenswert erscheint. Demnach kommt es in den vier historischen Perioden der kapitalistischen Entwicklung, in vier langen Jahrhunderten, die sich als systemische Akkumulationszyklen betrachten lassen, jeweils nach einer besonderen Phase der Überakkumulation zu einer Phase, in der die enormen Profite nicht mehr rentabel reinvestiert werden können. Das ist die Phase der Endkrise des dominanten Akkumulationsregimes, in deren Verlauf „die Widersprüche des mittlerweile voll entwickelten Akkumulationsregimes neue Räume schaffen, in denen sich alternative und konkurrierende Regime ausbilden" (Arrighi/Moore 2001: 50). Es beginnt gleichzeitig in dieser letzten Phase des vorherigen Akkumulationsregimes schon ein völlig neuer Zyklus, denn das freiwerdende Kapital sucht sich, vermittelt durch Finanzintermediäre und Spekulation, neue Anlage- und Verwertungssphären, die es für zukunftsträchtig hält. Das ist tatsächlich ein Suchprozess, der historisch mit einer räumlichen Verlagerung des Akkumulationsregimes und zudem mit einer Vergrößerung seiner Komplexität verbunden war.

Ich führe diese Überlegungen von Arrighi/Moore aus drei Gründen an. Erstens macht ihr Periodisierungsvorschlag verständlich, dass wir uns mit der gegenwärtigen Krise erst dem Ende eines langen Jahrhunderts nähern, es aber noch viel zu früh wäre, um schon die Konturen eines neuen Akkumulationsregimes bestimmen zu können. Gerade weil die gesellschaftlichen Gesetzmäßigkeiten naturwüchsig sind und nicht die bewusste und rationale Handlung der gesellschaftlichen Akteure, lässt sich wohl erst zukünftig, also ex post, überhaupt genauer bestimmen, was charakteristisch für die Phase ist, die nach dem Fordismus kommt. Auch wenn es intellektuell unbefriedigend ist, stellt es eine Überforderung der Theorie dar, den Anspruch zu erheben, aus dem Zerfall eines Akkumulationsregimes schon das Neue ablesen zu können. Es dürfte deswegen auch keinen Sinn machen, die neue Phase als neoliberal dominiert zu charakterisieren, da der Neoliberalismus eher eine der Strategien der Zerschlagung des früheren Akkumulationsregimes ist - vielleicht macht es deswegen im strengen gramscianischen Sinn des Wortes nicht einmal Sinn, von einer neoliberalen Hegemonie zu sprechen, da sich hier eher das korporative Interesse von Unternehmen behauptet und gerade die Arbeiterklasse polarisiert und aus dem historischen Block abgespalten wird. Trifft das Argument von Arrighi/Moore zu, dann weist das starke Gewicht der Finanzmärkte, der Spekulation und der monetaristischen Angebotspolitik auf eine frühe Phase eines neuen Akkumulationsregimes hin. Dies würde gelten, auch wenn beide Autoren die Ansicht vertreten, dass die Zeiträume, in denen die Akkumulationsregime dominant waren, im Laufe der sechshundertjährigen Geschichte des Kapitalismus kürzer werden.

Ein zweiter Grund ist, dass mit einer solchen Hypothese genau wie im Fall der Regulationstheorie nachhaltig unterstrichen wird, dass Geschichte ein offener

Prozess ist, in dem es zahlreiche Strategien gibt. Keineswegs ist vorweg entschieden, welche von ihnen sich durchsetzt. Die Regulationstheorie zielt jedoch trotz ihrer grundsätzlichen Überlegung zu sehr auf die Kohärenz der neuen Formation. Dies hat zur Folge, dass sie verschiedene Strategien wohl beobachtet, jedoch selbst wieder der Einheit des postfordistischen Akkumulationsregimes unterordnet, also die Möglichkeit verschiedener Lösungen nicht mitbedenkt. Es bedürfte einer sehr viel genaueren, auch in die Mikrosoziologie und -politik gehenden Analyse von Konflikten und Strategien, um zunächst einmal zu wissen, wer überhaupt die Gegner sind, welche Konflikte zwischen ihnen bestehen, wie tief diese reichen, welche Perspektiven die Akteure haben.

Ein dritter Grund ist die weite historische Perspektive, die von Arrighi/Moore angesprochen wird, wenn sie im Anschluss an Fernand Braudel die gesamte Geschichte des Kapitalismus in den Blick nehmen. Wolfgang Haug hat davon gesprochen, dass die Produktionsweise als ganze gedacht werden muss (vgl. Haug 2001, vgl. auch Conert 1998). Die Regulationstheorie hat ihrerseits die Analyse der kapitalistischen Produktionsweise und Gesellschaftsformation auf eine kurze Periode verkürzt, die des Fordismus. Phasen davor werden summarisch als Phase vor dem Fordismus behandelt, alles was danach kommt, ist eben Postfordismus. Der Fordismus wird zum entscheidenden Maßstab der Analyse, langfristige Trends der kapitalistischen Produktionsweise werden kaum bedacht. Obwohl ausdrücklich nicht gewünscht, da der Verlauf der kapitalistischen Entwicklung kontingent und Ergebnis von sozialen Konflikten sein soll, kommt es doch aufgrund dieses historisch-geschichtsphilosophischen Mangels zu einem gewissen Funktionalismus.

Dies betrifft auch den Stellenwert sozialer Kämpfe. Sie führen - so scheint vorweg schon festzustehen - zur Herausbildung eines neuen Regulationsmodus, wobei gerade das offen bleiben müsste. Denn es ist ja nicht sicher, dass die Form der widersprüchlichen Bewegungen zu Regelmäßigkeiten zu einer Kohärenz führt, die wenigstens dem Grad nach der des Fordismus vergleichbar wäre. Entsprechend spielt auch die Frage kaum eine Rolle, ob und wie die sozialen Konflikte schließlich auch zu einer Produktionsweise führen könnten, in denen die die Gesellschaft bestimmenden Gesetzmäßigkeiten von den Individuen bewusst kontrolliert und rational für ihre Zwecke eingesetzt werden - wie also der konflikthafte, aber eben auch demokratische Übergang zu einer emanzipierten Lebensform möglich wäre. Es ist merkwürdig genug, aber es scheint theoretisch schon festzustehen, dass der Postfordismus nicht auch die Gestalt einer antirassistischen, ökologisch-nachhaltigen, sozialistisch-direktdemokratischen Alternative annehmen könnte. Dies meine ich nicht oder nicht nur als Wunsch, sondern als Dimension der Analyse. Denn wie im Fall des Fordismus stellt sich das Problem, ob der Widerspruch im Lohnarbeit-Kapitalverhältnis immer nur zur Reproduktion einer kohärenten Formation führen muss, ob sich nicht doch Alternativen für eine versöhnte, friedliche, von den Menschen selbst bestimmte Weltgesellschaft auftun. In diese Richtung gehen Negri und Hardt, wenn sie auch vielleicht nach der anderen Seite hin überziehen. Für eine solche Analyse bedarf es eines Wissens der Kämpfe und der historischen

Entwicklungen weit über die letzten Jahrzehnte und weit über einzelne Regionen der Erde hinaus. Wichtig erscheint mir deswegen, dass auch langfristig wirkende Muster und Regelmäßigkeiten der gesamten Produktionsweise stärker in den Blick genommen werden. Dazu gehören zudem die Emanzipationsschübe nicht nur der vergangenen Jahrzehnte, sondern auch solcher, die über mehrere Jahrhunderte hinweg verlaufen.

In der Regulationstheorie wird der Fordismus möglicherweise überbewertet, in Theorien wie der von Arrighi besteht jedoch die Gefahr, ihn zu gering zu bewerten. Betrachtet man komparative Datenreihen, die lange Zeiträume berücksichtigen, wird die Besonderheit des Fordismus sehr deutlich. Wachstumsraten der Wirtschaft, Produktivitätssteigerungen, Wohlfahrtsniveau der abhängigen Bevölkerung, Ressourcenbeanspruchung sind im Vergleich zur langen Geschichte des Kapitalismus ungewöhnlich, die Lebenserwartung der Menschen ist in erheblichem Maße angestiegen (vgl. dazu die Datenreihen in Maddison 2001). Das lange Jahrhundert des Fordismus hat trotz vieler Krisen, Kriege, Diktaturen auch in einmaliger Weise dazu geführt, dass Herrschaft in der Form der Demokratisierung ausgeübt werden muss; die Bildungsmöglichkeiten haben sich in einem kaum erwartbaren Maße über eine kleine Gruppe im Umfeld der Herrschenden hinaus erweitert. Die Lebensbedingungen vieler Frauen in den OECD-Staaten haben sich in einer vielleicht schon säkularen Dimension zum Besseren verändert: rechtliche Autonomie, sexuelle Selbstbestimmung, Bildungsbeteiligung - wenn nicht als Praxis, dann doch als normative Selbstverständlichkeit.

Ich weise aus folgendem Grund auf solche Trends hin: Es könnte sein, dass die Krise des Fordismus auf tieferliegende Veränderungen hinweist als nur auf das Ende einer vierzig oder fünfzig Jahre währenden Akkumulationsphase. Häufig werden zeitdiagnostische Bemühungen soziologischer Theorien und entsprechende Gesellschaftsbegriffe wie Risiko-, Erlebnis-, Wissens-, Informations-, Netzwerkgesellschaft bzw. Moderne, Spätmoderne, reflexive Moderne oder Postmoderne ideologiekritisch als eine Fehldeutung des Übergangs von der fordistischen zur postfordistischen Regulation verstanden - als Überzeichnung und Fehldeutung, weil einzelne Aspekte herausgegriffen und übermäßig verallgemeinert werden. Sie ließen sich aber auch als Symptom für und Hinweis auf grundlegendere Veränderungen deuten. Denn diese Theorien stellen in einer wichtigen theoretischen Hinsicht eine Herausforderung dar. Gramsci hat einmal behauptet, dass es dem Bürgertum nicht gelingen kann, weltimmanent zu werden, es muss metaphysisch bleiben, weil die von ihm geschaffene und aufrechterhaltene Lebensweise mit der Klassenspaltung verbunden ist und es nicht zu einer regulierten Gesellschaft kommen kann. Gegenüber dieser Feststellung ist nun erstaunlich, dass die soziologischen Theorien darin übereinstimmen, dass die moderne Gesellschaft - heute, mit dem Ausgang aus dem Fordismus - als Moderne zu sich selbst kommt und sich autopoietisch reproduziert. Dies bedeutet, dass sie sich nicht mehr gegen die Tradition abgrenzen, diese nicht mehr länger rationalisieren muss, sich nicht mehr von dieser abstößt, sondern alle die Bausteine, aus denen sie besteht, auch selbst erzeugt. Die moderne Gesellschaft gilt als reflexiv modern, da sie sich ständig allein durch Umbau ihrer selbst verändert. Arrighi/Moore nehmen den Gedanken auf und systematisieren vier Phasen. Der Kapitalismus sei bis Anfang des 19. Jahrhunderts eine *Akkumulationsweise* gewesen und entwickelte sich ab den 1820er Jahren zu einer *Produktionsweise*. Danach handelte sich um die allmähliche *Subsumtion des gesellschaftlichen Lebens unter die Kapitalreproduktion*. Schon seit den 1960er Jahren wird von der *Immanenz des Kapitalverhältnisses* gesprochen, das nun gesellschaftsformativ geworden sei und alle Bedingungen aus sich heraus erzeuge. Freilich wird man sich fragen müssen, wie gut solche soziologischen Diagnosen sind. Denn immer wieder wird mit Hinweis auf den Fundamentalismus die Modernität der westlichen Zivilisation gepriesen, immer noch und konstant glauben die Menschen in den OECD-Staaten an Gott und verfolgen allerlei religiöse, spiritualistische oder metaphysische Praktiken. Die bürgerliche Gesellschaftsformation kommt also ohne das Andere einer Vormoderne oder eines Jenseits nicht aus. Dennoch, so glauben derart gegensätzliche Soziologen wie Luhmann oder Beck, hat sich der gesellschaftliche Reproduktionsprozess von solchen Deutungsmustern befreien können. Nehmen wir hypothetisch diese theoretischen Ansprüche und die Beobachtungen langfristiger Trends als Herausforderung ernst und beziehen wir ein, was in der Globalisierungsdiskussion thematisiert wird: Dass sich nämlich erstens die lange Periode des Kolonialismus und damit eine für die Geschichte des Kapitalismus entscheidende Form der Externalisierung von Krisenelementen und direkten Aneignung dem Ende zuneigt, dass zweitens der Nationalstaat in dem Augenblick, in dem er sich von der Tradition des Imperiums befreit und als weltweite politische Form der Gesellschaft durchgesetzt hat, sich transformiert und vielfach geschwächt wird, dass sich drittens - wie Arrighi und Moore sagen - die Jahrhunderte lang bestimmende Tendenz zur Konzentration von finanzieller und militärischer Macht in einem hegemonialen Nationalstaat des Westens heute umkehrt und auch auf Länder in Asien verstreut und von einem Netz transnationaler Governancestrukturen durchzogen und dominiert wird. Wenn dies der Fall ist, dann könnte der Einschnitt der kapitalistischen Produktionsweise, der sich mit der Krise des Fordismus verbindet, sehr viel tiefer sein, als dies mit dem Übergang von einem Muster der Regulation zu einem nächsten angezeigt wäre.

Literatur

Arrighi, Giovanni/Moore, Jason W. (2001): Kapitalismus in welthistorischer Sicht, in: Das Argument 239, 43-58.

Bieling, Hans-Jürgen u.a. (Hg., 2001), Flexibler Kapitalismus. Analyse, Kritik und politische Praxis. Hamburg.

Brand, Ulrich u.a. (Hg., 2001): Nichtregierungsorganisationen in der Transformation des Staates. Münster.

Bröckling, Ulrich u.a. (Hg., 2000): Gouvernementalität der Gegenwart. Frankfurt am Main.

Burchell, Graham u.a. (Hg., 1991): The Foucault Effect. Studies in Governmentality. Chicago.

Conert, Hansgeorg (1998): Vom Handelskapital zur Globalisierung. Münster.

Demirović, Alex (1998): Staatlichkeit und Wissen, in: Görg, Christoph/ Roth, Roland (Hg.): Kein Staat zu machen. Zur Kritik der Sozialwissenschaften. Münster, 49-70.

- (1999): Der nonkonformistische Intellektuelle. Frankfurt am Main.

Haug, Wolfgang F. (2001): Die Produktionsweise denken. In: Bieling, Hans-Jürgen u.a. (Hg.), 36-53.

Hirsch, Joachim/Roth, Roland (1986): Das neue Gesicht des Kapitalismus. Hamburg.

Lemke, Thomas (1997): Eine Kritik der politischen Vernunft. Foucaults Analyse der modernen Gouvernementalität. Hamburg.

Lipietz, Alain (1985): Akkumulation, Krisen und Auswege aus der Krise: Einige methodische Überlegungen zum Begriff „Regulation". In: Prokla 58, 109-137.

Maddison, Angus (2001): The World Economy. A Millenial Perspective. Paris (OECD).

Marx, Karl (1867): Das Kapital, Bd. 1. In: MEW 23, Berlin 1969.

Plehwe, Dieter/Walpen, Bernhard (2001): Gedanken zu einer Soziologie der Intellektuellen des Neoliberalismus. In: Bieling, Hans-Jürgen u.a. (Hg.), 225-239.

Poulantzas, Nicos (1978): Staatstheorie. Hamburg.

Schwarz, Richard (1994): Zur Genealogie der Regulation. Mainz.

Wagner, Peter (1990): Sozialwissenschaften und Staat. Frankreich, Italien und Deutschland 1870-1980. Frankfurt am Main.

Joachim Becker

Beiderseits des Rheins. Regulationstheorie und emanzipatorische Politik

Ziel regulationistischer PolitökonomInnen war von Beginn an, nicht nur politökonomische Prozesse zu verstehen, sondern diese auch zu verändern. Dieses Grundanliegen spiegelte sich auch in ihrem methodischen Vorgehen wider, das in der Tradition der Marxschen „Grundrisse der Kritik der Politischen Ökonomie" theoretische Abstraktionen ins dialektische Verhältnis zur Untersuchung des Konkreten setzte und daraufhin die Abstraktionen gegebenenfalls modifizierte. Entsprechend dieser Methode möchte ich auf die Dialektik zwischen realen gesellschaftlichen Prozessen, politischer Praxis und Theorieproduktion der französischen RegulationistInnen eingehen und diese knapp mit der deutschen Diskussion vergleichen. Französische und deutsche RegulationistInnen haben wegen unterschiedlicher gesellschaftlicher Verhältnisse, wissenschaftlicher Traditionen und disziplinärer Ausrichtung - ÖkonomInnen jenseits, PolitikwissenschaftlerInnen diesseits des Rheins - unterschiedliche Akzentsetzungen, Stärken und Schwächen in ihrer theoretischen Arbeit. Aus der Sicht eines kleinen, eher peripheren Landes möchte ich abschließend einige Vorschläge zur Reformulierung des Regulationsansatzes, speziell zur Frage von Raum und Macht, machen und deren politische Implikationen skizzieren.

1. Von der Krise des Fordismus zur Krise des *Projet Socialiste*

Der französische Regulationsansatz entstand im Gefolge der Krise des Fordismus und des Mai 1968. Die damals in Frankreich sehr einflussreiche strukturalistische und positivistische Lesart des Marxismus durch Althusser war wenig geeignet, Krisenprozesse und soziale Dynamiken zu verstehen. Was bei Althusser weitgehend aus dem Blickfeld geriet, wurde zur Schlüsselfrage für die RegulationistInnen: Wie es trotz der Widersprüche kapitalistischer Gesellschaftsformationen für bestimmte Zeiten und Räume zu einer relativ stabilen Akkumulation und sozialen Stabilität kommen kann. Sie stellten sich diese Frage mit dem Ziel, einen politisch progressiven Weg aus der Krise zu finden. Im Fall der Pariser RegulationistInnen war die Perspektive durch ihre Arbeit als linke Kader in den staatlichen Institutionen der Planification - und deren positivistische Tradition -, im Fall der Grenobler RegulationistInnen eher durch eine universitäre Perspektive geprägt. Erstere standen eher der Sozialistischen Partei nahe, hatten aber recht vielfältige politische Wurzeln: Michel Aglietta im Nahverhältnis zur PCF (Parti Communiste Français), Alain Lipietz bei den Maoisten, Billaudot und Bertrand beim linkssozialistischen PSU. Die Grenobler Gruppe um Gérard Destanne de Bernis stand hingegen eher dem PCF, allerdings oftmals mit einer nationalen Ausprägung, nahe (Husson 2001: 171ff., Pouch 2001: 98ff.). Die unterschiedlichen institutionellen Prägungen und politischen Sensibilitäten führten zu unterschiedlichen Akzentsetzungen in der Theoriebildung. Das Verhältnis der beiden Gruppen war durch noch stärkere

Rivalitäten geprägt als jenes der beiden Linksparteien, die zu jener Zeit die Zusammenarbeit suchten.

Gemeinsam war beiden RegulationistInnengruppen der kreative Bezug auf das Werk von Marx. Dieser ist am deutlichsten bei den frühen Arbeiten von Gérard Destanne de Bernis, Michel Aglietta und Alain Lipietz (überblicksmäßig Hübner 1990, Becker 2002). Für alle drei ist kapitalistische Entwicklung grundsätzlich ein krisenhafter Prozess. Die Perioden „großer Krisen" zeichnen sich durch eine verhältnismäßig offene Situation aus. In ihnen wird um die Ausrichtung des Akkumulationsprozesses sowie um eine Ausprägung der Regulation gerungen, die diesen stabilisieren könnte. Als eine solche gesellschaftliche Konjunktur konnte auch die Situation verstanden werden, in der die grundlegenden regulationistischen Arbeiten entstanden. Insofern wohnte dieser aus regulationistischer Sicht auch ein gewisses Veränderungspotential inne.

Doch ist die Veränderungsmöglichkeit nicht beliebig. Vielmehr ist sie durch strukturelle Elemente und das bisherige institutionelle Erbe konditioniert. Kapitalistische Gesellschaftsordnungen sind durch den Imperativ der Kapitalakkumulation gekennzeichnet. Die Form der Akkumulation verändert sich in der Zeit und unterscheidet sich auch räumlich. Aglietta (1987: 71f.) erarbeitet entlang der Form der Mehrwerterzielung eine Typenbildung der Akkumulation in extensive und intensive Akkumulation. Erstere beruht auf Produktivitätssteigerungen durch Veränderungen des Arbeitsprozesses, zweitere auf Verbilligung kapitalistisch produzierter Konsumgüter. Intensive Akkumulation zeichnet sich für Aglietta durch eine engere Verknüpfung von Produktionsmittel- und Konsumgüterproduktion und damit einen potentiell gleichmäßigeren Akkumulationsprozess aus. Die Nachkriegsentwicklung in den USA (und Westeuropa) war für Aglietta dem intensiven Akkumulationstyp zuzurechnen. Das spezielle Interesse der frühen regulationistischen Arbeit galt längerfristig stabilisierter Akkumulation, die eine gewisse Kohärenz zwischen den Produktionsabteilungen und den gültigen Produktions- und Konsumnormen, aber auch der Beziehungen zwischen kapitalistischen und nicht-kapitalistischen Sektoren und der Außenwirtschaftsbeziehungen voraussetzt (Lipietz 1986: 15). Damit wird der Blick auf die Akkumulation durch die Stabilitätsoptik gefiltert. Dies ist eine erste grundlegende Einschränkung der Akkumulationsanalyse. Die zweite liegt darin, dass die Kehrseite der Akkumulation - die Reproduktion der Arbeitskraft - zwar erwähnt, konzeptionell aber nicht fortentwickelt wird (Moulaert/Swyngedouw 1989: 340).

Die Richtung, welche die Akkumulation nehmen kann, wird durch die konkrete institutionelle Konfiguration der strukturellen Formen der Regulation vermittelt. Diese prozessieren die dem Kapitalismus innewohnenden Widersprüche, um sie mit den Bedingungen des Verwertungs- und Akkumulationsprozesses, zumindest für bestimmte Zeitdauern und bestimmte Räume, vereinbar zu machen. Als strukturelle Formen der Regulation identifizieren die Gründungsväter des Regulationsansatzes das Lohnverhältnis, die Form der Konkurrenz der Einzelkapitalien und die monetäre Restriktion. Diese strukturellen Formen variieren in ihrer konkreten Ausprägung zeitlich wie räumlich. Die strukturellen Formen der Regulation wirken nun nicht isoliert, sondern als fragiles Ensemble. Das spezielle Interesse der RegulationistInnen gilt jenen Konstellationen, in denen sie gut ineinander greifen. „Die Regulationsweise bezeichnet," so de Bernis (1991: 27), „ein kohärentes Ensemble der gesellschaftlichen Prozeduren der Regulation in einer historischen Epoche des Kapitalismus." Der Staat spielt für die frühen RegulationistInnen eine wichtige Rolle im Prozess der Regulation. Doch bleibt diese konzeptionell bei Aglietta und de Bernis letztlich unbestimmt. Lipietz (1998a: 163) sieht den Staat als eine der strukturellen Formen und zwar als eine ganz spezielle, nämlich „in letzter Instanz als Archetyp und Garant" der anderen strukturellen Formen. Damit hebt sich der Staat bei Lipietz strukturell von allen anderen strukturellen Formen ab. Daher wäre zu fragen, ob der Staat mit diesen in dieselbe begriffliche Kategorie gefasst werden sollte oder ob die Staatlichkeit nicht eine grundlegendere Kategorie darstellt. Bei der konzeptionellen Fassung der Staatlichkeit werden auch die politischen Unterschiede zwischen Pariser und Grenobler RegulationistInnen deutlich. Aglietta und Lipietz haben eine gramscianische Perspektive der Staatlichkeit, für sie ist die Regulation zwischen verschiedenen gesellschaftlichen Kräften umkämpft. Besonderes Gewicht legen beide auf das Verhältnis zwischen Kapital und Arbeit. De Bernis hat hingegen eher eine implizit leninistisch geprägte Vorstellung vom Staat. Dieser wird von ihm als Instrument der jeweils dominanten Gruppen gesehen. Das hat auch für Strategien der Gesellschaftsveränderung weitreichende Folgen. Während es beim frühen Aglietta – in der 1997 veröffentlichten dritten Auflage seiner „Régulation et crises du capitalisme" sind die Verweise auf Gramsci kommentarlos gestrichen – und noch deutlicher bei Lipietz um die Erreichung von Hegemonie geht, reicht bei de Bernis implizit die Erringung zentraler Machtpositionen im Staatsapparat, um Veränderungsprozesse in Gang zu setzen. Von daher neigt de Bernis am ehesten zu einem mechanistischen Verständnis der Wirtschaftspolitik.

Diese Lesart der Regulation hat trotz der genannten staatstheoretischen Schwächen meines Erachtens einige Vorzüge: Sie bleibt auf die Widersprüche kapitalistischer Gesellschaftsformationen bezogen. Es gibt eine Unterscheidung zwischen strukturellen Verhältnissen und deren leichter wandelbaren konkreten institutionellen Ausprägungen. Das Geld wird als eine zentrale kapitalistische Vergesellschaftungsform begriffen, die Regulation der monetären Restriktion ins Verhältnis zu Verwertungsstrategien und sozialen Konflikten gesetzt. In ihrer monetären Lesart unterscheiden sich die RegulationistInnen von eher traditionellen Lesarten des „Kapitals". Sie haben auch sehr früh die Bedeutung der Veränderungen der monetären Restriktion in der Krise und bei Strategien der Krisenüberwindung erkannt. Das Konzept der Regulation bricht auch mit Vorstellungen einer mechanistisch wirkenden Wirtschaftspolitik. Vielmehr werden wirtschaftspolitische Konzepte als interessengebunden verstanden und sind in ihrer Wirkung (und Wirksamkeit) an die jeweilige gesellschaftliche Konjunktur und deren vorherrschende Normen gebunden (vgl. Lordon 1999). Politisch ließ sich aus der damaligen Situation schließen, dass ein Ausweg aus der Krise nicht in der schlichten Wiederbelebung erprobter (vulgär-)keynesianischer Rezepturen liegen konnte.

In der Folgezeit entfernten sich die Pariser RegulationistInnen von Marx und suchten eine Synthese mit Keynes, dem Postkeynesianismus und institutionalistischen Ansätzen. Der Versuch eines synthetisierenden Ansatzes ist vor allem mit Robert Boyer verbunden, der sich dann auch als treibende Kraft der Bildung einer wirtschaftswissenschaftlichen „Schule“ und als „chef de file“ der Pariser Gruppe profilierte (Lebaron 2000: 145). Boyer schließt stärker als die marxistischen Gründungsväter an einem positivistischen Wissenschaftsverständnis an, ohne sich dieses jedoch völlig zu eigen zu machen. So hebt er bezogen auf das Akkumulationsregime eher auf empirische Regelmäßigkeiten denn auf Stabilität und Kohärenz ab. Das ist jedoch nicht dasselbe. Auch langanhaltende ökonomische Instabilität kann durch Regelmäßigkeiten, beispielsweise rekurrierende Finanzkrisen, gekennzeichnet sein. Boyer hat auch keine eindeutige gesellschaftstheoretische Grundlage für seine Konzeption der Regulation, vielmehr sind seine theoretischen Bezugspunkte dispers. Daraus ergibt sich auch, dass sich die Unterscheidung zwischen Struktur und Institution bei ihm verwischt. Er spricht unterschiedslos von strukturellen und institutionellen Formen. Mit der Loslösung vom Strukturbegriff geht auch eine tendenzielle Abkehr vom Denken in gesellschaftlichen Widersprüchen einher, an seine Stelle tritt eine „Dialektik von Dialog und Konflikt“ (Billaudot 2001: 171). Dies bedeutet eine Abschwächung der Gesellschaftskritik.

Unter institutionellen Formen versteht Boyer (1987: 48) die „Kodifizierung eines oder mehrerer grundlegender sozialer Verhältnisse“. Als institutionelle Formen identifiziert Boyer in der Nachfolge der Gründungsväter Lohnverhältnis, Form der Konkurrenz und monetäre Restriktion sowie Staat und Form der Eingliederung in das internationale Regime. Er bezieht diese auf den Nationalstaat. Dieser räumliche Rahmen ist für Boyer eine Frage der „Methode“ (Benassy/Boyer/Gelpi 1979: 400). Dies wird teils mit deren empirisch beobachtbarer Verankerung auf nationalstaatlicher Ebene (ebd.), teils damit begründet, dass nur auf nationalstaatlicher Ebene Regulationsweisen als Ausdruck sozialer Kompromisse stabilisiert werden könnten (Saillard 1995: 291). Diese Zusammenstellung der institutionellen Formen ist, wie Billaudot (1996) und Cartelier/de Vroey (1989: 74) anmerken, heterogen. Geldrestriktion, Lohn- und Konkurrenzverhältnis beziehen sich unmittelbar auf Stationen des Kapitalkreislaufs. Der Staat ist in allen institutionellen Formen präsent. Die räumliche Reichweite der Regulation wird im Gegensatz zu deren zeitlicher Dauer zu einer separaten institutionellen Form gemacht. Damit werden Zeit und Raum konzeptionell anders behandelt, was Boyers (1987: 39) ursprünglichem theoretischen Postulat eines vergleichbaren Statuts für Raum und Zeit widerspricht. Dies ist nicht nur theoretisch unbefriedigend, sondern wirft, wie die kommenden Jahre zeigen sollten, auch Probleme bei der politischen Strategiebildung auf. Das Politikverständnis der Pariser RegulationistInnen war stark (national-)staatszentriert, was bei ihrer Verankerung im Apparat der *Planification* auch nicht überrascht. Doch hatten sie zumindest kein ahistorisches und kein mechanisches Verständnis von der Wirkungsweise staatlicher Wirtschaftspolitik. Das hebt sie - bei allen staatstheoretischen Defiziten - von Mainstream-Keynesianern ab.

Im Vorfeld und zu Beginn des „projet socialiste" der ersten Präsidentschaft François Mitterands waren die Pariser RegulationistInnen mit dem Boyer'schen Konzept durchaus politikfähig und sahen die Grenzen des Mitterand'schen Keynesianismus deutlicher als andere wirtschaftspolitische Berater des Parti Socialiste. Ihre Kritik bezog sich vor allem auf zwei Punkte:

- Durch die Internationalisierung des Kapitals läuft eine keynesianische Ankurbelungspolitik zum Teil ins Leere.
- Eine Bekämpfung des Produktivitätsrückgangs durch eine reine Technologiepolitik greift zu kurz. Es müsste um eine Reform der gesamten Arbeitsorganisation, um eine „antitayloristische Revolution" gehen (Lipietz 1994: 75).

Linke ÖkonomInnen erkannten, dass die Einbindung des Franc in das Europäische Währungssystem (EWS) und dessen hohe Notierung die außenwirtschaftlichen Schwierigkeiten verschärfte und die Spielräume für eine nicht-liberale Wirtschaftspolitik einschränkte. Sie forderten eine Abwertung des Franc, konnten sich damit aber nicht durchsetzen. Vielmehr verabschiedete sich die Linksregierung vom Linkssein und leitete eine liberale Wirtschaftspolitik ein. Diese Wende wurde damals von den Pariser RegulationistInnen abgelehnt. Ihr politisches Projekt scheiterte. Als Gruppe zur Neoklassik alternativer ÖkonomInnen konnten sie sich im Wissenschaftsbereich dennoch etablieren (Lebaron 2000: 144ff., Pouch 2001: 104f.). Politisch trennten sich jedoch kurz nach der liberalen Wende der PS ihre Wege. Härter noch traf die Wende die Grenobler RegulationistInnen. Sie hatten ihre politische Konzeption auf ein Projekt eines nationalen Entwicklungsweges mit einer hervorgehobenen Rolle des staatlichen Sektors gebaut, der auch von „nationalen" Bourgeoisiefraktionen getragen werden sollte. Diesem Projekt entschwand in der Folgezeit die sozioökonomische und politische Basis. Die Ambivalenz zwischen eher nationalen und eher progressiv-emanzipatorischen Orientierungen der inzwischen auseinander gefallenen Grenobler *Groupe de recherche sur la régulation des économies capitalistes* (GRREC) wurde auch bei dem weiteren politischen Weg ihrer Mitglieder deutlich. Ein Teil der früheren GRREC-Mitglieder hat sich politisch auf den Linksnationalismus des Mouvement des Citoyens von J.-P. Chevènement reorientiert, während andere der PCF treu geblieben sind. Letztere haben sich ein höheres Maß an politischer Relevanz, speziell im Umfeld des linken Gewerkschaftsverbandes CGT, erhalten. Die Grenobler RegulationistInnen wurden auch im Wissenschaftsbereich marginalisiert, obgleich sie dort noch eine ganze Zeit sehr wichtige institutionelle Positionen, speziell bei den Zeitschriften, besetzten.

2. Zwischen Jospinismus und sozialer Gegenbewegung

Auch nach der Rechtswende in Frankreich suchten die Pariser RegulationistInnen nach möglichen Kombinationen einer nicht-tayloristischen Arbeitsorganisation und einem Produktivitätswachstum, das den Weg aus der Krise weisen könnte. Doch ihre Analysen ergaben, dass die neoliberalen angelsächsischen Formen der Regulation die „gute", d.h. sozialdemokratische Form der Regulation verdrängten, obwohl dies aus Sicht der Arbeitsproduktivität nicht nahegelegen hätte (Boyer 1995, vgl. auch Lipietz 1997). Damit geriet die „finanziarisierte" Form der Akkumulation und die sie abstützende Form der Regulation in ihren Blick. Die konzeptionelle Fassung eines „finanzgetriebenen" Akkumulationsregimes, das durch die starke Expansion des Finanzkapitals getragen ist (Chesnais 1996, 2000, Orléan 1999, Boyer 1999, Billaudot 2001: 278ff.), ist eine der wenigen konzeptionellen Neuerungen der Pariser RegulationistInnen seit Mitte der 80er Jahre. In ihren empirischen Studien fragen sie dann nach dessen Verbindung zur produktiven Akkumulation und zum Konsum. Aus einer keynesianisch geprägten Sicht sieht Orléan (1999) die Finanzsphäre als stark selbstreferentiell und von Herdenverhalten geprägt an. Die Börsenrentabilität hänge hauptsächlich vom Steigen der Börsenkurse ab. Es sei aber fraglich, inwieweit deren Anstieg langfristig durchgehalten werden könne. Daher ist dieses Akkumulationsregime für ihn inhärent instabil (ebd.: 222ff.). Chesnais (2000) bezieht sich eher auf die Marxsche Konzeption des „fiktiven Kapitals". Fiktives Kapital besteht aus handelbaren Ansprüchen auf Anteile des Mehrwerts (z.B. Wertpapiere). Damit bleibt das fiktive Kapital jedoch an die produktive Sphäre gebunden, denn es geht um Ansprüche auf Surplus, das anderswo produziert wird. Damit ist die Autonomie der Finanzsphäre nur relativ (Chesnais 2000: 307f., 318). Die RegulationistInnen sehen das finanziarisierte Akkumulationsregime als tendenziell instabil an, wobei die Herleitung der Instabilität unterschiedlich ausfällt. Für Arrighi (1994) ist die Akkumulation fiktiven Kapitals sogar Ausdruck einer blockierten produktiven Akkumulation. In einer solchen Situation würde angesichts großer Unsicherheit nach schnell liquidierbaren Anlageformen gesucht. Zentrale Anstöße zu dieser Diskussion sind von außerhalb des Kerns der Pariser RegulationistInnen gekommen, speziell von politisch eher dem Trotzkismus zuzurechnenden marxistischen ÖkonomInnen. Diese teilen auch nicht die Fixierung der Pariser RegulationistInnen auf den Nationalstaat.

Die Veränderung der Staatlichkeit war der zweite Punkt, mit dem sich die Pariser RegulationistInnen konzeptionell auseinandersetzen mussten. Die Transformation des Staates war eng mit der Veränderung seiner Räumlichkeit verbunden. Auf beide Aspekte waren die Pariser RegulationistInnen nicht gut vorbereitet. Die wenigen expliziten Staatsanalysen bezogen sich vor allem auf Veränderungen der staatlichen Intervention in die kapitalistische Ökonomie, nicht aber auf eine systematische Analyse der gesellschaftlichen Kräfteverhältnisse und den staatlichen Formwandel. Diese Schwachstelle blieb bestehen. Die gramscianischen Ansätze wurden seit Mitte der 80er Jahre nicht fortentwickelt. Der systematischste Ansatz einer regulationistischen Staatstheorie aus der Pariser Schule der 90er Jahre war weberianisch inspiriert, ihn leistete Bruno Théret (1992, 1999). In seiner sehr systematischen Reformulierung der Regulationstheorie bezieht sich Regulation auf die Bearbeitung widersprüchlicher Logiken in wirtschaftlicher, politischer und symbolischer Ordnung. Insofern ist Thérets Ansatz außerordentlich strukturalistisch angelegt, gesellschaftliche Akteure verschwinden weitgehend. Ist der Klassenkampf in seinen Arbeiten von Anfang der 90er Jahre noch als Fremdkörper präsent, so geht es in den späteren Arbeiten nur noch um dominante Ordnungslogiken. Beim Vergleich unterschiedlicher Formen der Sozialstaatlichkeit oder nationaler Legitimitationsstrategien ist sein Ansatz sehr anregend (Théret 1997, Marques-Pereira/ Théret 2001), aber bei der Erklärung von Veränderungen trägt er nicht weit.

Théret ist konzeptionell nicht auf den nationalstaatlichen Rahmen festgelegt. Diese Fixierung hat sich für die übrigen Pariser RegulationistInnen jedoch zunehmend als Erkenntnishindernis erwiesen. In den letzten zwei Jahrzehnten war die Veränderung der Räumlichkeit des Staates integraler Bestandteil von dessen Transformation. Die Rolle subnationaler Ebenen der Staatlichkeit und des Nationalstaates wurden verändert, in Europa war der Ausbau einer supranationalen Staatlichkeit zentrales Element des neoliberalen Projektes, und auch bei den internationalen Organisationen als Formen globaler Staatlichkeit waren erhebliche Veränderungen feststellbar. Diese Veränderungen wurden von den Pariser RegulationistInnen primär als Aushöhlung des Nationalstaats wahrgenommen. Vereinzelt diskutierten sie die EU als neue Form der Staatlichkeit (Dehove 1997, Dehove/ Théret 2000) und stellten die Frage nach der Verbindung der verschiedenen Ebenen der Staatlichkeit (z.B. Boyer 1999), doch zu einem wirklichen Bruch mit der nationalstaatlichen Optik kam es nicht. Vielmehr versuchten sie den Veränderungen der Räumlichkeit des Staates durch leichte Modifikationen ihres bisherigen Konzepts Rechnung zu tragen. So schlugen Pecqueur und Gilly (1995) vor, analog zum internationalen Regime auch die subnationale Staatlichkeit zu einer „institutionellen Form“ zu machen. Damit werden Raum und Zeit weiterhin konzeptionell unterschiedlich behandelt. Die Zeit ist Dimension aller struktureller Formen, der Raum der Regulation hat hingegen jeweils eigene institutionelle Formen. Dem eigenen Anspruch würde es jedoch eher entsprechen, Raum wie Zeit als Dimensionen aller struktureller Formen zu begreifen. Dies würde es auch ermöglichen, Veränderungen von Zeitlichkeit und Räumlichkeit als Teil von Machtstrategien zu begreifen (vgl. Jessop 2001, Becker 2002). So bleibt den Pariser RegulationistInnen nur noch festzustellen, dass die Veränderungen der Räumlichkeit des Staates vor allem liberalen Gesellschaftsprojekten verbundenen Gruppen genutzt hat (z.B. Mazier 1997).

Die Pariser RegulationistInnen blieben konzeptionell nicht nur stark auf den Nationalstaat, sondern auch auf die Interessenorganisationen von Kapital und Arbeit ausgerichtet. Andere gesellschaftliche Widersprüche und politische Organisationsformen wurden kaum thematisiert. Bezeichnend ist, dass Lipietz, der sich als einer von wenigen politisch auf die Ökologiebewegung bezog, die Fragen der Ökologie und damit verbundener sozialer Bewegungen konzeptionell nicht mit der Regulationstheorie in Verbindung brachte, sondern alternativ Ansätze einer stark normativ besetzten „politischen Ökologie“ entwickelte (Becker/Raza 2000). Insoweit blieben die Pariser RegulationistInnen ziemlich stark im organisierten Kapitalismus mit seinen recht kompakten Großverbänden verhaftet. Politisch haben Gewerkschaften (und Arbeitsloseninitiativen u.ä.) in Frankreich allerdings noch eine recht starke Mobilisierungskraft.

Mit der Regierung von Lionel Jospin gewannen die Pariser RegulationistInnen wieder an Einfluss, wenngleich dieser gegen Ende von dessen Amtszeit wieder rückläufig war. Die Regierungsübernahme Jospins erfolgte in einer bemerkenswerten ökonomischen und politischen Konjunktur. Ökonomisch wurde die Wachstumsbremse einer restriktiven Geld- und Währungspolitik durch die Perspektive einer gemeinsamen Währung, durch welche die Risikoprämie auf Französischen Francs entfiel, und durch die relativ niedrige Notierung des Euro, welche die Exporte stimulierte, 1995/96 gelockert. Dies stimulierte das im Vergleich zu den frühen Mitterand-Jahren stärker extensive französische Akkumulationsregime. „Die französische Wirtschaft ist", so Jean-François Vidal (2000: 66), „von einer Phase intensiven zu einer des extensiven Wachstums übergegangen, die durch ein schwaches Wachstum der Produktivität und der durchschnittlichen Reallöhne gekennzeichnet ist und in der das Wachstum auf einem *cercle verteuex* Konsum-Schaffung von Arbeitsplätzen beruht. Die Tertiarisierung der Gesellschaft trug viel zu dieser Rückkehr des extensiven Wachstums bei." Abgestützt wurde dieses eher extensive und auch zunehmend finanziarisierte Akkumulationsmodell (Plihon 2000, Jeffers 2000) unter anderem durch eine Prekarisierung der Beschäftigungsverhältnisse und einen Abbau der Sozialstaatlichkeit ab 1983 sowohl durch sozialliberale als auch durch rechtsliberale Regierungen. Die Unzufriedenheit mit der Verschlechterung der sozialen Lage kulminierte 1995/96 in einer breiten Streikbewegung im öffentlichen Dienst. Die Streikenden vermochten zu vermitteln, dass ihr Arbeitskampf essentiell mit der Frage der Bewahrung öffentlicher Dienste zusammenhängt. Damit fand die Streikbewegung eine breite Resonanz in der Bevölkerung. Die Reaktion der intellektuellen Linken war gespalten. Die Sozialliberalen geißelten den Streik als Bewegung ewiggestriger Modernisierungsfeinde. Die andere Fraktion sah in dem Streik einen Aufstand gegen den Neoliberalismus und solidarisierte sich mit ihm (Steinhilber 2000: 92ff.). Im Gefolge der Protestwelle gewann die „plurale Linke" 1997 die vorgezogenen Neuwahlen. Politisch konnte die Regierung Jospin an der Protestbewegung nicht völlig vorbeigehen. Sie setzte speziell in der Beschäftigungspolitik neue Akzente, die mit dem neuen Akkumulationsmodell nicht unvereinbar waren: eine Reduktion der Wochenarbeitszeit und Beschäftigungsprogramme speziell für Jugendliche in gesellschaftlichen Defizitbereichen (Lipietz 1998b: 352ff.). Beschäftigungspolitische Initiativen verlangte die Regierung Jospin auch in der EU. In der Fiskalpolitik stellte sie den sogenannten Stabilitätspakt nicht offen infrage, profilierte sich aber im Gegensatz zur Rhetorik des deutschen Finanzministers Hans Eichel auch nicht als Obersparerin. Ambivalenter ist ihre Haltung in der Sozialpolitik, wo es einzelne Maßnahmen zur Stärkung von Sozialversicherungen, aber auch Schritte hin zur Privatisierung gab. Der Radikalisierung des EU-Binnenmarktprogramms, das auf die Privatisierung weiterer bisher öffentlicher Dienste zielt, setzte die Regierung Jospin keinen offensiven Widerstand entgegen. Vielmehr war eine Beschleunigung bei den Privatisierungen festzustellen.

Ähnlich ambivalent ist die Position der Pariser RegulationistInnen. Einige haben sich eher dem Sozialliberalismus angeschlossen. So schrieben Robert Boyer und Michel Aglietta Studien für die *Fondation Saint-Simon*, die als zentraler Think tank des französischen Sozialliberalismus gelten konnte (Aglietta 2000, Beffa et al. 1999). Auf der anderen Seite sind zahlreiche RegulationistInnen beim Liberalismus-kritischen *Appel des économistes pour sortir de la pensée unique* zu finden. Einige sind auch bei Attac engagiert. In sein ökonomisches Beratergremium berief Jospin sowohl sozialliberale, wie auch eher linke Pariser RegulationistInnen.

Einigkeit herrscht bei den Pariser RegulationistInnen noch am ehesten in Fragen der Arbeitszeitpolitik. Arbeitszeitverkürzungen sehen sie nicht nur als Teil der Beschäftigungspolitik, sondern auch als Gewinn eines kleinen Stücks mehr Freiheit. Anders sieht es mit der Frage der Kapitalisierung der Rentenversicherung aus, die sowohl das Lohn-, als auch das Geldverhältnis berührt. Hier plädieren Aglietta, Boyer und - etwas überraschend - auch Lipietz in unterschiedlichen Variationen für kapitalisiertes Versicherungsvermögen in ArbeitnehmerInnenhand. So könnte die Kapitalisierung der Sozialversicherung sozial gestaltet und ArbeitnehmerInnen Einfluss auf Fondsverwaltung und damit indirekt auf Unternehmenspolitik gegeben werden (Husson 2001: 180f.). Eine solche Politik würde der beschleunigten Finanziarisierung des französischen Akkumulationsmodells den Weg ebnen. Regulationistische KritikerInnen verweisen hingegen auf die Krisenanfälligkeit eines finanziarisierten Akkumulationsmodells und geißeln die Vorstellung eines „Pensionsfondssozialismus" als „Phantasmagorie" (Lordon 2000: 91), welche die Lohnabhängigen in eine widersprüchliche Interessenlage zwischen Lohnempfänger und rationalisierungssüchtigem Rentier bringen würde.

Überhaupt ist die institutionelle Ausgestaltung der Geldrestriktion und die Ausrichtung der Geldpolitik zentrales Konfliktfeld unter den RegulationistInnen. Dies hängt mit ihrer Lesart der Veränderungen des Kapitalismus in den letzten 30 Jahren zusammen. Diese sind für die RegulationistInnen sehr stark über Veränderungen der Geldrestriktion durchgesetzt worden. Für die einen, speziell Aglietta, lassen diese Veränderungen wenig Spielräume. Stabilität ist für sie nur bei einer unabhängigen Zentralbank möglich. „Pensionsfondssozialismus" ist die äußerste Gestaltungsgrenze. Für andere ist die Geldrestriktion ein nach wie vor umkämpftes Feld der Normsetzung. Sie kritisieren die fehlende demokratische Kontrolle der Europäischen Zentralbank, die mit der Währungsunion verbundene geld- und fiskalpolitische Normsetzung und die Asymmetrie zwischen Europäisierung der Geldpolitik und national zersplitterter Fiskalpolitik (u.a. Mazier 1997, Lipietz in Gauron et al. 1992: 94, Lipietz 1998b: 338ff.). Damit geht faktisch eine partielle Lösung vom nationalstaatlichen Rahmen und eine kritische Thematisierung der EU einher. Die Schwierigkeiten, die EU-Politik auf diesen zentralen Feldern zu ändern, wird dabei gesehen und speziell auf die Konstellation der nationalstaatlichen Regierungen zurückgeführt. Hier stellt die analytische Unschärfe bei der Thematisierung des territorialen Ebenenwechsels als machtpolitisches Instrument der Interessendurchsetzung auch eine Grenze für die politische Strategiebildung dar. Trotzdem sind sich die Pariser und verbliebenen Grenobler RegulationistInnen darüber im Klaren, dass internationale Regulierungen nicht per se als ein Fortschritt zu betrachten sind. Vielmehr werden sie als interessengeleitet gesehen, wobei derzeit der US-amerikanische Einfluss prägend sei (u.a. Gerbier 2001).

Am klarsten hat die Frage der Raum-Macht unter den Pariser RegulationistInnen Alain Lipietz gesehen, der sich von ihnen am intensivsten mit dem Raum beschäftigt hat. So forderte er 1992: „Man muss gleichzeitig den wirtschaftlichen Raum auf einen Raum zurückführen, wo eine demokratische Kontrolle existieren kann, und, beispielsweise auf europäischer Ebene, demokratische Räume ausweiten" (Lipietz in Gauron et al. 1992: 88). In diese Richtung geht auch die Stoßrichtung von Attac.

Auffällig ist, dass die sozialliberale Resignation unter den Pariser RegulationistInnen oft mit einer politischen Orientierung auf den als geschwächt empfundenen Nationalstaat einhergeht. Politisch kritischere und offensivere Forderungen werden eher von solchen RegulationistInnen erhoben, die auch andere politische Handlungsebenen theoretisch wie praktisch im Auge haben.

3. Staatstheoretische Perspektiven jenseits des Rheins

Breiter wurde die regulationistische Diskussion rechtsrheinisch erst nach etwa zehn Jahren rezipiert. Aufgenommen wurde sie hier von PolitikwissenschaftlerInnen, kaum von ÖkonomInnen. Denn im Gegensatz zu Frankreich ist die Ökonomie in der BRD ziemlich einfarbig neoklassisch. Interesse fand sie hingegen in der kritischen Gesellschaftswissenschaft, insbesondere in Frankfurt am Main und Marburg. Die Frankfurter Gruppe suchte den Regulationsansatz in der Tradition der „kritischen Theorie" fortzuentwickeln. Emanzipatorische Hoffnung setzte sie in den 80er Jahren vor allem auf die neuen sozialen Bewegungen und, als deren parlamentarische Verbündete, auf die grüne Partei. Die Marburger Gruppe stand in der Tradition der Marburger Schule um Wolfgang Abendroth. Ihr politischer Bezugspunkt war eher die Gewerkschaftslinke. Sie nutzte die Regulationstheorie vor allem für eine kritische Analyse des (west-)europäischen Integrationsprozesses. Trotz ihrer unterschiedlichen Traditionen und politischen Bezugspunkte eint die deutschen RegulationistInnen ihr Interesse am Staat. Damit hat die deutsche Theorieentwicklung dort ihre Stärke, wo die Schwäche der französischen Diskussion liegt: in der Staatstheorie.

Die Frankfurter Gruppe hat wesentliche Beiträge zu einer marxistischen Fundierung des Regulationsansatzes auf dem Gebiet der Staatstheorie, aber auch anderer kapitalistischer Gesellschaftsformen geliefert (u.a. Hirsch 1990, Esser et al. 1994, Hirsch 1995). Hierbei wird auch ein recht systematischer Bezug zu staats- und hegemonietheoretischen Arbeiten Gramscis hergestellt. In einem jüngst veröffentlichten Aufsatz geht Joachim Hirsch in seiner Rekonzeptionalisierung der regulationistischen Grundkategorien sehr viel weiter. Dort fasst er unter das Akkumulationsregime nicht nur die „Form der Mehrwertproduktion mit den damit verbundenen Beziehungen zwischen Produktionsmittel- und Konsumgütersektor", sondern für ihn gehören dazu auch das Lohn- und Geldverhältnis, die Form ökonomischer Organisation, das Verhältnis von kapitalistischen und nicht unmittelbar der kapitalistischen Verwertung unterworfenen Sektoren, das Natur-

und Geschlechterverhältnis wie das „Raum/Zeit-Verhältnis". Somit beinhaltet für Hirsch das Akkumulationsregime „spezifische politisch-soziale Konfliktachsen, in denen die Klassenverhältnisse und die mit ihm verbundenen - nicht aus ihm ableitbaren - sozialen Antagonismen, nicht zuletzt die Natur- und Geschlechterverhältnisse, zum Ausdruck kommen". Damit subsumiert Hirsch unter das Akkumulationsregime gesellschaftliche Verhältnisse, die in der herkömmlichen Regulationstheorie der Regulation zugeordnet werden. Über die Regulationsweise werden für Hirsch die gesellschaftlichen Konflikte in einer Art und Weise bearbeitet, die sie potenziell mit der Kapitalverwertung vereinbar macht. „Zur Regulationsweise gehören" für ihn „die sich ausprägenden institutionellen Konfigurationen einschließlich der staatlichen Herrschaftsorganisation, die ideologischen Formen, die herrschenden Subjektprägungen und damit das Hegemonialverhältnis im Sinne generalisierter Vorstellungen von Ordnung und Entwicklung der Gesellschaft" (Hirsch 2001a.: 173f.). Damit stellt Hirsch bei der Regulation vor allem auf den erweiterten Staat ab. Dies hat auch Konsequenzen für seine Vorstellung von emanzipatorischer Politik. Diese sollte aus seiner Sicht auf die Überwindung bürgerlicher Staatlichkeit gerichtet sein. Die Überwindung der Warenform wird von ihm hingegen nicht so systematisch formuliert, aber auch erwähnt (ebd.: 207ff., Hirsch 2001c: 271).

Mit dieser Reformulierung löst Hirsch die Regulation ein ganzes Stück von der Akkumulation ab. Möglicherweise tut er dies, um die Regulationstheorie zu einer umfassenderen kritischen Gesellschaftstheorie umbauen zu können. Dabei geht meines Erachtens eine der Hauptstärken des Regulationsansatzes, die Herausarbeitung des Spannungsfeldes von Akkumulation und Regulation, teilweise verloren. Bezieht man bei der Akkumulation auch deren Kernseite, die Reproduktion der Arbeitskraft, systematisch in die Analyse ein, so werden bereits auf dieser Analyseebene Widersprüche und potentielle Konflikte deutlich. Eine bloße Ableitung der Regulation aus dem Akkumulationsimperativ ist bei einer solchen Konzeption nicht möglich, was ja auch den Intentionen von Hirsch entsprechen würde.

Scheint mir durch die Einbeziehung des Lohn-, Konkurrenz-, Geldverhältnisses etc. das Akkumulationsregime zu weit gefasst, so scheint mir andererseits seine Sicht der Akkumulation wiederum verkürzt. Zum Akkumulationsregime gehört für mich nicht nur die Form der Mehrwertproduktion, sondern auch der Mehrwertverwendung. Beide lassen sich meines Erachtens anhand der Achsen produktive Akkumulation/Akkumulation fiktiven Kapitals, intensive/extensive Akkumulation und extravertierte/intravertierte Akkumulation typisieren (Becker 2002: Kap. 3). Im Vergleich dazu ist Hirschs Verständnis des Akkumulationsregimes auf die produktive Akkumulation verkürzt. Diese stellt zwar den Kern der Akkumulation dar, aber es kann sich auch ein mit der produktiven Akkumulation über die Mehrwertmasse verbundener sekundärer Kreislauf der Akkumulation fiktiven Kapitals herausbilden (so schon Marx 1979: 482ff., 510 und Hilferding 1974: II. Abschnitt).

Hingegen würde ich die zu bearbeitenden Widersprüche und Konfliktachsen der Regulation zuordnen. Allerdings würde auch ich die ursprüngliche, marxistische Konzeption der Regulation nicht unverändert übernehmen. Sie weist bei der

Verortung des Staates Unschärfen auf und berücksichtigt das gesellschaftliche Naturverhältnis nicht. Auch das Konkurrenzverhältnis scheint mir zu stark auf die Konkurrenz zwischen Kapitalen verengt. Als strukturelle Formen der Regulation würde ich mit Rekurs auf die Marxsche Konzeption der Kritik der Politischen Ökonomie das Lohn- und Konkurrenzverhältnis, die Geld- und die ökologische Restriktion fassen. Die Konkurrenz ist für mich nicht auf die Konkurrenz von Einzelkapitalen beschränkt, sondern bezieht auch andere gesellschaftliche Klassen ein. Über das Konkurrenzverhältnis werden für mich Konfliktlinien konstruiert, die quer zur vertikalen Konfliktlinie der Klassen liegen (z.B. Geschlecht, Ethnien etc.). Alle vier strukturellen Formen sind auch mit Momenten des Verwertungsprozesses verbunden und nehmen in Raum und Zeit veränderliche konkrete institutionelle Ausprägungen an. Sie werden alle von zwei Grundformen gesellschaftlicher Beziehungen im Kapitalismus durchzogen: von der Warenförmigkeit und der Staatsförmigkeit sozialer Beziehungen (Becker 2002: Kap. 4.6). Eventuell. könnte auch noch eine dritte, nicht ganz so durchgängige Grundform definiert werden, die Familienförmigkeit sozialer Beziehungen. Eine solche Sichtweise der Regulation behält die enge dialektische Verklammerung von Akkumulation und Regulation bei, identifiziert die Waren- und Staatsförmigkeit als zentrale Formen gesellschaftlicher Beziehungen und sieht mehrere Konfliktlinien (nicht nur den Klassenwiderspruch und -konflikt) vor. Der Fokus ist dann allerdings auch enger als bei der Frankfurter Gruppe.

Bei der Analyse des Konkreten haben die Frankfurter teils auf Veränderungen des Lokalstaates (Hartel 2000), teils auf die Transformation des Nationalstaates (Hirsch 1995), teils auf Veränderungen der internationalen Regulation und deren Akteure (Brand 2000, Brand et al. 2001) abgestellt. Daraus ergibt sich eine politische Mehrebenenanalyse. Trotz seiner Transformation und einer „räumlich-sozialen Diversifizierung staatlicher Ebenen und Funktionen" (Hirsch 2001b: 121) behält der gramscianisch verstandene Nationalstaat eine tragende Rolle (ebd.: 128). Bei seiner Mitte der 90er Jahre veröffentlichten Analyse der Transformation des Wohlfahrts- in einen repressiven „nationalen Wettbewerbsstaat" hat Hirsch (1995) fast ausschließlich auf Veränderungen der produktiven Akkumulation abgestellt. Die parallele Expansion fiktiven Kapitals und die damit verbundene Veränderung des Geldverhältnisses kommt in dieser Analyse nicht vor. Diese Leerstelle hat Hirsch (2001b) inzwischen gefüllt. Sehr klar arbeitet die Frankfurter Gruppe heraus, dass nicht nur der materielle Kern des Staates, sondern der gesamte „erweiterte Staat", also inklusive der Zivilgesellschaft, eine Neuformierung erfährt. Kritisch merkt Hirsch (ebd.: 273) auch an, „dass es gerade die im Kontext der neuen sozialen Bewegungen entwickelte Kritik am fordistischen Kapitalismus, an bürokratischer Disziplin, Massenkonsum, an den Geschlechterverhältnissen und an der schrankenlosen Naturzerstörung war, die einiges zur Durchsetzung neoliberaler Hegemonie beigetragen haben". Die durch umfassende Kommodifizierung und individualisierende Konkurrenz geprägte post-fordistische Subjektprägung macht für Hirsch die Entwicklung sozialer Gegenbewegung sehr schwierig. Am ehesten sieht er in den „globalisierten" Bewegungen gegen den Neoliberalismus und bestimmten sozialen Bewegungen in der Dritten Welt (Zapatisten, Landlosenbewegung in Brasilien) noch erste Ansätze einer emanzipatorischen gesellschaftlichen und politischen Praxis (ebd.: 275ff.). Gerade diese Bewegungen würden aber „zum eigentlichen Objekt der sich aufrüstenden staatlichen 'Terrorbekämpfung'" (Hirsch 2001d: 520). International sei es den USA zwar gelungen, eine beispiellose Dominanz zu erringen, nicht aber eine neue hegemoniale Ordnung zu etablieren. Vielleicht könne noch von einer ideologischen Vorherrschaft die Rede sein, aber nicht von einer politischen Hegemonie. Eine solche müsste politische und materielle Zugeständnisse auch an die „Untergeordneten und Unterdrückten" beinhalten (ebd.: 514). Tatsächlich hat diese These Hirschs einiges für sich und passt auch zur Militarisierung der internationalen Politik. Allerdings fehlen wichtige Aspekte internationaler Vorherrschaft und potentieller Hegemonie wie die monetären Normen (hierzu Tavares 1997).

Erstaunlich wenig Aufmerksamkeit widmen die Frankfurter der EU als neuer Form partieller supranationaler Staatlichkeit. Dabei war die EU bei der Veränderung der europäischen Staatlichkeit und der Durchsetzung (neo-)liberaler Politikmuster via Binnenmarktprojekt und Währungsunion zentral, wie die Arbeiten aus dem Umfeld der Marburger Gruppe aufzeigen (u.a. Bieling/Steinhilber 2000, Ziltener 1999). Aus diesen Arbeiten lässt sich auch erkennen, dass die dominanten Gruppen bei der Etablierung des (neo-)liberalen Projektes gerade deshalb die europäische Ebene ausbauten, weil dort die Machtrelationen stärker zu ihren Gunsten waren als auf der nationalstaatlichen Ebene. Dies hing sowohl mit den sehr asymmetrischen zivilgesellschaftlichen Ausformungen auf europäischer Ebene wie mit der extremen Exekutivlastigkeit der EU zusammen. Daraus lässt sich die politische Frage ableiten, inwieweit soziale Gegenbewegungen sich auf europäischer Ebene etablieren können bzw. eine Veränderung der Staatlichkeit zugunsten jener Ebenen favorisieren sollten, auf denen sie handlungsfähiger sind.

Erkennbar wird auch an der deutschsprachigen Diskussion, dass Veränderungen der Räumlichkeit ein zentrales Element beim (jüngsten) Wandel des Kapitalismus sind. Daher ist auch die theoretische Konzeptionalisierung des Raumes von großer Bedeutung. Zu dieser hat vor allem die explizit raumwissenschaftliche Diskussion von RegulationistInnen - oft, aber nicht immer GeografInnen - wichtige Beiträge geleistet.

4. Raumfragen – Machtfragen

Die raumwissenschaftliche Diskussion der RegulationistInnen arbeitete die Veränderlichkeit der Räumlichkeit heraus und stellte einen Zusammenhang zwischen Raum und Macht her (Calvet 1978, Borrelly 1990, Swyngedouw 1992, Moulaert 1996, Brenner 1998, Jessop 2001, Novy 2001: Kap. 1 & 5, Becker 2002: Kap. 6). Zu unterscheiden ist zwischen dem Raum der Akkumulation und dem Raum der Regulation.

Der Raum der Akkumulation ist ein Verflechtungsraum, der durch die Ströme von verschiedenen Formen des Kapitals (Waren-, Produktiv-, Geldkapital) gebildet wird. Die Formen des Kapitals unterscheiden sich u.a. in ihrer Mobilität und im Maß ihrer territorialen Bindung (Becker 2002, mit etwas anderer regulationistischer Perspektive Chanteau 2001: 6ff.). Waren- und Geldkapital sind mobiler als Produktivkapital, wobei letzteres auch erhebliche branchenmäßige Unterschiede aufweist. Produktivkapital ist längere Zeit fixiert und bedarf sowohl einer umfassenden Kommodifizierung als auch juristischer Regulierung. Damit wird deutlich, dass Kapitalformen nicht irgendeine Mobilität intrinsisch ist. Vielmehr ist die Mobilität auch politisch vermittelt und umkämpft. Sie wird unter anderem durch die jeweiligen Grenzregime (Zölle, Kontingente, Kapitalverkehrskontrollen, Migrationsbestimmungen etc.) und die konkreten Ausprägungen der Regulation beeinflusst.

Der Raum der Regulation ist sowohl ein Verflechtungsraum als auch ein Territorium. Der Verflechtungsraum wird durch die Interaktion der Akteure gebildet, das festumgrenzte Territorium durch (rechtliche) Normsetzung: Unterschiedliche Akteure haben unterschiedliche räumliche Strategien, ihre Interessen sind räumlich unterschiedlich konturiert, und sie sind auf verschiedenen territorialen Ebenen auch in unterschiedlichem Maß diskursiv wie organisatorisch aktionsfähig. Damit ist die Veränderung der Räumlichkeit eine wichtige Komponente von Machtstrategien, der hergestellte „Machtraum" (Novy 2001: 304ff.) weist jeweils spezifische Machtasymmetrien entlang Klassenspaltungen und den quer zu den Klassenspaltungen liegenden Konfliktlinien auf.

Es gibt keinen Grund anzunehmen, dass sich die räumlichen Konfigurationen der diversen strukturellen Formen decken müssen. Vielmehr ist es durchaus wahrscheinlich, dass sie dies aufgrund der variierenden Durchsetzungsfähigkeit verschiedener gesellschaftlicher Akteure nicht tun. Damit besteht auch die Möglichkeit, dass bei den verschiedenen strukturellen Formen unterschiedliche Akteure auf jeweils unterschiedlichen Ebenen erfolgreich sind. Dann liegt es jedoch nahe, dass ein *inkohärentes* Ensemble entsteht. Eine relative Kohärenz wäre dann zu erwarten, wenn ein bestimmter Machtblock auf internationaler Ebene tatsächlich hegemonial und damit normbildend und -angleichend wird. Eine solche Konstellation lag im Nachkriegsfordismus vor und scheint derzeit eher nicht gegeben.

Machtasymmetrien entstehen nicht zuletzt daraus, dass sich der Raum der verdichteten Wirtschaftsflüsse und der Raum der zentralen territorialen Regulationsebenen nicht decken. In diesem Fall hat das Kapital die Möglichkeit, sich gesellschaftlichen Kompromissen durch Flucht zu entziehen. Es hat also die Optionen „Exit" und „Voice", um die Terminologie von Hirschman zu verwenden, in die Waagschale zu werfen. Seinem Widerpart steht hingegen nur die „Voice"-Option zur Verfügung, er ist also in seinen Handlungsmöglichkeiten weit eingeschränkter. Von daher ist die Frage nach dem Maß politisch tolerierter Kapitalmobilität eine zentrale Machtfrage. Nur ausnahmsweise ist es den subalternen Klassen und Klassenfraktionen gelungen, die Mobilität des Kapitals, speziell des Produktiv- und Geldkapitals, einzuschränken. Eine derartige spezielle Konjunktur war die Zeit unmittelbar nach dem Zweiten Weltkrieg, als die Wirtschaftsverbindungen unterbrochen waren und die wichtigsten kapitalistischen Staaten sich einer starken Konkurrenz durch den Staatssozialismus ausgesetzt sahen. Es ist wohl auch dieser speziellen Konjunktur geschuldet, dass die ArbeiterInnenschaft, speziell ihr männlicher Teil, im Fordismus eine ganze Zahl materieller wie politischer Konzessionen erreichen konnten (Becker 1996). Die Aufkündigung des Kompromisses durch die Kapitalseite war nicht zufällig von einer starken Veränderung der Räumlichkeit sowohl der Regulation als auch der Akkumulation begleitet.

Von daher ist die Frage der Kapitalmobilität auch für emanzipatorische Bewegungen eine Schlüsselfrage. Und sie wird von der sogenannten „Antiglobalisierungsbewegung" auch aufgegriffen. Diese ist ein Hoffnungsträger für verbliebene Linke (z.B. Brand 2001, Hirsch 2001c, Chiesa 2001: 79ff.). Sie heben dabei als das Neue den internationalen (oder globalen?) Charakter der Bewegung hervor, ohne jedoch ihre Differenzierungen und inneren Machtasymmetrien zu übersehen. In Teilen kritisieren Brand und Hirsch diese Bewegung als zu „etatistisch", wobei sie sich unter anderem auf Attac beziehen. In der gegenwärtigen Situation kann meines Erachtens eine Einschränkung der Kapitalmobilität, die vielleicht auch weiterreichende Perspektiven eröffnen könnte, nur etatistisch durchgesetzt werden. Zu recht weist Hirsch (2001d) hingegen auf die disziplinierende Funktion des kriegerischen Diskurses des „Feldzugs gegen den Terror" gerade auch gegenüber zivilen Gegenbewegungen hin. Krieg ist eine extreme Form zur Durchsetzung der Veränderung der Räumlichkeit und Regulation. Sie ist - nicht nur von RegulationistInnen - noch unzureichend aufgearbeitet. Emanzipatorische Bewegungen müssen sich aber auf jeden Fall auch gegen imperialistische Kriege richten.

Auch wenn die Internationalität der sog. Antiglobalisierungsbewegung hervorgehoben wird, so sollte nicht übersehen werden, dass sich besonders subalterne Kräfte und emanzipatorische Bewegungen mit der Arbeit auf globaler und makroregionaler Ebene sehr schwer tun. Dafür ist nicht zuletzt die schwache Gegenwehr gegen die äußerst liberale EU-Politik ein klares Indiz. Von daher wäre aus meiner Sicht sowohl die Handlungsfähigkeit auf den höheren territorialen Ebenen auszubauen als auch politisch auf eine Einschränkung der Kapitalmobilität und auf eine nicht-chauvinistische Stärkung unterer Entscheidungsebenen zu dringen. Insofern hat eine konsequente Verräumlichung der Regulationstheorie auch weitreichende praktisch-politische Implikationen.

Literatur

Aglietta, M. (1987): A Theory of Capitalist Regulation. The US Experience. 2. Auflage. London.

- (1997): Régulation et crises du capitalisme. 3., korrigierte Auflage. Paris.

- (2000): Der Kapitalismus von morgen. In: Aglietta, M.: Ein neues Akkumulationsregime. Die Regulationstheorie auf dem Prüfstand. Hamburg, 87-143.

Arrighi, G. (1994): The Long Twentieth Century. Money, Power, and the Origins of Our Times. London und New York.

Becker, J. (1996): Fenster für die Linke. Umbrüche in der Weltwirtschaft und alternative Gesellschaftsprojekte in der (Semi-)Peripherie. In: Kurswechsel 1, 8-25.

- (2002): Akkumulation, Regulation, Territorium. Zur kritischen Rekonstruktion der französischen Regulationstheorie. Marburg/Lahn.

-/Raza, W.G. (2000): Theory of regulation and political ecology: an inevitable divorce? In: Économie et sociétés, Série „Théorie de la régulation" 11, 55-70

Beffa, J.-L. et al. (1999): Les relations salariales en France: État, entreprises, marchés financiers. Note de la Fondation Saint-Simon. O.O (Paris).

Benassy, J.-P./Boyer, R./Gelpi, R.-M. (1979): Régulation des économies capitalistes et inflation. In: Revue économique 30(3), 397-441.

Bieling, H.-J./Steinhilber, J. (Hg., 2000): Die Konfiguration Europas. Dimensionen einer kritischen Integrationstheorie. Münster.

Billaudot, B. (1996): L'ordre économique de la société moderne. Paris.

- (2001): Régulation et croissance. Une macroéconomie historique et institutionelle. Paris.

Borrelly, R. (1990): L'articulation du national et de l'international: concepts et analyses. In: Économies et sociétés, Série „Théorie de la régulation" 5, 67-96.

Boyer, R. (1987): La théorie de la régulation: une analyse critique. 2. Auflage. Paris.

- (1995): Du fordisme canonique à une variété de modes de développement. In: Boyer, R./Saillard, Y. (Hg.): La théorie de la régulation. L'état des savoirs. Paris, 369-377.

- (1999): Le politique à l'ère de la mondialisation de la finance: Le point sur quelques recherches régulationnistes. In: L'Année de régulation 3, 13-75.

Brand, U. (2000): Nichtregierungsorganisationen, Staat und ökologische Krise. Konturen kritischer NRO-Forschung. Das Beispiel der biologischen Vielfalt. Münster.

- et al. (Hg., 2001): Nichtregierungsorganisationen in der Transformation des Staates. Münster.

- (2001): Il popolo die Genova. Eine Einschätzung der neuen internationalen Protestbewegung. In: blätter des iz3w: Gegenverkehr. Soziale Bewegungen im globalen Kapitalismus (Sonderheft), 36-39

Brenner, N. (1998): Between fixity and motion: accumulation, territorial organization and historical geography of scales. In: Environment and Planning D: Society and Space 17, 459-481.

Calvet, J. (1978): Régulation & espace. Les aspects spatiaux de la régulation économique du capitalisme français. Thèse pour le doctorat, Université pour les sciences sociales de Grenoble. Grenoble.

Cartelier, J./de Vroey, Michel (1989): L'approche de la régulation. Un nouveau paradigme? In: Économie et sociétés, Série „Théorie de la Régulation" 4, 63-87.

Chanteau, J.-P. (2001): L'entreprise nomade. Localisation et mobilité des activités productives. Paris.

Chesnais, F. (Hg., 1996): La mondialisation financière. Genèse, coût et enjeux. Paris.

- (2000): Le pouvoir de la finance (André Orléan). In: L'Année de Regulation 4, 305-324.

Chiesa, G. (2001): G8/Genova. Torino.

De Bernis, G. (1991): Propositions pour une analyse de la crise. In: GRREC: Crise et régulation. Recueil des textes, 1983-1989. Grenoble, 21-50.

Dehove, M. (1997): L'Union Européene inaugure-t-elle un nouveau grand régime d'organisation des pouvoirs publics et de la société internationale? In: L'Année de la régulation 1, 11-84.

-/Théret, B. (2000): L'Union Européenne comme innovation institutionnelle. In: Tallard, M. et al. (Hg.): Innovations institutionelle et territoires. Paris u.a.O., 403-440.

Esser, J. et al. (Hg., 1994): Politik, Institutionen und Staat. Zur Kritik der Regulationstheorie. Hamburg.

Gauron, A. et al. (1992): Changer d'économie. Paris.

Gerbier, B. (2001): Globalisierung der Gegenwart. In: asien afrika lateinamerika 29, 313-331.

Gilly, J. P./Pecqueur, B. (1995): La dimension locale de la régulation. In: Boyer, R./Saillard, Y. (Hg.): La théorie de la régulation. L'état des savoirs. Paris, 304-312.

Hartel, R. (2000): Rot-grüne Politik und die Regulation gesellschaftlicher Naturverhältnisse in Frankfurt am Main. Münster.

Hilferding, R. (1974): Das Finanzkapital. 3. Auflage. Frankfurt/M.

Hirsch, J. (1990): Kapitalismus ohne Alternative? Materialistische Gesellschaftstheorie und Möglichkeiten einer sozialistischen Politik. Hamburg.

- (1995): Der nationale Wettbewerbsstaat. Staat, Demokratie und Politik im globalen Kapitalismus. Berlin und Amsterdam.

- (2001a): Postfordismus: Dimensionen einer neuen kapitalistischen Formation. In: Hirsch, J. et al.: Die Zukunft des Staates. Denationalisierung, Internationalisierung, Renationalisierung. Hamburg, 171-221.

- (2001b): Die Internationalisierung des Staates. Anmerkungen zu einigen aktuellen Fragen der Staatstheorie. In: Hirsch, J. et al.: Die Zukunft des Staates. Denationalisierung, Internationalisierung, Renationalisierung. Hamburg, 101-138.

- (2001c): Wo bleibt das Subjekt für einen „radikalen Reformismus"? In: Bieling, H.-J. et al. (Hg.): Flexibler Kapitalismus. Hamburg, 270-280.

- (2001d): Globalisierung und Terror. In: Prokla 125, 511-521.

Hübner, K. (1990): Theorie der Regulation. Eine kritische Rekonstruktion eines neuen Ansatzes der Politischen Ökonomie. 2. Auflage. Berlin.

Husson, M. (2001): L'école de régulation, de Marx à la fondation Saint-Simon: un aller sans retour? In: Bidet, J./Kouvélakis, E. (Hg.): Dictionnaire Marx contemporain. Paris, 171-182.

Jeffers, E. (2000): De quel poids les investisseur institutionels amércains pèsent-t-ils sur l'économie française? In: Appel des économistes pour sortir de la pensée unique: Les pièges de la finance mondiale. Diagnostics et remèdes. Paris, 102-124.

Jessop, B. (2001): Die Globalisierung des Kapitals und die Zukunft des Nationalstaates. In: Hirsch, J. et al.: Die Zukunft des Staates. Denationalisierung, Internationalisierung, Renationalisierung. Hamburg, 139-170.

Lebaron, F. (2000): La croyance économique. Les économistes entre science et politique. Paris.

Lipietz, A. (1986): Mirages et miracles. Problèmes de l'industrialisation dans le tiers monde. Paris.

- (1994): De l'approche de régulation à l'écologie politique: une mise en perspective économique. Interview: G. Cocco et al. In: Sebai, F./Vercellone C. (Hg.): Théorie de la régulation et critique de la raison économique. Paris, 71-99.

- (1997): Die Welt des Postfordismus. Über die strukturellen Veränderungen der entwickelten kapitalistischen Gesellschaften. Supplement der Zeitschrift „Sozialismus", 7f.

- (1998a): Das Nationale und das Regionale. Wie viel Autonomie bleibt angesichts der globalen Krise des Kapitalismus? In: Lipietz, A.: Nach dem Ende des „Goldenen Zeitalters". Regulation und Transformation kapitalistischer Gesellschaften. Berlin und Hamburg, 155-184.

- (1998b): La société en sablier. Le partage du travail contre la déchirure social suivi de 1998: L'audace après l'enlisement. Paris.

Lordon, F. (1999): Croyances économique et pouvoir symbolique. In: L'Année de la régulation 3, 169-210.

- (2000): Fonds de pension, piège à cons? Mirage de la démocratie actionnariale. Paris.

Marques-Pereira, J./Théret, B. (2001): Régimes politiques, médiations sociales de la régulation et dynamiques macroéconomiques. In: L'Année de la régulation 5, 105-143.

Marx, K. (1979): Das Kapital. Kritik der politischen Ökonomie. Dritter Band. MEW 25. Berlin.

Mazier, J. (1997): L'Europe: l'enlisement ou transition vers un nouveau régime de croissance? In: L'Année de la régulation 1, 129-160.

Moulaert, F. (1996): Rediscovering Spatial Inequality in Europe: Building Blocks for an Appropriate „Regulationist" Analytical Framework. In: Environment and Planning D: Society and Space 14, 155-179.

-/Swyngedouw, E. (1989): Survey 15. A Regulationist Approach to the Geography of Flexible Production Systems. In: Environment and Planning D: Society and Space 7, 327-345.

Novy, A. (2001): Brasilien: Die Unordnung der Peripherie. Von der Sklavenhaltergesellschaft zur Diktatur des Geldes. Wien.

Orléan, A. (1999): Le pouvoir de la finance. Paris.

Plihon, D. (2000): L'économie de fonds propres: un nouveau régime d'accumulation financière. In: Appel des économistes pour sortir de la pensée unique: Les pièges de la finance mondiale. Diagonistics et remèdes. Paris, 17-37.

Pouch, Th. (2001): Les économistes français et le marxisme. Apogée et déclin d'un discours critique (1950-2000). Rennes.

Saillard, Y. (1995): Globalisation, localisation et spécialisation sectorielle: que deviennent les régulations nationales? In: Boyer, R./Saillard, Y. (Hg.): La théorie de la régulation. L'état des savoirs. Paris, 285-292.

Steinhilber, J. (2000): Die „Grande Nation" und das „Haus Europa". Frankreichs widersprüchlicher Entwicklungsweg. Hamburg.

Swyngedouw, E. (1992): The Mammon quest. „Glocalisation", interspatial competition and the monetary order: the construction of new scales. In: Dunford, M./Kafkalas, G. (Hg.): Cities and Regions in the New Europe: the Global-Local Interplay and Spatial Development Strategies. London, 39-67.

Tavares, M. de C. (1997): A retomada da hegemonia americana. In: Tavares, M. de C./Fiori, J.L. (Hg.): Poder e dinheiro. Uma economia política da globalização. Petrópolis, 27-53.

Théret, B. (1992): Régimes économique de l'ordre politique. Esquisse d'une théorie régulationniste des limites de l'état. Paris.

- (1997): Méthodologie des comparaisons internationales, approches de l'effet sociétal et de la régulation: fondements pour une lecture structuraliste des systèmes nationaux de protection social. In: L'Année de régulation 1, 163-228.

- (1999): L'effectivité de la politique économique: de l'autopoièse des systèmes sociaux à la topologie du social. In: L'Année de la régulation 3, 127-167.

Vidal, J.-F. (2000): Das neue Wachstum ohne Mythos: der Fall Frankreich. In: Kurswechsel 4, 54-70.

Ziltener, P. (1999): Strukturwandel der europäischen Integration. Die Europäische Union und die Veränderung der Staatlichkeit. Münster.

Vanessa Redak

Akkumulationsregime des Vermögensbesitzes: People's Capitalism?[1]

Im Hinblick auf die ökonomischen Veränderungen der letzten Zeit haben die „Gründerväter" der Regulationstheorie, Robert Boyer und Michel Aglietta, jüngst zwei Ansätze eines „neuen", postfordistischen Akkumulationsregimes vorgestellt, in denen der Finanzsektor im Mittelpunkt steht. Beide Autoren gehen von einem stärker Finanzmarkt-dominierten Wirtschaftsregime aus. Während Boyer (2000) ein makroökonomisches Modell entwickelt, um der Frage nachzugehen, ob dieses eine tragbare Alternative zum Fordismus darstellen könnte, leitet Aglietta (1997, 2000a) aus seinen Annahmen über das „Akkumulationsregime des Vermögensbesitzes" zudem wirtschafts- und gesellschaftspolitische Vorstellungen ab. Im Rahmen dieses Aufsatzes soll vor allem die Aglietta'sche Interpretation eines neuen ökonomischen Regimes, eines Regimes des Vermögensbesitzes, im Vordergrund stehen. Mein besonderes Interesse gilt dabei den abgeleiteten wirtschaftspolitischen Schlussfolgerungen bezüglich einer aktiven Miteinbeziehung von Arbeitnehmern bzw. Gewerkschaften in neue politische Reglements, wenn nicht gar in eine neue Regulationsweise.

1. Das Akkumulationsregime des Vermögensbesitzes

Die Abgrenzung zum traditionellen fordistischen Akkumulationsregime nimmt Aglietta (2000a: 140ff.) entlang dreier grundlegender ökonomischer Beziehungen vor:

(1) Zunächst einmal unterscheiden sich die beiden Regime hinsichtlich der grundlegenden *Steuerungsinstanz*, der sog. „Operatoren", welche die wesentliche institutionelle Vermittlung zwischen Regulationsweise und Akkumulationsregime darstellen. Im Fordismus lag der vorherrschende Einfluss bei den Regierungen und deren Nachfragepolitik, der Kapitalverkehr war kontrolliert und die internationalen Beziehungen durch nationalstaatliche Vorgaben geprägt. „Das Regime des Vermögensbesitzes dagegen ist der Ägide der Globalisierung der Finanzmärkte unterstellt." (ebd.: 141) Deregulierte Kapitalmärkte und internationale Kreditbeziehungen sind wesentliche Motoren wirtschaftlicher Entscheidungsmechanismen.

(2) Das *Lohnverhältnis* war im Fordismus auch nationalstaatlich geprägt und bildete den „Angelpunkt" eines ebenfalls national festgelegten Preissystems. Im Vermögensbesitz-Regime wird das Preissystem hingegen international festgelegt. Die internationalen Wettbewerbszwänge (Stichwort: Globalisierung) führen zu einer Abwälzung der Preisanpassungen auf die Lohnkosten.

(3) Indem Produktivitätsanstiege auf Lohneinkommen übertragen wurden, führte das fordistische Regime zu einer Steigerung der Konsumnachfrage sowie zu einer stabilen Profitrate, die stetiges *Wachstum* ermöglichten. Wachstumssteigerung im

Regime des Vermögensbesitzes ist dagegen abhängig von der „Maximierung des durch Aktien erzielten Profits“ (ebd.: 142). Der Anstieg der Börsenkurse ist nicht nur für Unternehmen bedeutsam, sondern auch für Haushalte, deren Einkommen zunehmend aus Kapitalbeteiligungen resultiert. Die Konsumnachfrage, und damit Wachstum generell, hängt somit sehr stark von den Aktienkursen ab, die die Vermögenslage der Haushalte bestimmen.

2. Die Achillesferse des Akkumulationsregimes

Insbesondere der letzte Punkt ist das Kernstück des Akkumulationsregimes des Vermögensbesitzes. Die effektive Nachfrage von Unternehmen und Haushalten wird nun von den Verhältnissen auf den Geld- und Kapitalmärkten und den Einkommen, die dort erzielt werden, bestimmt. Für Unternehmen bedeutet dies, dass der „Aktiengewinn die Leitvariable für das Verhalten der Unternehmen“ darstellt. „Die durch die institutionellen Anleger ausgeübte Unternehmenskontrolle zwingt die Unternehmen, diese Variable zu maximieren.“ (ebd.: 94f.) Die genaue Bestimmung des Verhaltens von Unternehmen angesichts dieser Prämissen wird in einer mittlerweile reichhaltigen Literatur zu *Corporate Governance* aufgearbeitet.[2]

Haushalte spielen im Vermögensregime vor allem in zweierlei Hinsicht eine Rolle: Erstens kommt es Aglietta zufolge zu einer Ausweitung der direkten Kapitalbeteiligung von Arbeitnehmern (Mitarbeiterbeteiligung durch *stock options* etc.). Zweitens ändert sich die Vermögensveranlagung der Haushalte, es kommt zu einer Umschichtung von Spareinlagen zu (direktem oder indirektem) Aktien- und Wertpapierbesitz. Wenn nun ein Teil des verfügbaren Einkommens von Haushalten zunehmend aus Vermögenseinkünften besteht, dessen Höhe von der Entwicklung auf den Finanzmärkten bestimmt ist, ändert sich das Nachfrageverhalten von Haushalten, eine der bestimmenden Variablen des makroökonomischen Gleichgewichts. Die Konsumnachfrage hängt dann von der Entwicklung der Aktienkurse ab: Steigen diese, erhöht sich das Vermögen und umgekehrt (ebd.: 96). Die gestiegenen Aktienkurse der letzten Jahre haben den Effekt gehabt, dass Aktienbesitzer sich reicher fühlten und deshalb ihren Konsum steigerten. Für die USA dürften derartige Vermögenseffekte tatsächlich einer der Bestimmungsfaktoren des Wirtschaftsbooms der letzten Jahre gewesen sein (vgl. Pollin 2000). Für diesen Konsum nahmen die US-Amerikaner sehr häufig Kredite[3] auf, die ihnen großzügig gewährt wurden, konnten sie doch wertvolle Aktien als Kreditsicherung vorweisen. Die Fragilität und Instabilität der Aktienkursentwicklung wird damit jedoch zur „Achillesferse dieses Akkumulationsregimes“ (Aglietta 2000a: 96). Drittens entstand mit zunehmendem Vermögensbesitz auch eine Debatte über den Wandel der Gesellschaft vom Sozialstaat, der als wesentliche Ziele die soziale Absicherung von Risiken und die Gewährleistung von Chancen- bzw. Ergebnisgleichheit im sozialen System zum Thema hatte, hin zur *rich man society*, der es primär um eine stabilitätsorientierte Wahrung der Besitzstände und Interessen der „Vermögenden“ geht. Dem Privatvermögen von Haushalten werden nun in der gesellschaftlichen Diskussion immer mehr Funktionen zugeschrieben, die eigentlich früher dem Staat als wirtschafts- und gesellschaftspolitische Aufgaben zukamen: die Eröffnung persönlicher Freiräume, die Verleihung wirtschaftlicher und sozialer Macht, die Absicherung gegen Risiken usw.

3. Projekt für eine neue europäische Linke

Die Bedeutung von Vermögensbesitz (Vermögenseffekte) und damit die Rolle der Haushalte betonend, formuliert Aglietta in seinem Nachwort zur Neuauflage seines Klassikers *Régulation et crises du capitalisme* Politikempfehlungen, die sich zunächst insbesondere an die Gewerkschaften richten. Er erweitert diese (ebd.: 106ff.) zu einem regelrechten Arbeitsprojekt für eine sich formierende europäische Linke, der er vorschlägt, an einer neuen Regulationsweise zu arbeiten bzw. „eine Konzeption des sozialen Fortschritts zu erarbeiten, die mit dem Regime des Vermögensbesitzes zusammenpasst". Kernbereich dieser Regulationsweise ist neben einer neuen Arbeitsverfassung und der Förderung von Frauen der gesellschaftliche Umgang mit dem Eigentum an Kapital, also der Art und Weise, wie mit den Vermögenszuwächsen in Form von Kapitalbeteiligungen umgegangen werden soll. Zunächst seine Botschaft an die Gewerkschaften:

> „Sollten die Gewerkschaften wieder zu einem Machtfaktor bei der Einkommensverteilung werden, so werden sie dies der Erkenntnis verdanken, dass die Kontrolle der Kapitalbeteiligung der Arbeitnehmer die Schlacht ist, in die man gehen und die man gewinnen muss. Die Entwicklung der Lohnfonds ist die wesentliche Vermittlung, damit der Kapitalismus Kontinentaleuropas eine vom angelsächsischen Kapitalismus unterscheidbare Spielart bleibt." (ebd.: 68)

Konkret soll das bedeuten, dass Arbeitnehmer, die aufgrund ihrer Aktionärsstellung zu Miteigentümern des Kapitals geworden sind, aktiv und vor allem kollektiv die Kontrolle über Rentenfonds (als häufigste Anlageform) übernehmen sollen, um so den Ausgleich zwischen den Interessen der Anleger und denen der Arbeitnehmer zu bestimmen.

Mit diesem Vorschlag steht Aglietta in der ökonomischen Debatte in Frankreich nicht alleine da. Ein weiterer Ökonom, André Orléan, mit dem Aglietta insbesondere in geldtheoretischen und -philosophischen Fragen sehr eng zusammen gearbeitet hat (vgl. Aglietta/Orléan 1998) und der - obwohl vor allem Vertreter der französischen *théorie des conventions* - immer wieder im regulationistischen Kontext publiziert hat (z.B. in Boyer/Saillard 1995), stellt in seinem 1999 erschienenen Buch *Le pouvoir de la finance* sehr ähnliche Überlegungen an. Orléan bezeichnet die die derzeitige kapitalistische Formation prägende Verhaltensnorm als *individualisme patrimonial* (dt. etwa: Vermögensindividualismus). Dieser Begriff verbindet den ökonomischen Bedeutungszuwachs von Vermögensbeständen mit Individualisierungstendenzen in der Gesellschaft, die sich aus dem Abbau der Sozialstaatlichkeit und des damit verbundenen solidarischen Versicherungsprinzips ergeben. Dem Kleinaktionär weist er im *individualisme patrimonial* eine emblematische Rolle zu: Er wird zum zentralen Akteur des Systems in einer Gemeinschaft von Kapitalbesitzern (Orléan 1999: 246). Und wie Aglietta ist auch er der Meinung, dass die politische Mobilisierung der Aktionäre ein zentrales politisches Projekt darstellt. Als Beispiel, wie die Öffentlichkeit die Verwertung von Kapital bestimmen kann, führt er die zahlreichen ethisch und ökologisch orientierten Investmentfonds an, die aufgrund öffentlicher Debatten und Kritiken am Gebaren von Finanzanlegern entstanden sind: „Obwohl marginal, stellen sie Vorboten der positiven Konsequenzen dar, die wir uns von einer Kontrolle der Finanz durch die demokratische Meinungsbildung erwarten können." (ebd.: 263, Übersetzung V.R.) Sich gegen den Vorwurf der Naivität seiner Forderungen verwehrend, formuliert Orléan gegen Ende des Buches das zentrale politische Projekt des Vermögensindividualismus: die Vermischung von politischer und Finanzsphäre. „Angesichts dieses Projektes sind wir alle Kleinaktionäre und unsere Aufgabe ist es, [...] an den Auseinandersetzungen über die Bewertung [des Kapitals] teilzunehmen." (ebd.: 262, Übers. V.R.) Diese Bewertung erfolgt in erster Linie durch das Reden bzw. Kommunizieren über Aktien und Kursentwicklungen. Schon lange betonen ja etliche Beobachter von Finanzmärkten, dass die Kursentwicklung von Wertpapieren nicht unmittelbar mit den ihnen zugrunde liegenden ökonomischen Daten verknüpft ist und auch nicht berechnet werden kann, sondern dass vielmehr die kollektive Meinung(sbildung) der Teilnehmer auf Finanzmärkten die Kurse bestimmt. Das Verhalten der Anleger orientiert sich herdentriebartig an von ihnen selbst auserkorenen Meinungsführern, die die Richtung vorgeben. Die Bewertung von Kapital erfolgt somit in einem gemeinschaftlichen, sogar selbstreferentiellen diskursiven Umfeld. Der linke Schweizer Ökonom Christian Marazzi bezeichnet daher die Mitsprache der Aktien besitzenden Bürger bei den Anlageentscheidungen als die dem „Pensionskassenkapitalismus" entsprechende Form einer diskursiven Demokratie im Sinne Habermas' (Marazzi 1999: 109). Bei einer breiten Aktienstreuung wäre es möglich, so Orléan, das Geschehen auf den Finanzmärkten und damit die Gesamtwirtschaft positiv zu beeinflussen, indem das Kurzfrist-Denken einer langfristigen Perspektive weicht, welche etwa die Beschäftigung in den Mittelpunkt stellt (Orléan 1999: 263).

4. „Demokratisierung des Finanzkapitals"?

Diese Vorschläge von Aglietta und Orléan sind keineswegs neu. Historisch hat es immer wieder politische Bewegungen gegeben, die im weit gestreuten Aktienbesitz sowie in der Verwaltung von Aktienfonds durch Gewerkschaften eine „Demokratisierung des Kapitals" sahen. Bereits Anfang der 30er Jahre des 20. Jahrhunderts, als erstmals eine große Anzahl privater Haushalte Aktien erwarb, wurde in den USA die Verteilung des Aktienbesitzes intensiv diskutiert. Zentral war damals die Frage, welche neuen Management- und Kontrollmechanismen der weit gestreute Aktienbesitz mit sich bringe (vgl. etwa Berle/Means 1932) und ob nun die individuellen Aktienbesitzer, oftmals Arbeitnehmer einer Aktiengesellschaft, mehr Kontrolle über die Firma ausüben würden – eine frühe Form der Corporate Governance-Debatte also. Zu dieser Zeit war in der Tat der Aktienbesitz in den USA sehr weit gestreut, die Aktiengesellschaften hatten eine große Anzahl privater Aktionäre (Scott 1997: 56ff.). Der traditionelle Familienbesitz von Unternehmen wurde zunehmend in Richtung diffuser Besitzverhältnisse aufgelöst. Manche Kommentatoren, wie etwa der bereits oben erwähnte Berle, sprachen daher von einem „people's capitalism“, weil die Eigentümerschaft so breit gestreut war. Eine ähnliche Debatte keimte auch in den 50er und 60er Jahren auf, als ein neuer Aktienboom den Besitz von Aktien durch Haushalte in den USA erhöhte und erstmals Rentenfonds eine bedeutende Rolle bei der Verwaltung des Haushaltsvermögens einnahmen.

Doch von Beginn an betonten Kritiker, dass eine derartige Entwicklung keineswegs eine Demokratisierung[4] von Kapital darstelle. Bereits in den 30er Jahren des vorigen Jahrhunderts argumentierten Berle und Means, dass die Streuung von Aktienbesitz auf eine immer größere Anzahl von Personen gerade nicht eine stärkere und breite Kontrolle über Kapital bewirke, da es viel schwieriger werde, die verstreuten Kapitaleigner zum gemeinsamen Auftreten gegenüber dem Management zu mobilisieren. Im Gegenteil, vielmehr wünschten sich führende Manager, Banken und institutionelle Anleger geradezu die Dispersion von Anlegern, da ihnen selbst dann die Kontrolle über das Unternehmen leichter falle.

> „Pension-fund and insurance-company investment, then, does not represent a 'democratization' of capital, but a renewal of bank power and an increase in the power of financial institutions generally. Although private individuals may be the ultimate beneficiaries of pension and insurance investment, 'the great bulk of financial institution stockholdings are of a character that cannot by any stretch of the imagination be regarded as representing ownership by masses of the population' [...]. Pensioners and the insured are neither owners nor controllers of the capital from which they benefit. Institutional shareholding reflects a move towards much greater concentration in corporate capital.“ (ebd.: 68)

Aktienbesitz in Europa

Bevor jedoch diskutiert werden kann, ob und welche demokratisierende Wirkung von Finanzmärkten ausgehen könnte, stellt sich zunächst die Frage, wie realistisch überhaupt Agliettas Annahmen über ein Vermögensregime in Europa sind. Aglietta selbst räumt ein, dass zwischen den USA und Europa unterschiedliche Entwicklungsgrade bei der Herausbildung eines Akkumulationsregimes des Vermögensbesitzes bestehen (Aglietta 2000a: 97). Dennoch ist es in Europa in den letzten Jahren zu deutlichen Veränderungen gekommen. Zweifellos haben vor dem Hintergrund der Rentendebatte, die gezielt Unsicherheit bezüglich des Fortbestandes der öffentlichen Umlagesysteme geschürt hat, Renten- und Investmentfonds an Bedeutung gewonnen und beträchtliche Vermögen von Haushalten attrahiert. In den letzten Jahren lässt sich daher in nahezu allen Ländern Europas eine deutliche Zunahme des Aktienbesitzes durch private Haushalte feststellen. Insbesondere die Jahre 1999 und 2000 gelten Investmentfondsgesellschaften zufolge als besonders dynamische Entwicklungsphasen, und gerne wird diese Entwicklung als „Explosion“ des Aktienbesitzes bezeichnet. Von 1996 auf 2000 stieg der Anteil von Aktien am Finanzvermögen europäischer Haushalte von 24 Prozent auf 34 Prozent, während traditionelle Spareinlagen (Sparbücher etc.) an Bedeutung verloren (vgl. Massaro/Lääkäri 2002, OEE 2000). Die Zahl der Aktionäre, genauer gesagt die

Zahl der Privatpersonen, die (direkt oder indirekt) Aktien besitzen, hat in manchen Ländern eine kritische Größe erreicht. In Schweden etwa sind mittlerweile 36 Prozent der Bevölkerung Aktienbesitzer, in der Schweiz 32 Prozent, Großbritannien verzeichnet 25 Prozent (lt. dem Dachverband der europäischen Investmentfonds FEFSI, www.fefsi.org). Deutschland wird mit 18 Prozent nach wie vor noch als unterentwickelt gesehen, Österreich[5] weist 15 Prozent auf. Innerhalb Europas gibt es also recht unterschiedliche Entwicklungen des Aktienbesitzes. Ein entscheidender Grund für die unterschiedlichen Anteile von Aktienbesitz stellen - neben kulturellen und historischen Gründen - die unterschiedlichen Rentensysteme der jeweiligen Länder dar. Länder mit ausgeprägter privater Rentenvorsorge (und dem Vorherrschen von Rentenfonds) haben naturgemäß einen deutlich höheren Anteil von Aktienbesitzern. Vergleicht man allerdings das Gewicht von Haushalten mit dem anderer Akteure am Aktienmarkt, so spielen sie eine definitiv untergeordnete Rolle: Die Anteile im Besitz von Unternehmen überragen bei weitem jene der Haushalte. Betrachtet man etwa die Aktionärsstruktur in Deutschland, so befinden sich lediglich 15 Prozent - mit sinkender Tendenz - des gesamten Aktienbesitzes in der Hand der Haushalte (DAI 1999). Der überragende Teil entfällt mit etwa 70 Prozent des Aktienbesitzes auf (Finanz- und Nicht-Finanz-)Unternehmen, die damit zu den bestimmenden Akteuren am Aktienmarkt werden.

„Black Box" Investmentfonds

Zudem ist es fraglich, ob die oben beschriebene Zunahme des Aktienbesitzes bereits ein Regime des Vermögensbesitzes konstituiert. Geht man von einem steigenden Aktienbesitz der privaten Haushalten aus, so stellt sich nämlich zunächst die Frage, inwieweit das Verhalten von Haushalten dadurch beeinflusst wird. Entscheidend ist dabei, in welcher Form Haushalte Aktien besitzen, also insbesondere, ob es sich um direkten oder indirekten Aktienbesitz handelt.

Der größte Anteil des Aktienbesitzes entfällt in Europa auf indirekten Aktienbesitz (Investment- und Rentenfonds). Lediglich zwischen 7,5 bis knapp 15 Prozent des Geldvermögens von Haushalten entfallen in den größten Ländern Europas auf direkten Aktienbesitz. Der indirekte Aktienbesitz ist in den wichtigsten Ländern Europas vorherrschend: In Großbritannien, Frankreich und den Niederlanden entfallen hierauf mehr als 80 Prozent der Aktienanlagen von Haushalten, in Italien sind es an die 60 Prozent (vgl. Davydoff 2000: 11).

Gerade aber dieses in Fonds angelegte Vermögen, der indirekte Aktienbesitz, verschleiert mehr als andere, insbesondere direkte Anlageformen, den Zusammenhang zwischen individuellen Renditeansprüchen und gesamtwirtschaftlicher Entwicklung. Rentenfonds treten als Vermittler auf, die den Anlegern eine Rendite versprechen. Den Anleger selbst interessiert nur in den seltensten Fällen, wie diese zustande kommt, sondern er ist lediglich daran interessiert, dass sich nach einer bestimmten Zeit sein eingesetztes Vermögen vermehrt hat. Fondsgesellschaften stellen damit eine Art Black Box dar, ihre intermediäre Rolle verschleiert eher wirtschaftliche Zusammenhänge, als dass Haushalte zu einer eingehenden Beschäftigung mit Aktienmärkten bewegt würden. Die Kalküle und Entscheidungen von Intermediären wie Banken, Versicherungen und Renten- und Investmentfonds (sowie die Konkurrenz zwischen ihnen) spielen daher auf den Finanzmärkten eine deutlich größere Rolle als jene von Haushalten, deren Aktienbesitz europaweit sehr gering ist. Der Aktienbesitz selbst räumt zwar gewisse Mitspracherechte (insbesondere auf Hauptversammlungen) ein, Kontrollmöglichkeiten im Sinne von Entscheidungs- und Steuerungsbefugnissen sind damit aber noch lange nicht verbunden.

Und selbst wenn die Frage der Rolle von Gewerkschaften auftaucht, so zeigt das Beispiel USA, wo Fonds tatsächlich zum Teil von Gewerkschaften verwaltet werden, dass dies, von wenigen Fällen (AFL-CIO und Vodafone etwa) abgesehen, auch zu keinem nennenswerten politischen Engagement führt. Einer drei mal höheren Aktionärsquote in den USA gegenüber Deutschland steht keine dementsprechende Politisierung US-amerikanischer Aktionäre gegenüber. Obwohl Haushalte dort viel länger und intensiver mit dem Geschehen auf Finanzmärkten verquickt sind, ist die Zahl kritischer Aktionäre äußerst gering geblieben. Eine zunehmende Integration von Haushalten in Finanzmärkte führt also keineswegs zu einer intensiveren Auseinandersetzung mit denselben, sondern ändert vielmehr die Verhaltensweisen und Entscheidungsmuster der Betroffenen in negativer Hinsicht: kurzfristiges Renditedenken, Individualismus, Abzocken, u.ä. gewinnen an Bedeutung.

Vermögen und Verteilung: Die 40-Prozent-Ökonomie

Zahlreiche Autoren haben in letzter Zeit darauf hingewiesen, dass die Rede von einem Regime des Vermögensbesitzes insbesondere dann problematisch wird, wenn Verteilungsfragen in den Blickpunkt rücken (vgl. Sablowski/Alnasseri 2001, Froud et al. 2001, Redak/Weber 2000, Redak/Schlager 2002). Diesbezügliche Kritik an den Vorstellungen Agliettas kommt auch indirekt von regulationistischer Seite. Die französische Ökonomin Suzanne de Brunhoff (2002: 112) äußert sich kritisch zu den optimistischen Annahmen, die mit der Zunahme des Aktienbesitzes verknüpft werden:

> „Die Entwicklung der Deregulierung in der Finanzwelt seit den 80er Jahren hat viele Hoffnungen bezüglich eines Zugangs der Massen zu einer individuellen Bereicherung der Lohnabhängigen durch Finanzmarktanlagen geschürt. Die Statistik zeigt jedoch, dass sich die Vermögensverhältnisse überall – besonders in den entwickelten kapitalistischen Ländern – extrem ungleich entwickelt haben."

Die Zunahme der Zuflüsse zu Renten- und Investmentfonds geht nämlich weniger auf neugewonnene Gruppen von Vermögensbesitzern zurück, sondern verdeutlichen in erster Linie Umschichtungen innerhalb der Veranlagung von Geldvermögen. Und dieses Geldvermögen (genauso wie anderes Vermögen) ist in Europa wie den USA stark konzentriert. Obwohl in nur wenigen Ländern Daten, insbesondere zur Querverteilung, vorliegen, die erst einen Aufschluss über die tatsächliche Vermögensverteilung geben könnten, gehen Wissenschaftler davon aus, dass sich die Schieflage in der Vermögensverteilung in den meisten europäischen Ländern in den 80er und 90er Jahren zugespitzt hat (vgl. etwa Huster 1999). Die Polarisierung zeigt sich unter anderem darin, dass zwar einerseits steigende

Vermögenszuwächse bei Haushalten festzustellen sind, gleichzeitig die Armutsquoten in zahlreichen europäischen Ländern in den 90ern zugenommen haben (ebd.: 33f.). „Das untere Drittel besitzt überhaupt kein Vermögen, das mittlere Drittel ein kleines, das obere Drittel ein großes Vermögen" (Priewe 2001: 109).

In Deutschland[6] wurde im Jahr 2001 erstmals ein umfassender Armuts- und Reichtumsbericht vorgestellt, der ernüchternde Zahlen über die Vermögensverteilung beinhaltet (Tabelle 1).

Tabelle 1: Vermögensverteilung westdeutscher Haushalte (1998)

Vermögens-einkommen	gesamt	Verteilung auf das				
		erste	zweite	dritte	vierte	fünfte
		Fünftel der nach dem verfügbaren Einkommen geordneten Haushalte				
Haushalte	100%	20,0%	20,0%	20,0%	20,0%	20,0%
Einkommen	100%	6,8%	11,7%	16,8%	23,6%	41,0%
Nettovermögen	100%	3,1%	9,2%	16,1%	25,8%	45,8%
Vermögens-einkommen	100%	1,9%	7,6%	15,2%	26,1%	49,2%
Ersparnis	100%	-2,9%	2,6%	9,7%	21,7%	68,9%

Quelle: Einkommens- und Verbrauchsstichprobe; Sonderauswertung des BMA (BMA 2001)

Die unteren 60 Prozent der Einkommensbezieher haben allesamt keine bis unbedeutende Ersparnisse. Ihr Vermögenseinkommen ist unterproportional, und auch ihr Nettovermögen ist niedrigerer als es bei einer Gleichverteilung wäre. Lediglich 40 Prozent der westdeutschen Haushalte schaffen es damit, wirklich Vermögen zu bilden und wesentlich zu vergrößern: Sie verfügen über 70 Prozent des Nettovermögens, über 75 Prozent der Vermögenseinkommen und über 90 Prozent der Ersparnisse. Demgegenüber geben die untersten 20 Prozent mehr Geld aus, als sie verfügbar haben. Ähnliche Ergebnisse erzielten auch Untersuchungen für den angelsächsischen Raum (für Großbritannien etwa Rowlingson 2002, USA: Froud et al. 2001). Froud et al. (ebd.: 13) sprechen daher, bezogen auf die USA und Großbritannien, von einer „40-Prozent-Ökonomie":

> „Wir sind keineswegs alle zu Shareholdern geworden. In den USA und Großbritannien ist der Aktienbesitz das Monopol der vermögenden 40% bzw. der oberen zwei Quintile der Einkommensbezieher [...]. Nur diese relativ vermögenden Haushalte können es sich leisten, vorübergehend auf einen Teil des Konsums zu verzichten [...] und 10 Prozent ihres Einkommens über Renten-, Investment- und andere Sparpläne in Aktien anzulegen mit der Hoffnung, später im Alter über komfortable Renteneinkommen zu verfügen."

Neben dem Einkommen, das den wichtigsten Einflussfaktor für den Erwerb von Aktien darstellt, spielen auch soziodemographische Faktoren eine Rolle für das

Anlageverhalten privater Haushalte. Eine der wenigen umfassenden wissenschaftlichen Untersuchungen, die sich mit diesen Faktoren beschäftigen, ist in Österreich erschienen.[7] Aufgrund ähnlicher Einkommens- und Lebensverhältnisse ist sie m.E. auch für Deutschland repräsentativ. In dieser Studie des Österreichischen Wirtschaftsforschungsinstitutes (WIFO) stellt Mooslechner (1997) einen Zusammenhang zwischen Vermögensverteilung, der Art der Vermögensveranlagung und sozioökonomischen Kriterien her. Für die Frage der Vermögensgesellschaft sind insbesondere folgende Ergebnisse relevant:

(1) Nach dem Beruf sind mehr als 70 Prozent des Geldvermögens in *Angestellten*haushalten konzentriert. *Arbeiter*haushalte kommen im Vergleich dazu nur auf einen Anteil von 14,6 Prozent. Haushalte mit Selbstständigen und höheren Angestellten kommen im Vergleich zu Arbeiterhaushalten auf rund den dreifachen Wert an Geldvermögen, angelernte Arbeiter und Hilfsarbeiter verfügen über weniger als die Hälfte des Geldvermögens eines ausgebildeten Arbeiters.

(2) Nach sozioökonomischen Haushaltsmerkmalen sind die Unterschiede in der Nutzung des verfügbaren Spektrums an Veranlagungsformen recht deutlich. Die Inanspruchnahme von mehr als fünf Anlageformen ist auf Haushalte mit einem Haushaltsvorstand zwischen 30 und 59 Jahren konzentriert. Bis zu zwei Anlageformen finden sich in erster Linie bei den beiden Haushaltsgruppen mit den jüngsten und ältesten Haushaltsvorständen. Die stärkste Portefeuillediversifikation zeigt sich für die Haushalte von höheren Angestellten, gleichzeitig nimmt die Mehrfachnutzung von Veranlagungsinstrumenten auch mit dem Haushaltseinkommen deutlich zu. Mehr als fünf Anlageformen im Haushalt geben in der höchsten Einkommensschicht mehr als 90 Prozent der Haushalte an, demgegenüber verfügen in der niedrigsten Einkommensschicht mehr als zwei Drittel der Haushalte über maximal zwei Veranlagungen. Portfeuillediversifikation größeren Ausmaßes ist damit auf weniger als 30 Prozent der Haushalte beschränkt, wobei die Höhe des Haushaltseinkommens und die Haushaltsgröße die wichtigsten Bestimmungsgründe für Mehrfachveranlagungen darstellen. Bildung und Kultur sind ausschlaggebende Merkmale beim Aktienbesitz.

5. Aktienbesitz und neoliberale Gouvernementalität

Die oben referierten Daten haben gezeigt, dass aufgrund von Faktoren wie Einkommen, aber auch Bildung und Kultur, vor allem Besserverdienende und Höhergebildete Aktien (bzw. ein diversifiziertes Vermögensportefeuille) besitzen. Insgesamt hat also die Bedeutung des Aktienbesitzes in Europa nicht jene Größe angenommen, die es zu rechtfertigen scheint, von einem Regime des Vermögensbesitzes zu sprechen. Angesichts der derzeitigen Krisen auf den Aktienmärkten sowie der Verunsicherung der Anleger, die sich derzeit bereits in einem Rückgang der Zuflüsse zu Aktienfonds zeigt, ist es zudem fraglich, ob sich ein derartiges Regime dauerhaft oder überhaupt nur mittelfristig etablieren kann.

Doch abgesehen von den statistisch relevanten Daten hat der Börsen-Hype durchaus gesellschaftspolitische Konsequenzen. Denn ideologisch passen die mit ihm propagierten Werte gut zu den derzeitigen politischen und ökonomischen Veränderungen. Die Orientierung am Shareholder Value und ähnlichen Phänomenen haben nämlich dazu beigetragen, dass sich - abgesehen von einer Zunahme des Wertpapierbesitzes - Werthaltungen ändern: Renditedenken, Individualismus, Abzocken sind in den letzten Jahren durchaus vorzeigbare Attitüden im Alltag geworden. In der überwältigenden Mehrheit der Medien stehen Aktien-Spiele an der Tagesordnung und den Lesern wird suggeriert, jeder könne an der Börse reich werden. Die Zahl der Day Trader, also jener Privatpersonen, die vom Homecomputer aus Aktien erwerben, hat bis zum Zusammenbruch der Börsen Anfang 2001 enorm zugenommen. Und wer hat keine/n (zumeist besser verdienenden) Bekannte/n in ihrem/seinem Umfeld, der in der letzten Zeit eine private Rentenversicherung abgeschlossen hat, um „individuell" und „selbstverantwortlich" vorzusorgen?

All diese Praktiken zeugen von der Konstitution neuer Identitäten und Subjektivitäten, die sich deutlich von den fordistischen Konsum- und Verhaltensnormen unterscheiden. Sie stellen neue Praktiken und Techniken dar, die mit dem neoliberalen Umbau des Staates kompatibel sind. Laut den Studien zur „neoliberalen Gouvernementalität", die an Foucault angelehnt nach dem Verhältnis von Herrschaft und Subjektivität fragen (vgl. Lemke 1997, Rose 2000, Bröckling et al. 2000), zeichnen sich die neoliberalen Individuen nämlich vor allem durch Attribute wie Eigenverantwortung, Selbstbestimmung, Risikobereitschaft u.ä. aus. Im Gegensatz zu wohlfahrtsstaatlichen Arrangements, die durch kollektive Aktion und Solidarprinzip gekennzeichnet waren, setzen „post-soziale Strategien" an „einer größeren Betonung individueller Pflichten und der Autonomie der Einzelnen" an (Bröckling et al. 2000: 32). Das bedeutet unter anderem, dem Abbau wohlfahrtsstaatlicher Sicherungssysteme mit individueller Selbstvorsorge, wie etwa durch die private Rentenvorsorge im Rahmen von Fondsanlagen, zu begegnen. Im „individualisme patrimonial" (Orléan) bzw. „Pensionskassenkapitalismus" (Marazzi) gibt es damit eine Kompatibilität zwischen subjektiven, politischen und ökonomischen Praktiken: Die Privatisierung der sozialen Sicherungssysteme geht einher mit dem selbstverantwortlichen und autonomen Handeln von Individuen und dem Aufsteigen der Finanz- und Versicherungsindustrie (inklusive aller dazugehörigen Dienstleistungen wie Werbung, Marktforschung und Beratung).

6. Widersprüche und Instabilitäten des Vermögensregimes

Unklar ist jedoch, wie stabil ein finanzdominiertes Akkumulationsregime mit den eben beschriebenen individuellen Praktiken derzeit ist.

> „Während der Fordismus durch eine relative Homogenisierung der Konsumnormen eine Stabilisierung der Klassenverhältnisse bewirkte, ist zu vermuten, dass ein finanzgetriebenes Akkumulationsregime soziale Ungleichheiten verstärkt und damit strukturell instabiler ist. Vom Anstieg der Aktienkurse profitieren am stärksten die oberen sozialen Schichten, die über einen großen Anteil an disponiblem Einkommen verfügen, das in Wertpapieren angelegt werden kann. Die unteren sozialen Schichten bleiben dagegen im wesentlichen von Lohneinkommen abhängig, die zudem noch volatiler werden." (Sablowski/Alnasseri 2001: 145)

Zwischen Politiken, die vor allem die Interessen der Vermögenden im Auge haben, und den real existierenden Verteilungsungleichgewichten klaffen Lücken. Die 40-Prozent-Ökonomie kann Marazzi (1999: 103) zufolge nur aufrecht erhalten werden, wenn für die vom Pensionskassenkapitalismus Ausgeschlossenen „aufwendige Kontrollstrategien und individuelle Integrationsmaßnahmen" erarbeitet werden.

Abgesehen davon, dass das Regime des Vermögensbesitzes bis dato eben ein Minderheiten-Projekt darstellt, ist fraglich, wie verfestigt das Verhalten der selbstverantwortlichen und autonomen Individuen tatsächlich ist. Zum Beispiel stellt sich die Frage, wie nachhaltig eigentlich das Engagement von Kleinaktionären ist, d.h. wie Anleger auf negative Entwicklungen an den Finanzmärkten reagieren. Während es zahlreiche ökonomische Studien über das Verhalten von Anlegern bei einem Aufwärtstrend an der Börse gibt, existieren kaum Analysen bei einer gegenteiligen Entwicklung. Der Erfolg eines finanzdominierten Akkumulationsregimes wird sich jedoch nicht zuletzt daran entscheiden, wie die frisch gebackenen Aktionäre auf einen allgemeinen Abwärtstrend der Kurse reagieren. Gerade in der letzten Zeit mussten ja die meisten Anleger aufgrund der Flaute auf den Aktienmärkten Abstriche in Bezug auf die von den Fonds in Aussicht gestellten Renditen machen, mit denen die Neulinge gelockt wurden. Das Aktien-Engagement erlebt derzeit tatsächlich einen deutlichen Einbruch. Seit Beginn 2001 sind die Zuflüsse zu europäischen Aktienfonds wieder deutlich zurückgegangen. Selbst im als „aktienfreundlich" beschriebenen Skandinavien kommt es seit 2001 zu Abflüssen aus Aktienfonds, und in Großbritannien lösten ebenfalls mehr Anleger ihre Aktiendepots auf als es Zuflüsse zu diesen gab. Damit dürfte der Boom des Aktienengagements, der in den Jahren zuvor stattfand, zumindest vorerst beendet sein, und die Fondsgesellschaften müssen sich in nächster Zeit wohl auf zögerliches Verhalten ihre potenziellen Kunden einstellen, bei denen nun zuallererst Unsicherheit vorherrscht.

Die Umsetzung eines neuen Gesellschaftsmodells ist immer brüchig, instabil und umkämpft. Die Frage stellt sich daher, ob ein politisch emanzipatorischer Weg nicht viel eher darin besteht, die Instabilitäten, Widerstände und Krisen, die ein solches Regime des Vermögensbesitzes hervorbringt, zuzuspitzen, als - wie Aglietta dies tut - affirmativ und eigentlich auch resignativ die bessere „Verwaltung" der Fonds zu fordern. Angesichts der derzeit deutlich ungleichen Vermögensverteilung stellt ein politisches Projekt, das auf die Vermögensbesitzer zielt, ein äußerst polarisierendes Projekt dar, das bestehende elitäre Verteilungskoalitionen (Investoren, Fonds, Management, höhere Einkommensschichten) eher festigt, als diese aufzubrechen versucht. Widersprüche zuspitzen würde in diesem Sinne etwa bedeuten, aktuelle Formen politischen Widerstands und Protests gegen ein wie auch immer tituliertes finanzdominiertes Akkumulationsregime wahr und ernst zu nehmen. Das bedeutet allerdings auch, sich auf Seiten jener zu verorten, die die Kritik und den Protest vortragen. Dazu zählen weniger jene Gewerkschaftsführer, die bereits seit Jahren Aktien besitzen und der Lohnflexibilisierung zustimmen, sondern jene durchweg zahlreichen Gewerkschaften, die *stock options* für ihre Mitarbeiter ablehnen und generell kritisch mit bestimmten Tendenzen der *new economy* umgehen (siehe etwa

Gröndahl/Warner 2000). Dazu zählen ebenso die Organisierungsbestrebungen all jener, die vom Vermögensregime ausgeschlossen bleiben, sowie selbstverständlich die generelle Kritik an den derzeitigen wirtschaftlichen Verhältnissen, die von den sog. „Globalisierungskritikern" vorgetragen wird. Von politischer Seite wäre es daher zum einen angebracht, die sich zuspitzende Frage der Verteilung gesellschaftlichen Reichtums verstärkt zu thematisieren, sowie zum anderen die Frage nach einer „widerständigen Subjektivität" (Lemke 1997: 256) zu stellen, die mit dem Regime des Vermögensbesitzes, dem „individualisme patrimonial" bzw. dem „Pensionskassenkapitalismus" bricht. Von wissenschaftlicher Seite aus stellt sich die Frage, inwieweit Wissenschaft - und in diesem Zusammenhang sind regulationistische Wissenschaftler angesprochen - sich in der Tradition gesellschaftskritischer Theorie verorten will.

Anmerkungen

1 Für wichtige Hinweise zu diesem Beitrag möchte ich Ulrich Brand, Hans Pühretmayer, Werner Raza und Beat Weber danken.

2 Da im Folgenden die Haushalte im Mittelpunkt stehen, sei in Bezug auf Unternehmen lediglich auf die umfangreiche Literatur zu Corporate Governance verwiesen (u.a. Aglietta 2000b, Froud et al. 2000).

3 Dementsprechend hoch ist daher auch die Privatverschuldung in den USA (vgl. Godley 1999).

4 Im Übrigen fehlt in dieser Diskussion durchwegs eine grundsätzliche Begriffsbestimmung von Demokratie bzw. fehlen demokratietheoretische Überlegungen. Demokratie wird im Wesentlichen mit Mitspracherecht von vielen gleichgesetzt.

5 Österreich kann generell als absolutes Schlusslicht in Bezug auf aktienbesitzende Haushalte bezeichnet werden: im Vergleich zum EU-Durchschnitt von 27 Prozent entfallen in Österreich auf traditionelle Spareinlagen (Sparbücher) 55 Prozent des Finanzvermögens, während auf Aktien lediglich 17 Prozent, das ist der niedrigste Wert in allen EU-Ländern, entfällt (EU-Durchschnitt: 34 Prozent). 2001 erhöhten die Österreicher, vermutlich abgeschreckt durch die negative Kursentwicklung auf Aktienmärkten, noch zusätzlich ihren Bestand an Spareinlagen, und zwar um 4,7 Prozent (OeNB 2002: 52).

6 Wertvolle Informationen zu diesem Abschnitt verdanke ich Christa Schlager (siehe auch Redak/Schlager 2002).

7 Damit zeigt sich, dass noch erheblicher Analysebedarf in Sachen Vermögensverteilung besteht. In den USA hingegen veröffentlicht die FED alle drei Jahre den *Survey of Consumer Finance*, der Daten über die Geldvermögenspositionen von Haushalte auf sehr disaggregierter Ebene (z.B, nach Alter, Geschlecht, „Rasse", Beruf, Bildung, u.ä. aufgeschlüsselt) darstellt. Siehe http://www.federalreserve.gov/pubs/oss/oss2/scfindex.html.

Literatur

Aglietta, M. (1997): Régulation et crises du capitalisme. Paris.

- (2000a): Ein neues Akkumulationsregime. Die Regulationstheorie auf dem Prüfstand. Hamburg.

- (2000b): Shareholder value and corporate governance: some tricky questions. In: Economy and Society 29 (1), 146-159.

-/Orléan, A. (1999): La monnaie souveraine. Paris.

Berle, A.A. /Means, G.C. (1932): The Modern Corporation and Private Property. New York, Neudruck 1967.

BMA - Bundesministerium für Arbeit und Sozialordnung (2001): Lebenslagen in Deutschland. Der erste Armuts- und Reichtumsbericht der Bundesregierung. Bonn.

Boyer, R. (2000): Is a finance-led growth regime a viable alternative to Fordism? In: Economy and Society 29 (1), 111-145.

-/Saillard, Y. (Hg., 1995): La théorie de la régulation, l'état des savoirs. Paris.

Bröckling, U./Krasmann, S./Lemke, T. (2000): Gouvernementalität der Gegenwart. Studien zur Ökonomisierung des Sozialen. Frankfurt am Main.

DAI - Deutsches Aktieninstitut (1999): Privater Aktienbesitz in Deutschland. Kurzstudie. Frankfurt/Main.

Davydoff, D. (2000): Where do European households' savings go? In: La Lettre de l'Observatoire de l'epargne européenne Nr. 4, 11-34.

De Brunhoff, S. (2002): Geld und Verteilung. Gewinner und Verlierer der neoliberalen Geldpolitik. In: Die Armutskonferenz et al. (Hg.). Was Reichtümer vermögen. Wien, 111-126.

Froud, J./Haslam, C./Johal, S./Williams, K. (2000): Shareholder value and financialization: consultancy promises, management moves. In: Economy and Society 29 (1), 80-110:

Froud, J./ Haslam, C./Johal, S./Williams, K. (2001): „Finanzialisierung" und ihre Folgen. In: Kurswechsel 2, 7-17.

Godley, W. (1999): Seven Unsustainable Processes: Medium-Term Prospects and Policies for the United States and the World. Levy Institute, Annandale.

Gröndahl, B./Warner, B. (2000): Labour rumblings heard in the Amazon jungle. In: The Industry Standard Europe, 29.11.2000.

Huster, E.-U. (1999): Verteilung in Europa - Gewinner und Verlierer. In: Kurswechsel 4, 31-39.

Lemke, T. (1997): Eine Kritik der politischen Vernunft. Foucaults Analyse der modernen Gouvernementalität. Hamburg.

Massaro, R./Lääkäri, E. (2002): Die Finanzstruktur der EU und der Eurozone. Rasche Veränderungen in den letzten Jahren. In: Statistik kurz gefasst, Thema 2, Nr. 18. <www.europa.eu.int/comm/eurostat>.

Marazzi, C. (1999): Fetisch Geld. Wirtschaft, Staat, Gesellschaft im monetaristischen Zeitalter. Zürich.

Mooslechner, P. (1997): Die Geldvermögenspositionen privater Haushalte in Österreich. Studie des Wirtschaftsforschungsinstituts, Wien.

OEE - Observatoire de L'Epargne Européenne (2000): Structure of Savings and Financing in European Economics. <www.oee.fr>.

OeNB - Oesterreichische Nationalbank (2002): Finanzmarkstabilitätsbericht Nr. 3. Wien.

Orléan, A. (1999): Le pouvoir de la finance. Paris.

Pollin, R. (2000): Anatomy of Clintonomics. In: New Left Review 3, 17-46.

Priewe, J. (2001): Vom Lohnarbeiter zum Shareholder? In: Prokla 122, 103-122.

Redak, V./Weber, B. (2000): Börse (Serie Rotbuch 3000). Hamburg.

Redak, V./Schlager, C. (2002): Auf dem Weg in die 40 Prozent-Ökonomie? Die Vermögensgesellschaft und ihre wirtschafts- und gesellschaftspolitischen Implikationen. In: Die Armutskonferenz et al. (Hg.): Was Reichtümer vermögen. Wien, 176-188.

Rose, N. (2000): Das Regieren von unternehmerischen Individuen. In: Kurswechsel 2, 8-27.

Rowlingson, K. (2002): Ungleiche Vermögensverteilung in Großbritannien und die Lebenszyklushypothese. In: Die Armutskonferenz et al. (Hg.): Was Reichtümer vermögen. Wien, 158-175.

Sablowski, T./Alnasseri, S. (2001): Auf dem Weg zu einem finanzgetriebenen Akkumulationsregime? In: Candeias, M./Deppe, F. (Hg.): Ein neuer Kapitalismus? Hamburg, 131-149.

Scott, J. (1997): Corporate Business and Capitalist Classes. Oxford.

Bob Jessop

Postfordismus und wissensbasierte Ökonomie. Eine Reinterpretation des Regulationsansatzes

Dieser Beitrag stellt eine alternative regulationstheoretische Analyse des Fordismus sowie des Übergangs zum Postfordismus an, die auf einer strategisch-relationalen Neuinterpretation des Kapitalverhältnisses basiert. Versucht wird auf diese Weise, einen mittleren Weg einzuschlagen zwischen der allzu ökonomistischen 'harten politischen Ökonomie' der Pariser Schule des Regulationsansatzes mit ihren soliden Wurzeln in den institutionalistischen und evolutionsökonomischen Wirtschaftswissenschaften einerseits und der politizistischen 'weichen Wirtschaftssoziologie' des Regulationsansatzes, wie er von vielen nicht-marxistischen PolitikwissenschaftlerInnen, GeografInnen und anderen SozialwissenschaftlerInnen interpretiert worden ist. Bis heute hat sich der Regulationsansatz als gut geeignet erwiesen, die Ursprünge des Fordismus, dessen Glanzzeiten sowie dessen Krisenmechanismen zu analysieren. Als weniger geeignet hat er sich gezeigt, die Entwicklung der Krise des Fordismus in seinem realen Ablauf (wie dies einst vorgeschlagen wurde; vgl. Boyer 1990: 111) zu untersuchen, und noch weniger dazu, das vorherzusagen, was ihn wahrscheinlich ersetzen wird. Ziel dieses Beitrages ist es, einen alternativen Untersuchungsrahmen für die Erhellung dieser Thematik bereitzustellen, welcher erneut bei der Marxschen Kritik der politischen Ökonomie und deren Beschäftigung mit den Widersprüchen eines als Zeitökonomie interpretierten Kapitalverhältnisses ansetzt. Er möchte allerdings auch die Marxsche Kritik durch eine Periodisierung des Kapitalismus ausweiten und konkretisieren. Dieses Vorhaben gründet auf den eher institutionalistischen *middle range*-Analysen der Regulationsschule, den Einsichten der Staatstheorie von Gramsci und Poulantzas sowie auf jüngeren Arbeiten über die narrativen Merkmale der sozialen Welt. Solch ein Ansatz erlaubt es, dem ansonsten sehr vagen Postfordismus-Konzept einen positiven Inhalt zu geben, indem dieser als Ensemble vielfältiger Strategien begriffen wird, den Übergang zu einer globalisierten 'wissensbasierten Ökonomie' (*knowledge-based economy*; KBE) und den umfassenden, diesen Prozess begünstigenden Umbau der Gesellschaftsformation zu gewährleisten. Mit Hilfe dieses Ansatzes können auch einige Hindernisse dieses Übergangs sowie die zentralen Widersprüche und Konfliktlinien dargestellt werden, welche die Entwicklungsdynamiken einer wissensbasierten Ökonomie sowie einer lernenden Gesellschaft prägen. Möglich wird so, die Kontinuitäten und Diskontinuitäten sowie die Effekte der Bewahrung und Auflösung zu untersuchen, die mit dem Übergang zum Postfordismus verbunden sind.

1. Eine Interpretation des Regulationsansatzes

Beim Regulationsansatz handelt es sich um eine eigenständige Richtung der evolutionsökonomischen und institutionalistischen Wirtschaftswissenschaften, der (zumindest in ihren frühen Arbeiten) von der marxistischen politischen Ökonomie beeinflusst war. Er geht von der allgemeinen Unwahrscheinlichkeit aus, dass sich ein in seinem Innern antagonistischer und konfliktreicher Kapitalismus auf erweiterter Stufenleiter reproduziert und will untersuchen, wie dies trotzdem möglich ist. In diesem Sinne beschäftigen sich die RegulationistInnen im Allgemeinen mit der sozial eingebetteten und sozial regulierten Natur kapitalistischer Ökonomien und nicht mit den Phänomenen eines reinen und sich selbst regulierenden Marktes; sie behandeln auch mehr die sich wandelnden ökonomischen Normen und Kalküle als den geschichtstranszendenten Egoismus eines *homo oeconomicus*, der vorgeblich das aktive Subjekt in allen, sowohl vorkapitalistischen als auch kapitalistischen, Ökonomien darstellt. Und die gelungensten regulationstheoretischen Untersuchungen zielen insbesondere auf die geschichtlich kontingenten Ensembles komplementärer ökonomischer und *nicht-ökonomischer* Mechanismen und Praktiken ab, welche - trotz der grundlegenden Widersprüche und Konflikte des Kapitalismus - über eine lange Zeitperiode hinweg eine stabile Kapitalakkumulation ermöglichen. Indem die Regulationstheorie diese Forschungsinteressen verfolgt, betont sie die partielle, provisorische und konfliktive „soziale Einbettung“ und „Regulation“ des „Kapitalverhältnisses“ und beschäftigt sich ernsthaft mit der Vielfältigkeit und Historizität des Kapitalismus, seinen vergangenen Transformationen, seinen gegenwärtigen Dynamiken und Krisen sowie seinen möglichen zukünftigen Entwicklungsszenarien.

Besser verständlich wird das, was der Regulationsansatz beitragen kann, wenn man nach dem Objekt der Regulation fragt. Die knappe Antwort besteht darin, dass das Kapital ein *soziales Verhältnis* darstellt. Warum aber muss es reguliert werden? Die frühen RegulationistInnen orientierten sich eng an Marx, wenn sie die der Warenform inhärenten allgemeinen Widersprüche betonten. Verstärkt werden letztere durch die spezifischen Widersprüche, welche der Warenform zueigen sind, insofern diese auf die Arbeitskraft ausgedehnt wird, sowie durch die unvermeidliche Abhängigkeit der Warenform sowohl von den fiktiven Waren als auch von den verschiedenen nicht-warenförmigen Elementen der sozialen Verhältnisse. Sie setzten diese Verhältnisse mit den aus den genannten Widersprüchen herstammenden grundlegenden strategischen Dilemmata in Verbindung. Die Widersprüche können gemäß den jeweiligen Akkumulationsregimes, Regulationsweisen und gesellschaftlichen Paradigmen je verschieden bearbeitet werden. Die besten regulationstheoretischen Untersuchungen erkennen an, dass sich das Kapital als Objekt der Regulation erst in den Versuchen, jenes zu regulieren, und durch sie konstituiert - das heißt, dass das Kapital als soziales Verhältnis nicht vor seiner Regulation existiert, sondern dass in der Regulation und durch sie dem Kapital erst Form und Substanz verliehen wird.

Übereinstimmend mit vielen anderen VertreterInnen der radikalen politischen Ökonomie argumentieren die RegulationistInnen, dass die Kapitalakkumulation einen inhärent widersprüchlichen und konfliktreichen Prozess darstellt und dass ihre erweiterte Reproduktion ebenfalls inhärent unwahrscheinlich ist. Weder der Kapitalismus als Ganzer noch das Kapital-Arbeit-Verhältnis, auf der die spannungs- und konfliktgeladene Dynamik des Kapitalismus fußt, können allein durch die Marktbeziehungen sichergestellt werden. Beide benötigen ergänzende Formen der Reproduktion, Regulation und Governance - einschließlich solcher, die teilweise durch die Aktivitäten des Staates als auch durch eine große Bandbreite außerökonomischer Normen, Praktiken und Institutionen gewährleistet werden. Kapitalakkumulation hängt so von einer instabilen Mischung aus (der Gewinn- und Verlustrechnung unterworfenen und marktvermittelten) ökonomischen sowie (der Warenform entzogenen und nicht-marktvermittelten) außer-ökonomischen Formen und Prozessen ab. Da insbesondere die Arbeitskraft ihrem Wesen nach eine fiktive Ware darstellt, kann sie nicht allein durch die Lohnform sowie durch den Arbeitsmarkt reproduziert werden. Verschiedene Arten von außerhalb des Marktes verorteten Mechanismen spielen hier ebenfalls eine Schlüsselrolle. Da zudem die Kapitalakkumulation zunehmend auf globaler Ebene expandiert, werden ihre Dynamiken - systemtheoretisch gesprochen - gegenüber ihren „Umwelten" immer dominanter, indem sie die umfassende Evolution sozialer Systeme und die Lebenswelt ausgestalten und bestimmen.[1] Aber das heißt, dass sich auch die Widersprüche und Dilemmata global reproduzieren und eine immer größere Zahl von Systemen und die Lebenswelt durchdringen.

Marx selbst sah einen grundlegenden Widerspruch zwischen den Tauschwert- sowie den Gebrauchswertaspekten der Warenform. Der Tauschwert bezieht sich auf den marktvermittelten Geldwert der Ware für VerkäuferIn, der Gebrauchswert auf die materielle und/oder symbolische Nützlichkeit der Ware für KäuferIn. Ohne einen Tauschwert würden die Waren nicht für den Verkauf hergestellt; ohne einen Gebrauchswert würden sie nicht verkauft. Dies stellt den Ausgangspunkt dar, von dem aus Marx in dialektischer Weise die komplexe Dynamik der kapitalistischen Produktionsweise entfaltet - einschließlich der Notwendigkeit periodischer Krisen und deren Funktion, den Kapitalzyklus wiederherzustellen, was die Grundlage für eine erneute Kapitalexpansion darstellt. Auf dem Hintergrund dieser Argumentation vertrete ich die These, dass alle Formen des Kapitalverhältnisses verschiedene, miteinander verknüpfte Ausformungen dieser grundlegenden Widersprüchlichkeit darstellen und dass diese sich je nach Zeit und Ort in spezifischer Weise auf das Kapital (bzw. auf die verschiedenen Kapitalfraktionen) und auf die Arbeit (bzw. ihre verschiedenen Kategorien und Schichten) auswirkt (siehe Tabelle 1).

Diese Widersprüche betreffen auch die jeweilige Gesellschaftsformation und werden notwendigerweise reproduziert wie der Kapitalismus insgesamt. Aber sie müssen nicht unbedingt das gleiche relative Gewicht für die Akkumulation oder die Regulation besitzen. Wie in der Tat weiter unter in der Debatte um den Fordismus und den Postfordismus zu sehen ist, machen es die diesbezüglichen

Unterschiede möglich, zwischen den verschiedenen Stufen und/oder Varianten des Kapitalismus zu unterscheiden. Hier sei noch hinzuzufügen, dass „die Reproduktion dieser Widersprüche mit ihren widersprüchlichen Konsequenzen und ihrer Auswirkung auf die historische Entwicklungstendenz des Kapitalismus vom *Klassenkampf* abhängt" (Poulantzas 1975: 40-41, Hvh.i.O.). Verschiedene klassen-

Tabelle 1: Der Kapitalismus und seine Widersprüche

Form	Tauschwert-Moment	Gebrauchswert-Moment
Ware	Tauschwert	Gebrauchswert
Arbeitskraft	a) abstrakte Arbeit als ersetzbarer Faktor der Produktion b) alleinige Quelle von Mehrwert	a) gattungsbezogene und konkrete Fertigkeiten, verschiedene Formen des Wissens b) Quelle von Handwerksstolz und Selbstwertgefühl für die Arbeitenden
Lohn	a) monetäre Kosten der Produktion b) Mittel, um in einem gegebenen Zeitraum das Angebot nützlicher Arbeit zu sichern	a) Quelle effektiver Nachfrage b) Mittel, um in einer auf Geld basierenden Gesellschaft die eigenen Bedürfnisse zu befriedigen
Geld	a) zinsheckendes Kapital, privater Kredit b) internationale Währung c) grundlegender Ausdruck des Kapitals im Allgemeinen	a) Wertmaßstab, Aufbewahrung von Wert, Austauschmittel b) Landeswährung, legales Zahlungsmittel c) allgemeine Form von Macht in der Gesellschaft
Produktives Kapital	a) abstrakter Wert in Bewegung (oder Geldkapital), der für die Investition an einem zukünftigen Ort und zu einem zukünftigen Zeitpunkt verfügbar ist b) Gewinnquelle eines Unternehmens	a) Bestand an spezifischen Vermögenswerten, die an einem bestimmten Ort, zu einem bestimmten Zeitpunkt sowie unter bestimmten Bedingungen verwertet werden können b) konkrete Fertigkeiten als UnternehmerInnen und ManagerInnen
Land	a) 'kostenloses Geschenk der Natur', das [derzeitig] nicht veräußert werden kann b) entfremdetes und übertragbares Eigentum, Einnahmequelle (Pacht u.a.)	a) frei verfügbare und nichtbebaute Bodenressourcen b) umgewandelte Naturressourcen
Wissen	intellektuelles Eigentum	intellektuelle Gemeingüter

relevante soziale Kämpfe bestimmen die jeweiligen Formen, in denen die vielfältigen Widersprüche und Dilemmata des Kapitalverhältnisses unter den je spezifischen Umständen zum Ausdruck kommen; sie bestimmen auch die Art und Weise sowie den Umfang, in denen mögliche Grundlagen für eine erneuerte Expansion, sofern es zu einer solchen kommt, geschaffen, blockiert oder zunichte gemacht werden. Dies erklärt, warum die Kapitalakkumulation ein andauernder Schwebezustand zwischen sich wiederholenden Zyklen von Selbstverwertung, kontinuierlicher Selbsttransformation, plötzlicher Phasen kriseninduzierter Umstrukturierungen sowie anderer Modalitäten der Veränderung darstellt. All diese Prozesse sind oftmals mit neuen Mustern raum-zeitlicher Ausweitung und Kompression verbunden sowie mit Veränderungen der dominanten raum-zeitlichen Horizonte bzw. der für die Akkumulation maßgeblichen Orte und Räume. Aufgrund der Komplexität all dieser Aspekte verbietet sich jedwede unilineare Aufreihung kapitalistischer Entwicklungsstufen, da die Akkumulation unter je verschiedenen Ketten von Umständen unterschiedliche Verlaufsformen annehmen kann.

Diese inhärenten allgemeinen strukturellen Widersprüche sowie die mit ihnen verbundenen Dilemmata können in unterschiedlichen Kontexten jeweils verschiedenartige Ausprägungen und Gewichtungen erlangen. Sie können sich auch als mehr oder weniger bearbeitbar erweisen, was von der besonderen sozialen Fixierung abhängt (Regulationsweise), welche die Unvollständigkeit des reinen Kapitalverhältnisses in spezifischen Kontexten teilweise kompensiert und diesen durch die Artikulation von ökonomischen und außer-ökonomischen Elementen eine spezifische Dynamik verleiht. Dieser *social fix* trägt dazu bei, eine relativ dauerhafte strukturelle Kohärenz zu sichern, indem sie die dem Kapitalverhältnis inhärenten Widersprüche und Dilemmata in einer Weise bearbeitet, dass verschiedene Formen, Institutionen und Praktiken sich tendenziell gegenseitig verstärken. Ein Aspekt dieses *social fix* ist die Durchsetzung eines *spatio-temporal fix* gegenüber den erwähnten ökonomischen und außer-ökonomischen Elementen. Diese raum-zeitlichen Fixierungen tragen dazu bei, das stets partielle, provisorische und instabile soziale Kompromissgleichgewicht zu sichern, welches für die Konsolidierung eines Akkumulationsregimes samt der dazugehörigen Regulationsweise unabdingbar erscheint. Sie umschreiben die hauptsächlichen räumlichen und zeitlichen Grenzen, innerhalb derer eine strukturelle Kohärenz garantiert werden kann, und externalisieren bestimmte Kosten, die zur Sicherung dieser Kohärenz jenseits dieser Grenzen nötig sind. Dies umfasst das Verlagern und Aufschieben von Widersprüchen und Konflikten über den raum-zeitlichen Horizont einer Ökonomie hinaus, die jene erst entstehen lässt. Dies beinhaltet möglicherweise die Überausbeutung der internen und externen Räume außerhalb des Kompromisses, die Ausplünderung der Natur bzw. überlieferter sozialer Ressourcen, das Aufschieben von Problemlösungen in eine ungewisse Zukunft und natürlich die Ausbeutung und/oder Unterdrückung bestimmter Klassen, Schichten oder sonstiger sozialer Gruppen. Darüber hinaus werden ebenfalls bestimmte Klassen, Klassenfraktionen, soziale Gruppen oder andere soziale Kräfte, welche sich innerhalb der genannten raum-zeitlichen

Grenzen aufhalten, an den Rand gedrängt, ausgeschlossen oder unterdrückt. Raumzeitliche Fixierungen befördern die institutionalisierten Kompromissformen, von denen Akkumulationsregimes und Regulationsweisen abhängen, und als Folge davon verkörpern sie dann auch letztere.

Strukturell kommt es zu diesen Fixierungen, wenn ein Akkumulationsregime und seine Regulationsweise sich zeitgleich entwickeln, um innerhalb eines raumzeitlichen Rahmens - aber nicht darüber hinaus - eine bestimmte strukturelle Kohärenz zu entfalten. Dieser Prozess ist typischerweise verbunden mit einer charakteristischen Hierarchie struktureller Formen, welche die Interaktionen innerhalb der institutionellen Architektur als Ganzer beeinflussen und daher die übergreifende Logik der raum-zeitlichen Fixierungen bestimmen. Diese Hierarchie beinhaltet, dass der Regulierung einiger struktureller Formen gegenüber anderen Priorität verliehen wird, wobei dabei auch einige mit diesen Formen verknüpfte Widersprüche sowie Dilemmata größere Priorität erhalten als andere. Diese Prioritäten verändern sich mit den jeweiligen Akkumulationsregimes, Wachstumsmodellen und Governance-Kapazitäten (vgl. Petit 1999). Diesbezügliche Unterschiede bieten zugleich wichtige Ansatzpunkte, die verschiedenen Etappen und/oder Formen des Kapitalismus zu analysieren. So waren zum Beispiel im Atlantischen Fordismus die Lohn- und Geldformen wesentliche strukturelle Formen im Innern der Regulationsweise; im Postfordismus sind hingegen andere Formen wichtiger geworden. Während so zum Beispiel die liberalen Marktökonomien möglicherweise ein größeres Gewicht auf die Arbeitskraft als ersetzbaren Produktionsfaktor sowie auf den Lohn als Teil der Produktionskosten legen, unterstreichen stärker koordinierte kapitalistische Ökonomien eher die Arbeitskraft in ihrer Gestalt als Humankapital (sic!) und den Lohn als Nachfragequelle.

Eben weil die Widersprüche und Dilemmata des Kapitalismus rein theoretisch unlösbar sind, werden sie - immer partiell und provisorisch, vorausgesetzt sie werden überhaupt angegangen - durch die Ausformulierung und Durchführung spezifischer Akkumulationsstrategien auf mehreren ökonomischen und politischen Ebenen sowie in spezifischen raum-zeitlichen Kontexten bearbeitet. Noch einmal betont sei hier, dass eben aufgrund der Bedeutung von Akkumulationsstrategien (sowie der damit verbundenen staatlichen Projekte und, dort wo sie relevant werden, auch hegemonialen Orientierungen) Handeln und Diskurse für die Kapitalakkumulation von enormer Bedeutung sind. Ein herausragender Aspekt dieser Fixierungen ist die Rolle der ökonomischen, politischen und sozialen Vorstellungswelten (*imaginaries*). Diese schaffen über eine Art diskursiver Vereinfachungen spezifische Bereiche sozialer Verhältnisse und darin je spezifische soziale, materielle und raum-zeitliche Handlungshorizonte. Es gibt eine Vielzahl dieser Vorstellungswelten im Kampf um Hegemonie oder Dominanz sowie darum, die räumlich-zeitlichen Fixierungen anzuleiten.

2. Was ist Postfordismus?

Auch wenn heute die Wellen ein wenig geglättet sind, so ist doch ausführlich und oft hitzig darüber gestritten worden, ob der Begriff des Postfordismus ein geeignetes Konzept darstellt, mit dem die jüngsten Veränderungen der Kapitalakkumulation und deren Implikationen für die Wirtschafts- und Sozialpolitik angemessen analysiert werden können. Drei Aspekte sind dabei relevant: 1. die allgemeine theoretische Angemessenheit des Postfordismus-Begriffs; 2. die Frage, bis zu welchem Grad es die gesamte Bandbreite der seit Mitte der 70er Jahre stattfindenden Veränderungen erfassen kann; und 3. die Rolle des Postfordismus sowie der damit verbundenen Begriffe, welche sich in den ökonomischen und politischen Diskursen ausgebreitet haben, um die jüngsten Wandlungsprozesse der Wirtschafts- und Sozialpolitik zu rechtfertigen. Alle drei Punkte werden im Folgenden behandelt.

Zuerst sei gesagt, dass es für einige Zwecke geeigneter erscheinen mag, das sich herausbildende Akkumulationsregime durch dem Fordismus vergleichbare substantivische Konzepte zu charakterisieren, so zum Beispiel als Toyotismus, Sonyismus, Gatesismus oder Wintelismus (als Wortschöpfung aus „Windows" und „Intel"). Diese beziehen sich auf neue technologisch-ökonomische Paradigmen in etablierten oder sich neu herausbildenden Industriesektoren und/oder neue Unternehmens- und Wettbewerbsformen, welche als den archetypischen fordistischen Formen überlegen eingeschätzt werden. Diesen Paradigmen fehlt es jedoch an der durchdringenden Resonanz, die das Fordismus-Paradigma besaß, als das fordistische Akkumulationsregime sich konsolidiert hatte. Aber sie sind mit Sicherheit fruchtbarer als das eher formale Konzept des Postfordismus, das auf einer chronologischen Vorsilbe aufbaut, um sich vom Fordismus zu unterscheiden, und in diesem Sinne so wenig reale Information liefert wie zum Beispiel die Beschreibung des Kapitalismus als Postfeudalismus bzw. des Fordismus als Postliberalismus. Bestenfalls dient die zeitliche Vorsilbe im Begriff des Postfordismus als nützlicher Hinweis auf die Tatsache, dass der genaue Charakter der sich herausbildenden Wirtschaftsordnung noch nicht im Voraus festgelegt ist. Gerade weil der Charakter des Fordismus nicht einfach daraus abgeleitet werden kann, dass er dem konkurrenzorientierten Kapitalismus und/oder der Vorherrschaft der Handwerksproduktion zeitlich nachfolgt, so ist es auch unmöglich, die verschiedenen Muster des Postfordismus einfach aus der Tatsache abzuleiten, dass dieser dem Fordismus folgt. Das gleiche Dilemma gilt auch für den Begriff der *New Economy* mit seinem allzu vereinfachenden und überzogenen Kontrast zwischen dem Alten und dem Neuen. In diesem Sinne beziehe ich mich im Folgenden auf das Konzept der 'wissensbasierten Ökonomie' (*knowledge-based economy*). *Dieses Paradigma wurde Schritt für Schritt hegemonial als Grundprinzip und strategische Orientierung für eine wirtschaftliche, politische und soziale Neuordnung.* Es umfasst viele verschiedene Systeme und die Lebenswelt und spiegelt die allgemeine Bedeutung wider - die richtiger- oder irrtümlicherweise dem Wissen als 'Produktionsfaktor' im Arbeitsprozess, im Akkumulationsregime und in der Regulationsweise des Postfordismus zugeschrieben wird (siehe unten). Der Begriff des Postfordismus kann aber doch noch produktiv verwendet werden, vorausgesetzt, dass den jeweiligen Kontinuitäten und Diskontinuitäten genügend Aufmerksamkeit geschenkt wird. Gäbe es keine Kontinuitäten, so würde es sich nicht um einen Post-, sondern bloß um einen 'Nichtfordismus' handeln; ohne Diskontinuitäten andererseits wäre es kein Postfordismus, sondern bloß eine neue Phase des Fordismus - Hochfordismus, Spätfordismus, Neofordismus oder was auch immer. Dies streicht die Bedeutung der Bewahrungs-Auflösungseffekte heraus, die das sich neu herausbildende Akkumulationsregime und seine Dialektik zwischen Pfadabhängigkeit und Pfadveränderungen nach sich ziehen.

Zweitens folgt daraus, dass viele Schlüsselaspekte des gegenwärtigen Arbeitsprozesses sowie des derzeitigen Akkumulationsregimes samt der dazugehörigen Regulationsweise wenig mit dem Goldenen Zeitalter des Fordismus zu tun haben. Alle drei müssen sowohl selbständig betrachtet werden als auch in Bezug auf ihre Position innerhalb des sich neu formierenden Akkumulationsregimes und dessen Regulationsweise. Dies bildet einen weiteren Bereich, in dem es sich sowohl theoretisch als auch empirisch als sehr produktiv erweist, die wissensbasierte Ökonomie als umfassendes strategisches Konzept in den Mittelpunkt zu stellen. Denn diese lässt die Beantwortung der Frage zu, wie der Charakter der Bewahrungs-Auflösungseffekte mit den entstehenden Eigentumsmustern und Entwicklungsdynamiken des neuen Akkumulationsregimes und seiner Regulationsweise verknüpft sind.

Drittens gilt unabhängig davon, ob der Begriff des Postfordismus derzeit als *analytisches* Konzept gerechtfertigt ist oder nicht: Diejenigen Diskurse, die sich mehr oder weniger explizit auf den Postfordismus oder auf die 'flexible Spezialisierung' bezogen, waren für die anfängliche Vermittlung der wirtschaftlichen, politischen und sozialen Veränderungen während der Krisenprozesse im und des Atlantischen Fordismus bedeutsam. Die anfängliche Konnotation des 'Postfordismus' schien eher negativ als positiv zu sein. So wurde dieser zum Beispiel eher als Reihe von Entwicklungsschüben *weg* von bestimmten krisenauslösenden oder -anfälligen Mustern des Fordismus denn als eine Bewegung *hin* zu einem neuen, positiv definierten Akkumulationsregime und einer sich ebenso neu herausbildenden Regulationsweise angesehen, von denen angenommen wurde, dass sie eine je eigene Strukturkohärenz besässen. So bezog sich der einstmals oft gebrauchte Begriff der 'flexiblen Spezialisierung' vor allem auf die Neuorganisation des Arbeitsprozesses, auf Unternehmensstrukturen und Wettbewerbsformen, welche allesamt eine Antwort auf die Rigiditäten der Massenproduktion darstellten. Es gab auch Versuche, erneut an historische Modelle (wie die 'handwerkliche Produktion') oder an derzeit schon andernorts praktizierte Modelle (z.B. das Dritte Italien, Silicon Valley, Toyotismus oder die 'schlanke Produktion') anzuknüpfen. Es erwies sich jedoch in der Folge als schwierig, alle diese Konzepte zu übertragen und zu generalisieren. Zusätzlich zu diesem Suchprozess kam es oft zu einer einseitigen Fokussierung auf technisch-organisatorische Fragen (vgl. Gough 1982; Schoenberger 1997; Smith 2000). Diese haben die Debatte über das geprägt, was den sogenannten Postfordismus ausmacht, das heißt die Veränderungen im Arbeitsprozess, in der Unternehmensorganisation, in den Beziehungen zwischen den Unternehmen sowie im Verhältnis zwischen Produktion und Konsum. Die Aufmerksamkeit richtet sich hier darauf, wie die Unternehmen mit einer gegebenen Basistechnologie das Design, die Produktion und das Marketing am 'effizientesten' gestalten können, zum Beispiel um die angemessenste Mischung zwischen Kostenreduzierung, Qualitäts- und Varietätsmaximierung sowie Empfänglichkeit für die Erfordernisse des Marktes zu finden. Dies hängt mit der Annahme zusammen, dass Probleme des Kapitalismus durch einen technisch-organisatorischen Wandel innerhalb der wirtschaftlichen Sphäre und/oder durch die Anwendung neuer technisch-institutioneller Fixierungen und Governance-Formen innerhalb des breiteren gesellschaftlichen Kontextes, in den der Kapitalismus eingebettet ist, gelöst werden können. Die folgenschwerste Umsetzung dieser Strategie ist die Etablierung des Neoliberalismus auf allen Ebenen, vom Unternehmen bis zur internationalen Architektur des globalen Kapitalismus. Dies zeigt gut, wie problematisch die Annahme ist, dass der einfache Abbau sozialer 'Rigiditäten' und rechtlich-politischer Regulierungen, die vorgeblich die Krise des Atlantischen Fordismus hervorgerufen haben, die Marktdynamik derart freisetzen würden, dass es zu einer noch nie da gewesenen Prosperität im Weltmaßstab kommen würde. Was diese zu simplen Feststellungen missachten, ist die komplexe Artikulation von scheinbar technischen Fragen mit den vielfältigen Erscheinungen der Wertform in kapitalistischen Gesellschaftsformationen.

Zur Bedeutung der „ökonomischen Vorstellungswelten"

Zurück zur Suche nach einem positiven Inhalt des Postfordismus-Konzepts: Dieses dient dazu, die jüngsten Entwicklungen mit der Entstehung des Fordismus zu vergleichen. Die Kommentare Gramscis über den „Amerikanismus und Fordismus" sind hierbei sinnvoll (Gramsci 1971; Portelli 1973). Er belegt, dass die Entstehung und Festigung eines neuen Akkumulationsregimes entscheidend von der Ausübung der politischen, intellektuellen und moralischen Führung sowie von der Neuorganisation der gesamten Gesellschaftsordnung abhängt. Das neue Regime kann nicht allein durch technologische Innovationen sowie damit gekoppelte spezifische Änderungen im Arbeitsprozess, in den Unternehmensformen, in den Wettbewerbsformen sowie durch andere, im engeren Sinne wirtschaftspolitische Maßnahmen abgesichert werden. Eine Schlüsselrolle kommt in diesem Prozess der Herausbildung dessen zu, was als neue 'ökonomische Vorstellungswelt' (*economic imaginary*) bezeichnet werden kann. *Diese findet in spezifischen Anordnungen von Sozialbeziehungen ihren sozialen, materiellen und raum-zeitlichen Handlungsrahmen und ordnet der Wirtschaft als dem Objekt von Regulierung spezifische Grenzen, Existenzbedingungen, repräsentative Wirtschaftsakteure, Tendenzen und Gegentendenzen sowie eine charakteristische und umfassende Dynamik zu.* Als solche ist die 'ökonomische Vorstellungswelt' wichtig sowohl bei der – immer auch einseitig interessensbestimmten – Herausbildung und Festigung eines Akkumulationsregimes und dessen Regulationsweise als auch im Prozess der Vergesellschaftung. Impliziert sind hier ganz eindeutig Kämpfe zwischen wirtschaftlichen, politischen und intellektuellen Kräften, bei denen es darum geht, bestimmte Ökonomien, die hier umfassend als Subjekte, geographische Orte, Konkurrenzinteressen und/oder als Objekte der Regulation verstanden werden, neu zu definieren, sowie auch darum, in diesem Zusammenhang Produktions- und Konsumnormen zu verallgemeinern. Eine Schlüsselrolle besitzen in diesem Kontext die Rivalitäten und Auseinandersetzungen zwischen individuellen und kollektiven intellektuellen Kräften, die 'freischwebend' oder in organisierter Weise auftreten. Ziel dieser Kräfte ist es, an verschiedenen Orten und auf verschiedenen Ebenen des sozialen Handelns Strategien, Projekte und Visionen zu artikulieren, Widersprüche zu bearbeiten, Konflikte aus der Welt schaffen und auftretende Dilemmata zu beseitigen. Die wichtigsten, in diese Rivalitäten und Auseinandersetzungen verwickelten Kräfte sind organisierte Interessen, politische Parteien und soziale Bewegungen, wobei zusätzlich den Massenmedien - und weniger dem Bereich der Öffentlichkeit an sich - die entscheidende Aufgabe zukommt, in den Konflikten darum, wie in den genannten Bereichen eine umfassende Hegemonie errungen werden kann, zu vermitteln. Die neue ökonomische Vorstellungswelt - mit den damit verbundenen Akkumulationsstrategien, Politikprojekten und hegemonialen Bildern - muss aber gleichzeitig übersetzbar sein in eine spezifische Anordnung von materiellen, sozialen und raum-zeitlichen Fixierungen. Diese alle bilden erst die Grundlage, welche der erweiterten Reproduktion des Kapitals eine relative 'strukturelle Kohärenz' verleiht.

In diesem Sinne bestünde eine effektive Lösung für die Suche nach einer sinnvollen 'postfordistischen' Ordnung im Rahmen eines zunehmend integrierten Weltmarktes in einer 'ökonomische Vorstellungswelt', die zwei miteinander verknüpften Erfordernissen nachkommt. Erstens sollte sie dazu fähig sein, auf allen Ebenen der Ökonomie - vom Unternehmen bis zur umfassenden Wirtschaftsordnung -, auf allen territorialen Ebenen - von der lokalen über die regionale bis zur nationalen und transnationalen Ebene - sowie in Bezug auf die Ausgestaltung und Artikulation der Marktkräfte, inklusive der diese unterstützenden Kräfte außerhalb des Marktes, die neuen Akkumulationsstrategien mit Leben zu erfüllen und ihnen Gestalt zu geben. Und zweitens sollte sie in der Lage sein, auf allen genannten Ebenen staatlichen Projekten und hegemonialen Visionen Leben einzuhauchen und Gestalt zu verleihen, angesichts der politischen und sozialen Unsicherheit Orientierung zu geben und die Mittel bereitzustellen, um private, institutionelle und allgemeine öffentliche Erzählungen über vergangene Erfahrungen, gegenwärtige Schwierigkeiten und zukünftige Aussichten zu bündeln. Je mehr eine neue 'ökonomische Vorstellungswelt' möglichst viele dieser Belange abzudecken vermag, desto stärker sind ihr Echo und Einfluss. *In diesem Kontext hat sich der Begriff der 'wissensbasierten Ökonomie' als ein immer dominanter und hegemonialer werdender Diskurs herausgebildet.* Dieser stellt auf verschiedenen Ebenen den Rahmen für umfassende Auseinandersetzungen um die politische, intellektuelle und moralische Führung dar, in denen aber auch um konkrete technologisch-wirtschaftliche Reformen gerungen wird (siehe Tabelle 2). Die Grundidee wird auf vielen Stufen umgesetzt: Von der lokalen bis zur globalen Ebene, an vielen organisatorischen und institutionellen Stellen, von Firmen bis zu staatlichen Apparaten, in vielen funktionalen Systemen - von der Erziehung und Wissenschaft über die Gesundheits- und Sozialversorgung bis zur Gesetzgebung und zur Politik -, aber auch in der Wirt-

Tabelle 2: Einige für die wissensbasierte Ökonomie repräsentative Begriffe in verschiedenen Funktionssystemen und der umfassenderen Gesellschaft

Technologie	sanfte Maschinen (*smart machines*) - intelligente Produkte - ExpertInnensysteme - neue Materialien - Entmaterialisierung - Software - Informations- und Kommunikationstechnologien - informationeller Superhighway - Innovationssysteme
Ökonomie	Wissensentstehung - Wissensmanagement - wissensbasiertes Unternehmen - lernende Organisation - wissensintensive Unternehmensdienstleitungen - Informationsbroker - eingebettete Wissensnetzwerke - *E-commerce* - lernende Ökonomie - reflexive Akkumulation
Kapital	Wissenskapital - intellektuelles Kapital - geistige Eigentumsrechte - informationeller Kapitalismus - Technokapitalismus - digitaler Kapitalismus - virtueller Kapitalismus - Biokapitalismus
Arbeit	Teleworking - geistige Arbeit - WissensarbeiterInnen - symbolische AnalystInnen - immaterielle Arbeit - implizites/nicht-kodifiziertes Wissen (*tacid knowledge*) - Humankapital - ExpertInnen-Intellektuelle - Cyborgs
Wissenschaft	Wissensbasis - Innovation - wissenschaftlich-technische Revolution - *Life Sciences* - technischer Weitblick - Tripelhelix
Bildung	lebenslanges Lernen - lernende Gesellschaft - unternehmens(-finanzierte) Universitäten (*corporate universities*) - Wissensfabriken - avancierte (Aus-)Bildungstechnologien
Kultur	Kreative Branchen - Kulturindustrien - kulturelle Waren - Cyberkultur - Technokultur
Recht	geistige Eigentumsrechte - Rechte auf Informationen - immaterielle Objekte - Biopiraterie
Staat	Virtual state - e-government - science policy - innovation policy - high-technology policy - evidence-based policy
Politik	elektronische Demokratie - Cyberpolitics - „hactivism“
Kriegsführung	Intelligente Waffensysteme - Cyborgkämpfer - Tarntechnologien - netzbasierte Kriegsführung - Informationskrieg - Cyberwar - „Revolution in Kriegsangelegenheiten“
Raum	Innovatives Milieu - lernende Region - intelligente Stadt - informationelle Stadt - digitale Stadt - Silicon Valley - *technopoles* - Wissensflüsse - Cyberspace - intelligente Gemeinschaften
Vergesellschaftung	Verwissenschaftlichung - Informationszeitalter - Informationsgesellschaft - Wissensgesellschaft - virtuelle Gemeinschaft - virtuelle Gesellschaft - Überwachungsgesellschaft - intellektuelle Gemeingüter - *digital divide* - Informationsüberfluss

schaft im engeren Sinne, in der gesamten öffentlichen Sphäre sowie in der Lebenswelt. Das Konzept ist in viele verschiedene Sichtweisen und Strategien übersetzt worden. (Beispiele dafür sind die 'sanfte Maschine' und ExpertInnensysteme, die 'kreativen' Branchen, das eine immer zentralere Bedeutung einnehmende intellektuelle Eigentum, das lebenslange Lernen, die Informationsgesellschaft oder das Anwachsen der *cybercommunities.*) Die Vorstellungswelt geistert in jeweils abgewandelter Form durch das neoliberale, neokorporatistische, neostaatliche und neokommunitaristische Denken und scheint oft - wie der Rorschachtest - die Grundlage abzugeben für Allianzen und institutionalisierte Kompromisse zwischen an sich sehr verschiedenartigen Interessen. Zusammengefasst hat sich die „wissensbasierte Ökonomie“ zum herausragenden ökonomischen Narrativ in vielen Akkumulationsstrategien, staatlichen Projekten und hegemonialen Entwürfen entwickelt. Durch die 90er Jahre hindurch hat der Begriff immer mehr eine Schlüsselrolle bei der Orientierung und Verstärkung von Aktivitäten erlangt, welche ein relativ stabiles postfordistisches Akkumulationsregime sowie die dazugehörige Regulationsweise etablieren und festigen helfen. Ob diese Entwicklung dann doch so eintritt oder nicht, hängt von einer Reihe von Aspekten ab, deren Reichweite über die KBE und die lernende Gesellschaft hinausgehen.

Die sich herausbildende wissensbasierte Ökonomie als 'Großerzählung', die den Übergang vom Fordismus zum Postfordismus anführt, ist mitnichten eine harmlose Entwicklung. Das Konzept wurzelt materiell und ideologisch in den frühen Debatten über den Postindustrialismus, gewann aber in den 80er Jahren an Schubkraft, als sich das US-Kapital und die US-Administration auf die Suche machten, eine wirkungsvolle Antwort auf die wachsende Herausforderung der US-Hegemonie zu finden, die sich einer sich vergrößernden Wettbewerbsfähigkeit der Rivalen in Europa und Ostasien gegenübergestellt sah. Eine anwachsende Menge akademischer Studien, Berichten von *Think tanks* und öffentlichen Untersuchungen belegten, dass die USA in den Führungsbereichen der *knowledge-based economy* (dieser Begriff stellte schon an sich eine diskursive Innovation dar) den Markt anführte. Das unmittelbare Resultat war eine äußerst durchdachte und bis in hohe Stellen hinein abgestimmte Kampagne, die diese Tatsache zur materiellen und ideologischen Grundlage einer neuen Akkumulationsstrategie machte. Diese war an die massive Ausbreitung der intellektuellen Eigentumsrechte gebunden, welche dazu dienten, die Vorherrschaft des US-Kapitals in diesem Sektor zu schützen und auszubauen. Nicht wiederholt werden braucht hier die sich daraus ergebende Entwicklung, welche durch eine breite Palette von - bilateralen und multilateralen - wirtschaftlichen, politischen, legalen und ideologischen Maßnahmen die Grundlagen der wirtschaftlichen Wettbewerbsfähigkeit der USA umzuorientieren und zu stärken beabsichtigte. Dazu kamen die Verbreitung eigener technischer Standards, Produktions- und Konsumnormen sowie diesbezüglicher juristischer Präzedenzfälle. Führende Figuren der US-Administration haben ziemlich deutlich das Grundprinzip dieser kontinuierlichen Anstrengungen klargemacht: Das wirtschaftliche Wachstum und die internationale Wettbewerbsfähigkeit der USA im 21. Jahrhundert werde entscheidend von der Erlangung, dem Besitz, der Beibehaltung und dem aktiven Schutz intellektuellen Eigentums abhängen. Dies kann als eine neoliberale Politik für das produktive Kapital bezeichnet werden, die unter dem Deckmantel des Freihandels Extraprofite absichert und auf diese Weise die ebenso neoliberale Politik zugunsten des eigenen Finanzkapitals ergänzt. Diese Strategie ist in eine erfolgreiche hegemoniale Kampagne übersetzt worden (geharnischt durch die Gesetzgebung, die Einflussnahme im bilateralen Handel, diplomatische Zweikämpfe und einen böswilligen Unilateralismus), um viele andere Staaten dazu zu bewegen, sich der wissensbasierten Agenda zu unterwerfen. Auch andere führende politische Kräfte haben die wissensbasierte Ökonomie als Großerzählung und Strategie bereitwillig angenommen: Die auf der internationalen Ebene (insbesondere die OECD und die WTO, aber auch der IWF, die Weltbank und die UNCTAD), die regionalen Wirtschaftsblöcke und zwischenstaatlichen Arrangements (EU, APEC, ASEAN, Mercosur, NAFTA), viele einzelne Nationalstaaten, die äußerst unterschiedliche Positionen in der internationalen Arbeitsteilung einnehmen, bis hin zu Provinzen, großstädtischen Regionen und Kleinstädten. Wie bei der Propaganda für den Fordismus als Großerzählung und Strategie, so kann auch die KBE verändert werden, um sich an die jeweiligen nationalen Traditionen anzupassen. Der Begriff kann auch zudem benutzt werden, die wirtschaftlichen und politischen Strategien auf allen Ebenen anzuleiten, angefangen vom Arbeitsprozess über das Akkumulationsregime und der dazugehörigen Regulationsweise bis hin zum allumfassenden Vergesellschaftungsmodus. Ist dieses übergreifende narrative Muster mit allen begleitenden Schattierungen sowie dem diesbezüglichen Interpretationsspielraum einmal akzeptiert, so ist es für die neoliberale Variante der wissensbasierten Ökonomie leichter, sich sowohl durch ihre bloße „Umwelt-Dominanz" über andere Systeme und die Lebenswelt als auch durch die Ausübung wirtschaftlicher, politischer und intellektueller Vorherrschaft im globalen Maßstab umfassend auszubilden.

3. Widersprüche und Spannungen der wissensbasierten Ökonomie

Trotz der heute üblichen Propaganda und irrationalen Übertreibung, wenn es um die sich globalisierende, flexible und wissensbasierte *New Economy* geht, hebt der Postfordismus im Grunde nicht die Widersprüche, Dilemmata und Konflikte des Kapitalismus auf. Vielmehr dient die Ausdehnung der ökonomischen Logik des Kapitalismus und des Prinzips der Wettbewerbsfähigkeit auf mehr und mehr, vorher als 'außer-ökonomisch' angesehene Faktoren dazu, in der Tat auch die Reichweite dieser Widersprüche, Dilemmata und Konflikte auszuweiten, so dass sich diese immer allgemeiner den gesellschaftlichen Verhältnissen in einem umfassenden Sinne aufprägen. Hier liegt insofern ein weiterer Aspekt der wachsenden Dominanz der Kapitalakkumulation als Vergesellschaftungsprinzip. Sie stärkt – systemtheoretisch gesprochen – ihren Einfluss auf die Operationen anderer Systeme und der Lebenswelt auf globaler Ebene, umgekehrt werden die Einflussmöglichkeiten anderer Systeme und der Lebenswelt geschwächt. Was das Problem der Re-Regulierung der Akkumulation nach der Krise des Fordismus angeht, so sollen hier nicht nur neue Wege ausfindig gemacht werden, um die alten Widerspruchsmuster zu meistern, ohne dabei die althergebrachte raum-zeitliche Fixierung zu durchbrechen. Und dies geschieht nicht nur, weil die primären und sekundären Aspekte der beiden zentralen strukturellen Formen der Regulationsweise des Atlantischen Fordismus, sprich das Lohnverhältnis und die Geldform, vertauscht worden sind. Problematisch ist das auch, weil andere Widersprüche und die mit ihnen verknüpften Dilemmata an Wichtigkeit gewonnen haben und weil die räumlichen und zeitlichen Kontexte, in denen diese Widersprüche ihren Ausdruck finden, komplexer geworden sind. Dies macht es kompliziert, die raum-zeitliche Fixierung des Fordismus auf eine Ebene unterhalb oder oberhalb der nationalen zu übertragen, auch wenn staatliche Strukturen und andere relevante Regulierungsinstanzen ohne Weiteres neu auf diesen Ebenen eingerichtet werden könnten. Dies verweist auf die Notwendigkeit einer neuen raum-zeitlichen Fixierung und neuer Mittel der Regulation und Governance sowie darauf, dass das Bestreben, diese Fixierung zu etablieren, selbst eine reichhaltige Quelle von Spannung, Konflikt und Auseinandersetzung darstellt.

Die Krise des Fordismus und der Übergang zum Post-Fordismus sind von fünf wesentlichen Widersprüchen durchzogen. Zwei von ihnen sind lediglich eine Umkehrung des primären und des sekundären Aspekts der grundlegenden Widersprüchlichkeit der fordistischen Regulationsweise und nehmen in ihrer Bedeutung ab, zumindest was die nationale Ebene der post-fordistischen Regulationsweise angeht. Wenig überraschend, aber umso bedauerlicher sind es die mit diesen beiden Widersprüchen verknüpften Veränderungen, welche weite Teile der Debatte um den Charakter des Postfordismus geprägt haben. Die anderen drei Widersprüche beziehen sich darauf, dass in der sich globalisierenden wissensbasierten Ökonomie Widersprüche verstärkt werden, die in der fordistischen Periode nur von zweitrangiger Bedeutung waren, wobei sich ebenfalls deren verschiedene Teilaspekte neu gewichten.

Erstens: Der primäre und der sekundäre Aspekt des Lohns, der als Teil der Produktionskosten und als Quelle von Nachfrage betrachtet werden kann, haben sich vertauscht. Sowohl der individuelle Lohn als auch der gesellschaftliche Lohn werden heute, insbesondere in der neoliberalen Form des Postfordismus, vor allem als (internationale) Produktionskosten angesehen. Interessanterweise kann diese Umkehrung zu enormen Spannungen in der sich herausbildenden wissensbasierten Ökonomie führen, wenn sie sich nämlich mit der wachsenden Bedeutung der Arbeitskraft in ihrer spezialisierten Funktion als ausgebildete Wissensträgerin verknüpft und weniger als bloße Verausgabung von leicht durch andere Produktionsfaktoren zu ersetzender abstrakter Arbeit gelten kann (siehe Tabelle 1 und ebenso Jessop 2000).

Zweitens: Vertauscht worden sind auch der primäre und der sekundäre Aspekt der Geldform als nationales Geld und als internationale Währung (oder staatenloses Geld). Die sich beschleunigende Bewegung hin zu einer Festlegung der

Währungskurse und der Kreditbedingungen durch den internationalen Markt – und dies geschieht manchmal mit Zustimmung der Nationalstaaten selbst, insbesondere der USA – sowie der wachsende grenzüberschreitende Fluss von Finanzkapital (der Handel mit Derivaten eingeschlossen) haben den keynesianischen nationalen Wohlfahrtsstaat, als die den Atlantischen Fordismus auszeichnende Staatsform, geschwächt. Dies verändert die Wirtschaftspolitik und treibt die Neugestaltung seiner institutionellen Architektur voran. Weil insbesondere die relative Stärke eines nationalen Geldes auf den internationalen Währungsmärkten in zunehmendem Maße von der Wettbewerbsstärke der jeweiligen Volkswirtschaften (bzw. von deren wettbewerbsfähigsten Unternehmen, Städten und Regionen) abhängt, wächst der Druck zugunsten von Staatsinterventionen, die auf die Entwicklung der Angebotsseite hinzielen. Neue Maßnahmen werden erforderlich, um die Volatilität der Finanzströme zu verringern, um ihren Einfluss auf direkt betroffene Ökonomien abzuschwächen und um die regionalen und globalen Ansteckungsrisiken im Falle nationaler Finanzkrisen zu begrenzen. Die gewachsene Bedeutung des Geldes als internationale Währung und/oder als staatenloses Geld hat ebenfalls die Investitionsprioritäten sowie die Beziehung zwischen Produktiv- und Finanzkapital zugunsten des Letzteren verändert.

Drittens: Der Widerspruch zwischen den Tausch- und den Gebrauchswertmomenten des produktiven Kapitals ist insofern relevanter geworden, als dass sich, im Vergleich mit den Glanzzeiten des Atlantischen Fordismus, die abstrakten Ströme im Raum von der konkreten Verwertung am Ort abgekoppelt haben. Dies steht in einer engen Beziehung zu zwei Bündeln von Veränderungen in der Organisation der Kapitalakkumulation: Das Wiederaufleben grenzüberschreitender Transaktionen (die oft als Internationalisierung oder Globalisierung bezeichnet werden, obwohl sie im Allgemeinen auf die relativ stark miteinander verknüpften Triadenregionen begrenzt sind und sich weniger im gesamten globalen Maßstab abspielen) sowie das Aufkommen der virtuellen Ökonomie. Kurzfristige internationale Finanztransaktionen und das Wachstum der beweglichen Portfolio-Investitionen in einem zunehmend integrierten Weltmarkt führen allmählich dazu, dass die Geldströme von der Notwendigkeit der relevanten Finanzkapitale losgelöst werden, zu spezifischen Zeiten und an spezifischen Orten ihre jeweiligen Kapitalanlagen zu verwerten. Dramatisch aufgezeigt wurden die Grenzen dieser Abkopplung sowohl in Momenten wie der 'Asienkrise' und der sich aus ihr ergebenden 'Ansteckung' anderer Länder als auch beim jüngsten Platzen der Seifenblase aus Finanzanlagen. Verstärkt worden ist diese Tendenz durch die Herausbildung des *cyberspace* als Sphäre ökonomischer Transaktionen. Weit eher als um eine neutrale dritte Sphäre zwischen Kapital und Arbeit, Markt und Staat, öffentlichem und privatem Bereich handelt es sich hier um ein neues Terrain, auf dem die Konflikte zwischen all diesen Kräften, Institutionen und Bereichen ausgetragen werden. Zusammengenommen intensivieren diese Entwicklungen den potentiellen Konflikt zwischen Zeit und Raum. Der am meisten erwähnte Ausdruck dessen ist die institutionelle Trennung zwischen dem hypermobilen Finanzkapital und dem Industriekapital:

Ersteres bewegt sich in einem abstrakten Raum der Finanzströme, das Letztere muss immer noch am Ort verwertet werden. Ähnliche Konflikte entstehen aber auch in den Kreisläufen des Finanz-, Industrie- und Handelskapitals, sowohl wenn man diese gesondert als auch in ihren gegenseitigen Verknüpfungen betrachtet. Die sich globalisierende wissensbasierte Ökonomie besitzt keine räumlichen Grenzen, die überwunden werden müssten, sondern bringt „neue und komplexere Artikulationen von Dynamiken der Mobilität und der Beständigkeit" (Robins/Gillespie 1992: 149) hervor. Dies hat insgesamt den Widerspruch zwischen der als bloßer Raum von Waren- und Kapitalströmen angesehenen formalen Marktökonomie und der real-existierenden Ökonomie verstärkt, die als territorial und/oder sozial eingebettetes System sowohl von außer-ökonomischen als auch von ökonomischen Ressourcen und Zuständigkeiten angesehen werden kann.

Viertens: Die Verknüpfung zwischen ökonomischen und außer-ökonomischen Bedingungen der Kapitalakkumulation (das heißt zwischen den warenförmigen, seinen fiktiv-warenförmigen sowie seinen nicht-warenförmigen Vorbedingungen) ist komplizierter geworden. Dazu gehören die wachsende Kurzfristigkeit in der Wirtschaftsrechnung, Konflikte angesichts einer immer stärkeren Abhängigkeit der Verwertung von einer sich erweiternden Palette, deren Bereitstellung eine längere Zeit in Anspruch genommen hat. Die Finanzkalkulation beruht immer stärker auf der Mobilmachung „weicher" gesellschaftlicher Ressourcen, die sich nicht auf volkswirtschaftliche Variablen reduzieren lassen und sich der bloßen Berechnung entziehen (Veltz 1996: 11-12). Das globale *benchmarking* (die vergleichende Bewertung, a.d.Ü.) der internationalen Wettbewerbsfähigkeit, welches eine breite Palette ökonomischer und außer-ökonomischer Faktoren berücksichtigt, dient ebenfalls dazu, die neoliberalen Normen der Wettbewerbsfähigkeit im Management, in der Regierung, in den Massenmedien und in der akademischen Welt zu verankern. Dies führt zu einem potenziellen, durch die Prüfungsinstanz des Weltmarktes vermittelten Wettbewerb ganzer Gesellschaften und erhöht den Druck, eine Vielzahl außer-ökonomischer Institutionen und Beziehungen zu verwerten bzw. die Fähigkeit dazu herauszubilden. So wird zum Beispiel betont, dass die Wettbewerbsfähigkeit von Städten und Regionen nicht nur von engen wirtschaftlichen Entscheidungsfaktoren abhängt, sondern auch von am Ort verankerten und nichtkommerzialisierten Interdependenzen, Wissensbeständen für ein kollektives Lernen, aber auch von charakteristischen und attraktiven lokalen Annehmlichkeiten und Kultur. Belegt wird dies durch die Bedeutung, welche den unternehmerischen Städten und lernenden Regionen, der Unternehmenskultur und den unternehmerischen Individuen zugemessen wird. Überall unterstreicht die verstärkte Förderung der Wissensbasis der neuen Ökonomie die weltweite *ökologische Vorherrschaft* des Kapitalismus (vgl. Anmerkung 1).

Fünftens: In der Netzwerk-Ökonomie erhält der altbekannte Grundwiderspruch zwischen der wachsenden Vergesellschaftung der Produktivkräfte und der sich ausweitenden privaten Kontrolle der Produktion und Mehrwertaneignung neuen Auftrieb und eine größere Bedeutung. Drei Entwicklungstendenzen sind in diesem

Rahmen wichtig. Auf komplexeren transnationalen, nationalen und regionalen Innovationssystemen basierende neue Technologien werden immer relevanter. Es findet außerdem ein Paradigmenwechsel statt vom Fordismus, wo das produktive Wachstums auf der Grundlage von *economies of scale* maßgeblich war, hin zum Postfordismus, wo es in Konglomerations- und Netzwerkökonomien vor allem um die Mobilmachung sozialer wie auch wirtschaftlicher Quellen von Flexibilität und Unternehmergeist geht. Und zudem macht es die wachsende Vergesellschaftung der Wissensproduktion in netzwerkförmig zusammengeschlossenen Ökonomien schwieriger, legal zwischen den intellektuellen Eigentumsrechten der verschiedenen Unternehmen zu unterscheiden, welche die Grundlage für die Allokation der Innovationsgewinne darstellen - wobei die WissensarbeiterInnen als einzelne unberücksichtigt bleiben. Dadurch kommt es zu einer Suche nach neuen Unternehmensformen, welche die Erträge solcher Netzwerkökonomien abzuschöpfen suchen, ohne dabei einzelne oder mehrere dieser Erträge abwerfenden Netzwerke zu zerstören (Kundnani 1998-9: 56). Dies vollzieht sich einerseits durch 'virtuelle Firmen', Netzwerkunternehmen und strategische Allianzen (Castells 1996: 151-200) und andererseits in eher territorialer Weise durch die Einbindung von Innovationsmilieus, lernenden Regionen usw., in denen Netzwerkökonomien in Form von Clubgütern[2] erobert werden können (ein klassisches Beispiel ist Silicon Valley). Auch werden Versuche gefördert, verletzbare *Wissens- oder Informationsmonopole* zu schützen, indem sie in Technologie, Computercodes, markterzeugte Standards, implizites/nicht-kodifiziertes Wissen (*tacid knowledge*) oder gesetzlich verankerte intellektuelle Eigentumsrechte eingebettet werden. Diese Lösungen führen jedoch dazu, die Widersprüche auf der Seite der Produktionsbeziehungen zu verschärfen, wenn die entstehenden Netzwerke sich nicht all der Widersprüche annehmen, welche sich eben aus der Bildung der Netzwerkökonomien ergeben. Obwohl jedes Kapital den freien Zugang zu Informationen, Wissensbeständen und Expertise gewährleistet haben möchte, so will es doch auch gleichzeitig Gebühren erheben, wenn es diese Informationen, diese Wissensbestände und diese Expertise anderen zur Verfügung stellt. Diese Spannungen schaffen im Inneren der Informationsökonomien systemimmanente Interessenasymmetrien, die durch die jeweils verschiedenen Positionen in der Produktion, der Zirkulation sowie der konkreten Anwendung des Wissens verursacht werden. Das Regime der geistigen Eigentumsrechte wirft gegenwärtig (wie könnte es anders sein) für die US-Wirtschaft überwältigend große Gewinne ab - es dient also nicht nur als Mechanismus zur Erzeugung von Extraprofiten, sondern auch als intellektuelles und moralisches Zwangsmittel.

Sechstens: Obwohl dies an sich nicht einen strukturellen Widerspruch darstellt, so sind doch ernsthafte Konflikte über die Frage entstanden, was angemessene Handlungshorizonte für eine raum-zeitliche Fixierung darstellen - und ob es überhaupt eine solche geben sollte -, innerhalb derer sich ein erfolgreicher Umgang mit den ehemals grundlegenden, jetzt aber weniger wichtigen Widersprüchen des Atlantischen Fordismus sowie mit den zentralen Widersprüchen von heute als möglich erweisen könnte. Eng zusammen hängt dies mit der Interaktion der neuen

Formen der raum-zeitlichen Ausweitung und Zusammenballung. Eines der größten Probleme bei der Absicherung des Übergangs zu einer stabilen globalen KBE sind die andauernden Auseinandersetzungen zwischen Akteuren auf den verschiedenen Ebenen, welche danach streben, dass ihre Ebene die erste darstellt, auf der eine für den Postfordismus angemessene Wirtschafts- und Sozialpolitik zur Anwendung kommt.

4. Staaten und wissensbasierte Ökonomie

Da die Ökonomie immer mehr als wissensbasierte bzw. als von Wissen ihre Dynamik erhaltende definiert und als solche naturalisiert wird (das ist ein kontinuierlicher Prozess, der eine aktive und ausgedehnte diskursive Arbeit einschließt), sind Staaten zunehmend darin involviert, die Produktion und Diffusion von Wissen zu fördern. Dies ist nur ein Aspekt der allgemeineren strukturellen Transformation und strategischen Neuausrichtung des mit dem Fordismus verknüpften Keynesianischen nationalen Wohlfahrtstaates (KNWS) hin zu dem, was ich andernorts in idealtypischen Begriffen als Schumpeterianisches postnationales *workfare*-Regime (SPWR) kategorisiert habe (siehe Jessop 1999, 2000, 2001). Das Wissen stellt eine kollektiv geschaffene Ressource dar und sogar dort, wo sich unter den Bedingungen der kapitalistischen Profitorientierung spezifische Formen und Typen des intellektuellen Eigentums herausbilden, hängt dies von den viel umfassenderen intellektuellen Gemeingütern (*intellectual commons*) ab. Die Rolle des Staates ist hier zwiespältig: Er muss - durch die formale Umwandlung des Wissens von einer kollektiven Ressource, den intellektuellen Gemeingütern, in intellektuelles Eigentum, zum Beispiel in Form von Patenten, Urheberrechten und Lizenzen, als Grundlage für die Erzielung von Einkünften - deren Kommodifizierung vorantreiben; aber er muss ebenfalls die *intellectual commons* schützen als Basis eines Wettbewerbsvorteils für die Gesamtökonomie. Er beteiligt sich auch dadurch, dass er - durch die Trennung von Geistes- und Handarbeit sowie durch die Umwandlung ersterer in lohnarbeitleistendes Wissen für den Markt - die formelle Subsumtion der Wissensproduktion im Rahmen von durch Ausbeutung geprägten Klassenbeziehungen fördert. Bedeutsam ist in diesem Zusammenhang die Transformation der Universitäten, Forschungsinstitute usw. durch markt- und wettbewerbsähnlich Mechanismen (*market proxies*) sowie durch Privatisierung.

Die Staaten helfen auf allen Ebenen dabei mit, die in der Natur des Wissens als fiktive Ware verankerten Widersprüche zu bearbeiten. Einerseits sind die „intellektuellen Gemeingüter ... von grundlegender Bedeutung für die Wissensproduktion" (Dawson 1998: 281); andererseits stellt das intellektuelle Eigentum eine entscheidende Akkumulationsbasis für den informationellen Kapitalismus dar. Die einzelnen Staaten nehmen diesbezüglich natürlich sehr verschiedene Positionen ein: Sie differenzieren sich tendenziell erstens gemäß der Interessen am Schutz oder der Einhegung der Gemeingüter (z.B. Nord-Süd) und zweitens hinsichtlich der jeweils angemessensten Formen der intellektuellen Eigentumsrechte und -regime auf den verschiedenen Ebenen, die von der lokalen bis zur globalen reichen. Daher sind einige Staaten aktiver als andere, was die Förderung der ursprünglichen Akkumulation des intellektuellen Eigentums, die Privatisierung des öffentlichen Wissens und die Kommodifizierung aller Formen des Wissens angeht; andere sind mehr darum bemüht, die intellektuellen Gemeingüter zu verteidigen, die Informationsgesellschaft zu fördern und das soziale Kapital zu erhöhen. Angesichts des Wettbewerbsvorteils der US-Wirtschaft bei Produkten der Informations- und Kommunikationstechnologie sowie der Wissensrevolution, ragt die US-Administration in ihrem Bemühen hervor, die neoliberale Ausprägung der Wissensrevolution global voranzutreiben. Deutlich wird dies dabei, wie die USA sich für das Abkommen über die handelsbezogenen Aspekte des intellektuellen Eigentums (TRIPS) als Schlüsselelement der Welthandelsorganisation (WTO) einsetzt und wie sie bilaterale sowie multilaterale Handelsabkommen, Kreditkonditionalitäten und andere Druckmittel benutzt, um ihre Interessen im Bereich der intellektuellen Eigentumsrechte durchzusetzen.

Wie auch immer ihre jeweiligen Positionen in den genannten Fragen aussehen, so sind doch alle Staaten dazu gezwungen, verschiedene mit der Wissensproduktion in Zusammenhang stehende Widersprüche und Dilemmata zu bearbeiten, wohingegen sie jede direkte hierarchische Kontrolle über jene zu vermeiden suchen. So müssen sie zum Beispiel „die Aufgabe, die intellektuellen Gemeingüter zu hüten und zu bewahren, mit der Notwendigkeit verbinden, die erfinderische Aktivität zu fördern" (Dawson 1998: 278). Miteinander in Einklang bringen müssen sie auch den Schutz des individuellen intellektuellen Eigentums bzw. der damit verbundenen Einkünfte mit den kollektiven Vorteilen, die sich aus der allgemeinen Verbreitung dieses Eigentums ergeben, „indem sie offene Systeme schaffen, intellektuelles Eigentum, das eine Schlüsselstellung einnimmt, unter die öffentliche Verfügungsgewalt bringen und auf demokratische Weise den Quellkode freigeben" (Kelly 1998: 28). Diese Aufgaben werden oft durch die staatliche Förderung von Innovationen und Wissensverbreitung (einschließlich des sozialen Kapitals), durch umfassende Praktiken der 'technologischen Zukunftsplanung', durch die Beteiligung an der Wissensproduktion und/oder durch die verhandelte 'Aufsicht' über sie sowie durch die Entwicklung angemessener Meta-Governance-Strukturen (Messner 1998; Willke 1997) wahrgenommen. Der Staat sponsert auf verschiedenen Ebenen informationstechnologische Infrastruktur und Systeme sozialer Innovation; er entwickelt Eigentumsrechts-Regime und neue Formen der Governance und/oder Regulierung der Aktivitäten im *cyberspace*; er fördert die Bewegung weg von Strukturen nationaler öffentlicher Dienstleistungen, mit ihren an die Ära der Massenproduktion und der Massenkonsumtion angepassten Verpflichtungen einer Universalversorgung, hin zu an die postfordistische Ära angepassten flexibleren, ausdifferenzierten und mehrstufigen Strukturen; und schließlich beeinflusst er die Umorientierung der universitären Forschung, um diese in engere Übereinstimmung mit den erkennbaren Bedürfnissen der Unternehmen zu bringen bzw. um durch *spin-off*-Effekte, Lizenzvergaben, Partnerschaften, Wissenschafts-, Technologie- und Industrieparks usw. das Management und die Ausbeutung intellektuellen Eigentums zu unterstützen.

Insbesondere einige Staaten beteiligen sich umfassend an der Förderung der *ursprünglichen Akkumulation* des Kapitals (in der Form intellektuellen Eigentums) durch die private Enteignung kollektiv produzierten Wissens vergangener Generationen. Diese Einhegung (*enclosure*) des Wissens nimmt verschiedene Formen an: Erstens die Aneignung indigener, tribaler oder kleinbäuerlicher 'Kultur' in der Form von Wissen, Sachkenntnissen und anderen intellektuellen Ressourcen, die allesamt einen nicht-aufgezeichneten, informellen und kollektiven Charakter besitzen, und deren nicht-vergütete Umwandlung in zur Ware gewordenes (aufgezeichnetes, formelles und privates) Wissen durch kommerzielle Unternehmen (Frow 1996: 96-97; Coombe 1998) - die Biopiraterie ist das offenkundigste Beispiel dafür. Zweitens die Abtrennung der intellektuellen Arbeit von den Produktionsmitteln - wobei der Ersteren die Form von 'sanften Maschinen' (*smart machines*) und Expertensystemen (*expert systems*) gegeben wird - und auf diese Weise die Aneignung des Wissens des Kollektivarbeiters (Robins/Webster 1987); sowie drittens die schrittweise Ausweitung des begrenzten Charakters des Copyright hin zu ausgedehnteren Formen des Eigentumsrechts, was zu einer Erosion des noch übriggebliebenen öffentlichen Interesses führt (Frow 1996: 104). Den Staaten kommt bei den Gesetzesänderungen zum intellektuellen Eigentumsrecht sowie beim Schutz einheimischer Firmen, die sich im eigenen Land oder auch woanders intellektuelle Gemeingüter aneignen, eine Schlüsselrolle zu.

Die Staaten fördern auch die Umwandlung des Wissens zur Ware und die Einbeziehung der Wissenstätigkeit bzw. der intellektuellen Arbeit in die Produktion. Offenkundig wird dies durch die wachsende Betonung der Weiterbildung intellektueller ArbeiterInnen, das lebenslange Lernen (einschließlich der Fernausbildung), die Einführung von Informations- und Kommunikationstechnologien in berufliche Tätigkeitsbereiche sowie der umfassende, in Zusammenhang mit der wissensbasierten Ökonomie und der Informationsgesellschaft an den Tag gelegte Bekehrungseifer. Der Staat fördert diese Strategien im Privatsektor sowie im Dritten Sektor. Immer mehr Nachdruck wird gelegt auf die Flexibilisierung der Industrieproduktion sowie der Dienstleistungen (einschließlich des öffentlichen Sektors), welche auf neuen Technologien (insbesondere der Mikroelektronik) und flexibleren Formen der Produktionsorganisation beruht. Folglich versucht der Staat, im staatlichen Sektor selbst sowie in den neuen öffentlich-privaten Partnerschaften postfordistische Arbeitspraktiken einzuführen. Zu den gegenwärtig aktiv vom Staat geförderten Technologien gehören die Informations- und Kommunikationstechnologien, jene in der Industrieproduktion, Nanotechnologie, Biotechnologie, optische Elektronik, genetische Manipulation, Meereswissenschaften und -technologie, neue Werkstoffmaterialien und biopharmazeutische Produkte.

Als Teil einer umfassenderen Innovationsförderung unterstützt der Staat auch die Dynamik der durch neue Technologien geschaffenen Einkünfte (*technological rents*). Vom Interessensstandpunkt des Kapitals aus gesehen trägt dies dazu bei, den sich selbst widerlegenden Charakter der informationstechnologischen Revolution zu verstärken, insofern jede neue Innovationsrunde zu einer immer schnelleren Abwertung von Wissen neigt. Aber trotz alledem überwiegen die zeitweiligen Vorteile und die sich aus der Technologie ergebenden Einkünfte in den jeweils kontrollierten Bereichen der Wirtschaft und in dem Maße, in dem nachhaltige *first-mover advantages* zu verzeichnen sind. Daher kann eine solche Politik für eine Region, Nation oder Triade auch langfristig Vorteile konsolidieren. Diese Strategie stellt ein wichtiges und ziemlich explizit vertretenes Element dar, wenn sich - nach Jahren des Pessimismus angesichts der wachsenden Bedrohung durch die japanische sowie die ostasiatischen Volkswirtschaften - die Hegemonie der USA wieder verstärkt Geltung verschafft. Wenn darüber hinaus trotz der Tendenz, dass aus der Technologie stammende Einnahmequellen wettbewerbsbedingt versiegen, Unternehmen der Informationsökonomie überdurchschnittliche Profite machen sollen, so müssen damit notwendigerweise auch unter dem Durchschnitt liegende Profite der technologisch weniger entwickelten Sektoren verbunden sein. Dies ist eine weitere treibende Kraft hinter der Globalisierung, insofern weniger profitable Unternehmen dazu gezwungen sind, ein *outsourcing* hin zu billigeren Produktionsstandorten vorzunehmen, was tendenziell den ungleichen Austausch sowie die übrigen mit der Globalisierung verbundenen Entwicklungen verstärkt. Auf oft widersprüchliche Art und Weise werden also die Staaten dazu gebracht, die Mobilität des produktiven Kapitals entweder zu befördern oder aber zu hemmen.

Die genannten Aktivitäten neigen dazu, alle sozio-ökonomischen Bereiche dem Akkumulationsprozess unterzuordnen, so dass wirtschaftliche Funktionen allmählich eine dominante Stellung innerhalb des Staates einnehmen. Andere Funktionen erlangen auf diese Weise eine direkte Bedeutung für ökonomisches Wachstum und Wettbewerbsfähigkeit; und dies führt dazu, vormals (oder noch formal) außerökonomische Bereiche zu politisieren, die jetzt direkte Objekte der Staatsintervention werden. In diesem Kontext werden Staaten auch in die Bearbeitung von Konflikten zwischen Zeithorizonten hineingezogen, die mit der raum-zeitlichen Distanzierung und Kompression zu tun haben - und hier geht es insbesondere um die Sicherung des in die lokalen Gemeinschaften eingebetteten sozialen Kapitals -, indem sie langfristige wirtschaftliche Orientierung geben und Institutionen der Innovationsförderung ins Leben rufen. Dieses sich ausbreitende Feld staatlicher Intervention heißt jedoch, dass es für den jeweiligen Staat schwieriger wird, seine Reaktionen auf die immer hartnäckigeren Wirtschaftsimperative mit den allgemeiner Aufgaben der Sicherung der politischen Legitimität und der sozialen Kohäsion zu vereinbaren (Poulantzas 1978).

5. Schlussfolgerungen

Dieser Beitrag hat nicht den Anspruch erhoben, eine definitive und umfassende Analyse des Postfordismus als sich herausbildendes Akkumulationsregime sowie dessen Regulationsweise zu geben. Aufgezeigt wurden stattdessen einige Elemente für eine alternative regulationstheoretische Analyse der Krise des Fordismus, der Suche nach einer vergleichbaren 'Großerzählung' und dementsprechenden strategischen Leitlinien, um dem ansonsten relativ inhaltsleeren Postfordismus-Konzept einen positiven Gehalt zu verleihen. Zudem ging es um die zu erwartende Konstellation von Widersprüchen, welche die Auseinandersetzungen um den Versuch der Implementierung dazugehöriger Politikstrategien prägen. Und schließlich wurden die mit diesem Übergang verknüpften grundlegenden Veränderungen hinsichtlich der Form und Funktionen des kapitalistischen Staates skizziert. Ich habe andernorts einige Aspekte des Postfordismus und des postfordistischen Staates ausführlich beschrieben. So ist in diesem Beitrag auch nicht versucht worden, auch nur die wichtigsten Schlussfolgerungen dieser Analysen zusammenzufassen (vgl. Jessop 2002). Hier ging es mehr darum, das Argument zu entwickeln, dass das Konzept der 'wissensbasierten Ökonomie' einen sehr fruchtbaren Ausgangspunkt für die Untersuchung des 'Amerikanismus und Postfordismus' abgibt - in Anlehnung an die Pionierarbeit Antonio Gramscis über die Herausbildung eines neuen Akkumulationsregimes und einer neuen Regulationsweise in den USA und im Europa der Zwischenkriegszeit. In dieser Beziehung ging der Versuch dahin, die Analyse auf den grundlegenden Widersprüchen des Kapitalverhältnisses - was in der leichtverdaulichen Wirtschaftssoziologie, die heutzutage oft als Regulationsansatz verkauft wird, allzu häufig übersehen wird - und auf der zentralen Rolle der politischen, intellektuellen und moralischen Führung fußen zu lassen, die in der Fähigkeit zum Ausdruck kommt, erfolgreich Antworten auf die Krise eines Akkumulationsregimes, seiner Regulationsweise und der dazugehörigen charakteristischen Vergesellschaftungsmuster zu finden. Letzteres wird auch oft von der 'harten' politischen Ökonomie des führenden Pariser Regulationsansatzes übersehen. Ich habe mich bei der argumentativen Ausarbeitung vor allem auf die makroökonomische sowie die meso-ökonomische Untersuchungsebene einer Analyse konzentriert, die in Bezug auf das Akkumulationsregime und auf die mit der Herausbildung und Regulierung desselben beschäftigten institutionellen Formen angemessen ist. Vertieft wurde nicht die Neuorganisation des Arbeitsprozesses und auch nicht die umfassenden sozialen Implikationen der Herausbildung der wissensbasierten Ökonomie. Und vernachlässigt wurde schließlich die zentrale Bedeutung der politischen Auseinandersetzungen, welche die *knowledge-based-economy* als Großerzählung und strategische Vision auf die Ebene der ökonomischen und politischen Realitäten überträgt. Dies sind Themen für zukünftige Beiträge.

Aus dem Englischen von Stefan Armborst.

Anmerkungen

1 Der Begriff der ökologischen Dominanz bezieht sich auf die strukturelle und/oder strategische Fähigkeit eines bestehenden Systems, innerhalb einer sich selbstorganisierenden Umwelt von Systemen seine Entwicklungslogik stärker den Operationen der anderen Systeme aufzudrücken als dies umgekehrt der Fall ist. Diese Fähigkeit ist immer vermittelt in und durch die Operationslogiken anderer Systeme und den kommunikativen Rationalitäten der Lebenswelt (vgl. ausführlich Jessop 2002: 24-28).

2 Clubgüter sind solche, von deren Nutzung andere ohne großen Aufwand ausgeschlossen werden können (im Gegensatz zu Öffentlichen Gütern), die aber andererseits von mehreren ohne Konflikte bzw. Nutzenverlust für die Einzelnen genutzt werden können (im Gegensatz zu privaten Gütern). - a.d.Ü.

Literatur

Boyer, Robert (1990): The Regulation School: a Critical Introduction. New York: Columbia University Press.

- (2000): Is a Finance-led Growth Regime a Viable Alternative to Fordism? A Preliminary Analysis. In: Economy and Society 29 (1), 111-145.

Castells, M. (1996): The Rise of the Network Society. Oxford: Blackwell.

Coombe, R. J. (1998): The Cultural Life of Intellectual Properties, Durham. NC: Duke University Press.

Dawson, A. C. (1998): The intellectual commons: a rationale for regulation. In: Prometheus 16 (3), 275-89.

Frow, J. 1996: Information as gift and commodity. In: New Left Review 219, 89-108.

Gough, J. (1992): Where's the value in post-Fordism? In: Gilbert, N./Burrows, R./Pollert, A. (Hg.): Fordism and flexibility: divisions and change. Basingstoke: Macmillan, 31-45.

Gramsci, A. (1971): Selections from the Prison Notebooks. London: Lawrence & Wishart.

Jessop, B. (1999): Globalisierung und Nationalstaat. Imperialismus und Staat bei Nicos Poulantzas - 20 Jahre später. In: Prokla 116, 469-495

- (2000): (Un)Logik der Globalisierung. Der Staat und die Reartikulation des ökonomischen Raumes. In: Das Argument 236, 341-354.

- (2001): Nach dem Fordismus. Zusammenspiel von Struktur und Strategie. In: Das Argument 239, 9-22.

Jessop, B. (2002): The Future of the Capitalist State, Cambridge: Polity.

Kundnani, A. (1998-9): Where do you want to go today? The Rise of Information Capital. In: Race and Class 40 (2-3), 49-72.

Messner, D. (1997): Die Netzwerkgesellschaft. Köln.

OECD (2001): The New economy: beyond the hype. The OECD growth project. Paris: OECD.

Petit, P. (1999): Structural forms and growth regimes of the post-fordist era. In: Review of Social Economy 57 (2), 220-243.

Poulantzas, N. (1975): Classes in Contemporary Capitalism. London: New Left Books.

- (1978): Staatstheorie. Hamburg.

Robins, K./Gillespie, A. (1992): Communication, organisation and territory. In: K. Robins (Hg.), Understanding Information: Business, Technology, and Geography. London: Belhaven, 148-62.

Robins, K./Webster, F. (1987): Information as capital: a critique of Daniel Bell. In: Slack, J./Fejes, F. (Hg.), The Ideology of the Information Age, Norwood, NJ: Ablex Publishing, 95-117.

Schoenberger, E. (1997): The Cultural Crisis of the Firm. Oxford: Blackwell.

Smith, T. (2000): Technology and Capital in the Age of Lean Production. Albany: State University of New York Press.

Willke, H. (1997): Supervision des Staates, Frankfurt.

II
Blinde Flecken:
Kapitalistische Peripherie, Naturverhältnisse

Michaela Bohn

Die Analyse peripherer Gesellschaften. Beiträge und Grenzen der „Grenobler Schule"[1]

In den sechziger und siebziger Jahren beschäftigt sich eine Anzahl von Forschungsarbeiten der Universität Grenoble mit einer zentralen Frage: Wie kann man das anscheinende Paradox erklären, dass die Dritte-Welt-Länder in der Regel keine „Wirtschaftswunder" wie die alten Industrieländer aufzuweisen haben, aber dennoch nicht einförmig in einer allein von der Logik des metropolitanen Kapitals bestimmten „Weltwirtschaft" aufgegangen sind? – Die Grenobler Ökonomen, versammelt um Gérard de Bernis in der „Groupe de recherche sur la régulation de l'économie capitaliste" (GRREC) liefern eine zumindest originelle Antwort auf diese Fragestellung. In Anlehnung an die Konzepte der „Dominanz" und der „Polarisierung der ökonomischen Räume" François Perroux', verteidigt die Forschungsgruppe die Idee einer gespaltenen Weltwirtschaft. Hierunter verstehen die Ökonomen des GRREC eine Koexistenz von mehreren transnationalen Produktivsystemen, die miteinander in Konkurrenz stehen (Byé/de Bernis 1987). Zwei Formen der internationalen wirtschaftlichen Beziehungen sind in diesem Sinne zu unterscheiden. Die internationalen Beziehungen zwischen Produktivsystemen (*inter-systèmes productifs*) und die internationalen Beziehungen innerhalb der Produktivsysteme (*intra-système productif*). Die internationalen Beziehungen zwischen Produktivsystemen sind vom Außenhandel sowie vom Machtverhältnis zwischen den Produktivsystemen, insbesondere ihrer „Kernländer", geprägt. Die wirtschaftlichen Beziehungen innerhalb der Produktivsysteme sind dagegen von anderer Natur. Jedes Produktivsystem besteht aus einem wirtschaftlich dominanten „Kernland" und den wirtschaftlich dominierten „angegliederten Ländern". In der Regel übertragen die Kernländer ihre wirtschaftlichen Probleme auf die angegliederten Länder und hindern sie dadurch, sich zu entwickeln. Gemäß dem Titel dieses Beitrags ist hier jedoch nur die zweite Form der internationalen Beziehungen von Interesse.

Mit dem zentralen Begriff des „transnationalen Produktivsystems" bringen die Grenobler Forscher ein neues Element in die Debatte über die Grundbedingungen und Grenzen der wirtschaftlichen Entwicklung. Indem sie die internationalen Wirtschaftsbeziehungen zwischen dominanten und dominierten Ländern in den Mittelpunkt ihrer Überlegungen stellen, wählen sie von Anfang an eine radikal andere Perspektive als die Pariser Regulationisten, deren Ansätze „traditionell die Nation zum Ausgangspunkt nehmen" (Kébabdjian 1998: 101). Die Originalität des Grenobler Ansatzes hat ihren Anhängern jedoch nicht den gleichen Erfolg eingebracht, den die Pariser Forscher um M. Aglietta vorweisen können: Die Grenobler Regulationsschule ist heute relativ wenig bekannt. Das liegt zum Teil daran, dass die allgemeine Kritik sie ziemlich schnell aus dem Feld der wissenschaftlichen Diskussion verbannt hat. Zum Teil liegt es aber auch daran, dass die Veröffentlichungen nur selten über den Institutsrahmen hinausgegangen sind. Seit Mitte der neunziger Jahre verlangsamt sich die literarische Produktion der Grenobler Schule, und die Anzahl der Forscher, die sich eindeutig zu dieser Forschungsrichtung bekennen, hat sich stark reduziert.

Ziel dieses Beitrags ist es, die wissenschaftliche Erbschaft der Grenobler Regulationsschule hinsichtlich der Erklärung der aktuellen Situation der so genannten „peripheren Länder" zusammenzufassen und zu diskutieren. Es geht außerdem darum zu erläutern, in welcher Weise die Erben dieser Schule sich bemühen, den erarbeiteten Theoriekorpus und Wissensfundus zu erweitern oder zu erneuern. Sicherlich ist es nicht mehr möglich, den Regulationsansatz auf die gleiche Weise anzuwenden, wie es die Gründer der Grenobler Schule in den siebziger und achtziger Jahren gewohnt waren. Jedoch kann man feststellen, dass es eine Methode, eine Vorgehensweise sowie Instrumente und Konzepte gibt, auf die die Ökonomen nützlich zurückgreifen können, um die heutige Welt verständlicher zu machen.

Was sind genau diese Errungenschaften? - Zum ersten ist die *Methode* herauszustellen: Sie ist zugleich *induktiv* und *dynamisch*. Der Grenobler Ansatz ist der Vorgehensweise der Gleichgewichtstheorie, die meistens *statisch* und vor allem entschieden *deduktiv* ausgerichtet ist, genau entgegengesetzt. Um es kurz zu sagen: Wenn die Grenobler Ökonomen vor die Wahl gestellt werden, entweder das „Standardwerk (textbook) oder die Realität zu verändern" (de Bernis 1989: 5), so fällt die Wahl regelmäßig auf die Korrektur des Standardwerks. Zum zweiten ist die Besonderheit der Instrumente zu beachten. Die Ökonomen des GRREC greifen nicht nur auf die Theorie, sondern auch und vor allem auf die wirtschaftlichen, historischen und geografischen Tatsachen zurück, um ihre Argumente und Konzepte aufzubauen. Sie schreiben sich damit in die Tradition Perroux' ein, der darauf bestand, in der ökonomischen Analyse stets die reellen Tatsachen im Auge zu behalten: „Sie müssen als solche von all den Ökonomen erkannt werden, die jenseits ihrer methodologischen, doktrinären oder politischen Präferenzen nicht die Augen verschließen vor dem, was real existiert." (Perroux 1961/1991: 721) Aus diesem Grund ist die Analyse der Ökonomen des GRREC auch meistens im Feld der „Mesoökonomie" situiert und nicht im Feld der Mikroökonomie, den der Gleichgewichtsansatz in der Regel bevorzugt (GRREC 1983, 1991).

Die induktive, dynamische und auf der Beobachtung realer Tatsachen basierende Vorgehensweise ist auch heute noch Bestandteil der Grenobler Forschungsprogramme. Sie leitet insbesondere die Forschungen in der neuen Abteilung „Politische Ökonomie der Internationalen Integration und Entwicklung" (Economie politique de l'intégration internationale et du developpement, EPIID), die im Mai 2001 gegründet wurde. Dieser neue Forschungsbereich beabsichtigt, „die Errungenschaften und Kompetenzen, die in Grenoble im Feld der internationalen Wirtschaft begründet wurden, fortzuschreiben" und gleichermaßen diesen Kenntnisstand mit einem Rückgriff auf die Theorien der „Internationalen Politischen Ökonomie" und der „Politischen Ökonomie" zu erneuern und zu vervollständigen. Das vorrangige Ziel bleibt jedoch immer noch, die Wirklichkeit mit einer Vorgehensweise der angewandten Ökonomie verständlicher zu machen.

Welches sind also die Grenobler Konzepte, die man heute für eine Analyse der peripheren Gesellschaften fruchtbar machen kann? – Zweifellos können eine gewisse Anzahl von Konzepten, wie z.B. Perroux' „Dominanzeffekte", seine „Polarisierungsthese" und in einigen Fällen auch das „Produktivsystem", eine fruchtbare Basis für Überlegungen zu den peripheren Gesellschaften und zur aktuellen Ausgestaltung der Weltwirtschaft darstellen. Jedoch verlangen die aktuelle Komplexität der Interaktionen zwischen ökonomischen Akteuren sowie die Vielfalt ihrer Interventionsbereiche (räumlich, institutionell usw.) eine bessere Klärung der Konzepte sowie eine Diskussion über die Kompatibilität perrousianischer Konzepte mit denen der Regulationsschule (1). Zumeist knüpft die Kritik an der Grenobler Regulationsschule direkt oder indirekt an das Postulat der zwei Profitgesetze an und weist zudem auf große „politische" Lücken in dem Ansatz hin. Dennoch sind die Beiträge zur Konzeptualisierung der räumlichen Dimension der Akkumulation und zur Dominanz in internationalen Wirtschaftsbeziehungen nach wie vor interessant und aussagekräftig (2). Es erscheint daher notwendig, über neue theoretische Anleihen nachzudenken, um die bereits existierenden Analyseinstrumente zu vervollständigen. Die analytischen Instrumente der „Internationalen Politischen Ökonomie" und der „Politischen Ökonomie" könnten, wie es die kürzlich erstellten Arbeiten zur Rolle der Dritte-Welt-Länder in der Weltwirtschaftsorganisation (Abbas 2000), zur Konzeptualisierung der internationalen Integration (Berthaud 2001) und zur ökonomischen Integration Südafrikas (Bohn 2002) zeigen, eine konzeptuelle Bereicherung in dem genannten Sinne darstellen (3).

1. Der perrousianische Ansatz und die Grenobler Regulationsschule zur Analyse der peripheren Gesellschaften: Kontinuitäten und analytische Umbrüche

„Warum gibt es Kernländer und angegliederte Länder? Die Antwort auf diese Frage kann nicht schnell und einfach sein; [...] einer der wesentlichen Aspekte der Antwort ist folgender: Jedes Kernland besitzt Entwicklungspole und ist in der Lage, neue zu schaffen, sowohl auf seinem eigenen Territorium wie auch außerhalb seiner Grenzen." (Perroux 1961/1991: 722) Auf diese Art und Weise erklärt Perroux, Schüler Joseph Schumpeters[2] und Vorläufer[3] der Grenobler Regulationsschule, Anfang der sechziger Jahre die Aufteilung der Weltwirtschaft in das, was man gemeinhin „Zentren" und „Peripherie" nennt. Die Unterscheidung Perroux', die auf einem Artikel von M. H. B. Wooley beruht, hat mit den Begrifflichkeiten der zu seiner Zeit geläufigen „Dependenztheorie" (Sunkel, Furtado usw.) und denen der späteren „Weltsystemtheorie" (Wallerstein, Amin, Arrighi usw.) nicht viele Gemeinsamkeiten. Weit entfernt von einer deterministischen Interpretation des Kapitalismus oder, genauer gesagt, von der Hypothese einer unvermeidlichen Fusion des ökonomischen Raums mit der Weltwirtschaft, besteht Perroux vielmehr auf der *Wandelbarkeit* der ökonomischen Räume (Becker 2002), die dazu führt, dass die „ökonomischen Räume" und die „geografischen Räume" in der Regel nicht übereinstimmen.

Für Perroux sind die ökonomischen Räume, die durch Kapitalbewegungen (insbesondere durch ausländische Direktinvestitionen) gebildet werden, in ständiger Veränderung begriffen und stimmen nicht - oder nur in seltenen Fällen - mit den von den Staaten politisch definierten geografischen Räumen überein.

Der Begriff des *Entwicklungspoles* steht im Zentrum der perrousianischen Erklärung zur Aufteilung der Welt in Kernländer und angegliederte Länder. Er ist definiert als „eine Gesamtheit von Antriebseinheiten (einfach oder komplex), die in der Lage sind, den Produktionsausstoß zu erhöhen, die Strukturen zu verändern, Veränderungen in den Organisationsformen hervorzubringen und den wirtschaftlichen Fortschritt entweder zu erleichtern oder gar entstehen zu lassen" (Perroux 1961/1991: 213). Unter dem Begriff des Entwicklungspols versteht man ein komplexes Netz von Produzenten, Lieferanten, Kunden und Konsumenten, das um einen oder mehrere Industriekomplexe gruppiert ist. Die ökonomische Ausstrahlung kann sich weit über die nationalen Grenzen hinaus erstrecken. Ein von Perroux oft zitiertes und treffendes Beispiel eines transnationalen Entwicklungspols stellt das Ruhrgebiet in der Nachkriegszeit dar: Mit seiner weit über die deutsche Grenze wirkenden Wirtschaftsmacht, kann es als ein Entwicklungspol europäischen Ausmaßes interpretiert werden.

Es ist demnach weniger das Kriterium der ökonomischen Stärke - ausgehend von den auf dem Territorium befindlichen Faktoren -, welches ein „Kernland" von einem „angegliederten Land" unterscheidet. *Es ist vielmehr die effektive Fähigkeit der Länder, die Entwicklungspole zu kontrollieren, die sich auf ihrem eigenem Territorium befinden, und auf Entwicklungspole auf fremden Territorien entscheidenden Einfluss zu nehmen.* Die „angegliederten Länder" hingegen, auch wenn Perroux auf dieses Thema nur vage eingeht, sind all jene Länder, die entweder keinen Entwicklungspol besitzen oder aber über den sich auf ihrem Territorium befindenden Entwicklungspol keine definitive Kontrolle haben. Auf diese Art und Weise wird die Frage der Zugehörigkeit zu der „Zone der Kernländer" oder zu der „Zone der angegliederten Länder" eine Frage der Macht über den von den Entwicklungspolen geschaffenen ökonomischen Raum. Man ist hier in der Tat weit von einer modernisierungstheoretischen Interpretation à la W. Rostow entfernt, die sich oft darauf beschränkt, die Industrien innerhalb eines Landes zu analysieren. Man ist aber auch weit von einer Interpretation im Sinne der Dependenztheorie entfernt, die in der Regel die Existenz einer von den Staaten des Zentrums unabhängigen Industrie ausschließt.

Die perrousianische Konzeptualisierung der internationalen Wirtschaftsbeziehungen ist von den Gründern der Grenobler Regulationsschule aufgegriffen und in vielerlei Hinsicht verfeinert worden. In seinen Artikeln von 1975 und 1977 schlägt de Bernis erstmals vor, eine Theorie der Regulation des Kapitalismus zu erarbeiten, die zudem einen Teil der perrousianischen Konzepten integriert (Carrier/Weiller 1994). Dieses Projekt, welches, wie R. Boyer zugibt, dem der Pariser Regulationsschule zeitlich vorausgeht, löst eine Welle von innovativen Forschungs- und Konzeptualisierungsarbeiten aus. Eine Anzahl junger Ökonomen und Doktoranden der sogenannten „ersten Generation" (R. Borrelly, J. Calvet, B. Gerbier, M. Vigezzi) wirken an diesem Projekt mit. Sie sind maßgeblich an der Konstruktion eines originellen Theoriekorpus beteiligt, der auf dem Konzept des *Produktivsystems* aufbaut. Dieses Konzept kann als der fundamentale Beitrag der Grenobler Regulationsschule betrachtet werden. Es ist definiert als eine „Gesamtheit von Produktionsprozessen, die über soziale Prozeduren miteinander in Kohärenz gebracht werden und die sicherstellen, dass ihre Reproduktion auf erweiteter Basis erfolgt" (de Bernis 1993: 1). Es hat zur Besonderheit, immer „transnationaler Natur" zu sein. Ähnlich dem perrousianischen Entwicklungspol, stimmt der ökonomische Raum des Produktivsystems nur selten mit dem nationalen Territorium überein: „[Das Produktivsystem] kann nur einen Teil eines Landes betreffen. Es kann auch über die nationalen Grenzen hinausgehen." (Calvet/di Ruzza 1983: 7) Im Fall, dass das Produktivsystem mehrere Territorien überschneidet, sind letztere hierarchisiert in dem Sinne, dass sie entweder der „Zone der Kernländer" (wenn sie ökonomisch dominant sind) oder der „Zone der angegliederten Länder" (wenn sie ökonomisch dominiert werden) zuzuordnen sind. Das Produktivsystem ist darüber hinaus durch eine einzige und gemeinsame Währung gekennzeichnet. Ein oft zitiertes Beispiel der Grenobler Ökonomen ist das „französische Produktivsystem", in dem Frankreich das „Kernland" darstellt und die afrikanischen Länder der „Zone Franc" den „angegliederten Ländern" zuzurechnen sind.

Bis zu diesem Punkt scheint es, als ob die Unterschiede zwischen dem perrousianischen Ansatz und jenem der Grenobler Schule eher eine Frage der Form und der Terminologie als eine Frage des analytischen Inhalts sind. Jedoch ändert sich alles mit dem Rückgriff der Grenobler Schule auf die Elemente der Systemtheorie (vgl. Boyer 1986: 27) und mit dem Einbezug der Idee der *Regulation*.[4] Mit der Einführung von Normen und Anpassungsvariablen, die dem ökonomischen Reproduktionsprozess zugrundegelegt werden, geht die Grenobler Regulationsschule deutlich über den perrousianischen Ansatz hinaus. Das Produktivsystem ist nicht nur eine industrielle und geografische Realität im Sinne Perroux' sondern auch ein Raum der ökonomischen Reproduktion. Letzterer wird von dem Kapital der Kernländer dominiert und strukturiert. Bestimmte Regeln regieren diesen Reproduktionsraum. Für die Grenobler Ökonomen wird die Reproduktion von den zwei ricardianisch-marxistischen Profitgesetzen, d. h. dem „tendenziellen Fall der Profitrate" und der „sektoriellen Angleichung der Profitraten", bestimmt (Borrelly 1975). Diese beiden Gesetze leiten alle Produktionsprozesse und stellen daher den „Hintergrund des reibungslosen Ablaufs des Kapitalismus" dar (Calvet 1995: 72). Die Anpassungsvariablen des Systems sind in drei Kategorien aufgeteilt: das Ensemble A, dessen Variablen über einen langen Zeitraum eine gleichförmige Entwicklung aufweisen; das Ensemble B, das Variablen institutioneller Art umfasst und Phasen der Stabilität und Phasen der Umbrüche ausgesetzt ist; und das Ensemble C, dessen Variablen kurzfristig variieren. Wenn die drei Ensembles miteinander in Einklang gebracht werden können, ist es möglich, von einem *Regulationsmodus* zu sprechen, der einer bestimmten Periode des Kapitalismus entspricht.

Schema 1: Die drei Variablen des wirtschaftlichen Systems

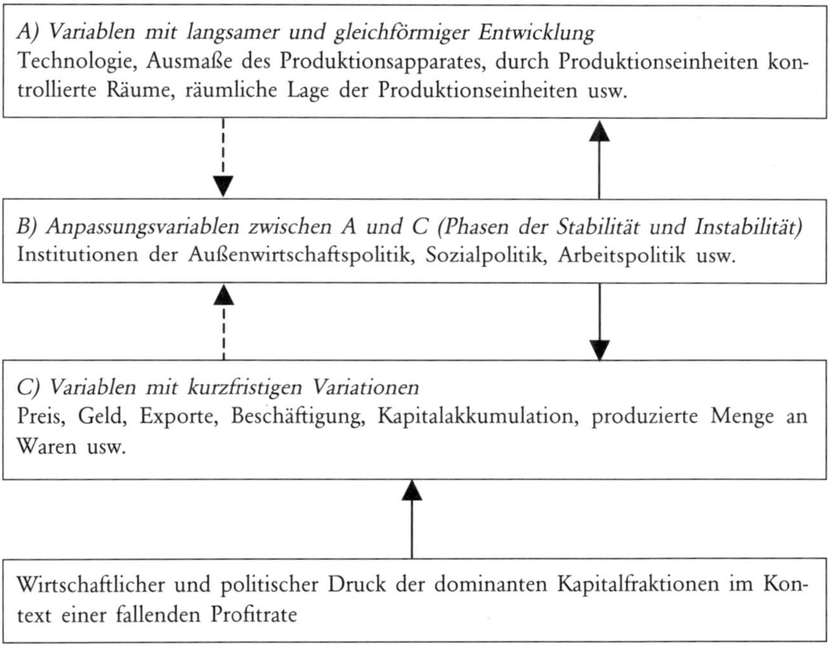

(Die gestrichelten Pfeile stellen den gesellschaftlichen Druck auf die regulierenden Instanzen dar. Die durchgehenden Pfeile beziehen sich auf die Anpassungsbewegungen der Regulationsinstanzen.)

Das Produktivsystem stellt also die Gesamtheit von Produktionsprozessen dar, die dem gleichen Regulationsmodus unterworfen sind. Wie Schema 1 zeigt, erfordert die Regulation eine Koordinierung der Interaktionen zwischen A und C durch B. Die Fähigkeiten des Ensembles B, sich an die Veränderungen anzupassen, sind durch die Notwendigkeit der Kohärenz zwischen den Institutionen eingeschränkt. Das System gerät in eine Krise genau dann, wenn B nicht mehr zur Koordination fähig ist. Für die durch das Kernland angegliederten Länder hat die Regulation und die Krise konkrete Auswirkungen. In den Phasen struktureller Stabilität der Regulation sind die integrierten peripheren Länder vollständig der Akkumulationslogik des Kernlandes unterworfen. Die Integration in das Produktivsystem zieht ein Auseinanderbrechen der internen wirtschaftlichen (industriellen) Strukturen dieser Länder mit sich und entzieht ihnen den produzierten Mehrwert, der in das Kernland transferiert wird. Während der Phasen der Instabilität und Krise werden die angegliederten Länder von ihren Kernländern abgestoßen. Sie werden in eine mächtige Restrukturierungsbewegung der Produktivsysteme gezogen, auf deren spätere Ausformung sie jedoch selbst keinen Einfluss haben. Infolge der Krise verstärkt sich die Zerbrechlichkeit ihrer wirtschaftlichen Strukturen noch zusätzlich (de Bernis 1993: 16).

Der perrousianische Ansatz und der Ansatz der Grenobler Regulationsschule haben, wie soeben erläutert, viele Gemeinsamkeiten. Man findet in beiden Ansätzen die Idee eines ökonomischen Raums, der von den territorialen Grenzen unabhängig ist (und daher auch von der Politik), sowie die Idee der Dominanz eines ökonomischen Raums über einen anderen. Insofern lässt sich sagen, dass der Regulationsansatz eine konsequente Weiterentwicklung der perrousianischen Arbeiten darstellt (Beaud 1987, Waringo 1998, Becker 2002). Die vielen Gemeinsamkeiten dürfen jedoch nicht von der Tatsache ablenken, dass beide Ansätze in gewissen Punkten fundamental divergieren. Wenn es darum geht, die dem Kapitalismus inhärente Dynamik zu charakterisieren, kommen die beiden Ansätze nicht zu dem gleichen Schluss. Während Perroux den Akzent auf die *Notwendigkeit der Integration* des ökonomischen Raums legt, stellen die Grenobler Regulationisten die *Notwendigkeit der Kohärenz* des ökonomischen Raums in den Vordergrund. Der Unterschied ist von großer Bedeutung: Im ersten Fall folgt die räumliche Ausdehnung einer sektoriellen oder technologischen Logik, die *nicht* allein durch ökonomische Akteure *determiniert* ist. Im zweiten Fall folgt die Ausdehnung einer Logik, die systeminhärent und damit allein ökonomisch *determiniert* ist. Man kann daher durchaus von einer gewissen Inkompatibilität der beiden Ansätze sprechen. Deshalb weist auch J. Becker (2002) darauf hin, dass die Polarisationsthese Perroux' das Erklärungspotenzial der Grenobler Regulationsschule schmälert. Sie erschwere insbesondere die Analyse ökonomisch homogener Länder, wie z.B. die der Industrieländer Europas. Im Gegensatz dazu lässt sich jedoch auch behaupten, dass die Grenobler Regulationsschule das Erklärungspotenzial perrousianischer Konzepte einschränkt, da sie durch die Forderung der Kohärenz der Produktionsprozesse und der Annahme der Gültigkeit der Profitgesetze keinen Platz für die *Spontaneität* (im Sinne Schumpeters) und die gelegentliche *Naturwüchsigkeit* der ökonomischen Prozesse lässt.

2. Die Kritik an den Grenobler Konzepten: Transparenz des Staates und Quasi-Einheit der Dritten Welt

Wenn man die verschiedenen Kritiken, die gegenüber der Grenobler Regulationsschule geäußert wurden, genauer betrachtet, fällt auf, dass der Großteil von ihnen sich auf direkte oder indirekte Weise an das Postulat der Profitgesetze richtet. So bemerkt Boyer (1986: 26), dass „die Wiedereinführung dieser Gesetze in den Ablauf des Produktivsystems für einen Regulationisten keinen Sinn macht, da ein Regulationsmodus nur dann existieren würde, wenn er gerade dieser Tendenz entgegenwirken könnte". Mit anderen Worten: Die Regulation im Sinne Boyers fängt gerade da an, wo die Grenobler Ökonomen bereits wesentliche Abweichungen feststellen und das System in eine Krise einmünden lassen. B. Drugman (1984: 48) weist seinerseits darauf hin, dass das Postulat der Profitgesetze die Grenobler Ökonomen dazu zwingt, den Einfluss sozialer und nicht-kapitalistischer Gesellschaftsgruppierungen auf das ökonomische System zu vernachlässigen:

„Für das GRREC [...] scheint die Regulation den Akkumulationsprozess und nur ihn allein zu betreffen. Die Regulation hat zum Ziel, eine gewisse Kohärenz zwischen den internen Bedingungen des Akkumulationsprozesses sicherzustellen, insbesondere die der zwei Profitgesetze. Alles verhält sich also so, als ob die Regulation sich auf die Regulation der Kapitalbewegungen zurückführen ließe, die als interne Konkurrenz des gesellschaftlichen Kapitals verstanden wird."

Die Grenobler Ökonomen - auch *wenn* und vielleicht gerade *weil* es ihnen zweifellos gelingt, die traditionelle Teilung zwischen interner und externer Akkumulation einer Nation zu überwinden („Einheit des Akkumulationsprozesses innerhalb des Produktivsystems") - sind im gleichen Zuge dazu gezwungen, die Rolle der sozialen Bewegungen zu wenig zu beachten und damit auch, in letzter Instanz, die Rolle des Staates. Es folgt daraus, dass die Veränderungen innerhalb der Gesellschaften ausschließlich aus den Kapitalbewegungen und den Formen der Konkurrenz hervorgehen (Becker 2002). Drugman stellt hierzu fest, dass die Rolle des Staates in dem Grenobler Ansatz „exteriorisiert" ist und der Staat damit zu dem alleinigen Instrument der dominanten Kapitalfraktionen degradiert wird. Das Fehlen einer konsequenten Theoretisierung des Staates stellt in der Literatur einen der häufigsten Kritikpunkte zum Grenobler Ansatz dar (Robles 1994, Waringo 1998, Becker/Jäger/Raza 2000).

Diese Kritik greift auch im Kontext der Analyse der peripheren Gesellschaften, die von den Grenobler Ökonomen als in das Produktivsystem des Kernlandes integrierte Länder verstanden werden. Die Annahme eines einheitlichen Akkumulationsprozesses innerhalb eines Produktivsystems setzt voraus, dass die ihm „angegliederten Länder" in ihrer Situation vergleichbar sind und damit auch relativ vergleichbare ökonomische Strukturen haben. In der Tat weist de Bernis (Byé/de Bernis 1987: 830) darauf hin, dass die sogenannte „Verschiedenheit" der Dritte-Welt-Länder - auch wenn sie aus Gründen, die auf die Zivilisationsgeschichte zurückgehen, zweifellos existiert - weniger ausgeprägt sei als gemeinhin angenommen. All jene, die auf der Verschiedenheit dieser Länder beharrten und nicht die ihnen gemeinsame Entwicklung beachteten, „laufen Gefahr, den nationalen Spezifika generelle Phänomene zuzuschreiben, die Trennung der Phänomene voneinander nicht zu erfassen und schließlich weder die Geschichte noch die Gesamtentwicklung zu begreifen". Das Postulat einer im Kern „gemeinsamen Erfahrung" aller angegliederten Länder eines Produktivsystems stellt einen wichtigen Ausgangspunkt der Analyse dar. Verbunden mit der empirischen Beobachtung einer Triadisierung des Handels und der Direktinvestitionen erlaubt dieses Postulat, die Strukturierung der internationalen ökonomischen Beziehungen der achtziger und neunziger Jahre als eine zu drei Makro-Produktivsystemen tendierende Weltwirtschaft zu begreifen. Die drei Produktivsysteme setzen sich aus jeweils drei Kernländern mit ihrer jeweiligen Peripherie zusammen: Die USA gelten als Kernland für den amerikanischen Kontinent, Deutschland als Kernland für die euroafrikanische Zone und Japan als Kernland für die Zone Asien und Pazifik. Das folgende Schema 2 der UNCTAD verdeutlicht den empirischen Ausgangspunkt der Grenobler Analyse. Es muss jedoch auf einen kleinen Unterschied in der grafischen Darstellung hingewiesen werden. Im Gegensatz zu den Grenobler Ökonomen geht die UNCTAD nicht von einer

führenden Rolle Deutschlands in Europa aus und betrachtet die gesamte Europäische Union als „Kernzone" der europäischen Peripherie.
Die alleinige Feststellung der Polarisierung der Direktinvestitionen ist natürlich nicht ausreichend, um die These der Formation von „drei kohärenten Produktivsystemen" zu belegen - dazu müssen noch zahlreiche andere Kriterien, wie die

*Schema 2: Polarisierung der Direktinvestitionen der „Triade" in den Ländern der Peripherie, 1990**

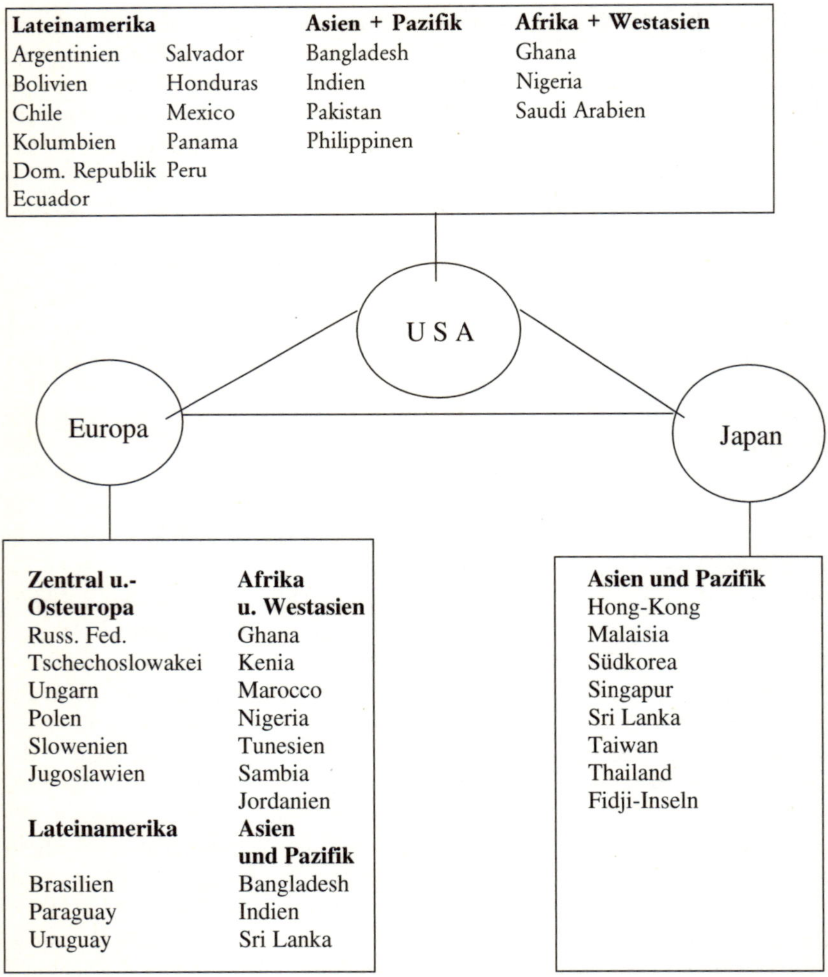

Quelle: UNCTAD 1993: 167

* Länder, in denen ein Mitglied der Triade den Investitionsbestand oder -fluss dominiert

„soziale Kohäsion", die „wirtschaftlichen Institutionen", die „Komplementarität der Ökonomien", die „Polarisierung der Handelsströme" usw., erfüllt sein. Hier liegen aber gerade die Schwierigkeiten des Grenobler Ansatzes, die dazu geführt haben, dass mit der Zeit selbst innerhalb der Grenobler Schule Zweifel an der Tragfähigkeit des Konzeptes der Produktivsysteme laut geworden sind. In einer Anwendung des Grenobler Ansatzes auf die Zone „Asien-Pazifik" stellt J. Calvet (1995: 88) fest, dass die Resultate ambivalent und kontrastreich sind. So erfüllt diese Zone nur drei der acht definierten Kriterien[5] für den Nachweis der Existenz eines Produktivsystems. Angesichts dieses Ergebnisses äußert Calvet zwei alternative Vermutungen: Entweder ist die angewandte Theorie nicht genügend definiert, um der realen Situation Rechnung zu tragen, oder aber die angewandte Theorie spiegelt die reale Situation korrekt wider, ist jedoch nicht ausreichend präzisiert, um eine Aussage über die mögliche Umkehrbarkeit der Tendenz zu machen. Anders gesagt, die Theorie muss entweder in ihren Instrumenten verfeinert werden, um die Realität besser zu erfassen, oder ihre Methodologie muss verändert werden, um mit Gewissheit bestimmen zu können, in welche Richtung die Entwicklung geht. Haben also die Grenobler Ökonomen ihre Schlussfolgerungen betreffend der Formierung der Produktivsysteme zu schnell gezogen? Reicht es aus zu sagen, dass die heute konstatierte „Unvollständigkeit" der Produktivsysteme lediglich zeigt, dass die Übergangsphase (und damit die Krise) noch nicht beendet ist? Oder müssen außer den ökonomischen Kriterien noch andere Kriterien miteinbezogen werden, um die Logik der aktuellen internationalen Beziehungen zu begreifen?

Das Konzept des Produktivsystems, so gut es auch anfangs zu der ökonomischen Realität zu passen schien, hat sich als schwer anwendbar erwiesen (Waringo 1998). Die Arbeiten der „zweiten Generation" des GRREC (Berthaud 1992, Figuière 1993, Cordova 1994) gehen zwar noch häufig auf dieses Konzept ein, jedoch eher um es kritisch zu beleuchten als um es unmittelbar anzuwenden oder zu verbessern. In den Arbeiten der „dritten Generation" (Bourreille 1996, Bellocq 1999) wird es zumeist nur erwähnt, wenn es nicht völlig aus den Analysen verdrängt wird. Zumeist stützen sich diese Arbeiten auf die perrousianischen Konzepte der „Dominanz" und der „Wachstumspole" oder aber auf Perroux nahestehende Autoren wie J. Weiller, dessen Konzept der „nationalen Präfenzstruktur" häufig übernommen wird. Die wachsende interne Kritik am „Produktivsystem" und der Rückzug auf Konzepte, die der Gründung der Grenobler Schule zeitlich vorgelagert sind, lässt auf die Existenz von analytischen Schwierigkeiten schließen. Eine davon ist die Forderung nach „Kohärenz" innerhalb der Produktivsysteme (sektorielle Kohärenz der Akkumulation, Interdependenz der Branchen, interne Bestimmung der Verteilungsbedingungen). Die Kohärenz ist die Bedingung für die Aufrechterhaltung der Hypothese einer Regulation des Produktionsprozesses in den Stabilitätsphasen des Kapitalismus. Aber wie kann man auf transnationaler Ebene Kohärenz erfassen? Für Autoren wie Calvet (1995) ist das Konzept der Kohärenz an sich schwer zu definieren und im Besonderen empirisch schwer anzuwenden. Dazu kommen methodologische Schwierigkeiten. Einige Autoren haben mit Recht darauf hingewiesen, dass das Konzept der Kohärenz - im Prinzip eher *statischer* Natur - nicht mit den *dynamischen* Konzepten der perrousianischen Polarisierungsthese vereinbar ist. Das habe dazu geführt, dass die Grenobler Regulationsschule in einigen Punkten gerade in direktem Gegensatz zu der perrousianischen Erbschaft stünde, die sie immer habe verteidigen wollen (Andersen 1992). Aufgrund dieser empirischen und methodologischen Probleme ist es unter anderem schwierig, die Rolle sogenannter semi-peripherer Gesellschaften wie z. B. Brasilien, Südafrika und Indien zu definieren. Können diese Länder, die zwar einen hohen Anteil von Fremdinvestitionen aufweisen, andererseits aber auch selbst transnationale Firmen besitzen, auf die gleiche Weise wie andere „angegliederte" Länder der Peripherie konzeptualisiert werden? Kann man sie ohne weiteres einem amerikanischen, deutschen oder japanischen Kernland zuordnen, oder muss diesen Ländern ein besonderer Status in der Weltwirtschaft zugewiesen werden? Sobald man zulässt, dass gewisse Länder einen besonderen Status haben, ist es notwendig, andere als nur „ökonomische Faktoren" in die Analyse miteinzubeziehen. Zu diesem Thema stellt P. Berthaud (2001) bedauernd fest, dass, obgleich der „ökonomische Nationalismus" eine wichtige Konstante in der Geschichte darstellt, er doch durch die stark verallgemeinernden Konzeptualisierungen der Weltsystemtheorie oder der Makro-Produktivsysteme (vor allem die „Kontinentalisierungsthese") nicht genügend erklärt werden kann. Diese Theorien vernachlässigen häufig, dass auch in weniger entwickelten Ländern politische Prozesse bei der Industrialisierung mitwirken und auf den Entwicklungsgang Einfluss nehmen.

Die zahlreichen Kritiken, die an dem Grenobler Ansatz geäußert wurden, dürfen jedoch nicht die wichtigen Beiträge dieser Schule zur Globalisierungsdebatte vergessen lassen. Einer dieser Beiträge ist sicherlich der Versuch, einen anderen Ausgangspunkt als das geografische oder historische Territorium einer Nation zu nehmen und eine originelle Theorie des „ökonomischen Raums" zu entwickeln. Eine seiner Stärken ist es, aus der Wandelbarkeit des Raumes ein Schlüsselelement des Ansatzes zu machen und nicht *a priori* ein bestimmtes räumliches Niveau (Mikroregion, Makroregion, Nation oder Welt) für die Analyse zu bevorzugen (Becker 2002). Ein anderer Beitrag der Grenobler Schule ist ohne Zweifel die ausführliche Analyse der „Verbindungen" („linkages") zwischen dominierten und dominanten Ländern sowie die detaillierte Darstellung der ökonomischen Integrationsmechanismen (Kébabdjian 1998, Waringo 1998). Es scheint ebenfalls außer Frage zu stehen, dass auch noch heute neokoloniale Beziehungen zwischen Industrie- und Entwicklungsländern bestehen, dass einige regionale Zusammenschlüsse eine dem Produktivsystem ähnelnde Logik zeigen (z. B. NAFTA) und dass transnationale Unternehmen die Restrukturierung der Weltwirtschaft entscheidend mitbestimmen. Auf all diesen Forschungsgebieten hat die Grenobler Schule, zumindest in der französischen Diskussion, sicherlich eine Vorreiterrolle gespielt. Dem Anspruch, den grundsätzlichen Mechanismen der aktuellen Restrukturierungen der Weltwirtschaft Rechnung tragen zu können, werden die Grenobler Ökonomen jedoch nur bedingt gerecht. Der Ausschnitt der Realität, der dem Konzept der Produktivsysteme zugrunde liegt, scheint für das Verständnis der internationalen wirtschaftlichen Beziehungen nicht weit genug zu sein. Dennoch gilt es zu bedenken, dass die fundamentale Idee der Grenobler Schule, nach der jeder ökonomische Integrationsprozess eine Desintegration der nationalen ökonomischen und sozialen Strukturen mit sich bringt, nach wie vor von Relevanz ist. Ebenso kann man darauf verweisen, dass die perrousianischen Konzepte wie der „Wachstumspol" und die „pluri-nationalen Entwicklungspole" auch heute noch in zahlreiche Forschungsarbeiten - auch außerhalb von Grenoble - einfließen und interessante Ergebnisse produzieren (Sekia 1999, Léon 1998, Hugon 1999). Es sind vor allem diese Konzepte, die an sich nicht regulationistisch sind, aber mit einem Regulationsansatz vereinbart werden können, die den heutigen Überlegungen der Grenobler Ökonomen zugrunde liegen. Es existieren in der Tat zahlreiche Versuche, über den traditionellen Grenobler Ansatz hinauszugehen, ohne jedoch vollständig auf die originellen Beiträge der Regulationsschule zu verzichten.

3. Überlegungen zum Verständnis der Strukturierung der Weltwirtschaft: Alte Konzepte und neue theoretische Anleihen

Abgesehen von der Notwendigkeit, einige der traditionellen Konzepte inhaltlich und analytisch zu klären, zu vertiefen und abzugrenzen, scheint es ebenso dringend, sie mit einem Rückgriff auf andere Konzepte zu vervollständigen. Von besonderem Interesse sind in dieser Hinsicht die Theorien der „Internationalen Politischen Ökonomie". Die zentrale Frage, die sich die Grenobler heute stellen, ist grundsätzlich immer noch dieselbe, wie in der Vergangenheit: „Wie kann man der gleichzeitigen Tendenz der internationalen Integration und der nationalen Desintegration Rechnung tragen?" (Berthaud 2001: 1) Auch wenn die Theorien der Internationalen Politischen Ökonomie[6] generell nicht in der Lage sind, den Zusammenhang zwischen der Ungleichheit in der Welt und dem Globalisierungsprozess zu erklären, so können sie doch einige Unterbestimmungen der Grenobler Konzepte aufheben. Die Ansätze des Konstruktivismus (Ruggie 1983, Haas 1992) stellen beispielsweise die Frage nach dem „Wesen" der supra-nationalen und internationalen Institutionen. Dies ist ein Aspekt, der im Grenobler Ansatz völlig ausgeblendet wird und es außerdem erlaubt, den Prozess der Internalisierung des Internationalen zu erfassen, auch und vor allem in den peripheren Gesellschaften. Auf einer anderen Ebene der theoretischen Anleihe aus dem Feld der Internationalen Politischen Ökonomie kann die Theorie der Schutzzollpolitik (Rogowski 1989) die konkreten Ausformungen der „nationalen Strukturpräferenzen" (Weiller 1989) sowie die Mechanismen, die zur Entstehung von „Entwicklungspolen" führen (Perroux 1961/1991), erklären. Theoretische Anleihen dieser Art können bei dem Versuch hilfreich sein, die Grenobler Probleme, die an die Unterbestimmung des Staates und die Annahme der Quasi-Einheit der Dritten Welt geknüpft sind, zu überwinden. Einige Beispiele kürzlich erstellter (oder vor dem Abschluss stehender) Arbeiten sollen diese eher abstrakten Erläuterungen illustrieren.

a) Periphere Gesellschaften in der Welthandelsorganisation (WTO)

In einem Artikel, der sich der Rolle der WTO in der Weltwirtschaft widmet (Gerbier/Abbas 2000), greifen die Autoren auf das Konzept der „nationalen Präferenzstruktur" von J. Weiller und auf das Konzept der „Hegemonie" im Sinne von J.G. Ruggie zurück. Sie gehen davon aus, das der *modus operandi* der WTO die hierarchische und polarisierte Struktur der Weltwirtschaft widerspiegelt. Den transnationalen Unternehmen wird in den Restrukturierungsprozessen eine besondere Rolle zugewiesen: Als Inhaber der intellektuellen Eigentumsrechte und als Lieferanten von Dienstleistungen und Direktinvestitionen haben sie ein immer größeres Gewicht in den Entscheidungen der industrialisierten Mitgliedsländer (vor allem innerhalb der so genannten „Quadrilaterale" bestehend aus USA, Europäischer Union, Japan und Kanada) der WTO. Indem sie auf die hegemoniale Definition der neuen Konkurrenzregeln einwirken, bremsen sie bewusst den Entwicklungsprozess der peripheren Länder und blockieren die Konkurrenz zu ihren Gunsten.

In diesem Beitrag findet man die Grundidee des GRREC wieder, nach der der Beitritt eines Entwicklungslandes zu einer Institution, die ihrerseits die internationale Integration organisiert, eine industrielle Zersplitterung der nationalen und nur schwach entwickelten Wirtschaften mit sich zieht. Diese Feststellung wird jedoch in dem Beitrag von Abbas und Gerbier dahingehend nuanciert, dass zum einen eingeräumt wird, dass die Dritte-Welt-Länder sich aus drei konzentrischen Kreisen zusammensetzen: erstens die Länder, die Industriewaren exportieren und eine regionale Hegemoniestellung einnehmen; zweitens die Länder, die einen wichtigen Absatzmarkt haben; und drittens die Länder, die für die Industrieländer nur von geringem Interesse sind. Zum anderen weisen die Autoren darauf hin, dass die semi-peripheren Länder des ersten Kreises in der Lage sind, die internationalen Verhandlungen zu beeinflussen und, zumindest teilweise, sich ihre nationalen Präferenzstrukturen zu erhalten.

b) Internationale Integration und die Theorien der Internationalen Politischen Ökonomie

In einem Thesenpapier, das die Beiträge der Theorien der Internationalen Politischen Ökonomie zum Thema „internationale Integration" zusammenfasst (Berthaud 2001), kommt der Autor zu dem überraschenden Schluss, dass die beiden dominanten Theorierichtungen der Internationalen Politischen Ökonomie (rationalistische und konstruktivistische Schule) bis vor Kurzem noch keine systematische Theoretisierung dieses Phänomens geliefert haben. Erst mit der Veröffentlichung des Artikels von Alesina et al. (2000) ist diese Forschungsrichtung mittels einer formalen Darstellung in der Tradition der Gleichgewichtstheorie eröffnet worden. Die Ökonomen, die nicht in der Gleichgewichtstradition stehen, sind daher aufgerufen, ein alternatives Konzept der internationalen Integration zu erarbeiten, das die dynamischen und asymmetrischen Dimensionen der Globalisierung hervorhebt.

c) Die ökonomische Integration semi-peripherer Länder

Für die semi-industrialisierten Länder hat sich das Konzept des „Produktivsystems" der Grenobler Schule als besonders schwer anwendbar erwiesen. Die wirtschaftliche Analyse eines Landes wie Südafrika würde die Hypothese voraussetzen, dass der Zusammenbruch des Apartheidregimes am Anfang der neunziger Jahre mit dem Zusammenbruch des britischen Produktivsystems koinzidiert. Im Hinblick auf die historischen und politischen Tatsachen der Apartheidsperiode ist diese Hypothese jedoch nicht oder nur mit starken Einschränkungen haltbar. Es scheint daher notwendig, eine andere Erklärungsbasis für die Industrialisierung und den aktuellen ökonomischen Umbruch dieses Landes zu finden. Anhand einer Kombination des perrousianischen Konzepts des „Entwicklungspols", des „Domestico-sozietalen"[7] der Internationalen Politischen Ökonomie sowie einiger Elemente aus der Analyse der Schutzzollpolitik Rogowskis habe ich versucht zu zeigen, dass die aktuelle wirtschaftspolitische Umorientierung der südafrikanischen Regierung vom Protektionismus zum Liberalismus das Zerbrechen des hegemonialen Kompromisses zwischen den dem Afrikaanschen Nationalismus nahestehenden Interessengruppen und den dem Bergbausektor nahestehenden liberalen Interessengruppen widerspiegelt (Bohn 2002). Diese These setzt voraus, dass der 40 Jahre währende hegemoniale Kompromiss zwischen den beiden Interessengruppen einen Industrialisierungsprozess, oder besser gesagt, einen „Deprimarisierungsprozess" in Gang gesetzt hat. Unter „Deprimarisierung" versteht man einen durch den nationalistischen Staat gelenkten Entwicklungsprozess, der dazu führt, dass die Sekundärgüter und nicht die Primärgüter zum wichtigsten Sockel der Entwicklung und der Eingliederung des Landes in die Weltwirtschaft werden. Der Protektionismus ist die erste Voraussetzung für die Realisierung dieses Entwicklungsweges. Im Falle Südafrikas sorgt die Einführung und Verschärfung des Apartheidsystems zudem dafür, dass die Deprimarisierung in einer Richtung erfolgt, die der ursprünglichen Ausstattung an Produktionsfaktoren strikt entgegengesetzt ist. Anstatt der arbeitsintensiven Produktion, die die Integration der schwarzen Arbeiter in die Wirtschaft beschleunigen würde, fördert der Apartheid-Staat zunehmend die kapitalintensive industrielle Produktion. Der auf diese Weise vom südafrikanischen Staat geschaffene kapitalintensive „Entwicklungspol" ist jedoch von den siebziger Jahren an immer mehr in seiner räumlichen und industriellen Ausdehnung eingeschränkt. Diese Situation führt zu einer Spannung innerhalb der hegemonialen Allianz, die zeitweise durch eine teilweise Öffnung der Wirtschaft überwunden wird. Der Versuch, den nationalen Sektor der verarbeitenden Industrie in den Weltmarkt zu integrieren, scheitert jedoch, und die darauf folgenden makroökonomischen Turbulenzen verleihen dem Bergbausektor als alleinigem Devisenbringer zusehends mehr Gewicht und Macht. Diese sektorielle Verschiebung ermöglicht ein ökonomisches wie auch politisches Erstarken des südafrikanischen Bergbausektors gegenüber den nationalistischen Interessengruppen und findet ihren Ausdruck in zunehmend liberalen wirtschaftspolitischen Maßnahmen. Die Externalisierung der industriellen Strukturen Südafrikas, die seit Anfang der neunziger Jahre zu beobachten ist, ist eine Folge des zunehmenden Zerfalls des hegemonialen Kompromisses und der aktuellen Liberalisierungswelle. Sie kann in der Zukunft zu einer Zersetzung des Entwicklungspols und damit zu einer „Reprimarisierung" des Landes führen. Auch in diesem Beitrag finden sich die zentralen Konzepte des Grenobler Ansatzes wieder: die sektorielle und geografische Integrationskraft des Entwicklungspols und die zerstörerischen Auswirkungen einer radikalen Öffnung der Wirtschaft auf die internen Industriestrukturen. Angesichts der besonderen Situation Südafrikas ist es jedoch notwendig, sich von der Idee eines britischen Produktivsystems, welches die Industrie Südafrikas aus Kohärenzgründen aufgebaut hätte, zu distanzieren und ein zumindest teilweises nationalistisches (d.h. von internationalen externen Kräften unabhängiges) Entwicklungsmodell zuzulassen.

Es wird bereits nach diesem kurzen Überblick deutlich, dass der Grenobler Ansatz, der sich darauf beschränkt, die peripheren und semi-peripheren Länder aus der Sicht der dominanten Kernländer zu analysieren, erweitert werden muss, um den autonomen Prozessen und den Hysteresiseffekten[8] in den sich entwickelnden Ländern Rechnung zu tragen. Die Restrukturierungsprozesse der aktuellen Weltwirtschaft können sicherlich besser erfasst werden, wenn „innere" und „äußere" Perspektive miteinander verbunden werden. Die Tragweite der neuen theoretischen Anleihen des Grenobler Ansatzes im Hinblick auf eine Erklärung der gleichzeitigen internationalen Integrationsprozesse und der nationalen Desintegrationstendenzen bleibt noch zu überprüfen. Die Forschungen in diese Richtung befinden sich derzeit noch im Anfangsstadium. Jedoch scheint es, um J. Calvet (Calvet/di Ruzza 1983: 12) zu zitieren, dass „eine nicht ganz präzise Antwort auf eine klare Frage die Erkenntnis weiter bringt, als eine klare Antwort auf eine schlecht gestellte Frage".

Anmerkungen

1 Ich danke Pierre Berthaud für seine Kommentare und Hinweise.

2 Während eines Aufenthalts in Österreich in den dreißiger Jahren nahm Perroux direkten Kontakt zu Schumpeter auf. Er hat anschließend die französische Übersetzung von Schumpeters „Theorie der wirtschaftlichen Entwicklung" (dt. 1952) überwacht und dem Werk ein Vorwort von über 250 Seiten hinzugefügt. Später hat er immer wieder auf den Einfluss der Theorie Schumpeters auf seine eigenen Arbeiten hingewiesen.

3 De Bernis erhielt seine ökonomische Ausbildung von M. Byé, Professor im Gebiet „Internationale Ökonomie" und enger Mitarbeiter Perroux' am ISMEA (Institut des Sciences Mathématiques et d'Economie Appliquée). De Bernis wird später selbst Präsident des von Perroux gegründeten ISMEA und ist einer seiner beiden testamentarischen Vermächtnisnehmer (der zweite ist R. Barre, Professor der Wirtschaftswissenschaften und ehemaliger Premierminister Frankreichs). Die von de Bernis in den sechziger Jahren verfassten Arbeiten stellen eine direkte Verlängerung des perrousianischen Ansatzes dar (vgl. de Bernis 1966). Erst in der Mitte der siebziger Jahre wendet er sich dem Regulationsansatz zu.

4 Es muss jedoch darauf hingewiesen werden, dass Perroux einer der Initiatoren des ersten Forschungsseminars zur Idee der Regulation in den Wissenschaften gewesen ist (interdisziplinäres Seminar am Collège de France, 1975). In einem später zu dieser Veranstaltung herausgegebenen Sammelwerk findet man ein Vorwort und einen Beitrag Perroux' sowie einen erstmaligen Beitrag von de Bernis zur Gegenüberstellung von Gleichgewichtsansatz und Regulations-

ansatz (Lichnerowicz et al. 1977). Perroux distanziert sich jedoch schnell von den regulationistischen Ansätzen in den Wirtschaftswissenschaften und zieht das Konzept des „harmonisierten Wachstums" dem Regulationskonzept vor.

5 Die acht Kriterien sind gemäß J. Calvet: Allokation des Kapitals, Einkommensverteilung, Absatzmärkte, Außenhandel, Direktinvestitionen, Komplementarität der Ökonomien, soziale Kohäsion, ökonomische Institutionen. Für die Zone „Asien-Pazifik" sind nurmehr die Kriterien der Einkommensverteilung, der Direktinvestitionen und der Komplementarität der Ökonomien erfüllt.

6 Siehe International Organization 1998 für einen detaillierten Überblick über die verschiedenen Theorien.

7 Mit diesem Begriff bezeichnen Frieden/Lake (2000: 9) Ansätze, die bei der Erklärung der staatlichen Wirtschaftspolitik den Akzent auf den Einfluss der internen ökonomischen und sozialen Akteure legen.

8 Unter Hysteresis versteht man das Zurückbleiben einer Wirkung hinter dem jeweiligen Stand der sie bedingenden verändernden Kraft.

Literatur

Abbas, M. (2000): L'organisation mondiale du commerce. Un essai d'interprétation en termes d'économie politique. Dissertation. Grenoble.

Alesina, A./Spolaore, E./Wacziarg, R. (2000): Economic Integration and Political Disintegration. In: The American Economic Review 90(5).

Andersen, E.S. (1992): Approaching national systems of innovation from the production and linkage structure. In: Lundvall, B.-A. (Hg.): National Systems of Innovation. London.

Beaud, M. (1997): Le système national mondial hiérarchisé. Paris.

Becker, J. (2002): Akkumulation, Regulation, Territorium. Zur kritischen Rekonstruktion der fanzösischen Regulationstheorie. Marburg.

-/Jäger, J./Raza, W. (2000): Which room for manoeuvre in local politics. Some conceptual remarks. Manuskript. Wien.

Bellocq, F.-X. (1999): Les relations commerciales des Etats-Unis avec le Japon, une analyse en termes de structures productives. Dissertation. Grenoble.

de Bernis G. (1966): Industries industrialisantes et contenu d'une politique d'intégration régionale. In: Economie Appliquée, Band XIX, Nr. 34.

- (1975): Les limites de l'analyse en termes d'équilibre économique général. In: Revue économique 6.

- (1977): Régulation ou équilibre dans l'analyse économique. In: Lichnerowicz, A. et al. (Hg.), 85-101.

- (1989): Changer la réalité ou changer les textbooks? In: Conférence en l'honneur de François Perroux, Cahiers de la Faculté des Sciences Ecomomiques, Etudes et Travaux économiques 7.

- (1993): Globalisation, Régionalisation et Développement. GRREC, Université Pierre Mendès France. Grenoble.

Berthaud P. (1992): Essai sur l'évolution de l'économie globale à partir de l'étude de sa composante pétrolière. Dissertation. Grenoble.

- (2001): Mondialisation, régionalisation et dépassement des nations. Beitrag zum Eröffnungsplenum „Notre Bien Commun". Brüssel.

- (2001): Intégration internationale. L'apport de l'Economie Politique Internationale revisité. Thesenpapier für das „Forum der Regulation" in Paris, 15 Oktober.

Bohn, M. (2002): Intégration internationale sud-africaine. Une approche d'économie politique internationale. Dissertation. Grenoble.

Borrelly, R. (1975): Les disparités sectorielles des taux de profit. Grenoble.

Bourreille, P. (1996): Développement et fonction des importations: une analyse dynamique à partir de l'expérience indienne. Dissertation. Grenoble.

Boyer R. (1986): La théorie de la régulation: une analyse critique. Paris.

Bye, M./de Bernis, G. (1987): Relations économiques internationales. Paris.

Calvet, J. (1995): Vers un système productif asiatique? Le processus de régionalisation asiatique à la lumière du concept de système productif. In: Economies et Sociétés, Hors Série 34/10, 67-89.

-/di Ruzza, R. (1983): Système productif et industrialisation. Papier présenté à l'Université internationale de Menedez Palayo, rencontres de Stitges, September 1983.

Carrier, B./Weiller, J. (1994): L'économie non conformiste en France au XXe siècle. Paris.

Cordova, D. (1994): Echecs et Succès de l'Industrialisation. Eléments pour une histoire économique comparée: application aux cas du Pérou et de la Corée du Sud. Dissertation. Grenoble.

Drugman B. (1984): A nouveau sur la question de régulation. Economie politique, marxisme et crise: quelle alternative réelle? In: Economie et Sociétés, Band XVIII, Serie R, Nr. 11, 29-64.

Figuière, C. (1993): Les groupes mulisectoriels japonais : un facteur de cohérence des structures productives nationales. Dissertation. Grenoble.

Frieden, J.A./Lake, D.A. (2000): International Political Economy. Perspectives on Global Power and Wealth. London.

Gerbier, B./Abbas, M. (2000): L'organisation Mondiale du Commerce et l'Américanisation du monde. In: Recherches internationales Nr. 60-61, 2/3.

GRREC (1983): Crise et Régulation. Recueil de textes, 1979-1983. Université Pierre Mendès France, Grenoble.

- (1991): Crise et Régulation. Recueil de textes, 1983-1989. Université Pierre Mendès France, Grenoble.

Haas, P.M. (1992): Introduction: Epistemic Communities and International Political Coordination. In: International Organization 46(1).

Hugon, P. (1999): L'Afrique. Paris.

International Organization (1998): International Organization and the Study of World Politics. Hg. von P.J. Katzenstein, R.O. Keohane, S.D. Krasner. International Organization 52(4).

Kébabdjian, G. (1998): La théorie de la régulation face à la problématique des régimes internationaux. In: L'année de la régulation 2, 101-127.

Léon, A. (1998): Pôles de croissance régionaux et intégration mondiale: Afrique australe/Aire économique chinoise. In: Revue Tiers Monde, Band XXXIX, Nr. 155.

Lichnerowicz, A./Perroux, F./Gadoffre, G. (1977): L'idée de régulation dans les sciences. Paris.

Perroux, F. (1961/1991): L'Economie du XXe siècle. Paris.

- (1982): Dialogue des monopoles et des nations. Grenoble.

Robles, A.C. (1994): French Theories of Regulation and Conceptions of the International Dimension of Labour. New York.

Rogowski, R. (1989): Commerce and Coalitions. Princeton.

Ruggie, J.G. (1983): International Regimes, Transactions and Change: Embedded Liberalism in the Postwar Economic Order. In: Krasner, S.D. (Hg.): International Regimes. Ithaca.

Schumpeter, J.A. (1952): Theorie der wirtschaftlichen Entwicklung. 5. Auflage. Berlin.

Sekia, F. (1999): De la théorie de la polarisation aux technopoles. Actualité de François Perroux et critique de la théorie de la localisation. In: Economie Appliquée, Band LII, Nr. 1, 31-62.

UNCTAD (1993): World Investment Report, 1993: Transnational Corporations and Integrated International Production. New York.

Waringo, K. (1998): Die Internationalisierung der Produktion in der französischen Regulationstheorie. Frankfurt am Main.

Weiller, J. (1989): Economie internationale hier et aujourd'hui. Crises, ruptures et déséquilibres dans les relations internationales. Grenoble.

Sabah Alnasseri

Ursprüngliche Akkumulation, Artikulation und Regulation. Aspekte einer *globalen* Theorie der Regulation

In diesem Beitrag soll der Versuch unternommen werden, den Stellenwert der Begriffe „ursprüngliche Akkumulation“ und „Artikulation“ theoretisch genauer zu fassen. Denn in der Regulationstheorie werden diese Gegenstände kaum bearbeitet[1], weswegen - so die Ausgangsthese - sie sich nicht nur bei der Analyse peripherer Gesellschaftsformationen so schwer tut, sondern auch bei Fragen der Periodisierung der kapitalistischen Produktionsweise (vgl. hierzu die Problematik des Postfordismus, etwa in Candeias/Deppe 2001). Methodisch ist hier meines Erachtens das Artikulationsverhältnis zwischen verschiedenen - kapitalistischen und nicht-kapitalistischen - Produktionsweisen[2] zentral, wobei wichtig ist, dass dieses Verhältnis nicht als funktionales, sondern als ein internes Widerspruchsverhältnis bestimmt wird. Die theoretisch grundsätzliche Fragestellung ist hier folgende:

> „In der historischen Realität des Kapitalismus bezeichnet das kapitalistische Produktionsverhältnis zwar die dominierende, aber nicht die ausschließliche Vergesellschaftungsweise. Sie ist immer, aber in sich historisch verändernder Weise, mit anderen Produktionsverhältnissen und Vergesellschaftungsformen *kombiniert* [...]. Eine genauere Analyse würde zeigen, dass das warentauschbestimmte kapitalistische Vergesellschaftungsverhältnis ohne die anderen [...] *gar nicht existieren kann*.“ (Hirsch 1990: 33, Hvh. SA[3]). Auf welcher theoretischen Basis ist es nun möglich, diesen Zusammenhang genauer zu bestimmen?

Ich möchte hierfür zunächst an die Marxsche Überlegung anschließen, dass die sogenannte „ursprüngliche Akkumulation“ keine historisch-residuale Kategorie ist, sondern eines der Formierungsmomente des Kapitals darstellt, das historisch als „Zwangsverhältnis“ bestimmt werden kann. „Die Akkumulation stellt nur als *fortlaufenden Prozess* dar, was in der *ursprünglichen Akkumulation* als ein besonderer historischer Prozess, als Entstehungsprozess des Kapitals und als Übergang aus einer Produktionsweise in die andre erscheint.“ (Marx 1968: 268) Insofern das Kapital stets historisch-konkret zu bestimmen ist, wird mit dem Begriff der ursprünglichen Akkumulation ein Moment sowohl von „Entstehungs- und Übergangsprozessen“, als auch eines „fortlaufenden“ Prozesses gefasst. Die ursprüngliche Akkumulation wird demnach den theoretischen Schlüssel der Bestimmung der Artikulation verschiedener Produktionsweisen darstellen. Allgemein gilt dabei, dass diese Artikulation nicht symmetrisch erfolgt, sondern als Dominanz der kapitalistischen über nicht-kapitalistische Produktionsweisen. In einem zweiten Schritt wird die Artikulation verschiedener Produktionsweisen als eine institutionelle Form im Sinne der Regulationstheorie bestimmt. Im Sinne der Konkretisierung bedeutet dies drittens, dass die politisch-räumliche Verdichtung, die konkrete Form der Artikulation qua Dominanz eine Gesellschaftsformation konstituiert und gleichzeitig global eine „imperialistische Kette“ (Poulantzas) bzw. stets historisch konkrete Formen des kapitalistischen Weltsystems (Immanuel Wallerstein) darstellt.

Um diese Argumentation zu entfalten, werde ich folgendermaßen vorgehen: Zunächst werde ich versuchen, in Anlehnung an Marx, Althusser und Balibar den theoretischen Stellenwert des Begriffes ursprüngliche Akkumulation präziser zu bestimmen (1). Anschließend werde ich auf die am Anschluss der Marxschen Theorie weiterentwickelten Konzepte der Produktionsweise und der Gesellschaftsformation sowie global auf die „imperialistische Kette" und das „Weltsystem" eingehen: Die drei Kategorien Gesellschaftsformation, imperialistische Kette und Weltsystem bezeichnen den historisch-konkreten „Ort" (Poulantzas) der Artikulation verschiedener Produktionsweisen (2). Danach werde ich versuchen, das Artikulationsverhältnis zwischen kapitalistischer und nicht-kapitalistischen Produktionsweisen genauer zu bestimmen (3), um es schließlich analytisch als eine institutionelle Form im Sinne der Regulationstheorie einzuführen (4).

Hinsichtlich des Stellenwerts der Marxschen Argumentation schließe ich mich Louis Althusser und Étienne Balibar an: Die ökonomischen Schriften von Marx können ihnen zufolge als der Inbegriff der Konstruktion der kapitalistischen Produktionsweise in ihrem „ideellen Durchschnitt" (Marx) bestimmt werden. Dies bedeutet zweierlei: Methodisch bleibt die Darstellungsweise vor allem im Kapital durchgehend abstrakt (vgl. Schwarz 1974). Sie ist die „Bewegungsform" der Begriffe/Kategorien, d.h. ihrer Innen-Außen-Entfaltung. Demzufolge bedeutet die Marxsche Methode, vom Abstrakten zum Konkreten aufzusteigen, im Begriff selbst zu bleiben, ihn mannigfaltig zu bestimmen, durch seine Existenzbedingungen anzureichern (vgl. Althusser/Balibar 1972: 256).[4] Die Darstellung bei Marx bedeutet also eine der historischen Entwicklung entgegengesetzte Entfaltung des Begriffs. Gleichzeitig schweben den abstrakten Kategorien historisch-konkrete Verhältnisse vor. Dies bedeutet, dass Letztere nicht als empirische Zustände analysiert werden, sondern dass sie als historische „Orte" ihren Stellenwert in der theoretischen Darstellung finden (vgl. Marx 1974: 22ff., 364f. und 391f.). Dabei handelt es sich um eine genetische De- und progressive Re-Konstruktion des Kapitalverhältnisses: Weil die Einheit widersprüchlich ist, lassen sich die verschiedenen Elemente (Arbeitskraft, Produktionsmittel, Lebensmittel etc.) in ihre sogenannte „ursprüngliche Einheit" auflösen und neu zusammensetzen. Mit „ursprünglicher Einheit" ist die totale Verbindung von Besitz und Eigentum gemeint, die den „primitiven Kommunismus" bzw. das asiatische Gemeineigentum als die gesellschaftliche „Urform" charakterisiert (vgl. MEW 13: 21, Fn. 1). Was in dem „Ursprung" oder dem „Stamm" steht, ist das Kapital als Gemeinwesen. Die verschiedenen Formen der Trennung/Verbindung stellen Periodisierungsformeln des Kapitals selbst dar, nicht prähistorische Ursprünge und deren geradlinige Selbstentfaltung. Leibeigenschaft, Sklaverei, Fronarbeit etc. haben mit der Lohnarbeit gemeinsam, dass sie alle historische Formen der Mehrarbeit als Zwangsarbeit darstellen, d.h. erstere sind nicht vorkapitalistisch, sondern sichtbare Gesichter der Lohnarbeit. „Es ist dasselbe, als arbeite er [Lohnarbeiter] 3 Tage in der Woche für sich und 3 Tage in der Woche umsonst für den Kapitalisten. Aber ‚dies ist nicht sichtbar'. Mehrarbeit und notwendige Arbeit verschwimmen ineinander. Anders mit der Fronarbeit [...]" (MEW

23: 251, Hvh. SA). Anders ausgedrückt: Die Lohnarbeit kann in der Artikulation mit anderen Formen der Zwangsarbeit unterschiedliche, deformierte Gesichter annehmen. Sobald nichtkapitalistische Produktionsweisen in den Weltmarkt integriert werden, „wird den barbarischen Gräueln der Sklaverei, Leibeigenschaft usw. der zivilisierte Gräuel der Überarbeit aufgepfropft [...]. Es galt nicht mehr, eine gewisse Masse nützlicher Produkte aus ihm [dem Sklaven in den südlichen Staaten Amerikas, SA] herauszuschlagen. Es galt nun der Produktion des Mehrwerts selbst. Ähnlich mit der Fronarbeit, z.B. in den Donaufürstentümern." (ebd.: 250)

Da sich andererseits die Marxsche Methode im selben Atemzug als Kritik der klassischen und vulgären politischen Ökonomie versteht und qua dieser immanenten Kritik den Marxschen Begriff des Ökonomischen entwickelt, ist die Auseinandersetzung mit und die „Reinigung" von der „Trübheit" (Marx) in jener Theorie ein methodisch-analytisches Gebot. Diese Unreinheiten, Trübungen und ständigen Verwechslungen in der klassischen politischen Ökonomie hängen mit Fragen der Artikulation verschiedener Produktionsweisen zusammen, auf die ich noch zu sprechen komme.

1. Ursprüngliche Akkumulation

Wichtig ist bei der Bestimmung der Marxschen Darstellungsweise durch Althusser der Stellenwert des Begriffes „ursprüngliche Akkumulation". Das 24. Kapitel im ersten Band des *Kapitals* ist nicht als ein historisch-empirischer Abriss über die tatsächliche Entstehungsgeschichte der kapitalistischen Produktionsweise zu begreifen, sondern als „Illustration" des Marxschen Begriffs der ursprünglichen Akkumulation als Prozess der Enteignung und Kommodifizierung. Marx bestimmt die ursprüngliche Akkumulation als eine der drei Formierungsmomente des Kapitals (vgl. Marx 1974: 225f.), weshalb sie kein residuales, historisch überholtes Moment sein kann, sondern stets der Entstehung und Reproduktion des Kapitals inhärent ist. Diese anhand des englischen Falls illustrierte Geschichte ist insofern von Bedeutung, als zur Bestimmung des Begriffs der ursprünglichen Akkumulation nicht nur „rein" ökonomische Verhältnisse, sondern auch politische und ideologisch-kulturelle Existenzbedingungen konstitutiv sind. Genau die Abstrahierung Letzterer von der Bestimmung des Ökonomischen verleitet zu abenteuerlichen Konstruktionen und theoretischen „Täuschungen", die jetzt anhand der Problematik des „Außerökonomischen" kurz illustriert werden sollen, weil sie für die Verortung des Begriffes der ursprünglichen Akkumulation von Bedeutung sind.

Das *Außerökonomische* stellt für die klassischen sowie vulgären Politökonomen ein vorkapitalistisches Moment dar: Der auf der Basis rechtlich-politischer, kultureller oder gewaltförmiger Verhältnisse nominell erhobene Anspruch auf den kapitalistisch produzierten Mehrwert, nämlich die Rente. Diese wie auch der Zins scheinen nicht direkt in den Arbeitsprozess verwickelt zu sein, sondern erscheinen als Voraussetzung und Bedingung der Arbeit.[5] Diese Vorstellung befestigt sich um so mehr, als einerseits jene Formen (Zins, Rente) historisch vor dem industriellen

Kapital existieren (vgl. Marx 1968: 460f.). Andererseits erscheinen auf dieser Ebene der Zirkulation die Resultate des Produktionsprozesses als von ihm unabhängige und verselbständigte Phänomene, die dann als außerhalb des Produktionsprozesses und Bedingung desselben wahrgenommen und theoretisch dargestellt werden (ebd.: 497f.). Diese „Trübheit" (Marx) in der Theorie ist methodisch bedingt (vgl. ebd.: 472f.; MEW 25: 637f.). D.h. das, was als vorkapitalistische Ökonomie erscheint, stellt nichts anderes dar als den kapitalistischen Mehrwert in seiner artikulierten Form mit nichtkapitalistischen Verhältnissen, die deren Reinheit in der Theorie trüben (vgl. MEW 25: 795f.). Im Anschluss an Marx sind Leibeigenschaft, Fronarbeit, Sklavenwirtschaft, Hauswirtschaft etc. weder historisch, noch logisch vorkapitalistische, sondern *unter der Herrschaft des Kapitals artikulierte Produktionsweisen*, die in der Darstellung als „Andeutungen" im Begriff des Kapitals selbst verstanden werden sollen. Diese Produktionsweisen haben genauso illustrativen Charakter in der Darstellung von Marx wie der englische Kapitalismus. „Die Vergleichung des Heißhungers nach Mehrarbeit in den Donaufürstentümern mit demselben Heißhunger in englischen Fabriken bietet ein besonderes Interesse, weil die Mehrarbeit in der Fronarbeit eine selbständige, sinnlich wahrnehmbare Form besitzt." (MEW 23: 250f.). Und genau dies tut Marx in der Darstellung der Grundrente (MEW 25: 627f.) - insbesondere im Hinblick auf die Genesis der *kapitalistischen* Grundrente (vgl. ebd.: 790f.).

In diesem Sinne erscheinen mir Balibars Unterscheidungen bedeutend. Er unterscheidet einerseits zwischen Geschichte als Ursprung des „Kapitalismus" und einer „Vorgeschichte"[6] als Geschichte des „Kapitals", d.h. zwischen historischem und abstraktem Ursprung der Entwicklung: eine Geschichte im Feudalismus (eine andere Produktionsweise) und eine der unterschiedlichen Wege, der Elementbildung des Kapitals (Althusser/Balibar 1972: 372f.). Andererseits unterscheidet er zwischen der Zeit der Dynamik (d.h. theoretische Zeit im Sinne von Tendenzen der Strukturwidersprüche) und der Zeit der Geschichte bzw. realer Zeit (ebd.: 403). Wichtig ist dabei zunächst, dass wir es im *Kapital* und in den *Grundrissen der Kritik der politischen Ökonomie* mit theoretischen Konstruktionen zu tun haben. Die Darstellung darf nicht empirizistisch missverstanden werden: Der Raum (England) ist in der Darstellung bei Marx illustrativ und die Zeit stellt keine historische Evolution dar, sondern eine Dynamik, eine Bewegung der Begriffe und nicht die realer Entwicklung. Zum anderen können mit diesen Unterscheidungen jede Form des historischen Determinismus (Abfolgemodelle der Produktionsweisen) und jegliche Ursprungsmythen und Kausalnexi in der Entwicklung ausgeschlossen werden. Dadurch bekommt die Geschichte ihren offenen Charakter zurück.

Diese Unterscheidungen sind zudem aus zweierlei analytischen Gründen wichtig: Zum einen ist die ursprüngliche Akkumulation ein Beispiel für die theoretische (genealogische) Rekonstruktion der Elemente der kapitalistischen Produktionsweise (vgl. ebd: 400). Der „Übergang wird nicht auf der Ebene der Strukturen, sondern auf der Ebene der Elemente gedacht. Diese Form erklärt nicht nur, warum wir es hier nicht mit einer echten Geschichte im theoretischen Sinne zu tun haben", sondern - und das ist der zweite analytisch wichtige Grund sowohl für die Analyse von „Entstehungs-, Übergangs- und fortlaufenden Prozessen" als auch für die der konkreten Situation - „sie ist auch die Bedingung für die Entdeckung einer sehr wichtigen Tatsache: der relativen Unabhängigkeit der Formation verschiedener Elemente der kapitalistischen Struktur und der *Mannigfaltigkeit der geschichtlichen Wege* dieser Formation." (ebd.: 376) D.h. die Elemente haben unterschiedliche Quellen, unterschiedliche Prozesse, die sich nicht zwangsläufig oder magnetartig anziehen, sondern es geht um ein Determinationsverhältnis, in dem sich die Elemente je nach spezifischem Punkt verschieben und ihre Rangordnung verändern, in dem „marginale" Elemente dominant werden können, d.h. „ein und dasselbe Ensemble von Voraussetzungen entspricht mehreren Reihen historischer Bedingungen" (ebd.: 379).

Dieses Moment der ursprünglichen Akkumulation begreift also das Kapital in seiner Entstehung, seiner Daseinsweise und seinem Werden. Der Marxsche Begriff der ursprünglichen Akkumulation ist nicht derselbe Begriff der „ursprünglichen Akkumulation" von Adam Smith, d.h. im Sinne eines angeblich vorkapitalistischen, vergangenen Entstehungsmoments. Der Marxsche Begriff bezeichnet kein vergangenes, ursächlich wirkendes Moment, sondern ein gegenwärtig-zukünftiges Moment: Die ursprüngliche Akkumulation liegt nicht *vor*, sondern *hinter* dem Kapital. Die Ursache, der Ursprung oder die Urform hat ihren Ort in der Zukunft. Es gibt nicht das Kapital an sich, das historisch oder theoretisch auf einmal und auf Anhieb entsteht und von da aus sich bewegt und wirkt, sondern das Kapital ist nur in seinem Werden zu begreifen, in seiner Bewegung. Die ursprüngliche Akkumulation ist der theoretische wie historische Akt der Ent-Aneignung und der Kommodifizierung. *Der Begriff des Kapitals ist also stets nicht-kapitalistisch bestimmt, der Widerspruch jedoch ungleichmäßig, asymmetrisch und ungleichzeitig*: Tausch gegenüber Gebrauchswert, Verwertung versus Wertbildungsprozess, Produktionsverhältnisse versus Produktivkräfte, konstantes versus variables Kapital etc.

Die ursprüngliche Akkumulation ist also der Prozess der Schaffung bzw. der Klassenformation von Eigentumslosen und Privateigentümern. Welche historischen und gesellschaftlichen Bedingungen sind jedoch nötig, damit dieser Prozess reproduziert/reguliert wird, weil weder das Geld per se Kapital ist, noch der Eigentumslose ein freier Arbeiter, sondern beide zu solchen gemacht werden müssen? Der Wert wird durch die „Auflösung der alten Produktionsweisen befähigt [...] einerseits *zu kaufen* die objektiven Bedingungen der Arbeit, andererseits die *lebendige* Arbeit selbst gegen Geld von freigewordnen Arbeitern einzutauschen" (Marx 1974: 405f.). Dies ist zunächst das „historische Feld", um es jedoch in Bewegung zu setzen, bedarf es mehr als des Zwangs der ökonomischen Verhältnisse. Hier steckt zunächst eines der Krisenmomente der Reproduktion/Regulation des Kapitalverhältnisses, eben weil die Elemente „verschiedene, voneinander unabhängige Ursprünge" (Althusser/Balibar 1972: 377) haben. Die Einheit beider findet an sich nicht statt. Damit beide zusammentreffen und sich zu einem Abhängigkeitsverhältnis aneinander ketten, bedarf es „de[s] systematischen Einsatz[es] einer außerökonomischen

Gewalt (Recht, Politik, Militär)" (ebd.: 379), d.h. erst durch Gewalt, Macht, Zwang, Kämpfe wird dieses Verhältnis geschaffen, reproduziert und reguliert.

Die Frage der ursprünglichen Akkumulation bezieht sich indes nicht nur auf die „Mindestgröße der für die Kapitalbildung bestimmten Wertsumme" (ebd.: 370), sondern sie tangiert die „Formation der kapitalistischen Gesellschaftsverhältnisse" (ebd.: 371) selbst. Hierin gewinnt zunächst der ideologische Begriff der ursprünglichen Akkumulation an Bedeutung, nämlich die, in Anlehnung an Marx, „apologetische Funktion des Mythos [...], die in einer Verewigung der ökonomischen Kategorien des Kapitalismus zum Ausdruck kommt" (ebd.: 372). D.h. indem die kapitalistischen Produktionsverhältnisse auf „die Vergangenheit" projiziert werden und in dem behauptet wird, „der spätere Kapitalist habe sich sein Anfangskapital, bevor es die Form von Löhnen und Produktionsmitteln angenommen habe, vom Produkt seiner Arbeit gespart, verschafft sie [die klassische Ökonomie] den Gesetzen des Äquivalententauschs und dem auf legalisierter Verfügungsgewalt über die Gesamtheit der Produktionsfaktoren beruhenden Eigentum am Produkt eine rückwirkende Geltung." (ebd.: 371)

Da jedoch weder „die Vergangenheit" vergangen ist noch die „Rückwirkung" zurück liegt, sondern beide stets gegenwärtige Verhältnisse darstellen (vgl. ebd.: 373), wird der Privateigentümer als ein sich selbst schaffendes Individuum konstruiert, das „durch seine Sparsamkeit die Möglichkeit geschaffen hat, sich das Produkt aus der Mehrarbeit anderer unbegrenzt anzueignen." (ebd.: 372) Dies ist jedoch nur die eine Seite der ursprünglichen Akkumulation bzw. der Schaffung des Kapitalverhältnisses, nämlich der bürgerliche Mythos der „Kapitalbildung durch die Eigenbewegung einer privaten, potentiell bereits kapitalistischen Produktion und die Selbsterzeugung des Kapitals." (ebd.: 371)

Wie produziert und reproduziert aber die bürgerliche Gesellschaft die Klasse der Privateigentümer, „wo kommen die Kapitalisten ursprünglich her?" (Marx) Diese Frage kann nur im Zusammenhang mit dem Marxschen Begriff der ursprünglichen Akkumulation behandelt werden. Die „sogenannte ursprüngliche Akkumulation ist also nichts als der historische Scheidungsprozeß von Produzent und Produktionsmittel. Er erscheint als ursprünglich, weil er die Vorgeschichte des Kapitals und der ihm entsprechenden Produktionsweise bildet." (MEW 23: 742). Die „Vorgeschichte" soll hier nicht nur im Sinne anderer Produktionsweisen verstanden werden, also des organischen Zusammenhangs zwischen dem „Kapital und der ihm entsprechenden Produktionsweise", sondern auch als Kritik an jener apologetischen Funktion: Dem Versuch der bürgerlichen Gesellschaft nämlich, das Kapitalverhältnis - Scheidung und Kommodifizierung - auf erweiterter Stufenleiter zu reproduzieren, d.h. die „Voraussetzungen" der Verwirklichung dieses Verhältnisses unter den gegebenen „historischen Bedingungen" zu schaffen (Althusser/Balibar 1972: 375). In diesem Sinne ist die Frage der Artikulation verschiedener Produktionsweisen von Bedeutung, also der „verschiedenen Produktionsweisen als ein geschichtliches *Sondieren* der Wege, auf denen sich die Trennung des Arbeiters von den Produktionsmitteln und die Bildung von Kapital als frei verfügbare Wertsumme" vollzieht (ebd.). Hier können wir sagen, *dass zu jeder historischen Formation eine bestimmte Form der ursprünglichen Akkumulation gehört*, die als Existenzbedingung der Reproduktion/Regulation der kapitalistischen Produktionsverhältnisse fungiert.[7] Sie ist in ein und demselben Akt eine „Enteignung/Kommodifizierung" von Arbeitskraft, Wissen, Geschicklichkeit, Produktionsmitteln etc., die dann als potenzierte Produktivkraft des Kapitals erscheinen. So gesehen kann die Analyse der ursprünglichen Akkumulation und der Artikulation verschiedener Produktionsweisen die Elemente identifizieren helfen, die auf dem „historischen Feld", dem gegebenen Terrain entstehen bzw. geschaffen/freigesetzt werden und die sich im Übergang verschieben und zu einer möglichen Formation verdichtet werden (vgl. ebd.).

Die ursprüngliche Akkumulation bedeutet demnach die stets produzierte Trennung der Produzenten von den Produktionsmitteln und deren Verwandlung in Lohn- und Nichtlohnarbeiter, die sich aber gegenseitig bedingen und ergänzen (ebd., vgl. auch Marx 1968: 267) und gleichzeitig die Kommodifizierung von gesellschaftlichen (und) Naturverhältnissen. Hierin ist also zweierlei hervorzuheben: Einerseits sind die Aneignungsweisen stets von Gewalt (als „ökonomischer Potenz") begleitet; andererseits kann die ursprüngliche Akkumulation - Trennung/Wiedereingliederung in den Arbeitsprozess und Kommodifizierung - als ein Unterscheidungskriterium der Periodisierung (Übergang von einer Produktionsweise in die andere) fungieren. Dabei gibt es mehrere Wege der Verwandlung. Die Mannigfaltigkeit der Wege, die „relative Unabhängigkeit und historische Verschiedenheit der Entstehungsprozesse des Kapitals bringt Marx mit dem Wort ‚vorfinden' zum Ausdruck: die Konstituierung der Struktur sei ein 'Fund'" (Althusser/Balibar 1972: 380, siehe auch Marx 1974: 375f.).

Insofern nun die Fragen der Regulationstheorie sich nach den historischen „Fundsachen" (Lipietz) bzw. nach dem einmal vorgefundenen und reproduzierten kapitalistischen Produktionsverhältnis richteten, führte sie zwei historisch-räumliche wie sozio-ökonomische Brüche ein, die problematisch sind: Nämlich einmal die Periodisierung der kapitalistischen Gesellschaftsformation seit der „spezifischen kapitalistischen Produktionsweise" (reelle Subsumtion, Marx) oder der Großindustrie und damit der überwiegenden Autozentrierung metropolitaner Ökonomien; und das andere mal die Abstrahierung von der Artikulation verschiedener Produktionsweisen. Diese zwei Mängel können m.E. mit Hilfe der Begriffe der imperialistischen Kette und des Weltsystems insofern aufgehoben werden, als in diesen Zusammenhängen sowohl die formelle Subsumtion als auch die Artikulation der spezifischen kapitalistischen mit nicht-kapitalistischen Produktionsweisen thematisiert werden. In diesem Kontext scheint mir die Analyse der ursprünglichen Akkumulation und der Artikulation verschiedener Produktionsweisen von strategischer Bedeutung sowohl für die jeweiligen Gesellschaftsformationen als auch global.

2. Produktionsweise, Gesellschaftsformationen, imperialistische Kette und Weltsystem

> „In allen Gesellschaftsformen ist es eine bestimmte Produktion, die allen übrigen, und deren Verhältnisse daher auch allen übrigen, Rang und Einfluss aufweist. Es ist eine allgemeine Beleuchtung, worein alle übrigen Farben getaucht sind und [welche] sie in ihrer Besonderheit modifiziert. Es ist ein besonderer Äther, der das spezifische Gewicht alles in ihm hervorstechenden Daseins bestimmt.“
> (Marx 1974: 27)

Wenn nun mit dem abstrakten Begriff der Produktionsweise noch keine konkrete Geschichte geschrieben und eine konkrete Analyse erst auf konkret-komplexerer Ebene geleistet werden kann, so wird die Frage der konkreten widersprüchlichen Einheiten (räumlich wie politökonomisch) brisant. Da dies eine sehr komplexe Fragestellung ist, beschränke ich mich im Folgenden auf drei Einheiten, die in der Tradition der Marxschen Theorie thematisiert wurden. Es wird dabei keine erschöpfende Analyse dieser Gegenstände geliefert, und die Darstellung wird sich darauf beschränken, auf die „konkreten Orte“ der Analyse hinzuweisen.

Nach Marx (MEW 25: 799f., Marx 1974: 9f.) bedingt eine bestimmte Form der Produktionsverhältnisse bestimmte Herrschafts- und Ausbeutungsformen, d.h. politische und ideologische Verhältnisse (Althusser/Balibar 1972: 237). M.a.W., „bestimmte Produktionsverhältnisse“ setzen „als Existenzbedingung eine juristisch-politische und ideologische Suprastruktur“ voraus, und „diese Suprastruktur [ist] notwendigerweise eine spezifische Suprastruktur“ (ebd.: 238). Die Produktionsverhältnisse *referieren* dabei nur auf Formen, nicht aber auf konkrete Konfiguration von Verhältnissen: „Die Produktionsverhältnisse verweisen auf die Formen der Suprastruktur als auf die eigentlichen Bedingungen ihrer Existenz. Man kann demnach den Begriff der Produktionsverhältnisse nicht denken, indem man von ihren spezifischen suprastrukturalen Existenzbedingungen abstrahiert.“ (ebd.) Das Politische und das Ideologische sind in den Produktionsverhältnissen schon immer und auf spezifische Weise anwesend. „Das bedeutet, daß, wenn die Struktur der Produktionsverhältnisse das Ökonomische als solches bestimmt, die Bestimmung des Begriffes der Produktionsverhältnisse einer *Produktionsweise* notwendig von der Bestimmung des Begriffes der Totalität der verschiedenen gesellschaftlichen Ebenen und ihres spezifischen *Gliederungs-, d.h. Wirkungstyps* ausgeht.“ (ebd.: 239, Hvh. SA) Methodisch bedeutet dies, dass der „Begriff des Ökonomischen [...] für jede Produktionsweise konstruiert werden“ muss, „ebenso wie der Begriff der zu einer Produktionsweise gehörenden 'Ebenen' (Politik, Ideologie etc.)“ (ebd.: 246).

Balibar differenziert zwischen Besitz und Eigentum bzw. zwischen realer Aneignung im Arbeitsprozess qua Formveränderung des Gegenstandes durch die unmittelbaren Produzenten einerseits und Eigentumsverhältnis andererseits. Die erste Beziehung bezieht sich auf das Verhältnis zwischen den Elementen, das alle Produktionsweisen charakterisiert (vgl. ebd. 284f.). „Die zweite Form der 'Aneignung'

[...] bezeichnet die Voraussetzung der kapitalistischen Produktion: das Kapital als Eigentümer aller Produktionsmittel einschließlich der Arbeit und daher Eigentümer des ganzen Produktes." (ebd.: 285)[8] Konsequent bestimmt er die Produktivkräfte als ein Produktionsverhältnis (vgl. ebd.: 316, vgl. auch Hindes/Hirst 1981) und wendet sich so gegen jedwede Form des Technizismus.

Nicos Poulantzas (1975), der in der Tradition von Althusser die produktive Unterscheidung zwischen Besitz und Eigentum und zwischen ökonomischem und juristischem Eigentum vornimmt (vgl. ebd.: 19f., zu Letzterem Althusser/Balibar 1972: 237f., Fn. 12), präzisiert: Die ideologischen und politischen Verhältnisse gehen in die Bestimmung der Produktionsverhältnisse als Eigentumsverhältnisse konstitutiv ein (vgl. auch Lefebvre 1974: 34f.), weil die Enteignung/Trennung der unmittelbaren Produzenten stets reproduziert werden muss (vgl. Poulantzas 1975: 21). Mit anderen Worten: „Der Produktions- und Ausbeutungsprozeß ist gleichzeitig der Reproduktionsprozeß der politischen und ideologischen Herrschafts-/Unterordnungsverhältnisse." (ebd.) Die Produktionsweise ist also ein abstrakt-allgemeiner Begriff, doch in dieser Abstraktheit ist er komplex bestimmt, d.h. ökonomisch, politisch und ideologisch (vgl. ebd.: 22). Die „Produktionsweisen existieren und reproduzieren sich nur in historisch bestimmten Gesellschaftsformationen: Frankreich, Deutschland, England etc." (ebd.).

„Das Prinzip der Gliederung der Praxisformen besteht im 'Bau' oder im ‚Mechanismus' ihrer Wechselwirkung, worin sich die Gesellschaftsformation als ein aus verschiedenen Ebenen ('Instanzen', 'Praxisformen') bestehendes Ganzes erweist. Marx nennt drei solcher Ebenen: ökonomische Basis, juristischer und politischer Überbau und Formen des gesellschaftlichen Bewusstseins." (Althusser/Balibar 1972: 272) Dieses Schema ist eine erste Annäherung an die von Balibar aufgeworfene, erkenntnistheoretische Frage „Wie gliedern sich verschiedene Praxisformen, die Ausdruck einer Arbeitsteilung sind, untereinander, und wie verändert sich ihre Gliederung bei einer Mutation ('Einschnitt') der Praxisformen?" (ebd.: 275, Fn. 5) In diesem Zusammenhang problematisiert er den Begriff der *Gesellschaftsformation*: „Der Begriff 'Gesellschaftsformation' kann so, wie Marx ihn verwendet, sowohl ein empirischer Begriff [...] als auch ein abstrakter Begriff sein" (ebd.: 276, Fn. 6), d.h. der Begriff darf nicht als fixe Größe gefasst werden, sondern stets als konkret zu bestimmender Gegenstand. Um den Begriff der Gesellschaftsformation, die mehrere Produktionsweisen umfasst, zu bestimmen, wäre es nötig, „diese Produktionsweisen [...] erst auf die Gesetze ihres *Nebeneinanderbestehens* und ihrer *Hierarchie* hin zu untersuchen" (ebd.: 277, Hvh. SA).[9] Das heißt, dass in ökonomischer Hinsicht die verschiedenen Momente des Arbeits- und Reproduktionsprozesses (Produktion, Zirkulation, Distribution und Konsumtion) als Artikulation von diversen (nicht nur kapitalistischen) Produktionsverhältnissen unter der Dominanz eines bestimmten Produktionsverhältnisses zu bestimmen sind - in der kapitalistischen Produktionsweise ist dies das Lohn-/Warenverhältnis.[10] Dieses Wirrwarr führt ihm zufolge zum Problem der „Verwechslung von Gesellschaftsformationen und ihrer ökonomischen Infrastruktur [...], die häufig nur auf *eine* Produktionsweise bezogen wird" (ebd.).

Poulantzas bestimmt demnach die Gesellschaftsformation als eine je spezifische Artikulation von mehreren Produktionsweisen (und -formen) (vgl. Poulantzas 1975: 22). In einer Gesellschaftsformation dominiert eine bestimmte Produktionsweise die anderen und drückt Letzteren ihren Stempel auf. Die Artikulation dieses Dominanzverhältnisses impliziert „komplexe Auswirkungen von *Auflösung-Bewahrung*[11] auf andere Produktionsweisen und -formen" und weist „diesen Gesellschaftsformationen ihren Charakter" zu (ebd.).

Zum Zweck der historisch-konkreten Bestimmung der kapitalistischen Gesellschaftsformation bedient sich Poulantzas nun des Begriffs der *imperialistischen Kette*. Die imperialistische Kette reflektiert sich demnach in jedem Kettenglied (im Sinne einer Gesellschaftsformation) in besonderer Form, die wiederum von der Dominanz der kapitalistischen Produktionsweise über andere Produktionsweisen in den jeweiligen Gesellschaftsformationen abhängt. „Tatsächlich bezeugt die *Reproduktion* der kapitalistischen Produktionsweise in ihrer doppelten Tendenz, daß diese nur existieren kann, indem sie die anderen Produktionsweisen und -formen unterwirft und sich deren Elemente (Arbeitskraft, Arbeitsmittel) aneignet. In ihrer *Reproduktion* erzeugt gerade die *Verknüpfung* der kapitalistischen Produktionsweise mit den Produktionsweisen und -formen in Gesellschaftsformationen die ungleiche Entwicklung." (ebd., Hvh. SA) Was das imperialistische Stadium von vorherigen unterscheidet ist, dass die abhängigen Gesellschaftsformationen nicht mehr „äußerlich" an die Metropolen gebunden werden: Sie werden von nun an von „innen" her beherrscht (ebd.: 40), indem sich die Dominanz der kapitalistischen Produktionsweise auch in diesen Gesellschaftsformationen durchsetzt:

> „*Die Produktionsweise der Metropolen reproduziert sich in spezifischer Form im Innern der beherrschten und abhängigen Formationen selbst.* Das verhindert nicht, dass ungleichmäßig und im Gegensatz zu dem, was in den Metropolen vor sich geht, die bewahrenden Wirkungen hier die Oberhand über die auflösenden behalten können, und zwar in der doppelten Tendenz, die die innere Herrschaft der kapitalistischen Produktionsweise den anderen Produktionsweisen und -formen dieser Formationen auferlegt. Darüber hinaus ist diese Phase dadurch charakterisiert, daß diese von der kapitalistischen Produktionsweise *induzierte* Reproduktion entscheidend innerhalb dieser Formationen auf den Bereich ihrer Staatsapparate und ihrer ideologischen Formen übergreift." (ebd.: 43)

Diese Periodisierung der konkreten Formationen ist gegen die abstrakte Darstellung gerichtet, in der die Produktionsweisen als Subjekte erscheinen. Die Gesellschaftsformation erscheint in den Imperialismustheorien der 70er Jahre (vgl. ebd.: 45f.) als „räumliche Anordnung" der Momente des Prozesses der Produktionsweise als solche: „Der Klassenkampf ist dabei aus ihm entfernt worden." (ebd.: 45) Poulantzas geht weder von einer abstrakten, globalen Produktionsweise aus, noch begreift er die Herrschaftsverhältnisse als Resultat einfach addierter Einheiten. Er bestimmt sie als „imperialistische Kette":

> „Die *imperialistische Kette* ist nichts anderes als die Reproduktion der kapitalistischen Produktionsweise in den Gesellschaftsformationen unter bestimmten ökonomischen, politischen und ideologischen Bedingungen, und die Glieder dieser Kette - Gesellschaftsformationen - konstituieren den Ort der Existenz dieses Prozesses." (ebd.: 46)

Diese nicht systemische, sondern als widersprüchliche Einheit begriffene Konstruktion scheint mir auf zwei methodischen Annahmen gegründet zu sein: Einerseits Althussers Überdeterminierung und andererseits das Primat des nationalen Raums, des Staats bei Poulantzas. Letzteres ist insofern konsequent, als wie dargestellt zu dem Begriff der Produktionsweise nicht nur ökonomische, sondern auch politische und ideologische Verhältnisse konstitutiv gehören. Für Poulantzas bedeutet das, dass der Begriff der globalen kapitalistischen Produktionsweise nicht nur akkumulationstheoretisch, sondern auch staatstheoretisch fundiert werden muss. In der Abwesenheit eines globalen Staates, analog zum Nationalstaat, kann jedoch von der globalen kapitalistischen Produktionsweise nicht die Rede sein, da der Nationalstaat nicht nur, im Leninschen Sinne, die adäquate Form der Entwicklung des Kapitalismus darstellt, sondern auch weil einzig er die Reproduktion der Herrschaftsverhältnisse in der in Klassen gespaltenen Gesellschaftsformation garantieren kann. Zu Althusser möchte ich einen kurzen Exkurs einfügen, weil seine Bestimmung der imperialistischen Kette Poulantzas wichtige Argumente liefert.

Althusser (1968) illustriert in Bezug auf Maos Unterscheidungen zwischen Haupt- und Nebenwiderspruch, Haupt- und Nebenseite des Widerspruchs, antagonistischen und nichtantagonistischen Widersprüchen sowie auf das Gesetz der Ungleichmäßigkeit der Entwicklung der Widersprüche den Begriff des Widerspruchs anhand der Leninschen Metapher des „schwächsten Glieds" der imperialistischen Kette (vgl. ebd.: 57f., Fn. 6; 137f. und 146f.).[12] In der Essenz geht es dabei darum aufzuzeigen, dass der Widerspruch nicht von seinen „Existenzbedingungen" losgelöst zu denken ist (vgl. ebd.: 65), d.h. dass er mit diesen eine widersprüchliche Einheit bildet, dass er nur in und durch diese Einheit zu bestimmen ist (vgl. ebd.: 62): Er ist in seinem Prinzip „überdeterminiert" (ebd.: 65f.). Bezogen auf den Begriff der Produktionsweise bedeutet dies, dass es sie nicht in Reinform gibt, sondern dass sie eine stets spezifisch artikulierte, widersprüchliche Einheit darstellt, welche nur in einem konkreten Raum, nämlich der Gesellschaftsformation, zu bestimmen ist.

Wie sind nun die *globalen Herrschaftsverhältnisse* zu bestimmen? - Sie sind der Struktur des komplexen gegebenen Ganzen inhärent. „Die Herrschaft ist nicht eine einfache, unwichtige *Tatsache*, sie ist eine für die Komplexität selbst *wesentliche* Tatsache. Deshalb schließt die Komplexität die Herrschaft als für sich wesentlich ein: Sie ist in ihre Struktur eingeschrieben." (ebd.: 147) Damit jedoch die Elemente der Einheit sich nicht beliebig und „plural" zusammensetzen, artikuliert sich diese Einheit durch das Dominanzverhältnis (ebd.: 148). Indes kann die Einheit nicht außerhalb ihrer Widersprüche und der Ungleichheitsverhältnisse bestimmt werden. Anders formuliert: „Jeder Widerspruch, jede wesentliche *Gliederung* der Struktur und das allgemeine *Gliederungsverhältnis* in der Struktur mit Dominante bilden ebenso viele Existenzbedingungen des komplexen Ganzen selbst." (ebd.: 151, Hvh. SA) Dies gilt für das Verhältnis der Haupt- und Nebenwidersprüche gleichermaßen, d.h. das eine ist nicht vor oder unabhängig von dem anderen zu denken (vgl. ebd.). Die Verknüpfung zwischen diesem abstrakten Verhältnis der Überdeterminierung und der konkreten Analyse der konkreten Situation wird durch den Begriff der „Bedingungen" hergestellt. Althusser stellt in Anlehnung an Marx, Lenin, Mao etc. fest, dass alles von den „Bedingungen", den „Umständen" abhängt. Der Begriff der Bedingungen ist insofern nicht als empirischer Begriff zu verstehen, sondern als theoretischer, weil er „im Wesen des Gegenstandes selbst" begründet ist: „das immer-schon gegebene komplexe Ganze" (ebd.: 153).

Dieser Verknüpfung fehlt meines Erachtens das vermittelnde „Glied" insofern, als die Formen der „Existenzbedingungen" sich historisch ändern, was bedeutet, dass sie konzeptionell produziert werden müssen, damit die konkrete Situation analysiert werden kann, sonst wird es schwierig, „die konkreten Variationen und Umwälzungen einer strukturierten Komplexität, z.B. die einer Gesellschaftsformation, zu verstehen", und zwar deswegen, weil diese Variationen und Umwälzungen nicht „akzidentiell", „durch äußere „Bedingungen" an einem festen strukturierten Ganzen, seinen Kategorien und ihrer festen Ordnung erzeugt [...], sondern als jeweilige konkrete Restrukturationen" (ebd.: 156f.) aufzufassen sind.[13] Die Bewegungsform des Widerspruchs ist durch Verlagerungs- und Verdichtungsprozesse charakterisiert, die jedoch ungleichmäßig verlaufen. Diese Ungleichmäßigkeit ist keine Ausnahme, sondern „ein ursprüngliches Gesetz" (ebd.: 158f.), eine „innere Ungleichmäßigkeit", welche die „äußere" begründet und nicht umgekehrt, auch im Verhältnis zwischen und unter den Gesellschaftsformationen (vgl. ebd.: 159f.).

Die imperialistische Kette wäre in diesem Sinne weder ein System, noch eine Aneinanderreihung von Gesellschaftsformationen, sondern ein Herrschaftsverhältnis, dessen konkrete Form von den Existenzbedingungen/Formen der überdeterminierten und ungleichmäßigen Entwicklungen der Widersprüche abhängt. Hier tritt das politische Moment und die Frage des Klassenkampfs als Motor der Geschichte hervor, will man den Autozentrismus eines Systems bzw. einer Struktur vermeiden.

Der politische Kampf ist als „die tatsächliche Verdichtung, der strategische Knotenpunkt [...], in dem sich das *komplexe Ganze* (Ökonomie, Politik und Ideologie) *reflektiert*." (ebd.: 164). Da jedoch der strategische Ort der Gegenüberstellung, des Kampfes, je nach Verlagerung der Dominanz und Verdichtung der Widersprüche variiert, bedeutet dies für die politische Praxis (Widerstand, Intervention in die politische Konjunktur etc.), den strategischen Ort in der dominanten Existenzform des Widerspruchs (Verlagerung, Verdichtung oder globale Restrukturierung) zu identifizieren zwecks der „Spaltung des existierenden Einheitlichen" (ebd.: 158). Diese herrschaftskritische und strategische Perspektive des Politischen stellt meines Erachtens den Hintergrund für die Staatstheorie Poulantzas' und die Konstruktion der imperialistischen Kette dar. Deswegen, d.h. weil es um die radikale Veränderung des Bestehenden geht, nimmt der konkret-komplexe Begriff der Gesellschaftsformation eine zentrale Stelle in der Analyse der konkreten Situation ein. Eine abstrakte, globale kapitalistische Produktionsweise wäre nicht nur methodisch undenkbar, sondern stellt politisch ein unfassbares Unding dar.

Diese widersprüchliche Einheit kann, so meine ich, global in einer *regulationstheoretisch angereicherten Weltsystemtheorie* skizzenhaft aufgehoben werden. Der historische Kapitalismus als Weltsystem ist ökonomisch nach Wallerstein (1989, Hopkins/Wallerstein 1979) als ein Prozess und eine Tendenz der Kommodifizierung im Weltmaßstab zu verstehen, politisch und ideologisch ist er durch ein hierarchisches Staatensystem und einen bürgerlichen „Kulturimperialismus" bzw. ein bürgerliches „Weltbild" (Wallerstein 1989: 73, 71) charakterisiert. Die ökonomischen Kämpfe um die Produktion und Aneignung des globalen Mehrwerts sind stets durch nationale, „ethnische" bzw. ethnifizierte, rassistische und geschlechterspezifische Kämpfe und Konfliktachsen überdeterminiert. Das Ausmaß der Kommodifizierung und Proletarisierung lässt sich - und dies begründet den Haushalt als die zentrale analytische Einheit in der Theorie - anhand des Kommodifizierungsgrades der Reproduktion der Arbeitskraft vermitteln: Die unterschiedlichen Formen der Reproduktion der Arbeitskraft stellen insofern ein zentrales Moment der Ausbeutung und somit der Profitmaximierung dar, als strukturell wie strategisch reine Lohnarbeit der erweiterten Reproduktion des Kapitals widerspricht bzw. zuwiderläuft. Indes stellt das Artikulationsverhältnis zwischen der kapitalistischen und den nicht-kapitalistischen Produktionsweisen einen immanenten Widerspruch im System selbst dar.

Wallerstein (ebd.: 25-27) fasst den Akkumulationsprozess im Weltmaßstab als eine Bewegung, die von den Peripherien in die Zentren tendiert und hier die Akkumulation und die erweiterte Reproduktion fördert. Es ist ein hierarchischer, auf der Basis von „erweiterter sozialer Differenzierung der Arbeit" gegliederter, d.h. durch unterschiedliche Weisen und Formen der Produktion und Reproduktion konstituierter Prozess: „Diese Hierarchisierung des Raumes in der Struktur des Produktionsprozesses hat zu einer immer größeren Polarisierung zwischen den Zentren und den peripheren Zonen der Weltwirtschaft geführt, nicht nur im Hinblick auf die Verteilungskriterien (Niveau des Realeinkommens, Lebensqualität), sondern - noch wichtiger - in den Standorten der Kapitalakkumulation." Der Werttransfer konstituiert das Verhältnis der „Zentralität und Peripheralität". Die Konzentration des Kapitals in den Zentren trug nicht nur zur weiteren Akkumulation und erweiterten Reproduktion bei, sondern war begleitet bzw. forcierte die Bildung von mächtigen Zentralstaaten: Hier konnten sich durch „die sogenannten historischen Lohnniveaus, die in den verschiedenen Zonen des Weltsystems so dramatisch divergieren" - und damit letztlich auf Kosten der Peripherien - Klassenkompromisse bilden und institutionalisieren.

Dieser Prozess läuft indes nie rein ökonomisch ab, sondern ist stets außerökonomisch vermittelt. Hier ist die *Bedeutung des Staatensystems* als ein gegenseitiger Konstituierungsprozess zu sehen, in dem nicht nur die sogenannte Staatssouveränität als „Mythos" erscheint, sondern auch die formelle Gleichheit der Staaten. „Der moderne Staat ist nie eine völlig autonome politische Einheit gewesen. Staaten entwickelten sich und wurden geformt als Teile eines Staatensystems." Dieses ist hierarchisch nach starken und schwachen Staaten strukturiert, indem erstere allen anderen „Restriktionen" auferlegen (ebd.: 48). In Anlehnung an Gramsci (1991ff.: 784f.) erklärt sich dieses Verhältnis, also das globale Machtgefälle und die zwischenstaatliche Hierarchie, dadurch, dass die starken Nationalstaaten nicht nur unabhängig, sondern auch „international autonom" sind insofern, als das expansive Moment ihrer Konstituierung maßgeblich ihre nationale Exklusivität akzentuiert. Für die Nationalstaaten in der Peripherie, d.h. für den historisch verzögerten Prozess der Nationalstaatsbildung nach der Entkolonialisierung, kann davon keine Rede sein, da es hierbei lediglich darum ging, „irgendeinen Einheitsstaat zusammenzustückeln" (ebd.), d.h. um die politische, ökonomische, kulturelle wie territoriale Erschließung des zuvor kolonialisierten Raumes. Insofern sind die peripheren Staaten zwar international konstituiert, jedoch nicht international autonom, sondern befinden sich in einem globalen vorstrukturierten Raum: Die internationale Abhängigkeit bedingt eine nationale Zerstückelung und umgekehrt. Dies hindert jedoch nicht daran, sich die strategischen Spielräume zu Nutze zu machen bzw. „aus dem Gleichgewicht der internationalen Kräfte Nutzen ziehen zu können" (ebd.).

Die politische Fraktionierung ist indes diesem System immanent, das einer „Verwandlung der Weltwirtschaft in ein Weltreich" (Wallerstein 1989: 49) oder in einen „Weltstaat" strukturell, d.h. aufgrund der Konkurrenz um die Aneignung global produzierten Mehrwerts, zuwiderläuft (vgl. Hirsch 1993: 201). Allenfalls werden Stabilitätsphasen dieses historischen Systems durch die „relative Dominanz" oder „Hegemonie" eines starken Staates gehegt (Wallerstein 1989: 49f.).

Der historische Kapitalismus als Weltsystem ist indes durch langfristige, an eine Hegemonialmacht gekoppelte „systemische Akkumulationszyklen" (Arrighi/Moore 2001: 43f.) charakterisiert. Eben weil die Dynamik der Akkumulation im Weltmaßstab qualitativ verschieden ist von jener innerhalb des Nationalstaates (ebd.: 43), stellt die analytische Einheit das Staatensystem dar. Als „Akkumulationsregime im Weltmaßstab" werden nun „jene Strategien und Strukturen" definiert, wodurch die „führenden Akteure der Restrukturierung die kapitalistischen Weltökonomie gefördert, organisiert und gesteuert haben" (ebd.: 45). Dieses weltweite Akkumulationsregimen impliziert vor allem in seinen Finanz-, Kredit- und Schuldenformen im Sinne von Marx „eine der Quellen der ursprünglichen Akkumulation" (MEW 23: 783f., vgl. Arrighi/Moore 2001: 48f.). Der Begriff des Akkumulationsregimes wird hier im Sinne einer bestimmten Konfiguration der institutionellen Form der Regulation im Weltmaßstab verstanden. Dies bedeutet, dass nicht von einzelnen Staaten, sondern stets von einem „Block" von politischen wie ökonomischen Akteuren auszugehen ist, die die materielle Expansion in Gang setzen (vgl ebd.: 46f.). Analog zu den idealtypischen Konstruktionen von extensiven und intensiven Akkumulationsregime in der Regulationstheorie sprechen Arrighi/Moore von „extensiven" und „intensiven" Akkumulationsregimen im Weltmaßstab: Extensiv ist hier im Sinne eines „kosmopolitisch-imperialen", d.h. expansiven Regimes und intensiv im Sinne eines „korporativ-nationalen", also zu Konsolidierung und Vertiefung der Expansion tendierenden Regimes zu verstehen.

„Die Entwicklung des historischen Kapitalismus als Weltsystem basierte auf der Formation von stets machtvolleren Blöcken kosmopolitisch-imperialer (oder korporativ-nationaler) Wirtschafts- und Regierungsorganisationen, die dazu in der Lage waren, den funktionalen und räumlichen Umfang des kapitalistischen Weltsystems auszuweiten oder zu vertiefen." (ebd.: 53)

3. Die Artikulation verschiedener Produktionsweisen

Wenn es keinen Weg zurück hinter die kapitalistische Produktionsweise gibt bzw. wenn die kapitalistische Produktionsweise eine historische Zäsur darstellt, so gibt es keine vor-, prä- oder außerkapitalistische Produktionsweisen, sondern nur noch *nichtkapitalistische*. Wenn Letztere dem Kapitalismus nicht äußerlich sind und wenn sie ihren Rhythmus, ihr Tempo und ihre Form der Veränderung nach der dominanten Form der kapitalistischen Produktionsweise richten, so können sie nur als der kapitalistischen Produktionsweise inhärente Widersprüche begriffen werden. Mit anderen Worten gibt es weder fixe kapitalistische Größen, noch lassen sich die nichtkapitalistischen a priori ableiten: Die Formen der An- und Enteignung, der De- und Re-Kommodifizierung von gesellschaftlichen und Naturverhältnissen (Arbeitskraft, Lebensmittel, Rohstoffe, Wissen, Produktionsmittel etc.) nehmen nicht nur historisch-konkrete Formen an, sondern sie sind stets den Auflösungs-, Konservierungs- und Neuschaffungsprozessen unterworfen, die der Äußerlichkeit, der Fixiertheit und der Unveränderlichkeit der gesellschaftlichen Verhältnisse, kurz: der Widerspruchsfreiheit entgegen stehen. Marx analysiert also nicht vorkapitalistische Produktionsweisen, sondern Widersprüche und „Trübheiten" in den ökonomischen Kategorien der bürgerlichen Produktionsweise: *Jene sogenannten vor-kapitalistischen Produktionsweisen stellen nichts anderes dar als Konstruktionen im Begriff der kapitalistischen Produktionsweise selbst.*

Was ist nun unter der *Artikulation verschiedener Produktionsweisen* zu verstehen? Man kann zunächst Althusser (vgl. Althusser/Balibar 1972: 265) kritisieren, der den „Rest" und die „Relikte" als empirische Phänomene im Verhältnis zur reinen kapitalistischen Produktionsweise zu verstehen scheint.[14] Diese reine kapitalistische Produktionsweise gibt es nicht, weil die Verhältnisse und die Kategorien, die sie ausdrücken, „trüb" sind. Die „Reinheit" der abstrakten kapitalistischen Produktionsweise drückt also ihre Dominanz aus, nicht ihre Ausschließlichkeit: Nicht erst auf der Ebene der Gesellschaftsformation artikulieren sich die diversen Produktions- und andere gesellschaftliche Verhältnisse, sondern schon auf der abstrakten Ebene sind sie als „Andeutungen" gegliedert (Marx).

Balibars Bestimmung des Artikulationsverhältnisses als Dominanzverhältnis ist nur sinnvoll, wenn sie sich auf die Epoche des Kapitals bezieht. Dann würde sein Argument, sie als Widersprüche, „Trübheiten" im Begriff der kapitalistischen Produktionsweise selbst zu bestimmen und nicht als historische, vorkapitalistische Produktionsweisen, einen konkreteren Sinn haben.

„Es wäre also untubar und falsch, die ökonomischen Kategorien in der Folge aufeinanderfolgen zu lassen, in der sie historisch die bestimmenden waren. Vielmehr ist ihre Reihenfolge bestimmt durch die Beziehung, die sie in der modernen bürgerlichen Gesellschaft aufeinander haben, und die genau das umgekehrte von dem ist, was als ihre naturgemäße erscheint oder der Reihe der historischen Entwicklung entspricht. Es handelt sich nicht um das Verhältnis, das die ökonomischen Verhältnisse in der Aufeinanderfolge verschiedener Gesellschaftsformen historisch annehmen. Noch weniger um ihre Reihenfolge 'in der Idee' (Proudhon) [...]. Sondern um ihre Gliederung innerhalb der modernen bürgerlichen Gesellschaft." (Marx 1974: 28)

Das Artikulationsverhältnis darf des Weiteren nicht als Elimination anderer Produktionsweisen verstanden werden, sondern - auch und insbesondere wenn man konkreter und komplexer argumentiert - als deren Neuschaffung und Reproduktion. Denn das Verhältnis zwischen der dominanten und den anderen Produktionsweisen ist ein internes, nicht äußerliches Verhältnis. Damit werden Produktionsweisen als Herrschaftsverhältnisse begreifbar, die aus dem entwickelten Begriff des Kapitals rekonstruiert werden können und auf die Bewegungsformen jener nach den (tendenziellen) Gesetzen der herrschenden kapitalistischen Produktionsweise hindeuten. Das Artikulationsverhältnis ist ein internes Widerspruchverhältnisses, kein funktionales, schon gar nicht apriorisches Verhältnis. Indes kann die herrschende Produktionsweise der Epoche verschiedene, je nach spezifischen Verhältnissen konkretere Formen annehmen: Die „Urform" des Mehrwerts nimmt verschiedene, abgeleitete Formen an; sie ist also, werttheoretisch ausgedrückt, die Mehrarbeit, und diese ist „allgemeine Kritik des Gesamtsystems der ökonomischen Kategorien" (Marx 1968: 250).

Rekonstruieren wir: Wieso kann Marx die kapitalistische Produktionsweise nicht ohne nichtkapitalistische Produktionsweisen analysieren? „Auch bei der theoretischen Methode [...] muß das Subjekt, die Gesellschaft, als Voraussetzung stets der Vorstellung vorschweben" (Marx 1974: 22), und diese bürgerliche Gesellschaft (illustriert anhand des englischen Kapitalismus) „ist die entwickeltste und mannigfaltigste historische Organisation der Produktion. Die Kategorien, die ihre Verhältnisse ausdrücken, das Verständnis ihrer Gliederung, gewähren daher zugleich Einsicht in die Gliederung und die Produktionsverhältnisse aller untergegangenen Gesellschaftsformen, mit deren Trümmern und Elementen sie sich aufgebaut, von denen teils noch unüberwundne Reste sich in ihr fortschleppen, bloße Andeutungen sich zu ausgebildeten Bedeutungen entwickelt haben etc." (ebd.: 25f.; sowie ebd.: 364f.). Die Nichtbeachtung dieser Komplexität und der Überschneidungen in diesen mannigfaltigen Produktionsverhältnissen verursacht die „Trübheit" in der Theorie. In der Analyse ist beispielsweise nichts selbstverständlicher, als mit der ersten Produktionsform, der Agrikultur anzufangen. „Aber nichts wäre falscher. In allen Gesellschaftsformen ist es eine bestimmte Produktion, die allen übrigen, und deren Verhältnisse daher auch allen übrigen, Rang und Einfluß anweist." (ebd.: 27)

Dieses Artikulationsverhältnis, welches das Dominanz-/Unterordnungsverhältnis und die Tendenzen impliziert, ist nicht nur auf einer bestimmten Ebene oder in einem bestimmten Raum, sondern allgemein zu verstehen. Wir haben also unterschiedliche Herrschaftsverhältnisse, in denen das Kapitalverhältnis das dominante Verhältnis ist. Das ist die erste Bestimmung des Artikulationsverhältnisses zwischen Stadien der kapitalistischen Produktionsweise (Manufaktur, Fabrik, Großindustrie etc.) und anderen nicht-kapitalistischen Produktionsweisen: *Artikulation qua Dominanz*.

Um dieses Verhältnis nun als internes, widersprüchliches Verhältnis zu fassen, reicht eine „äußerliche", auf der Zirkulationsebene verankerte Bestimmung nicht aus, denn diese führt in der Regel zu einer funktionalen Bestimmung des Verhältnisses. Dies bedeutet indes, dass das Kapital als kommodifizierte-kommodifizierende Bewegung begriffen werden muss. Es eignet sich die außerhalb seiner „Entwicklungsstufe“ liegende nicht-kapitalistische Produktionsweise an und kommodifiziert sie tendenziell. Zum Begriff der Tendenz gehört aber jener der Gegentendenzen, was stets die umgekehrte Richtung impliziert: Dekommodifizierung. Die Dominanz, die Gewaltförmigkeit und die Hierarchie der Verhältnisse sind in der „Keimzelle“ des bürgerlichen Herrschaftsverhältnisses zu sehen: der Ware. Diese ist aber nicht identisch, sondern eben widersprüchlich gefasst. Andere, nichtkapitalistische Produktionsweisen müssen stets konkret bestimmt werden, da sie weder der kapitalistischen Produktionsweise vorausgehen noch von ihr abzuleiten sind, sondern sich stets mit ihr artikulieren und zwar je nach der dominanten Form der kapitalistischen Produktionsweise: ohne Dominanz keine Artikulation. *Das Dominanzverhältnis begründet das Artikulationsverhältnis und lässt es nicht als beliebiges und voluntaristisches erscheinen.* Welche dominante Form der kapitalistischen Produktionsweise und welche nicht-kapitalistischen Produktionsweisen entstehen, konserviert oder aufgelöst werden, kann nicht a priori bestimmt und abgeleitet werden. Dies ist die Frage der Analyse der konkreten Situation, d.h. der Bestimmung der dominanten Form und des Artikulationsverhältnisses.

Der Vergleich mit den anderen Produktionsweisen dient also nicht nur dazu, die kapitalistische Produktionsweise im Sinne einer Kritik am Naturalismus der politischen Ökonomie historisch zu spezifisieren (Althusser u.a.). Es geht auch um die Widersprüche und Ungleichzeitigkeit in der Entwicklung, d.h. es sollen Artikulation - eben weil diese die Regel ist - und Übergänge aufgezeigt werden. Wenn wir die verschiedenen Konstruktionen der Produktionsweisen bei Marx nicht als den Begriff der kapitalistischen Produktionsweise apriorisch oder äußerlich betrachten, sondern den Kapitalbegriff als hierarchisch gegliederte, ungleichmäßig determinierte Widerspruchsformation verstehen, die in der Periodisierung (Manufaktur, Fabrik, Großindustrie etc.) stets unter einer bestimmten dominanten Form artikuliert wird, so bedeutet dies, dass diese Produktionsweisen nicht im historisch-evolutionären Sinne zu verstehen sind, also als vor-kapitalistische Produktionsweise, die sich stadienartig zum Kapitalismus entwickeln oder aber für alle Ewigkeit stagnieren, sondern stets *als spezifisch artikulierte Widersprüche*.

So bestimmt Poulantzas die Artikulation der kapitalistischen Produktionsweise im und zwischen den Räumen zunächst abstrakt im Sinne der doppelten Tendenz dieser Produktionsweise:

> „... ihre Reproduktion innerhalb einer Gesellschaftsformation, in der sie ‘Fuß faßt’ und ihre Herrschaft errichtet, und ihre Ausdehnung über diese Formation hinaus, wobei beide Aspekte dieser Tendenz gleichzeitig wirken. Die kapitalistische Produktionsweise kann [...] nur existieren, indem sie ihre Produktionsverhältnisse erweitert und auf diese Weise ihre Grenzen beseitigt.“ (Poulantzas 1975: 39)

Reproduktiv und funktional scheint die Bestimmung der Artikulation bei Poulantzas zu sein, jedoch korrigiert er im selben Atemzug diese Bestimmung, da es sich bei „Auflösungs- und Bewahrungsprozessen“ um Klassenkampf handelt (ebd.).[15] Diese Charakterisierung der Artikulation ist insofern wichtig, als sie das Verhältnis widersprüchlich und konflikthaft begreift. Sie wendet sich gegen ein funktionales Verständnis, und zwar deswegen, weil sie sich auf konkrete Strategien der Ausbeutung einzelner Kapitalien bezieht und nicht auf die Produktionsverhältnisse. Das je nach Dominanzform spezifizierte Artikulationsverhältnis liefert Poulantzas das Mittel, die globalen Abhängigkeitsverhältnisse zu periodisieren, wobei die Artikulation sich auch auf Stadien und Phasen dieser Stadien der kapitalistischen Produktionsweise bezieht (vgl. ebd.: 39ff.).

Diese Darstellung schließt indes die Koexistenz von zwei parallel-laufenden historischen Zeiten (Moderne vs. Tradition etc.) aus, und zwar aus zweierlei Gründen: Erstens weil die nichtkapitalistischen Produktionsweisen sich während des Kapitalismus entwickeln, d.h. deren Bestimmung nur im Kontext der globalen kapitalistischen Produktionsweise verstanden werden kann; und zweitens weil sie von den historisch-konkreten Formen der kapitalistischen Produktionsweise dominiert werden, d.h. dass sie von der dominanten Form auf der jeweiligen Ebene der Entwicklungsweise und der Gesellschaftsformation überdeterminiert werden. Somit ist die Dominanz der kapitalistischen Produktionsweise nicht nur auf der Ebene des Weltmarkts, sondern auch intern auf der Ebene der Gesellschaftsformation zu sehen, jedoch nimmt sie qua Artikulation stets verschiedene Formen an.[16] Diese ungleichmäßige und ungleichzeitige Entwicklung bezieht sich nicht auf unterschiedliche historische Zeiten, sondern ist synchron zu verstehen, jedoch mit unterschiedlichen, diachronen Rhythmen und Tempi. Die herrschende Form der Entwicklung bestimmt diese Struktur der Zeit, d.h. sie vollzieht sich *als* bestimmte Zeit und in bestimmtem Raum, nicht *in* oder *mit* der Zeit. Dieser Punkt ist zentral für die Problematik der Artikulation von Räumen und Zeitsequenzen der Entwicklung.

Die Artikulation verschiedener Produktionsweisen bedeutet indes nicht ein „Parallelogramm" von Verhältnissen. Sie bedeutet stets eine konkrete Konfiguration unter der Dominanz einer bestimmten Form, anders ausgedrückt, eine Produktionsweise als Formation. Die Marxsche Bestimmung der widersprüchlichen Einheit bzw. die Feststellung Balibars, dass bei Marx der Begriff der Gesellschaftsformation abstrakt wie konkret anzutreffen ist, bedeutet, dass erst auf der Basis einer konkreten Konfiguration (der Artikulation verschiedener Produktionsweisen) die Gesellschaftsformation zu bestimmen ist.

4. Die Regulation des Artikulationsverhältnisses

Ich möchte nun, anknüpfend an diese Bestimmung der ursprünglichen Akkumulation, analytisch das Artikulationsverhältnis zwischen der kapitalistischen und nichtkapitalistischen Produktionsweise als eine institutionelle bzw. strukturelle Form im Sinne der Regulationstheorie bestimmen.[17] Methodisch wie analytisch soll dreierlei hervorgehoben werden:

Erstens und im Sinne der Regulationstheorie müssen aufgrund von konkreten (historischen wie räumlichen) Analysen die Konzepte wie die Begrifflichkeiten entwickelt und nicht modellhaft gesetzt werden.[18] *Zweitens* lassen sich über das enge (fordistische) Verständnis von Regulation hinaus die Konzepte Akkumulationsregime, Regulationsweise etc. weder ohne das internationale bzw. globale Moment einerseits, noch ohne das Artikulationsverhältnis von verschiedenen Produktionsweisen andererseits bestimmen. Diese Verhältnisse sind den Konzepten nicht äußerlich, gleichsam der Analyse im nachhinein addierte Ingredienzen. Zum *Dritten* müssen die kolonialistischen und imperialistischen Verhältnisse vor allem in die Analyse peripherer Gesellschaftsformationen einbezogen werden. Sie sind weder historische Residuale noch empirisch vernachlässigbar. Diese Herrschaftsverhältnisse stellen zwar einerseits analytische Kriterien der Periodisierung der Entwicklung des kapitalistischen Weltsystems dar. Die Rede von Weltmarkt, internationaler Arbeitsteilung, Staatensystem etc. wäre andererseits wertlos, wenn sie nicht diese Herrschaftsverhältnisse zum Ausdruck bringen bzw. analytisch konkretisieren, d.h. ihre Aus- und Nachwirkungen vermitteln würde. *Dies begründet überhaupt die spezifische Differenz der Ungleichmäßigkeit der Entwicklung in den Zentren wie in den Peripherien.*[19] Dieses Verhältnis ist wohlgemerkt weder räumlich noch zeitlich fixiert, sondern nimmt stets konkrete Formen an. In seinem globalen, kapitalistischen Zusammenhang bleibt es jedoch bestehen.

Den Begriff der „ursprünglichen Akkumulation", wie er in Anlehnung an Marx von Althusser/Balibar u.a. entwickelt wurde, möchte ich als ein räumliches wie politökonomisches *Grenzverhältnis* bestimmen, welches (historisch wie theoretisch) das tendenzielle Artikulationsverhältnis der kapitalistischen mit nicht-kapitalistischen Produktionsweisen vermittelt. Da der Begriff jedoch das Artikulationsverhältnis nur von der Seite der dominanten kapitalistischen Produktionsweise tendenziell bestimmt, müssen, um das Verhältnis als eine widersprüchliche Einheit analysieren zu können, methodisch wie analytisch die *dominierten* Produktionsweisen gleichzeitig analysiert werden.

Die nicht-kapitalistischen Produktionsweisen konstituieren das, was Marx das „auswärtige Departement" bzw. das „erweiterte Ausbeutungsfeld" und den erweiterten „Exploitationsgrad" des Kapitals nennt (MEW 23: 417, 485f.). Hierin ist die billige, formell und informell durch sichtbare und „unsichtbare Fäden" (ebd.: 485f.) regulierte und vom Kapital in Bewegung freigesetzte Arbeit zu verorten. Durch diese Zerstreuung der Arbeit außerhalb und an der Grenze der bürgerlichen Rechtssphäre (Frauen-, Kinder-, Sklaven-, Zwangsarbeit etc.) wird die auf der Basis der freien Lohnarbeit ausgebeutete Arbeitskraft entwertet, d.h. neben der formellen, vertragsrechtlichen Arbeit ist hier von der Revolutionierung der formellen „Vermittlung des Kapitalverhältnisses" (ebd.: 417) die Rede, wodurch selbst der „Schein" der Vertragsfreiheit formell gleicher Eigentümer entblößt wird (vgl. ebd.: 419).

Es ist indes in diesem „polarisierten Raum" (Perroux) stets vom Verhältnis „Zentralität-Peripherialität" (Wallerstein) auszugehen. Dieser Widerspruch, der im Kapitalverhältnis und dessen Expansionsdrang selbst begründet ist, ist somit „ursprünglich" und stets in seiner Wechselwirkung und in seinen freien wie Zwangsformen zu fassen. Letzteres stellt eine Existenzbedingung der Reproduktion/Regulation des

Kapitalverhältnisses in diesem erweiterten Sinne dar. Dieses Grenzverhältnis kann konkret auf unterschiedlichen Ebenen (innerhalb der Gesellschaftsformationen und zwischen ihnen) und in verschiedenen Formen analysiert werden (vgl. zur Illustration MEW 23: Kap. 13, 23, 24). In den Imperialismustheorien[20] wurden verschiedene ökonomische, politische, ideologische, räumliche etc. Mechanismen der Artikulation dieses Verhältnisses herausgearbeitet, vor allem in seiner Zwangsform: Migration, ungleicher Tausch, Landnahme, Gewalt, Plünderung, Raub, Monopolisierung und Patentierung von Produktionsmitteln/Lebensmitteln/Wissen u.a. Diese Verhältnisse erscheinen selten in ihrer reinen Form, sondern stets ethnisch, national, genderspezifisch, generationsspezifisch, kulturell, religiös etc. überdeterminiert.

Dieses Grenzverhältnis in seiner abstrakten Form als ursprüngliche Akkumulation, in seiner institutionellen Form als Artikulation verschiedener Produktionsweisen und in seinen konkreten, überdeterminierten Formen soll schematisch verdeutlicht werden. Dieses Schema beansprucht als eine Hilfskonstruktion nicht mehr als eine stark verdichtete Abbildung der bis dato gewonnen Erkenntnisse. Dass es unvollständig, brüchig ist und stark vereinfachend wirkt, versteht sich von selbst.

Abbildung 1: Erweitertes Kapital
Ursprüngliche Akkumulation, Artikulation und Regulation

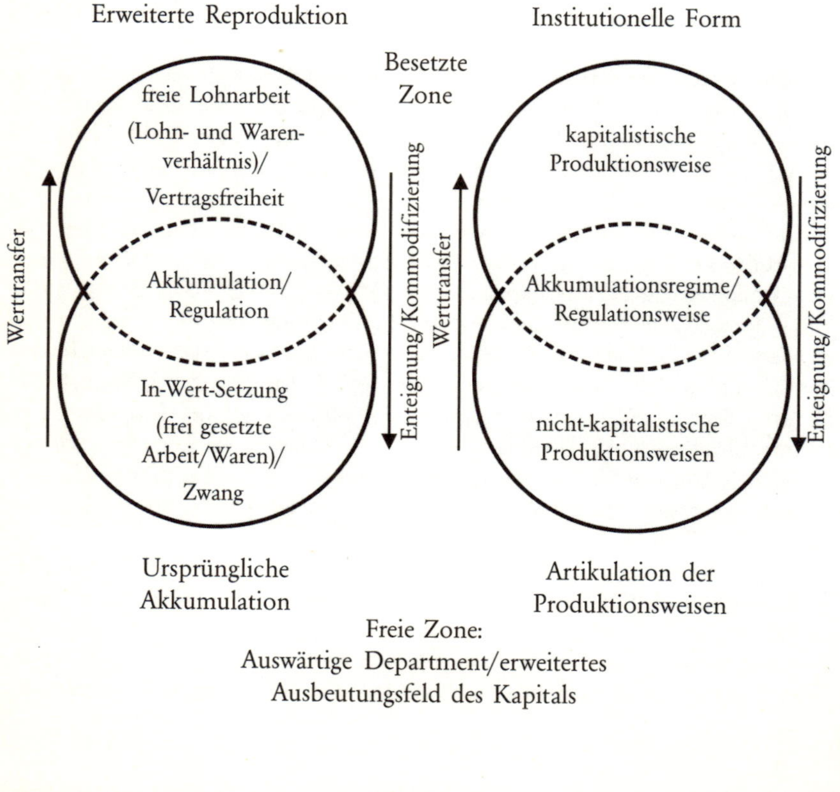

Abbildung 2: Gesellschaftsformationen und Überdeterminierung Weltmarkt, Staatensystem und innere Ungleichmäßigkeiten (Lohn- und Warenverhältnis)/Vertragsfreiheit

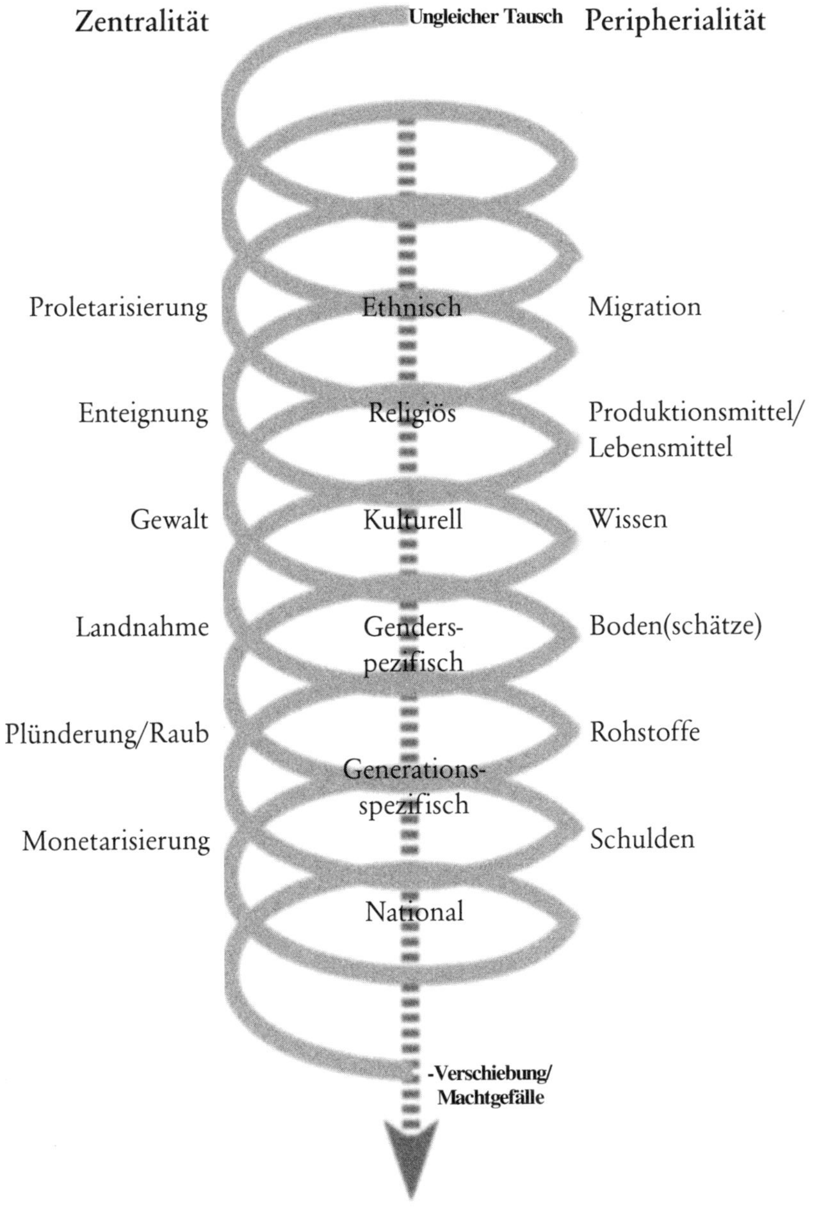

Die Abbildungen 1 und 2 beziehen sich sowohl auf die Verhältnisse innerhalb als auch zwischen den Gesellschaftsformationen.

5. Resümee und Ausblick

Ich möchte zunächst die Erkenntnisse dieses Beitrags thesenhaft zusammenfassen; dann werde ich einen *realistischen* Ausblick wagen. *Erstens* stellt die ursprüngliche Akkumulation den Begriff des Zwangsverhältnisses dar, das die Artikulation der kapitalistischen mit nicht-kapitalistischen Produktionsweisen theoretisch begründet. *Zweitens* ist mit Artikulation die Bewegungsform von widersprüchlichen Einheiten (Produktionsweise, Entwicklungsweise, Gesellschaftsformation etc.) gemeint. Da Letztere nicht abstrakt zu fassen, sondern stets konkret zu bestimmen sind und da ihre Einheiten stets durch ein dominantes oder hegemoniales Verhältnis konstituiert werden, kann es weder abstrakte noch beliebige Artikulation geben. *Drittens* ist die Artikulation der Produktionsweisen ihrerseits als eine strukturelle bzw. institutionelle Form zu fassen, die zur Konstitution eines Akkumulationsregimes oder einer Regulationsweise organisch gehört. *Viertens* gibt es nicht den reinen Kapitalismus, sondern verschiedenartige, historische Formationen. *Fünftens* ist die ökonomische Umgestaltung keine rein ökonomische Frage, sondern hängt von gesellschaftlichen Kräfteverhältnissen ab, von den jeweiligen Interessen, den Widersprüchen und ihrer Verdichtung im Staat - d.h. der Nationalstaat spielt eine zentrale Rolle in der Entwicklung. *Sechstens* sind die „unendlich verschiedenartigen Kombinationen", wenn man die „tausend Fäden" und „Zwitterformen" (Lenin) der Lohnarbeit in Betracht zieht, von zentraler Bedeutung für die diversen konkreten Entwicklungsstrategien. Die „Überreste" sollten weder als historisch-residuale noch als dem reinen Kapitalismus widersprechende bzw. als „Trübungen in der Theorie" (Marx) aufgefasst werden, sondern als strukturelles Merkmal der kapitalistischen Gesellschaftsformation. *Siebtens* schließt die Rede von der Artikulation verschiedener Produktionsweisen nicht nur Geschichtsdeterminismus (Phasenmodelle) aus, sondern die Existenz von nicht-kapitalistischen Produktionsweisen kann zwar für die Reproduktion der kapitalistischen Produktionsweise konstitutiv sein, jedoch sind die Ersteren nicht per se warenförmig organisiert, und insofern kann unter den reproduzierten und neu-geschaffenen nicht-kapitalistischen Produktionsweisen von der Ko-Existenz demokratisch-organisierter, kollektiver Produktionsformen bzw. Elementen kollektiver Produktionsweisen (sozialistischer, kommunitärer, kommunistischer etc.) ausgegangen werden.

Abschließend soll exemplarisch angedeutet werden, auf welchen Feldern (global-)gesellschaftlicher Umwälzungen meine Ausführungen eine Rolle spielen: Im Versuch der sogenannten *human sciences* (Bio- und Gentechnologien), durch die Kommodifizierung gesellschaftlicher Naturverhältnisse einen neuen Schub der Durchkapitalisierung in Gang zu setzen; im Versuch der *New Economy* mittels I&K-Technologien, *start-ups*, Risikokapital, *shareholder value*, Existenzgründung, Ich-AGs etc. eine neue Schicht von Privateigentümern zu schaffen, durch Flexibilisierung des globalen Arbeitsprozesses neue Formen der Kinder-, Frauen-, Haus-, Sklaven- und Zwangsarbeit zu fabrizieren und formell oder reell unter das Kapital zu subsumieren, sowie durch die global gewaltförmige Austragung von Konflikten seitens starker Staaten die Rüstungs- und Sicherheitsindustrien zu perfektionieren und damit einen neuen Akkumulationsschub zu inaugurieren etc. Hier stellt sich in neuer Form die ursprüngliche Akkumulation in Weltmaßstab dar (Samir Amin) und damit der Versuch der Reproduktion/Regulation kapitalistischer Herrschaftsverhältnisse. Diese durch exzessive Gewalt gekennzeichnete Form der ursprünglichen Akkumulation ist typisch für Krisen- und Übergangsphasen bzw. nicht-hegemoniale Phasen (Arrighi/Moore, Hirsch) sowohl in den einzelnen Gesellschaftsformationen als auch global.

In der Offenheit der Situation (Krisen- und Übergangsphase) und mit der Annahme der Ko-Existenz von alternativen Produktionsweisen sind indes im Zuge der Kämpfe und Auseinandersetzungen Gegenstrategien und Zukunftsentwürfe möglich und vielleicht wahrscheinlicher denn je.

„Diese Analyse ist weder optimistisch noch pessimistisch, insofern ich nicht vorhersagen kann, ob das Ergebnis besser oder schlechter sein wird. Sie ist jedoch realistisch, da sie versucht, eine Diskussion über die Arten von Strukturen anzuregen, die uns in eine solche Richtung bewegen könnten. Deshalb, wie man in Ostafrika sagt, *harambee* [lasst uns beginnen]!" (Wallerstein 2002: 103)

Anmerkungen

1 Lipietz (1998: 162, Fn. 5) „bedauerte" rückblickend, dass in der wissenschaftsgeschichtlichen Entwicklung der Regulationstheorie „vorläufig von der Artikulation der Produktionsweisen" u.a. abstrahiert wurde, obwohl dies den Autoren vorschwebte, „nicht nur bevor diese Theorie entwickelt wurde, sondern geradezu als deren Ursprung. Und doch wurde der Zusammenhang zwischen der 'Artikulation der Produktionsweisen' und den 'Akkumulationsregimen' [...] später kaum weiterverfolgt."

2 Poulantzas (1975: 22) unterschiedet des Weiteren zwischen Produktionsweisen und Produktionsformen. Letztere stellt eine abgeschwächte, nicht-eigenständige Produktionseinheit dar.

3 Alle Hervorhebungen innerhalb von Zitaten, die *nicht* - wie hier - gesondert gekennzeichnet sind, stammen von den jeweiligen AutorInnen selbst.

4 Vom Einfachen zum Komplexeren vorzuschreiten bedeutet die Bestimmung des Zusammenhangs (*Artikulation*) notwendiger Kategorien, die das konkrete Ganze konstituieren, also die Artikulation notwendiger, korrelierter gesellschaftlicher Verhältnisse aller Ebenen (vgl. Jessop 1990a, b).

5 Zur Rente vgl. MEW 25: 627f., insbesondere 647f.; zum Zins vgl. Marx 1968: 445f.; zum Handelskapital ebd.: 460f.

6 Die „Vorgeschichte" (Marx/Balibar) ist die der theoretischen Konstitution der bürgerlichen Gesellschaft selbst bzw. die De-Mystifikation ihrer naturhaften, freiwillig-vertraglichen Ursprünge.

7 Dies gilt nach Althusser (1987: 24) auch politisch im Sinne der „ursprünglichen politischen Akkumulation, d.h. der Anfänge des Nationalstaates". Analog zur ursprünglichen Akkumulation bei Marx - nicht irgendwelche „idyllischen Zustände", sondern Gewalt ist die Geburtsstunde des Kapitals -, bestimmt Althusser in Anlehnung an Machiavelli und Gramsci einerseits die politische ursprüngliche Akkumulation als einen durch Macht, Gewalt und Kämpfe vollzogenen „Geburtsakt des Staates" (ebd.: 24f.). Gewalt ist demnach eine Existenzbedingung des

bürgerlichen Herrschaftsverhältnisses selbst. Dies bringt m.E. der Marxsche und der Althussersche Gewaltbegriff in der ursprünglichen Akkumulation zum Ausdruck. Auf der anderen Seite hebt Althusser das willkürlich-zufällige Moment, „den aleatorischen <zufälligen, SA> Charakter der Bildung von Nationalstaaten" (ebd.: 25) hervor. Wird der Staat nun konkret im Sinne einer „materiellen Verdichtung sozialer Kräfteverhältnisse" (Poulantzas) bestimmt, wobei zu diesen sowohl bürgerliche als auch nicht-bürgerliche Klassen/Schichten/Gruppen gehören, die sich zu einem ungleichgewichtigen Kompromiss verdichten, und wird Hegemonie einer Klasse über die anderen als kulturelle Führung und als von der Fähigkeit der dominanten Klasse abhängig bestimmt, den unterstützenden und subalternen Klassen Entwicklungsperspektiven zu eröffnen, ist der „Eroberungsdrang" und der Expansionismus diesem Herrschaftsverhältnis inhärent: „Die führende Gruppe wird bestrebt sein, nicht nur das für ihr Weiterbestehen beste Gleichgewicht zu bewahren, sondern für ihr Weiterbestehen unter bestimmten gedeihlichen Bedingungen, und diese Bedingungen sogar zu verstärken. Aber da der gesellschaftliche Raum jedes Landes begrenzt ist, wird sie dazu gebracht werden, es auf die kolonialen und Einflußzonen auszudehnen und folglich in Konflikt mit anderen führenden Gruppen zu treten, die dasselbe Ziel anstreben, oder auf deren Kosten die Expansion desselben notwendigerweise vonstatten gehen würde, da auch der Erdball begrenzt ist. Jede führende Gruppe tendiert in abstracto dazu, die Basis der arbeitenden Gesellschaft zu erweitern, von der sie Mehrwert erheben kann, aber die abstrakte Tendenz wird konkret und unmittelbar, wenn die Erhebung des Mehrwerts innerhalb ihrer historischen Basis über gewisse Grenzen hinaus, die trotzdem unzureichend sind, schwierig oder gefährlich geworden ist." (Gramsci 1991ff.: 1603f.) Dieser notwendige Zusammenhang zwischen der „Ausdehnung des inneren Feldes des Kapitals" (Marx) und dem Expansionsdrang des Nationalstaates wurde m.E. - trotz aller Probleme - sowohl in der klassischen wie in den „Neo"- Imperialismustheorien eindrucksvoll herausgearbeitet.

8 Diese Charakterisierung der Spezifität des Verhältnisses des Privateigentums in der kapitalistischen Produktionsweise hebt den Unterschied zu allen anderen nicht-kapitalistischen Produktionsweisen/-formen hervor. Die Nichtbeachtung dieses spezifischen Merkmals des Eigentums verleitet zu ideellen Konzeptionen der Geschichte und der historisch-konkreten Produktionsverhältnisse, da die Unterschiede nur noch in der Idee festgelegt werden. Dies eben charakterisiert u.a. die Debatte über die asiatische Produktionsweise (vgl. exemplarisch Wittfogel 1962).

9 Diese räumliche *Trennung* (Nebeneinander) und vertikale *Verbindung* (Hierarchie) ist das durchgehend analytisch-bestimmende Prinzip Balibars, mittels dessen er die Frage der Artikulation problematisiert. Der Formalismus dieser Herangehensweise ist unverkennbar.

10 Politisch bedeutet dies, dass die Verdichtung von in die jeweiligen PV verwickelte Klassen, Schichten und Gruppen im Staat diesen als kapitalistisch charakterisieren, weil die kapitalistische Produktionsweise dominiert, diese Charakterisierung aber zugleich unzureichend ist: Der kapitalistische Staat ist stets nichtkapitalistisch strukturiert (vgl. Poulantzas 1974: 166f.).

11 Dies ist die Marxsche Bestimmung des Artikulationsverhältnisses aus Sicht des Kapitals (s.u.). Was dieser Bestimmung fehlt, ist, wie angedeutet, die Analyse der NKPW/F. Erst auf dieser Basis kann das Artikulationsverhältnis konkretisiert werden. Diese Bestimmung bei Marx und Poulantzas ist insofern berechtigt, als sie nicht nur mit ihrem Gegenstand (kapitalistische Produktionsweise) zusammenhängt, sondern auch weil die kapitalistische Produktionsweise dominant ist, d.h. dass die Artikulation entsprechend der dominanten Form der kapitalistischen Produktionsweise zu bestimmen ist. Das Problem hier ist nur, dass diese Bestimmung zum Funktionalismus (Reproduktionserfordernisse der kapitalistischen Produktionsweise) verleitet.

12 Gemeint ist hier das damalige Russland als die „Ausnahmesituation", die nach Lenin die Revolution möglich machte. Althusser zeigt im Laufe seiner Demonstration, dass diese Ausnahme keine war, sondern die Regel darstellt, d.h. dass die „Anhäufung", Verschiebung und

Verdichtung der Widersprüche bis zu einem explosiven Knotenpunkt, einer „Einheit des Bruches" die Regel ist (ebd.: 68-71) und dass der „reine" Widerspruch nie als solcher existiert und expressiv an die Oberfläche vordringt, sondern dass er stets „überdeterminiert" ist (s.o.).

13 Dies wird in der Regulationstheorie durch das vermittelnde Konzept der institutionellen Form geleistet.

14 Dem abstrakten Modell der zwei Klassen im *Kapital* fehlt ein „realer Rest". „Denn Marx kann die spezifische Differenz der kapitalistischen Produktionsweise nur unter der Bedingung untersuchen, dass er gleichzeitig die *anderen Produktionsweisen* untersucht: und zwar nicht nur jede einzelne Produktionsweise als Typus einer besonderen Form der Einheit (Verbindung), sondern auch die *Beziehungen zwischen verschiedenen Produktionsweisen* in ihrem Entstehungsprozeß. Die Unreinheit des englischen Kapitalismus ist ein bestimmtes Realobjekt, das zwar Marx im 'Kapital' nicht untersucht, das aber für die marxistische Theorie durchaus relevant ist: stellt doch diese Unreinheit unmittelbar das dar, was wir provisorisch als 'Relikte' im Schoß der in England dominierenden kapitalistischen Produktionsweise bezeichnen wollen: Formen untergeordneter, aber vom Kapitalismus noch nicht eliminierter [sic!] Produktionsweisen." (Althusser/Balibar 1972: 265).

15 Überhaupt ist diese Arbeit (1975) von Poulantzas durch Widersprüche gekennzeichnet: Einerseits bleibt er teils in der Balibarschen Reproduktionsproblematik verhaftet, andererseits jedoch liefert er brillante Argumente und innovative Konzepte für die Analyse der konkreten Situation. Die erste Seite ist noch klarer in seiner Arbeit von 1968. Wolpe (1980) dazu: Die Artikulation verschiedener Produktionsweisen reduziert sich bei ihm (Poulantzas 1974) auf die politische Instanz Staat (vgl. ebd.:10). Dies resultiert daraus, dass er einen restriktiven Begriff der Produktionsweise verwendet, deren Einheit nur qua Staat gewährleistet werden kann. Dies führt im Konzept der Gesellschaftsformation zu einer „Juxtaposition" von Produktionsweisen, deren Kollektivität staatlich reguliert wird, so dass über den Staat hinaus keine Mechanismen der Artikulation geliefert werden. Die Gesellschaftsformation wird problemlos oder unmittelbar abgeleitet von der puren kapitalistischen Produktionsweise. Das bedeutet, dass das Konzept der Artikulation nicht analytisch entwickelt, sondern als Platzhalter oder Füller von leeren Stellen aufgesetzt wird, in dem die Spuren und Wirkungen anderer Produktionsweisen einfach fehlen (vgl. ebd.: 10f.). Dies ist ein interessanter Punkt, insbesondere wenn es um die Verdichtung von Kräfteverhältnissen geht, d.h. bei der Frage der Bestimmung des peripheren Staates und dessen Formen/Regimen.

16 Diese Formen nehmen z.B. in der Peripherie nicht unbedingt, ja in der Regel nicht den metropolitan-bürgerlichen Charakter an. Die „Hybridität" der Produktionsweisen ergibt sich aufgrund bestimmter Artikulationsformen. Konkret nimmt die Dominanz der kapitalistischen Produktionsweise hier entsprechend des Entwicklungsstandes der Gesellschaftsformationen, d.h. der Klassenverhältnisse/Kämpfe (und nicht nur jener der Klassen), stets spezifische Formen an. Andererseits nahm/nimmt die Kapitalisierung der Peripherie qua direkter oder indirekter Kolonialisierung je nach Form und Typus des Kolonialismus verschiedene Gesichter an, und zwar nicht nur im Hinblick auf die herrschenden ökonomischen Formen (Handels-, Waren- oder Finanzkapital), sondern auch auf die herrschenden, kolonialen Klassen und deren spezifische Verhältnisse (spanische, französische, englische, russische etc.), die zum Teil ihr eigenes „Bild" (Marx), d.h. ihre eigenen Ausbeutungsverhältnisse auf die Peripherie überstülpen, die dann qua Artikulation mit den jeweiligen internen Ausbeutungsverhältnissen „hybride" Formen annehmen (patriarchalisch, nomadisch, neofeudal, sklavenhalterisch etc., vgl. Stavenhagen 1981). Dies betraf/betrifft auch die Nachzügler im Zentrum selbst, z.B. den französischen Feudalismus in England, den englischen Kapitalismus in Irland oder Deutschland im Vorfordismus oder den amerikanischen Kapitalismus im Fordismus.

17 Auf die Darstellung der Begrifflichkeiten und Konzepte der Regulationstheorie werde ich verzichten, da dies in den anderen Aufsätzen dieses Bandes anspruchsvoller geleistet wird.

18 Dies ist m.E. das Hauptmanko der Analyse von peripherer Regulation, dass hier nämlich die methodisch wichtigste regulationstheoretische Prämisse, wonach die widersprüchliche Artikulation sozialer Verhältnisse und deren konkrete Verdichtung als Objekt des Regulationsprozesses und Gegenstand der theoretischen Analyse darstellen, unterschlagen wird.

19 Ich zitiere hier nochmals Balibar, weil er dieses grundlegende Verhältnis so elegant formulierte: „Das *Ereignis* des Zusammentreffens dieser Gesellschaften mit den ‚westlichen' Gesellschaften im Übergang zum Kapitalismus (im Zuge der Eroberungen, Kolonialisierung oder verschiedener Formen von Handelsbeziehungen) gehört offensichtlich zur *Diachronie* und nicht zur Dynamik dieser Gesellschaften, weil es eine abrupte oder allmähliche Transformation ihrer Produktionsweise hervorruft. Dieses Ereignis ihrer Geschichte *entsteht in der Zeit ihrer Diachronie, ohne sich in der Zeit ihrer Dynamik niederzuschlagen* - ein Grenzfall, der die begriffliche Differenz der beiden Zeiten und die Notwendigkeit, ihre Gliederung zu denken, deutlich macht." (Althusser/Balibar 1972: 404f.)

20 „Insofern ‚ursprüngliche' Akkumulation sich auf Akkumulation auf der Grundlage von Produktion mit nicht-kapitalistischen Produktionsverhältnissen bezieht, muss sie der kapitalistischen Produktion und Akkumulation nicht vorausgehen, sondern *kann sehr wohl gleichzeitig mit ihr vor sich gehen*." (Frank 1979: 70, vgl. auch Meillassoux 1976, Marini 1981; im Kontext der postkolonialen Produktionsweise vgl. Hauck 1996: 143f.) Frank (1979; 71ff.) bezeichnet die auf der Basis nicht-kapitalistischer Produktion beruhende Akkumulation als primäre Akkumulation und stellt die Frage nach der Bedeutung von nichtkapitalistischen Produktionsverhältnissen für die kapitalistische Produktionsweise. Wichtig ist hierbei, dass auch die nicht-kapitalistischen Produktionsverhältnisse neu geschaffen werden und eben keine Residuale sind. In diesem Sinne stellt dieser Prozess für Meillassoux (1976: 113-115) ein „immanenter" Mechanismus der Reproduktion des Kapitals und eines der Mittel der Perpetuierung der „ursprünglichen Akkumulation" dar.

Literatur

Althusser, L. (1968): Für Marx. Frankfurt/M.

- (1987): Machiavelli, Montsequieu, Rousseau. Hamburg.

-/Balibar, E. (1972): Das Kapital Lesen. Reinbek.

Arrighi, G./Moore, J. W. (2001): Kapitalismus in welthistorischer Sicht. In: Das Argument 239, 43-58.

Candeias, M./Deppe, F. (Hg., 2001): Ein neuer Kapitalismus? Hamburg.

Frank, A.G. (1979): Über die sogenannte ursprüngliche Akkumulation. In: Senghaas, D. (Hg., 1979), 68-103.

Gramsci, A. (1991ff.): Gefängnishefte. Hamburg.

Hauck, G. (1996): Evolution, Entwicklung, Unterentwicklung. Gesellschaftstheoretische Abhandlungen. Frankfurt/M.

Hindes, B./Hirst, P. (1981): Vorkapitalistische Produktionsweisen. Frankfurt/M.

Hirsch, J. (1990): Kapitalismus ohne Alternative? Hamburg.

- (1993): Internationale Regulation. Bedingungen von Dominanz, Abhängigkeit und Entwicklung im globalen Kapitalismus. In: Das Argument 198, 195-221.

- (2001): Postfordismus. Dimensionen einer neuen kapitalistischen Formation. In: ders./Jessop, B./Poulantzas, N.: Die Zukunft des Staates. Hamburg, 171-209.

Hopkins, T.K:/Wallerstein, I. (1979): Grundzüge der Entwicklung des modernen Weltsystems. Entwurf für ein Forschungsvorhaben. In: Senghaas, D. (Hg.).

Jessop, B. (1990a): Regulation Theories in Retrospect and Prospect. In: Economy and Society 19(2), 153-216.

- (1990b): State Theory. Cambridge.

Lefebvre, H. (1974): Die Zukunft des Kapitalismus. Die Reproduktion der Produktionsverhältnisse. München.

Lipietz, A. (1998): Nach dem Ende des „Goldenen Zeitalters." Hamburg und Berlin.

Marini, R.M. (1981): Die Dialektik der Abhängigkeit. In: Senghaas, D. (Hg., 1981).

Marx, K. (1968): Theorien über den Mehrwert. Band III. Frankfurt/M.

- (1974): Grundrisse der Kritik der politischen Ökonomie. Berlin.

Meillassoux, C. (1976): „Die wilden Früchte der Frau." Über häusliche Produktion und kapitalistische Wirtschaft. Frankfurt/M.

MEW - Marx-Engels-Werke. Berlin.

Poulantzas, N. (1974): Politische Macht und gesellschaftliche Klassen. Frankfurt/M.

- (1975): Klassen im Kapitalismus - heute. Westberlin.

Schwarz, W. (1974): Das „Kapital im allgemeinen" und die „Konkurrenz" im ökonomischen Werk von Karl Marx. Zu Rosdolskys Fehlinterpretation der Gliederung des „Kapitals". In: Gesellschaft. Beiträge zur Marxschen Theorie I. Frankfurt/M.

Senghaas, D. (Hg., 1979), Kapitalistische Weltökonomie. Kontroversen über ihren Ursprung und ihre Entwicklungsdynamik. Frankfurt/M.

- (Hg., 1981): Peripherer Kapitalismus. Analysen über Abhängigkeit und Unterentwicklung. Frankfurt/M.

Stavenhagen, R. (1981): Agrarische Strukturen und Unterentwicklung in Afrika und Lateinamerika, in: Senghaas, D. (Hg., 1981).

Wallerstein, I. (1989): Der historische Kapitalismus. Berlin.

- (2002): Utopistik. Historische Alternativen des 21. Jahrhunderts. Wien.

Wittfogel, K.A. (1962): Die orientalische Despotie. Eine vergleichende Untersuchung totaler Macht. Köln.

Wolpe, H. (Hg., 1980): The Articulation of Modes of Production. London.

Werner G. Raza

Politische Ökonomie und Natur im Kapitalismus. Skizze einer regulationstheoretischen Konzeptualisierung

Umweltprobleme gehören seit gut dreißig Jahren zu den zentralen Themen der politischen Öffentlichkeit. Neben auf der Hand liegenden naturwissenschaftlichen Auseinandersetzungen kam es in der Folge auch zu einer sozialwissenschaftlichen Beschäftigung mit umweltpolitischen Fragestellungen. Die zunächst vorherrschende Form war eine, welche die Betonung auf die sichtbar gewordenen Stresserscheinungen natürlicher Systeme legte, und dies in einem analytischen Rahmen verortete, der von den „Grenzen des Wachstums" (Meadows et al. 1972) bzw. vom „Raumschiff Erde" (Boulding 1966) sprach. Dabei herrschte ein Verständnis vor, dass Natur als etwas quantitativ beschränktes, Endliches darstellte, das die Anforderungen und Belastungen der vor sich gehenden, beschleunigten wirtschaftlichen und auch demografischen Expansion nicht mehr verkraften konnte. Dieses neomalthusianische Verständnis der Umweltproblematik wurde nach und nach durch andere sozialwissenschaftliche Zugänge ergänzt. Dazu zählen die ökologische Ökonomie, soziale Ökologie, Umweltsystemwissenschaft u.a. Relativ spät begann man sich auch von Seiten der Politischen Ökonomie für Umweltfragen zu interessieren. Abgesehen von der Pionierarbeit von Alfred Schmidt aus den frühen 1960er Jahren (Schmidt 1962), waren Hans Magnus Enzensberger (1973) und André Gorz (1977) unter den ersten, die sich aus politökonomischer Sicht mit der Umweltproblematik befassten. Weitere Autoren sollten ihrem Beispiel erst in den 1980er Jahren folgen und der Thematik des Verhältnisses zwischen Gesellschaft und Natur umfangreiche Studien widmen. In den 1990er Jahren schließlich kam es zu einem wahren Boom an politökonomischen Analysen zur Umwelt. Auffällig ist die Absenz regulationstheoretischer Arbeiten zur Umweltproblematik beinahe während dieses gesamten Zeitraums. Dies ist ein Defizit, das meines Erachtens durch die wenigen diesbezüglich vorliegenden Arbeiten, speziell von Alain Lipietz (1995, 1997, 1998a, 1998b), mehr unterstrichen als kaschiert wird. Warum dies so ist, darüber kann man wohl nur Mutmaßungen anstellen. Es mag zum einen mit der in Frankreich im internationalen Vergleich spät einsetzenden und schwach ausgeprägten Umweltbewegung zusammen hängen. Zum anderen war der intellektuelle Diskurs in Frankreich traditionell durch ein stark ausgeprägtes Eigenleben gekennzeichnet. Das gilt speziell auch für die Linke, die in den 1960er Jahren hauptsächlich mit der Strukturalismus-Diskussion beschäftigt war. Die Regulationisten als die „rebellischen Söhne" Althussers mussten diesen in den 1970ern erst überwinden (vgl. die einschlägige Selbstreflexion von Lipietz 1998c).

Wenn in letzter Zeit die Stimmen der Kritik nicht verstummen, welche den Regulationsansatz mannigfacher theoretischer Defizite und Blindstellen zeihen (vgl. dazu den Aufsatz von Röttger in diesem Band), dann gilt diese Kritik auch im Hinblick auf die mangelhafte Konzeptualisierung der Beziehung zwischen Gesellschaft und natürlicher Umwelt. Zwar wurden mittlerweile von Christoph Görg

(1999, besonders 2002) und Ulrich Brand (2000) methodologisch und theoretisch sehr elaborierte Arbeiten zu gesellschaftlichen Naturverhältnissen vorgelegt. Wenngleich sicher auch regulationstheoretisch inspiriert, hätte ich aber Zweifel, dass diese Arbeiten als regulationstheoretisch im engeren Sinn zu bezeichnen wären. Speziell die Arbeiten von Görg gehen vom Anspruch her über die „simple" Politische Ökonomie hinaus. Sie sind soziologischer, wenn nicht sozialphilosophischer Natur. Bei Brand kommt der staatstheoretischen Analyse eine zentrale Rolle zu, während ökonomische Fragestellungen nur sporadisch behandelt werden. Diese Arbeiten sind wichtig und wegweisend. Wenn ich also im Folgenden eine stärker am französischen Regulationsansatz orientierte Konzeptualisierung vorschlage, die im übrigen gemeinsam mit Joachim Becker (vgl. Becker/Raza 2000) entwickelt wurde, dann nicht, um die Ansätze von Görg und Brand zu ersetzen, sondern um sie v.a. in ökonomietheoretischer Hinsicht zu ergänzen. Mir scheint nämlich, dass das Potenzial einer regulationstheoretischen, Politik und Ökonomie genuin integrierenden Analyse des kapitalistischen gesellschaftlichen Naturverhältnisses noch nicht vollständig ausgeschöpft wurde.

Dieses Unterfangen ist zwar vom theoretischen Anspruch her nicht so umfassend konzipiert - werden doch symbolische und kulturelle Aspekte des gesellschaftlichen Naturverhältnisses nicht ähnlich stark berücksichtigt wie bei Görg -, versucht aber die kapitalistische Ökonomie in ihrer Artikulation mit der natürlichen Umwelt systematischer in die Analyse einzubeziehen, als dies in regulationstheoretisch inspirierten Arbeiten bisher der Fall war.

Der hier entwickelte Ansatz will daher *erstens* die soziale Konstruiertheit von Natur mitdenken, *zweitens* den kapitalistischen Akkumulationsprozess in seinem widersprüchlichen Naturverhältnis konzeptualisieren, und *drittens* einen groben kategorialen Rahmen der Regulation des gesellschaftlichen Naturverhältnisses anbieten. Zugegebenermaßen passiert dies im Rahmen dieses Aufsatzes nur in sehr knapper, viele Bereiche nur andiskutierende Weise.

Im Folgenden beginne ich mit einer kurzen Reprise wesentlicher politökonomischer Zugänge zum gesellschaftlichen Naturverhältnis. Die einschlägigen Arbeiten Alain Lipietz' werden etwas ausführlicher dargestellt. Dann stelle ich einige grundsätzliche Überlegungen zum Charakter des gesellschaftlichen Naturverhältnisses im Kapitalismus an. Dabei diskutiere ich im Besonderen die Frage der Beschränkung kapitalistischer Ökonomie durch die natürliche Umwelt. Der Dynamik kapitalistischer Akkumulation in ihrer Wechselwirkung zur natürlichen Umwelt ist das darauffolgende Kapitel gewidmet. Im Anschluss wird vorgeschlagen, die Problematik der gesellschaftlichen Regulation des kapitalistischen Naturverhältnisses als eigene strukturelle Form - die ökologische Beschränkung - zu konzeptualisieren. Schließlich werden im letzten Kapitel einige wesentliche Charakteristika der postfordistischen ökologischen Beschränkung skizziert.

1. Politökonomische Konzeptualisierungen gesellschaftlicher Naturverhältnisse

Die Anwendung der Politischen Ökonomie auf die Analyse von Umweltproblemen ist unter dem Begriff „Politische Ökologie" bekannt geworden. Politische Ökologie ist ein verhältnismäßig junges Forschungsfeld. Sie kann als die Analyse der Beziehungen zwischen Gesellschaft, Wirtschaft und natürlicher Umwelt charakterisiert werden. Mittlerweile haben sich verschiedene Strömungen herausgebildet, wobei ich grundsätzlich zwei Richtungen unterscheiden würde. Zum einen eine stärker analytische, an der Marxschen Politischen Ökonomie bzw. ihren diversen, vor allem strukturalistischen Nachläufern geschulte Strömung. Wichtige Autoren dieser Linie sind Elmar Altvater (1987, 1992), Enrique Leff (1994) und James O'Connor (1998). Diese Autoren diskutieren in kapitalismuskritischer Perspektive das antagonistische Verhältnis von Gesellschaft und Natur und dessen phasenspezifische Entwicklung. Dabei ist nicht nur ein starker strukturalistischer Überhang festzustellen. Aufgrund der deterministischen, von der Dominanz der Kapitallogik geprägten Argumentationsweise gibt es ein handlungstheoretisches und damit politisches Defizit in der Analyse.

Demgegenüber fehlt in der zweiten polit-ökologischen Strömung jedweder strukturalistischer Überhang. Diese vor allem in der Analyse der Nord-Süd Problematik vertretene Richtung (für einen Überblick vgl. Bryant/Bailey 1997) thematisiert zentral Verteilungskonflikte um natürliche Ressourcen. Joan Martínez-Alier hat dafür das Konzept der „ökologischen Verteilungskonflikte" vorgeschlagen (Martínez-Alier/M. O'Connor 1996, 1998). Dieser Begriff umschreibt die sozioökonomischen, sowohl zeitlichen als auch räumlichen Effekte der Nutzung natürlicher Ressourcen bzw. von „Umweltdienstleistungen" (Luft, Wasserkreislauf, Kohlenstoffsenken u.a.). Diese Konzeptualisierung hat den Vorteil, dass zum einen Akteure und damit Politik ins Bild kommen, und dass zum zweiten die Umweltproblematik nicht als gesellschaftsneutral im Sinne der Apologeten des „Wir sitzen alle im selben Boot" dargestellt wird. Die entscheidende theoretische Schwachstelle dieser Strömung der Politischen Ökologie ist aber wohl darin zu sehen, dass der Bezug zu einer Theorie kapitalistischer Entwicklung weitgehend verloren gegangen ist. Damit können die vielfältigen ökologischen Verteilungskonflikte zwar jeweils beschrieben werden, eine analytische Rückkopplung zum vorherrschenden kapitalistischen Entwicklungsmodell und seinen Spezifika ist aber kaum mehr möglich. In Folge lässt sich auch ein gewisser normativer *Bias* in den Arbeiten beobachten. Dabei werden die unterdrückten *good guys* den ausbeuterischen *bad guys* gegenübergestellt. Zum Teil wird dies auch mit einer grundlegenderen Kritik an der Naturblindheit der kapitalistischen Moderne unterfüttert. Gegen einen normativen Zugang wäre aus meiner Sicht grundsätzlich nichts einzuwenden. Sehr wohl aber gegen das Fehlen einer Verknüpfung ökologischer Verteilungskonflikte mit den Bedingungen kapitalistischer Vergesellschaftung.

Die beiden kurz beschriebenen Strömungen der Politischen Ökologie sind also quasi zwei entgegengesetzte Pole. Etwas überspitzt formuliert leidet der eine unter einem Überhang an strukturalistischem Determinismus, während der andere durch eine normativ aufgeladene Akteurszentriertheit gekennzeichnet ist. Eine Synthese der beiden Strömungen durch eine regulationstheoretische Konzeptualisierung würde sich von daher durchaus anbieten, vertritt doch der Regulationsansatz den Anspruch, Struktur und Handlung gleichermaßen zu berücksichtigen. Die einschlägigen regulationstheoretischen Arbeiten zur politischen Ökologie, zumal von jemandem wie Alain Lipietz, sind daher ein Referenzpunkt für die weiteren Überlegungen.

Ein Regulationstheoretiker als Politischer Ökologe: Alain Lipietz

In seinem Beitrag für den von Boyer/Saillard (1995) herausgegebenen Sammelband „La théorie de la régulation: l'état des savoirs", konstatiert Alain Lipietz, dass zwar einige prominente Regulationstheoretiker sich der Ökologiebewegung angeschlossen hätten, es aber kaum regulationstheoretische Analysen ökologischer Themen gebe (Lipietz 1995a). In bestimmter Hinsicht gilt das auch für Lipietz selbst. Seine Annäherung an die Politische Ökologie ist von der Erkenntnis motiviert, dass letztere heutzutage die effektivste Form einer „double opposition to fordism of the past and liberal productivism of our times" darstelle (Lipietz 1995b: 43). Trotz dieser politischen Reorientierung lässt er aber nicht alle Verbindungen zum Marxismus zurück. In mehreren Beiträgen (Lipietz 1997a, 1998a) geht er auf die Parallelen zwischen marxistischer Politischer Ökonomie, welche ja auch eine Wurzel des Regulationsansatzes darstellt, und Politischer Ökologie ein. Dabei betont er, dass beiden Ansätzen ein dialektischer, historischer und grundsätzlich materialistischer Ansatz gemein ist. In seiner diesbezüglich ausführlichsten Arbeit skizziert Lipietz (1997a) die Interaktion zwischen Ökonomie und natürlicher Umwelt sowie die Regulation dieser Beziehung aus einer sehr langfristigen Perspektive, den Bogen spannend von der Jungsteinzeit über die „große Krise" des Spätfeudalismus zur gegenwärtigen „großen Krise" des Kapitalismus. Insbesondere arbeitet er heraus, dass der gesellschaftliche Umgang mit der natürlichen Umwelt immer wieder unhaltbar geworden ist. „Große Krisen" waren die Folge. In diesen Krisen entstand die Notwendigkeit, neue Wege der Interaktion zwischen Mensch und Natur und der Regulation derselben zu finden. Diese neue Regulation war ein von sozialen Konflikten gekennzeichneter Suchprozess, wobei das Resultat dieses Prozesses keineswegs vorherbestimmt, sondern grundsätzlich offen war.

Für einen Regulationisten doch etwas überraschend ist, dass Lipietz die Spezifika der gesellschaftlichen Naturverhältnisse im Kapitalismus nicht systematisch behandelt. Der den Kapitalismus von anderen Produktionsweisen unterscheidende Zwang zur Akkumulation erfährt keine gesonderte Behandlung. Vielmehr führt seine Diskussion öko-sozialer Konflikte eher zu einer Fokussierung der Konsumptionssphäre (z.B. Lipietz 1997a, 1998a).

Die regulationstheoretischen Analysen von Lipietz konzeptualisieren große Krisen als Weggabelungen und politisch vergleichsweise offene historische Situationen, in denen ein verschärfter Kampf um neue gesellschaftliche Regelungsmodi stattfindet (z.B. Lipietz 1985a, 1988). Insofern erscheint es auch möglich, den

Regulationsansatz mit der Politischen Ökologie zu verknüpfen. Lipietz lässt allerdings bedeutende Fragen offen wie etwa: Was ist der theoretische Stellenwert der natürlichen Umwelt im Regulationsansatz? Welche Bedeutung hat die Natur für den Akkumulationsprozess? Ist die Regulation der Beziehung Mensch-Natur eine strukturelle Form kapitalistischer Regulation oder kann sie unter eine der bereits etablierten strukturellen Formen subsummiert werden, zum Beispiel unter die Wettbewerbsform? Welche Typen sozialer Konflikte führen zu welchen Formen ökologischer Regulation?

2. Dialektik von Natur und Gesellschaft: einige methodologische Überlegungen

Der Prozess der materiellen Reproduktion der Gesellschaft hat sowohl eine quantitative als auch eine qualitative Dimension. Die quantitative Seite wird oft durch die Gesetze der Thermodynamik, speziell durch das Entropiegesetz beschrieben. In der Formulierung von Nicolas Georgescu-Roegen besagen diese in etwa, dass jede Verwendung von Energie und Materie den Bestand an verfügbarer, d.h. nutzbarer Energie/Materie verringert, mithin die Entropie (als Maß der Verfügbarkeit von Energie/Materie) zunimmt. Wenn man akzeptiert, dass die Erde in materieller - wenn auch nicht in energetischer - Hinsicht ein im wesentlichen geschlossenes System ist, dann ist damit eine absolute ökologische Schranke (re-)produktiver menschlicher Tätigkeit umschrieben (Georgescu-Roegen 1971,1986). Nicht mehr, aber auch nicht weniger.

Die menschliche Beziehung zur Natur zum Zwecke der Produktion besteht einerseits in der Extraktion von Materie und Energie, andererseits in der Rückführung der Abfälle bzw. Rückstände des Produktions- und Konsumtionsprozesses in die natürliche Umwelt. Viele dieser natürlichen Ressourcen, *notabene* so zentrale wie Kohlenwasserstoffe und Mineralien, haben endliche Bestände, während die Fähigkeit von Ökosystemen zur Absorption der Effekte menschlicher Aktivität ebenfalls beschränkt ist. Daher sind Bestände und Veränderungen dieser Bestände - also Ströme - jene Charakteristika der physischen Umwelt, um die es bei der Regulierung des gesellschaftlichen Naturverhältnisses Wesentlich geht. Die Ökologische Ökonomie als junges Forschungsprogramm an der Schnittstelle zwischen Wirtschaft und Ökologie hat bereits einen wesentlichen Beitrag zum Verständnis dieser physischen Aspekte des gesellschaftlichen Naturverhältnisses geleistet (vgl. z.B. Martínez-Alier 1987, Costanza 1991). Andererseits erscheint mir eine an der System- und Evolutionstheorie orientierte, i.e. biologistische Konzeption von Natur - Natur als etwas der sozialen Sphäre völlig exogenes und *a priori* existentes - wie sie sich in der Ökologischen Ökonomie wiederfindet, wesentliche Aspekte des gesellschaftlichen Naturverhältnisses auszublenden.

Erstens ist nämlich Natur auch immer eine soziale Konstruktion: Der Begriff *Natur* repräsentiert eine Reihe von Konzepten, welche die Welt der materiellen Objekte inklusive des Menschen begreifen wollen (vgl. Harvey 1996, Soper 1998).

Natur wird aber auch in materieller Hinsicht durch soziale, produktive wie reproduktive Praxis konstruiert. Naturkonzepte sind selbstverständlich historisch bedingt, d.h. veränderlich, weil zum einen die Umwelt ständig durch menschliche Arbeit transformiert wird - heutzutage ist sie zu einem guten Teil ein *built environment* - und zum andern die Apperzeption von Natur durch den Menschen selbst sich wandelt (vgl. Vogel 1996). Der dialektische Prozess der Interaktion von Natur und Mensch führt nicht nur zur Zerstörung dieser durch jenen, sondern auch zur Konstruktion von Natur: „resources are not; they become" schrieben institutionelle Ökonomen wie Clarence Ayres und Erich Zimmermann vor 50 Jahren (zit.n. DeGregori 1987). Der Begriff der „Ressource" umfasst daher nicht nur eine physische, sondern auch eine soziale Komponente, nämlich die technologische Fähigkeit der gezielten Manipulation von Energie bzw. Materie. Darüber hinaus hängt er auch noch an theoretischen Konzepten, kulturellen Anschauungen und spezifischen sozialen Konstellationen (Heins/Flitner 1998).

Zweitens besitzt das gesellschaftliche Naturverhältnis widersprüchliche und konfliktive Charakteristika, ist *per se* nicht von harmonischer „Natur", sondern stellt sich durch gesellschaftliche Auseinandersetzungen her. Gesellschaftliche Akteure (indigene Gemeinschaften, Agrarunternehmer, Industriearbeiter etc.) vertreten verschiedene Naturbilder und versuchen diese auch in einem hegemonialen Kampf durchzusetzen. Insofern existieren in einer Gesellschaft auch immer mehrere unterschiedliche Naturverhältnisse, wobei allerdings eines in der Regel hegemonial oder zumindest dominant ist.

Die spezifische Form der Nutzung von Energie und Materie ist also immer sozial bedingt, d.h. stellt sich in einem konfliktiven Prozess gesellschaftlicher Auseinandersetzung her. Jeder Akteur versucht seine Konzeption des Naturverhältnisses durch politisch-rechtliche Regulierung abzusichern. Und hier kommt die Regulationstheorie als systematischer Versuch der Theoretisierung sozialer Beziehungen ins Spiel. Akkumulationsstrategien brauchen eine materiell-energetische Basis. Bestimmte Akkumulationsstrategien benötigen jedoch auch spezifische Formen des Zugangs zu und der Nutzung von Natur. Daher werden die Protagonisten solcher Strategien auch für spezifische Formen der Regulation des gesellschaftlichen Naturverhältnisses eintreten. An einem bestimmten Punkt werden diese Regulationen ihre Funktionalität einbüßen und kleinere oder größere Krisen des gesellschaftlichen Naturverhältnisses werden auftreten. Ersteren kann i.d.R. durch geringfügige regulative Adjustierungen begegnet werden, während Letztere einen grundsätzlichen Konflikt über die ökologische Reregulierung bedeuten, der nur im Rahmen eines neuen Akkumulationsregimes gelöst werden kann.

In kapitalistischen Gesellschaften besteht das ultimative Ziel der produktiven Nutzung jedweder natürlichen Ressource in deren Kommodifizierung und marktmäßigen Verwertung. Indem die Verallgemeinerung der Warenform das zentrale Charakteristikum der kapitalistischen Produktionsweise darstellt, und die Ware nichts anderes als die Verdinglichung bestimmter sozialer Beziehungen ist (Lukacs 1923/1997), resultiert daraus, dass das gesellschaftliche Naturverhältnis im Kapitalismus selbst dem Prozess der Verdinglichung unterliegt. Die verdinglichte Natur, d.h. die kommodifizierte Umwelt selbst, ist daher die Repräsentation bestimmter sozialer Beziehungen. Beispiele hiefür wären etwa die Machtverhältnisse, die in die Architektur von Landschaften und Parks eingeschrieben sind (vgl. Rotenberg 1995) oder die räumliche Segregation der Wohnviertel verschiedener sozialer Schichten in Städten (Harvey 1973).

Natur im Kapitalismus wird also in einem historisch präzedenzlosen Ausmaß durch soziale Prozesse konstruiert und in die Warenform transformiert. Die Anerkennung dessen heißt nicht, die Existenz von Naturgesetzen zu negieren. Ebenso wenig bedeutet die Anerkennung *absoluter* ökologischer Schranken (z.B. in Form des Entropiegesetzes), dass man sich einem positivistischen Naturalismus verschreibt. Vielmehr sind ökologische Schranken immer auch kontextuell zu verstehen, d.h. einer spezifischen sozialen Formation mit einem bestimmten kulturell geprägten Naturbild und technologischen Entwicklungsstand eigen. Diese *relativen* Schranken sind aber nicht nur begrenzend, sondern ermöglichen zugleich auch in einem dialektischen Prozess ihre Überwindung, d.h. die Herausbildung eines neuen Interaktionsmodus mit der Natur, welcher die alten Schranken transzendiert, gleichzeitig aber wieder neue Schranken schafft (Benton 1989: 79). Dieser Prozess der Reorganisation des gesellschaftlichen Naturverhältnisses gehorcht freilich keinem marktgesteuerten Automatismus, sondern ist potenziell krisenbehaftet und wird in letzter Instanz politisch reguliert. Den Prozess der politischen Konstituierung und Transformation relativer Schranken in seinen gesellschaftlichen, und damit qualitativen Spezifika herauszuarbeiten, wäre damit auch eigentliche Aufgabe kritischer politischer Ökologie.

3. Kapitalistische Akkumulation und Natur

Als Ausgangspunkt der folgenden Überlegungen möge der kapitalistische Verwertungsprozess dienen, so wie er von Michel Aglietta (1987) dargelegt wurde. Der Verwertungsprozess ist definiert als G-W-G' (G=Geld, W=Ware). Produktion im Kapitalismus dient nur einem Zweck, nämlich aus Geld(-kapital) mehr Geld(-kapital) zu machen. Dieser Akkumulationsimperativ treibt den Verwertungsprozess voran, und nur als Konsequenz daraus kommt es zum Kontakt mit der natürlichen Umwelt. Der Verwertungsprozess sollte daher um die Integration der Natur konzeptionell erweitert werden. Schon Deléage (1994: 38) merkt an, dass Natur im Verwertungsprozess sowohl als „Zapfsäule“ (tap) als auch „Senke“ (sink) fungiert, und damit „die erste und letzte Phase“ kapitalistischer wie auch anderer Produktionsweisen darstelle. Im Produktionsprozess wird nicht nur Arbeitskraft ausgebeutet, sondern auch Natur in Wert gesetzt: Natur ist zum einen (i) Lieferant von materiellen und energetischen Inputs, zum anderen Senke für die Externalitäten des Produktionsprozesses. Marx hat darüber hinaus schon darauf aufmerksam gemacht, dass Natur auch noch in anderer Form auf die Produktion einwirkt, nämlich indem sie die Produktionszeit etwa landwirtschaftlicher Produktion determiniert (bei gegebener Technologie) oder indem sie die Rate der Ersatzinvestitionen (infolge Verschleiß des Produktivkapitals) beeinflusst (Marx 1986: Kap.8, 13). Dem gemäß lässt sich G-W-G' erweitern zu: G-W/N...W'/N-G' (N=Natur). Im Gegensatz zu systemtheoretisch inspirierten Modellen des Stoffwechsels zwischen Ökologie und Ökonomie, wie sie standardmäßig von ökologischen ÖkonomInnen verwendet werden (vgl. etwa Pearce/Turner 1990: 40), in denen die zentrale Rolle des Kapitals im Akkumulationsprozess ausgeblendet bleibt, ist diese Konzeption m.E. besser geeignet, die spezifische Dynamik des gesellschaftlichen Naturverhältnis im Kapitalismus zu beschreiben: Nämlich als ein Verhältnis, das vom Imperativ der Akkumulation mithilfe von Tauschwertproduktion überdeterminiert wird.

Die Rolle der Natur im Akkumulationsprozess kann mannigfaltige Formen annehmen. Eine wesentliche wurde von O'Connor (1998) herausgearbeitet. In Anlehnung an Marx definiert O'Connor Natur als eine von drei Produktionsbedingungen, nämlich als sogenannte externe Produktionsbedingung. Die beiden anderen sind die persönliche Produktionsbedingung, d.h. die Arbeitskraft, und die kommunale, allgemeine Produktionsbedingung (physische und soziale Infrastruktur, sozialer Raum). Nachdem diese Bedingungen nicht kapitalistisch produziert werden können, es sich mithin um fiktive Güter handelt, die über Märkte getauscht werden, müssen ihre Angebotsbedingungen vom Staat reguliert werden. Damit sind die spezifischen Bedingungen ihrer Nutzung Gegenstand politischen Konflikts zwischen Kapitalisten und anderen Klassen. Fortwährend an der Maximierung ihrer Profite interessiert, wird das Kapital versuchen, die Zugangs- und Nutzungskosten der Produktionsbedingungen möglichst niedrig zu halten; anders gesagt, soviel als möglich von diesen Kosten auf die Gesellschaft überzuwälzen bzw. in die natürliche Umwelt zu externalisieren. Zwar nicht intendiert, aber früher oder später muss diese Politik der gesamten Kapitalistenklasse zwangsläufig auf den Kopf fallen, indem der von ihr erzielte Gesamtprofit sich verringert. Die ständige Ausbeutung (jenseits ihrer natürlichen Reproduktionsraten) der eigenen Produktionsbedingungen verursacht schlussendlich solche Kosten für das Kapital, dass es zu einer Unterproduktionskrise kommt, in der weniger Mehrwert produziert wird als möglich. Hierin sieht O'Connor den „zweiten Widerspruch" des Kapitalismus.

O'Connor baute dieses Konzept aus, um auch expansive bzw. kontraktive Phasen des Akkumulationsprozesses berücksichtigen zu können. Während Ersterer wollen expandierende Märkte bedient sein, der Druck auf die natürlichen Ressourcen steigen, d.h. Ressourcen werden schneller ausgebeutet werden, wobei die Ressourceneffizienz des Produktionsprozesses nur von nachrangiger Bedeutung sein wird. Unter diesen günstigen Bedingungen wäre es dem Kapital grundsätzlich möglich, die Umweltstandards der Produktion zu verbessern. Ob das auch tatsächlich passiert, hängt allerdings vom politischen Druck der Zivilgesellschaft ab. Während rezessiver Phasen erhöht sich hingegen der Druck auf die Kostenstruktur des Kapitals. Infolgedessen wird das Kapital versuchen, die Kosten des Zugangs und der Nutzung der Produktionsbedingungen zu senken. Nachdem es mit schrumpfenden Märkten konfrontiert ist, wird es danach trachten, seine Profitabilität *via* Kostenreduktion wiederherzustellen, und zwar sowohl über das Ausüben von politischem Druck zur Neubewertung der Produktionsbedingungen, z.B. durch die Flexibilisierung des Arbeitsmarkts, die Aufweichung von Umweltstandards, als auch über ökonomische Maßnahmen zur Effizienzerhöhung z.B. durch die Einführung neuer Technologien und eine dementsprechende Erhöhung der Arbeitsproduktivität.

Meines Erachtens lässt sich mit O'Connors Modell anschaulich beschreiben, inwieweit die Produktionsbedingung Natur als Kostenfaktor im kapitalistischen Produktionsprozess zum Problem wird und daher Krisen nach sich zieht. Nicht wenige empirisch beobachtbare Restrukturierungsphänomene gerade der gegenwärtigen Krise lassen sich mit dem zweiten Widerspruch des Kapitalismus plausibel begründen. Allerdings bleibt bei O'Connor das kapitalistische Naturverhältnis allein durch die Kapitallogik determiniert. Soziale Auseinandersetzungen spielen eine nachgeordnete Rolle. Dies wird vor allem in den rezessiven Phasen deutlich. Zur Erklärung von Phänomenen im gegenwärtigen Neoliberalismus wie der weithin beobachtbaren Privatisierung der kommunalen Produktionsbedingungen als auch bestimmter Formen von Natur eignet sich dieser Ansatz daher nur beschränkt. Soweit die Rolle der natürlichen Umwelt im Akkumulationsprozess betroffen ist, führe ich das auf die fehlende Theoretisierung dieser als „Produktivkraft" im Akkumulationsprozess zurück, speziell für den Fall von großen ökonomischen Krisenperioden, wo es gleichzeitig auch um die Suche nach einem neuen Akkumulationsregime geht. Was auch immer die treibende Kraft des Akkumulationsprozess sein mag (Geld/Zinsen, Profit, Wettbewerb), klar ist, dass langfristig jede erfolgreiche kapitalistische Akkumulation nur durch die Ausbeutung der Arbeitskraft, also die Schaffung von Mehrwert, erreicht werden kann. Indem Arbeit intrinsisch die physische Transformation von Materie & Energie, also der natürlichen Umwelt, zum Zwecke der Gebrauchswertproduktion impliziert, stellt sich dem Kapital fortwährend die Frage, welche Formen der Natur zum Zwecke der Produktion welcher Art von Gütern zur Befriedigung welcher existenter oder erst zu schaffender Bedürfnisse in Wert gesetzt werden sollen? Auch wenn es auf diese Frage keine allgemeine Antwort gibt, so ist der springende Punkt, dass die Befriedigung jedweden Bedürfnisses notwendigerweise von einer materiellen Basis abhängt, einer Basis, welche im ureigensten Interesse des Kapitals der kapitalistischen Produktionsweise untergeordnet werden muss.[1]

Mit Bezug auf eine Tradition, die auf Rosa Luxemburg (1912) zurückgeht, mit wichtigen neueren Beiträgen von Altvater (1992) und Altvater/Mahnkopf (1996), argumentiere ich, dass der Mechanismus, mit dem diese materielle Basis sichergestellt wird, jener der Expansion des Kapitals in Bereiche ist, die bislang außerhalb der kapitalistischen Produktionsweise lagen, sei es in sozialer Hinsicht (z.B. Durchkapitalisierung der Reproduktion der Arbeiterschaft), in räumlicher Hinsicht (Kolonisierung neuer Territorien) oder in ökologischer Hinsicht (z.B. Aneignung neuartiger Formen der Natur). Die Expansionsmöglichkeiten hängen natürlich von einer Vielzahl von Faktoren ab (Produktionsorganisation, Stand der Wissenschaft/

Technologie, ideologischen und kulturellen Faktoren); letztendlich ist der Prozess aber politisch determiniert, d.h. im politischen Feld wird entschieden, ob und welche Form der Expansion stattfinden soll oder nicht.

Die „Natur" der gegenwärtigen Krise des Kapitalismus ist gekennzeichnet durch eine sekulare Zunahme der Bedeutung des Finanzkapitals (vgl. Guttmann 1999). Auf der permanenten Suche nach profitabler Veranlagung werden riesige Summen weltweit von einer „heißen" Region in die andere verschoben. Zwar konnte dadurch (und durch andere Maßnahmen) eine Erholung der Profitraten von den niedrigen Niveaus der siebziger Jahre bewerkstelligt werden; die jüngste Serie von Finanzkrisen (Mexiko 1994, Ostasien 1997/98, Russland 1998, Brasilien 1998/99) zeigt aber klar, dass der gesamte Prozess der Finanzakkumulation hochgradig instabil und volatil ist. Fiktives Kapital kann nicht für immer akkumuliert werden, stellt es doch nichts anderes dar als ein Versprechen auf ein erst zu realisierendes Mehrprodukt. Für die Etablierung eines stabilen neuen Akkumulationsregimes wird es daher eine notwendige Voraussetzung sein, dass die Masse an Finanzkapital durch einen Prozess der Mehrwertproduktion realisiert wird, bei ansonsten drohender dramatischer Entwertung desselben, wie das ja auch seit dem Jahr 2000 auf den Finanzmärkten in der Tat passiert ist. Daher rührt auch der expansive Druck zur Kapitalisierung der Produktionsbedingungen, wie er durch die neoliberalen Reformen weltweit veranschaulicht wird: Dazu gehören nicht zufällig die Privatisierung der physischen wie sozialen Infrastruktur und die Flexibilisierung der Arbeitsmärkte; beides Maßnahmen, die auf die intensivierte kapitalistische Verwertung der kommunalen bzw. der persönlichen Produktionsbedingung abzielen. Das gegenwärtig feststellbare Eindringen der Wissenschaft im Verein mit dem transnationalen Kapital in sensible ökologische Domänen wie das menschliche Genom im Rahmen der Gentechnologie - Stichwort „genetic engineering" - und die biologische Vielfalt der Tropen im Rahmen der berüchtigten Bioprospektierungen, die berechtigterweise als Biopiraterie zu bezeichnen sind, stellen hingegen jene Entwicklungen im Bereich der externen Produktionsbedingung dar, die paradigmatisch sind für das Bemühen der Etablierung eines Akkumulationsregime auf Basis neuartiger Formen der Ausbeutung der natürlichen Umwelt.

4. Regulationsweise und ökologische Beschränkung

Die Durchkapitalisierung der Produktionsbedingungen impliziert auch Änderungen in den bisherigen Regulationsformen des gesellschaftlichen Naturverhältnisses. Aufgrund von dessen Komplexität erscheint es nicht zielführend, es im Rahmen einer der fünf strukturellen Formen der Regulationstheorie (Staat, Geld, Lohnverhältnis, Konkurrenzverhältnis, Form der internationalen Einbindung) zu behandeln. Die Einführung einer eigenen strukturellen Form erscheint daher m.E. entgegen mancher Bedenken (wie sie Christoph Görg in seinem Beitrag zu diesem Band äußert) sinnvoll. Trotz mancher Schwachstellen liegt der grundsätzliche Vorteil der Pariser Konzeptualisierung eines Sets von strukturellen Formen darin, dass damit ein stringenter analytischer Rahmen vorgegeben wird, mit dem man gesellschaftliche Phänomene politökonomisch erfassen kann. Wenn richtig ist, dass bestimmte gesellschaftliche Verhältnisse kapitalistischen Gesellschaften inhärent sind, wiewohl sie sich in distinkten Phasen institutionell durchaus unterschiedlich konkret ausprägen, dann spricht einiges dafür sie analytisch als Strukturen zu fassen. Natürlich muss nicht jedes gesellschaftliche Verhältnis als strukturelle Form konzeptualisiert werden, wohl aber für den Kapitalismus als gesellschaftlicher Formation zentrale, ihn charakterisierende Verhältnisse wie Lohn, Konkurrenz, bürgerlicher Staat, Geld. Der weitere Einwand, Geld, Lohn, Konkurrenz ließen sich auf die zwei fundamentalen Formen - Waren/Wert- bzw. Staatsform - rückführen, sticht so nicht. Vielmehr gilt, dass die beiden Fundamentalformen gleichermaßen konstitutiv sind für alle den Kapitalismus charakterisierenden gesellschaftlichen Verhältnisse, so auch für das Naturverhältnis (vgl. auch Becker 2002). Wenn unser Erkenntnisinteresse also gerade darin besteht, die Bedingungen und Formen kapitalistischer Entwicklung in ihrer ökonomischen und politischen Dimension darzustellen, jedwede Akkumulation als auch soziale Reproduktion untrennbar auf einer spezifischen Interaktion mit der natürlichen Umwelt beruht, ja sich die beiden Sphären - Gesellschaft und Natur - erst gegenseitig konstituieren, erscheint es konzeptuell durchaus angebracht, das Verhältnis von Gesellschaft und Natur im Kapitalismus als strukturelle Form zu fassen. Diese könnte man das „gesellschaftliche Naturverhältnis" nennen, ein Begriff der v.a. in der soziologischen Literatur gut eingeführt ist (vgl. Demirović 1997, Görg 1999). Hinzugefügt werden sollte, dass Görg den Plural „gesellschaftliche Naturverhältnisse" verwendet, weil er von der Gleichzeitigkeit mehrerer unterschiedlicher Naturverhältnisse in einer Gesellschaft ausgeht. Das ist sicher richtig. Allerdings kann in Abhängigkeit der spezifischen Erfordernisse der Kapitalverwertung und der gesellschaftlichen Kräfteverhältnisse immer nur eines davon hegemonial bzw. dominant sein. Der Prozess der kapitalistischen Regulation der Interaktion zwischen Gesellschaft und natürlicher Umwelt resultiert also letztendlich „hinter dem Rücken der Akteure" in einer spezifischen Regulationsweise derselben. In dieser Regulationsweise spiegelt sich vornehmlich das hegemoniale/dominante Naturverhältnis wider. Es finden sich aber auch in mehr oder weniger ausgeprägter Form Versatzstücke der subalternen Naturverhältnisse.

Nachdem die natürliche Umwelt einen - wie oben in der Erläuterung zu den relativen Schranken ausgeführt - beschränkenden Faktor kapitalistischer Produktion darstellt, könnte man die Regulationsweise gesellschaftlicher Naturverhältnisse in Anlehnung an Aglієttas Geldbeschränkung (Aglietta 1987) auch „ökologische Beschränkung" nennen (vgl. auch Altvaters 'ökologische Budgetbeschränkung', 1987: 125ff.). Diese strukturelle Form reguliert die 'ökologische Verteilung' (vgl. Martínez-Alier/O'Connor 1996, 1998), also den Zugang zu und die Nutzung der natürlichen Ressourcen bzw. der Umwelt sowohl für produktive als auch für reproduktive Zwecke. Genauso reguliert sie auch die sozio-räumliche und zeitliche Verteilung der sozialen wie ökologischen Kosten und Nutzen dieser (re-)produktiven Aktivitäten.

Ähnlich wie die Geldbeschränkung ist auch die ökologische Beschränkung Gegenstand sozio-politischer Konflikte. Dabei ist die Beschränkung der einen die Möglichkeit der anderen (zur doppelten Natur der Beschränkung vgl. Giddens 1984). Mehrere Konfliktlinien sind hier denkbar. Die ökologische Beschränkung kann Gegenstand des Klassenkampfes sein, z.B. kann die Kommodifizierung von Land und deren spezifische Form zwischen kapitalistischen Agrarunternehmern und Subsistenzbauern umkämpft sein. Genauso gut ist es möglich, dass bestimmte Aspekte des gesellschaftlichen Naturverhältnisses zu Konflikten zwischen verschiedenen Kapitalfraktionen führen. Themenbezogen kann es auch zu Allianzen zwischen Klassen kommen wie z.B. in Bezug auf den Schutz des Regenwalds, obwohl deren Zielsetzungen üblicherweise inhomogen sind und eine Gruppe dominierend ist (vgl. Enzensberger 1973/1997: 288ff.). Diese politischen Kämpfe werden in der Zivilgesellschaft auf unterschiedlichen territorialen Ebenen (lokal, national, supranational) ausgetragen, wobei die Akteure auf die Sanktionierung ihres Standpunkts durch den Staat (oder einer internationalen Organisation) abzielen. Deshalb ist und bleibt der Staat die zentrale strukturelle Form (Lipietz 1985: 11, Cox 1987: 105, Becker 1998: 120ff.).

Die ökologische Beschränkung ist auf mannigfaltige Weise mit den anderen strukturellen Formen verbunden. Dabei wird die spezifische Form der Artikulation zwischen diesen, z.B. zwischen dem Lohnverhältnis und der ökologischen Beschränkung, je nach vorherrschendem Akkumulationsregime verschieden sein: Bodenerosion im peripheren Fordismus führte zur zunehmenden Verunmöglichung der Subsistenzlandwirtschaft und damit *qua* Migration zur Bildung einer riesigen industriellen Reservearmee (eines informellen Sektors) in den peripheren Metropolen. Demgegenüber stellt sich Bodenerosion im Fordismus - mehr die Folge kapitalistischer Agrarproduktion selbst denn von externen Einflüssen - als ein technisches Problem dar, das sich negativ auf die Profitabilität auswirkt und damit mittelbar auf die Konkurrenzbeziehung in der Landwirtschaft.

Eine systematische Analyse der Beziehung zwischen der ökologischen Beschränkung und den anderen strukturellen Formen, differenziert nach den unterschiedlichen Akkumulationsregimen, muss erst noch geleistet werden. Es steht zu erwarten, dass dies unser Verständnis des gesellschaftlichen Naturverhältnisses in verschiedenen sozio-ökonomischen Formationen bereichern würde.

5. Umrisse einer postfordistischen ökologischen Beschränkung: Abschließende Überlegungen

Wenn wir mit mittlerweile zahlreichen anderen regulationstheoretischen Autoren den gegenwärtigen Kapitalismus zumindest als den Nukleus einer postfordistischen Gesellschaftsformation begreifen (vgl. Hirsch 2001), dann stellt sich auch die Frage, was die Spezifika der ökologischen Beschränkung im Postfordismus ausmachen. Zum einen ist zu konstatieren, dass sich Charakteristika der fordistischen Entwicklungsweise im Postfordismus fortsetzen und durch den Prozess der Internationalisierung ökonomischer Räume - die vieldiskutierte „Globalisierung" - noch potenziert haben. Das betrifft etwa die weiterhin bestehende Abhängigkeit vom Erdöl in unseren Produktions- und Konsumtionsprozessen, die damit zusammenhängende Verkehrsproblematik sowie die daraus resultierende Luftverschmutzung und den Klimawandel. Auch an der industriellen landwirtschaftlichen Produktion hat sich nichts Wesentliches geändert. Vielmehr ist durch die Durchkapitalisierung der Landwirtschaft in der Peripherie und den Transformationsländern dieses Modell während der letzten 30 Jahre tatsächlich globalisiert worden.

Neben dem Fortbestehen von Elementen der fordistischen Ökologie in geänderter Form, zeigen sich seit geraumer Zeit aber auch genuin neuartige Facetten postfordistischer Naturverhältnisse. Diese sind mit dem Aufkommen und der zunehmenden kommerziellen Verwertung der Biotechnologie verknüpft. Biotechnologie verfügt über eine breite Palette von Anwendungen in der Medizin, der Pharmazie, der Pflanzen- und Tierzucht. Ein wissenschaftlich-industrieller Komplex, die sog. Life Science-Industrien, will nun mit diesen potentiellen Anwendungen neuen Profit und hohes Wachstum schöpfen. Dazu bedarf es allerdings einer Reihe von politisch-institutionellen Voraussetzungen. Diese betreffen zentral die ökologische Beschränkung. Die Möglichkeit zur genetischen Manipulation von Lebensformen menschlicher, tierischer oder pflanzlicher Art machte Ressourcen für die kapitalistische Verwertung interessant, von deren Existenz man bis vor einiger Zeit gar nichts wusste bzw. die bislang außerhalb kapitalistischer Vergesellschaftung lagen. Dies aber erst zu einem Zeitpunkt, als sich der fordistische Kapitalismus in der Krise befand. Nicht zufällig fielen daher die ersten Bemühungen, Eigentumsrechte für genetische Ressourcen zu definieren mit der Übergangsphase zum Postfordismus zusammen. Mit dem TRIPS-Abkommen im Rahmen der WTO wurde im Verbund mit anderen Abkommen (WIPO, UPOV u.a.) ein zentrales internationales Regelwerk zum Schutz geistiger Eigentumsrechte verankert. In der höchst konfliktiven Auseinandersetzung um geistige Eigentumsrechte vollzog sich auch ein Wandel in den gesellschaftlichen Naturverhältnissen. Die kulturelle Wahrnehmung dessen, was für einen Schutz im Rahmen von geistigen Eigentumsrechten in Frage kommt, wurde zu einem Feld des Kampfes um Hegemonie. In der Tendenz verschoben sich die kulturellen Parameter dabei vom Begriff „Erfindung" zu „Entdeckung" bzw. von „öffentlich" zu „privat". Damit geht eine Re-Definition einher, welche die Basis für einen zukünftigen, höchst privaten Zugang zur Natur und konkret genetischen Ressourcen legt. Das impliziert aber auch das Entstehen privater Wissensmonopole, da ja bei geistigen Eigentumsrechten nicht nur, ja nicht einmal primär, der physische Besitz der Ressourcen umfasst ist, sondern vielmehr das damit verbundene naturwissenschaftliche und technische Wissen im Vordergrund steht. Diese privaten Wissensmonopole werden zu ökonomischen und politischen Machtkonzentrationen mit massiven Auswirkungen auf die ökologische Verteilung führen. Abzuwarten bleibt, ob die Verteidiger dieses neuen Einhegungsprozesses hinsichtlich des erwarteten systemischen Akkumulationszyklus auf Basis der neuen Life Sciences (und der Informations- und Telekommunikationstechnologien) Recht behalten werden. Bislang lässt sich eher feststellen, dass stärkerer Eigentumsschutz vornehmlich zur Aneignung von Monopolrenten und damit zur Steigerung des Profits diente. Der Großteil dieser Profite wird allerdings nicht reinvestiert, sondern fließt im vorherrschenden finanzdominierten Akkumulationsregime (siehe den Beitrag von Vanessa Redak in diesem Band) in die fiktive Akkumulation. Da ist dann auch von der erhofften technologischen Innovation nicht viel zu sehen. Im Gegenteil: Es steht eher zu erwarten, dass die Exzesse beim Schutz geistigen Eigentums Forschungs- und Innovationsprozesse zumindest verteuern, wenn nicht stärker behindern werden. Gut möglich, dass sich die von der liberalen Ressourcenökonomie immer wieder postulierte „Tragödie der Allmende" (Hardin 1968) in eine „tragedy of the anti-commons" (Heller 1998, Heller/Eisenberg 1998) verkehrt.

Die Veränderungen der postfordistischen ökologischen Beschränkung haben auch einen Wandel in deren gesellschaftlicher Bearbeitung nach sich gezogen. Dieser Wandel ist *erstens* gekennzeichnet durch eine Internationalisierung der ökologischen Regulierung. Neue internationale Foren sind entstanden, auf denen die politischen Auseinandersetzungen stattfinden. Dazu gehört der gesamte Rio-Prozess mit seinen Verästelungen (Klimarahmenkonvention/Kyoto-Prozess, Konvention über biologische Vielfalt u.a.). Daneben sind bereits bestehende internationale Organisationen zunehmend in die Umweltpolitik verstrickt, wie FAO, UNDP, UNEP, WHO, OECD, vor allem aber die WTO. Aus den sich überlappenden Foren und Regelwerken resultieren Spannungsfelder und Machtasymmetrien. Nachdem der Zugang verschiedener gesellschaftlicher Gruppierungen zu den einzelnen Institutionen recht unterschiedlich ist, besteht ein zentraler Aspekt der politischen Auseinandersetzung darin, zu determinieren, welche Sachverhalte durch welche Institution reguliert werden sollen (vgl. Görg/Brand 2001). *Zweitens* haben sich neue zivilgesellschaftliche Akteure der Umweltpolitik formiert, die vielfach auf Basis einer lokalen Verwurzelung auf der internationalen Ebene auftreten. Dazu gehören Landlose, Kleinbauern, indigene Gemeinschaften, NaturschützerInnen etc. und ihre politischen Organisationen. Diese Akteure zeichnen sich durch eine relativ große soziale Heterogenität aus. Ihre Vernetzung besteht primär in einem durch neue Technologien begünstigten intensiven Informations- und Kommunikationsaustausch, Kooperationen und Bündnisse erfolgen dagegen flexibel und anlassbezogen. Zum *Dritten* verläuft die politische Auseinandersetzung zentral über die diskursive Ebene. Das ist zwar nichts grundsätzlich Neues. Über die Macht des Diskurses wurde schon immer Politik gemacht und um gesellschaftliche Hegemonie gerungen. Auffällig ist aber das Ausmaß, in dem dies passiert. Die Inflation an Begriffen und Konzepten zur Umweltproblematik der letzten drei Jahrzehnte kulminierte schließlich in der diskursiven Auseinandersetzung um „Nachhaltige Entwicklung". Dabei ist in der Tendenz festzustellen, dass das kapitalismuskritische Potential dieses Begriffs durch die zunehmende Vereinnahmung neoliberaler Provenienz stark gelitten hat. Heute kann Nachhaltigkeit bestens für die Rechtfertigung fiskalischer Austerität oder den Abbau des Sozialstaats eingesetzt werden.

Es wäre sicher noch verfrüht, ein abschließendes Resümee dieser Entwicklungen zu ziehen. Der Prozess einer Formierung einer postfordistischen ökologischen Beschränkung ist noch im Gang. Die Konfliktlinien und Verteilungsimplikationen sind aber klar vorgezeichnet. Die Expansion der kapitalistischen Verwertung in den Bereich genetischer Ressourcen wird in Zukunft den Zugang zu denselben vermehrt über die Kaufkraft des/der Einzelnen entscheiden, wie generell die Privatisierung öffentlicher Güter soziale Disparitäten vergrößern wird. War die Idee sozialer Menschenrechte in Form eines universalen Zugangs zu essentiellen Lebensgütern wie Gesundheit, Wasser, Wohnung etc. im fordistischen Wohlfahrtsstaat ansatzweise verwirklicht, droht derzeit die Kommodifizierung auch der grundlegendsten Reproduktionserfordernisse menschlichen und gesellschaftlichen Lebens. Keine rosigen Aussichten, fürwahr, aber auch die Zukunft, und nicht nur die Geschichte, wird ja schließlich von Menschen gemacht.

Anmerkung

1 Dies gilt m.E. auch für die Befriedigung immaterieller Bedürfnisse, i.e. Dienstleistungen. Die vielbeschworene Dematerialisierung der Ökonomie aufgrund ihrer Tertiärisierung kann daher nicht überzeugen.

Literatur

Aglietta, M. (1987): A Theory of Capitalist Regulation: The U.S. Experience. London.

Altvater, E. (1987): Sachzwang Weltmarkt. Verschuldungskrise, blockierte Industrialisierung, ökologische Gefährdung - der Fall Brasilien. Hamburg.

- (1992): Der Preis des Wohlstands oder Umweltplünderung und neue Welt(un)ordnung. Münster.

-/Mahnkopf, B. (1996): Grenzen der Globalisierung. Ökonomie, Ökologie und Politik in der Weltgesellschaft. Münster.

Becker, J. (1998): Regionale Integration und Regulation: EU und Mercosur im Vergleich. In: Journal für Entwicklungspolitik, 14(2), 119-138.

- (2002): Akkumulation, Regulation, Territorium. Zur kritischen Rekonstruktion der französischen Regulationstheorie. Marburg.

-/Raza, W. (2000): Political Ecology and Theory of Regulation: an inevitable Separation?, In: Économies et Sociétés, série "Théorie de la Régulation", R, n° 11,1/ 2000, 55-70 (Wiederabdruck in: Ambiente & Sociedade, Ano II, No.5, 2° Semestre de 1999).

Benton, T. (1989): Marxism and Natural Limits: An Ecological Critique and Reconstruction. In: New Left Review 178, 51-86.

Boulding, K. (1966): The Economics of the Coming Spaceship Earth. In: Jarret, H.(ed.): Environmental Quality in a Growing Economy. Baltimore.

Boyer, R./Saillard, Y. (ed., 1995): Théorie de la régulation: L'état des savoirs. Paris.

Brand, U. (2000): Nichtregierungsorganisationen, Staat und ökologische Krise. Konturen kritischer NRO-Forschung. Das Beispiel der biologischen Vielfalt. Münster.

Bruns, H. (1995): Neoklassische Umweltökonomie auf Irrwegen. Eine exemplarische Untersuchung der neoklassischen Methode und ihrer geistesgeschichtlichen Hintergründe. Marburg.

Bryant, R.L./Bailey, S. (1997): Third World Political Ecology, London & New York.

Costanza, R. (ed., 1991): Ecological Economics: the science and management of sustainability. New York.

Cox, R. W. (1987): Production, Power, and World Order. The Social Forces in the Making of History. New York.

De Gregori, Th.R. (1987): Resources are not; They become: An Institutional Theory. In: Journal of Economic Issues, Vol. XXI, No.3, 1241-1263.

Deléage, J.-P. (1994): Eco-Marxist Critique of Political Economy. In: O'Connor, M. (ed.): Is Capitalism Sustainable? Political Economy and the Politics of Ecology. New York, 37-52.

Demirović, A. (1997): Demokratie und Herrschaft. Aspekte kritischer Gesellschaftstheorie. Münster.

Enzensberger, H. M. (1973/1997): A Critique of Political Ecology. In: Redclift, M. & Graham Woodgate (eds.): The International Handbook of Environmental Sociology. Cheltenham, 284-312.

Georgescu-Roegen, N. (1971): The Entropy Law and the Economic Process. Cambridge/Massachusetts.

- (1986): The Entropy Law and the Economic Process in Retrospect. Schriftenreihe des IÖW 5/87. Berlin.

Giddens, A. (1984): The Constitution of Society. Outline of the Theory of Structuration. Cambridge.

Görg, Ch. (1999): Gesellschaftliche Naturverhältnisse. Münster.

- (2002): Regulation der Naturverhältnisse. Zu einer kritischen Theorie der ökologischen Krise. Münster.

-/Brand, U. (2001): Patentierter Kapitalismus. Zur politischen Ökonomie genetischer Ressourcen. In: Das Argument 242, 466-480.

Gorz, A. (1977): Ökologie und Politik. Beiträge zur Wachstumskrise. Reinbek.

Guttmann R., (1999): Die Entwicklungsdynamik des Finanzkapitals. In: Kurswechsel 1, 16-25.

Hardin, G. (1968): The Tragedy of the Commons. In: Science 162: 1243-1248.

Harvey, D. (1973): Social Justice and the City. London.

- (1996): Justice, Nature and the Geography of Difference. Oxford/UK & Malden/Massachusetts.

Heins, V./Flitner, M. (1998): Biologische Ressourcen und „Life Politics". In: dies. et al. (Hg.), Konfliktfeld Natur. Biologische Ressourcen und globale Politik. Opladen, 13-38.

Heller, M. A. (1998): The tragedy of the anticommons: property in the transition from Marx to markets. In: Harvard Law Review 621, 88ff.

-/Eisenberg, R.S. (1998): Can patents deter innovation? The Anticommons in biomedical research. In: Science 280, 698-701.

Hirsch, J. (2001): Postfordismus: Dimensionen einer neuen kapitalistischen Formation. In: Hirsch, J./Jessop, B./Poulantzas, N: Die Zukunft des Staates. Hamburg, 171-210.

Hübner, K. (1990): Theorie der Regulation: Eine kritische Rekonstruktion eines neuen Ansatzes der Politischen Ökonomie. 2. Auflage. Berlin.

Lefebvre, H. (1991): The Production of Space, Oxford/UK & Cambridge/Massachusetts.

Leff, E. (1994): Ecología y Capital. Mexico D.F.

Lipietz, A. (1985a): Trois crises. Métamorphoses du capitalisme et mouvement ouvrier. Cepremap (Couverture orange). No.8528. Paris.

- (1985b) : Le national et le régional: quelle autonomie face à la crise capitaliste mondiale. Cepremap (Couverture orange). No. 8521. Paris.

- (1988): La trame, la chaine et la régulation: un outil pour les sciences sociales. Cepremap (Couverture orange). No. 8816. Paris.

- (1992): Towards a New Economic Order. Postfordism, Ecology and Democracy. Cambridge.

- (1995a): Écologie politique régulationniste ou économie de l'environnnement? In: Boyer R./ Saillard Y. (ed.) : Théorie de la régulation: L'état des savoirs. Paris, 350-356.

- (1995b): De la régulation aux conventions: le grand bond en arrière? In: Actuel Marx 17, 39-48.

- (1997a): Nachhaltige Entwicklung. Geschichte und Herausforderungen. In: documenta und Museum Fridericianum GmbH. Politics-Poetics. Das Buch zur documenta X. Ostfildern, 671-784.

- (1997b): The post-Fordist world: labour relations, international hierarchy and global ecology. In: Review of International Political Economy 4(1).

- (1998a): Die politische Ökologie und die Zukunft des Marxismus. In: ders.: Nach dem Ende des „Goldenen Zeitalters". Regulation und Transformation kapitalistischer Gesellschaften. Ausgewählte Schriften, Berlin und Hamburg, 59-76.

- (1998b): Grün. Die Zukunft der politischen Ökologie. Wien.

- (1998c): Rebellische Söhne. Interview mit Jane Jenson. In: ders.: Nach dem Ende des „Goldenen Zeitalters". Regulation und Transformation kapitalistischer Gesellschaften. Ausgewählte Schriften. Berlin und Hamburg, 12-23.

Lukács, G.(1923/1997): Geschichte und Klassenbewußtsein. Studien über Marxistische Dialektik. Reprint der Erstausgabe von 1923. London.

Luxemburg, R. (1990): Die Akkumulation des Kapitals. In: R. Luxemburg: Gesammelte Werke. Band 5. 4. Auflage. Berlin.

Martínez-Alier, J. (1987): Ecological Economics. Energy, Environment and Society. Oxford.

-/O'Connor, M.(1996): Ecological and Economic Distribution Conflicts. In: Costanza, R./Segura, O./Martínez-Alier, J. (Hg.): Getting Down to Earth. Practical Applications of Ecological Economics. International Society for Ecological Economics. Washington D.C. & Covelo.

-/O'Connor, M. (1998): Ecological Distribution and Distributed Sustainability. In: Faucheux, S./ O'Connor, M./van der Straaten, J. (Hg.): Sustainable Development: Concepts, Rationalities and Strategies. Dordrecht.

Marx, K. (1986): Das Kapital. Kritik der politischen Ökonomie. Zweiter Band. Karl Marx/Friedrich Engels Werke. Band 24. Berlin.

Meadows, D. et al. (1972): Die Grenzen des Wachstums. Bericht an den Club of Rome zur Lage der Menschheit. Stuttgart.

O'Connor, J. (1998): Natural Causes. Essays in Ecological Marxism, New York & London.

Pearce, D. W./Turner, R. K. (1990): Economics of Natural Resources and the Environment. New York et al.

Rotenberg, R. (1995): Landscape and Power in Vienna. Baltimore und London.

Schmidt, A. (1962): Der Begriff der Natur in der Lehre von Marx. Frankfurt/M.

Soper, K. (1998): Representing Nature. In: Capitalism, Nature, Socialism 9(4), 61-66.

Vogel, St. (1996): Against Nature. The Concept of Nature in Critical Theory. Albany.

Christoph Görg

Gesellschaftstheorie und Naturverhältnisse. Von den Grenzen der Regulationstheorie

Die Umweltthematik bzw. die gesellschaftlichen Naturverhältnisse zählen, zusammen mit den Geschlechterverhältnissen und der Staatstheorie, schon seit längerem zu den zentralen „blinden Flecken" der Regulationstheorie. Diese Einschätzung scheint auch dann noch zuzutreffen, wenn einige Regulationstheoretiker sich in den letzten Jahren mehr oder weniger ausführlich mit ökologischen Themen beschäftigt haben, denn von einer theoretisch und empirisch befriedigenden Bearbeitung der ökologischen Problematik kann keine Rede sein. Dahinter verbirgt sich jedoch kein weiteres Einzel- oder Spezialthema, das im Rahmen der bisherigen Forschungen vernachlässigt worden wäre. Vielmehr hängt dieses Defizit mit ganz grundsätzlichen Problemen der Regulationstheorie zusammen, die darüber hinaus dafür verantwortlich sind, dass dieser Forschungsansatz, bei allen empirischen Fortschritten im Einzelnen, bislang weder einen einheitlichen theoretischen Rahmen noch ein kohärentes Gesamtbild der Gegenwartsgesellschaften entwickeln konnte. Dabei geht es nicht nur um Kontroversen um den Charakter des Postfordismus, inwieweit überhaupt schon eine stabile Phase kapitalistischer Entwicklung entstanden und ob überhaupt eine solche in Analogie zum Fordismus noch zu erwarten sei (Candeias/Deppe 2001, Alnasseri u.a. 2001, Hirsch 2001). Es geht darüber hinaus um die Frage, wie denn überhaupt die Einheit einer historischen Phase zu bestimmen wäre und welche Rolle dabei strukturelle Merkmale der kapitalistischen Vergesellschaftung spielen.

Dieses Problem spitzt sich im Hinblick auf die „Regulation der Naturverhältnisse" (Görg 2002) zu und lässt sich deshalb dort exemplarisch bearbeiten. Dabei stellen sich eine ganze Reihe Fragen mit z.T. weitreichenden theoretischen wie empirischen Implikationen: Was meint eine kohärente Stabilisierung der Verhältnisse zwischen Gesellschaft(en) und ihrer natürlichen Umwelt? Gibt es so etwas wie ökologische Grenzen oder Beschränkungen gesellschaftlicher Entwicklung? Und wie können diese gegebenenfalls in Gesellschaften diskursiv verarbeitet werden? Was meint die Rede von Naturverhältnissen überhaupt? Wann kann von einer stabilen Regulation dieser Verhältnisse gesprochen werden? Wann und wodurch kommt es umgekehrt zu einer krisenhaften Zuspitzung in den Verhältnissen zur Natur? Sind diese Fragen noch im Horizont der Marxschen Theorietradition zu bearbeiten oder führen sie auf theoretisches Neuland? Bei all diesen Fragen wird letztlich auch die Frage angesprochen, ob und wann von einheitlichen Gesellschaften bzw. von distinkten Phasen gesellschaftlicher Entwicklung gesprochen werden kann.

Wie im Folgenden gezeigt werden soll, ist diese Zuspitzung theoretischer Kernprobleme im Begriff gesellschaftlicher Naturverhältnisse nicht zufälliger Art. Vielmehr hängt sie damit zusammen, dass dieser Begriff davon ausgeht, dass Gesellschaften ganz *wesentlich* von ihren *Verhältnissen* zu einer natürlichen Umwelt geprägt sind und nur darüber auch angemessen zu verstehen sind. Im Kern macht er damit ernst mit der materialistischen Annahme, dass der gesellschaftlich organisierte Stoffwechselprozess die zentrale Rolle in der gesellschaftlichen Entwicklung spielt (MEW 3). Aber zugleich betont der Begriff, stärker als dies bei Marx oder in der Tradition des Marxismus wahrgenommen wurde, dass diese gesellschaftliche Organisation keineswegs nur auf den ökonomischen Prozess oder damit direkt verbundene politische oder soziale Bedingungen beschränkt ist, sondern dass hier umgekehrt die gesellschaftlichen Verhältnisse in ihrer ganzen Komplexität und Widersprüchlichkeit involviert sind. Und vor allem öffnet er einen neuen Zugang zur historischen Existenzweise des Kapitalismus, der diesen zentral von den in ihm etablierten Herrschaftsverhältnissen her zu begreifen versucht. Dieser, in den Arbeiten von Horkheimer, Marcuse und Adorno vorbereitete und angelegte Zugang ist vielleicht auch dazu geeignet, den festgefahrenen Debatten in der Regulationstheorie neue Anstöße zu liefern.

1. Kritische Gesellschaftstheorie?

Bernd Röttger (2001: 254) hat jüngst in einer Kritik an der Regulationstheorie angesichts der schon erwähnten Lücken die provokative Frage aufgeworfen: „Wie viele Lücken kann eine Theorie eigentlich aufweisen, um nicht als 'Grundgerüst' einer kritischen Gesellschaftstheorie zusammen zu purzeln?“ Damit ist zunächst eine Frage angesprochen, die bei Röttger im Zentrum seiner Kritik steht: Steht die Regulationstheorie überhaupt - oder besser: *wie genau* steht sie in der Tradition einer kritisch-materialistischen Gesellschaftstheorie? Anfang der 1990er Jahre hatten wir uns in Frankfurt (Main) schon einmal ausführlich mit den diesbezüglichen Defiziten beschäftigt und waren zu dem skeptischen Schluss gekommen, dass die verschiedenen, in sich völlig uneinheitlichen Ansätze der Regulationstheorie es zum einen schwierig erscheinen lassen, überhaupt von einer einheitlichen Theorie zu sprechen. Zum anderen weisen die verschiedenen Ansätze aufgrund der zum Teil selbstgewählten Beschränkungen erhebliche Defizite in Richtung kritische Gesellschaftstheorie auf. Um nur die wichtigsten zu erwähnen: „Theorie mittlerer Reichweite“ unter Verzicht auf Klärung ihrer gesellschaftstheoretischen Implikationen, institutionalistische Ökonomietheorie ohne ausgearbeiteten Institutionenbegriff sowie daraus resultierend Unklarheiten in den politisch-praktischen Dimensionen der Theorie (Esser u.a. 1994b, Görg 1995).

Doch das von Röttger angesprochene Problem geht noch darüber hinaus. Denn es steht natürlich auch die Frage im Raum, ob und wozu es denn überhaupt einer kritischen Gesellschaftstheorie bedarf - und nach welchen theoretischen oder politischen Maßstäben ihr kritischer Charakter zu beurteilen wäre? Die Entwicklung der Regulationstheorie wurde wesentlich vorangetrieben von dem Unbehagen am Erklärungsgehalt wie an den politisch-praktischen Implikationen der marxistischen Theorievarianten der 60er und 70er Jahre des zwanzigsten Jahrhunderts - und auch die zum Teil übersteigerten Erwartungen an ihren innovativen Erklärungsgehalt hatten mit dieser Motivationslage zu tun. Damit hat der Regulationsansatz selbst dazu beigetragen, dass sich die Ansprüche an eine kritische Gesellschaftstheorie, so sie denn in der heutigen Theorielandschaft überhaupt noch artikuliert werden, erheblich verändert haben. Wie sind solche Veränderungen selbst zu begreifen, was ist davon nach wie vor als wichtiger Lernprozess anzusehen, was hat sich als Sackgasse erwiesen, was müsste in veränderter Form neu aufgegriffen und reformuliert werden?

Damit ist natürlich ein weites Programm anvisiert, das hier nur in wenigen Punkten angesprochen werden kann. Ich will dabei ein Problem in den Mittelpunkt stellen, nämlich die Frage, wozu es überhaupt einer Gesellschaftstheorie bedarf und welche Verhältnisse zwischen Aussagen auf der Ebene *abstrakt-allgemeiner* Merkmale kapitalistischer Vergesellschaftung und den *historisch-konkreten* Erscheinungsformen dabei involviert sind. Dieses Problem berührt allerdings den Grundcharakter des Regulationsansatzes als einer *Theorie diskontinuierlicher kapitalistischer Entwicklung*. In den Diskussionen über diese Frage scheint sich in den letzten 20 bis 25 Jahren eine signifikante Verschiebung abzuzeichnen. Zunächst war mit der Rezeption der Regulationstheorie, vor allem (aber nicht nur) in der Bundesrepublik, die Kritik an abstrakten und empirisch unfruchtbaren Theorievarianten verbunden. Joachim Hirsch (1980: 55) formulierte dies exemplarisch als Kritik an den Defiziten der Staatsableitungsdebatte der 70er Jahre, der es seiner Ansicht nicht gelungen war, „die strukturanalytische Ebene einer 'allgemeinen' Bestimmung des bürgerlichen Staates in konsistenter Weise mit der Untersuchung historisch-konkreter politischer Prozesse und Wandlungen innerhalb der Staatsapparatur zu vermitteln." In eine ähnliche Richtung geht die Kritik der „Rebellensöhne" an ihrem theoretischen Ziehvater Althusser (Lipietz 1992a).

Was Hirsch schon 1980 als zentrales Thema des Regulationsansatzes formulierte, nämlich zu verstehen, wie und warum sich „*innerhalb* der kapitalistischen Gesellschaftsformation die konkreten Modi der Vergesellschaftung in einem solchen Ausmaß wandeln" (Hirsch 1980: 57; Hvh.i.O.), das bezeichnet noch mehr als zwanzig Jahre später eine weitgehend ungelöste Aufgabe. Nur scheinen sich inzwischen die Vorzeichen geändert zu haben. Nicht mehr die Dominanz abstrakt-allgemeiner Theorien, sondern eine immer stärkere Fragmentierung der theoretischen Ansätze und Themen und eine immer kürzere Halbwertszeit der empirischen Antworten wie der zugrunde liegenden Erklärungsmodelle kennzeichnen die Theorielandschaft heute. Dies betrifft einerseits die Bandbreite der unter dem Label Regulationstheorie oder Regulationsschule vertretenen theoretischen Ansätze, die in zentralen Punkten (Bezug auf Kerngehalte der Marxschen Theorie wie die Werttheorie; vgl. Jessop 1990, Görg 1994c) inzwischen völlig gegensätzliche Wege eingeschlagen haben. Andererseits haben methodisch-konzeptionelle Probleme dazu geführt, dass zentrale Begriffe des Regulationsansatzes selbst - Akkumulationsregime, Regulationsweise, institutionelle Form, etc. - in immer neuen Anläufen zu definieren versucht werden (zum Überblick: Becker 2002, Joachim Becker in diesem Band). Von daher wird es immer schwieriger, überhaupt die Einheit eines theoretischen Ansatzes rekonstruieren zu können. Damit besteht das Problem nicht mehr darin, die historische Variabilität des Kapitalismus angemessen in Rechnung zu stellen - heute fragt man sich, ob, warum und wie man die Gegenwartsgesellschaften noch als kapitalistische kritisieren soll.[1]

In dieser Entwicklung kommen weitreichende Verschiebungen in der politisch-intellektuellen und in der Theorielandschaft zum Vorschein, die ein Thema für sich wären.[2] Allerdings sollte man sich immer vor Augen halten, dass die Attraktivität des Regulationsansatzes zu guten Teilen daher rührt, dass alle anderen marxistischen Ansätze - vom Stamokap bis zu verschiedenen Zusammenbruchstheorien - inzwischen als weitgehend desavouiert gelten und zumindest als ernstzunehmende empiriehaltige Theorien abgemeldet sind (was natürlich kein Garant gegen ihre Wiederkehr als Gespenst darstellt). Doch verhält es sich dann mit der Regulationstheorie nicht ähnlich wie mit dem Kapitalismus nach dem Ende der Blockkonfrontation: Hat sie wirklich gewonnen, hat sie sich als die bessere Theorie erwiesen - oder ist sie einfach übrig geblieben?

Für Letzteres spricht zumindest, dass das von Hirsch schon 1980 formulierte Grundproblem nach wie vor ungelöst ist - und dass sogar die Bereitschaft rückläufig ist, sich überhaupt mit ihm zu beschäftigen. Nur scheint eben nun die Stoßrichtung genau umgekehrt zu sein. Gesellschaftstheoretische Ambitionen wurden im Rahmen der Regulationstheorie schon seit einiger Zeit mit Verweis auf den funktionalistischen Bias abgewehrt, welcher der Diskussion struktureller Elemente gesellschaftlicher Reproduktion und Regulation innewohne (vgl. Scherrer 1995; Krebs 1996). Obwohl dieser Verdacht nahe liegt, trifft er doch nicht den Kern der Sache. Denn selbst wenn einer funktionalistischen Verkürzung entgegengearbeitet werden soll - und der Regulationsbegriff bringt gerade in seiner Verschiebung gegenüber dem Begriff der Reproduktion dies unmissverständlich zur Geltung (vgl. Lipietz 1992a) -, kann eine gesellschaftstheoretische Grundfrage nicht umgangen werden. Denn nur auf der Ebene des *allgemeinen* Gesellschaftsbegriffs lässt sich begründen, warum die kapitalistische Form der Vergesellschaftung sich eben nicht, wie lange Zeit angenommen, in linearer Form entwickelt, sondern nur in distinkten Phasen - und trotzdem Kapitalismus bleibt (und eben nicht eine postindustrielle Gesellschaft oder eine reflexive Moderne o.ä. wird). Das bedeutet: Eine Erklärung der Diskontinuität kapitalistischer Vergesellschaft muss gerade an den allgemeinen Strukturprinzipien ansetzen. Und es ist auch erklärungsbedürftig, warum die Diskontinuität selbst, also die Tatsache, dass der Kapitalismus nur in deutlich verschiedenen Erscheinungsformen existieren kann, auf der Kontinuität allgemeiner Strukturprinzipien (Wertvergesellschaftung, Lohnverhältnis, Staat etc.) aufruht.

Wir hatten Anfang der 90er Jahre dazu einen Vorschlag gemacht, der sicherlich noch unzureichend (und vor allem noch hochgradig abstrakt) war (Esser u.a. 1994b), der in der Folge allerdings nur wenig rezipiert und nicht weiterdiskutiert wurde.[3] Im Kern setzte er sich aus verschiedenen - und leider noch etwas unverbundenen - Versuchen zusammen, einmal die *sozialtheoretischen* Grundlagen weiter zu entwickeln - also das, was mit den Themen Handlungstheorie und

Verhältnis Struktur-Handeln sowie mit dem Institutionenbegriff angesprochen wird –; und zudem *Kernprobleme der Gesellschaftstheorie* – insbesondere den Widerspruchscharakter kapitalistischer Vergesellschaftung sowie, eng verbunden damit, die politischen und sozialen Formen der Stabilisierung widersprüchlicher Verhältnisse weiter auszuarbeiten. Letztere kreisen um das Verhältnis von Krise, Konflikt und Institutionen (Görg 1994b und c) sowie um die Staatsform (Hirsch 1994). Andere Fragen, wie z.B. das methodische Problem, inwieweit die Methode des strukturalen Marxismus Althussers beibehalten werden kann, wenn seine theoretischen Grundlagen in Frage gestellt werden (Lipietz 1992a), wurden auch dort nur angetippt (Görg 1994a). Im Zentrum standen jedoch die politischen Implikationen, die wir unter dem Begriff des *radikalen Reformismus* diskutierten (Esser u.a. 1994a). Mit diesem Terminus wurde genau das aufzugreifen versucht, was oben im Anschluss an Röttger als Kriterium für eine kritische Gesellschaftstheorie problematisiert wurde. Nur muss diese Problemstellung in zwei aufeinander aufbauende Fragen umformuliert werden: Inwieweit erfordert die Regulationstheorie selbst eine Überprüfung der Grundannahmen einer kritischen Gesellschaftstheorie? Und erlauben es ihre eigenen Forschungen und ihre theoretischen Grundlagen, diesem Gehalt der Kritik auch zu entsprechen? Die erste Frage lässt sich mit dem Begriff des radikalen Reformismus positiv beantworten. Dagegen gibt die zweite Frage mehr denn je Anlass zu Skepsis.

Nun sind in den letzten dreißig Jahren eine Reihe der Grundlagen der Kritik im Marxismus über Bord geworfen worden – vom revolutionären Subjekt über die Geschichtsteleologie bis zur autoritären Sprecherposition, die zur Forderung nach einem „pluralen Marxismus" (Haug) umgewendet wurde. Über diese Verschiebungen hinaus bringt aber der Regulationsansatz einen neuen Gedanken, oder zumindest ein neues Problem, mit sich. Denn im Kern besagt das Diskontinuitätsthema, dass unter Fortdauer strukturell verankerter Antagonismen die historisch konkreten Erscheinungsformen des Kapitalismus in ihrer institutionellen Ausgestaltung von den sozialen Kämpfen geprägt sind. Oder schärfer formuliert: Die Reproduktion des Kapitalverhältnisses vollzieht sich nicht, wie noch Marx annahm, unter Gesetzmäßigkeiten, die sich völlig hinter dem Rücken der Akteure bewegen und auf diese nur als Personifikationen ökonomischer Kategorien Bezug nehmen, sondern die Reproduktion ist in ihrer historisch-konkreten Erscheinungsform als Regulationsweise durch die sozialen Kämpfe auf den verschiedenen Ebenen geprägt – und trotzdem haben diese Akteure keinen Überblick und keine Kontrolle über diese sozialen Prozesse, werden zentrale Antagonismen durch diese Kämpfe hindurch bislang auch immer reproduziert.

Mit dieser Kernaussage der Regulationstheorie können zwei gegensätzliche Positionen gleichermaßen zurückgewiesen werden. Einmal eine Ignoranz gegenüber den sozialen Kämpfen auf den verschiedenen Ebenen, die diese lediglich unter der Perspektive einer Reproduktion der gesellschaftlichen Herrschaftsverhältnisse betrachtet und damit in ihren sperrigen Zielen und ihren potenziell emanzipatorischen Gehalten verfehlt. Es ist keine Frage, dass dieser Anspruch in vielen Arbeiten gar nicht eingelöst wird - trotzdem gehört er eigentlich zu den zentralen Erkenntnissen dieses Ansatzes.[4] Auf der anderen Seite dürfen aber auch die strukturellen Antagonismen nicht vernachlässigt werden, die allen sozialen Kämpfen immer wieder auch die Rahmenbedingungen vorgeben, zumindest solange wir noch von kapitalistischen Formen der Vergesellschaftung ausgehen müssen. Dafür ist das Empire-Buch ein Beispiel, denn Hardt und Negri gehen davon aus, es sei das Projekt des Kapitalismus, politische und ökonomische Macht zusammenzubringen - und diese Verbindung im Empire ermögliche „eine kapitalistische Ordnung im eigentlichen Sinne" (Hardt/Negri 2002: 24). Damit ignorieren sie aber, dass der Widerspruch zwischen politischer und ökonomischer Macht ein Strukturprinzip kapitalistischer Vergesellschaftung ausmacht, aus dem heraus nicht nur der kapitalistische Globalisierungsprozess der letzten Jahrhunderte sondern auch die aktuellen Phänomene globaler Vergesellschaftung zu verstehen sind (Hirsch 2002). Gerade weil politische Herrschaft nicht unmittelbar in der ökonomischen Sphäre verankert ist (obwohl es dort natürlich auch Herrschaft gibt), sondern in einem davon strukturell gesonderten Bereich des (National-)Staates, nehmen soziale Kämpfe die Form politischer Auseinandersetzungen im Rahmen des Staates an - mit allen Ambivalenzen, die damit verbunden sind: von der nationalstaatlichen Bornierung der Kämpfe bis zu Nationalismus und Imperialismus. Und es ist eine empirische Frage, inwieweit sich die derzeitigen Ansätze zu globalen sozialen Bewegungen aus dieser Bornierung wirklich werden lösen können und die soziale Form „Staat" zu transformieren vermögen. Der sozialistische Internationalismus ist daran jedenfalls 1914 gescheitert.

Strukturen und insbesondere strukturell verankerte Antagonismen stehen also sozialen Konflikten und strategischem Handeln nicht abstrakt gegenüber, sondern beide sind miteinander vermittelt. So wie die Antagonismen nur durch die Kämpfe hindurch reproduziert werden, sind diese Kämpfe von den Strukturprinzipien kapitalistischer Vergesellschaftung geprägt. Aus dieser Vermittlung auf der theoretischen Ebene resultiert aber ein weitreichendes Problem auf der Ebene der politischen Aussagen der Regulationstheorie. Auf der einen Seite ist zu berücksichtigen, dass in der Reproduktion der gesellschaftlichen Antagonismen innerhalb des Kapitalismus, d.h. in den verschiedenen Regulationsweisen, die Ergebnisse sozialer Konflikte und Auseinandersetzungen immer präsent sind. Auf der anderen Seite ist dies eben auch die Form, in der sich der Kapitalismus reproduziert. Damit stellt sich also das Problem, wie diese Kämpfe innerhalb des Kapitalismus ernst zu nehmen sind, ohne auf die Perspektive einer Transformation der strukturellen Widersprüche selbst zu verzichten. Wir hatten dieses Grundproblem des radikalen Reformismus unter Rückgriff auf eine Unterscheidung zwischen *Institutionen* und *sozialen Formen* zu bearbeiten versucht.[5] In Anlehnung an den Marxschen Begriff der Wertform sollte man nur dann von sozialen Formen i.e.S. sprechen, wenn und sofern strukturelle Elemente gesellschaftlicher Reproduktion einen gegenüber den Alltagsdeutungen der Akteure *verselbstständigten* Charakter besitzen (und die deshalb einen spezifischen „Fetischcharakter" annehmen, weil ihr gesellschaftlicher Gehalt verdeckt ist). Dies trifft neben der Wertform allein auf die Staatsform zu, die strukturelle Verselbstständigung politischer Herrschaft im Kapitalismus (Hirsch 1994). Auch wenn sich die Erscheinungsformen staatlicher Herrschaft in den letzten Jahren gravierend gewandelt haben (Jessop 1997, Hirsch 2000, Brand u.a. 2001, Hirsch/Jessop/Poulantzas 2001), hat sich die soziale Form Staat in diesen Wandlungen eben auch reproduziert. Institutionen haben diesen verselbstständigten Charakter dagegen nicht, sondern sind viel unmittelbarer das Ergebnis konflikthaften sozialen Handelns und der hegemonialen Stabilisierung sozialer Konflikte.

Mit Hilfe dieser Unterscheidung lassen sich verschiedene Formen sozialer Konflikte und strategisch-politischen Handelns unterscheiden: *institutionelles Handeln* auf der einen Seite, das auf die Regulation systemischer Widersprüche und die Bearbeitung von Krisenprozessen innerhalb einer Regulationsweise gerichtet ist, von einem *transformierenden Handeln*, dass neue institutionelle Strategien zu entwickeln und durchzusetzen versucht, dabei aber noch innerhalb der Optionen bleibt, die die kapitalistische Gesellschaftsformation selbst bereit hält (und z.B. die Reproduktion der Staatsform trotz weitreichender Veränderungen impliziert), und einem *strukturtransformierenden Handeln*, das dessen Antagonismen selbst aufzuheben und zu überwinden versucht (Esser u.a. 1994a). Das bleibt natürlich zunächst eine analytische Unterscheidung auf der Ebene der Gesellschaftstheorie, denn reale Konfliktformen sind nur selten fein säuberlich und vor allem nicht a priori einem und nur einem Konflikttypus zuzuordnen. So wurden die neuen sozialen Bewegungen Anfang der 1980er Jahre noch stark unter der Frage betrachtet, welche Elemente eines strukturtransformierenden Handelns jenseits des Kapitalismus sie implizieren könnten. Doch selbst wenn dann immer deutlicher wurde, dass sie vor allem Akteure, aber auch Symptome eines Übergangs vom Fordismus zum Postfordismus darstellen (Roth 1994), die Reichweite ihrer Kämpfe also im Rahmen der kapitalistischen Gesellschaftsform verbleiben, dürfen überschüssige Potentiale dieser Kämpfe, in denen sie über diese Beschränkung hinausgehen, nicht ignoriert werden, selbst wenn sich diese Potentiale nicht durchsetzen konnten.

Im Rahmen der Regulationstheorie haben sich also die Ansprüche an eine kritische Gesellschaftstheorie selbst gewandelt. Allerdings scheinen die damit verbundenen Probleme kaum zur Kenntnis genommen zu werden. Meist wird der Fokus allein und einseitig auf die Tatsache gelegt, dass die Stabilisierung kapitalistischer Verhältnisse nicht von den sozialen Kämpfen und ihren hegemonialen Verfestigungen zu trennen ist. Die Frage ist aber *auch*, ob und inwieweit durch die (gegen-)hegemonialen Kämpfe strukturelle Bedingungen kapitalistischer Vergesellschaftung reproduziert werden, ob sie möglicherweise modifiziert oder vielleicht sogar außer Kraft gesetzt werden. Um beim Beispiel globale soziale Bewegungen zu bleiben: Bleiben diese, wie noch die sozialistischen und kommunistischen Parteien des zwanzigsten Jahrhunderts, der Konkurrenz zwischen politisch-nationalstaatlich stabilisierten Räumen verhaftet und reproduzieren sie damit ein Grundmerkmal kapitalistischer Herrschaft – oder gelingt es ihnen, die Konkurrenz nationaler Herrschaftsräume zu überwinden? Dies ist letztlich eine empirische Frage, und angesichts der Heterogenität der Bewegungen und der komplexen Mischung zwischen nationalistisch-protektionistischen Zielen, die allein auf eine „Rückkehr" des Nationalstaats in der Regulierung des Weltmarktes setzen, und radikal-emanzipatorischen Ansprüchen, die noch die Institution des Staates selbst in Frage stellen, bislang noch nicht zu beantworten. Doch um sie überhaupt in dieser Form stellen zu können, müssen die Strukturprinzipien kapitalistischer Globalisierung in Betracht gezogen werden und dürfen nicht, wie bei der Empirethese, schlichtweg ignoriert werden. Denn dadurch wird das eigentliche politische Kernproblem verfehlt: Wie können die sozialen Kämpfe so gestaltet werden, dass sie nicht *nur* der Reproduktion kapitalistischer Vergesellschaftung dienen? Die Betonung liegt hier ganz eindeutig auf dem „nur", denn auch unter dieser Schwelle müssen diese Kämpfe ernst genommen werden, artikulieren sich in ihnen doch auch die Widersprüche kapitalistischer Vergesellschaftung und die Zumutungen ihrer Herrschaftsformen.

2. Institutionelle Regulierung der Naturverhältnisse

Dieser letzte Zusatz ist deshalb wichtig, weil es gerade auch die Botschaft der Regulationstheorie ist (oder besser: sein sollte), den Widerstand gegen historisch-konkrete Formen von Ausbeutung und Herrschaft ernst zu nehmen und nicht, wie in abstrakten Zusammenbruchstheorien oder in Ansätzen, die die totale Herrschaft des Kapitalverhältnisses beschwören, als Nebeneffekt dieser Herrschaft zu ignorieren bzw. dieser zu subsumieren. Denn in diesen Kämpfen werden die konkreten Lebensbedingungen der Menschen zum Thema – und deren Gestaltung ist in den einzelnen Regulationsweisen immer auch impliziert. Eine Gesellschaftstheorie, die davon abstrahiert, wäre kaum noch als eine kritische Theorie anzusehen. Doch genau diese Kämpfe spielen auch in der Regulation der Naturverhältnisse eine Rolle. Denn im Gegensatz zu einem weit verbreiteten Missverständnis geht es hier keineswegs um ein Luxusproblem, das, vom Reichtum der westlichen Industrienationen und seiner Verschwendung natürlicher Ressourcen im Fordismus verursacht, nur für Länder mit einem hohen Lebensstandard wirklich ein Problem ist. Weil die Regulation der Naturverhältnisse zudem weit über die expliziten Umweltprobleme – Luftverschmutzung, Wasserqualität, Klimawandel oder Artenschwund – hinausgeht, sind gerade hier die Lebensbedingungen in Nord und Süd angesprochen. Doch genauso zeigt sich in der Bearbeitung der Ökologiethematik eine höchst selektive Behandlung, die z.T. auf das Wirken kapitalistischer Strukturprinzipien – Wertform und Staatsform – zurückzuführen ist. Während erstere die Dominanz preis- und geldförmiger Bearbeitungsmechanismen in den Strategien der sozialen Akteure erklären kann, impliziert letztere die Fortdauer der Konkurrenz territorial situierter Herrschaftsapparate.

Aus dem vorher Ausgeführten ergibt sich eine wichtige Konsequenz im Hinblick auf die Regulation der Naturverhältnisse. Denn es scheint mir nicht sinnvoll zu sein, die Integration der Naturthematik über die Begriffe *institutionelle Form* oder *strukturelle Form* vorzunehmen, also die Naturverhältnisse einfach zu anderen strukturellen oder institutionellen Formen hinzuzufügen (anders Becker/Raza

2000: 63, Joachim Becker und Werner Raza in diesem Band). Zunächst ist auch hier deutlich zu unterscheiden zwischen allgemeinen, dem Kapitalismus als Gesellschaftsformation inhärenten sozialen Formen der Gestaltung der Naturverhältnisse und phasenspezifisch ausgeprägten und institutionell ausgestalteten historisch konkreten Bedingungen. Aus den allgemeinen sozialen Formen ist weder die konkrete Gestaltung noch deren spezifische Krisenhaftigkeit abzulesen. So ist aus der Dominanz des Tauschwerts bzw. dem strukturell verankerten Zwang zur Kapitalakkumulation und der damit einhergehenden Abstraktion von allen Gebrauchswerten nicht eine allgemeine Krisendynamik abzuleiten (anders dagegen O'Connor 1988 und z.T. auch Altvater 1991). Zwar bedingt die in der Wertform angelegte spezifische Form kapitalistischer Synthesis eine Abstraktion von allen konkreten stofflich-materiellen Implikationen gesellschaftlicher Produktion (Görg 1999a: 51ff.). Diese spezifischen gesellschaftlichen Bedingungen, und nicht eine sozialontologische Unterscheidung zwischen Kommunikation und Materie wie bei Luhmann (vgl. Görg 2001), sind damit der soziale Grund für die prinzipielle Naturblindheit moderner Gesellschaften. Aber aus den allgemeinen Gesetzmäßigkeiten gesellschaftlicher Synthesis ist nicht abzuleiten, ob dieser Abstraktion nicht in sozialen Konflikten entgegengearbeitet wird. Das ist aber wenigstens prinzipiell möglich, vor allem dann, wenn mit der Regulationstheorie von einer institutionellen Stabilisierung der Kapitalakkumulation ausgegangen wird. Ob eine neue Phase kapitalistischer Entwicklung also in der Lage ist, die aus dem Fordismus und seiner Tendenz zur schrankenlosen Naturausbeutung und -vernutzung sich ergebenden Probleme zu bearbeiten, ist durchaus offen. Entscheidend ist aber, dass auch die „postfordistischen Naturverhältnisse" (Görg/Brand 2001) durch soziale Formen geprägt sein werden, die Hoffnungen auf die Allokationsleistungen des Marktes oder die steuernde Kraft neuer Governancemodelle tendenziell naiv erscheinen lassen. Vielmehr ist selbst in die bestehenden institutionellen Formen der Problembearbeitung eine *strukturelle Selektivität* eingelassen, die sich aus der strukturierenden Macht der sozialen Formen Wert und Staat ergibt (vgl. zur Staatsform und den Wirkungen zwischenstaatlicher Konkurrenz Görg/Brand 1999; zum Markt und zur Wertform Brand/Görg 2000).

Die Rede von institutionellen oder strukturellen Formen bei Becker und Raza vernachlässigt also zum einen eine Differenz, die gesellschaftstheoretisch gesehen sehr wichtig ist und zentral auf das von der Regulationstheorie anvisierte Phasenmodell gesellschaftlicher Entwicklung ausgerichtet ist. Könnte diese Differenz noch als terminologisches Problem dargestellt werden, dass sich aus der theoretischen Aufladung der Begriffe „Form" und „Institution" ergibt, dann lässt sich noch ein zweites Argument gegen die Operationalisierung der Naturverhältnisse als weiterer struktureller Form (neben dem Lohnverhältnis oder dem Geldverhältnis etc.; für all diese „strukturellen Formen" gilt allerdings die oben angedeutet Kritik, vgl. Görg 1994b und c) anführen. Denn diese Aufspaltung verschiedener Dimensionen der Regulation weicht der Einsicht aus, dass die Regulation der Naturverhältnisse nicht Element einer *besonderen* Dimension sozialer Regulation ist, sondern ein *integra-*

les Elemente sozialer Synthesis auf allen Ebenen. Die Regulation der Naturverhältnisse findet nicht nur in Produktion und Konsumtion statt, sondern auch andere gesellschaftliche Dimensionen sind involviert. Zur Regulation der Naturverhältnisse im Ganzen können jedoch nicht nur die gesellschaftlichen Teilbereiche Wissenschaft und Politik hinzugerechnet werden, was vermutlich noch wenig Widerspruch hervorrufen dürfte. Von der konkreten Gestaltung der Naturverhältnisse tangiert sind alle gesellschaftlichen Querschnittsthemen, von der Mobilität über die Ernährung bis zur Kultur. Auch die Gestaltung der Geschlechterverhältnisse und Themen wie Sexualität, menschliche Reproduktion oder Medizin bzw. medizinische Technik, bspw. die technisch vermittelten Konstruktionen der leiblich-körperlichen Existenz des Menschen (Manzei 2002), sind als Formen der historischen Gestaltung gesellschaftlicher Naturverhältnisse zu begreifen.

Das hat Folgen in Bezug auf das, was unter Natur und Naturverhältnis zu verstehen ist. Natur ist keine spezifische Entität, der Gesellschaft gegenüber, deren Aneignung durch besondere Institutionen oder Formen gestaltet würde. Natur ist in *alle* gesellschaftlichen Dimensionen *involviert*, genauer: Alle sozialen Verhältnisse sind zugleich auch als Varianten der Gestaltung der Naturverhältnisse zu begreifen. Wenn daher Gesellschaft und Natur in einem *konstitutiven Verhältnis* zueinander stehen, insofern tatsächlich „*Gesellschaft nicht ohne Natur, Natur nicht ohne Gesellschaft*" begriffen werden kann (vgl. Görg 1999a) dann müssen zwei Probleme behandelt werden. Einmal stellt sich die oben schon erwähnte Frage nach der *Spezifität der Naturthematik*: Was ist eigentlich das Spezifische an Natur, was meint dieser Begriff eigentlich? Bevor dieser Frage nachgegangen wird, noch eine kurze Anmerkung zu einem gesellschaftstheoretischen Problem, der Frage nach der *Pluralität der Naturverhältnisse*. Die skizzierte Position impliziert die Anschauung, dass von Naturverhältnissen eigentlich nur im Plural zu reden ist, insofern in den verschiedenen Bereichen Natur und Gesellschaft jeweils sehr unterschiedlich miteinander vermittelt sind und kein einheitliches Muster auf alle Bereiche anwendbar ist. Obwohl dies für die Diagnose und die Bearbeitung gesellschaftlicher Umweltprobleme sicherlich richtig ist, insofern hier von je spezifischen, nur interdisziplinär bearbeitbaren Problemlagen auszugehen ist (Jahn 1991, Jahn/Wehling 1998), kann doch nicht übersehen werden, dass in Gesellschaften nach dem Maß der Kohärenz dieser Gesellschaften doch Muster existieren, seien es Denkmuster oder technisch-wissenschaftliche Muster als Elemente einer Regulationsweise, seien es Technologien und infrastrukturelle Voraussetzungen eines Akkumulationsregimes, die doch eine gewisse Einheitlichkeit implizieren. Erst die Herausarbeitung dieser relativen Einheitlichkeit erlaubt es, eine Differenz zwischen verschiedenen Varianten der Gestaltung der Naturverhältnisse zu erfassen – eben die Differenz zwischen fordistischen oder postfordistischen, oder auch zwischen kapitalistisch geprägten und nichtkapitalistischen Naturverhältnissen. Die Einheitlichkeit ist hier nicht absolut, sondern immer nur relativ im Hinblick auf gesellschaftliche Kohärenzbedingungen zu bestimmen. Wann wird eine bestimmte Form der Bearbeitung gesellschaftlicher Naturverhältnisse als Lösung akzeptiert (z.B. der

Einsatz der Gentechnik in der Medizin), wann gilt sie selbst als Problem und führt zu Konflikten (wie bei der so genannten „friedlichen Nutzung der Kernenergie")? Der Einsatz verschiedener Technologien oder die Verwendung bestimmter Denkmuster in einem Bereich ist immer auch von den Rahmenbedingungen und damit von anderen Bereichen, bzw. von sozialen Konflikten um kulturelle Deutungsmuster im weiteren Sinne, abhängig. Trotzdem, oder vielmehr gerade deswegen, muss der relativen Eigenständigkeit unterschiedlicher Formen der Gestaltung der Naturverhältnisse Rechnung getragen werden, darf nicht von einer Dimension, in der Regulationstheorie in der Regel der Entwicklung der Arbeitsorganisation, ein Kurzschluss auf andere Dimensionen gezogen werden (sofern diese überhaupt berücksichtigt werden). Hier reproduziert sich damit das regulationstheoretische Grundproblem: Wie kohärent muss eine Regulationsweise bzw. das Verhältnis zwischen ihr und einem Akkumulationsregime sein, um kapitalistische Verhältnisse stabilisieren und eine große Krise der Akkumulation vermeiden zu können? Und welche Rolle spielt dabei die Ökonomie, die Politik etc.?

3. Gesellschaftliche Reproduktion und Natur

Eine Gesellschaftstheorie, die dem Thema Naturverhältnisse gerecht werden soll, muss also dem *Zusammenhang* einer *Pluralität* gesellschaftlicher Naturverhältnisse in einer historischen Phase gerecht werden können und nicht die Naturverhältnisse lediglich einzelnen strukturellen oder institutionellen Bereichen zurechnen. Wenn die Naturverhältnisse aber in die Reproduktion aller sozialen Verhältnisse eingelassen sind, dann stellt sich die erste eben erwähnte Frage, was denn überhaupt ihre Besonderheit ausmacht. Warum reden wir überhaupt von *Natur*verhältnissen, welche Bedeutung hat dabei der Naturbegriff? Und welche Relevanz hat die Rede von *Verhältnissen*? Geht es um relationale Beziehungen zwischen einander äußerlichen Entitäten? Oder, was die Sache eher trifft, um die immanente Vermitteltheit von Prozessen, die unabhängig voneinander nicht thematisiert werden können, weil ihnen ihre Vermittlung wesentlich ist?

Diese Probleme werden mit dem Begriff der gesellschaftlichen Naturverhältnisse zu bearbeiten versucht. Auch dieser Begriff geht auf die Marxsche Theorie zurück (vgl. als Überblick Schmidt 1993), wenn auch auf einen ganz anderen Strang marxistischer Tradition. Denn im Hauptstrang materialistischer Gesellschaftstheorie wurde der Begriff der Naturverhältnisse nicht systematisch weiterentwickelt, vor allem nicht in seiner Bedeutung für die Gesellschaftstheorie. Von zentraler Bedeutung war er dagegen für die Revision und Weiterentwicklung einer Reihe theoretischer Grundannahmen durch die kritische Theorie der „Frankfurter Schule". Spätestens seit der „Dialektik der Aufklärung", und vorbereitet durch Überlegungen von Walter Benjamin, stellt er das zentrale zeitdiagnostische und gesellschaftstheoretische Scharnier der Theorien von Theodor W. Adorno, Max Horkheimer und anderen dar - die „Kritik der Naturbeherrschung" wird hier zum entscheidenden Element kritischer Gesellschaftstheorie (Görg 1999b, 2002).

Das macht die Sache für heute nicht einfacher. Zum einen kann man auch im Hinblick auf die Gesellschaftstheorie der „Frankfurter-Schule" nicht von einer befriedigenden Ausarbeitung oder einer Lösung zentraler theoretischer Probleme sprechen. Insbesondere wird hier noch die Diskontinuität kapitalistischer Vergesellschaftung, also die Kernbotschaft der Regulationstheorie, verfehlt. Zudem bedarf es einer Anwendung des Begriffs der Naturverhältnisse auf die heutigen, völlig anders gearteten Debatten und Problemlagen im Umkreis der ökologischen Krise (Wehling 1997). Die „Dialektik der Aufklärung" war bekanntlich in einem völlig anderen historischen Kontext entstanden. Dieser Bezug wurde zwar in den letzten 15 Jahren in verschiedenen Ansätzen hergestellt (z.B. Jahn 1991, Jahn/Wehling 1998, Demirović 1997, Weingarten 1998, Görg 1999a, 2002). Dabei hat sich aber auch gezeigt, dass der Begriff seine theoretische Bestimmtheit, seine theoretische Verortung wie seinen empirischen und diagnostischen Gehalt mehr und mehr eingebüßt hat. Auch im Hinblick auf den Begriff gesellschaftlicher Naturverhältnisse stellt sich also ein ähnliches Problem wie bei der Regulationstheorie. Um als theoretischer Kernbegriff eines einheitlichen Ansatzes brauchbar zu sein, bedürfte es der Klärung einer Reihe theoretischer und methodisch-konzeptioneller Fragen. Potenziert sich also das oben an der Regulationstheorie demonstrierte Problem nicht einfach?

Eine Schlussfolgerung scheint damit unausweichlich zu sein: Eine Klärung der theoretischen Grundprobleme ist auf dem Boden der einzelnen Theorietraditionen allein nicht möglich. Sowohl bei der Regulationstheorie als auch beim Ansatz der Naturverhältnisse scheint mir eine Konfrontation verschiedener theoretischer Traditionen unumgänglich zu sein. Es reicht bei beiden nicht aus, mit dem eigenen begrifflichen Instrumentarium immer neue definitorische Abgrenzungen zu versuchen. Vielmehr bedarf es der wechselseitigen Ergänzung, die allerdings nur dann gelingen kann, wenn die jeweiligen Ansätze mit all ihren Problemen rekonstruiert werden. Dann ergeben sich vielleicht sogar neue und innovative Weiterungen, die festgefahrene Diskussionen in eine neue Richtung lenken können. Abschließend will ich versuchen, einen möglichen Antwortversuch in diese Richtung zu skizzieren, indem ich die Frage aufgreife, inwiefern die Naturverhältnisse der gesellschaftlichen Reproduktion *Zwänge* oder *Restriktionen* auferlegen. Ich möchte bezweifeln, dass diese Frage das zentrale Problem in der Verbindung von Regulationstheorie und Naturverhältnissen darstellt,[6] und möchte dagegen aufzeigen, dass gerade die Strategien zur Bearbeitung der Ökologieproblematik, d.h. das „Wie?" in der Bearbeitung ökologischer Probleme, das entscheidende Problem darstellen - und dass sich mit diesen Strategien allerdings strukturelle Bedingungen kapitalistischer Vergesellschaftung reproduzieren. Dieser Zusammenhang wird mit der *Kritik der Naturbeherrschung* anvisiert. Und von daher lassen sich neue Perspektiven auf das Problem der Diskontinuität kapitalistischer Entwicklung gewinnen, da es auch hier letztlich um die Existenz quasi-natürlicher, „verdinglichter" bzw. verselbstständigter sozialer Verhältnisse - um die Existenz einer „zweiten Natur" (Marx) - geht.

Mit der Frage, ob und wie mit einem „ecological constraint" zu rechnen ist, ist natürlich ein weites Feld betreten. Das Problem „Gibt es einen 'ökologischen

Zwang' in der Gesellschaft oder nicht, und wenn ja: Wie macht sich dieser Zwang gesellschaftlich geltend?" berührt nämlich so sehr die Grundfragen sozialwissenschaftlicher Theoriebildung, dass eine erschöpfende Behandlung kaum möglich ist. Diskutiert wird das Problem schon seit einigen Jahren unter dem Gegensatz Konstruktivismus-Naturalismus bzw. -Realismus (vgl. Brand 1998, Görg 1999a). Wurde noch vor kurzer Zeit auf einigen Foren heftig darüber gestritten, so scheint in der letzten Zeit etwas Erschöpfung eingetreten zu sein, ohne dass wirklich eine Klärung herbeigeführt werden konnte.

Worum geht es bei diesem Gegensatz? Die erste irritierende Antwort ist: um durchaus Verschiedenes. Erkenntnistheoretische, sozialtheoretische und normative Probleme werden oft durcheinander geworfen. Um beim Beispiel „ecological constraint" zu bleiben: Dieser lässt sich sehr unterschiedlich verstehen. Gibt es eine der Gesellschaft entgegenstehende äußere Realität mit eigenen Gesetzmäßigkeiten, deren Bedingungen sich in der Gesellschaft als Zwang geltend machen? Oder ist alle Realität ein gesellschaftliches Konstrukt? Steht hier eine erkenntnistheoretische Frage im Vordergrund, dann wird durch eine leichte Verschiebung daraus eine normative Problemstellung: Sollten wir äußere Zwänge unseres Handelns respektieren? Oder sollten wir im Gegenteil erkennen, dass alle vermeintlich äußeren Zwänge unsere eigenen Projektionen sind und auch als solche erkannt werden sollen? Eine sozialtheoretische Problemstellung wird daraus, wenn gefragt wird: Ist „das Soziale", der gesellschaftliche Prozess im weitesten Sinne, eingebettet oder eingelassen in natürliche Bedingungen? Oder produziert der Mensch bzw. die Gesellschaft die Natur und hat sie zumindest heute vollständig modifiziert?

Diese Streitfragen berühren jedoch nicht nur sehr unterschiedliche Themen und Probleme. Ihre Diskussion leidet auch unter der Verwendung sehr verschiedener Naturbegriffe. Das ist kein terminologisches Glasperlenspiel. Auch in regulationstheoretischen Schriften stolpert man immer wieder über die Verwendung sehr unterschiedlicher Naturbegriffe im gleichen Text. Vor allem das Werk von Alain Lipietz (1992b, 1998, 2000) ist davon geprägt, wie Joachim Becker und Werner Raza (2000) noch vor kurzem gezeigt haben. Deshalb kann bei Lipietz auch schwerlich von einer Lösung der theoretischen Probleme gesprochen werden. Vielmehr schwankt er zwischen einer analytisch unbefriedigenden und einer normativ bzw. politisch orientieren Behandlung der Ökologieproblematik. Allerdings wird sich diese terminologische Vieldeutigkeit nicht durch eine definitorische Setzung beheben lassen, sondern gehört in gewisser Weise schon zum Problem dazu. Und sie kann schon eine wichtige Einsicht vorbereiten, dass nämlich sowohl mit dem Naturbegriff als auch dem der Naturverhältnisse durchaus widersprüchliche Aussagen verbunden sind. Letztlich bringen sie immer wieder die zentrale Frontstellung zum Ausdruck: Einerseits ist Natur eine praktische wie begriffliche Konstruktion und andererseits etwas von Gesellschaft auch wieder grundsätzlich Verschiedenes. Der Gegensatz Konstruktivismus-Realismus ist also nicht in Richtung einer der Pole aufzulösen, sondern nur zu überwinden, wenn beides zugleich radikalisiert wird. Natur ist vollständig eine Konstruktion und gleichzeitig das, was, obwohl in und durch Gesellschaft reproduziert, als das Andere von Gesellschaft, Kultur oder Technik diesen entgegensetzt ist. Natur ist daher grundsätzlich nur im Verhältnis zu dem zu bestimmen, dem es entgegengesetzt ist. Sie bildet keine davon ablösbare ontologische Sphäre eigener Art. Aber sie ist auch nicht völlig auflösbar in Gesellschaft oder soziale Prozesse, sondern stellt eine damit *nicht-identische Dimension* dar, die als solche Nichtidentität nur in dialektischen Konstellationen zu erfassen ist (Görg 2002). Natur, verstanden zunächst als materiell-stoffliche Dimension, ist ein *Implikat sozialer Prozesse*, ist in allen Prozessen (wenn auch mit sehr unterschiedlichem Gehalt) immer auch involviert, behält aber gleichzeitig auch gegen diese gesellschaftlichen Prozesse das Moment der *Nichtidentität*.

Dieses Motiv der Nichtidentität bzw. des Nichtidentischen verweist nun auf die Theorie Adornos, bei dem dieser Begriff eine entscheidende Rolle spielt, gerade in seiner Kritik an der Hegelschen Dialektik und an modernen Fortschrittsvorstellungen. Es würde jedoch zu weit führen, den Gehalt dieses Begriffs hier systematisch entfalten zu wollen, weil dazu einige theoretische Rekonstruktionsarbeit und viele Klarstellungen notwendig sind (vgl. Görg 1999a: 114ff., Görg 2002). Ich will mich stattdessen darauf beschränken, seinen Gehalt im Hinblick auf das oben aufgeworfene Problem zu diskutieren: Inwieweit gibt es einen „ökologischen Zwang", der sich in der gesellschaftlichen Entwicklung geltend macht? Was ist damit gemeint, wie ließe er sich bestimmen? Obwohl ich weder eine von Gesellschaft oder Sprache unabhängige Realität leugnen möchte und mit dem Gedanken einer Nichtidentität der Natur durchaus die Vorstellung verbunden ist, dass diese Natur ihre eigene Gesetzmäßigkeiten aufweist, die sich nicht völlig verleugnen und beliebig verändern lassen, zweifele ich doch sehr, ob es „ökologische Zwänge" gibt. Genauer gesagt zweifele ich daran, ob irgendwelche Zwänge der gesellschaftlichen Entwicklung eine *äußere Grenze* setzen, die unabhängig davon wären, wie die Gesellschaft auf sie symbolisch wie materiell reagiert.

Das bedeutet: Eine „äußere Realität"[7] wirkt sich *nicht unmittelbar kausal* auf den sozialen Prozess aus. Dies mag der Fall sein, wenn eine menschliche Population ausgelöscht wird (obwohl dann niemand mehr da wäre, der diese Kausalität auch feststellen könnte). Aber die entscheidenden Prozesse sind natürlich die, in denen in Gesellschaften auf etwas reagiert werden soll, das als Zwang, Grenze oder Bedrohung zunächst einmal *benannt*, sprachlich symbolisiert wird. Dann beginnt der harte Kampf darum, diese Ansicht, die möglicherweise eine richtige Einsicht in naturale Prozesse ist oder auch nicht, auch in der Gesellschaft durchzusetzen. Auch die Warnung vor der Auslöschung von Gesellschaften oder ähnlichen Katastrophen hat immer zunächst diesen Gehalt: Den einer symbolischen Repräsentation einer „äußeren Realität", in die bestimmte Deutungsmuster, vor allem naturwissenschaftlicher Art, sowie normative Überlegungen (Bewertungen hinsichtlich wünschenswerter oder bedrohlicher sozialer wie ökologischer Zustände) eingehen.

Jede Rede über einen in der gesellschaftlichen Entwicklung wirksamen Zwang ist von dieser sprachlich-symbolischen Vermittlung nicht abzulösen (womit ich gerade nicht behaupte, dass es ihn nicht gibt; aber ich kann von ihm nur wissen durch die sprachliche Vermittlung hindurch). Dies gilt für tatsächliche oder vermeintliche ökologische Zwänge nicht weniger als für funktionale Erfordernisse gesellschaftlicher Reproduktion. Insofern ist jede ökologische Bedrohung zunächst einmal eine gesellschaftliche Konstruktion.[8] Ihre *Materialität* macht sich dagegen zunächst darin geltend, dass ich von den Bedingungen sozialer Reproduktion nicht beliebig abstrahieren kann, weder von den ökologischen Bedingungen noch von den sozialen Formen, die in die Reproduktion des sozialen Lebens eingelassen sind. Materialität - in ökologischer wie in sozialer Hinsicht - ist damit keine Weltanschauung, sondern quasi der negativ gewendete Ausdruck des kritischen Grundcharakters einer Theorie (vgl. Adorno 1982). Ökologische Bedingungen (und darin liegende mögliche Zwänge) machen sich dann zunächst im Scheitern bestimmter Aneignungsstrategien geltend, genauer: in den Krisen der Deutungsmuster und der praktischen Aneignungsstrategien, die mit konkreten Formen des Scheiterns in der Gestaltung der Naturverhältnisse verbunden sind. Diese Krisen artikulieren sich auf der sprachlichen wie auf der technischen Ebene; und von ihnen hat jede Rekonstruktion von „Grenzen" gesellschaftlicher Entwicklung ihren Ausgangspunkt zu nehmen. Das impliziert aber: Jede „Grenze" und jeder „ecological constraint" ist eine soziale Konstruktion. Bei der Konstruktion dieser Grenzen ist auch nicht unmittelbar auf eine „äußere Realität" zu rekurrieren. Vielmehr spielt die Kritik der Deutungsmuster und der Normen und Werte, die mit der Genese der Krise verbunden waren, sowie der mit ihnen verbundenen sozialen Interessenlagen und Machtverhältnisse eine entscheidende Rolle. Eine kritische Gesellschaftstheorie sollte mithin weniger darauf abzielen, ökologische Grenzen gesellschaftlicher Entwicklung quasi positiv abzuleiten, als sich mit der Rolle dieser Aneignungsstrategien *kritisch* zu beschäftigen.

Entscheidend für die ökologische Problematik ist dann eine bestimmte, in den gesellschaftlichen Institutionen, den Deutungsmustern wie den Macht- und Herrschaftsverhältnissen strukturell angelegte Strategie der Gestaltung der Naturverhältnisse: die Strategie der *Naturbeherrschung*. Naturbeherrschung meint dabei nicht den Zwang zur Aneignung der Natur und zur Gestaltung der Naturverhältnisse überhaupt.[9] Sie meint eine, mit dem Aufkommen des Kapitalismus, der modernen Wissenschaft, der modernen Fassung der Geschlechterverhältnisse („männlicher Sozialcharakter", vgl. Horkheimer/Adorno 1987) und der Organisation rationaler Herrschaft im Staat eng verbundene Strategie, eine Strategie, die Max Weber als spezifisch moderne Rationalitätsvorstellung bezeichnet hat: den Glauben, dass man im Prinzip alle Dinge „durch *Berechnen beherrschen* könne" (Weber 1973: 317). Schon Horkheimer und Adorno (1987) haben in der Tendenz zur Naturbeherrschung das entscheidende Problem der neuzeitlichen Geschichte gesehen. Die ökologische Krise, so wie sie sich seit den 70er Jahren des 20. Jahrhunderts artikuliert hat, kann aber zunächst einmal als Infragestellung dieser Tendenz zur Naturbeherrschung angesehen werden. Dies meint mehr als die Kritik eines ideologischen Denkmusters. Gemeint ist, dass die Institutionen und Prozeduren des fordistischen Kapitalismus, die auf eine Steigerung der Naturbeherrschung strukturell angelegt waren, in die Krise geraten sind. Die ökologische Krise ist so gesehen eine Institutionenkrise nicht so sehr „der Industriegesellschaft“ (Beck 1993) als vielmehr eines ganz bestimmten institutionellen Musters: der fordistischen Regulationsweise. Dies betrifft sowohl die materiell-stofflichen Dimensionen fordistischer Vergesellschaftung: Ressourcenverbrauch, Schadstoffbelastung und Risikotechnologien (wie z.B. Atomkraftwerke). Es betrifft aber auch den Glauben, dass die Steigerung der Naturbeherrschung den Richtungsvektor gesellschaftlicher Evolution ausmache (Parsons 1975, zur Kritik Görg 1999a: 100ff.).

In der ökologischen Krise ist, in Zusammenhang mit der Krise des Fordismus überhaupt, diese wichtige Grundlage gesellschaftlicher Synthesis in Frage gestellt worden. „Der Kapitalismus“ hat angefangen zu reagieren. Für die postfordistische Phase wird die explizite Regulierung ökologischer Fragen ein Teil der Regulationsweise sein und wohl auch die Akkumulationsstrategien tangieren. Aber es ist schon jetzt abzusehen, dass die Integration der Naturthematik sehr selektiv verläuft, dass die Berücksichtigung ökologischer Probleme mit der Durchsetzung neuer Märkte einhergeht und sich generell wohl nur solche Bearbeitungsstrategien durchsetzen werden, die entsprechende Interessen und Machtpotenziale im Rücken haben und die sich in sozialen Kämpfen mit der Durchsetzung einer neuen Regulationsweise auch verbinden lassen. Marktgängige, auf Effizienz und „ökologische Modernisierung“ ausgerichtete Strategien und Instrumente erfüllen diese Bedingungen; die auf ein „empowerment“ lokaler Akteure oder auf Emanzipation ausgerichtete Strategien werden sich dagegen kaum durchsetzen (Görg/Brand 2001, Görg/Brand 2002). Auch die neue Regulationsweise wird - wie immer sie sich weiter entwickelt und unabhängig davon, ob sie überhaupt eine zum Fordismus vergleichbare Homogenität erreichen wird -, mit der Tendenz zur Naturbeherrschung nicht brechen, sondern sie scheint lediglich eine reflexiv gebrochene Strategie der Naturbeherrschung zu entwickeln (wie sich an den Debatten um die Risikostruktur moderner Gesellschaften zeigen ließe; vgl. Görg 2002).

4. Kontinuität und Diskontinuität kapitalistischer Vergesellschaftung

Das Beispiel der Naturbeherrschung zeigt also, dass zentrale Strukturmuster kapitalistischer Vergesellschaft, wenn auch modifiziert, im Postfordismus reproduziert werden. Diese Reproduktion ist jedoch nicht als direkter Ausdruck und als unmittelbarer Zwang kapitalistischer Strukturprinzipien, sozialer Formen im eigentlichen Sinne, zu verstehen. Obwohl sie damit in Verbindung steht - nämlich mit dem Wertgesetz und der Tendenz zur Inwertsetzung der Natur sowie mit der Staatsform und der strukturellen Verselbständigung politischer Herrschaft[10] - wird Naturbeherrschung erst als Moment sozialer Strategien reproduziert. Soziale Strategien beinhalten dabei sowohl wissenschaftliche und nichtwissenschaftliche Deutungsmuster, soziale Normen und Werte als auch bestimmte Interessenlagen und Machtverhältnisse - und das alles nicht als unabhängige Dimensionen des Handelns, die sich isoliert untersuchen ließen, sondern als nur partiell eigenständige Momente einer komplexen Situation bzw. komplexer Strategien (Görg 1994b). Zentral ist aber die Frage, wie und warum eine Krise einer bestimmten Phase sich zuspitzt und in welche Richtung die Suchbewegungen zur Stabilisierung einer neuen Phase weisen - sprich: welche Strategien sich als hegemonial erweisen. Genauso wie bei der ersten Frage die klassische Antwort in Richtung tendenzieller Fall der Profitrate als Krisenursache nicht ausreichend ist (Görg 1994c), genauso wenig reicht es aus, sich bei der Suche nach der Stabilität im Postfordismus allein auf die politisch-ökonomischen und organisationellen Innovationen zu beschränken. Vor allem ist aber nicht zu vernachlässigen, dass hegemoniale Antworten auch funktionale Bedingungen gesellschaftlicher Reproduktion erfüllen müssen - nur sind diese funktionalen Bedingungen selbst in einem gewissen Maße variabel. In welchem Maße, dass ist letztlich die entscheidende Frage im Hinblick auf die Homogenität des Postfordismus. Zu Recht wird dabei hervorgehoben, dass sich funktionale Erfordernisse nicht abstrakt definieren lassen, da sie immer abhängig sind von den Deutungen sozialer Akteure. Genauso wie die ökologischen Zwänge existieren auch soziale Zwänge, bspw. hinsichtlich der Profitabilität einer Akkumulationsstrategie, nicht unabhängig von den Kämpfen der sozialen Akteure. D.h. die Existenz dieser Zwänge ist abhängig davon, welche Erwartungen und welche Bereitschaft, Zumutungen zu ertragen, konkret mobilisiert werden können. Und trotzdem prägen strukturelle Antagonismen das Terrain dieser Auseinandersetzungen und privilegieren bestimmte Lösungsoptionen - markt- und staatsförmige vor allem -, während andere nur schwer dagegen durchzusetzen sind. Hier, und nicht in funktionalen Zwängen der Kapitalakkumulation, ist die prägende Macht struktureller Bedingungen kapitalistischer Vergesellschaftung angelegt. Und diese Macht lässt sich weiterhin mit dem Marxschen Diktum umschreiben, dass die Menschen eben nicht Macht über ihre gesellschaftlichen Verhältnisse haben, diese ihnen vielmehr als scheinbar selbstständige, verselbstständigte Verhältnisse entgegentreten. Soziale Herrschaft reproduziert sich eben auch vor dem Hintergrund dieser „zweiten Natur" - dies darf eine kritische Gesellschaftstheorie nicht vergessen.

Anmerkungen

1 Im Folgenden geht es mir daher nicht darum, die Mannigfaltigkeit der verschiedenen regulationstheoretischen Ansätze aufzuarbeiten oder auch nur verschiedene Ansätze danach zu beurteilen, inwieweit sie dieser Aufgabe - einer theoretisch angeleiteten Kritik der Gegenwartsgesellschaften - gerecht werden können. Es geht mir lediglich darum, das Potenzial dieses Ansatzes im Allgemeinen zu erkunden. Dazu wird in gewisser Weise sogar kontrafaktisch argumentiert, d.h. es werden Potenziale zu rekonstruieren versucht, die in den Arbeiten der RegulationstheoretikerInnen oft gar nicht ausgeschöpft werden.

2 Schon das Thema „Regulation der Naturverhältnisse" weist eigentlich erheblichen Sprengstoff auf, denn schließlich kommen Regulationstheorie und Naturverhältnisse aus theoretischen Traditionen, die bis in die 80er Jahre hinein als gegensätzliche und unversöhnliche Pole des marxistischen Theoriespektrums galten: dem strukturalen Marxismus Althussers und der „Frankfurter Schule". Diese theoriegeschichtliche Verschiebung wäre eine eigene Untersuchung wert, denn heute wird dieses Problem noch nicht einmal wahrgenommen.

3 Eine der wenigen Ausnahmen, in denen explizit die gesellschaftstheoretischen Themen aufgegriffen wurden, war Hein 1998, 1999.

4 Wieder eine andere Frage ist es, wie dieser Anspruch denn überhaupt einzulösen wäre. Selbst Arbeiten, die von sich beanspruchen, einen emanzipatorischen Gehalt sozialer Kämpfe sichtbar zu machen, können daraufhin überprüft werden, ob sie nicht am tatsächlichen Gehalt dieser Kämpfe vorbeigehen. Ein aktuelles Beispiel dafür wäre das Empire-Buch von Hardt und Negri (2002), das sich aufgrund seiner operaistischen Grundannahmen viel zu eng an der immateriellen Arbeit in den Metropolen orientiert und die Vielfalt globaler Kämpfe ungenügend berücksichtigt (zur Kritik Brand 2002).

5 Es würde hier zu weit führen, diese Unterscheidung selbst noch einmal zu begründen (vgl. dazu vor allem Görg 1994b). An dieser Stelle kann sie als analytische Unterscheidung verwendet werden, mit deren Hilfe zentrale *Strukturprinzipien* kapitalistischer Vergesellschaftung - also Merkmale, die die Identität des Kapitalismus *als* Kapitalismus betreffen - von historisch variablen *institutionellen Strukturmustern* unterschieden werden können. Die Begründung für diese Unterscheidung läuft jedoch bei Marx in der Analyse der Wertform (MEW 23, Kap. 1) darauf hinaus, *reale* Besonderheiten kapitalistischer Synthesis zu rekonstruieren. Insofern kann die Behauptung vertreten werden, diese Unterscheidung baut auf realen Merkmalen kapitalistischer Vergesellschaftung auf, die in Anschlag gebracht werden müssen, solange diese Form der Vergesellschaftung historisch existiert.

6 Anders dagegen Altvater 1992, Altvater/Mahnkopf 1999, Becker/Raza 2000, Lipietz 1998.

7 Im Grunde ist dies schon eine fehlleitende Terminologie, denn diese vermeintlich „äußere" Realität ist der gesellschaftlichen Reproduktion immanent. Beim Problem der Nichtidentität der Natur geht es vielmehr letztlich um die Differenz sprachlicher und materiell-stofflicher Prozesse, d.h. um die Konstitution von Materialität *im* sozialen Geschehen; vgl. Görg 2002.

8 Eigentlich eine doppelte Konstruktion, eine sprachlich-symbolische wie eine materiell-praktisch Konstruktion, da wir es in den ökologischen Problemen mit vom Menschen verursachten Transformationen zu tun haben. Der Widerspruch zwischen beiden ist sogar zentral, denn die praktischen Transformationen technischer Art sind seit einiger Zeit in Widerspruch geraten zu den wissenschaftlichen Beschreibungsmustern. Hier liegt eine wesentliche Differenz zu Luhmann; vgl. Görg 2001b.

9 Und vor allem ist sie nicht auf technisches Handlungsmuster zu reduzieren, wie dies Habermas (1987) und in seinem Gefolge Honneth (1989) Adorno und Horkheimer vorgeworfen haben. Doch damit wird der genuin soziale Gehalt der Strategie der Naturbeherrschung verfehlt, der seinen Grund in sozialen Herrschaftsverhältnissen - Klassen- und Geschlechterverhältnissen - hat (vgl. zu dieser Fehlinterpretation der Dialektik der Aufklärung Demirović 1999, Görg 1999b).

10 Auch wenn diese Herrschaft heute nicht mehr ausschließlich über den Nationalstaat organisiert ist, sondern, als Ausdruck der Internationalisierung des Staates, zunehmend international organisiert wird; vgl. Brand u.a. 2001.

Literatur

Adorno, Th. W. (1982): Negative Dialektik. 3. Auflage. Frankfurt/M.

Alnasseri, S./Brand, U./Sablowski, T./Winter, J. (2001): Raum, Regulation und die Periodisierung des Kapitalismus. In: Das Argument 239, 23-42.

Altvater, E. (1991): Die Zukunft des Marktes. Ein Essay über die Regulation von Geld und Natur nach dem Scheitern des „real existierenden Sozialismus". Münster.

- (1992): Der Preis des Wohlstands - oder Umweltplünderung und neue Welt(un)ordnung. Münster.

-/Mahnkopf, B. (1999): Grenzen der Globalisierung. Ökonomie, Ökologie und Politik in der Weltgesellschaft. 4. Auflage. Münster.

Beck, U. (1993): Die Erfindung des Politischen. Zu einer Theorie reflexiver Modernisierung. Frankfurt/M.

Becker, J. (2002): Akkumulation, Regulation, Territorium. Zur kritischen Rekonstruktion der französischen Regulationstheorie. Marburg.

-/Raza, W. (2000): Theory of regulation and political ecology: an inevitable separation? In: Économies et Sociétés, Série „Théorie de la regulation", Nr. 11, 55-70.

Brand, K.-W. (Hg., 1998): Soziologie und Natur. Theoretische Perspektiven. Opladen.

Brand, U. (2002): Die Revolution der globalisierungsfreundlichen Multitude. In: Das Argument 245, 209-219.

-/Demirović, A./Görg, C./Hirsch, J. (Hg., 2001): Nichtregierungsorganisationen in der Transformation des Staates. Münster.

-Görg, Ch. (2000): Die Regulierung des Marktes und die Transformation der Naturverhältnisse. In: Prokla 118, 83-106.

Candeias, M./Deppe, F. (Hg., 2001): Ein neuer Kapitalismus? Hamburg.

Demirović, A: (1997): Demokratie und Herrschaft. Aspekte kritischer Gesellschaftstheorie. Münster.

- (1999): Der nonkonformistische Intellektuelle. Die Entwicklung der kritischen Theorie zur Frankfurter Schule. Frankfurt/M.

Esser, J./Görg, C./Hirsch, J./ Sablowski, T. (1994a): Von den „Krisen der Regulation" zum „radikalen Reformismus". In: Esser, J. u.a. (Hg.), 213-228.

Esser, J./Görg, Ch./Hirsch, J. (Hg., 1994b): Politik, Institutionen und Staat. Zur Kritik der Regulationstheorie. Hamburg.

Görg, Ch. (1994a): Regulation - ein neues „Paradigma"? In: Esser, J. u.a. (Hg.), 13-30.

- (1994b): Der Insitutionenbegriff in der Theorie der Strukturierung. In: Esser, J. u.a. (Hg.), 31-84.

- (1994c): Krise und Institution. In: Esser, J. u.a. (Hg.), 85-132.

- (1995): Plädoyer für Gesellschaftstheorie. In: Prokla 101, 625-644.

- (1999a): Gesellschaftliche Naturverhältnisse. Münster.

- (1999b): Kritik der Naturbeherrschung. In: Zeitschrift für Kritische Theorie 9, 73-88.

- (2001): Risiko Gesellschaft. In: Demirović, A. (Hg.): Komplexität und Emanzipation. Münster, 255-288.

- (2003): Regulation der Naturverhältnisse. Zu einer kritischen Theorie der ökologischen Krise. Münster.

-/Brand, U. (1999): Globale Umweltpolitik und nationalstaatliche Konkurrenz. Zur Regulation der biologischen Vielfalt. In: Hein, W./Fuchs, P. (Hg.): Globalisierung und ökologische Krise. Hamburg, 231-264.

-/Brand, U. (2001): Postfordistische Naturverhältnisse. NGOs und Staat in der Biodiversitätspolitik. In: Brand, U. u.a. (Hg.), 65-95.

-/Brand, U. (Hg, 2002): Mythen globalen Umweltmanagements. Rio+10 und die Sackgassen „nachhaltiger Entwicklung". Münster.

Habermas, J. (1987): Philosophisch-politische Profile. Frankfurt/M.

Hardt, M./Negri, A. (2002): Empire. Die neue Weltordnung. Frankfurt/M.

Hein, W. (1998): Transnationale Politik und soziale Stabilisierung im Zeitalter post-fordistischer Globalisierung. In: Nord-Süd-Aktuell XII (3), 458-481.

- (1999): Postfordistische Globalisierung, Global Governance und Perspektiven eines evolutiven Prozesses „Nachhaltiger Entwicklung". In: Hein, W./Fuchs, P. (Hg.): Globalisierung und ökologische Krise. Hamburg, 13-76.

Hirsch, J. (1980): Der Sicherheitsstaat. Das „Modell Deutschland", seine Krise und die neuen sozialen Bewegungen. Frankfurt/M.

- (1994): Politische Form, politische Institutionen und Staat. In: Esser, J. u.a. (Hg.), 157-211.

- (2000): Die Internationalisierung des Staates. In: Das Argument 236, 325-340.

- (2001): Postfordismus: Dimensionen einer neuen kapitalistischen Formation. In: Hirsch, J./ Jessop, B./Poulantzas, N. (Hg.), 101-138.

- (2002): Herrschaft, Hegemonie und politische Alternativen. Hamburg.

-/Jessop, B./Poulantzas, N. (2001): Die Zukunft des Staates. Hamburg.

Honneth, A.(1989): Kritik der Macht. Frankfurt/M.

Horkheimer, M./Adorno, Th. W. (1987): Dialektik der Aufklärung. Philosophische Fragmente. In: Horkheimer, M.: Gesammelte Schriften. Bd. 5. Frankfurt/M., 13-290.

Jahn, Th. (1991): Das Problem sozial-ökologischer Forschung. Umrisse einer kritischen Theorie gesellschaftlicher Naturverhältnisse. In: Institut für sozial-ökologische Forschung: Jahrbuch für sozial-ökologische Forschung. Frankfurt/M., 15-41.

-/Wehling, P. (1998): Gesellschaftliche Naturverhältnisse - Konturen eines theoretischen Konzepts. In: Brand, K.-W. (Hg.), 75-93.

Jessop, B. (1990): Regulation Theories in Retrospect and Prospect. In: Economy and Society 18 (2).

- (1997): Die Zukunft des Nationalstaates - Erosion oder Reorganisation? Grundsätzliche Überlegungen zu Westeuropa. In: Becker, St. u.a. (Hg.): Jenseits der Nationalökonomie? Berlin und Hamburg, 50-95.

Lipietz, A. (1992a): Vom Althusserismus zur „Theorie der Regulation". In: Demirović, A. u.a. (Hg.): Hegemonie und Staat. Münster, 9-54.

- (1992b): Towards a New Economic Order. Postfordism, Ecology and Democracy. Cambridge/ UK.

- (1998): Nach dem Ende des „Goldenen Zeitalters". Regulation und Transformation kapitalistischer Gesellschaften. Berlin und Hamburg.

- (2000): Die große Transformation des 21. Jahrhunderts. Ein Entwurf der politischen Ökologie. Münster.

Manzei, A. (2002): Körper - Technik - Grenzen. Kritische Anthropologie am Beispiel der Transplantationsmedizin. Unveröffentl. Diss. Darmstadt.

MEW: Marx, K./Engels, F.: Werke. Berlin. Verschiedene Jahre.

O'Connor, J. (1988): Capitalism, Nature, Socialism: A Theoretical Introduction. In: Capitalism, Nature, Socialism 1.

Parsons, T. (1975): Gesellschaften. Evolutionäre und komparative Perspektiven. Frankfurt/M.

Roth, R. (1994): Demokratie von unten. Neue soziale Bewegungen auf dem Weg zur politischen Institution. Köln.

Röttger, B. (2001): New Economy - old theory? Die Regulationstheorie am Ende der Fahnentange? In: Blätter des iz3w 254, 38-41.

Scherrer, Ch. (1995): Eine diskursananlytische Kritik der Regulationstheorie. In: Prokla 100, 457-482.

Schmidt, A. (1993): Der Begriff der Natur in der Lehre von Marx. Hamburg.

Weber, M. (1973): Soziologie - Universalgeschichtliche Analysen - Politik. Stuttgart.

Wehling, P. (1997): Dynamic Constellations of the Individual, Society and Nature. Critical Theory as an Approach to Environmental Problem. Paper presented at the Conference on „Sociological Theory and the Environment". Woudschoten Conference Center, The Netherlands, March 20-22, 1997.

Weingarten, M. (1998): Wissenschaftstheorie als Wissenschaftskritik. Bonn.

III
Die Regulation des Raumes

Jens Winter

Regulation und Hegemonie in nach-fordistischen Zeiten. Notizen zur raumtheoretischen Herausforderung[1]

Vor bald zehn Jahren warnten Jamie Peck und Adam Tickell nachdrücklich vor der Gefahr einer historischen Entsorgung des Regulationsansatzes. Ihre These: „Regulation theory can, and indeed must, be spatialised [...] if the theory itself, with its implicit methodological emphasis on the nation state, is to avoid the indignity of being tossed into the dustbin of Fordism.“ (Peck/Tickell 1995: 36) Im Visier war also die primär nationalstaatliche Fokussierung des ‘traditionellen’ Regulationsansatzes und die entsprechende Vermessung analytischer Einheiten und Kategorien wie Entwicklungsweise, Akkumulationsregime, Regulationsweise, Hegemonie etc. Und nicht wenige, gerade auch kritisch-gesellschaftstheoretisch orientierte Autoren wollen derartiger Entsorgung nach wie vor nachhelfen, katalogisieren die Vielzahl diagnostizierter Defizite, halten den Ansatz - zumal flankiert durch die Verdünnung seines kritisch-gesellschaftstheoretischen Bezugs - im Grunde für gescheitert (vgl. Röttger 2001).

Gleich vorab: Ich halte es keineswegs für ausgeschlossen, dass ein derart scharfes Urteil in Zukunft zum Teil oder sogar weitgehend bestätigt werden wird. Was gleichwohl ansteht für eine kritische Diskussion der Zukunftsaussichten des Ansatzes ist - freilich parallel zur Vergewisserung seines kritisch-theoretischen Restgehalts - eine Bestandsaufnahme der weiterentwickelten raumtheoretischen Kritik. Im Folgenden werde ich hierzu einen Überblick möglicher kategorial-theoretischer Konsequenzen erstellen. Die eher kursorischen Ergebnisse werden im zweiten Teil am Beispiel Hegemonie vertieft, da die Frage nach deren Ausbildung und Reproduktion für die Bestimmung der gegenwärtigen Situation - insbesondere vor dem Hintergrund einer angenommenen Relativierung territorialer Maßstäbe - mehr denn je ins Zentrum der Analyse rückt.[2]

1. Regulation auf dem raumtheoretischen Prüfstand

Auch wenn renommierte Vertreter des Regulationsansatzes sich nach wie vor bemühen, die Genese eines neuen Entwicklungsmodells primär auf nationalstaatlicher Ebene zu detektieren (vgl. Lipietz 1997, Leborgne 1997, Aglietta 2000, Boyer 2000), so ist ein derartiger Zugang mittlerweile doch recht umstritten.[3] Mag diese Sicht auf die Dinge für den Fordismus, in dessen Krise sich nicht zufälligerweise der Ansatz entwickelte, berechtigt gewesen sein, so erscheint sie angesichts der heterogenen Restrukturierung einer globalisierten Akkumulation, vor allem aber wegen der funktionalen, territorialen und organisatorischen Reorganisation staatlicher und nicht-staatlicher Interventionspraxis auf verschiedenen „scales“ mittlerweile wenig plausibel, sondern eher als ein methodisches Residuum der Fordismusanalyse, das tendenziell den Blick auf die konstitutive Bedeutung neuer Formen der Widerspruchsbearbeitung auf subnationaler und supranationaler Ebene verstellt (vgl. Noppe/Waringo 1996, Röttger 1997).

Ein früher Anstoß für derartige Kritik kam bereits Ende der 1980er Jahre von Geographen und Regionalforschern angloamerikanischer Herkunft. Charakteristisch für deren Argumentation war ein weiter gefasstes Verständnis der Fragestellung des Ansatzes. Diese bestehe darin, „to understand how regulatory and institutional forms arise in particular places, and how these forms relate to and are influenced by new patterns of accumulation" (Moulaert/Swyngedouw 1989: 340). Entscheidend ist hier, dass der nationalstaatliche Raum - anders als bei Vertretern des 'traditionellen' Regulationsansatzes - weder a priori als die zentrale oder entscheidende Ebene der Regulation gesetzt, noch als der Ort, an dem sich ein Entwicklungsmodell herausbilden *muss*, definiert wird (vgl. dagegen Lipietz 1985, Hirsch 1994).

In der Folgezeit war man bemüht, diesen Diskussionsstrang weiter auszubauen, wobei das Diskussionsfeld von der Regionalforschung in Richtung einer umfassenderen gesellschaftstheoretisch orientierten Betrachtung ausgeweitet wurde. Avancierte Argumente der Debatte laufen darauf hinaus, Raumbezüge bzw. temporär-räumliche Fixierungen vor allem institutionalisierter Widerspruchsbearbeitung insgesamt als integrale Dimensionen von Prozessen der Regulation zu systematisieren, schließlich deren über soziale Auseinandersetzungen vermittelte relative Kontingenz aufzuzeigen und sie somit als historische Konstrukte zum Gegenstand einer Analyse in nun gesamtgesellschaftlicher Perspektive zu machen. Beispielhaft für die jüngere Entwicklung im deutschsprachigen Raum ist etwa die Arbeit von Joachim Becker, der basierend auf einer umfassenden kritischen Rezeption der französischen Debatte und mit expliziertem werttheoretischen Bezug aufgezeigt hat, dass verschiedene Strategien der Kapitalakkumulation, die jeweils konkrete Kombination verschiedener Kapitalformen (Waren-, Geld- und produktives Kapital) und die räumlichen Konfigurationen der - entsprechend seiner Konzeption - vier strukturellen Formen der Regulation keineswegs räumlich koinzidieren müssen. Eine derartige Verdichtung sei nicht mehr als eine historisch kontingente Möglichkeit (vgl. Becker 2001).[4] Ein zweites Beispiel stammt aus der anglophonen Diskussion: Mit kritisch-kontrastierendem Bezug auf die richtungsweisenden Arbeiten von Harvey (1981, 1997) und aus primär staatstheoretischer Perspektive kennzeichnet Bob Jessop die globalisierungsvermittelten Transformationen von Politik und Ökonomie als „multiskalare", „multi-temporale" und „multi-zentrische Prozesse", deren ökonomische und außerökonomische Elemente jedoch einer räumlich-territorialen und auch zeitlichen Fixierung bedürfen. Doch diese selbst sind historisch zu bestimmen: Die primären Maßstäbe und zeitlichen Horizonte, in denen diese Fixierungen sich herausbilden, variieren - so die These - „über die Zeit ebenso deutlich wie das Ausmaß ihrer Kohärenz" (Jessop 2001: 148, siehe auch 2000). Jessop folgert daraus nicht nur die Krise der Dominanz des nationalen Maßstabs, von dessen Kongruenz der Atlantische Fordismus maßgeblich profitierte. Die Relativierung der *scales* sei zudem noch nicht von einem neuen, dominanten

Maßstab bzw. Knotenpunkt der Maßstäbe aufgehoben worden - wenngleich bereits vielfältige empirische Systematisierungen vorgenommen werden können, die auf die Detektion neuer institutionalisierter Kompromisse auf verschiedenen *scales* zielen. Damit jedoch nicht genug: Letztlich geht Jessop sogar so weit, diese Problematisierung nicht nur auf Institutionen und Staat im eigentlichen Sinne oder auf die intermediären Kategorien des Regulationsansatzes zu beziehen, sondern sogar auf die Vorstellung einer potenziell extraterritorialen „politischen Gemeinschaft" und entsprechenden Formen politischer Macht. Die Reartikulation des Verhältnisses von Politik und Ökonomie und somit die gegenwärtige unstrukturierte Komplexität beinhalte

„'neue imaginierte Nationen', die sich an der Autonomie eines bestimmten Territoriums unterhalb, oberhalb oder quer zu den bestehenden Nationalstaaten orientieren; eine 'globale Zivilgesellschaft', die einen kosmopolitischen Patriotismus, den Vorrang der Menschenrechte über nationales Staatsbürgertum oder andere Formen 'globaler Identität' voraussetzt; neue 'Schicksalsgemeinschaften', die durch gemeinsame Risiken unabhängig vom territorialen Standort bestimmt sind und möglicherweise globalen Charakter haben [...]; neue Interessensgemeinschaften, die auf gemeinsame Identitäten, Interessen und Werte unabhängig vom territorialen Standort gründen" (Jessop 2001: 163).

Nun wird mit diesen Thesen, wie gleich gezeigt wird, zwar einiges in Frage gestellt, aber (noch) nicht alles ins Ungewisse gerissen. Mit Bezug auf den Regulationsansatz - und diesem fühlen sich alle hier zitierten Autoren in irgendeiner Form nach wie vor verpflichtet - und aller räumlich-territorialen Relativierung zum Trotz kann dessen allgemeine Problemstellung inklusive der theoretischen und methodischen Kernprämissen weitgehend unberührt bleiben: Also das allgemeine Konzept der Regulation und daran anschließend die Frage, wie sich denn „ein soziales Verhältnis trotz und wegen seines widersprüchlichen Charakters reproduziert" (Lipietz 1985: 109). Es wird auch in Zukunft - zumindest in den gesellschaftstheoretisch informierten und interessierten Varianten des Ansatzes - maßgeblich um Formen der Widerspruchsbearbeitung gehen, die erst in der Spannung der relativen Kontingenz sozialer Praxen und übergreifender Strukturzusammenhänge aufzuspüren sind - eine Spannung der *Regulation,* in der auch künftig weder die Macht eines historischen Kollektivsubjekts oder irgendeine andere teleologische Notwendigkeit, noch ein selbstgefälliger Voluntarismus sozialer Akteure in der Lage sein werden, den Gang der Geschichte zu bestimmen. Gelungene Regulation, die in ihrer Gesamtheit als Artikulation von Regulationsweise und Akkumulationsregime - auf welchen räumlichen Ebenen auch immer - gedeutet werden kann, ist und bleibt eine „historische Fundsache" (ebd.: 114).[5]

Werden die raumtheoretischen Gedanken aber darüber hinaus konsequent fortgeführt, dann kommt doch einiges ins Rollen. Denn folglich kann es eben nicht nur - auch nicht lediglich 'in erster Linie' - darum gehen, die zeitliche Variabilität der widersprüchlichen kapitalistischen Produktionsweise im Sinne einer integralen Theorie zu ergründen und hierfür eine letztlich an die nationalstaatliche Ebene gebundene - oder auch nur an ihr orientierte - räumliche Matrix vorauszusetzen. Diese Matrix wird vielmehr durch die integrale und sozial konfliktive Entwicklung von *Akkumulation* und *Regulation* permanent zur Disposition gestellt, und insofern stellt sie selbst ein zentrales Kriterium der Periodisierung des Kapitalismus dar (Alnasseri et al. 2001). Daraus folgt nicht nur, dass weder die sozioökonomische noch die territoriale Kohärenz des fordistischen Entwicklungsmodells so oder in ähnlicher Form wiederkehren muss. Vor diesem Hintergrund wäre der Fordismus in *doppelter Hinsicht* als eine „glückliche Fundsache" zu begreifen: Zum einen als relativ kohärenter, gesellschaftlicher Reproduktionsmodus, darüber hinaus jedoch als relativ konvergente, *räumlich-territoriale Matrix* von Akkumulation, Regulation und den entsprechenden sozialen Konflikten und Aushandlungsprozessen (Winter 1999).

So plausibel derartige Überlegungen auf den ersten Blick erscheinen mögen, so unüberschaubar könnten jedoch die Konsequenzen für den Regulationsansatz, für dessen theoretische Anleihen und auch für die Diskussion um politisch-praktische Schlussfolgerungen sein. Ich werde nun einige Aspekte mit Blick sowohl auf die intermediären Kategorien Akkumulationsregime und Regulationsweise, als auch auf die umfassenderen Konzepte Entwicklungsweise, Hegemonie und politische Form kurz skizzieren:

1. Durch die Relativierung der räumlich-territorialen Maßstäbe steht zunächst einmal der konkrete räumlich-territoriale Ort zur Disposition, an dem sich widersprüchliche soziale Verhältnisse konstituieren - oder besser gesagt: der Ort, an dem sie sich dergestalt verdichten, dass von gesellschaftlicher Regulation gesprochen werden kann und sie in diesem Sinne untersucht werden können. Insofern befinden sich manche Autoren auf der erneuten Suche nach den adäquaten Analyseeinheiten und -ebenen von Akkumulation und Regulation (Scherrer 2001). Und in der Tat kann bislang kaum davon die Rede sein, dass eine systematische Reformulierung der intermediären Konzepte Akkumulationsregime, Regulationsweise und auch des Konzepts Entwicklungsweise, die der angenommenen multiskalaren Dynamik und somit den Kriterien einer 'verräumlichten' Analyse genügen könnten, bereits abzusehen wäre. Wie eingangs bereits angedeutet erscheint ein Rückfall auf die fordistischen Koordinaten wenig hilfreich, um die dadurch anzunehmende Komplexitätssteigerung zu kompensieren. Höchst fraglich ist dabei, ob die Besonderheiten der nachfordistischen Dynamiken und deren konkrete Ebenen und Kämpfe der Widerspruchsbearbeitung überhaupt erfasst werden können.

2. Von der Verräumlichung der intermediären Kategorien werden freilich auch die Kriterien für Kontinuität und Bruch, somit für die Bestimmung spezifischer Phasen kapitalistischer Entwicklung insgesamt tangiert. Denn folgt man der Argumentation konsequent, dann ist in Erwägung zu ziehen, dass sowohl Akkumulationsregime als auch Regulationsweisen in ganz anderer Art und Weise und auf möglicherweise grundverschiedenen „spatial scales" ein Entwicklungsmodell bzw. eine Formation konstituieren können (vgl. Peck/Tickell 1995). Dies ist in folgender Frage zu verdichten: In welcher multiskalaren Konstellation ist eine neue Formation zu bestimmen? Ich sehe auch hierfür bislang noch keine hinreichenden Antworten.[6] Nicht zuletzt die im deutschsprachigen Raum wieder aufgelebte Debatte um

den Postfordismus wirft meines Erachtens eher Fragen auf (vgl. Candeias/Deppe 2001). Notwendig ist auch hier die Reformulierung entsprechender Kriterien. Mit Bezug vor allem auch auf die angloamerikanische Debatte haben wir in einer Frankfurter Arbeitsgruppe in diesem Zusammenhang vorgeschlagen, Vorstellungen zu makroökonomischer und sozialer Kohärenz in den Hintergrund zu stellen und stattdessen Folgendes als das abstrakte, gleichwohl zentrale Kriterium für eine Entwicklungsweise zu definieren: die temporär (relativ) stabilisierte und als solche hegemonial abgesicherte Konstitution der Terrains institutionalisierter Widerspruchsbearbeitung (Alnasseri et al. 2001). Zwei Aspekte erscheinen mir hierbei besonders wichtig: Erstens, so meine Interpretation dieser These, wird hierdurch der Fokus auf (mögliche) Stabilitäts- und Kohärenzvorstellung kapitalistischer Formationen tendenziell rückverlagert bzw. erweitert auf den grundlegenden Aspekt der Widersprüchlichkeit und damit auf die Krisenhaftigkeit kapitalistischer Vergesellschaftung. In der Tat ist doch die These, dass *so etwas* wie der Fordismus eine einmalige historische Angelegenheit war und die Krise vielmehr der Norm entspricht, doch einigermaßen anregend. Zweitens erlaubt das Periodisierungskriterium „Terrains der Widerspruchsbearbeitung" die Vorstellung unterschiedlicher, über soziale Auseinandersetzungen und divergierende Reproduktions- und gegebenenfalls Akkumulationsbedingungen vermittelter Raumbezüge, die parallel existieren, in gewisser Weise im Widerstreit stehen und in denen sich dominante durchaus durchsetzen (können). Entscheidend ist auch hier, dass keine apriorische Aussagen über relevante Ebenen der Widerspruchsbearbeitung getroffen werden. Sie selbst werden als Resultat gesellschaftlicher Dynamik und sozialer Auseinandersetzung begriffen, und als solche sind sie eben Indikator der Periodisierung.

3. Eine weitere, auf höherer Abstraktionsebene liegende Konsequenz dieser Argumente ist schließlich, dass mit der Vermessung regulationstheoretischer Kategorien bzw. Analyse-Einheiten im nationalstaatlichen Raum auch der konkrete Totalitäts- und Gesellschaftsbezug überhaupt zur Disposition steht. Besonders deutlich ist dies an der oben zitierten Passage von Jessop zur Genese fragmentierter „extraterritorialer politischer Gemeinschaften" und entsprechender Formen politischer Macht geworden. Die Frage ist freilich nicht neu: Was konstituiert einen gesellschaftlichen Zusammenhang und wie kann er räumlich-territorial gefasst werden? Unberührt können auch hier allgemeine Prämissen bleiben, welche die – wenngleich niemals ungebrochene – Universalität kapitalistischer Vergesellschaftungsmuster betonen. Der hier naheliegende Terminus „Weltgesellschaft" ignoriert dabei jedoch gerade die hochfragmentierte und heterogene Struktur seiner einzelnen Teile bzw. Elemente (vgl. Bonder/Röttger/Ziebura 1993, Hirsch 2001b). Andere Schwierigkeiten ergeben sich, wenn Gesellschaftlichkeit an der Ausbildung eines kohärenten politischen Herrschafts- und Institutionengefüges bemessen wird. Dreh- und Angelpunkt war hierfür bislang – und damit schlittern wir wieder direkt in die raumtheoretische Problematik – das nationalstaatliche Gewaltmonopol. Aber was, wenn die real wirksamen, vergesellschaftungsrelevanten Dynamiken und Prozesse – grundsätzlich – durch dieses zwar abgesichert werden, aber jenseits seines territoria-

len Wirkungsbereichs im eigentlichen Sinne stattfinden? Was also, wenn - wie oben nahe gelegt - Widersprüche in der Tat auf neuen Ebenen verhandelt bzw. institutionalisiert bearbeitet werden? Und was schließlich, wenn das politische Herrschafts- und Institutionengefüge eine neuartige Kohärenz ausbildet, welche der Relativierung der räumlich-territorialen Maßstäbe entspricht? Mit anderen Worten: Auch künftig dürfte das Gewaltmonopol eine allgemeine Bedingung für kapitalistische Vergesellschaftung sein (siehe unten). Aber wenn sich die relevanten, durch dieses abgesicherten politischen und ökonomischen Prozesse räumlich verlagern, dann verliert der entsprechende Gesellschaftsbezug tendenziell sein Fundament.

4. Diese noch primär deskriptive Problematisierung eines adäquaten Gesellschaftsbezugs tangiert unmittelbar auch die materialistische Konzeption des kapitalistischen Staates, mit dem der Regulationsansatz von verschiedenen Seiten untermauert wurde - und in der Tat wäre es eine Überraschung, wenn durch die raumtheoretische Kritik nur regulationstheoretische Kategorien im eigentlichen Sinne und nicht auch deren theoretische Anleihen berührt würden. Zunächst ist hier zu konstatieren, dass hinsichtlich der konkreten Transformation von Staatlichkeit bereits viele empirische Erkenntnisse systematisiert und theoretisch interpretiert wurden. Die Arbeiten von Joachim Hirsch und Bob Jessop sind hier richtungweisend - die Stichworte „nationaler Wettbewerbstaat" und die diagnostizierten Tendenzen der Entnationalisierung, Entstaatlichung und Internationalisierung werden breit rezipiert (vgl. Jessop 1990, 1997, Hirsch 1994, 1995, 2001b). Insgesamt, so meine Interpretation, legen diese primär empirischen Diagnosen - flankiert durch Jessops Hypothese um die Zukunft der politischen Gemeinschaften und weniger steilen Thesen wie der Ent- und Reterritorialisierung von Machtbeziehungen - allesamt eine einschneidende Transformation der politischen Form des Kapitalismus[7] dar, die selbst in ihrer räumlichen Organisation tendenziell zum Ausdruck kommt. Dabei soll keineswegs suggeriert werden, dass die politische Form des Kapitalismus bzw. die formbestimmte Trennung von Politik und Ökonomie überwunden wird. Gleichwohl weisen die Diagnosen in eine Richtung, welche zumindest die Verdichtung oder Zentralisierung der Widerspruchsbearbeitung im Nationalstaat bzw. im nationalstaatlichen Raum zur Disposition stellt.

Auch aus dieser Perspektive - und mit Bezug auf den Regulationsansatz - ist dann die Frage zu stellen, was vom Nationalstaat als einstiges „Zentrum der Regulation" übrig bleibt. Zwar dürfte er auf absehbare Zeit ein ganz entscheidender Bezugspunkt sozialer Konflikte bleiben. Auch scheint plausibel, ihn als Knotenpunkt für ein quasi „inter- oder multiskalares" Machtmanagement bzw. „Meta-Governance" zu interpretieren, welche die Grundregeln aller Governance-Prozesse auf verschiedenen Ebenen definiert und ihre Einhaltung kontrolliert (Jessop 2001). Doch aus der theoretischen Bestimmung der politischen Form, der notwendigen Fragmentierung von politischen Räumen sowie der abstrakten Bedingung eines außerökonomischen Gewaltmonopols lassen sich keinerlei Aussagen über deren territoriale Organisation herleiten. Auch die (bislang noch) relativ eindeutige territoriale Verortung des Gewaltmonopols ist eher von sekundärer Bedeutung im

Vergleich zu einer potenziell multiskalaren Ausdifferenzierung der politischen Form und entsprechender Konstitution neuer Terrains der Widerspruchsbearbeitung.[8]

5. Ein letzter Punkt, den ich anführen möchte, ist die Frage nach Genese, Reproduktion und Transformation von Hegemonie. Obwohl die Hypothese, die Hegemonie einer global dominierenden kapitalistischen Metropole sei Bedingung für eine stabile Weltwirtschaft, letztlich Agliettas Pionierarbeit zu den USA maßgeblich inspirierte, wurden entsprechende Fragen von den französischen Regulationisten - wie im Übrigen staatstheoretische Erörterungen insgesamt - eher kursorisch verhandelt (etwa Lipietz 1992). Indes sollte in der deutschsprachigen Debatte diese Frage zu einem zentralen Element der regulationstheoretisch inspirierten Diskussion werden. Hegemonie bzw. die Ausbildung und temporale Reproduktion eines „historischen Blocks" im gramscianischen Sinne war - im Zusammenhang mit der Rezeption von Poulantzas - nicht nur ein entscheidender Pfeiler der hier forcierten staatstheoretischen Fundierung. Sie wurde (und wird) auch empirisch als konstitutives und letztlich entscheidend stabilisierendes Moment einer Formation erkannt und analysiert (vgl. exemplarisch Demirović 1992, 2001, Sablowski 1994, Hirsch 1994).

Auch hier muss nun freilich die Frage anschließen, welche Konsequenzen die Relativierung der räumlich-territorialen Maßstäbe für historisch-materialistische Hegemonietheorie hat. Dies ist um so bedeutsamer, als Prozessen der Hegemoniebildung gerade vor diesem Hintergrund erhöhte Aufmerksamkeit zuteil wird. Joachim Becker etwa entfaltet in seiner bereits erwähnten Arbeit nicht nur die These, dass die Regulation struktureller Formen auf verschiedenen *scales* grundsätzlich möglich ist. Bedeutsam scheint mir zudem seine Anmerkung, dass die entsprechende Herausbildung eines hegemonialen Blocks jenes Bindeglied sein dürfte, das über die Kohärenz einer multiskalaren Regulation entscheidet (Becker 2001: 7). Wenn aber Regulation multiskalar ist, stehen dann nicht auch die alten hegemonietheoretischen Koordinaten zur Disposition? Und damit Gramscis Fokus auf den nationalstaatlichen Raum als Ort hegemonialer Konstitution, wie auch jener der neogramscianischen Globalen Politischen Ökonomie auf transnationale Klassenallianzen? Vehement drängt sich auch hier die Frage auf: Wo ist der Ort, oder besser: Was sind die *scales* der Hegemoniebildung, und in welchem Verhältnis stehen sie zueinander?

2. Regulation und *scales* der Hegemoniebildung

Die Wurzeln kritischer Hegemonietheorie verweisen auf die Staats- und Kulturtheorie von Antonio Gramsci. Deren impliziter, bis heute in diversen Ansätzen aufrecht erhaltener Anspruch ist potenziell gesellschaftstheoretischer Art, denn sie zielt darauf, die Reproduktionsformen kapitalistischer Gesellschaftsformationen unter besonderer Betonung ihrer politischen und kulturellen Dimensionen zu erklären. Im Zentrum stehen dabei die Analyse konkreter macht- und herrschaftsvermittelter Durchsetzungsformen gesellschaftlichen Wandels und daran anschließend der Mechanismen temporärer, gesellschaftlicher Stabilisierung. Einige Schlüsselbegriffe möchte ich kurz ins Gedächtnis rufen.[9]

Deutlich verschieden vom Gros politikwissenschaftlicher Ansätze ist es in gramscianischer Tradition nicht vorstellbar, den Staat auf einen rationalen oder neutralen Akteur zu reduzieren. Ebenso wenig lässt sich ein umfassendes Verständnis von Staat auf Spannungen und Dynamiken innerhalb der von der „politischen Gesellschaft" kontrollierten staatlichen Apparate einschränken. Das bis heute Innovative ist Gramscis integrales Staatsverständnis, in dem die „zivile Gesellschaft" und die in ihr herrschenden Kräfteverhältnisse als Teil des „erweiterten Staats" definiert werden. Die rekordverdächtig häufig zitierte Formel hierfür lautet: „politische Gesellschaft + Zivilgesellschaft, das heißt Hegemonie, gepanzert mit Zwang" (Gramsci 1991ff.: 783). Die zivile Gesellschaft stellt dabei jenes Terrain dar, auf dem verschiedenste soziale Kräfte - Verbände, Parteien, Kirchen, Vereine, Medien, Unternehmen und mittlerweile auch NRO - um Hegemonie ringen, d.h. sie ist das Terrain, auf dem Hegemonie sich letztlich ausbildet und in einem gemäß konkreter historischer Situationen zu bestimmenden Wechselverhältnis mit den Dynamiken in der politischen Gesellschaft eine entscheidende Ressource für die politische Reproduktion insgesamt darstellt.[10] Zivile Gesellschaft ist insofern nicht als abstraktes Gegenüber oder womöglich gar als homogene Korrekturinstanz für staatliche Politik zu konzipieren. Zivile und politische Gesellschaft sind umfassend nur in ihrem Verhältnis zueinander, d.h. in ihrer Existenz als widersprüchliche Einheit zu begreifen. So sind es weniger die konkreten Resultate politischer Prozesse, die in dieser Perspektive interessieren, sondern vielmehr die sozialen Dynamiken bzw. Auseinandersetzungen und gesellschaftlichen Kräfteverhältnisse, welche das Zustandekommen eben jener Resultate fundamental prägen.[11]

Diese Betonung sozialer Auseinandersetzungen und gesellschaftlicher Kräfteverhältnisse sensibilisiert einerseits für die Fallstricke ökonomistischer Argumentationen. Ebenso wird aber einer akteurszentrierten Überbewertung zumindest vorgebeugt: Denn in gramscianischer Lesart impliziert diese Betonung nun keineswegs, sozialen Wandel insgesamt, ebenso aber besondere Institutionalisierungsprozesse auf die Definitionsmacht einer vorherrschenden gesellschaftlichen Gruppe zurückzuführen. Im Gegenteil, das Wesentliche des zugrundeliegenden Hegemonieverständnisses liegt gerade darin, Hegemonie etwa von gewaltgestützter Dominanz grundsätzlich zu unterscheiden. Dominante gesellschaftliche Interessen schlagen nicht ungebrochen auf institutionelle und gesellschaftliche Entwicklungen durch. Eine hegemoniale Konstellation basiert vielmehr auf einem „aktiven Konsens" zumindest relevanter, aber gerade auch subalterner gesellschaftlicher Akteure - ein Sachverhalt, der wiederum die partielle Integration ihrer Interessen implizieren muss. Darüber hinaus stellen auch diskursive Elemente eine ganz entscheidende Ressource dar. Denn eine hegemoniale Konstellation umfasst ebenso internalisierte Normen und Werte, Weltvorstellungen, Alltagsphilosophien, die selbst im Wandel sind, zugleich aber stets Aspekte jener Grenzen und Bedingungen markieren, in denen Konflikte sich bewegen und gelöst werden. So ist die zivile Gesellschaft in ihrer Eigenschaft als Terrain der Hegemoniebildung letztlich auch jener Ort, an dem Diskurse sich artikulieren und transformieren, auf deren Grundlage letztlich jener die Konstellation prägende aktive Konsens erstritten wird (vgl. Sablowski 1994, Scherrer 1999, Demirović 2000).

Es sind aber nicht nur diese nicht-deterministischen Prämissen und die entsprechende Aufforderung zu einer integralen, die kulturelle, diskursive und materielle Dimension einschließenden Analyse politischer Prozesse, welche das Potenzial, aber auch die Schwierigkeit einer kritischen Hegemonietheorie umreißen. Kennzeichnend ist vor allem die permanente - zwar keineswegs für diesen Ansatz reservierte, gleichwohl in besonderer Weise charakteristische - Spannung zwischen dynamischen und statischen Elementen einer jeden Analyse. Denn eine hegemoniale Konstellation ist zwar zu analytischen Zwecken zu fixieren, aber sie ist per definitionem eben nichts Fixiertes. Sie ist wesentlich sozialer Prozess und als solche ist sie quasi „das Umkämpfte und das Medium des Kampfes" (Haug 1985: 174). Und die stets neu zu diskutierende Frage ist, ob eben der Kampf oder sein Medium, ob also Hegemoniebildung oder Hegemonie untersucht werden soll - ich werde darauf zurückkommen.

Wichtig im Kontext der gegenwärtigen regulations- und raumtheoretischen Diskussion ist nun zunächst, dass der Hegemonietheorie in zweifacher Weise eine Bedeutungsveränderung eingeräumt wird. Erstens: Auch wenn dem Konzept der Hegemonie in vielen regulationstheoretischen Studien eine durchaus exponierte Position zuzukommen scheint, so wurde es letztlich doch zumeist - mit Ausnahme einiger einschlägiger Beiträge in der deutsch- und englischsprachigen Diskussion - auf eine ornamentale Funktion reduziert.[12] Die meisten Arbeiten bedienen sich lediglich hegemonietheoretischer Motive und setzten diese als explanatorische Rahmenbedingung der Fordismusanalyse quasi voraus; von einer eigenständigen Analyse kann nur sehr bedingt die Rede sein. Sollte sich nun aber die oben erläuterte These von Becker bewähren, der zufolge die Ausbildung eines hegemonialen Blocks für die Stabilität einer potenziell multiskalaren Regulation verantwortlich wäre, dann dürfte damit eine entsprechende Akzentverschiebung hin zu hegemonietheoretischen Fragen einhergehen. Dadurch wiederum wären positive Nebeneffekte für die regulationstheoretische Weiterentwicklung selbst denkbar. Zunächst würden generell die realen Kräfteverhältnisse und sozialen Auseinandersetzungen - womöglich flankiert von der oben vorgeschlagenen Verlagerung weg von der Suche nach Kohärenz entsprechend fordistischer Vorzeichen zugunsten einer Betonung von Widerspruch und Krisenhaftigkeit - stärker in den Blick genommen werden als dies bisher in der regulationstheoretischen Normalwissenschaft der Fall war. Infolgedessen könnte versucht werden, die mehrfach kritisierte und auch durch die raumtheoretische Kritik keineswegs behobene funktionalistische und deskriptive Schlagseite vieler Studien zu bearbeiten, in denen soziale Auseinandersetzungen über den Status einer *black box* zumeist nicht hinaus kommen - ein in der Tat eklatantes Missverhältnis, betrachtet man den Stellenwert, welcher deren Eigendynamik und der relativen Kontingenz im Konzept der Regulation beigemessen wird.[13]

Zweitens: Vor allem aber stellt die Relativierung der räumlich-territorialen Maßstäbe und die einhergehende räumlich-funktionale Ausdifferenzierung des Politischen für den skizzierten hegemonietheoretischen Kern selbst eine ernsthafte, nun theorieimmanente Herausforderung dar. Ein Blick auf die gegenwärtig wichtigsten hegemonietheoretischen Orientierungen, die sich auf unterschiedliche Bereiche und Ebenen des politischen Prozesses beziehen, veranschaulicht dies: Auf der einen Seite werden in Anschluss an Gramscis originäre Frage- und Problemstellung Hegemonie und deren Bildungsprozesse im Spiel primär nationaler ziviler- und politischer Gesellschaften untersucht. Diese Aufgabe wurde ganz entscheidend in der Weiterentwicklung materialistischer Staatstheorie weitergeführt, und auch der Regulationsansatz bediente sich, wie gezeigt, hegemonietheoretischer Motive. Für alle traditionellen Zugänge dieser Art gilt jedoch, und das ist entscheidend, dass die Untersuchung von Hegemoniebildungsprozessen quasi apriorisch auf den nationalstaatlichen Raum konzentriert wurde. Und dies durchaus, legt man einen historischem Blick auf die Konstitution des Fordismus zugrunde, mit guten Argumenten - sei der Nationalstaat nun verstanden als territorialer Kulminationspunkt eines kohärenten Herrschaftssystems, entsprechend als Bezugspunkt von Gesellschaftlichkeit überhaupt oder eben als angenommenes Zentrum der Regulation. Sozusagen von der anderen Seite ausgehend stellt der neogramscianisch orientierte Ansatz der Globalen Politischen Ökonomie die Frage nach Hegemoniebildungsprozessen auf internationaler bzw. globaler Ebene (vgl. Cox 1986, 1998, Gill 1991, Bieling/ Deppe 1996, Scherrer 1999). Im Unterschied aber zu kritisierten neo-realistischen Hegemonie-Vorstellungen sind es nicht Staaten, die als einzig relevante Machteinheiten verstanden werden. Eine derartige Konzeption entspricht eher einem Dominanzverhältnis zwischen relativ klar abgrenzbaren Entitäten (vgl. Bieling/ Deppe/Tidow 1998).[14] Im gramscianischen Verständnis wird Hegemonie - wie gesehen - stets auf soziale Dynamiken und Verhältnisse im Zusammenspiel von Staat und Gesellschaft bezogen. Entsprechend erkannten die Autoren der Globalen Politischen Ökonomie die enorme Bedeutung vor allem der transnationalen Kapitalistenklasse für die Analyse der jüngsten Transformationen. Gleichwohl wird insbesondere in den frühen Texten des Ansatzes - und noch stärker als im Regulationsansatz - von der Annahme ausgegangen, dass Welthegemonie ausgehend von der Hegemonie innerhalb eines Staates (vornehmlich der USA) ausgebildet wird: Sie ist der Ankerpunkt, welcher letztlich im globalen Maßstab - über die hegemoniale Einbindung anderer Industrienationen bzw. deren relevanter Kapitalfraktionen - die Stabilität einer Entwicklungsweise gewährleistet. Dabei wurde zwar die Bedeutung transnationaler Klassenallianzen frühzeitig betont; die zentrale These ist gerade, dass sich eine Hegemonie international orientierter Kapitalfraktionen herausgebildet hat und dass diese ihre Interessen hegemonial verallgemeinern konnten. Doch trotz dieser Orientierung war nach wie vor die Vorstellung prägend, dass das Terrain der grundlegenden Aushandlungen, auf dem sich soziale Kräfte artikulieren, die territoriale Einheit des Nationalstaats war (vgl. Cox 1993; kritisch Röttger 1997).

Nun weisen diese beiden gramscianisch orientierten Zugänge spezifische Schwierigkeiten auf. Zunächst einmal sind stichhaltige Einwände zu nennen, die den Akteursbezug bzw. den impliziten „Klassismus" hegemonietheoretischer Forschung kritisieren. Problematisch ist dabei eine womöglich voreilige Definition relevanter gesellschaftlicher Gruppen und dadurch die Gefahr einer einseitigen Analyse, bei der sowohl die Genese besonderer Interessen und die Dynamik während spezifischer Konflikte tendenziell unterbelichtet werden. Deutlich wird dies insbesondere in Ansätzen der Globalen Politischen Ökonomie, in denen wie gesagt primär die transnationale Kapitalistenklasse als der entscheidende hegemoniale Akteur analysiert wird. Eine derartige Konzentration ist im Sinne der oben diskutierten gramscianischen Prämissen jedoch nicht hinreichend und bestenfalls forschungspraktisch zu begründen. Vielmehr läuft sie Gefahr, in einen „elitefixierten Voluntarismus" (Scherrer 1999, Borg 2001) zu münden, der herrschenden bzw. dominanten Kräften a priori hohe Freiheitsgrade einräumt, somit die Rolle sowohl von staatlichen als auch von Akteuren internationaler Regime vernachlässigt und entsprechend schließlich die hegemonietheoretisch entscheidende Frage nach der „offenen Situation" und den konkreten sozialen Dynamiken unterbelichtet, mit denen relevante subalterne Klassenfraktionen in die hegemoniale Konstellation eingebunden werden. Auch hier scheint also - wenngleich aus anderen Gründen, so doch der regulationstheoretischen Studien ähnlich - die Betonung der gesellschaftlichen Bedingungen und der Macht- und Kräfteverhältnisse dazu zu führen, dass die Analyse konkreter sozialer Auseinandersetzungen recht abstrakt bleibt. Insofern muss die oben formulierte Hypothese, hegemonietheoretische Fokussierung könne der regulationstheoretischen *black box*-Tendenz begegnen, zumindest relativiert werden. Der genuine Blick auf soziale Kräfteverhältnisse beugt der Gefahr zwar vor, aber er immunisiert eben nicht. Für hegemonietheoretische Zugänge gilt indes, dass die *black box* nur dann wirklich geöffnet werden kann, wenn gerade auch die heterogenen Erwartungen, Interessen und vor allem die spezifischen Kontexte, in denen subalterne Akteure der zivilen Gesellschaft wirken (können), diskutiert werden - denn hier erst wird der aktive Konsens konstituiert, Hegemonie konsolidiert.

Ein Kern dieser skizzierten Schwierigkeit hinsichtlich des Akteursbezugs wurzelt meines Erachtens - neben der strukturtheoretischen Ambivalenz und tradierten klassenorientierten Entscheidungen und Präferenzen vieler Autoren - in der weiter oben bereits als zentrales Charakteristikum des Ansatzes definierten Spannung der zwar aufeinander verweisenden, aber nicht ineinander aufgehenden statischen und dynamischen Forschungsperspektiven. Auf der einen Seite steht die Analyse einer hegemonialen Konstellation im Zentrum, wofür zu analytischen Zwecken ein gesellschaftlicher Zustand fixiert wird, um ihn dann hegemonietheoretisch zu entschlüsseln. Hegemonie erscheint dabei primär als gesellschaftlicher „Kitt" und wird in seinem bereits aggregierten Zustand, also als etwas 'Fertiges' zum Gegenstand der Analyse. Wenn sie jedoch nur in dieser Form zum Gegenstand wird, dann bleiben sowohl konkrete Akteurskonstellationen entsprechend der vorab getroffenen Definition und eben auch das dynamische Moment bzw. „der hegemoniale

Gehalt des Wandels selbst tendenziell im Dunkeln" (Borg 2001: 69). Die Gefahr ist offensichtlich: Studien auf dieser Ebene tendieren dazu, ex-post-funktional Notwendigkeiten zu bestimmen und selbst soziale Dynamiken in die schwarze Kiste zu stecken. Dem vorbeugend dürfte die gegenläufige Perspektive wirken, bei der die dynamischen Prozesse der Hegemoniebildung im Zentrum stehen, eine Orientierung also, die Ort und Moment des Wandels und somit jene realen sozialen Auseinandersetzungen fokussiert, welche letztlich in ihrer Gesamtheit - und über die Einbindung subalterner Interessen - die konkrete Struktur einer hegemonialen Konstellation gestalten.[15]

Neben dem Akteursbezug stehen zudem die jeweiligen territorialen Raumbezüge zur Disposition. Mehrfach problematisiert wurde bereits die Wahrnehmung des Territorialstaates als exklusiver Ankerpunkt sowohl nationaler als auch internationaler Hegemoniebildung. Dem entgegen schlägt etwa Bernd Röttger vor, Hegemoniebildung auf allen gesellschaftlichen Ebenen und bezogen auf die jeweiligen Verschiebungen sozialer Kräfteverhältnisse in integraler und nicht nationalstaatlich fixierter Perspektive zu untersuchen (Röttger 1997: 144). Ähnliche Überlegungen spitzt Alex Demirović gar in der These zu, Hegemonie und Zivilgesellschaft ließen sich weder nationalstaatlich noch in zwischenstaatlichen Begriffen fassen. Vielmehr würden Zivilgesellschaften in ein hegemoniales Verhältnis zueinander gesetzt und so vernetzt, dass es zu Verdichtungen und Knotenpunkten kommt, in deren Folge „zivilgesellschaftlichen Kräften die materielle Grundlage gegeben [wird], global zu handeln" (Demirović 2001: 165f.). Damit steht zwar nicht - ebenso wenig wie im Konzept der Regulation - die abstrakte Bestimmung der politischen Form, also die fragmentierte Trennung von Politik und Ökonomie, zur Disposition (siehe oben), wohl aber der konkrete Raumbezug und die entsprechende Konzeption von Gesellschaftlichkeit. Ganz offensichtlich wird hier Abschied genommen von der engen gramscianischen Vorstellung, Zivilgesellschaft könne nur in und mit einem kohärenten, durch das Gewaltmonopol abgesicherten Institutionensystem einen Herrschaftszusammenhang - und dies auf nationalstaatlicher Ebene - konstituieren (vgl. Hirsch 2001a).

Trotz der bislang nicht überschaubaren Konsequenzen, welche insbesondere letztere Thesen mit sich führen können, spricht meines Erachtens einiges für sie: Mit der Ausdifferenzierung politischer Institutionen werden auch die entsprechenden Formen der Widerspruchsbearbeitung und die zivilgesellschaftlichen Akteurskonstellationen heterogenisiert und vor allem transnationalisiert. Das zentrale Problem ist freilich die damit einhergehende Komplexitätssteigerung für eine hegemonietheoretische Betrachtung. Denn ohne einen fixen Kulminationspunkt, einen apriorischen Raum, in dem soziale Dynamiken sich quasi notwendigerweise verdichten und somit Gesellschaftlichkeit konstituiert wird, müsste den diversen Dynamiken innerhalb der verschiedenen Dimensionen der Hegemoniebildung mehr Aufmerksamkeit geschenkt werden: angefangen bei ihrer primären Bestimmung bis hin zur Untersuchung ihres sehr wahrscheinlich asymmetrischen Verhältnisses untereinander. Anknüpfend an Demirovićs These ist zudem die Frage zu stellen, um welche Gegenstände diese *vielen* Zivilgesellschaften, die letztlich nur als in sich heterogene Terrains der Hegemoniebildung zu denken sind, sich eigentlich verdichten? Und wie ist dies schließlich für theoretische Reflexion, empirische Forschung und politische Praxis fruchtbar zu machen?[16]

Mein vorläufiger Vorschlag hierfür ist folgender: Auch für die Verdichtungen und Knotenpunkte, welche zivile Gesellschaften miteinander transnational und/oder global in ein Verhältnis setzen, verliert die Detektion eindeutiger Raumbezüge tendenziell an Bedeutung. Zwar wird auch künftig für die Mehrzahl der Akteure der nationalstaatliche Herrschaftszusammenhang eine ganz entscheidende Ebene sozialer Auseinandersetzung sein - aber eben nur eine unter verschiedenen. Entscheidender Ausgangspunkt für eine der multiskalaren gesellschaftlichen Entwicklung Rechnung tragenden Analyse sind vielmehr die konkreten nachfordistischen Widersprüche, um die herum sich potenziell 'glokale', also an verschiedensten Orten und Kontexten sich entwickelnde soziale Auseinandersetzungen formieren. Insofern erscheint eine differenzierte Betrachtung sinnvoll, die nicht die *eine internationale* oder die *verschiedenen nationalstaatlichen*, sondern konfliktfeld- bzw. widerspruchsspezifisch ausdifferenzierte Knotenpunkte transnationaler ziviler Gesellschaften fokussiert. Kompatibel mit diesen Thesen erscheinen auch regulationstheoretische Innovationen, in denen - mit Blick auf internationale politökonomische Prozesse - von der Herausbildung widerspruchsbezogener „Netzwerke der Regulation" die Rede ist (Brand/Görg 2000). Dass damit von einer Heterogenisierung zivilgesellschaftlicher Strukturen und der stets widerspruchsbezogenen sozialen Auseinandersetzungen, die in ihrer Gesamtheit eine globale hegemoniale Konstellation konstituieren, ausgegangen wird, kann nur dann als störend wahrgenommen werden, wenn zivile Gesellschaft als ein mehr oder minder homogener und letztlich auch räumlich konzentrierter Akteur und nicht als ein entscheidendes Terrain der Hegemoniebildung verstanden wird - auf welcher *scale* auch immer.

3. Resümee

Sind die dargestellten Überlegungen nun solche, die der Entsorgung des Regulationsansatzes im fordistischen Mülleimer nachhelfen? Oder stellen sie eher kritische Anhaltspunkte für seine Reformulierung dar? Nun sind dichotomisierende Fragen in den Gesellschaftswissenschaften nur in sehr seltenen Fällen dazu geeignet, zu wirklich aussagekräftigen Antworten anzuregen - also auch hier noch ein letztes differenzierteres Bild: Aktuell bleiben dürfte der allgemeine programmatische Anspruch der Regulationstheorie, Struktur und Kontingenz kapitalismuskritisch zusammen zu denken. Auch wurden in der Tat Anstrengungen intensiviert, um den Ansatz zu 'verräumlichen' - und im Verlauf der multiskalaren Entwicklung und der ihr folgenden theoretischen Innovationen zeichnet sich ab, dass die traditionelle fordismustheoretische und nationalstaatszentrierte Variante kaum zu halten sein dürfte. Unübersehbar ist allerdings, wie stark dadurch das kategoriale Gebäude des Ansatzes insgesamt ins Wanken gebracht wird. In allen angesprochenen Bereichen und Kategorien - also Entwicklungsweise, Akkumulationsregime, Regulationsweise, Staatstheorie, Hegemonietheorie - scheint trotz zum Teil erheblicher Bemühungen die begriffliche Reflexion noch in einem recht frühen Stadium.

Darüber hinaus bleiben die potenziellen Effekte unklar, die aus einer weiteren Radikalisierung der Verräumlichungsthese resultieren können. Zunächst einmal ist von einer beachtlichen Komplexitätssteigerung regulationstheoretischer Analysen auszugehen, wofür insbesondere das Verhältnis der Kategorien und der *scales* untereinander verantwortlich ist. Es zeigt sich hier, dass mit den relativ eindeutigen Koordinaten der Fordismusanalyse auch eine doch durchaus nützliche, ja notwendige Hierarchie der Begriffe verwischt wird - schließlich ist sogar offen, auf welchen gesellschaftlichen *scales* überhaupt eine neue Formation sich studieren lässt. Mit anderen Worten: Alles scheint immer mehr im Fluss, die Relationen tendieren zur Beliebigkeit. Stellt man zudem in Rechnung, dass die Konturen der allgemeinen gesellschaftstheoretischen und herrschaftskritischen Fundierung immer undeutlicher werden - ein Aspekt der hier nur am Rande angesprochen wurde - dann drängt sich in der Tat die Frage auf, was der Regulationsansatz noch hergibt?

Gleichwohl gehe ich grundsätzlich davon aus, dass hier, trotz oder gerade wegen dieser Schwierigkeiten, ganz entscheidende Bereiche für eine künftige kritische Kapitalismustheorie berührt werden - schließlich sollte diese nicht nur erklären, welche Widersprüche Gesellschaften durchziehen, sondern zudem wo sie bearbeitet werden, in welcher konkreten historischen Form, auf welcher *spatial scale*, und was überhaupt der Raum ist, in dem Gesellschaftlichkeit sich historisch konstituiert. Ob das in diesen Fragen liegende Potenzial jedoch produktiv entfaltet werden kann, wird von den theorieimmanenten Weiterentwicklungen und zugleich von den jene vermittelnden wissenschaftspolitischen und theoriestrategischen Auseinandersetzungen abhängen - Auseinandersetzungen, die im übrigen selbst nichts weiter sind, als etwas Umkämpftes und das Medium des Kampfs, also ein Teil von Hegemoniebildung.

Einige Anregungen wurden hierfür vorgestellt. Zunächst ist der Maßstab für die periodisierende Analyse kapitalistischer Entwicklung weniger anhand von Vorstellungen räumlicher Kongruenz oder sozialer und ökonomischer Kohärenz zu entwickeln, sondern vielmehr erstens anhand der Konstitution und Institutionalisierung von Orten bzw. Terrains der Widerspruchsbearbeitung und zweitens anhand deren hegemonialer Absicherung bzw. der Herausbildung eines hegemonialen Blocks als jenem Bindeglied, welches über die Kompatibilität einer multiskalaren Regulation entscheidet. Die Diskussion darüber, was Verräumlichung für die hegemonietheoretischen Zugänge selbst bedeuten könnte, steht jedoch sowohl begrifflich-kategorial als auch empirisch noch am Anfang - die Überlegungen im zweiten Teil des Textes verstehen sich als erster Anstoß.

Ausgangspunkt bleibt freilich die grundlegende gramscianische Perspektive, Hegemonie nicht mit bloßer Dominanz zu verwechseln. Hegemonie kennzeichnet vielmehr eine komplexe, herrschaftsvermittelte gesellschaftliche Konstellation, in der politische, kulturelle, diskursive und materielle Elemente in ihrem Zusammenwirken für die gesellschaftliche Reproduktion zum Gegenstand werden. Als solche unterliegt sie einer stetigen Dynamik, in der sie sich reproduziert, permanent neu artikuliert und in bestimmten Momenten grundlegend transformiert. Ihr agens movens sind soziale Auseinandersetzungen, sie selbst ist wesentlich sozialer Prozess auf verschiedenen Ebenen.

Gleichwohl ist es wahrscheinlich, dass mit der Relativierung der nationalstaatlichen Koordinaten eine verstärkte Heterogenisierung der Akteure und der räumlichen Ebenen bzw. *scales* der Hegemoniebildung einhergeht. Hegemoniebildung selbst wird zusehends multiskalar, oder besser: Ihre generelle Multiskalarität wird in der Weise reartikuliert, dass Akteure und Auseinandersetzungen, die jenseits des unmittelbaren nationalstaatlichen Bezugsraums agieren, bedeutsamer werden - von der Transnationalisierung lokaler Kämpfe subalterner Klassen und Gruppen, bis hin zum globalen neoliberalen Konstitutionalismus. Die nationalstaatlichen Verdichtungen dieser Kämpfe bleiben zwar weiterhin höchst bedeutsam, gesellschaftliche Dynamik geht aber weniger denn je in ihnen auf.

Im Lichte dieser Tendenzen wurden schließlich die Schwachpunkte tradierter Akteurs- und Raumbezüge deutlich, wie am tendenziellen „Klassismus“ und der quasi apriorischen Fokussierung auf Dynamiken auf der nationalstaatlichen Ebene aufgezeigt wurde. Damit einhergehend wurde die überwiegend abstrakte, häufig expost-analytische Reflexion auf soziale Auseinandersetzungen und deren entsprechende Reduzierung auf eine *black box* kritisiert, die primär in den Erfordernissen der von mir so genannten statischen Perspektive auf eine quasi fixierte Hegemonie resultiert. Angemessen, um diese Defizite vor dem Hintergrund der multiskalaren Dynamiken sowohl grundlagentheoretisch als auch empirisch zu bearbeiten, erscheint erstens eine Stärkung der dynamischen, primär den sozialen Prozess fokussierenden Hegemonieanalyse mit explizit raumtheoretischer und akteurszentrierter Ausrichtung und zweitens eine entsprechende Verlagerung empirischer Forschung auf konfliktfeld- und widerspruchsspezifische soziale Auseinandersetzungen, die auf einer umfassenden Akteursfeldanalyse in vertikaler Ausrichtung basieren müsste - einer Analyse also, welche die globalen, nationalen und subnationalen Kontexte zugleich differenzierend und integral betrachtet.

Was allerdings durch eine derartige Herangehensweise insgesamt in den Hintergrund geraten könnte, ist eine kritisch-theoretische und somit auch politisch-praktische Perspektive, die auf ein vermeintlich verallgemeinerbares global-gesamtgesellschaftliches emanzipatorisches Projekt zielt. Doch vielleicht ist auch dies nur die Konsequenz aus einer realen Tendenz im historischen Wechselspiel von Allgemeinem und Partikularem, vor der die Frage nach der Radikalität von Kritik zuweilen einem scholastischen Streit zu ähneln scheint. Unberührt davon bleibt allerdings Cox' Grenzziehung zwischen kritischer Theorie zu integrativen bzw. primär steuerungstheoretischen *problem solving theories* (Cox 1998: 39). Ebenso unberührt bleibt auch Ersterer impliziter Anspruch, eine kritische und gesamtgesellschaftlich orientierte Reflexionsgrundlage für Akteure mit emanzipatorischer Absicht anzubieten - auf welcher *scale* auch immer sie gerade agieren.

Ergo: Theoretische Reflexion, begriffliche Präzisierung und freilich auch entsprechende empirische Studien sind gefragt, um das Fundament einer kritischen Kapitalismustheorie zu restaurieren - bis zum nächsten Mal: Denn „Definitionen sind ein Moment, ein Durchgangsmoment, ein schönes und sehr glückliches Nebenprodukt“ (Adorno 1973: 29). Und auch der nach-fordistische Mülleimer wird nicht ewig auf sich warten lassen.

Anmerkungen

1 Für kritische Anmerkungen zur vorliegenden Arbeit möchte ich sowohl den beiden Herausgebern Uli Brand und Werner Raza als auch Erik Borg danken und schließlich dem Studienwerk der Heinrich-Böll-Stiftung, durch deren Förderung meine Arbeiten überhaupt realisieren zu können. Die Entwicklung der Thesen steht zudem im Kontext einer theoretischen Reflexion eines von Rainer Dombois geleiteten und von der VW-Stiftung finanzierten Projekts zur internationalen Regulierung formaler Arbeitsverhältnisse im NAFTA-Raum.

2 In der vorliegenden Arbeit wird eine Fokussierung auf raumtheoretische Aspekte angelegt. Dies ist insofern nicht unproblematisch, als die große Mehrzahl der zu Rate gezogenen Arbeiten aus der anglophonen Diskussion der zeitlichen Dimension eine ebenso große und zumeist integrale Bedeutung zumessen. Angesichts der Bedeutung, welche Institutionalisierungsprozessen und sozialen Auseinandersetzungen im Folgenden zugemessen werden soll, erscheint jedoch eine analytische Trennung zeitlicher und räumlicher Aspekte und die entsprechende Konzentration auf räumlich-territoriale Fragen nicht nur pragmatisch sinnvoll, sondern auch theoretisch zu rechtfertigen. Es wird primär um die Terrains sozialer Auseinandersetzungen gehen und weniger um strukturelle Dynamiken - inklusive ihrer rationalisierungsvermittelten zeitkomprimierenden Tendenz - kapitalistischer Vergesellschaftung (Harvey 1981). Angesichts dieser komplexen Aufgabe bleibt eine umfassende, kritisch-theoretische Reflexion in dieser Arbeit sekundär. Gleichwohl fundamental für sie ist die politisch-praktisch motivierte Überzeugung, dass theoretische Konzeptionalisierungen erst dann den faden Beigeschmack einer bloßen akademischen Übung verlieren, wenn ihr gesellschaftstheoretischer und herrschaftskritischer Gehalt reflektiert wird (Alnasseri et al. 2001).

3 Die gesellschafts- und raumtheoretischen Unterschiede zwischen diesen prominenten Autoren sind freilich zu benennen. Während Leborgne und Lipietz am deutlichsten der traditionellen Vorstellung einer nationalstaatlichen Raum-Matrix anhängen, versuchen Aglietta und Boyer ein neues „finanzgetriebenes“ und auf Vermögensbesitz basierendes Akkumulationsregimes aus primär ökonomietheoretischer Perspektive und mit stärkerem Blick auf die Internationalisierung von Regulation zu begründen. Insgesamt scheinen aber die einst diskutierten gesellschaftstheoretischen Differenzen der Autoren tendenziell zu verwischen - ohne Frage ein weiteres Indiz für die gesellschaftstheoretische Unbestimmtheit des Regulationsansatzes (vgl. Hübner 1989, Görg 1994). Entscheidend in raumtheoretischer Perspektive ist jedoch zunächst, dass alle Ansätze in ihren verschiedenen Konsequenzen den Nationalstaat als empirischen Vergleichsmaßstab beibehalten.

4 Neben den Arbeiten von Peck/Tickell (1994, 1995) und Swyngedouw (1997) waren vor allem die Arbeiten von Harvey (1997), Brenner (1997) und Jessop (2000, 2001) bedeutsam - für die deutschsprachige Rezeption siehe exemplarisch Schmid (1996), Scheuplein (1997), Krätke/Heeg/Stein (1997), Alnasseri et. al (2001). Becker (2001) seinerseits bezieht sich ausgehend von der Kritik am institutionalistischen bias, welcher dem Konzept der institutionellen Formen innewohnt, auf die werttheoretischen Pionierarbeiten Agliettas und das Konzept der strukturellen Formen, welches explizit auf die grundlegende Widersprüchlichkeit kapitalistischer Vergesellschaftung verweist. Neben dem Lohnverhältnis, dem Konkurrenzverhältnis und der Geld-

restriktion zählt Becker auch die ökologische Restriktion hinzu, welche den notwendigen Austausch zu materiellen Ressourcen beachten soll. Zur Kritik an dieser Konzeptionalisierung siehe Görg in diesem Band.

5 Insofern ist das Konzept der Regulation auch als eine komplexe methodisch-analytische Kategorie zu begreifen, in der sowohl die kapitalistische Vergesellschaftung prägende Strukturzusammenhänge als auch die Eigenlogik sozialer Prozesse in ihrem Zusammenwirken gefasst werden soll. Daher ist es deutlich abzugrenzen von einem engeren Verständnis von Regulierung oder Steuerung - politisch-intentionale Regulierung ist zwar ein zentraler Bestandteil gesellschaftlicher Regulation, aber sie geht eben darin nicht auf. Regulation umfasst vielmehr einen über soziale Auseinandersetzungen vermittelten und insofern relativ kontingenten Prozess, der zu einer temporären gesellschaftlichen Stabilisierung bzw. zu einer institutionell abgesicherten Bearbeitung konkreter historischer Widersprüche kapitalistischer Vergesellschaftung führen kann - in diesem Sinne ist die Metapher der Fundsache zu verstehen (siehe auch Hübner 1989).

6 Gemeint ist freilich nicht, dass eine empirische Analyse womöglich alle Ebenen bzw. *scales* im Blick haben muss. Aber die unbestrittene Notwendigkeit der Reduktion von Komplexität ist nur dann gesellschaftstheoretisch rückzubinden, wenn sie auf der Grundlage eines konsistenten kategorialen Begriffssystems basiert, welches eine plausible Operationalisierung erlaubt.

7 Gemeint ist damit ein zentrales Charakteristikum kapitalistischer Vergesellschaftung, das in der relativen Verselbständigung einer politischen Sphäre besteht, die ihren souveränen Ausdruck als eigenständige Herrschaftsform im „Monopol der legitimen Gewaltsamkeit" (Weber) findet. Diese Besonderung der politischen von der ökonomischen Herrschaft ist nun kein zufälliges historisches Resultat, sie ist vielmehr eine formbestimmte und somit eine in der Widersprüchlichkeit der kapitalistischen Produktionsverhältnisse wurzelnde Notwendigkeit. Denn eine auf Privatproduktion, freie Lohnarbeit und Warentausch beruhende Gesellschaft kann aus sich heraus Gesellschaftlichkeit nicht begründen. Die gesellschaftliche Widersprüchlichkeit bedingt die Herausbildung verobjektivierter, ökonomischer und politischer sozialer Formen - als letztere erscheint der bürgerlich-kapitalistische Staat im weiteren Sinne. Mit der Bestimmung der politischen Form ist aber lediglich eine allgemeine strukturelle Reproduktionsbedingung markiert. Konkrete Staatsapparate und Institutionen sind davon keineswegs abzuleiten, sie sind weder als bewusst geschaffene Instrumente eines handelnden Subjekts noch als strukturell determinierte Gesamtkapitalisten misszuverstehen. Ebenso wenig sind sie aber kontingente Resultate sozialer Auseinandersetzungen. Sie erscheinen vielmehr als „relativ autonomer" Kampfplatz, als Orte, an denen der Vermittlungszusammenhang zwischen Struktur, Institutionen und Handeln sich als Prozess der Regulation gebären kann. Konkrete Staaten sind insofern als „materielle Verdichtungen eines sozialen Kräfteverhältnisses" zu verstehen, die sich jedoch durch ihre - insbesondere für die Reartikulation krisenbedingt veränderter Klassenverhältnisse und somit auch für Regulation insgesamt bedeutsame - Reproduktions- und Transformationsfähigkeit auszeichnen (Poulantzas 1978, vgl. Hirsch 1994).

8 Neil Brenner (1998: 31) bemerkt in diesem Zusammenhang zurecht, dass mit dem Ende des Fordismus auch ein räumlich-territoriales Staatsverständnis tangiert wurde, demzufolge der nationalstaatliche Raum als ein apriorischer, quasi natürlich-geographischer Ort für die Aushandlung sozialer Verhältnisse gedeutet wurde: „Today these assumptions have become obsolete. The scales of capital accumulation, state territorial power, urbanization, societal networks, and politico-cultural identities are being continually transformed, disarticulated and recombined in ways that severely undermine this pervasive naturalization of the nation scale of social relations."

9 Ein Merkmal gerade der deutschsprachigen Gramsci-Rezeption ist zweifelsohne ihre Widersprüchlichkeit - ein Aspekt, der auch auf die interpretationsoffene Struktur des Werks zurückzuführen ist (vgl. exmplarisch Haug 1985, Kebir 1991, Demirović 1992, 2000, Sablowski 1994;

für die international orientierte Debatte Bieling/Deppe 1996, Röttger 1997, Scherrer 1999). Ich werde nun hier keine weitere Exegese beginnen, sondern lediglich einige im Kontext der raumtheoretischen Diskussion bedeutsamen Argumente diskutieren.

10 Das Zitat suggeriert allerdings eine Genauigkeit, die es in den diversen Passagen Gramscis zum erweiterten Staat gerade nicht gibt. Sicher kann wohl nur gelten, dass Gramsci - mindestens - von einem widersprüchlichen Wechselverhältnis von politischer und ziviler Gesellschaft bzw. von Hegemonie und Zwang ausgegangen ist. Daran anschließend lässt sich mit Recht fragen, was nun was bedingt, Hegemonie den Zwang oder umgekehrt (vgl. Demirović 2000). So richtig die Frage zunächst erscheint, so scholastisch bleibt sie allerdings, sofern nicht die konkreten gesellschaftlichen Kräfteverhältnisse und der durch sie geprägte Verlauf der sozialen Auseinandersetzung betrachtet werden. Diese Restgrößen dürften maßgeblich für Genese, Reproduktion und Transformation von Hegemonie und ihr Verhältnis zum Zwangsmoment ausschlaggebend sein. Eine quasi physikalische Antwort wird es in dieser dialektischen Konstellation nicht geben.

11 Dieser Gedanke wurde expliziert von Poulantzas (1978) in seiner Weiterentwicklung der materialistischen Staatstheorie. Die Kernargumentation kennzeichnet Staat insgesamt und seine konkreten Apparate, politischen Institutionen und deren Verhältnis zueinander als Ausdruck eines „verdichteten sozialen Kräfteverhältnisses".

12 Dabei beziehe ich mich insbesondere auf die Arbeiten von Hirsch (1994, 1995, 2001b), Demirović (1992, 2000), Sablowski (1994), die international ausgerichteten Studien von Scherrer (1999, 2001) und auch die nicht genuin regulationstheoretischen Arbeiten von Bieling/Deppe (1996) und Bieling/Deppe/Tidow (1998), welche maßgeblich die Rezeption der neogramsianischen Internationalen Politischen Ökonomie im deutschsprachigen Raum angestoßen haben. Prägend für die anglophone Diskussion waren und sind hier insbesondere die Arbeiten von Bob Jessop (1990, 2001).

13 Irreführend wäre jedoch die Annahme einer quasi automatischen Bearbeitung dieser Schwierigkeiten durch eine verstärkte hegemonietheoretische Orientierung - ich werde darauf noch zurückkommen. Der Grund für diese Schwierigkeit wurzelt in einem Dilemma, das alle Ansätze ergreift, die sich umfassend einer Integration struktur- und handlungstheoretischer Elemente widmen. Äußerst instruktiv aus regulationstheoretischer Perspektive sind hier die Arbeiten von Görg (z.B. 1994) und ebenso die dazu kontrastierende, diskurstheoretische Sicht von Scherrer (1995). Die hier angestrebte raumtheoretische Weiterentwicklung des Hegemoniekonzepts dürfte allerdings jenseits metatheoretischer Differenzen bedeutsam sein - solange beide auf ihre Weise eine „relative Kontingenz" und insofern eine „offene Situation" gesellschaftlicher Entwicklung voraussetzen.

14 Diese Kritik teilen die neogramscianischen Ansätze im Übrigen mit den gegenwärtig breit diskutierten interdependenztheoretischen Ansätzen in den internationalen Beziehungen (vgl. Levy et al. 1995, Zürn 1998). Ansonsten sind die Differenzen zu diesen Ansätzen stark konturiert, reichen von konkreten empirischen Systematisierungen, entsprechenden Erkenntnisinteressen bis zu den jeweiligen Vorstellungen des kritischen und gesellschaftstheoretischen Gehalts. Für eine genauere Diskussion siehe exemplarisch Cox (1986), Bieling/Deppe/Tidow (1998), Brand (2000).

15 Auch wenn diese Argumentation hier primär theoretisch begründet wurde, so hat es zudem - und dies ist ganz entscheidend - auch eine eminent politisch-praktische Seite. Schließlich bezweckt die kritisch-hegemonietheoretische Analyse gesellschaftlicher Machtverhältnisse nicht nur, Handlungsrestriktionen aufzuzeigen. Sie hat umfassend erst dann Sinn, wenn sie zur Reflexion über Handlungsmöglichkeiten anregt. Letzterem kann man aber nur schwer gerecht werden, wenn Hegemonie als Immanenzzusammenhang fixiert und von der Spitze her analysiert und beschrieben wird.

16 Aus metatheoretischer Perspektive ist zudem das Argument ernst zu nehmen, dass es problematisch sei, verschiedene Sphären der Hegemoniebildung zu isolieren, denn in der Tat können

diese als „Schnittstelle der gesellschaftlichen Totalität [...] nicht auf einen Ort reduziert werden" (Röttger 1997: 117). Wenn jedoch die zentrale Frage ist, wie sich spezifische hegemoniale Konstellationen als Resultat und Medium sozialer Auseinandersetzungen verdichten, dann ist die Differenzierung und Identifikation der verschiedenen Ebenen bzw. Sphären der Hegemoniebildung unabdingbar: erstens für eine jede empirische Forschung, welche zur Operationalisierung einigermaßen klar abgrenzbarer Untersuchungsfelder bedarf, und zweitens auch für politisch-praktische Reflexion, da die Akteure sich selbst in unterschiedlichen Kontexten bzw. Ebenen bewegen.

Literatur

Adorno, Theodor W. (1973): Philosophische Terminologie. Bd.1. Frankfurt a.M.

Aglietta, Michel (1979): A Theory of Capitalist Regulation. The US-Experience. London.

- (2000): Ein neues Akkumulationsregime. Die Regulationstheorie auf dem Prüfstand. Hamburg.

Alnasseri, Sabah/Brand, Ulrich/Sablowski, Thomas/Winter, Jens (2001): Space, Regulation and the Periodization of Capitalism. In: Albritton, Robert et al. (Hg.): Phases of Capitalist Development. Booms, Crisis and Gobalizations. Basingstoke und New York, 163-178.

Becker, Joachim (2001): Accumulation, Regulation, Territory: A Contribution to the Critical Reconstruction of the Theory of Regulation. Unveröff. Manuskript.

Bieling, Hans-Jürgen/Deppe, Frank (1996): Gramscianismus in der Internationalen Politischen Ökonomie. In: Das Argument 217, 729-740.

Bieling, Hans-Jürgen/Steinhilber, Jochen (Hg., 2000): Die Konfiguration Europas. Dimensionen einer kritischen Integrationstheorie. Münster.

Bieling, Hans-Jürgen/Deppe, Frank/Tidow, Stefan (1998): Soziale Kräfte und hegemoniale Strukturen in der Internationalen Politischen Ökonomie. In: Cox, Robert W.: Weltordnung und Hegemonie - Grundlagen der „Internationalen Politischen Ökonomie." Marburg.

Becker, Steffen/Sablowski, Thomas/Schumm, Wilhelm (Hg., 1997): Jenseits der Nationalökonomie. Weltwirtschaft und Nationalstaat zwischen Globalisierung und Regionalisierung. Hamburg.

Bonder, Michael/Röttger, Bernd/Ziebura, Gilbert: (1993): Vereinheitlichung und Fraktionierung der Weltgesellschaft. Kritik des globalen Institutionalismus. In: Prokla 91.

Borg, Erik (2001): Gramsci global? Transnationale Hegemoniebildung aus der Perspektive der Internationalen Politischen Ökonomie. In: Das Argument 239, 67-78.

Boyer, Robert (2000): The political in the era of globalization: Focus on some Regulation School research. In: International Journal of Urban and Regional Research 24 (2).

Brand, Ulrich (2000): Nichtregierungsorganisationen, Staat und ökologische Krise. Konturen kritischer NRO-Forschung. Das Beispiel der biologischen Vielfalt. Münster.

-/Görg, Christoph (2000): Die Regulierung des Marktes und die Transformation der Naturverhältnisse. In: Prokla 118, 83-106.

-/Demirović, Alex/Görg, Christoph/Hirsch, Joachim (Hg., 2001): Nichtregierungsorganisationen in der Transformation des Staates. Münster.

Brenner, Neil (1997): State territorial restructuring and the production of spatial scales: Urban and regional planning in the FRG, 1960-1990. In: Political Geography 16 (4).

- (1998): Global cities, glocal states: Global city formation and state territorial restructuring in contemporary Europe. In: Review of International Political Economy 5 (1).

Bruch, Michael/Krebs, Hans-Peter (Hg.): Unternehmen Globus. Facetten nachfordistischer Regulation. Münster.

Candeais, Mario/Deppe, Frank (Hg., 2001): Ein neuer Kapitalismus? Hamburg.

Cox, Robert W. (1986): Social Forces, States and World Orders: Beyond International Relation Theory. In: Keohane, Robert O. (Hg.): Neorealism and Its Critics. New York.

- (1993): Structural Issues of Global Governance: Implications for Europe. In: Gill, Stephen (Hg.): Gramsci, Historical Materialism and International Relations. Cambridge, 49-66.

- (1998): Weltordnung und Hegemonie - Grundlagen der „Internationalen Politischen Ökonomie." Marburg.

Demirović, Alex (1992): Regulation und Hegemonie. Intellektuelle Wissenspraktiken und Akkumulation. In: Demirović, Alex et al. (Hg.), 128-157.

- (2001): NGO, Staat und Zivilgesellschaft. Zur Transformation von Hegemonie. In: Brand, Ulrich et al. (Hg.), 141-168.

- (2000): Erweiterter Staat und europäische Integration. In: Bieling, Hans-Jürgen/Steinhilber, Jochen (Hg.): Die Konfiguration Europas. Dimensionen einer kritischen Integrationstheorie. Münster, 51-72.

-/Krebs, Hans-Peter/Sablowski, Thomas (Hg., 1992): Hegemonie und Staat. Kapitalistische Regulation als Projekt und Prozess. Münster.

Gill, Stephen (1991): Historical Materialsm, Gramsci, and the International Political Econmy. In: Murphy, Craig/Tooze, Roger (Hg.): Getting beyond the Common Sense of the IPE Orthodoxy. Boulder.

Görg, Christoph (1994): Krise und Institution. In: Esser, Josef et al. (Hg.), 85-132.

Gramsci, Antonio (1991ff.): Gefängnishefte. Hamburg.

Harvey, David (1981): The spatial fix - Hegel, von Thünen and Marx. In: Antipode 13 (3).

- (1997): Betreff Globalisierung. In: Becker, Steffen et al. (Hg.), 28-49.

Haug, Wolfgang Fritz (1985): Pluraler Marxismus. Bd.1. Berlin.

Hirsch, Joachim (1994): Politische Form, politische Institutionen und Staat. In: Esser, Josef et al. (Hg.), 157-212.

- (1995): Der nationale Wettbewerbsstaat. Staat, Demokratie und Politik im globalen Kapitalismus. Berlin und Amsterdam.

- (2001a): Des Staates neue Kleider. NGO im Prozess der Internationalisierung des Staates. In: Brand, Ulrich et al. (Hg.), 13-42.

- (2001b): Die Internationalisierung des Staates. In: Hirsch, Joachim et al. (Hg.), 101-138.

-/Jessop, Bob/Poulantzas, Nicos (Hg., 2001): Die Zukunft des Staates. Hamburg.

Hübner, Kurt (1989): Theorie der Regulation. Eine kritische Rekonstruktion eines neuen Ansatzes der Politischen Ökonomie. Berlin.

Jessop, Bob (1990): State Theory. Cambridge.

- (2000): The Crisis of the National Spatio-Temporal Fix and the Ecological Dominance of Globalizing Capitalism. In: International Journey of Urban and Regional Studies 34 (2).

- (2001): Die Globalisierung des Kapitals und die Zukunft des Nationalstaats. In: Hirsch, Joachim et al. (Hg.), 139-170.

Kebir, Sabine (1991): Gramscis Zivilgesellschaft. Alltag, Ökonomie, Kultur, Politik. Hamburg.

Krätke, Stefan/Heeg, Susanne/Stein, Rolf (1997): Regionen im Umbruch. Probleme der Regionalentwicklung an den Grenzen zwischen „Ost" und „West". Frankfurt am Main.

Leborgne, Danièle (1997): Von der Reorganisation der Arbeit zur regionalen Partnerschaft: Die europäischen Modelle. In: Becker, Steffen et al. (Hg.), 123-151.

Levy, Marc/Young, Oran/Zürn, Michael (1995): The Study of International Regimes. In: European Journal of International Relations 1 (3).

Lipietz, Alain (1985): Akkumulation, Krisen und Auswege aus der Krise: Einige methodische Überlegungen zum Begriff der „Regulation." In: Prokla 58, 109-137.

- (1992): Vom Althusserismus zur „Theorie der Regulation". In: Demirović, Alex et al. (Hg.), 9-54.

- (1997): Die Welt des Postfordismus. In: Supplement der Zeitschrift Sozialismus Nr. 7-8.

Moulaert, Frank/Swyngedouw, Eric A. (1989): A regulation approach to the geography of flexible production systems. In: Environment and Planning D: Society and Space, Vol. 7.

Noppe, Roland/Waringo, Karin (1996): Die Regulationstheorie und die Transnationalisierung der Ökonomie - Das Fallbeispiel Telekommunikation. In: Bruch, Michael/Krebs, Hans-Peter (Hg.).

Peck, Jamie/Tickell, Adam (1994): Searching for a new institutional fix: The after-fordist crisis and the global-local disorder. In: Amin, Ash (Hg.): Post-Fordism. A reader. Oxford und Cambridge /Mass.

-/- (1995): The social regulation of uneven development: „Regulatory deficit". Englands South East and the collapse of Thatcherism. In: Environment and Planning A, Vol. 27.

Poulantzas, Nicos (1978): Staatstheorie. Politischer Überbau, Ideologie, sozialistische Demokratie. Hamburg.

Röttger, Bernd (1997): Neoliberale Globalisierung und eurokapitalistische Regulation. Die politische Konstitution des Marktes. Münster.

- (2001): New Economy - old theory. Die Regulationstheorie am Ende der Fahnenstange. In: Blätter des iz3w 254.

Sablowski, Thomas (1994): Zum Status des Hegemoniebegriffs in der Regulationstheorie. In: Esser, Josef et al. (Hg.), 133-156.

Scherrer, Christoph (1995): Eine diskursanalytische Kritik der Regulationstheorie. In: Prokla 100.

- (1999): Globalisierung wider Willen? Die Durchsetzung liberaler Außenwirtschaftspolitik in den USA. Berlin.

- (2001): Das Akkumulationsregime als Wolke: Auf der Suche nach der geeigneten Analyseeinheit im Weltmaßstab. Unveröff. Manuskript.

Scheuplein, Christoph (1997): Regulation des Raumes. Raumstrukturen in der großindustriellen, fordistischen und postfordistischen Formation. In: Supplement der Zeitschrift Sozialismus Nr. 3.

Schmid, Christian (1996): Urbane Region und Territorialverhältnis - Zur Regulation des Urbanisierungsprozesses. In: Bruch, Michael/Krebs, Hans-Peter (Hg.).

Swyngedouw, Eric A. (1997): Neither global nor local: „Glocalization" and the politics of scale. In: Cox, Kevin R. (Hg.): Spaces of Globalization. Reasserting the Power of the Local. New York.

Winter, Jens (1999): Globalisierung und die Aufwertung des Regionalen. Bemerkungen zu Theorie und Prozess nachfordistischer Restrukturierung. Diplomarbeit am Fachbereich 3 der J.W.G.Universität Frankfurt am Main.

Zürn, Michael (1998): Regieren jenseits des Nationalstaats. Frankfurt am Main.

Christian Schmid

Raum und Regulation. Henri Lefebvre und der Regulationsansatz

Seit zwei Jahrzehnten gehört der Regulationsansatz zu den wichtigsten Ansätzen der kritischen politischen Ökonomie. Obwohl ursprünglich für die Analyse nationalökonomischer Fragestellungen entwickelt, gibt es seit längerer Zeit Bestrebungen, seinen Anwendungsbereich auszuweiten. Dabei sind insbesondere zwei miteinander verbundene Forschungsfelder zu erwähnen, auf denen sich der Regulationsansatz als besonders fruchtbar erwiesen hat: Regionalwissenschaftliche Fragestellungen und Analysen von Stadtentwicklungsprozessen. Für beide Felder liegt die Stärke des Regulationsansatzes insbesondere darin, die historische Analyse mit der Betrachtung räumlicher Differenzierungen zu verbinden und damit auch eine Grundlage für vergleichende Analysen unterschiedlicher regionaler und städtischer Entwicklungen zu bieten.

Es ist ein zentrales Verdienst des Regulationsansatzes, die Periodisierung der Geschichte aus überlieferten Schematismen befreit zu haben. Die Neufassung des Konzeptes des Fordismus im Rückgriff auf Gramsci, die Thematisierung seiner Krise und die Suche nach dem neuen, nach-fordistischen Entwicklungsmodell wirkte für viele Fragestellungen ungemein inspirierend. So haben regulationstheoretische Überlegungen und Konzepte wesentlich zur Entstehung einer „neuen Regionalökonomie" beigetragen (vgl. z.B. Piore/Sabel 1985, Scott/Storper 1986, Benko/Lipietz 1992, Wirtschaftsgeographie 1996). Auch für die Analyse von Stadtentwicklungsprozessen vermittelte diese historische Betrachtungsweise des Regulationsansatzes wichtige neue Impulse (vgl. z.B. Esser/Hirsch 1987, Borst et al. 1990, Hitz et al. 1995).

Während die Frage der Zeit im Regulationsansatz ausgiebig diskutiert wurde, bot die theoretische Erfassung des Raumes erheblich größere Schwierigkeiten. Obwohl sich der Regulationsansatz in seiner Grundkonzeption durch eine räumlich differenzierte Betrachtungsweise auszeichnet, stellt der Raum dennoch eine bislang unterbelichtete Kategorie dar, und seine theoretische Erfassung wurde kaum je systematisch angegangen. Dies ist umso erstaunlicher, als gerade die Stadt- und Regionalforschung in starkem Maße mit der „Problematik des Raumes" konfrontiert ist. Dieses Defizit bedeutet denn auch eine wichtige Schranke bei der Anwendung des Regulationsansatzes.

Der folgende Beitrag, eine Reformulierung und Weiterentwicklung der entworfenen Konzepte und Überlegungen (Schmid 1996a), vermittelt einen Einblick in aktuelle theoretische Diskussionen des Raumes. Im Besonderen verfolgt er die konsequente Einführung der Theorie der Produktion des Raumes von Henri Lefebvre in die regulationstheoretische Reflexion (Schmid 2002). Dabei stützt er sich auf eine Konzeption des Territorialverhältnisses ab, die als analytisches Gerüst für vergleichende Stadtforschung entwickelt wurde (Marco et al. 1996).

1. Zur Problematik des Raumes

Bis in die 80er Jahre des 20. Jahrhunderts blieb der „Raum“ in den Sozialwissenschaften eine unterbelichtete Kategorie (vgl. hierzu z.B. Konau 1977, Saunders 1987, Soja 1989). In den meisten Ansätzen bildeten Zeit und Geschichte die dominanten Kategorien der Analyse, das Erkenntnisinteresse war auf die gesamte Gesellschaft und auf ein Verständnis der Veränderung dieser Gesellschaft ausgerichtet. „Raum“ erschien in diesem Kontext bestenfalls als Nebenaspekt, meist aber als abgeleitete Größe, der keine konstituierende Bedeutung für die Gesellschaft beigemessen wurde. Erst das Auftauchen neuer gesellschaftlicher Problematiken führte zu einer vertieften Beschäftigung mit der Frage des Raumes: Ab den siebziger Jahren des 20. Jahrhunderts war dies die urbane Problematik (vgl. Lefebvre 1968, 1972, Harvey 1973, Castells 1977), in den achtziger Jahren die Entdeckung von neuen räumlichen Konfigurationen, die mit den Begriffen „Regionalisierung“ und „Globalisierung“ nur unzureichend umschrieben sind (vgl. z.B. Gregory/Urry 1985, Noller et al. 1994, Werlen 1997). Ausgehend von diesen Problemstellungen kam es im letzten Jahrzehnt zu einem *spatial turn* in den Sozialwissenschaften (vgl. auch Schmid 2002).

Die größte Schwierigkeit jeder sozialwissenschaftlichen Thematisierung des Raumes besteht darin, sich von gängigen naturalistischen Vorstellungen zu lösen, die suggerieren, dass Raum „an sich“ existiere und eine nicht weiter hinterfragbare Gegebenheit darstelle. Doch „Raum“ ist kein physisch-materielles Objekt und auch keine allgemeine Konstante, und entsprechend kann auch nicht von einem universellen Raumbegriff ausgegangen werden. Die Frage nach der „richtigen“ Raumkonzeption lässt sich nur in Bezug auf die Problemstellung und auf die zugrundeliegende Theorie beantworten. Der „Raum“ existiert nicht vor der Theorie: Raumtheorie und Gesellschaftstheorie sind nicht unabhängig voneinander, sondern bedingen sich gegenseitig. Jede Theorie des Raumes stützt sich auf eine bestimmte Konzeption von Gesellschaft, und jede Gesellschaftstheorie impliziert eine bestimmte Konzeption des Raumes.

Ausgehend von diesen Grundüberlegungen ist zunächst zu konstatieren, dass der „Raum“ im Regulationsansatz, wie auch in anderen Ansätzen kritisch-materialistischer Theorie, unter einem doppelten Aspekt auftritt. Zum einen lässt sich „Raum“ als eine physisch-materielle Bedingung der gesellschaftlichen Entwicklung verstehen, die durch menschliche Arbeit überformt und verändert wird. Im Sinne einer polit-ökonomischen Kategorie hat David Harvey diesen Aspekt des Raumes im Konzept der „Produktion der gebauten Umwelt“ (*built environment*) gefasst.

Zum andern stellt sich „Raum“ auf einer ganz anderen Analyseebene als Problem des geographischen Maßstabs gesellschaftlicher Interaktions- und Regulationsprozesse. In jüngerer Zeit wurde dieser Aspekt unter dem Begriff der *scale question* thematisiert. Es geht hier also nicht um Fragen der baulichen Entwicklung oder der Investition in die gebaute Umwelt, sondern vielmehr um die „Räumlichkeit“ sozialer Interaktionsprozesse und sozialer Verhältnisse selbst.

Die Produktion der gebauten Umwelt

Der grundlegendste Versuch einer politökonomischen Theoretisierung des Raumes stammt von David Harvey. Sein Ansatz basierte auf der konsequenten Einführung des Raumes in die Marxsche Werttheorie, die er umfassend in *Limits to Capital* (1982) präsentierte. Wie der Titel anzeigt, fragt dieses Buch programmatisch nach den Grenzen des Kapitals. Nach historisch-materialistischem Verständnis sind diese Grenzen in der dem Kapitalismus inhärenten Krisenhaftigkeit begründet. Im raumtheoretischen Verständnis von Harvey bildet das klassische Reproduktionsschema des Kapitals von Marx indessen nur den ersten Aspekt oder die erste „Schneide" der Krise ab. Durch die Einfügung von Überlegungen Lefebvres (Lefebvre 1972: 170) in dieses Schema gewinnt er eine entscheidende Erweiterung: In Zeiten von Überakkumulation und sinkenden Profitraten, den Ausgangsbedingungen der ersten Krise, kann Kapital aus dem ersten in einen zweiten Kapitalkreislauf umgelenkt werden, der die Investition in die „gebaute Umwelt" umfasst. Mit diesem Begriff bezeichnet Harvey eine komplexe zusammengesetzte Ware, die unterschiedlichste Elemente enthält, von Infrastrukturanlagen wie Straßen oder Häfen bis zu allen Arten von Gebäuden (Harvey 1981: 105). Dieser zweite Kreislauf, der die Erschütterungen des ersten teilweise absorbieren kann, zeichnet sich vor allem durch seine andere Temporalität aus: Der Zeithorizont ist hier auf langfristige Investitionen, und damit eher auf die Zukunft als auf die Gegenwart hin ausgerichtet (Harvey 1982: xvi).

Die Produktion der gebauten Umwelt bedeutet eine produktive Investition von Kapital, die den Urbanisierungsprozess vorantreibt und die Raum-Zeit-Konfigurationen der Welt grundlegend verändert. Als Konsequenz davon verlieren die raumzeitlichen Barrieren des Produktionsprozesses an Bedeutung, und der Globus schrumpft zusammen: Ein Prozess, den Harvey (1989) als „Raum-Zeit-Kompression" bezeichnet. Doch gleichzeitig wird durch Investitionen in die gebaute Umwelt Kapital langfristig in materiellen räumlichen bzw. urbanen Strukturen gebunden, es kommt zu einer „Urbanisierung des Kapitals" (Harvey 1985). Diese Strukturen sind relativ starr und immobil, und sie konfligieren deshalb mit der kontinuierlichen Dynamik des technologischen Wandels und der Kapitalakkumulation. Der Wert der Investitionen in die gebaute Umwelt wird damit unsicher, und die kontinuierliche Zirkulation des Kapitals wird durch ernsthafte Zusammenbrüche bedroht: Der zweite Kreislauf bietet demnach nur einen temporären Ausweg aus der dem Kapital inhärenten Krisentendenz. Transformiert über das Finanzsystem kann es erneut zur Krise kommen - der zweiten Krise (Harvey 1982: xvi). Der grundlegende Widerspruch dieses zweiten Kapitalkreislaufes zwischen Stabilität und Bewegung prägt so die Konstruktion, Dekonstruktion und Rekonstruktion geographischer Landschaften in der Geschichte des Kapitalismus (vgl. auch Brenner 1998).

Damit sind die Grundlinien einer politischen Ökonomie des Raumes freigelegt. Allerdings hat Harvey in seinem Schema nur einen engen Aspekt des Raumes gefasst: Die gebaute Umwelt als materielle Unterlage des sozialen Raumes. Es bleibt ungeklärt, wie sich auf und mit dieser materiellen Unterlage sozialräumliche

Konfigurationen herausbilden, und es bleibt ebenfalls im Dunkeln, welche Beziehungen zwischen dieser materiellen Unterlage und den sozialen Verhältnissen, die sie hervorbringen, bestehen.

Harvey hat dieses Problem durchaus gesehen, und er fügte deshalb einen dritten Aspekt in seine räumliche Krisentheorie ein, der einen Blick auf die Grundrente und die mit ihr verbundenen Prozesse, die geographische Mobilität von Kapital und Arbeit, freilegt. Aus der Verallgemeinerung dieser Prozesse gewinnt er ein Konzept, das er „*spatial fix*" nennt, und das die Produktion relativ kohärenter und stabiler sozialräumlicher Konfigurationen bezeichnet. Als zentralen Anker dieses *spatial fix* sieht er die urbanen Räume, die in seiner Analyse gewissermassen als Grundeinheiten des gesellschaftlichen Produktions- und Konsumtionsprozesses fungieren (Harvey 1985: 145). Die Krisenhaftigkeit kapitalistischer Akkumulation erfordert indessen die Schaffung von immer neuen *spatial fix*, und impliziert damit auch die geographische Ausdehnung des kapitalistischen Verwertungsprozesses: Durch Export, durch produktive Investitionen und durch die Ausdehnung der Masse an „freien Arbeitskräften". Doch auch mit diesen Mitteln lässt sich die Krisenhaftigkeit kapitalistischer Akkumulation langfristig nicht beheben. Die Folge sind beispielsweise imperialistische Kriege, und damit die Reproduktion der gesellschaftlichen Widersprüche auf erweiterter Stufenleiter, woraus sich schliesslich die dritte Krise ergibt (Harvey 1982: 431ff).

Obwohl das Konzept des *spatial fix* in der Folge in verschiedenen Neudefinitionen und Neuformulierungen (z.B. spatio-temporal fix, vgl. Jessop in diesem Band) aufgegriffen wurde, bildet es eher eine Metapher denn ein fruchtbares forschungsleitendes Konzept. Als zentrales Problem erweist sich dabei nicht nur dessen schwammige und teilweise widersprüchliche Definition (vgl. hierzu Brenner 1998), sondern insbesondere auch die ungeklärte Frage, wie solche räumlichen Konfigurationen oder *spatial fix* gesellschaftlich produziert werden und in welcher Beziehung sie zur gebauten Umwelt stehen.

Das Globale und das Regionale

Ebenfalls im Rahmen einer kritischen politischen Ökonomie wurde genau diese Frage der Produktion von räumlichen Konfigurationen von einer anderen Problemstellung her wieder aufgegriffen: Der Maßstäblichkeit gesellschaftlicher Interaktionsbeziehungen. Der historische Ausgangspunkt dieser Debatte war die Entdeckung des Regionalen als einer konstitutiven Einheit der sozio-ökonomischen Entwicklung in den frühen achtziger Jahren. Zwar hatten regionale Entwicklungen schon früher die Aufmerksamkeit der Sozialwissenschaften gefunden, doch wurde die Region dabei in der Regel als ein Ergebnis von übergeordneten politisch-ökonomischen Prozessen begriffen, und nicht als grundlegende Einheit des gesellschaftlichen Lebens oder gar als Motor der ökonomischen Entwicklung (Storper 1997: 3).

Die Entdeckung der konstitutiven Bedeutung des Regionalen für die Ökonomie stützte sich auf die Beobachtung von neuen, erfolgreichen regionalen Produktionssystemen, die jeweils auf spezifischen regionalen Eigenheiten basierten. Die „neuen industriellen Räume" (Storper/Scott 1990) des nachfordistischen Zeitalters lassen sich schematisch in drei unterschiedliche Kategorien unterteilen: Erstens vorwiegend handwerklich ausgerichtete „industrielle Distrikte", wie sie beispielhaft in den Kleinstädten des „Dritten Italien" anzutreffen sind, zweitens High-Tech-Cluster, wie sie idealtypisch das Silicon Valley veranschaulicht, und drittens schliesslich spezialisierte Dienstleistungskomplexe in den Metropolen, die „Global Cities". Alle diese Produktionskomplexe zeichnen sich nicht nur durch einen spezifischen Branchenmix aus, sondern insbesondere auch durch ihre „Einbettung" oder „Verankerung" in regionalen sozialen Verhältnissen, wobei insbesondere spezifische Kooperationsformen und Lohnverhältnisse untersucht wurden. In diesem Kontext wurde auch eine besondere Bedeutung der räumlichen Nähe und damit des Urbanisierungsprozesses für die regionale Ökonomie postuliert (vgl. z.B. Scott 1998, Sassen 1996). Auf der Basis dieser Befunde entwickelte sich eine breite Forschungsrichtung, die sich unter dem Begriff der „Neuen Regionalökonomie" zusammenfassen lässt.

Gegen dieses neue Paradigma regionaler Ökonomie formierte sich indessen eine universalistische Position, die postulierte, dass sich ein *footloose capitalism* herausbilde, der von hypermobilen transnationalen Konzernen dominiert werde, die weitgehend unabhängig von konkreten lokalen Bedingungen agierten (Martinelli/Schoenberger 1991). Aus der Optik der dominanten gesellschaftlichen Organisationen und Interessen sei die Logik und die Dynamik der territorialen Entwicklung mehr und mehr ent-ortet (*placeless*), und es bilde sich ein „Raum der Ströme" (*space of flows*) heraus, in dem die neue territoriale Dynamik die Tendenz habe, um ortlose Macht und machtlose Orte herum organisiert zu sein (Castells 1989).

Gegen diese Position ließ sich wiederum ins Feld führen, dass sich auch transnationale Konzerne auf eine spezifische Materialität und damit auf konkrete Orte abstützen. Globale Prozesse basieren immer auch auf konkreten, stofflichen Produktions- und Reproduktionsprozessen und werden somit letztlich auf lokaler Ebene umgesetzt und realisiert. Im Verlauf der neunziger Jahre begann sich so die Erkenntnis durchzusetzen, dass zwischen regionalen Produktionskomplexen und transnationalen Netzwerken, zwischen neuen innovativen mittelständischen Unternehmen und *global players* keine unüberbrückbaren Gegensätze bestehen, sondern dass sie im Gegenteil zugleich auftreten und aufeinander bezogen sind. So löste sich der vermeintliche Gegensatz zwischen Globalisierung und Regionalisierung in eine dialektische Figur auf, bei der beide Seiten als wechselseitig aufeinander bezogene, interdependente Prozesse begriffen wurden. Diese neue räumliche Konfiguration lässt sich als Artikulation von regionalen und globalen Netzwerken denken, bei der globale Netzwerke in regionalen Knoten kondensieren (Amin/Thrift 1992).

Parallel zu diesen Veränderungen der Räumlichkeit des Produktionsprozesses kam es auch zur Herausbildung neuer institutioneller Formen politisch-territorialer Organisation.

Mit der Transnationalisierung des Produktions- und Finanzsystems einher ging die zunehmende Bedeutung supranationaler Institutionen und Körperschaften (vom

IWF bis zur WTO), während auf der regionalen Ebene immer neue Formen von *„regional governance“* identifiziert und diskutiert wurden. Auch diese gegenläufige Formierung neuer regulativer Instanzen lässt sich als dialektisch verschränkter Prozess darstellen, den Swyngedouw (1992) als „Glocalisation“ bezeichnete.

Damit entstand also eine doppelte Dichotomie von Globalem und Regionalem: Einerseits auf der Ebene der räumlichen Organisation (materieller) Produktions- und Reproduktionsprozesse, anderseits auf der Ebene der territorialen Organisation regulierender Instanzen und Körperschaften.

Die Frage des Maßstabs

Bald zeigte sich indessen, dass diese Betrachtungsweise zu kurz griff und nicht in der Lage war, die Heterogenität und Komplexität der zu beobachtenden räumlichen Restrukturierungsprozesse angemessen zu erfassen. So entstand die Forderung, sich von der bipolaren Sichtweise und von der Fixierung auf ontologisch gegebene und a priori definierte, reifizierte (vergegenständlichte) geographische Konfigurationen zu verabschieden und diese Restrukturierungsprozesse stattdessen als Frage des „geographischen Maßstabs“ (*scale question*) zu thematisieren (Smith 1993). Daraus ergab sich eine breite Debatte, für die im Folgenden stellvertretend Swyngedouw (1997) zitiert wird: „Scale becomes the arena and moment, both discursively and materially, where sociospatial power relations are contested and compromises are negotiated and regulated. Scale, therefore, is both the result and outcome of social struggle for power and control“ (ebd.: 140). Swyngedouw begreift Maßstab als einen materiell und metaphorisch zentralen Aspekt der Strukturierung sozialer Prozesse. Räumliche Konfigurationen, ob sie nun als physikalische, ökologische, regulative oder als diskursive Repräsentationen verstanden werden, sind für ihn immer das Resultat von konfliktiven Prozessen und einer sozialen Dynamik. Deshalb ist auch nicht der Maßstab als solcher zu untersuchen, sondern die Prozesse, durch die diese Maßstabsebenen produziert werden. *Scale* ist politisch und sozial nicht neutral, sondern verkörpert Machtverhältnisse und drückt sie aus (ebd.).

So überzeugend diese Lösung auch erscheint, bekundet sie doch erhebliche Schwierigkeiten, die unterschiedlichen sozialen Prozesse zu identifizieren und auseinander zuhalten, die in die Produktion des Maßstabs involviert sind. Implizit gehen die meisten Überlegungen zur *scale question* von einer Art automatischer Übereinstimmung von gesellschaftlicher Macht und materiellen Prozessen aus, eine Annahme, die, wie im Folgenden zu zeigen ist, durchaus nicht in allen Fällen gegeben ist. In der weiteren Diskussion wurde der Begriff des Maßstabs denn auch immer unschärfer, bis er schließlich zum Synonym für alle möglichen räumlichen Prozesse Verwendung fand (für einen aktuellen Überblick vgl. Brenner 2001).

2. Zur Theorie der Produktion des Raumes

Die bisher referierten Bemühungen, den Raum in die kritisch-materialistische Theorie einzuführen, zielten in zwei verschiedene Richtungen: Auf der einen Seite stand der Versuch, den „Raum" über das Konzept der Produktion der gebauten Umwelt in das Reproduktionsschema des Kapitals einzufügen. Dabei gelang es zwar, den Produktionsprozess der materiellen Unterlage des sozialen Raumes zu erfassen, es blieb jedoch im Dunkeln, wie diese Unterlage mit den sozialen Prozessen, die sich auf ihr abspielen, artikuliert ist. Auf der anderen Seite stand der Ansatz, die Räumlichkeit sozialer Prozesse, Regulierungen und Diskurse mit dem Konzept des (geographischen) Maßstabs zu erfassen. Auch hier blieb indessen ungeklärt, wie und in welcher Weise die Produktion der gebauten Umwelt mit dieser Maßstabsfrage zusammenhängt. Dies wirft die Frage auf, wie diese beiden Aspekte des Raumes in einer übergreifenden allgemeinen Theorie zu verbinden wären.

Der bislang grundlegendste und weitreichendste Versuch, die Bedeutung des Raumes innerhalb einer kritisch-materialistischen Theorie zu bestimmen und eine konsequent räumliche Gesellschaftstheorie zu entwickeln, ist die Theorie der Produktion des Raumes von Henri Lefebvre (Lefebvre 1974, 1991). Allerdings ist diese sehr komplexe Theorie, die Lefebvre in den frühen siebziger Jahren entwickelt hatte, bis heute nur unvollständig rekonstruiert. Ihre Rezeption ist entsprechend von zahlreichen Missverständnissen geprägt (für eine umfassende Rekonstruktion der Theorie der Produktion des Raumes vgl. Schmid 2002).

Lefebvre geht von der zentralen These aus, dass der (soziale) Raum gesellschaftlich produziert wird. In dieser These sind zwei grundlegende Prämissen enthalten: Erstens bildet der Raum „an sich" nichts Gegebenes, sondern er ist ein gesellschaftliches Produkt, dessen Produktionsprozess analytisch zu erfassen ist. Zweitens ist Gesellschaft grundlegend als räumliche zu verstehen, und damit ist auch die Räumlichkeit sozialer Verhältnisse zu klären und zu erklären.

Dimensionen der Produktion des Raumes

Im Zentrum von Lefebvres Theorie steht die Vorstellung, dass sich die Produktion des Raumes analytisch in drei dialektisch miteinander verbundene Dimensionen bzw. Prozesse aufspalten lässt. Diese Dimensionen - Lefebvre nennt sie bisweilen auch Formanten oder Momente der Produktion des Raumes - sind doppelt bestimmt und dementsprechend auch doppelt benannt: Es handelt sich einerseits um die Triade von „räumlicher Praxis", „Repräsentation des Raumes" und „Räumen der Repräsentation", anderseits um den „wahrgenommenen", den „konzipierten" und den „erlebten" Raum. Diese doppelte Reihe von Begriffen weist auf eine doppelte Perspektive, einen zweifachen Zugang hin: Einerseits einen phänomenologischen, anderseits einen linguistischen bzw. semiotischen (vgl. im Folgenden Schmid 2002, Kap. 9).

a) Die räumliche Praxis (pratique spatiale) *bzw. der wahrgenommene Raum* (espace perçu)

„Raum“ hat einen wahrnehmbaren Aspekt, der sich mit den Sinnen erfassen lässt. Dieser sinnlich wahrnehmbare Aspekt des Raumes bezieht sich direkt auf die Materialität der „Elemente“, die einen „Raum“ konstituieren. Diese Elemente oder produzierten Gegebenheiten entfalten ihren „Sinn“ indessen erst im Kontext einer räumlichen Praxis, die sich ihrer bedient. Die räumliche Praxis verbindet oder verknüpft diese Gegebenheiten zu einer räumlichen Ordnung, einer Ordnung des Gleichzeitigen. Konkret lassen sich unter dem wahrgenommenen Raum demnach Netzwerke der Interaktion vorstellen, wie sie im Alltagsleben (z.B. tägliche Verknüpfung von Wohnort und Arbeitsplatz) oder im Produktionsprozess (Produktions- und Austauschnetzwerke) entstehen. Diese Netzwerke basieren ihrerseits auf einer Materialität: Den Straßen und Wegnetzen, den Wohnungen und Produktionsstätten etc.

b) Die Repräsentation des Raumes (représentation de l'espace) *bzw. der konzipierte Raum* (espace conçu)

Ein Raum lässt sich indessen nicht wahrnehmen, ohne dass er zuvor gedanklich konzipiert worden wäre. Das Zusammenbringen von einzelnen Elementen zu einem „Ganzen“, das dann als „Raum“ betrachtet oder bezeichnet wird, setzt eine gedankliche Leistung voraus. So entstehen Konstruktionen oder Konzeptionen des Raumes die sich auf gesellschaftliche Konventionen abstützen, die festlegen, welche Elemente zueinander in Beziehung gesetzt und welche ausgeschlossen oder ausgegrenzt werden, Konventionen, die einerseits „gelernt“ werden, die anderseits aber nicht unabänderlich sind, sondern oft umstritten und umkämpft und im diskursiven (politischen) Einsatz ausgehandelt werden. Es handelt sich hier also um einen gesellschaftlichen Produktionsprozess, der mit der Produktion von Wissen verbunden und mit Machtstrukturen verknüpft ist. Bei diesem konzipierten Raum handelt es sich mithin um eine Darstellung, die einen Raum abbildet und definiert, und damit um eine Repräsentation des Raumes. Repräsentationen des Raumes entstehen auf der Ebene des Diskurses, der Sprache als solcher. In einem engen Sinne umfassen sie verbalisierte Formen wie Beschreibungen, Definitionen und insbesondere auch (wissenschaftliche) Raumtheorien, aber auch Karten und Pläne, Informationen durch Bilder und Zeichen. In einem weiten Sinne umfassen die Repräsentationen des Raumes auch gesellschaftliche Regeln und eine Ethik.

c) Die Räume der Repräsentation (espaces de représentation) *bzw. der gelebte Raum* (espace vécu)

Die dritte Dimension der Produktion des Raumes formuliert Lefebvre als terminologische Umkehrung der „Repräsentationen des Raumes“. Es handelt sich hierbei um Räume, die „etwas“ bezeichnen. Räume der Repräsentation verweisen demnach nicht auf den Raum selbst, sondern auf etwas anderes, Drittes: Eine göttliche Macht, den Logos, den Staat, das männliche oder das weibliche Prinzip etc. Diese

Dimension der Produktion des Raumes bezieht sich somit auf den Bedeutungsprozess, der sich an einer (materiellen) Symbolik festmacht: Die Bedeutungsproduktion belegt Räume mit einer symbolischen Ordnung und macht sie so zu Räumen der Repräsentation. Die Symbole des Raumes können der Natur entnommen sein, wie Bäume oder markante Formationen, sie können reine Artefakte sein, Bauwerke und Monumente, sie können auch aus einer Verbindung von beidem entstehen, wie beispielsweise „Kulturlandschaften". Räume der Repräsentation werden von den Menschen in ihrer Alltagspraxis erlebt oder erfahren, und Lefebvre nennt sie deshalb auch *„espace vécu"*. Das Erlebte, die praktische Erfahrung, lässt sich durch die theoretische Analyse indessen nicht ausschöpfen. Es bleibt immer ein Mehr, ein Rest, ein Residuum: Ein Unaussprechliches und Unanalysierbares, das sich nur mit künstlerischen Mitteln ausdrücken lässt.

Im Kern der Theorie der Produktion des Raumes steht also ein dreidimensionaler Produktionsprozess: Erstens die materielle Produktion, zweitens die Produktion von Wissen, drittens die Produktion von Bedeutungen. Damit wird deutlich, dass der Gegenstand von Lefebvres Theorie nicht der Raum „an sich" ist und auch nicht die Anordnung von (materiellen) Objekten und Artefakten „im Raum", sondern das praktische, mentale und symbolische in Beziehung setzen dieser „Objekte". „Raum" ist in einem aktiven Sinne zu verstehen, als ein vielschichtiges Geflecht von Beziehungen, das laufend produziert und reproduziert wird. Der Gegenstand der Analyse sind somit aktive Produktionsprozesse, die sich in der Zeit abspielen.

Der Raum als Ensemble gesellschaftlicher Verhältnisse

Ausgehend von diesem dreidimensionalen Produktionsprozess des Raumes ist nun zu fragen, wie sich soziale Verhältnisse selbst als räumliche abbilden lassen. Lefebvre kleidete diese Frage in eine provokative These: Die gesellschaftlichen Produktionsverhältnisse haben nur insofern eine soziale Existenz, als sie eine räumliche Existenz besitzen:

„[...] what exactly is the mode of existence of social relationsships? Are they substantial? natural? or formally abstract? The study of space offers an answer according to which the social relations of production have a social existence to the extent that they have a spatial existence; they project themselves into a space, becoming inscribed there, and in the process producing that space itself. Failing this, these relations would remain in the realm of 'pure' abstraction - that is to say, in the realm of representations and hence ideology: the realm of verbalism, verbiage and empty words" (Lefebvre 1991: 129)

Um diese These zu verstehen, ist zunächst die Frage zu klären, wie Lefebvre soziale Verhältnisse bestimmt. Im Anschluss an Marx begreift er sie als Produkt des wechselseitigen Handelns der Menschen (vgl. MEW 4: 548). Bei Lefebvre, genauso wie bei Marx, sind sie zuallererst materielle Verhältnisse, denn es sind diejenigen Verhältnisse, die die Menschen in ihrem konkreten Leben eingehen und die auf materiellen Interaktionsprozessen basieren.

Zweitens beinhalten diese Verhältnisse eine intellektuelle oder mentale Dimension. Die Etablierung eines sozialen Verhältnisses erfordert eine gewisse Kohärenz, eine Übereinkunft, die in kapitalistischen Gesellschaften die Form des Geldes annimmt und gleichzeitig auch die Form eines Vertrages oder Quasi-Vertrages, der die Konditionen und Konsequenzen der Interaktionsbeziehungen festlegt. Dieses Verhältnis basiert somit auf einem Wissen, das die abstrakte Logik der Ware gesellschaftlich verwirklicht, und es enthält auch einen juristischen Aspekt, der sich in einen moralischen Aspekt, eine Ethik, verdoppelt. So entsteht eine formale, durch Wissen, Moral und Recht stabilisierte Beziehung, die die Kohäsion und die Kohärenz der materiellen Verhältnisse aufrechterhält (Lefebvre 1977: 21, 23, 54f). Die Parallelen dieser Formulierungen mit der Konzeption der Regulation sind verblüffend.

Zu diesen beiden Momenten, der materiellen Dimension und der mentalen oder intellektuellen, kommt schließlich als drittes Moment der Zwang und die Gewalt, die den Interaktionsbeziehungen innewohnen: Sie sind in der Akzeptanz der Bedingungen der Interaktion eingeschlossen, die in kapitalistischen Verhältnissen notwendigerweise ungleich sind (ebd.: 21-29).

Aus diesen Ausführungen wird deutlich, dass Lefebvre soziale Verhältnisse in gleicher dreidimensionaler Weise analysiert wie den „Raum". Noch klarer erläutert er diese Dreidimensionalität am grundlegendsten Beispiel einer gesellschaftlichen Interaktion, dem Akt des Tausches. Dieser Akt umfasst nicht nur die rein materielle Seite, den Tausch von durch Arbeit produzierten Gegenständen. Damit es überhaupt zu einem materiellen Tausch kommt, braucht es auch verbale Kommunikation, Konfrontation, Vergleich, also Sprache und Diskurs, Zeichen und Austausch von Zeichen, also einen mentalen Tausch. Und in dieser Tauschbeziehung enthalten ist auch ein Austausch von Gefühlen und Leidenschaften, die das Zusammentreffen gleichzeitig entfesselt und ankettet (ebd.: 20ff). In dieser Überlagerung von materiellem, intellektuellem und affektivem Austausch lassen sich unschwer die grundlegenden Dimensionen der Lefebvreschen Analyse wiedererkennen - das Wahrgenommene, das Konzipierte und das Gelebte. Der Austausch bildet eine dialektische Einheit dieser drei Momente oder Dimensionen (ebd.: 21).

Mit dieser Konzeption ist es nun möglich, soziale Verhältnisse als räumliche zu erfassen: Erstens basieren sie auf materiellen Interaktionen, enthalten mithin also eine räumliche Praxis. Zweitens wird die Kohärenz und Kohäsion der sozialen Verhältnisse durch Wissen, Moral und Recht, und damit auch durch (räumliche) Repräsentationen aufrechterhalten und stabilisiert. Und drittens sind ihnen Macht und Gewalt inhärent. In der Konsequenz bedeutet dies, dass jedes gesellschaftliche Verhältnis einen sozialen Raum produziert. Tatsächlich definiert Lefebvre den Raum bzw. seinen „Inhalt" als Gesamtheit von gesellschaftlichen Verhältnissen (Lefebvre 1991: 82ff).

Der Raum ist demnach keine „Substanz", kein für die „Subjekte" unterscheidbares Objekt, das auf einer unabhängigen Logik beruhte. Er ist nicht der passive Ort, in dem sich die gesellschaftlichen Verhältnisse abspielen, das Milieu, in dem sie Dauerhaftigkeit annehmen, oder gar die Summe der Verfahren zu ihrer Weiterführung. Die Produktion des Raumes hat eine operationale, instrumentelle Seite: Sie dient der Durchsetzung und Festigung gesellschaftlicher Interessen (ebd.: 11, 411).

Die materielle Unterlage der sozialen Verhältnisse

Die Rekonstruktion der Theorie der Produktion des Raumes hat bislang zwei zentrale Elemente freigelegt: Erstens ist die Produktion des Raumes als dreidimensionaler Produktionsprozess zu verstehen, der materielle Interaktionsprozesse, Kommunikationsprozesse und Bedeutungsprozesse umfasst. Zweitens inkorporiert der Raum gesellschaftliche Verhältnisse: Jedes gesellschaftliche Verhältnis produziert einen Raum.

Diese Räume durchdringen und überlagern sich. Lefebvre stellt denn auch fest, dass es nicht einen sozialen Raum gebe, sondern eine unbestimmte Vielheit von sozialen Räumen, für die der Begriff „sozialer Raum" die nicht zählbare Gesamtheit bezeichne. Wenn diese Räume isoliert betrachtet würden, bliebe jeder von ihnen bloße Abstraktion. Als konkrete Räume hingegen, als Netzwerke, als Märkte, seien sie miteinander artikuliert (ebd.: 86).

Um diese Artikulation zu erfassen, erinnert Lefebvre an einen methodologisch und theoretisch zentralen Punkt jeder materialistischen Reflexion: Die Materialität, die den sozialen Verhältnissen zugrunde liegt. Für Lefebvre lassen sich soziale Verhältnisse nur vom Sinnlichen her erreichen. Zwar können sie nicht auf die sinnlich wahrnehmbare Welt reduziert werden, aber dennoch schweben sie nicht in der Luft und entfliehen nicht in die Transzendenz. Auch wenn die gesellschaftliche Wirklichkeit Formen und Verhältnisse einschliesst und sich nicht in homologer Weise wie ein isoliertes Objekt erfassen lässt, existiert sie dennoch nicht ohne Anbindung an die Objekte und Dinge (Lefebvre 1968: 56f). Konsequenterweise bedeutet dies, dass kein soziales Verhältnis ohne materiellen *„support"*, ohne materiellen Halt oder Unterlage auskommt (Lefebvre 1991: 401). Der Kern- und Angelpunkt der Theorie der Produktion des Raumes liegt demnach in der Materialität des Raumes, oder genauer: In der Artikulation zwischen den sozialen Verhältnissen und dem materiellen *support*, oder, in der Formulierung von Harvey, der gebauten Umwelt.

Dieser *support* hat eine anfängliche Grundlage: Die Natur, den Naturraum, den physischen Raum. Auf dieser Grundlage entstehen aufeinanderfolgende und durcheinanderliegende Schichten von Netzwerken, die ihn transformieren, ihn ersetzen und ihn auch zu zerstören drohen. Diese Netzwerke sind zwar immer materialisiert, aber dennoch unterschieden von ihrer Materialität: Den Wegen, Strassen, Eisenbahnlinien, Telefonleitungen etc. Jede dieser materiellen Unterlagen begründet ein bestimmtes Netzwerk, und damit einen Raum, der ein Produkt ist, das konsumiert wird, einem Austausch und einem Gebrauch dient (Lefebvre 1974: 463/402f). In diesem Sinne existieren Handelsbeziehungen gesellschaftlich nur, indem sie auf das Terrain projiziert werden und sich in konkret lokalisierten Transportnetzen, Märkten und Zentren materialisieren (ebd.: 120). Auf diese Weise verwirklicht der soziale Raum die gesellschaftlichen Verhältnisse und damit auch die Machtverhältnisse „auf dem Terrain". Dies gilt für die Produktionsverhältnisse (Arbeitsteilung und Arbeitsorganisation) ebenso wie für das Geschlechterverhältnis. Der soziale Raum enthält diese Verhältnisse und weist den sie konstituierenden

Tätigkeiten ihren entsprechenden Platz zu, er „lokalisiert" sie. Nicht ohne Misserfolge, wie Lefebvre maliziös anmerkt (Lefebvre 1974: V; 1991: 32).

Die gesellschaftlichen Verhältnisse sind also in den sozialen Raum inkorporiert. Sie schreiben sich in den Raum ein, sie verfestigen sich im Raum, sie bringen eine räumliche Textur hervor, die dem Handeln „einen Ort zuweist", seine Möglichkeiten und Grenzen festlegt - wobei, und das ist entscheidend, nicht nur die Materialität selbst determinierend wirkt, sondern auch die Regeln, die dieser Materialität auferlegt werden - und die Gewalt, die mit diesen Regeln verknüpft ist.

Der soziale Raum resultiert nun aus dieser Abfolge von Operationen, er umschliesst die produzierten Dinge und er enthält ihre Beziehungen in ihrer Koexistenz und ihrer Gleichzeitigkeit, in ihrer relativen Ordnung und/oder Unordnung (ebd.: 73). Ein solcher Raum enthält sehr unterschiedliche natürliche und soziale Objekte, Netzwerke und Pfade, die den Austausch von materiellen Dingen und Informationen ermöglichen. Die gesellschaftliche Arbeit transformiert sie und verändert ihre Situierung in einer raum-zeitlichen Gesamtheit, auch wenn sie ihre Materialität, ihre Naturalität nicht antastet, wie beispielsweise diejenige einer Insel, eines Flusses oder eines Hügels (ebd.: 77).

In dieser Argumentationslinie wird also der Raum zu einem zentralen Dispositiv des Produktionsprozesses: Die materielle Anordnung der Elemente des Produktionsprozesses, die Stoff- und Energieflüsse, die Transport- und Informationsnetzwerke sind wesentlicher Bestandteil der Produktivität dieses Produktionsprozesses. Aus dieser Perspektive bedeutet „Produktion von Raum" also auch die Produktion eines produktiven Arrangements, durch die Verbindung von bislang zerstreuten und zusammenhangslosen Elementen zu einer neuen Einheit. Lefebvre sieht hier eine Analogie zur Fabrik, die Arbeiten und (technische) Werkzeuge, die zuvor verstreut gewesen waren, an einem Ort zusammenfasst (Lefebvre 1972: 183). Folgerichtig betrachtet er den Raum selbst als eine Produktivkraft (Lefebvre 1991: 349). An dieser Stelle setzt er nun den Bezug zum sekundären Kapitalkreislauf, den Harvey später aufgegriffen hatte (vgl. oben).

Allerdings handelt es sich hier um eine unklare Beziehung: Zwischen dem materiellen *support* und den gesellschaftlichen Verhältnissen, die sich durch ihn und in ihm materialisieren, besteht eine Distanz, die von Illusionen und Ideologien gefüllt wird. Lefebvre betont, dass die Verbindung zwischen der materiellen Unterlage und dem gesellschaftlichen Verhältnis in jedem Fall eine gesonderte Analyse, eine Implikation-Explikation ihrer Genese erfordere: Eine Kritik der Institutionen, Substitutionen, Übertragungen und Metaphorisierungen, die den Raum transformieren (Lefebvre 1974: VI, 1991: 404).

3. Die Räumlichkeit sozialer Verhältnisse

Die Frage stellt sich nun, wie sich diese Erkenntnisse Lefebvres fruchtbringend in den Regulationsansatz einbringen lassen. Im Gegensatz zu Lefebvres Theorie der Produktion des Raumes bildet der Regulationsansatz keine Theorie im engen

Sinne, sondern eher eine bestimmte Perspektive, die auch Divergenzen und unterschiedliche Herangehensweisen zulässt. Der Kern dieser Perspektive liegt in der Vorstellung von sozialen Verhältnissen als den konstitutiven Elementen von Gesellschaftlichkeit.

Der theoretische Ansatzpunkt für eine Verknüpfung der Theorie der Produktion des Raumes mit dem Regulationsansatz liegt demnach im Konzept der sozialen Verhältnisse: Die Frage ihrer Konstitution und Reproduktion bildet eine zentrale Problemstellung beider Ansätze. Während Lefebvre die Antwort auf diese Frage in der Produktion des Raumes suchte, setzte der Regulationsansatz bei der Regulation an.

Beim Regulationsansatz leitet sich das Konzept der sozialen Verhältnisse, genauso wie bei Lefebvre, von der Marxschen Konzeption der Produktionsverhältnisse ab. Allerdings stützt sich der Regulationsansatz auf eine strukturalistische Konzeption, die auf einer kritischen Adaption von Althusser (1968) basiert (vgl. Lipietz 1992). Die weitere Ausformulierung dieses Konzeptes führte innerhalb der Pariser Regulationsschule zu erheblichen Divergenzen: Lipietz versteht die geschichtliche Wirklichkeit als ein Gewebe widersprüchlicher Verhältnisse, die in bezug aufeinander autonom sind, auch wenn sie einander überdeterminieren können. Entsprechend fokussiert er vor allem auf die Widersprüchlichkeit und die Dynamik der gesellschaftlichen Entwicklung (ebd.). Demgegenüber betont Boyer vor allem die Regularität und Strukturierung der gesellschaftlichen Interaktionsformen. Entsprechend stehen bei ihm „institutionelle“ bzw. „strukturelle Formen“ - Kodifikationen eines oder mehrerer sozialer Verhältnisse - im Zentrum der Analyse (Boyer 1986, Boyer/Saillard 1995b).

Regulation und Territorialiät

In dieser Grundkonzeption der sozialen Verhältnisse steckt eine bestimmte Form von „Räumlichkeit“, die im Französischen mit dem Begriff der „Territorialität“ gefasst wird (vgl. auch unten). Bereits das Konzept des „hegemonialen Blocks“ von Gramsci, das ja einen konstitutiven Bestandteil des Regulationsansatzes bildet, setzt die Existenz (gesellschaftlich konstituierter) Territorien voraus. Dementsprechend lassen sich die grundlegenden Kategorien des Regulationsansatzes - Entwicklungsmodell, Akkumulationsregime, Regulationsweise - auch nur auf territorialer Basis denken. Leborgne und Lipietz schreiben dazu (1992: 364, Übers.: Ch. S.): „Ein Entwicklungsmodell setzt sich als territorialisierter hegemonialer Block durch, als ein Ensemble von kulturellen und sozialen Verhaltensweisen, von mentalen Schemata, die sich zu einem institutionalisierten Kompromiss auf nationaler oder regionaler Ebene kondensieren.“

Das „Territorium“ wird hier als eine durch soziale Verhältnisse konstituierte und definierte räumliche Einheit gesehen. Dabei wird davon ausgegangen, dass sich die sozialen Verhältnisse in erster Linie auf nationaler Ebene artikulieren: Der Nationalstaat, als gewissermassen archetypische Form kapitalistischer Regulation (Lipietz 1986), bildet den gesellschaftlichen Nexus, die politische, ökonomische und ideologische Einheit des sozialen Formationsprozesses und der gesellschaftlichen Territorialität. Er ist das relevante Terrain für gesellschaftliche Auseinandersetzungen und für die Institutionen der Kompromissbildung (vgl. auch Prigge 1995).

Demgegenüber sind andere Maßstabsebenen nur abgeleitet. So wird meist davon ausgegangen, dass die Regulation von der nationalen Ebene irgendwie auf die regionale Ebene transponiert wird. Allerdings findet sich auch die Vorstellung von regionalen Gesellschaftsformationen, die eine aktive Rolle in der Formierung einer interregionalen Arbeitsteilung bzw. einer interregionalen Regulation spielen (vgl. z.B. Lipietz 1998 oder Benko/Lipietz 1995). Ausgehend von diesen Überlegungen hat sich im regulationstheoretischen Diskurs auch die Ansicht durchgesetzt, dass sich sehr wohl spezifische regionale Entwicklungsmodelle identifizieren lassen, die jedoch durch eine „unvollständige Regulation" gekennzeichnet sind (vgl. z.B. Leborgne/Lipietz 1992, Gilly/Pecqueur 1995).

Diese nationalstaatlich orientierte Konzeption von sozialen Verhältnissen macht es auch erforderlich, den globalen Maßstab als Verhältnis von (individuellen) Nationalstaaten zu konzipieren: Aus regulationstheoretischer Sicht konstituiert sich die globale Ebene der Regulation nur vermittelt über die nationale Ebene. Entsprechend wird die globale Ebene als „internationale Konfiguration" bzw. „internationales Regime" gefasst (Lipietz 1998, Saillard 1995).

In dieser Konzeption der sozialen Verhältnisse zeigt sich eine Eigentümlichkeit, die dem Einbezug einer differenzierten räumlichen Analyse entgegensteht: Einerseits sind die sozialen Verhältnisse nur von ihrer abstrakten Seite her gefasst, ihre konkrete Materialität wird ausgeblendet. Anderseits sind sie implizit auf eine historische Raumkonfiguration bezogen: Diejenige des fordistischen Nationalstaates. Damit bleibt der Raum allerdings in einer ontologischen Konstruktion gefangen. Denn die in dieser Konzeption unterstellte territorial klar definierte Form von Staatlichkeit ist nicht universell gegeben, sondern ein historisches Produkt, das mit dem jeweiligen gesellschaftlichen Entwicklungsmodell verknüpft ist. Entsprechend kann der (fordistische) Nationalstaat auch keine universelle, sondern nur eine historische Form der Produktion des Raumes bilden.

Die Entwicklungen der letzten zwei Jahrzehnte, der Übergang vom Fordismus zum Liberalproduktivismus (Lipietz 1996), müssten somit auch neue Formen der Territorialität implizieren. Die oben beschriebenen territorialen bzw. räumlichen Neukonfigurationen zeigen denn auch, dass der Nationalstaat als zentrale Organisationsform von sozialen Verhältnissen an Bedeutung verloren hat. Da die klassische regulationstheoretische Analyse methodologisch an die nationalen sozialen Formationen gebunden bleibt, bietet die Erfassung dieser Neukonfigurationen allerdings erhebliche Probleme.

Die Mehrdimensionalität sozialer Verhältnisse

Auch wenn unbestritten bleibt, dass die nationalstaatliche Ebene im Fordismus den dominanten Maßstab bildete, auf dem Konflikte ausgehandelt und Kompromisse geschlossen wurden, war sie, wie Swyngedouw (1997) gezeigt hat, bei weitem nicht die einzige relevante Maßstabsebene. Entsprechend hat er, ausgehend von seiner Behandlung der *scale question*, eine Reformulierung des Regulationsansatzes vorgeschlagen: Maßstab repräsentiert einen institutionalisierten sozialräumlichen Kompromiss, der Konflikte enthält und kanalisiert. In diesem Sinne kann Hegemonie als Fähigkeit von dominanten Gruppen oder Klassenfraktionen verstanden werden, bestimmte soziale Praktiken auf einer bestimmten Maßstabsebene durchzusetzen. Aus diesen Überlegungen gelangt Swyngedouw zu einem umfassenderen räumlichen bzw. territorialen Verständnis der Regulation: Eine Regulationsweise ist nicht nur durch ein bestimmtes Set von Institutionen, sondern auch durch die Maßstäblichkeit, auf der sie operieren, zu charakterisieren (ebd.: 146f). Nach dieser Konzeption können verschiedene soziale Verhältnisse auch unterschiedliche „Territorialitäten" aufweisen. Swyngedouw hat denn gezeigt, dass die von ihm analysierten sozialen Verhältnisse seit der Krise des Fordismus in sehr unterschiedlichem Maße von *upscaling* oder *downscaling* gekennzeichnet waren (ebd.).

So schlüssig diese Reformulierung erscheint, bleibt doch das oben diskutierte Problem, dass die Dimensionalität der sozialen Verhältnisse nicht genügend erfasst werden kann. Deshalb steht hier der Versuch, diese Analyse mit Rückgriff auf Lefebvre zu erweitern.

Nach der Theorie der Produktion des Raumes ist zunächst davon auszugehen, dass soziale Verhältnisse drei Dimensionen umfassen: Sie basieren erstens auf einer räumlichen Praxis, und damit auf konkreten materiellen Interaktionsprozessen und -beziehungen, auf Netzwerken und Märkten, die eine materiell-räumliche Ausdehnung aufweisen. Zweitens implizieren sie bestimmte Kräftekonstellationen, und damit auch Diskurse und Regulationen. In diesem Prozess werden „Räume" diskursiv und politisch konstruiert, als Territorien, auf denen bestimmte Regeln gelten. Interaktionsprozesse werden also nicht nur durch den materiellen *support* strukturiert, der das Handeln leitet und anleitet, sondern ebenso durch Regulationen, die bestimmen, was wo getan werden darf und was nicht. Drittens ist ebenso die erlebte Dimension einzubeziehen, und somit kulturelle Gemeinsamkeiten, „Identitäten", Traditionen, die symbolisch gelesen werden, und die anzeigen, mit welchen Konnotationen und „Werten" bestimmte Räume aufgeladen werden. Erst im Zusammenspiel aller drei Dimensionen entsteht „Raum". Die methodologische Anweisung zur analytischen Erfassung dieser „neuen Räume" lautet demnach, diese drei Dimensionen konsequent in die Analyse einzubeziehen.

Dabei zeigt sich, dass die drei Dimensionen auf unterschiedliche Art und Weise zusammenwirken. So können materielle Interaktionsbeziehungen die geographische Reichweite einer bestehenden Regulation gewissermassen unterlaufen. Dies ist u.a. dann der Fall, wenn sich Interaktionsbeziehungen bzw. Märkte über politisch-territoriale Grenzen hinweg entwickeln. Ein typischer Fall hierfür sind Unternehmensnetzwerke, die Standorte mit unterschiedlichen Regulationen miteinander verbinden. Diese Unterschiede (z.B. im Steuer-, Arbeits- oder Umweltschutzrecht) bilden ein Potenzial, das durch solche Netzwerke ausgeschöpft wird und stellen damit eine ihrer Konstitutionsbedingungen dar. In diesem Prozess können sich spezifische Formen und Regeln der Kooperation entwickeln, die gewissermaßen Zwischenformen der Regulation etablieren, die sich gerade dadurch auszeichnen, dass sie Territorien mit unterschiedlicher Regulation miteinander artikulieren. Den Grenzfall solcher Netzwerke bilden transnationale Konzerne, die einen firmeninternen Handel und eine eigene, grenzüberschreitende Betriebskultur entwickeln, deren Normen unabhängig vom Standort befolgt werden. Im Sinne Lefebvres lassen sich solche Netzwerke als distinkte Räume verstehen. Sie verlaufen quer zu politisch-territorialen Grenzen und können so die demokratische Kompromissbildung territorialer Körperschaften unterlaufen.

Dieses Problem der Heterogenität der Territorialität von sozialen Verhältnisse ist in der Stadtforschung schon lange bekannt. Typisch hierfür sind heutige Metropolitanregionen, die zwar einen übergreifenden Arbeitsmarkt bilden und unter Umständen auch ein kohärentes Set zwischenbetrieblicher Beziehungen aufweisen, aber keine einheitliche Regulation. So entstehen zersplitterte und fragmentierte urbane Räume, die von vielfältigen politischen und ideologisch-kulturellen Grenzen durchzogen sind. Harvey (1985) hat solche urbanen Formationen mit dem Begriff der „strukturierten Kohärenz" zu fassen gesucht. Dieser Begriff bezeichnet eine räumliche Einheit, die sich durch einen spezifischen technologischen Mix und ein dominantes Set von sozialen Verhältnissen auszeichnet, die zusammen (regionale) Konsum- und Produktionsmodelle definieren. Die strukturierte Kohärenz umfasst auch Lebensstandard, Lebensstil und Lebensqualität, Arbeitsbefriedigung, soziale Hierarchien und Statussysteme, sowie ein ganzes Set von soziologischen und psychologischen Haltungen gegenüber Fragen der Arbeit, des Lebens, des Geniessens, der Unterhaltung, etc. Harvey ist allerdings vorsichtig genug, von einer Tendenz zur strukturierten Kohärenz zu sprechen, denn sie existiert inmitten eines Mahlstroms von Kräften, die dazu tendieren, sie zu unterminieren und zu spalten (Harvey 1985: 140).

Dennoch lässt sich das Maßstabsproblem mit einer solchen Konzeption nur scheinbar lösen: Die gesellschaftliche Wirklichkeit ist nicht notwendigerweise in diskrete, klar abgrenzbare räumliche Einheiten aufgeteilt. Solche Einheiten sind vielmehr Repräsentationen des Raumes, mithin das Resultat von wissenschaftlichen Theorien und Analysen, oder, wie oben angesprochen, von politischen Strategien. Dies zeigen gerade auch die zahllosen Versuche, auf politischem Weg neue regionale Einheiten herzustellen. Die politische Neukonstitution von „Region" bedeutet in diesem Kontext einen Einsatz im Kampf um politische Hegemonie, wobei die Wahl des Maßstabs von der Frage abhängt, auf welcher Ebene eine Hegemonie zu erreichen ist. Mit Swyngedouw ist also davon auszugehen, dass die Territorialität selbst als umkämpftes Feld zu verstehen ist.

Aus dieser Darstellung wird deutlich, dass die Frage des Maßstabs einerseits sehr unterschiedliche Prozesse umfasst und anderseits durch eine Mehrschichtigkeit gekennzeichnet ist, wobei die im Regulationsansatz unterstellte räumliche Kohärenz von sozialen Verhältnissen aufgebrochen wird. Soziale Räume sind keine diskreten Einheiten, die sich klar gegeneinander abgrenzen und definieren ließen, sondern sie überlagern und durchdringen sich. Es ist deshalb zentral, den Regulationsansatz von der ontologischen Fixierung auf den Nationalstaat zu lösen, die letztlich auf eine Reifikation (Vergegenständlichung) des Raumes hinausläuft. Die Territorialität eines sozialen Verhältnisses ist immer in ihrer Multiskalarität zu erfassen, was eine mehrdimensionale Analyse notwendig macht.

4. Das Territorialverhältnis

Aus der oben postulierten Multiskalarität und räumlichen Überlagerung sozialer Verhältnisse ließe sich schließen, dass eine gewissermassen frei flottierende Räumlichkeit entstünde, die letztlich der Willkür der Marktkräfte ausgeliefert wäre. Diese Vorstellung, die mindestens teilweise der Globalisierungsthese zugrunde liegt und auch die Diskussion der *scale question* durchzieht, übersieht nun aber die materielle Basis sozialer Interaktion. Wie Lefebvre feststellte, hängen soziale Verhältnisse nicht in der Luft, sondern sie basieren auf einer materiellen Verankerung, einem *support*, der sie inkorporiert, verfestigt und damit auch strukturiert. Daraus leitet sich nun die zweite grundsätzliche Fragestellung ab, die Lefebvre aufgeworfen hatte: Wie kommen soziale Verhältnisse auf den Boden?

In einschlägigen regulationstheoretischen Analysen wurde diese Frage bis heute meistens als untergeordnetes Problem gesehen. Das dominante analytische Erklärungsmuster stützt sich auf eine „Ableitungsthese“, die den Urbanisierungsprozess oder allgemein die räumliche Entwicklung als bloßen Ausdruck von übergeordneten Prozessen und Tendenzen fasst. So versuchten beispielsweise Leborgne und Lipietz, die territoriale Organisation von der jeweils vorherrschenden Form der industriellen Organisation abzuleiten, und identifizierten typische Formen der Agglomerierung bzw. der Urbanisierung, die jeweils dem neo-tayloristischen, dem kalifornischen oder dem kalmarischen Entwicklungsmodell entsprechen (vgl. Leborgne/Lipietz 1990, 1992).

Eine solche Position verkennt indessen, dass die Produktion der gebauten Umwelt kein automatischer Vorgang ist, sondern ein gesellschaftlicher Prozess, der auf spezifischen Kräftekonstellationen basiert. Entsprechend können sich ähnliche gesellschaftliche Entwicklungsmodelle in durchaus unterschiedlichen Urbanisierungsmodellen materialisieren, wie sich beispielsweise an einem Vergleich der fordistischen Stadtentwicklung in Frankreich und den USA zeigen lässt (Schmid 1996a).

Statt sich mit der Feststellung zu begnügen, dass sich gesamtgesellschaftliche Prozesse in räumlichen Konfigurationen „ausdrücken“ oder sich in ein Terrain „einschreiben“, ist somit der Frage nachzugehen, *wie* sich diese Prozesse in das Terrain einschreiben. Gegen reduktionistische Thesen ist eine Herangehensweise zu setzen, welche die Produktion der gebauten Umwelt als spezifischen Produktionsprozess fasst und kollektive Aushandlungsprozesse über die Entwicklung und Nutzung des Territoriums ins Zentrum der Analyse stellt. Die Frage stellt sich nun, wie sich diese Erkenntnisse regulationstheoretisch erfassen lassen. Es scheint nahe zu liegen, für diese Prozesse ein spezifisches soziales Verhältnis anzunehmen. Damit stellt sich zunächst das theoretische Problem der Konstitution bzw. Identifikation von sozialen Verhältnissen.

Die Konstitution von sozialen Verhältnissen

Der aktuelle Kanon der französischen Regulationsschule, der in den 90er Jahren festgelegt wurde, beschränkt sich auf fünf soziale Verhältnisse resp. institutionelle Formen: Das Arbeitsverhältnis, die Form der Konkurrenz, das Geldverhältnis, das Verhältnis zum Staat und die Einfügung in das internationale Regime (Boyer/Saillard 1995a).

Es ist offensichtlich, dass dieser Kanon auf eine spezifische Analyse des Fordismus aus einer (national)ökonomischen Perspektive zugeschnitten ist und wichtige soziale Verhältnisse ausblendet, wie beispielsweise das Geschlechterverhältnis. Die Frage, inwieweit der Regulationsansatz klassischen Zuschnitts nur auf den Fordismus anwendbar sei, zeigt sich gerade hier in besonderer Schärfe. Dieser Kanon ist denn in jüngerer Zeit auch Gegenstand von vielfältiger Kritik geworden (vgl. auch die Beiträge in diesem Buch).

Grundsätzlich ist davon auszugehen, dass dieser Kanon offen ist. Welche Verhältnisse in die Analyse einbezogen werden, hängt wesentlich von der Zielsetzung dieser Analyse ab und unterliegt letztlich der Verantwortung des Wissenschaftlers.

Wie kann überhaupt von einem spezifischen sozialen Verhältnis (bzw. einer institutionellen Form) gesprochen werden? Es impliziert zunächst eine gewisse Dauerhaftigkeit, in der die sozialen Akteure zueinander in ein Verhältnis treten. Die Identifikation eines sozialen Verhältnisses bedeutet, in den Myriaden von alltäglichen sozialen Akten die Regelmäßigkeit von bestimmten sozialen Praktiken zu bezeichnen (Lipietz 1985). Gemäß diesen Prämissen bleibt die Strukturierung der Gesellschaft prinzipiell offen: Einerseits transformieren sich mit der gesellschaftlichen Entwicklung auch die Bedeutung und die Hierarchie der sozialen Verhältnisse (Boyer/Saillard 1995b). Anderseits bildet die soziale Anerkennung eines sozialen Verhältnisses selbst einen konstitutiven Bestandteil dieses Verhältnisses (Lipietz 1985: 11). Die Identifikation von sozialen Verhältnissen bedeutet somit immer auch, einen theoretischen (und nicht nur einen empirischen) Akt zu setzen, wobei das Risiko auf der Seite der Theoretikerin oder des Theoretikers liegt: Dieser Akt ist niemals neutral, denn er produziert eine Repräsentation der Gesellschaft und kann demzufolge zur Legitimation oder Kontestation dieser Verhältnisse beitragen (ebd.).

Die analytische Bestimmung von sozialen Verhältnissen ist allerdings nicht nur eine theoretische Frage, sondern auch eine Frage der Empirie. Soziale Verhältnisse sind zwar theoretische Konstruktionen, aber sie beziehen sich auf eine gesellschaftliche Wirklichkeit, auf Interaktionsprozesse, Akteurskonstellationen und die ihnen zugrunde liegenden (antagonistischen) Interessenlagen, die sie angemessen zu erfassen suchen. Die Identifizierung unterschiedlicher gesellschaftlicher Verhältnisse hat sich demnach an den latenten oder offenen Konfliktlinien zu orientieren, entlang denen sich jeweils andere Akteurskonstellationen gegenüberstehen.

Gesellschaftliche Naturverhältnisse

In welche Richtung soll nun diese Erweiterung gehen, um die Produktion des Raumes erfassen zu können? Ein in jüngerer Zeit vorgebrachter Vorschlag besteht darin, diese Frage von den gesellschaftlichen Naturverhältnissen her anzugehen und den Kanon der strukturellen Formen kapitalistischer Regulation um eine „ökologische Restriktion" zu erweitern (vgl. Becker/Raza 2000 sowie Raza in diesem Band). Die gesellschaftlichen Verhältnisse zur Natur, sowohl zur „äußeren" Natur und damit zur Ökologie, als auch zur „inneren" Natur des Menschen selbst, bildet zweifellos eine wichtige, im Regulationsansatz bislang völlig unterbelichtete Frage. Allerdings ist zu klären, ob mit den Naturverhältnissen auch die Frage der Produktion des Raumes angemessen erfasst werden kann. Zunächst ist zu konstatieren, dass der Naturbegriff und das Verhältnis des Menschen bzw. der Gesellschaft zur Natur ein sehr weites Feld eröffnet, das u.a. von der Nutzung natürlicher Ressourcen und der Umweltzerstörung über die Frage der Technologie bis zur Medizin reicht. Es fragt sich, ob es sinnvoll ist, alle diese Aspekte der Naturverhältnisse über einen Leisten zu schlagen, sind hier doch höchst unterschiedliche Prozesse, Akteure, Interessenkonstellationen und Konfliktlinien involviert. Entsprechend wird der Begriff der Naturverhältnisse meist im Plural verwendet.

Becker und Raza haben diesen weiten Bedeutungsumfang der Naturverhältnisse denn auch eingeschränkt: Erstens beziehen sie „Natur" nur auf die äußere Natur, die Ökologie bzw. die Umwelt. Zweitens reduzieren sie diese auf die materielle Welt bzw. die „Welt der Materie", um sie schließlich drittens vor allem als limitierenden Faktor kapitalistischer Produktion und Reproduktion zu betrachten. Entsprechend haben sie ihren Vorschlag für eine strukturelle Form in Analogie zur Geldrestriktion von Aglietta (1976) als „ökologische Restriktion" (*ecological constraint*) gefasst. Diese strukturelle Form reguliert den Zugang zur und die Nutzung der materiellen Welt für produktive und reproduktive Tätigkeiten.

Diese ökologische Restriktion bezieht sich nun auch auf die gebaute Umwelt. Raza (2000) führt z.B. Landschaften und Parks oder auch segregierte Wohnviertel als Beispiele für die verdinglichte Natur bzw. die kommodifizierte Umwelt an. Dies wirft die Frage auf, ob es sinnvoll ist, die gebaute Umwelt überhaupt unter den Naturbegriff zu subsumieren. Wie sowohl Lefebvre (1991) als auch Harvey (1982) aufgezeigt haben, stellt die gebaute Umwelt eine gesellschaftlich produzierte, „zweite" Natur dar. Im Gegensatz zur „ersten" Natur, die sich ohne Zutun des Menschen entwickelt hat und sich mithin als reine Bedingung gesellschaftlicher Produktions- und Reproduktionsprozesse verstehen lässt, hat die „zweite", menschlich produzierte Natur eine aktive Seite, einen Zweck, eine Finalität: Sie wird produziert, um bestimmte Tätigkeiten zu ermöglichen oder zu verhindern. Sie ist also nicht nur eine Bedingung des Handelns, sondern selbst ein gesellschaftliches Produkt, das soziale Verhältnisse inkorporiert.

Nun fassen Becker und Raza (2000) allerdings die Natur insgesamt als soziales Produkt auf, wenn sie konstatieren: „Hence nature (including space) is as much created, transformed or destructed by social processes, as it is by universal natural laws." So gefasst wird die (gesellschaftlich produzierte) Natur indessen zu einer derart weitgespannten Kategorie, dass sie letztlich jedes gesellschaftliche Produkt umfasst, den Raum ebenso wie die Zeit. Damit werden diese Kategorien aber ununterscheidbar: Die Natur ist zugleich materielle Ressource und limitierender Faktor jeder menschlichen Tätigkeit in Raum und Zeit - Natur, Raum und Zeit fallen zusammen.

Dies hat zur Konsequenz, dass diese Kategorien entweder analytisch nicht mehr greifen, oder aber dass sie in reduktionistischer Weise behandelt werden. Im Falle der ökologischen Restriktion führt dies unter anderem zu einer undifferenzierten Konzeption des Raumes, die, implizit und ungewollt, naturalistische Züge in sich trägt. Um Missverständnisse und Konfusionen zu vermeiden, ist es zentral, zwischen vorgefundenen, in der „Natur" vorhandenen Bedingungen und der gesellschaftlichen Aneignung und Transformation dieser Bedingungen zu unterscheiden.

Das Territorialverhältnis

Der von uns gewählte Weg hat einen anderen Ausgangspunkt. Er rückt das von Lefebvre aufgeworfene Verhältnis des materiellen *support* bzw. der gebauten Umwelt zur Gesellschaft ins Zentrum der Analyse und setzt bei der Überlegung an, dass alle Tätigkeiten notwendigerweise lokalisiert sind, wobei sich aus der Nutzung von Grund und Boden spezifische Konflikte ergeben. Konsequenterweise lautet denn die These, die diesem Beitrag zugrunde liegt: Die Produktion der gebauten Umwelt, oder in einem weiteren Sinne, die Nutzung von Grund und Boden, konstituiert ein distinktes soziales Verhältnis. Dabei geht es nicht nur darum, die Produktionsbedingungen der gebauten Umwelt zu bestimmen, sondern generell die Implikationen der Nutzung des Territoriums auf den gesamtgesellschaftlichen Produktions- und Reproduktionsprozess zu erfassen (vgl. DuPasquier/Marco 1991: 42).

DuPasquier/Marco haben dieses Verhältnis „Territorialverhältnis" (*rapport territorial*) genannt. Der Begriff „Territorium" (*territoire*) bedeutet hier einen herausgehobenen, sozial definierten Ausschnitt der Erdoberfläche. Entsprechend meint Territorialisierung so viel wie Verankerung, Einbindung von sozialen Interaktionsprozessen in eine gesellschaftlich produzierte räumliche Ordnung.

Wie oben dargelegt, impliziert die Identifizierung eines spezifischen sozialen Verhältnisses ein bestimmtes Maß an Autonomie, einen bestimmten Handlungsspielraum in dem von diesem Verhältnis konstituierten Feld. Die Postulierung des Territorialverhältnisses beinhaltet somit die These, dass sich die Entwicklung der gebauten Umwelt und die Nutzungsstruktur eines Territoriums nicht unmittelbar von anderen sozialen Verhältnissen ableiten lassen, sondern dass sie Resultat von spezifischen Auseinandersetzungen und Prozessen sind. Schon ein oberflächlicher Blick auf die in die Bodennutzung involvierten Prozesse und Konflikte zeigt, dass räumliche Konfigurationen Unterschiede aufweisen, die sich nicht allein aus übergeordneten politökonomischen Prozessen ableiten lassen, und dass sich hier Akteurskonstellationen gegenüberstehen, die sich weder mit dem Lohnverhältnis, noch mit dem zwischenbetrieblichen Verhältnis oder dem Staatsverhältnis decken.

Das Territorialverhältnis schließt auch ökologische Fragen mit ein, insofern diese mit der Nutzung von Grund und Boden verbunden sind. So hat beispielsweise der vielbeschworene Treibhauseffekt durchaus globale Auswirkungen, doch sind diese keineswegs ubiquitär über den Erdball verteilt. Sie kommen irgendwo auf den Boden, sie materialisieren sich in konkreten, lokalisierbaren Effekten. Wer die Auseinandersetzungen um diese Auswirkungen ausblendet, übersieht, dass gerade bei der ökologischen Frage immer auch konkrete, lokalisierbare Interessenlagen mit im Spiel sind.

Die Dimensionen des Territorialverhältnisses

Das Territorialverhältnis lässt sich nun, entsprechend der Theorie von Lefebvre, entlang den drei Dimensionen der Produktion des Raumes analysieren.

Die Dimension der (materiellen) räumlichen Praxis bezieht sich zunächst auf den Bauprozess selbst. Die materielle Infrastruktur einer Gesellschaft mit ihren Transportnetzen und Kommunikationskanälen hat, wie oben gezeigt, eine doppelte Seite: Einerseits handelt es sich um eine langfristige Investition von Kapital, die einen zweiten Kapitalkreislauf konstituiert. Anderseits wird damit die materielle Unterlage des gesellschaftlichen Produktions- und Reproduktionsprozesses geschaffen. Die Frage dieses materiellen *support* ist alles andere als trivial, geht es hier doch um die räumliche Anordnung der verschiedenen Elemente einer Gesellschaft. Wie gezeigt, hat dieses räumliche Arrangement erstens selbst einen produktiven Aspekt. Damit zusammenhängend handelt es sich hierbei zweitens auch um eine eminent soziale Frage, da die räumliche Verteilung und Anordnung von Ressourcen bis zu einem gewissen Grad über den Zugang zu diesen Ressourcen bestimmt.

Zweitens stellt sich die Frage nach den Allokationsmechanismen, die die Verteilung von Grund und Boden regulieren. Damit ist die Seite der Regulation angesprochen, die nicht nur die Gesamtheit an formellen und informellen Übereinkünften und Regeln in den Bereichen von Raum- und Stadtplanung oder von Architektur und Städtebau umfasst, sondern generell alle diejenigen gesellschaftlichen Aushandlungsprozesse, die die Nutzungsstruktur eines Territoriums beeinflussen. Diese können von der Infrastrukturpolitik oder Fragen des Umweltschutzes bis zur gesellschaftlichen Definition von Urbanität reichen.

Unter diesem Aspekt ist auch die Vorstellung der Grundrente als reinem Allokationsinstrument (Harvey 1982) zu erweitern, mit spezifischen Aushandlungs- und Regulationsprozessen zu verbinden und in den Regulationsansatz einzubetten. Äußerst interessante Überlegungen, wie die Frage der Grundrente in den Regulationsansatz eingebracht werden kann, hat Jäger entwickelt (vgl. seinen Beitrag in diesem Buch). Eine solche Theoretisierung der Grundrente wäre aus meiner Sicht in starkem Maße mit dem Konzept des Territorialverhältnisses kompatibel.

Drittens schließlich hat das Territorialverhältnis auch eine symbolische, erlebte Seite. Dazu gehören u.a. spezifische, gesellschaftlich produzierte Raumvorstellungen und Wertmaßstäbe, die beispielsweise festlegen, was schön ist und was hässlich, mit welchen Werten sich die „Stadt“ verbindet und wie sie auszusehen hat, welche

Formen des Zusammenlebens akzeptiert werden etc. Oft basieren diese Vorstellungen auf lokalen, regionalen oder auch nationalen Traditionen und Besonderheiten, deren Herkunft sich erst mit einer historischen Analyse erhellen lässt.

Das Territorialverhältnis und die Frage des Massstabs

Erklärtes Ziel der Entwicklung des Konzeptes des Territorialverhältnisses war es, eine systematische Basis für eine vergleichende Stadtforschung zu schaffen. Bislang wurde dieses Konzept empirisch denn auch vor allem auf städtische Fragen angewandt. Dies könnte zum voreiligen Schluss verleiten, dass das Territorialverhältnis gewissermassen mit der lokalen Ebene zusammenfällt und eigentlich nur eine Neukonzeption des lokalen Staates darstellt (vgl. auch Jäger in diesem Buch). Dies ist nun aber keineswegs der Fall. Die Konfliktlinien um Grund und Boden manifestieren sich zwar auch auf lokaler Ebene, sind aber keineswegs auf diese Ebene beschränkt.

Selbstverständlich werden beispielsweise auch auf nationaler Ebene wichtige Regulierungen ausgehandelt. So wäre das fordistische Produktions- und Reproduktionsmodell nicht denkbar gewesen ohne die Produktion eines spezifischen nationalen Raumes. Verallgemeinert lässt sich die räumliche Strategie im Fordismus auf die Formel bringen, eine „Gleichheit im Raum“ herzustellen und einen homogenisierten nationalen Raum zu schaffen. Diese Strategie reichte von der Raum- und Regionalplanung über das Miet- und Bodenrecht bis hin zur Projektierung und Finanzierung von Infrastrukturprojekten. Das liberalproduktivistische Entwicklungsmodell hat gerade hier massive Veränderungen gebracht und neue Konfliktlinien eröffnet: Die neue räumliche Strategie setzt nicht mehr auf Vereinheitlichung, sondern auf Differenzierung und Flexibilisierung. Der Rückzug des Staates aus vielen Bereichen der Infrastrukturpolitik, von der Privatisierung von öffentlichen Einrichtungen bis hin zur Liberalisierung des Luftverkehrs, hat eine neue Form der Produktion des Raumes und eine neue Runde der Raum-Zeit-Kompression eingeleitet, die eine unabdingbare Voraussetzung für Globalisierungsprozesse bildet.

Im gleichen Sinne sind Analysen von Urbanisierungsprozessen auf der lokalen Ebene mit der Tatsache konfrontiert, dass die klassischen, geschlossenen Formen der Stadt schon seit langem in Auflösung begriffen sind und der lokale Maßstab in vielen Fällen bei weitem überschritten wird. Dies ist gerade auch einer der zentralen Gründe für das Auftauchen der neuen regionalen Frage (vgl. Brenner 2000), und zwar sowohl auf der materiell-ökonomischen Dimension (Regionalisierung der Ökonomie, Entstehung von neuen Produktionskomplexen, vgl. oben) wie auf der Dimension der Regulation (*regional governance*). Bezeichnenderweise ist der „neue Regionalismus“ in vielen Fällen gerade auf Bemühungen zurückzuführen, die Folgen des Urbanisierungsprozesses abzufedern und eine bessere Koordination von Infrastrukturausbauten, Flächennutzungsplanung etc. zu erreichen. Wie die Inflation der Konzepte zur Erfassung dieser neuen urbanen Konfigurationen (Agglomeration, urbane Region, Metropolitanregion etc.) anzeigt, ist diese Maßstabsebene indessen unklar und in ständiger Bewegung begriffen, und entsprechend besteht auch ein großer

Spielraum für die Schaffung von neuen politisch-territorialen regionalen Einheiten. Ohne eine vertiefte Analyse der jeweiligen Urbanisierungsprozesse und Territorialverhältnisse lässt sich die regionale Frage heute nicht mehr befriedigend erklären.

Sowohl die neue regionale Frage wie die Globalisierung wären also nicht denkbar ohne die Produktion einer neuen materiellen Infrastruktur. Entsprechend lässt sich die These aufstellen, dass die vielfältigen Prozesse, die unter dem Begriff der *scale question* thematisiert werden, in entscheidendem Maße auf veränderten Formen der Produktion des Raumes basieren.

Daraus wird auch ersichtlich, dass das Territorialverhältnis auf unterschiedlichste Weise mit anderen sozialen Verhältnissen artikuliert ist, und dass es sich dabei jeweils um wechselseitige Determinationen handelt.

5. Der Raum im Regulationsansatz

Die Auseinandersetzung mit der Problematik des Raumes vermittelt eine grundlegende Erkenntnis: Raum ist nicht ein Oberflächenphänomen, nicht eine abzuleitende Größe, sondern integraler Bestandteil des gesellschaftlichen Produktionsprozesses. Raum ist, wie die Zeit, in jedem sozialen Geschehen enthalten. Entsprechend basiert jede Gesellschaftstheorie notwendigerweise auch auf einer Konzeption des Raumes (und der Zeit), entweder in expliziter oder in impliziter Form. Es kann also nicht darum gehen, die räumliche Betrachtungsweise in eine Theorie einzuführen, sondern vielmehr darum, die Dimension des Raumes aus den Prämissen dieser Theorie herauszuarbeiten. Dabei werden auch implizite Grundannahmen und Restriktionen dieser Theorie aufgedeckt, die oft unhinterfragt bleiben und zu unvorhergesehenen Nebeneffekten führen können.

Im Regulationsansatz tritt die Frage des Raumes unter zwei verschiedenen Aspekten auf: Einerseits als Räumlichkeit von sozialen Verhältnissen, anderseits als physisch-materielle Bedingung der gesellschaftlichen Entwicklung, die durch menschliche Arbeit überformt und verändert wird.

Bei der Analyse der Räumlichkeit sozialer Verhältnisse zeigt sich, dass diese Verhältnisse im Regulationsansatz implizit auf die historische Raumkonfiguration des fordistischen Nationalstaates bezogen sind. Zudem werden sie nur von ihrer abstrakten Seite her gefasst, ihre konkrete Materialität wird ausgeblendet. Damit bleibt der Raum in einer ontologischen Konstruktion gefangen. Mit Lefebvre ist indessen auf der Materialität sozialer Verhältnisse zu insistieren: Es sind diejenigen Verhältnisse, die die Menschen in ihrem konkreten, alltäglichen Leben eingehen, Menschen, die an bestimmten Orten leben, arbeiten, wohnen, konsumieren, etc. Dabei produzieren sie Raum. Soziale Verhältnisse sind in diesen produzierten Raum inkorporiert. Raum ist also (wie die Zeit) integraler Bestandteil jedes sozialen Verhältnisses. In Anlehnung an Lefebvre lässt sich postulieren: Jedes soziale Verhältnis produziert „seinen" Raum.

Dies bedeutet, dass sich die Räume unterschiedlicher sozialer Verhältnisse überlagern und durchdringen. Allerdings hängen soziale Verhältnisse nicht in der Luft, sondern sie basieren auf einer materiellen Verankerung, die ihrerseits das Resultat eines konkreten, materiellen Produktionsprozesses ist. Lefebvre fasst diese Verankerung mit dem Begriff des *„support"*, Harvey mit demjenigen der „gebauten Umwelt". Die Entwicklung der gebauten Umwelt bzw. der Nutzungsstruktur eines Gebietes lässt sich nicht unmittelbar aus anderen sozialen Verhältnissen ableiten, sondern ist das Resultat von spezifischen Auseinandersetzungen und Prozessen. Diese lassen sich regulationstheoretisch mit dem Territorialverhältnis erfassen, das sich auf die Nutzung von Grund und Boden bezieht.

Mit dem hier skizzierten analytischen Rahmen wurden die Möglichkeiten und die Konsequenzen einer systematischen Behandlung des Raumes im Regulationsansatz ausgelotet. Dabei sind auch konzeptionelle Beschränkungen dieses Ansatzes sichtbar geworden, wie die Fixierung auf das fordistische Entwicklungsmodell und auf eine nationalökonomische Betrachtungsweise. Zugleich zeigte sich jedoch, dass der Regulationsansatz ein großes Potenzial für Weiterentwicklungen besitzt, die vielversprechende Anwendungsmöglichkeiten auf weiteren Forschungsfeldern eröffnen. Soll dieses Potenzial ausgeschöpft werden, ist es indessen notwendig, den Regulationsansatz vom Korsett seiner impliziten Restriktionen zu befreien und mit neuen, weiterführenden Elementen zu kombinieren.

Literatur

Aglietta, M. (1976): Régulation et crises du capitalisme. L'expérience des Etats-Unis. Paris.

Althusser, L. (1968): Für Marx. Frankfurt/M.

Amin, A./Thrift, N. (1992): Neo-Marshallian Nodes in Global Networks. In: International Journal of Urban and Regional Research 16(4), 571-587.

Becker, J./Raza, W. (2000): Theory of Regulation and Political Ecology: An Inevitable Separation? In: Économies et Sociétés, Série „Théorie de la Régulation" 11, 55-70.

Brenner, N. (1998): Between Fixity and Motion: Accumulation, Territorial Organization and the Historical Geography of Spatial Scales. In: Society and Space 16(4), 459-481.

- (2000): The Urban Question as a Scale Question. Reflections on Henri Lefebvre, Urban Theory and the Politics of Scale. In: International Journal of Urban and Regional Research 24(2), 361-378.

- (2001): The Limits to Scale? Methodological Reflections on Scalar Structuration. In: Progress in Human Geography 25(4), 591-614.

Benko, G./Dunford, M. (Hg., 1991): Industrial Change and Regional Development: The Transformation of New Industrial Spaces. London.

Benko, G./Lipietz, A. (Hg., 1992): Les régions qui gagnent. Districts et réseaux: les nouveaux paradigmes de la géographie économique. Paris.

Benko, G./Lipietz, A. (1995): De la régulation des espaces aux espaces de régulation. In: Boyer/Saillard (Hg.), 293-303.

Borst, Renate et al. (Hg., 1990): Das neue Gesicht der Städte. Theoretische Ansätze und empirische Befunde aus der internationalen Debatte. Basel.

Boyer, R. (1986): La théorie de la régulation: Une analyse critique. Paris.

-/Saillard, Y. (Hg., 1995a): Théorie de la régulation: l'état des savoirs. Paris.

-/Saillard, Y. (1995b): Un précis de la régulation. In: Boyer/Saillard (Hg.), 58-68.

Castells, M. (1977): Die kapitalistische Stadt - Ökonomie und Politik der Stadtentwicklung. Hamburg.

- (1989): The Informational City. Information Technology, Economic Restructuring, and the Urban-Regional Process. Oxford.

Danielzyk, R./Ossenbrügge, J. (1993): Perspektiven geographischer Regionalforschung. Locality Studies und regulationstheoretische Ansätze. In: Geographische Rundschau 45(4), 210-216.

DuPasquier, J.-N./Marco, D. (1991): Régulation fordiste et post-fordiste en Suisse depuis 1937. Materiaux pour une approche. Hg.: Unité pour l'étude de la régulation en Suisse, (Paper). Genève.

Esser, J./ Hirsch, J. (1987): Stadtsoziologie und Gesellschaftstheorie: Von der Fordismus-Krise zur „postfordistischen" Regional- und Stadtstruktur. In: Prigge, W. (Hg.), 31-56.

Gilly, J.-P./Pecqueur, B. (1995): La dimension locale de la régulation. In: Boyer/Saillard (Hg.), 304-312.

Gregory, D./ Urry, J. (Hg., 1985): Social Relations and Spatial Structures. London.

Harvey, D. (1973): Social Justice and the City. London.

- (1981): The Urban Process under Capitalism: A Framework for Analysis. In: Dear, M./Scott, A. (Hg.): Urbanization and Urban Planning in Capitalist Society. Methuen, London/New York, 91-122.

- (1982): The Limits to Capital. Oxford.

- (1985): The Urbanization of Capital. Oxford.

- (1989): The Condition of Postmodernity. Cambridge MA/Oxford UK.

Hitz, H./Schmid, Ch./ Wolff, R. (1995): Zur Dialektik der Metropole: Headquarter Economy und urbane Bewegungen. In: Hitz, H. et al. (Hg.), 137-156.

Hitz, H. et al. (1995): Capitales Fatales. Urbanisierung und Politik in den Finanzmetropolen Frankfurt und Zürich. Zürich.

Konau, E. (1977): Raum und soziales Handeln. Studien zu einer vernachlässigten Dimension soziologischer Theoriebildung. Stuttgart.

Leborgne, D./Lipietz, A. (1990): Neue Technologien, neue Regulationsweisen: Einige räumliche Implikationen. In: Borst, R. et al. (Hg.), 109-129.

-/- (1992): Flexibilité offensive, flexibilité défensive. Deux stratégies sociales dans la production des nouveaux espaces économiques. In: Benko, G./Lipietz, A. (Hg.), 347-377.

Lefebvre, H. (1968): Le droit à la ville. Paris.

- (1972): Die Revolution der Städte. München.

- (1974): La production de l'espace. Paris.

- (1977): De l'État. Bd. 3: Le mode de production étatique. Paris.

- (1991): The Production of Space. Oxford.

Lipietz, A. (1985): Réflexions autour d'une fable. Pour un statut marxiste des concepts de régulation et d'accumulation. CEPREMAP 8530. Paris.

- (1986): New Tendencies in the International Division of Labor: Regimes of Accumulation and Modes of Regulation. In: Scott, A.J./Storper M. (Hg.), 16-40.

- (1992): Vom Althusserismus zur „Theorie der Regulation". In: Demirović, A./Krebs, H.-P./ Sablowski, Th. (Hg.): Hegemonie und Staat. Kapitalistische Regulation als Projekt und Prozess. Münster, 9-54.

- (1996): La société en sablier. Le partage du travail contre la déchirure sociale. Paris.

- (1998): Kette, Schuss und die Regulation. Ein Werkzeug für die Sozialwissenschaften. In: Lipietz, A.: Nach dem Ende des „Goldenen Zeitalters. Regulation und Transformation kapitalistischer Gesellschaften. Ausgewählte Schriften. Berlin/Hamburg, 77-115.

Marco, D. et al. (1996): La ville: villes de crise ou crise des villes. Rapport scientifique final pour le 'Fonds national suisse de la recherche scientifique'. Genève.

Martinelli, F./Schoenberger, E. (1991): Oligopoly is Alive and Well: Notes for a Broader Discussion of Flexible Accumulation. In: Benko, G./Dunford, M. (Hg.), 117-133.

MEW - Marx/Engels-Werke, Berlin 1966ff.

Noller, P./Prigge, W./Ronneberger, K. (Hg., 1994): Stadt-Welt. Die Zukunft des Städtischen, Frankfurter Beiträge Band 6. Frankfurt/M.

Piore, M./ Sabel, Ch. (1985): Das Ende der Massenproduktion. Berlin.

Prigge, W. (Hg., 1987): Die Materialität des Städtischen. Stadtentwicklung und Urbanität im gesellschaftlichen Umbruch. Basel.

- (1995): Urbi et orbi - Zur Epistemologie des Städtischen. In: Hitz, H. et al. (Hg.), 176-187.

Raza, W. (1999): Politische Ökonomie und Natur im Kapitalismus. Überlegungen zur Synthese eines antagonistischen Verhältnisses. In: Kurswechsel 3, 41-49.

Ronneberger, K./Schmid, Ch. (1995): Globalisierung und Metropolenpolitik: Überlegungen zum Urbanisierungsprozess der neunziger Jahre. In: Hitz, H. et al. (Hg.), 354-378.

Saillard, Y. (1995): Globalisation, localisation et spécialisation sectorielle. Que deviennent les régulations nationales? In: Boyer, R./Saillard, Y. (Hg.), 285-292.

Sassen, S. (1996): Metropolen des Weltmarktes. Die neue Rolle der Global Cities. Frankfurt/New York.

Saunders, P. (1987): Soziologie der Stadt. Frankfurt/M.

Schmid, Ch. (1996a): Urbane Region und Territorialverhältnis - Zur Regulation des Urbanisierungsprozesses. In: Krebs, H.-P./Bruch, M. (Hg.), Unternehmen Globus. Münster, 224-253.

- (1996b): Headquarter Economy und territorialer Kompromiss. Überlegungen zum Regulationsansatz am Beispiel Zürich. In: Zeitschrift für Wirtschaftsgeographie 40(1-2), 28-43.

- (2002): Stadt, Raum und Gesellschaft. Zur Theorie der Produktion des Raumes von Henri Lefebvre. Dissertation, Universität Jena.

- (1993): Homeless/Global: Scaling places. In: Bird, J. et al. (Hg.), Mapping the Futures. London, 87-119.

Scott, A. J. (1998): Regions and the World Economy. The Coming Shape of Global Production, Competition and Political Order. Oxford University Press. Oxford/New York.

-/Storper, M. (Hg., 1986): Production, Work, Territory. The Geographical Anatomy of Industrial Capitalism. Boston.

Soja, E. W. (1989): Postmodern Geographies: The Reassertion of Space in Critical Social Theory. London/New York.

Storper, M. (1997): The Regional World. Territorial Development in a Global Economy. New York/London.

Storper, M. (1997): The Regional World. Territorial Development in a Global Economy. New York/London./Scott, A. J. (1990): Geographische Grundlagen und gesellschaftliche Regulation flexibler Produktionskomplexe. In: Borst, R. et al. (Hg.), 21-40.

Swyngedouw, E. A. (1992): The Mammon Quest. 'Glocalisation', Interspatial Competition and the Monetary Order: The Construction of New Scales. In: Dunford, M./Kafkalas, G. (Hg.): Cities and Regions in the New Europe: The Global-local Interplay and Spatial Development Strategies. London, 39-67.

Swyngedouw, E. (1997): Neither Global nor Local: „Glocalization" and the Politics of Scale. In: Cox, K. R. (Hg.): Spaces of Globalization. New York/London, 137-166.

Werlen, B. (1997): Sozialgeographie alltäglicher Regionalisierungen. Bd. 2: Globalisierung, Region und Regionalisierung. Stuttgart.

Wirtschaftsgeographie (1996): Regulationstheoretische Perspektiven in der Geographie. Zeitschrift für Wirtschaftsgeographie, 40(1-2).

Johannes Jäger

Über die Stadt hinaus. Urbaner Raum und Bodenrente im Spannungsfeld von Akkumulation und Regulation[1]

Der regulationstheoretische Rahmen ermöglicht die integrierende Analyse von Akkumulation und Regulation. Trotz der vielfach diskutierten Probleme, stellt dieses Konzept nach wie vor einen prädestinierten theoretischen Zugang für die Analyse gesellschaftlicher Formationen im Kapitalismus dar. Es ermöglicht, Ökonomie als soziales Verhältnis und damit als potenziell gesellschaftlich gestaltbar zu begreifen. Im Folgenden wird der Versuch unternommen, anhand eines bestimmten Phänomens, der sozialräumlichen Stadtentwicklung, die analytischen Vorzüge des regulationstheoretischen Instrumentariums wieder in Erinnerung zu rufen. Dies erfolgt jedoch nicht auf Basis rein abstrakter oder begrifflicher Überlegungen. Vielmehr wird gezeigt, wie insbesondere durch Konkretion, also im Wechselspiel von Abstraktem und Konkretem, tiefere Einsichten gewonnen werden können. Das In-Beziehung-Setzen von Veränderungen in den Akkumulationsmustern zur Struktur der politischen Auseinandersetzungen und den Veränderungen im Bereich der Regulation ist sowohl theoretisch fruchtbringend, wie das so gewonnene Wissen auch für gesellschaftliche Akteure in konkreten Auseinandersetzungen wertvoll sein kann. Im theoretischen Bereich - und das ist Kernbestandteil des vorliegenden Textes - ist die Verbindung der regulationstheoretischen Grundkonzeption mit politökonomischen Konzepten, wie etwa der Bodenrente, zielführend, um sowohl Konsistenz als auch Erkenntnisgewinn zu erhöhen. Das Interesse an praktischer Relevanz der Theorieproduktion für politische Auseinandersetzungen ist auch verantwortlich dafür, dass eine theoretische Konzeptualisierung und damit eine Verbindung von unterschiedlichen Abstraktionsniveaus gewählt wird, die dies auch ermöglicht.

1. Eine Kritik regulationstheoretisch inspirierter Stadtforschung

Im Rahmen kritischer Stadtforschung wird der (ökonomische) Raum häufig so konzipiert, dass die Ökonomie als „global" (und damit als nicht beeinflussbar) konzipiert wird, während Handeln nur auf lokaler Ebene im Rahmen der von der ökonomisch vorgegebenen Kapitallogik verbleibenden „Handlungsspielräume" im Zuge der „postfordistischen Restrukturierung" verortet wird. Dies gilt insbesondere für die den Diskurs in der kritischen Stadtforschung dominierende „Global City-Debatte". Politische Aspekte werden in dieser Konzeptualisierung deutlich unterbelichtet. M.P. Smith bringt die Kritik auf den Punkt:

> „The theoretical writings on global city formation by John Friedmann and Saskia Sassen clearly privilege economic and technological explanations for global city development at the expense of political and sociocultural dynamics. This has important consequences for the limited and derivative way in which their theories conceptualize urban politics and culture". (Smith 2001: 50)

Ökonomie wird im Zuge dieser Konzeptualisierung häufig als Faktum hingenommen, ja es kommt zu einer (im Rückblick) seltsam anmutenden Fetischisierung. Es wird nur unzureichend berücksichtigt, dass es sich auch bei der Ökonomie um ein „soziales Verhältnis" handelt, welches ebenso wie Raum „produziert" wird. Diese Sichtweise hängt sicherlich eng mit dem in den 1980er Jahren und teilweise noch bis Ende der 1990er Jahre vorherrschenden Zeitgeist zusammen. Theorieproduktion ist immer eng mit sozialen Prozessen verbunden. Mit den Protesten in Seattle, Prag und Genua ergeben sich jedoch wesentliche Änderungen. Während soziale Bewegungen in den 80er Jahren vielfach ausschließlich den Lokal- oder Nationalstaat als Adressaten gekannt haben, treten nunmehr auch internationale Organisationen und damit auch die internationale Ebene als Fokus von Kritik und (möglicher) Veränderung hervor. Auch Sassen (2001) versucht mittlerweile verstärkt politische Aspekte in ihren Analysen zu berücksichtigen. Dabei wird meiner Ansicht nach jedoch implizit unterstellt, dass die „globale Ökonomie" ohne das Fundament der internationalen Regulierung (etwa durch supranationale oder internationale Institutionen wie G7, WTO, Weltbank, IWF bzw. entsprechende Gesetze, etc.) funktioniere. Politik, etwa gegen „international corporate interests" müsste meiner Ansicht nach jedoch genau auf diese Bereiche der internationalen Regulierung abzielen und könnte potenziell damit die konkrete Ausgestaltung der „globalen Ökonomie" erheblich verändern.

Eine funktionalistische Konzeptualisierung der (globalen) Ökonomie ist jedoch nicht nur aus analytischer Perspektive, sondern insbesondere auch vor dem Hintergrund politisch-diskursiver Implikationen bedenklich (Smith 2001: 13). Dennoch ist es ein Verdienst selbst funktionalistisch inspirierter Ökonomiekonzepte, den Blick auf wichtige Prozesse und Makro-Zusammenhänge zu lenken. In der Rezeption dieser Konzepte scheint mir jedoch häufig „vergessen" zu werden, dass es sich bei diesen Konzeptualisierungen nicht um die Realität, sondern um Abstraktionen auf äußerst hohem Niveau handelt, die von jeglichen Handlungsaspekten abstrahieren. Dies mag zwar von einzelnen AutorInnen bewusst reflektiert worden sein; aufgrund des „Selbstlaufs" der Interpretationen halte ich jedoch Abstraktionen, die bereits in den Grundkonzeptionen den Handlungsaspekt inkludieren (Görg 1994), für wichtig, um derartige „Verirrungen" zu vermeiden. Ich meine daher, dass ein regulationstheoretischer Ansatz insgesamt konzeptionell besser geeignet ist, das Verhältnis von Ökonomie und Politik in der Stadtforschung zu behandeln.

Frühere regulationstheoretisch inspirierte Arbeiten zur Stadt waren häufig deutlich vom „Global City-Diskurs" (Friedman 1986, Sassen 1991) beeinflusst.[2] Auch frühere regulationstheoretische Arbeiten (Hirsch/Roth 1986) sind von funktionalistischer Kapital-Logik gezeichnet und weisen ein vielfach kritisiertes handlungstheoretisches Defizit auf (Esser et al. 1994). Damit sind konzeptionelle Grundprobleme auch im Bereich der Stadtforschung angelegt. Dies hinderte jedoch regulationstheoretisch inspirierte StadtforscherInnen nicht daran, trotz alledem aufschlussreiche Analysen lokaler politischer Auseinandersetzungen zu liefern (Mayer 1997, Brenner 1997, Graham/Keil 1997, Hitz et al. 1995a, Krätke 1992, Schmid 1996, Dangschat 1997). Die politische Perspektive bleibt in vielen Fällen dabei jedoch - nicht zuletzt wegen der spezifischen theoretischen Konzeptualisierung - auf die Ebene der Stadt beschränkt, wiewohl jedoch auch die territorialen

Veränderungen der Staatlichkeit angesprochen wurden. Dabei ist insbesondere der kritische - häufig regulationstheoretisch inspirierte - Ansatz hervorzuheben, der explizit multiskalare Rekonfigurationen und die entsprechenden „politics of scale" ins Zentrum der Analyse stellt (Swyngedouw 1997, Jessop 1997, Keil 1998, MacLeod 1999, Brenner 2000). Somit kommen zentrale Bereiche und Inhalte sozialer Auseinandersetzungen ins Blickfeld. Im Unterschied zum Global City-Ansatz wird damit Politik nicht auf die Stadt beschränkt, sondern Prozesse der Deterritorialisierung und Territorialisierung werden als wichtige Politikfelder ausgemacht, was diese für eine Analyse, die insbesondere auf politische Veränderungsprozesse abstellt, besonders wertvoll macht. Dennoch ist es mein Eindruck, dass auch in diesen Ansätzen bislang Ökonomie nicht ausreichend bzw. auf zu hohem Abstraktionsniveau behandelt wurde. Die Gefahr, dass „neoliberale Restrukturierung" als weithin bestimmendes Faktum interpretiert wird, ist sehr hoch. Wie jedoch konkrete Analysen zeigen (siehe auch die Beispiele unten), sind aber auch gegenläufige Veränderungen erkennbar. Ein genauerer, regulationstheoretisch informierter Blick auf konkrete Auseinandersetzungen und Akteure in politökonomisch relevanten Feldern mag daher helfen, diese auf hohem Abstraktionsniveau postulierte „Naturgesetzlichkeit" neoliberaler Restrukturierung zu hinterfragen und damit die potenzielle Reichweite progressiver politischer Projekte zu erhöhen. Eine kritische Analyse, in deren Zentrum politische Projekte stehen, muss daher insbesondere die Ökonomie thematisieren, wofür eine adäquat spezifizierte Regulationstheorie nach wie vor äußerst geeignet scheint.

2. Von der abstrakten zur konkreten Produktion von Raum

Als Gegenstück zur Bezugnahme der ökonomischen Konzeptualisierungen auf „Global City-Konzepte" wird im Bereich des Raumes in der kritischen Stadtforschung vielfach auf Henri Lefebvre (1991) rekurriert. Das Konzept von Lefebvre ist zwar für die Analyse der *politics of scale* von besonderer Bedeutung (Brenner 2000), aufgrund des hohen Abstraktionsgrades ist es jedoch meiner Ansicht nach nur über relativ lange Umwege an regulationstheoretische Kategorien zu binden. Insbesondere die Verbindung mit Akkumulationsprozessen scheint mir nur schwer herstellbar (siehe den Beitrag von Schmid in diesem Band). Aufgrund der sehr abstrakten Konzeption von Raum, die offensichtlich auch mit der spezifischen Form der Fragestellungen zusammenhängt, wird meiner Ansicht nach bei den in regulationstheoretischer Tradition stehenden Arbeiten zur Stadt nur unzureichend geklärt, wie es konkret zu geänderten Raumstrukturen bzw. zu dieser geänderten Form der Produktion des Raumes im Übergang zum Postfordismus kommt. Die Zusammenhänge wurden auf sehr hohem Abstraktionsniveau und auf allgemeiner Ebene (Polarisierte Einkommensverteilung, neue Logiken der Produktion) behandelt. Folgendes Zitat mag als typisch für diese Herangehensweise stehen:

„Das neue Regime der Akkumulation bedeutet auch eine neue Art der 'Produktion des Raumes' (Lefebvre 1974). War das fordistische Modell des Urbanisierungsprozesses durch Agglomerierung, Suburbanisierung und funktionale Entmischung geprägt, so zeichnen sich heute widersprüchliche

Tendenzen ab: An verschiedensten Orten, in den metropolitanen Zentren wie in den urbanen Peripherien, entstehen neue räumliche Konfigurationen, neue Räume der Produktion und der Konsumation." (Hitz et al. 1995b: 140)

Hier wird zwar ein Prozess bzw. Phänomen treffend beschrieben, die Ursachenanalyse erfolgt jedoch wie bereits oben ausgeführt relativ einseitig. Die konkrete Transformation in geänderte räumliche Muster, etwa eine fragmentiertere Form der Stadtentwicklung, wird nicht ausreichend behandelt. Es soll hier daher der Versuch gemacht werden, den abstrakten Raumkonzepten von Lefebvre etwas Konkretes, nämlich den städtischen Boden, entgegenzustellen bzw. sie dadurch zu ergänzen. Raum ist zwar wie Zeit eine Dimension, die allen sozialen Prozessen „einbegriffen" ist (Giddens 1984), dennoch haben wir es bei städtischem Raum in Form von Boden mit einer spezifischen Materialität der Räumlichkeit und damit mit etwas anderem als „nur" einer Dimension zu tun. Anstelle städtischen Raums wird in der Folge daher der Begriff Boden - den man etwa einfach als materiellen dreidimensionalen euklidischen Raum und somit als physisch-materielles Substrat inklusive der Artefakte (Läpple 1991) denken kann - verwendet, um diesen qualitativen Unterschied festzuhalten. Städtischer Boden wird also so konzipiert, dass er zwar Ergebnis sozialer Produktion ist, jedoch diese aus der Interaktion mit etwas der Gesellschaft „Äußerem", der Natur, zu denken ist. Diese Definition schließt an die Konzeptualisierung der „ökologischen Beschränkung" (Becker/Raza 2000) an, die davon ausgeht, dass es etwas gesellschaftlich „Äußeres" - d.h. eine materielle Basis - gibt, das jedoch mit der Gesellschaft in einem als dialektisch zu denkenden Wechselverhältnis steht. Städtischer Boden ist damit auch gesellschaftlich produziert. Geht man demzufolge davon aus, dass es so etwas wie einen materiellen Boden gibt und wir diesen, etwa durch Messen auch erfahren können, so sind wir von konkreten empirischen Untersuchungen, die etwa verschiedene Formen sozialräumlicher Segregation oder die Anteile verschiedener Klassen oder Gruppen am städtischen Raum quantifizieren und so vergleichbar machen, nicht mehr sehr weit weg. Diese Konzeptualisierung entspricht überdies der Alltagserfahrung von ArbeiterInnen („Seit ich am Stadtrand wohne, muss ich über eine Stunde zur Arbeit fahren") oder KapitalistInnen („Bettler unmittelbar vor meiner Immobilie reduzieren ihren Preis") und ist nicht zuletzt daher für die Analyse konkreter gesellschaftlicher Auseinandersetzungen um städtischen Boden geeignet.

Neben dieser Definition des Bodens gilt es auch, die konkreten Prozesse der Raumproduktion wieder stärker ins Blickfeld zu bekommen. Insbesondere der Rolle der Ökonomie, wie etwa der Bauwirtschaft, der Rolle des Boden- und Immobilienmarkts etc. soll mehr Augenmerk geschenkt werden. Auch gilt es, das Verhältnis zwischen den Sektoren, die direkt in die Raumproduktion involviert sind, und den anderen Bereichen der Ökonomie zu analysieren. Das weitgehende Fehlen einer Untersuchung des Grundstückmarktes, der Bau- und Immobilienwirtschaft etc. verwundert, spielt doch heute die Warenförmigkeit - im Unterschied zur Staatsförmigkeit (zu den Konzepten vgl. Becker 2002) - der Regulation des Bodens eine zentrale Rolle. Der Blick auf die konkreten materiellen Prozesse der Raumproduktion sowie der spezifischen Regulation dieser Prozesse schafft jedoch, insbesondere für die Analyse von Klassenauseinandersetzungen, wichtige Einsichten. Will man damit die Frage nach dem konkreten Zusammenhang von Akkumulationsprozess, Regulation und Stadtentwicklung, etwa im Übergang zum Postfordismus, untersuchen, bietet sich der Rückgriff auf „traditionelle" Herangehensweisen an. Die vielfältigen - jedoch mittlerweile weitgehend in Vergessenheit geratenen - politökonomischen Arbeiten zur urbanen Bodenrente scheinen dabei besonders fruchtbringend. Mit dem Rückgriff auf diese Theorietradition kann es durch einen klaren Bezug zu zentralen ökonomischen Grundkategorien gelingen, den Blick auf politökonomisch „bedeutende" Aspekte, der Akkumulation, der Regulation und der Verteilung zu lenken. Dennoch ist festzuhalten, dass auch politökonomische Bodenrententheorien nicht unbedingt von geringer Komplexität gekennzeichnet sind. Im Folgenden sei kurz skizziert, wie einerseits regulationstheoretisch inspirierte Stadtforschung durch das Konzept der „ökologischen Beschränkung" und den Rückgriff auf „konkrete" Bodenrententheorie analytisch geschärft werden kann, wovon auch die politökonomische Diskussion zur Theorie der Bodenrente und Raumstruktur profitiert. Im Weiteren erfolgt eine regulationstheoretische Verortung der Bodenrente, womit der Forderung nach der expliziteren Behandlung der Rolle von Klassenauseinandersetzungen und gesellschaftlichen AkteurInnen Rechnung getragen werden soll.

3. Eine regulationstheoretische Konzeptualisierung der Theorie der Bodenrente

Auch die politökonomische Bodenrententheorie, die in den 1970er Jahren in der kritischen Stadtforschung eine neue Konjunktur erlebt hat, leidet trotz des damals vorherrschenden Konsenses, dass es sich bei der Rente um ein „soziales Verhältnis" handle, unter einem „Strukturüberhang". Dies gilt auch für später als Regulationstheoretiker bekannt werdende wichtige Autoren im Bereich der Bodenrente wie etwa Lipietz (1974, 1985) oder Dechervois/Théret (1979). Obwohl die Diskussion ab Mitte der 80er Jahre weitgehend verebbt ist, ist bis dahin noch eine Weiterentwicklung in eine nomothetische und eine ideographische Tradition zu beobachten (Haila 1990). Während erstere mit Harvey (1982, 1985) in funktionalistische Erklärungsmuster verfällt und Bodenrente als funktional für den Akkumulationsprozess betrachtet, kommt es im zweiten Fall zu einer Verneinung jeglicher Möglichkeiten der Theoriebildung über einen konkreten Spezialfall hinaus. Die Folge: Beide Entwicklungslinien haben zu einer relativen Stagnation der Bodenrententheorie geführt und diese ist weitgehend wieder aus dem Horizont kritischer StadtforscherInnen verschwunden. Man spricht heute zwar noch in Bezug auf Segregation von der Rolle des Bodenmarktes bzw. der fragmentierten Wohnungsmärkte etc., behandelt jedoch deren konkrete Funktionsweise nicht ausreichend. Zwar versucht mit Stefan Krätke (1992) ein regulationstheoretisch orientierter Autor später noch, Stadtentwicklung mit rententheoretischen Konzepten zu fassen, doch bezieht er sich dabei ausschließlich auf die nomothetischen Konzeptionen. Die Untersuchungen sind zwar aufschlussreich, führen aber auf Basis dieser theoretischen Grundkonzeptionen wieder zu funktionalistischen Erklärungsmustern. Ich habe daher versucht, die Bodenrententheorie so zu konzeptualisieren, dass Klassenauseinandersetzungen um städtischen Boden und die damit verbundene sozialräumliche Segregation besser gefasst werden können (Jäger 2002a, b). Es zeigt sich, dass sich durch eine entsprechende Integration einer modifizierten politökonomischen Bodenrententheorie in ein regulationstheoretisches Grundkonzept neue Perspektiven sowohl für die Bodenrententheorie als auch für die Analyse der Stadtentwicklung auftun können.

Dabei wird u.a. auf die auf Giddens (1984) aufbauenden Überlegungen von Görg (1994, 1995) zur Behebung des institutionstheoretischen bzw. staatstheoretischen Defizits der Regulationstheorie zurückgegriffen. Bodenrente wird somit wieder als Institution bzw. Strukturmoment - im Unterschied zu Strukturprinzipien in der Terminologie von Giddens (1984) - und entsprechend als soziales Verhältnis betrachtet. Wie vorangegangene empirische Untersuchungen gezeigt haben (Jäger 1999, Becker et al. 2001), ist es erforderlich, nicht allein die einzelnen in der Bodenrententheorie entwickelten Typen (Monopolrente, Differentialrente, etc.) als Institutionen zu betrachten, sondern insbesondere ihren weiteren institutionellen Kontext einzubeziehen. Denn von der unterschiedlichen Einbettung im Kontext unterschiedlicher Akkumulationsmuster gehen wichtige differierende Wirkungen auf die Stadtentwicklung aus. Darüber hinaus stellt Bodenregulation im Kapitalismus keine beliebige, sondern eine immanent notwendige Voraussetzung dar. Denn Kapital muss sich trotz des Strebens nach Entgrenzung, welches etwa in Finanzmärkten partiell gegeben ist, ständig verorten (Harvey 1996). Dieser Zwang zur Verortung bzw. zur materiellen Realisierung erfordert eine strukturelle Absicherung und Regulierung, wie sie etwa durch Bodenregulierung, z.B. über Eigentumsrechte und Bodenrente geschaffen werden kann. Bodenregulation als Kombination aus marktförmigen (abstrakte Bodenrententypen) und staatsförmigen (institutioneller Kontext) Elementen ist somit für kapitalistische Produktion und Reproduktion unerlässlich, sind sie doch beide auf den (städtischen) Boden angewiesen. Verschiedene Ausprägungen der Bodenrente sind daher (inklusive ihres weiteren institutionellen) Kontextes als Teil struktureller Formen zu betrachten und können somit direkt in ein regulationstheoretisches Konzept eingebunden werden.

Als Anknüpfungspunkt bietet sich dabei einerseits das *Territorialverhältnis*, andererseits das Konzept der *ökologischen Beschränkung* an. Grundsätzlich wäre das Territorialverhältnis (Dupasquier/Marco 1991, Schmid 1996) als strukturelle Form geeignet. Problematisch ist bei diesem Konzept jedoch, dass dabei kein systematischer Bezug zur Regulation der über-lokalen Ökonomie hergestellt wird. Es kann daher kaum thematisiert werden, warum und wie die direkt für die materielle Stadtproduktion verantwortlichen Sektoren (Immobiliensektor, Bausektor) reguliert werden und wie deren Verhältnis zu anderen Teilen der Ökonomie ist. Dies ist jedoch für die Analyse stadträumlicher Auseinandersetzungen und

Entwicklungen - und damit für die Produktion von Raum - von entscheidender Bedeutung. Grundsätzlich wird beim Territorialverhältnis auch die nationale Regulierungsebene mitgedacht (Schmid 1996: 29), bei der konkreten Analyse wird jedoch der Schwerpunkt auf lokale Auseinandersetzungen und deren Ergebnis - das Territorialverhältnis - gelegt. Konkret wurde das Territorialverhältnis einem Behälter gleich so „gefüllt", dass dabei nur Fragen der konkreten, auf lokaler Ebene angesiedelten sozio-ökonomischen Raumproduktion berücksichtigt wurden. Für die Stadtstruktur entscheidende Einflussbereiche - wie etwa nationale Infrastrukturmaßnahmen, Mietgesetze, etc. - werden damit nicht ausreichend berücksichtigt. Das Territorialverhältnis als eigene strukturelle Form zu definieren scheint darüber hinaus insgesamt nicht sehr schlüssig, behandelt es doch eine Dimension (den Raum - konkret den lokalen Raum) als eigenständigen Bereich. Wie Becker/Raza (2000) und Becker (2002) jedoch zeigen, ist dies ebenso inkonsistent wie das internationale Regime als eigene strukturelle Form zu denken. Raum stellt wie Zeit vielmehr eine allen strukturellen Formen inhärente Dimension dar. Es scheint daher theoretisch konsistenter, die unter das Territorialverhältnis fallenden Phänomene nicht als eigene strukturelle Form zu behandeln, sondern diese anderen strukturellen Formen zuzuordnen. Dabei bietet sich die von Becker/Raza (2000) postulierte Konzeptualisierung der ökologischen Beschränkung als fehlende strukturelle Form in der Regulationstheorie an. Die unter das Territorialverhältnis fallenden Phänomene könnten in ihrer stofflich-räumlichen Dimension dieser strukturellen Form zugeordnet werden. So ist es möglich, alle räumlichen Ebenen - und damit auch die globale Ebene - sowie das jeweilige dialektische Zusammenspiel zwischen Akkumulation und Regulation zu analysieren.

In der Folge wird daher kurz dargestellt, wie die ökologische Beschränkung bezogen auf die Stadt mit den konkreten politökonomischen Konzepten zur Bodenrente ergänzt werden kann. Rententheoretische Grundkategorien, die für sozialräumliche Entwicklungen von hoher Bedeutung sind, (a) die Monopolrente und (b) die intensive Rente. Auf Differentialrente und absolute Rente wird hier nicht näher eingegangen, da diese primär für räumliche Prozesse der Ökonomie (Standortfragen) von Bedeutung sind. Weiter unten werden die analytischen Möglichkeiten einer regulationstheoretischen Konzeptualisierung einzelner Grundtypen der Theorie der Bodenrente vor dem Hintergrund unterschiedlicher empirischer Beispiele kurz aufgezeigt. Es werden deshalb die Erfahrungen verschiedener Städte analysiert, weil dadurch deutlich werden soll, wie unterschiedlich fordistische und postfordistische Muster der Stadtentwicklung sind. Damit wird auch die Bedeutung von politischen Auseinandersetzungen klarer. Zur Illustration werden sowohl Beispiele aus Europa (Wien im Vergleich zu München) als auch aus Lateinamerika (Montevideo, Santiago de Chile) herangezogen. Während beim chilenischen Fall in der Beschreibung speziell auf die Rolle der intensiven Rente abgestellt wird, werden in den anderen Fällen kurz einige mit dem Konzept der Monopolrente verbundene Zusammenhänge dargestellt. Insbesondere geht es darum zu zeigen, wie sich im Zuge strukturell transformierender Akkumulationsprozesse Teile der Bodenregulation verändern und was dies für die Analyse von politischen Auseinandersetzungen bedeutet sowie welche sozialräumlichen Veränderungen damit verbunden sind. Ich möchte mit den Beispielen zeigen, dass etwa eine fragmentiert(er)e Stadt nicht automatisch im Zuge „ökonomischer Restrukturierung" entsteht, sondern dass stadträumliche Veränderungen eng mit geänderten Regulierungsmustern verbunden sind, denen ein relevantes Ausmaß an Autonomie zukommt.

a) Monopolrente, Akkumulation, Regulation und soziale Polarisierung

Sozialer Raum (*social division of urban space*) kann, einem Vorschlag von Lipietz (1985) folgend, vom ökonomischen Raum (*economic division of urban space*) analytisch getrennt werden. Die Monopolrente kann als ein Schlüsselkonzept angesehen werden, um die Differenzierung des sozialen Raums zu erklären. Das Konzept der Monopolrente impliziert, dass sich unterschiedliche soziale Schichten und Gruppen in ihrer Zahlungsfähigkeit für bestimmte soziale (Wohn-)Räume unterscheiden. Die Monopolrente ergibt sich aufgrund des privaten Monopols an sozial privilegiertem Boden. Diejenigen Gruppen, die eine höhere Zahlungsfähigkeit haben, können ihrerseits andere Teile der Bevölkerung von der Nutzung bestimmter Räume ausschließen (Topalov 1984). Dabei ist davon auszugehen, dass das gesamte Stadtgebiet im Vergleich zu weiter entfernten Orten im Umland als sozial privilegierter Raum gelten mag und daher die Monopolrente eine hohe Relevanz aufweist. Bei Monopolrente kann weiter zwischen MR 1 und MR 2 unterschieden werden. Ersteres Konzept bezieht sich auf den Fall, in dem die Monopolrente aus dem Mehrwert stammt, während MR 2 bedeutet, dass eine Erhöhung dieser Rente aus den Löhnen bezahlt wird und diese damit real verringert. Wie in den Beispielen auch gezeigt wird, hat die institutionelle Einbettung der Rente, insbesondere in Zusammenhang mit den Mechanismen der Lohnbildung und der damit verbundenen Regulierung des Geldes erheblichen Einfluss darauf, ob es sich jeweils um MR 1 oder MR 2 handelt.

b) Intensive Differentialrente und sozialräumliche Fragmentierung

Das Konzept der intensiven (Differential-)Rente bezieht sich auf den Fall, in dem ein höherer Kapitaleinsatz pro Bodeneinheit als die vorherrschende Norm eingesetzt wird. Im urbanen Kontext handelt es sich dabei insbesondere um eine intensivere Form der Bebauung (mehr Stockwerke, höherer Bodenokkupationskoeffizient). Basis für die intensive Rente mag sowohl, wie traditionell angenommen, die Differentialrente sein, aber auch eine wie oben spezifizierte Monopolrente. Die Bedeutung der institutionellen Einbettung wie Baurichtlinien, Flächenwidmungspläne etc. für die Entstehungsmöglichkeiten von intensiver Differentialrente sind damit ebenso offensichtlich wie auch ihr großer Einfluss auf die physisch-räumliche Struktur der Stadt. Die intensive Rente stellt nämlich für ImmobilienentwicklerInnen einen zentralen Anreiz dar, sich als InnovateurInnen zu versuchen und sich damit anstelle der ursprünglichen BodeneigentümerInnen einen Teil der Rente anzueignen (Topalov 1974). Die intensive Rente wurde von Lipietz (1974) daher auch als endogener Differentialtribut bezeichnet.

4. Monopolrente und Segregation in Wien und München

Für Wien bzw. Österreich konnten Becker/Novy (1999) verschiedene Phasen der historischen Entwicklung anhand regulationstheoretischer Kriterien festmachen. Seit Mitte der 80er Jahre erfolgte eine Transformationen in Richtung eines postfordistischen Akkumulationsregimes. Veränderungen im Bereich der Bodenregulation erfolgten jedoch primär erst in den 1990er Jahren. Im Unterschied zu Wien war in München die Bodenregulation niemals in einem vergleichbaren Ausmaß staatsförmig organisiert.

Bereits am Ende des Ersten Weltkriegs wurde die Bodenregulation in Wien im Kontext erheblicher gesellschaftlicher Umbrüche und einer historisch beinahe einmaligen Schwächung der Rentiers im Immobilien- und Finanzbereich weitgehend entkommodifiziert. Der private Wohnungsbau kam praktisch zum Erliegen. Die Warenförmigkeit der Regulation des Bodens und des Wohnens wich damit weitgehend der Staatsförmigkeit, so dass der Wohnungsbereich nicht unmittelbar dem Markt unterworfen war, sondern Mietpreisfestlegungen und öffentlicher Wohnungsbau und somit politische Logiken bestimmend wurden. Diese weitgehende Entkommodifizierung des Wohnens in Verbindung mit der berühmten sozialen Wohnungsbauoffensive des Roten Wien war sehr bedeutend, da Mietwohnungen das Gros aller Wohnungen ausmachten. Die soziale Strukturierung der Bevölkerung erfolgte zu einem großen Teil nicht mehr anhand des Wohnungspreises, und damit auch nicht indirekt auf Basis des Bodenpreises und der Logik der Monopolrente, womit großräumige soziale Polarisierung zum Teil abgebaut wurde. An Stelle der Zahlungsfähigkeit war sozialräumliche Strukturierung der Bevölkerung eher an politisch definierte Zugänge zu einzelnen Segmenten des Wohnungsbereiches geknüpft.

Mit dem ersten Aufweichen der Mietpreisregulierung 1968 und den Deregulierungen zu Beginn und Mitte der 80er Jahre hielt die Marktlogik aufgrund des erheblichen Drucks der ImmobilienbesitzerInnen sowie im Kontext des international erstarkenden liberalen Diskurses wieder Einzug. Mit der Einführung des Richtwertmietzinses Mitte der 90er Jahre wurde die Möglichkeit von Zu- und Abschlägen je nach Lage und damit eine Preisdifferenzierung von Wohnungen aufgrund ihrer räumlichen Verortung wieder möglich. Mit dieser Rekommodifizierung bzw. der verstärkten warenförmigen Regulierung wurde die Tür für zugespitzte sozialräumliche Polarisierungsprozesse wieder aufgestoßen (Novy et al. 2001). Auch sind die Wohnungskosten - und somit die Einkommen der ImmobilienbesitzerInnen - deutlich angestiegen. Die Deregulierungsmaßnahmen blieben jedoch nicht auf die Wohnungsbestandspolitik beschränkt. Sie erstreckten sich vielmehr auch auf den Bau von Wohnungen. Seit Mitte der 90er Jahre ging die bis dahin substanzielle Wohnungsbauförderung deutlich zurück. Insgesamt sind damit wieder verstärkte Prozesse sozialräumlicher Polarisierung zu beobachten. Der lange Bestand dieser nicht-marktförmigen Regulierung hing vor allem damit zusammen, dass in Österreich eine einflussreiche Koalition aus Banken, Baufirmen und (genossenschaftlichen) Bauträgern bis dato massives Interesse an der traditionellen Form der Wohnungsbauförderung hatte. Für die Banken waren sichere

Kreditgeschäfte, für die Baufirmen hohe Aufträge und für die Bauträger eine hohe Nachfrage gesichert.

Im Vergleich dazu hatte in der Bundesrepublik Deutschland die entkommodifizierte Form der Wohnungs- und Bodenregulation - und damit die mit ihr verbundenen Interessen - niemals eine ähnliche Bedeutung erlangt. In Österreich taten sich im Zuge der Rekommodifizierung des Wohnungsbestandes sowie der Errichtung von Wohnungen für eine von einer sich polarisierenden Einkommensverteilung profitierenden oberen Mittelschicht (Stichwort: Gentrifizierung) jedoch nach und nach neue Geschäftsfelder auf. Die Banken waren zunehmend weniger auf die traditionelle Wohnungsbauförderung angewiesen und witterten im Bereich der frei finanzierten Immobilien in den 1990er Jahren neue Möglichkeiten. Ein Abbau der traditionellen Wohnbauförderung gab diesen neuen Tätigkeitsfeldern massiven Auftrieb, womit Gewinne - aus steigenden Renten - wieder flossen. Auch der Bausektor war von diesem Rückgang zunächst nicht unmittelbar negativ betroffen, da die Wohnungsbauförderungsmittel zur Errichtung von Infrastruktur verwendet werden konnten. Weniger Fördermittel für den Wohnungsbau bedeuteten jedoch, dass weniger Wohnungen errichtet wurden, was mittelfristig Wohnungsknappheit und höhere Preise erwarten ließ. Frei finanzierte Immobilienerrichtung wurde damit vergleichsweise konkurrenzfähiger. Damit waren diese Entwicklungen im generellen Interesse des Immobilienkapitals. Wiewohl nunmehr Immobilieninteressen immer stärker wurden, die an Deregulierung und liberaler Wohnungspolitik verdienten, war es dennoch eine Frage der konkreten politischen Durchsetzung. Rükkenwind erhielten diese Sektoren durch das Vorherrschen auch international inspirierter neoliberaler Diskurse (Jäger 2002a).

Nichtsdestotrotz führen Erfahrungen in deutschen Städten, wo diese Liberalisierungsprozesse schon früher und radikaler durchgeführt wurden, drastisch vor Augen, dass eine liberal konzipierte Stadt- und Wohnungspolitik - charakterisiert durch freie Mietfestlegung, ergänzt um Subjektförderungen - zu einem Wiederaufleben der Wohnungsnot und zu neuer und vertiefter sozialräumlicher Polarisierung geführt hat. Im Vergleich zwischen Wien und München wird deutlich, wie sehr sich der Wiener Fall aufgrund noch nicht abgeschlossener Transformation in Richtung liberaler Bodenregulation noch von anderen Städten unterschied. Aufgrund bzw. im Kontext der liberalen Bodenregulationen gab es zwischen deutschen Städten zwar mittlerweile erhebliche Preisunterschiede, im Vergleich zu Wien waren die Preise jedoch insgesamt deutlich höher. Während neu errichtete Eigentumswohnungen in München 1999 rund 3.400 Euro pro Quadratmeter kosteten, lag der vergleichbare Wert in Wien bei rund 2.000 Euro. Dennoch war in Wien mit rund 1,7 Mio. EinwohnerInnen die Anzahl der jährlich errichteten Wohnungen etwa doppelt so hoch wie in München (1,3 Mio. EinwohnerInnen). 1999 wurden in München 5.587 Wohnungen fertiggestellt, während in Wien 12.878 Fertigstellungen erfolgten (Magistrat der Stadt Wien 2002, Landeshauptstadt München 2000: 9). Damit wird deutlich, wie im Rahmen einer liberalen Boden- und Wohnungsregulation die hohe Monopolrente Wohnungsproduktion behinderte und damit zur Produktion von Wohnungsnot beitrug. Fordistische Bodenregulation, die auf Reduktion der Monopolrente abzielt, erweist sich für die Masse der Nicht-BesitzerInnen und damit die Arbeiterklasse als durchaus vorteilhaft, weil so höhere Reallöhne realisiert werden können. Auch zeigt sich an diesem Vergleich die Wirkungslosigkeit primär auf Subjektförderung abzielender (lokal-)staatlicher Wohnungspolitik, wie sie in München betrieben wurde. Vor dem Hintergrund der Überlegungen zur Bodenrente wird deutlich, dass es sich bei diesen Regulierungen primär um symbolische Politik handelt. In München bewegten sich seit über 15 Jahren trotz erheblicher Wohnungsprobleme praktisch alle sozialen AkteurInnen innerhalb der Grenzen des liberalen Diskurses. Die Marktförmigkeit der Bodenregulation war nicht mehr Gegenstand gesellschaftlicher Auseinandersetzungen. Erfolgte Veränderungen stellten damit Modifikationen innerhalb liberaler Bodenregulation dar. Im Vergleich dazu waren in Wien bzw. Österreich bis zuletzt die politischen Auseinandersetzungen um die definitive Form der Bodenregulierung - mit einem gewissen Grad an Offenheit - noch im Gange.

5. Akkumulation, Regulation und Verteilung zwischen Löhnen, Gewinnen und Renten in Montevideo

In der 1,3 Mio. EinwohnerInnen zählenden Hauptstadt Uruguays, Montevideo, zeigten sich die Zusammenhänge zwischen Akkumulation, Bodenregulation und Verteilung besonders deutlich. Bereits ab den 1930er Jahren erfolgte eine erhebliche Reduktion der Ausgaben für Wohnen als Anteil an den Gesamtausgaben der Haushalte (Bértola 2000). Diese Veränderungen hingen eng mit den Veränderungen im Bereich der Bodenregulation zusammen: Schon im Jahr 1931 wurden erstmals gesetzliche Maßnahmen zur Mietenreduktion verordnet, welche ab 1943 erheblich verschärft wurden. Ebenso wurde im Jahr 1943 ein System kollektiver Lohnverhandlungen eingeführt. Dies führte in Kombination mit einer entsprechenden Regulierung des Geldes zu einem ausgeprägten realen Rückgang der Wohnungskosten, was zumindest zum Teil als Transfer der Monopolrente von den Rentiers in die Taschen der ArbeiterInnen betrachtet werden kann, der aufgrund des hohen Anteils an Mietwohnungen von über 80% am Wohnungsbestand sehr bedeutend war. Die politökonomischen Ursachen dieser veränderten Regulierung hingen eng mit dem Übergang von einem extensiven, außenorientierten Akkumulationsregime zu einem binnenorientierten, intensiven Entwicklungsmodell nach der Krise zu Beginn der 1930er Jahre zusammen. Die Krise führte zu einer erheblichen Schwächung traditioneller export- und rentenorientierter Kapitalfraktionen, gleichzeitig kam es zum Aufstieg einer am Binnenmarkt orientierten Industrie. Damit entstand eine neue soziale Koalition aus eben diesen produktiven Kapitalfraktionen und der (urbanen) Arbeiterschaft. Durch die Preisfestsetzung im Bereich der Löhne und Mieten gelang es, einen Teil der Renten sowohl zu den ArbeiterInnen (MR 2) als auch zu den produktiven KapitalistInnen (Verbilligung der Reallöhne) (MR 1) zu transferieren. Dies hing primär damit zusammen, dass Rentiers und produktives

Kapital auch personell weitgehend getrennte Personengruppen darstellten. Auch hatten Rentiers im Unterschied zu den produktiven KapitalistInnen nach wie vor eine hohe Konsumneigung und akkumulierten nur einen kleinen Teil ihrer Einkünfte. Eine Umverteilung von Ersteren zu Letzteren hatte daher erhebliche makroökonomische Konsequenzen und war Teil eines kohärenten Akkumulationsregimes. Die Zirkulation bestehender Wohnungen war in diesem Kontext weniger an Einkommensunterschieden ausgerichtet als früher, da einer niedrigeren realisierbaren Monopolrente im Zuge der Einhebung von Wohnungsmieten eine geringere Rolle zukam.

Während die Bodenregulation in der peripher-fordistischen Phase zu einer erheblichen Reduktion der realen Wohnungsmieten führte, kam es mit den von der Militärregierung ab 1974 durchgeführten Liberalisierungsmaßnahmen im Mietbereich zu einem neuen Umbruch der Regulation. Die Veränderungen im Mietbereich, die insbesondere ab Mitte der 1980er Jahre zu greifen begannen, führten insgesamt zu einem starken Anstieg der Wohnungsausgaben an den gesamten Konsumausgaben (Propiedades 1997). Der Umbruch der Bodenregulation erfolgte im Kontext eines - allerdings nicht widerspruchsfreien und kohärenten - Umschwenkens hin zu einem stärker an außenorientierter und fiktiver Akkumulation orientierten Regime. Dem war eine bereits seit 1955 einsetzende krisenhafte Phase der ökonomischen Entwicklung und heftige soziale Auseinandersetzungen vorausgegangen (Becker et al. 2001). Mit diesen Veränderungen im Mietbereich wurden sowohl neue (fiktive) Akkumulationsmöglichkeiten geschaffen, gleichzeitig waren Löhne in diesem neuen Regime weniger als Binnennachfrage, sondern vielmehr als Kostenfaktor von Bedeutung. Im Unterschied zum binnenorientierten Regime war nunmehr eine Reduktion der Reallöhne durch eine Erhöhung der realisierbaren Monopolrente kohärenter Teil der neuen dominanten Akkumulationsstrategien. Neben der Umverteilung von Löhnen zu Rentiers führten diese die Bodenregulation transformierenden Maßnahmen zu einem erheblichen Abwanderungsprozess ärmerer Bevölkerungsschichten aus zentrumsnahen Räumen in die nördliche Peripherie der Stadt. In zahlreichen Fällen erfolgte dies auch in Form von illegalen Landbesetzungen. Insgesamt kam es damit jedoch tendenziell zu einer großräumigen sozialen „Entmischung“ und damit zu stärkerer sozialräumlicher Polarisierung. Dieser Abwanderungsprozess der ärmeren Bevölkerungsschichten an die Peripherie wurde darüber hinaus von der durch die Inter-American Development Bank vorangetriebenen Wohnungsbaupolitik forciert. Das montevidianische Beispiel zeigt besonders deutlich, wie eng Veränderungen der Akkumulationsmuster mit funktionalen Veränderungen in der Bodenregulation einhergingen. Trotzdem passierten diese Veränderungen nicht deshalb, weil sie funktional waren, sondern weil politische Kräfteverhältnisse (nicht zuletzt mit Waffengewalt) so verschoben wurden, dass bestimmte Formen der Bodenregulation durchgesetzt werden konnten. Diese entsprachen offensichtlich der geänderten Interessenkonstellation der dominanten Kapitalfraktionen. Inwieweit dies auch unter demokratischen Vorzeichen möglich gewesen wäre, bleibt offen. Jedenfalls hatte sich bis zur Wiedereinführung der

Demokratie im Jahr 1985 die liberale Bodenregulation stabilisiert, obwohl aufgrund der krisenhaften ökonomischen Entwicklung nicht von einem stabilen Akkumulationsregime gesprochen werden kann. In diesem Kontext konnten die progressiven Frente Amplio Stadtregierungen in den 1990er Jahren Maßnahmen einführen, die Renten abschöpften und damit das Immobilienkapital schwächten. Gegen den heftigen Widerstand der ImmobilienbesitzerInnen gelang es, ein höheres Aufkommen aus der Boden- und Immobiliensteuer, insbesondere für größere Vermögen, durchzusetzen. Damit zeigte sich, dass auch innerhalb einer konsolidierten und mit den dominanten Akkumulationsstrategien kohärenten liberalen Bodenregulation Spielräume für progressive Politik vorhanden waren (Becker et al. 2001).

6. Intensive Rente und sozialräumliche Fragmentierung in Santiago de Chile

In der rund 4,5 Mio. EinwohnerInnen zählenden Metropole Santiago de Chile erfolgte bereits ab 1974 mit der Militärdiktatur und damit sehr früh ein radikaler Bruch mit dem auf den Binnenmarkt orientierten Entwicklungsregime. Die Konsequenzen ökonomischer Restrukturierung bzw. eines neoliberalen Regimes auf die Stadtentwicklung und die Struktur der sozialen Auseinandersetzungen zeigen sich daher bereits seit längerer Zeit. Den Änderungen im Bereich der Bodenregulation dürfte im Unterschied zu den Änderungen der Einkommensverteilung im Bezug auf die stadträumliche Entwicklung eine vergleichsweise bedeutendere Rolle zugekommen sein. Zwar erhöhte sich auch in Santiago de Chile durch die neoliberale Restrukturierung der Ökonomie die Einkommenspolarisierung. Seit der zweiten Hälfte der 1980er Jahre - nach dem Ende der Übergangskrise ins neoliberale Regime - war jedoch ein deutlicher Rückgang der Ungleichheit - allerdings noch immer auf einem höheren Niveau - festzustellen (Ruiz-Tagle 2002). Eine Abnahme sozialräumlicher Polarisierung war damit aber nicht verbunden. Ein Automatismus, wie vielfach von kritischen StadtforscherInnen angenommen, dass mehr Einkommensungleichheit zu einer höheren sozialräumlichen Polarisierung führe bzw. umgekehrt, konnte so empirisch nicht bestätigt werden.

Die sozialräumliche Struktur der Stadt war bereits im Zuge des binnenorientierten peripher-fordistischen Entwicklungsmodells von einer klaren großräumigen sozialen Segregation geprägt. Mietwohnungen und damit auch Mietkontrollen spielten jedoch im Vergleich zu den oben angeführten Beispielen Wien und Montevideo aufgrund der hohen Bedeutung der Eigenheime kaum eine merkbare Rolle. Das Einfamilienhaus war die zentrale Wohnform. Wo welche Einkommensschichten zu wohnen hatten, war sozial klar definiert. Die auf hohen Bevölkerungszuwachs gestützte Expansion der Stadt führte dazu, dass sich Oberschichten und obere Mittelschicht vom Stadtzentrum wegbewegten und in einem kegelförmigen Gebiet ansiedelten, welches den Ausgangspunkt im Zentrum hatte (Pozo 1983). Dies war eine für Lateinamerika in diesem Zeitraum nicht untypische Entwicklung

(Bähr/Mertins 1995). Im Rest des Stadtgebietes nahmen mit zunehmender Distanz zum Zentrum die Bodenpreise ab (Trivelli 1987), und ärmere Einkommensschichten wurden so - sowohl in Beziehung zum ursprünglichen Zentrum als auch zum neu entstehenden „Kegel" - an die Peripherie gedrängt. Nicht zu vernachlässigen waren jedoch die geduldeten illegalen Ansiedlungen bzw. Landbesetzungen, die diese großräumige Segregation zum Teil auflösten (Morales 1983, Pozo 1983). Dieses „Dulden" der Landbesetzungen war eine spezifische Regulierung des Zugangs zu städtischem Boden. Durch die damit erfolgte „Aufhebung" des Privateigentums an Boden wurde die Monopolrente (zumindest in bestimmten Bereichen) als soziales Verhältnis der Zuweisung städtischen Raums außer Kraft gesetzt.

Nicht nur in diesem Punkt änderte sich jedoch die Regulierung ab dem Militärputsch 1973 dramatisch. Erstens wurden illegale Ansiedlungen mittels direkter Gewalt weitgehend unterbunden; zweitens wurden aktive Politiken verfolgt, die eine zwangsweise großräumige Umsiedlung dieser illegalen SiedlerInnen, weg von den Regionen der Reicheren hin zu den ärmsten Bevölkerungsschichten, vornahmen (Morales/Rojas 1986, Rodríguez/Winchester 2001). Binnen Kürze wurden auch alle Flächenwidmungspläne aufgehoben. Die Folge war ein unkontrollierter und rascher Suburbanisierungsprozess. Erst das kontinuierliche ökonomische Wachstum ab Mitte der 1980er Jahre und der damit verbundene rasche generelle Anstieg der Bodenpreise bis zum Durchschlagen der Asienkrise 1997/98 führte jedoch zu einer sich insbesondere in den 90er Jahren akzentuierenden neuen Form sozialräumlichen Wachstums in Form von erheblichen Fragmentierungsprozessen (Sabatini 2000). Während bis 1973 die „Auflösung" in sich homogener, aber großräumig ungleicher Sozialstrukturen noch „von unten" durch Landbesetzungen erfolgte, so war nunmehr ein gegenläufiger Prozess festzustellen: Insbesondere durch die Bauform der „Gated Communities" (Borsdorf 2000, Bähr/Mayer 2000) war es möglich, dass sich Reichere in Form von abgeschlossenen Inseln in Gegenden mit vergleichsweise ärmerer Bevölkerung ansiedelten (Interview mit Fernando Cornejo, ACOP 10.12.2001). Während im Zuge der peripher-fordistischen Expansion deren Form und Richtung nicht zuletzt durch klare Regulierungsvorgaben bestimmt war, und demnach der Monopolrente (die teilweise auch staatlich durch Flächenwidmungspläne etc. stabilisiert war) eine wichtigere Rolle zukam, gelangte nun die intensive Rente zu neuer Bedeutung.

Damit erhielt die Suche nach innovativen Standorten eine neue Relevanz. Für ImmobilienentwicklerInnen war es jetzt von zentraler Bedeutung, Boden vergleichsweise billig zu erwerben und durch eine Änderung der in der Gegend generell vorherrschenden Normen selbst die intensive Rente einzustreifen. Dies war - nicht zuletzt aufgrund der geänderten Regulierungen - eng mit Veränderungen des Bau- und Immobiliensektors verbunden. Während in der peripher-fordistischen Phase der städtischen Expansion primär einzelne Haushalte selbst ein Grundstück kauften, um darauf dann ein Haus zu errichten bzw. von Baufirmen errichten zu lassen, war nunmehr der gesamte Prozess kapitalistisch organisiert. Bau/Immobilienfirmen übernahmen den Kauf von Grundstücken, sowie den Bau der Gebäude und verkauften diese schlüsselfertig. Die intensive Rente stellte dabei einen wichtigen Teil des Gewinnes dar. Dabei zeigte sich, dass Größenvorteile eine wichtige Rolle spielten, sowohl bei der standardisierten Produktion als auch bei der Erzielung von intensiver Rente. Genau diese hing jedoch eng mit veränderten Regulierungen zusammen, d.h. der Durchsetzung einer liberalen Bodenregulation, die die Produktion von intensiver Rente in großem Maßstab erst ermöglichte. Die Folge war eine im Vergleich zur peripher-fordistischen Phase hohe Unternehmenskonzentration, wobei eine kleine Zahl an Immobilien/Baufirmenkomplexen eine überragende Rolle spielte (Gespräch mit Rodrigo Rojas, Cámara Chilena de Construcción 9.12.2001). Deren Akkumulationsstrategien orientierten sich damit erheblich an der Möglichkeit, intensive Renten zu produzieren und anzueignen. Die konkrete bauliche Umsetzung in Form von *Gated Communities* (*Condominios*) war dafür ausgesprochen geeignet, erlaubte sie doch wie keine andere Bauform die Produktion von „Inseln“. Damit diese neue Form der Wohnungsproduktion problemlos erfolgen konnte, wurden diese Regulierungen auch rechtlich abgesichert (zuletzt: ley de condominios von 1997). Auch die Konsummuster änderten sich dahingehend, dass diese Wohnungsformen nachgefragt wurden. Gated Communities wurden primär als Schutz vor Kriminalität beworben. Die Kriminalität war zwar im Zuge des neoliberalen Regimes und der damit einhergehenden geringeren gesellschaftlichen Integrationskraft tatsächlich erheblich gestiegen, jedoch im lateinamerikanischen Kontext nach wie vor äußerst niedrig - die produzierte Angst davor war hingegen hoch (Rodríguez/Winchester 2001).

Dies heißt allerdings nicht, dass nunmehr die fragmentierte Form der Stadtentwicklung die einzige Expansionsform war. Vielmehr zeigte sich, dass großräumiger sozialer Segregation nach wie vor eine entscheidende Rolle zukam. Auch dafür spielte die spezifische Regulierung, namentlich die nationalstaatliche Wohnungsbaupolitik, eine wichtige Rolle. An ärmere Einkommensschichten wurden einkommensabhängige Subventionen vergeben, mit denen von Immobilien/Baufirmen errichtete Sozialwohnungen mittels geförderter Kredite erworben werden können. Die Wohnungen wurden dort errichtet, wo Bodenpreise entsprechend niedrig waren - sprich im sozial relativ gering geschätzten Raum. Sozialbauten wurden daher in bestimmte Bereiche der räumlichen Peripherie abgedrängt (Sabatini 2000). Gleichzeitig fanden sich in mehreren der insgesamt 34 Comunas im Großraum Santiago nach wie vor 0% an höheren Einkommensschichten (Ducci 2001), was auf ausgeprägte großräumige soziale Segregation hindeutet.

Der Fragmentierungsprozess wurde vor allem von den Teilen der Mittelschicht (z.B. Jungfamilien) gespeist, die zu geringe finanzielle Kapazitäten hatten, sich im traditionellen „Kegel“ anzusiedeln. Die Fragmentierungsthese - der Bedeutungsgewinn von kleinräumiger an Stelle großräumiger Segregation - ist jedoch noch stärker zu relativieren, sind doch Bauaktivitäten für Condominios dieser Mittelschichten nicht zufällig im Raum verteilt. Einerseits finden sich Condominios sogar in den exklusivsten (= am stärksten ausschließenden) Gegenden und stabilisieren damit großräumige soziale Segregation; andererseits befinden sie sich in jenen ärmeren Gegenden, die in der Nähe zum traditionellen „Kegel" liegen, und sind auch dort nicht zufällig verteilt, sondern stehen in Bezug zur lokalen Infrastruktur. Bei den im Moment als Fragmentierungsprozess erscheinenden neuen Formen der sozialräumlichen Strukturierung kann es sich teilweise auch um Übergangsphänomene handeln. Mithin ist dies der erste Schritt der Aneignung weiterer Räume durch obere Einkommensschichten und die mittelfristige Verdrängung ärmerer Gruppen. Im Umfeld dieser Condominios stieg in einigen günstig gelegenen, aber bislang sehr armen Gegenden, wie etwa in Huechuraba, der Bodenpreis (im Sinne der geforderten Monopolrente) nunmehr überdurchschnittlich stark an (ACOP 2001, Trivelli 2001). Dies könnte mittel- bis längerfristig zu einer Abwanderung ärmerer Bevölkerungsschichten aus diesen Gegenden führen.

Die mittlerweile vorherrschende liberale Regulierung des Bodens und der Bodenrente schien nicht nur im Interesse des Immobilienkapitals, sondern auch generell im Interesse oberer Einkommensschichten zu stehen. Damit gelang es, ergänzt um substanzielle Förderungen von Sozialwohnungen, sich die Mehrheit der ärmeren Bevölkerung weiträumig vom Leib zu halten und gleichzeitig bei Bedarf neue Räume zu okkupieren und ärmere Bevölkerungsteile mittels des sozialen Verhältnisses Bodenrente „sauber" zu vertreiben. Dennoch zeigten auch zahlreiche konkrete Auseinandersetzungen zwischen Immobilieninteressen („will z.B. ein Hochhaus bauen") und reicheren Bevölkerungsschichten („will z.B. nicht, dass dadurch der Swimmingpool beschattet wird"), dass keine Interessenhomogenität bestand. Die daraus folgenden Konflikte in den reicheren Gemeinden (*comunas*) Santiagos wurden auch regelmäßig durch Kompromisse gelöst, die sich in spezifischen gemeindeeigenen Regulierungen niederschlugen. Nach dem radikalen Kahlschlag im Bereich der Bodenregulierung ab 1979 und der damit verbundenen alleinigen Begünstigung der Immobilienkapitalinteressen konnten insbesondere seit Mitte der 80er Jahre Oberschicht und obere Mittelschicht, ganz im Unterschied zu ärmeren Bevölkerungsgruppen, wieder Möglichkeiten zur Durchsetzung ihrer urbanen Interessen erkämpfen. Dabei handelte es sich jedoch weitgehend um Kämpfe innerhalb einer spezifischen liberalen Form der Bodenregulation. So wurden etwa in den reichen Gemeinden Providencia und Las Condes wieder lokale Entwicklungspläne erarbeitet, welche die Interessen der EinwohnerInnen zumindest in Teilbereichen gegenüber dem Immobilienkapital absicherten.

Neben diesen Auseinandersetzungen innerhalb bestimmter Regulationsmuster können auch die politischen Auseinandersetzungen, die beim Übergang zum Postfordismus zur Durchsetzung der liberalen Bodenregulation geführt hatten, untersucht werden. Anhand des chilenischen Falles wird besonders deutlich, dass Neoliberalismus nicht einfach im Zuge der „Globalisierung" vom Himmel fiel, sondern dass es vielmehr handfeste Interessen und Akteure waren, die mittels verschiedener Formen und Mittel - insbesondere auch der militärisch-polizeilichen Gewalt sowie der Gewalt des Geldes - spezifische Regulierungen durchsetzten. Die Veränderungen im Bereich der Bodenregulation waren im Kontext der Herausbildung neuer genereller Regulationsmuster erfolgt. Im chilenischen Fall war die

Durchsetzung neuer Regulierungsmuster von sehr ungleichen Kräfteverhältnissen gesellschaftlicher Akteure bestimmt. Sowohl die Arbeiterklasse als auch ein Teil des chilenischen Kapitals waren seit 1973 von der Entscheidungsfindung ausgeschlossen. Der Klassenkampf war damit, zumindest auf Zeit, einseitig gelöst. Damit konnten durch einen „ideellen Gesamtkapitalisten", der mit bestimmten Kapitalfraktionen verbunden war, neue Regulierungsmuster durchgesetzt werden, die etwa im Vergleich zu Uruguay erheblich kohärenter waren. Die Umstrukturierung von Wirtschaft und Gesellschaft nach neoliberalen Prinzipien war auch nicht zuletzt aufgrund des in den „Chicago Boys" verkörperten Wissens möglich. Diese neuen Regulierungen orientierten sich zunächst primär am bereits gegen Ende der 60er Jahre entstandenen Finanzkapital. Die Folgen der monetaristischen Geldpolitik und des Privatisierungsprogramms (zugunsten von Gruppen, die dem Militärregime nahe standen) waren erhebliche Konzentrationsprozesse des Kapitals im Kontext krisenhafter ökonomischer Entwicklungen bis Mitte der 1980er Jahre.

Diese Entwicklungen führten zur Herausbildung einiger großer ökonomischer Konglomerate (*grupos económicos*), die gleichzeitig - jedoch mit unterschiedlichen Schwerpunkten - sowohl im Finanzsektor als auch im Bereich der Industrie, der Dienstleistungen und nicht zuletzt im Bereich des Bau- und Immobiliensektors agierten. Entgegen einzig an fiktiver Finanzakkumulation interessierter Kapitalfraktionen war diesen äußerst einflussreichen Gruppen (Mönckeberg 2001) jedoch gemein, dass sie ein gemeinsames und primäres Interesse im Bereich der realen Akkumulation hatten, womit strategische Interessen für ein wachstumsorientiertes Regime vorlagen. Ebenso spielte Auslandskapital bis in die 1990er hinein keine relevante Rolle. Die bis 1982/83 dogmatisch neoliberale Regulation wich damit einer wesentlich flexibleren, auf makroökonomisches Wachstum bedachten Politik. Gleichzeitig wurden Maßnahmen ergriffen, die nach dem generellen Regulierungskahlschlag wieder mehr staatsförmige Regulierungsformen brachten. An die Stelle einer formellen Gleichbehandlung aller Kapitale traten wieder differenzierte Regulierungen einzelner Sektoren (Finanzsektor, Immobiliensektor, Transportsektor etc.) - sozusagen im Interesse der Gesamtwirtschaft. Dennoch blieb eine neoliberale Grundstruktur in den strukturellen Formen weitgehend erhalten - dies obwohl sich seit den 1990er die Bedeutung der Grupos Económicos veränderte. Teile der nationalen Bourgeoisie verwandelten sich durch Unternehmensverkauf an ausländische Investoren zunehmend in Rentiers, womit sich die politökonomische Grundkonstellation neuerlich verändert.

Die Auseinandersetzungen im Feld der Bodenregulation sind damit jedoch in diesem größeren politökonomischen Kontext zu sehen. Dies trifft nicht nur auf die Einführung einer liberalen Bodenregulation in den 1970er Jahren zu, sondern gilt auch für die noch in den 1980er Jahren erfolgten Re-Regulierungen. Diese wurden ab 1997 im Rahmen der krisenhaften Entwicklung in wesentlichen Teilen wieder aufgehoben. Die Aufhebung hatte primär den Effekt, angesichts der krisenhaften Entwicklung im produktiven Bereich Akkumulationsräume im fiktiven Bereich, etwa durch eine erhebliche Ausdehnung der Stadtgrenze, wieder aufzumachen.

Damit wurde (potenziell) Urbanisierung ermöglicht, gleichzeitig wurde über eine höhere kapitalisierte Bodenrente fiktives Kapital geschaffen, welches wiederum als Basis für Akkumulation, wie etwa als Besicherungsgrundlage für Kredite (Poduje 2001), diente. Dies hatte nicht unerhebliche Konsequenzen für die (sozialräumliche) Stadtstruktur. Die bestimmenden sozialen Auseinandersetzungen waren dabei in Santiago/Chile jedoch weniger die Auseinandersetzungen zwischen Kapital und Arbeit, sondern vielmehr zwischen Kapitalfraktionen. Die Arbeiterklasse blieb im Rahmen dieser Auseinandersetzung um Regulierungen, die weitgehend auf der nationalen Ebene angesiedelt waren und mit nationalen ökonomischen Entwicklungen eng zusammenhingen, weiterhin marginalisiert. Nach vielen Jahren der Diktatur und im Kontext neoliberaler Hegemonie war ihr progressives Veränderungspotenzial nur sehr eingeschränkt. Ausschließlich besser gestellten Teilen der Arbeiterschaft gelang es fallweise und lokal beschränkt, ihre Interessen im Zuge von *local environmental conflicts* gegenüber bestimmten Akkumulationsstrategien im Immobilienbereich durchzusetzen.

7. Resümee

Kritische Stadtforschung ist in ihrer ökonomischen Konzeptualisierung meist deutlich vom „Global City-Diskurs" beeinflusst. In Fragen des Raumes wird vielfach auf Lefebvre zurückgegriffen. Während Ersteres die Gefahr funktionalistischer Verkürzungen mit sich bringt, ist letztere Herangehensweise meist mit einem äußerst hohen Abstraktionsniveau verbunden. Demgegenüber erlaubt ein expliziter regulationstheoretischer Rahmen, die Handlungsebene - und damit die Frage der Politik - stärker zu berücksichtigen. Dadurch, dass Ökonomie „ernsthaft" als soziales Verhältnis begriffen wird, werden wesentliche Bereiche urbaner Auseinandersetzungen ins Zentrum gerückt. Darüber hinaus ermöglicht eine adäquat konzeptualisierte und in das regulationstheoretische Instrumentarium integrierte Theorie der Bodenrente die konkreten Prozesse der Produktion städtischen Raums zu analysieren. Die spezifischen Formen der Bodenrente inklusive ihrer institutionellen Einbettung werden als Teil der ökologischen Beschränkung begriffen, sind sie doch Kernbestandteil der Regulierung produktiver wie reproduktiver Nutzung städtischen Bodens.

Anhand von vier Fallbeispielen wurde das Potenzial dieses Zugangs sowie seine Anwendbarkeit auf unterschiedliche städtische Realitäten sowohl in Zentrumsstaaten als auch in der Peripherie dargelegt. In einem ersten Teil wurden die Entwicklungen in Wien und München verglichen, um die sich aufgrund unterschiedlicher Bodenregulation ergebenden städtischen Konsequenzen aufzuzeigen. Die Implikationen unterschiedlicher Formen der Regulation zeigen sich dabei besonders deutlich. Obwohl in München ein Wohnungsproblem (hohe Mieten) feststellbar war, wurden hier - im Vergleich zu Wien, wo die Mieten Dank spezifischer Regulierungen nach wie vor sehr niedrig waren - nur etwa halb so viele Wohnungen gebaut. In Österreich/Wien waren die sozialen Auseinandersetzungen um die Bodenregulierung und Wohnungsproduktion noch in Gang, während in Deutschland/München eine weitgehend kommodifizierte Bodenregulation - in Korrespondenz mit postfordistischen Akkumulationsstrategien - bereits durchgesetzt war. Die historisch tiefergehende Analyse zeigt ihrerseits, wie die Einführung spezifischer Regulierungen (etwa Mietzinsobergrenzen, bestimmte Formen der Wohnungspolitik) mit einer Veränderung des Kräfteverhältnisses zwischen Kapitalfraktionen und Klassen einhergegangen war. Insbesondere am Fall Montevideos wurde deutlich, wie eng die Reduktion der Monopolrente mit den Veränderungen der Kräfteverhältnisse zwischen Rentiers und produktivem Kapital verbunden war. Auch zeigen sich die Implikationen dieser Regulation für den Akkumulationsprozess. Ebenso zeigte sich am relativ ausführlich behandelten Fall Santiago de Chiles dieser Zusammenhang. Dennoch bildeten in Santiago auch in Zeiten peripher-fordistischer Entwicklung Mietwohnungen und entsprechende Regulierungen eine Ausnahme und waren im Unterschied zu Montevideo kaum verbreitet. Daher kam auch der Analyse der Monopolrente in Santiago eine untergeordnete Rolle zu, vielmehr wurde auf die Analyse der intensiven Rente abgestellt. Dabei zeigte sich, wie die post-fordistische Regulierung der Ökonomie und eine äußerst liberale Bodenregulation zu einer veränderten Bedeutung der intensiven Rente und des Immobiliensektors führten. Dies hatte wichtige Implikationen für die räumliche Strukturierung der Stadt, die insbesondere in letzter Zeit durch Prozesse der Fragmentierung gekennzeichnet ist. Insgesamt sollte mit den Fallbeispielen illustriert werden, wie durch die Integration der politökonomischen Bodenrententheorie in regulationstheoretischen Grundkategorien der Zusammenhang zwischen urbanen Entwicklungen, Regulation, Akkumulation und Verteilung erfasst werden kann. Damit sollte die Analyse sozialer städtischer Auseinandersetzungen über die Stadt hinaus wieder stärker ins Blickfeld der kritischen Forschung gebracht werden.

Anmerkungen

1 Dieser Artikel entstand im Rahmen des vom Österreichischen Fonds zur Förderung der Wissenschaftlichen Forschung geförderten Projektes „Economic Transformation and Urban Processes in Latin America“ (Projektnummer 14883).

2 In Hitz et al. 1995a findet sich auch der Abdruck eines Aufsatzes von Saskia Sassen.

Literatur

ACOP (2001): Evolución Annual Precios UF/m2 de Sitios Ofrecidos. ACOP. Base de Datos. Santiago.

Bähr, J./Mayer, K. (2000): Condominios im Großraum Santiago de Chile und ihre Auswirkungen auf die Stadtstruktur. In: Die Erde 132, 293-321.

Bähr, J./Mertins, G. (1995): Die lateinamerikanische Großstadt. Verstädterungsprozesse und Stadtstrukturen. Erträge der Forschung 288. Darmstadt.

Becker, J. (2002): Akkumulation, Regulation, Territorium. Zur kritischen Rekonstruktion der französischen Regulationstheorie. Marburg.

-/Jäger, J./ Raza, W. (2001): Economía Política de Montevideo. Desarrollo Urbano y Políticas Locales. Montevideo.

-/Novy, A. (1999): Divergence and convergence of national and local regulation: the case of Austria and Vienna. In: European Urban and Regional Studies 6 (2), 127-143.

-/Raza, W. (2000): Theory of Regulation and Politcal Ecology: An Inevitable Separation? In: Économies et Sociétés, Cahiers del'ISMEA, Série „Théorie de la Régulation" 11, 55-70.

Bértola, L. (2000): Salarios, distriubción del ingreso y aprendizaje en escenarios de convergencia y divergencia entre el Cono Sur y la economía mundial. In: ders. (Hg.): Ensayos de Historia Económica: Uruguay y la región en la economía mundial. Montevideo, 91-119.

Borsdorf, A. (2000): Condominios von Santiago de Chile als Beispiele sozialräumlicher Segregationstendenzen von Ober- und Mittelschicht in lateinamerikanischen Städten. In: Peripherie 80, 25-40.

Brenner, N. (1997): Die Restrukturierung staatlichen Raums. Stadt- und Regionalplanung in der BRD 1960-1990. In: Prokla 109, 545-566.

- (2000): The Urban Question as a Scale Question: Reflections on Henri Lefebvre, Urban Theory and the Politics of Scale. In: International Journal of Urban and Regional Research 24 (2), 361-377.

Dangschat, J. (1997): Sag' mir wo Du wohnst, und ich sag' Dir, wer Du bist! Zum aktuellen Stand der deutschen Segregationsforschung. In: Prokla 109, 619-648.

Dechervois, M., Théret, B. (1979): Contribucion à l'étude de la rente foncière urbain. Paris.

Ducci, M.E. (2001): The principle urban struggles of the third millennium. In: Ruble, B.A. et al. (Hg.): Urban Governance around the World. Comparative Urban Studies Project. Woodrow Wilson International Centre for Scholars, Toronto.

Dupasquier, J.N./Marco, D. (1991): Régulations Fordiste et Post-Fordiste en Suisse depuis 1937 - Matériaux pour une Approche. Genf.

Esser, J. et al. (Hg., 1994): Politik, Institutionen und Staat. Zur Kritik der Regulationstheorie. Hamburg.

Friedmann, J. (1986): The World City Hoypothesis. In: Development and Change 17 (1), 69-83.

Giddens, A. (1984): The Constitution of Society. Outline of the Theory of Structuration. Cambridge.

Görg, Ch. (1994): Der Institutionenbegriff in der Theorie der Strukturuierung. In: Esser, J. et al. (Hg.), 31-84.

- (1995): Plädoyer für Gesellschaftstheorie. Eine Replik auf Christoph Scherrer. In: Prokla 101, 325-343.

Graham, J./Keil, R. (1997): Natürlich städtisch: Stadtumwelten nach dem Fordismus. In: Prokla 109, 567-590.

Haila, A. (1990): The theory of land rent at the crossroads. In: Environment and Planning D: Society and Space 8, 275-296.

Harvey, D. (1982): The Limits to Capital. Oxford.

- (1985): The Urbanization of Capital. Oxford.

- (1996): Justice, Nature & The Geography of Diference. Oxford.

Hirsch, J./Roth, R. (1986): Das neue Gesicht des Kapitalismus. Vom Fordismus zum Postfordismus: Hamburg.

Hitz, H. et al. (Hg., 1995a): Capitales Fatales. Globalisierung und Politik in den Metropolen Frankfurt und Zürich. Zürich.

Hitz, H. et al. (1995b): Zur Dialektik der Metropole: Headquarter Economy und urbane Bewegungen. In: Hitz, H. et al (Hg.), 137-159.

Jäger, J. (1999): El rol de la renta de la tierra en la economía urbana e implicaciones para lsas políticas locales en Montevideo. In: Intendencia Municipal de Montevideo y Sociedad de Economistas del Uruguay (Hg.): Una mirada a la ciudad desde la perspectiva económica. Montevideo, 77-87.

- (2002a): Eine Regulationstheoretische Konzeptualisierung der Theorie der Bodenrente. Politökonomischer Entwicklungsprozeß und urbane Raumstruktur in Wien und Montevideo. Wien.

- (2002b): Urban Land Rent Theory. A Regulationist Perspective. In: International Journal of Urban and Regional Research 26 (i.E.).

Jessop, B. (1997): Die Zukunft des Nationalstaates - Erosion oder Reorganisation? In: Becker, S., Sablowski, T., Schumm, W. (Hg.): Jenseits der Nationalökonomie. Hamburg.

Keil, R. (1998): Globlization makes states: perspectives of local governance in the age of the world city. In: Review of International Political Economy 5 (4), 616-646.

Krätke, S. (1992): Urban land rent and real estate markets in the process of social restructuring: the case of Germany. In: Environment and Planning D: Society and Space 10, 245-264.

Landeshauptstadt München (2000): Bericht zur Wohnungssituation in München 1998-1999. München.

Läpple, D. (1991): Essay über den Raum. Für ein gesellschaftswissenschaftliches Raumkonzept. In: Häußermann, H. et al. (Hg.): Stadt und Raum. Soziologische Analysen. Pfaffenweiler, 157-208.

Lefebvre, H. (1991): The production of space. Oxford.

Lipietz, A. (1974): Le triburt foncier urbain: Circulation du capital et propirété foncière dans la prodction du cadre bâti. Paris.

- (1985): A marxist approach to urban ground rent: the case of France. In: Ball, M. et al. (Hg.): Land Rent, Housing and Urban Planning. A European Perspective. London.

MacLeod, G. (1999): Place, politics and scale ,dependence': exploring the structuration of Euroregionalism. In: European Urban and Regional Studies 6 (3), 231-253.

Magistrat der Stadt Wien (2002): <http://www.magwien.gv.at/ma66/aktuell/wohnungen.pdf>. 5. April 2002.

Mayer, M. (1997): Berlin-Los Angeles. Berlin auf dem Weg zur „Global City". In: Prokla 109, 519-544.

Mönckeberg, M. (2001): El Saqueo de los Grupos Económicos al Estado Chileno. Santiago.

Morales, E. (1983) Algunos indicadores de niveles de vida en campamentos de las comunas del Gran Santiago. Santiago.

-/Rojas, S. (1986): Relocalizacion socio-espacial de la pobreza: politica estatal y presion popular, 1979-1985. Santiago.

Novy, A./Redak, V./Jäger, J./Hamedinger, A. (2001): The End of Red Vienna. Recent Ruptures and Continuities in Urban Governance. In: European Urban and Regional Studies 8 (2), 131-144.

Poduje, I. (2001): El caso de Chacabuco. Ponencia, Seminario de la CEPAL, noviembre 2001. Santiago.

Pozo, H. (1983): La ciudad como espacio de segregación social. Santiago.

Propiedades (1997): Cambios en la estructura de consumo. Montevideo.

Rodríguez, A./Winchester, L. (2001): Santiago de Chile. Metropolización, globlazación y desigualdad. In: EURE 27 (80).

Ruiz-Tagle, J. (2002): Chile: 40 años de desigualdad de ingresos. <http://sol.facea.puc.cl/caae/Vocalias/Libreria/doc/Papers/desigualdad_40_anos.pdf>. 10. April 2002.

Sabatini, F. (2000): Reforma de los mercados de suelo en Santiago, Chile. Efectos sobre los precios de la tierra y la segregacion social. EURE 26 (77), 49-80.

Sassen, S. (1991): The Global City. New York, London. Tokyo. Princeton.

- (2001): Impacts of Information Technologies on Urban Economies and Politics. In: International Journal of Urban and Regional Research 25 (2), 411-418.

Schmid, C. (1996): Headquarter Economy und territorialer Kompromiß. In: Zeitschrift für Wirtschaftsgeographie 40, 28-43.

Smith, M.P.: (2001): Transnational Urbanism. Locating Globalization. Oxford.

Swyngedouw, E. (1997): Neither global nor local: ‚glocalization' and the politics of scale. In: Cox, K. (Hg.) Spaces of Globalization. New York.

Topalov, C. (1974): Les promoteurs inmobiliers. Contribution à l'analyse de la production capitaliste du logement en France. Paris.

Topalov, C. (1984): Le profit, la rente et la ville. Elements de théorie. Paris.

Trivelli, P. (1987): Intra-urban socio-economic settlement patterns, public intervention, and the determination of the spatial structure of the urban land market in Greater Santiago, Chile. Cornell University: Unpublished Thesis.

- (2001): Mercado del suelo urbano. Area Metropolitana de Santiago. Boletín No. 77, 3. Trimestre.

Margit Mayer

Das Potenzial des Regulationsansatzes für die Analyse städtischer Entwicklungen am Beispiel territorialer Anti-Armutspolitik

Obwohl die Debatten um neue (post-fordistische) Entwicklungen häufig eine wachsende Bedeutung der lokalen Ebene betonen und den lokalen Staat als zentralen Ort v.a. der Regulation ausmachen, ist die Rolle subnationaler territorialer und funktionaler Räume innerhalb der neu entstehenden Formation nach wie vor unterbelichtet bzw. unklar. Ein Grund hierfür mag sein, dass die wenigen, explizit in Auseinandersetzung mit regulationstheoretischen Ansätzen arbeitenden Untersuchungen zu Veränderungen lokaler Prozesse und Politikformen zu recht widersprüchlichen Positionen gelangt sind. So wirft Jones beispielsweise der Mehrzahl der „Lokal-Regulationisten" vor, dass sie lokale Transformationen schlicht als Epiphänomene des (von ihm angezweifelten) *Shift* vom Fordismus zum Postfordismus interpretieren (Jones 1997:855), woraus sich keine Theorie der Veränderungen lokaler *governance* entwickeln lasse. Andere sich mit der „lokalen Regulationstheorie" auseinandersetzende Autoren (Painter 1995, Peck und Tickell 1994) bezweifeln überhaupt, dass sich mit den zu beobachtenden - wenn auch signifikanten - Veränderungen ein neues (kohärentes) Regime abzeichne; vielmehr hätten wir es mit der Krise bzw. dem Versagen der vorhandenen Regulationsmodi zu tun. Brenner und Theodore (2002) dagegen, die durchaus post-fordistischen räumlichen und lokalen Formen staatlicher Regulation auf der Spur sind, fokussieren ihr Interesse jedoch auf die *neoliberale* Stadt, was den Blick auf die möglichen Konturen post-fordistischer Regulation einengt: neben neoliberalen Mustern sind auch neoetatistische, neokommunitäre, neokorporatistische oder Mischvarianten subnationaler Regulation denkbar bzw. beobachtbar.

Diese unterschiedlichen und allesamt unfertigen Sichtweisen auf die Rolle der lokalen Ebene bei der Restrukturierung und Reskalierung von Akkumulation und Regulation entwickelter kapitalistischer Gesellschaften können hier nicht näher beleuchtet oder abgeglichen werden. Die Relevanz und potenzielle Nützlichkeit einer regulationstheoretischen Sicht auf die lokale Ebene soll hier vielmehr an Hand neuerer empirischer Ergebnisse aus der lokalen Politikforschung und der Entwicklungen im Feld städtischer Sozialpolitik konkretisiert werden. Dabei soll es gleichzeitig darum gehen, mit Hilfe dieser Befunde den Regulationsansatz, der ja stark von seinem ursprünglichen Erklärungsgegenstand - dem atlantischen Fordismus mit seiner speziellen raum-zeitlichen Fixierung und seinen Stabilitätserwartungen - geprägt war, weiter zu entwickeln. Der Fokus auf subnationale Ebenen folgt aus der Annahme, dass mit der „Entterritorialisierung" des Akkumulationsprozesses räumlich differenzierte Formen soziopolitischer Territorialisierung eine wichtige Voraussetzung post-fordistischer Reproduktion - von Akkumulationsstrategien, staatlichen Projekten sowie von Hegemonie-Projekten - geworden sind

(Hirsch u.a. 2001). Nicht nur supranationale Räume, Institutionen und Prozesse sind für das post-fordistische Akkumulationsregime und seine Regulationsweise als strategisch relevante neben die nationalstaatlichen getreten. Auch subnationale - regionale, lokale und sublokale - Räume bzw. Ebenen haben eine völlig neue Bedeutung für die Reproduktion der entstehenden Formation gewonnen. So herrscht weithin Konsens darüber, dass die Konkurrenz der Standorte auch eine der Regionen und Städte geworden ist; Städte bzw. Stadtregionen gelten inzwischen sogar als zentrale Motoren wirtschaftlichen Wachstums, als essenzielle Akteure für wirtschaftliche und kulturelle Wettbewerbsfähigkeit und Innovation. Gleichzeitig haben sich innerhalb dieser aufgewerteten Regionen und Städte neue räumliche Differenzierungen und Polarisierungen ausgebildet, und sind entsprechend unterschiedliche sozialräumliche Politikansätze in den Vordergrund getreten.

Trotz der gewachsenen Bedeutung der auf dieser Ebene greifenden neuen Akkumulationsstrategien und Regulationsmuster wissen wir jedoch wenig über die Prozesse der räumlichen Konfiguration und die der Reorganisation von Staatlichkeit auf dieser Ebene[1]. *Rescaling*, also die Verschiebung strategischer staatlicher Funktionen nach „oben" und „unten", ist in regulationstheoretischen Analysen als zentrales Element der neuen „glokalisierten" Staatlichkeit ausgemacht worden (*glocalized configurations of state spatiality*, Brenner 2003). Auch bezogen auf die subnationale Ebene und ihre spezifische Rolle innerhalb eines „re-skalierten" Reproduktionszusammenhangs sollte der Regulationsansatz also produktiv gemacht werden können. Mit seinem Fokus auf dem Prozess der permanenten Selbsttransformation der kapitalistischen Gesellschaft erlaubt er es, die Möglichkeiten für unterschiedliche Kompromisse innerhalb einer Korrespondenz von Akkumulationsregime und Regulationsweisen zu eruieren (Jessop 1990a: 309; Mayer 1991). Seine Betonung der Offenheit des Ausgangs bzw. der Gestaltbarkeit der jeweiligen Gesellschaftsformation durch politische und soziale Kämpfe ermöglicht uns, aus einem Spektrum von Möglichkeiten zu schöpfen und so für die politischen Gestaltungsmöglichkeiten in den aktuellen Auseinandersetzungen zu sensibilisieren (vgl. Mayer 1996: 24-25). Wenn wir diese Stärken des Regulationsansatzes auf die lokale Ebene richten, sollte es möglich werden, zur Klärung von drei Problemen einen Beitrag zu leisten: 1. zur Frage der Gewichtung des lokalen Raums in der Rehierarchisierung der Regionen, 2. zur Rekonfiguration der Beziehungen zwischen Staat, Markt, und (Zivil-)Gesellschaft, d.h. des lokalen erweiterten, verhandelnden Staats und 3. zur Reregulierung von sozialen Kompromissen im Zusammenhang der Reskalierung.

1. Räumliche Rekonfiguration und die Rolle der lokalen Ebene

Der für die fordistische Ära charakteristische institutionalisierte temporäre Klassenkompromiss zwischen (gewerkschaftlich organisierten Fach-)Arbeitern und Kapital, der eine relativ stabile Basis für die erweiterte Reproduktion des (nationalen) Kapitals darstellte und einherging mit einer Politik ausgleichender Redistribution - von Industrieansiedlung, Bevölkerung und Infrastruktur - im gesamten nationalen Territorium, ließ zwar große Teile der nationalen Bevölkerung an seiner erweiterten Reproduktion teilhaben, aber verschob die innerhalb des Modells nicht lösbaren Widersprüche und Konflikte auf bestimmte gesellschaftliche Bereiche. Immigranten und Frauen waren genauso wenig aufgehoben im fordistischen Klassenkompromiss wie die Naturverhältnisse. Auf die Krise und Erosion dieses Modells folgt die Suche nach neuen Kompromissen, einhergehend mit einer zunehmenden Differenzierung des nationalen Raums durch Rekonzentration ökonomischer Ressourcen an strategischen städtischen und lokalen Wachstumszentren und durch staatlich beförderte Stimulierung von intraregionaler Konkurrenz. Das Zurückfahren redistributiver regionaler Politik seit den späten 1970er Jahren zugunsten einer Entwicklung endogener Entwicklungspotenziale gekoppelt mit der Herausbildung „unternehmerischer Städte" (Mayer 1990; Hall/Hubbard 1998) sowie der Um- und Abbau des Keynesianischen (nationalen) Wohlfahrtsstaats zugunsten eines *Schumpeterianischen post-nationalen Workfare Regime* (SWPR^2) produziert eine wachsende geographische Differenzierung: Räumliche Ungleichheiten, Nord-Süd-Gefälle, boomende neben verarmenden Regionen und die Herausbildung neuer innerstädtischer sowie peripherer Armutszonen wurden zu unvermeidlichen Begleiterscheinungen des neu entstehenden Wachstumsmodells.

Dabei resultieren die zunehmenden Divergenzen zwischen Orten und Regionen sowohl aus einer (Re-)Hierarchisierung zwischen diesen Gebieten aufgrund der veränderten und flexibilisierten Standorterwartungen von Wirtschaftsunternehmen und anderen mächtigen Akteuren als auch aus Unterschieden in der lokalen Regulation der Kapitalakkumulation sowie der Vergesellschaftungs- und Vergemeinschaftungsprozesse (Dangschat/Diettrich 1999: 98).

Der sich zuspitzende überregional geführte Wettbewerb um die Wachstumsindustrien manifestiert einerseits die gewachsenen städtischen Handlungsspielräume dank „down-scaling", andererseits produziert der Druck, die Wettbewerbsfähigkeit des jeweiligen Wirtschaftsstandorts zu sichern und auszubauen, auch destruktive Folgen und verschärfte sozialräumliche Ungleichheiten.

Die in der ersten Phase (1980er Jahre) des „down-scaling" vorherrschenden Strategien der Rekonzentration wirtschaftlichen Wachstums und ungezügelter interregionaler Konkurrenz (also die primär auf unternehmerische Stadtentwicklung setzende sog. *New Urban Policy*, NUP) werden seither vielerorts ergänzt durch einen herunterzonierten (regionalen) Keynesianismus, bei dem redistributive Strategien und soziale Kohäsion *innerhalb* bestimmter subnationaler Zonen für ausgeglichenere Bedingungen sorgen sollen – ohne dabei das übergeordnete Muster räumlich differenzierter Formen soziopolitischer Territorialisierung aufzulösen. Kennzeichnend für diese (mit den späten 1980er Jahren einsetzende) zweite Phase der „Glokalisierung", mit der politische Akteure den manifesten Krisenerscheinungen und Konflikten zu begegnen suchten, wurde die Flankierung rein unternehmerischer Stadtentwicklungsstrategien durch (territorial ausgerichtete) Maßnahmen zur Bekämpfung der sozialen Exklusion (Jessop 1998: 97-98; Harloe 2001; Brenner 2002: 22). Allerdings gelten im vorherrschenden Diskurs auch die dominanten (unternehmerischen)

Stadtpolitiken (die das Gros der Ressourcen und der Aufmerksamkeit binden) mit ihren ebenfalls geographisch ausgerichteten Maßnahmen (große Stadtentwicklungsprojekte, Technopoles, sowie die Bemühungen, einkommensstarke Bevölkerungsgruppen in die Innenstädte zurück zu holen) als Instrumente zur Bekämpfung sozialer Exklusion. Während die Maßnahmen zur „Pflege des Wirtschaftsstandorts" und zur Entwicklung der weichen Standortfaktoren den Großteil der Mittel auf sich ziehen, erhalten die marginalisierten Zonen nun mehr Aufmerksamkeit und werden zur Zielscheibe einer neuen Generation von „integrierten" Programmen und Handlungsansätzen, die den sublokalen Raum - das Quartier - zur primären Ebene der Bekämpfung der Armut aktivieren wollen. Vom Privatsektor aufgegebene, von der Stadtentwicklung vernachlässigte und von der Belegungspolitik der kommunalen Wohnungsämter überdurchschnittlich bedachte Gebiete an der ökonomischen Peripherie, wo sich soziale Desintegrationstendenzen mit Mangel an Infrastruktureinrichtungen und desolatem Zustand der Bausubstanz verbinden und zu kumulativen Benachteiligungen führen (Kronauer 1997; Keller 1999; Farwick 2001), werden zum Adressaten einer neuen gebietsbezogenen Politik, die sich die Bekämpfung der sozialen Exklusion auf die Fahnen geschrieben hat (Alisch/Dangschat 1998; Kürpick/Weck 1998; Parkinson 1998; Taylor 1998; Moulaert u.a. 2000).

2. Rekonfiguration der Beziehungen zwischen Staat-Markt-(Zivil-)Gesellschaft

Im Folgenden betrachten wir diese aktuelle Politik der Flankierung etwas genauer, um die sich dabei restrukturierenden Beziehungen zwischen staatlichen und privaten bzw. (zivil)gesellschaftlichen Akteuren im lokalen Raum zu erfassen.

Der vorherrschende Diskurs beschreibt die in den „benachteiligten Stadtteilen" („deprived communities", „quartiers en crise") herrschende strukturelle Arbeitslosigkeit (d.h. die strukturelle Ausgrenzung aus dem Arbeitsmarkt bzw. die Einbindung in wachsende prekäre Teile desselben) mit der Folge unübersehbarer Gesellschaftsspaltung nicht mehr als Symptom städtischen Versagens, das mit übergeordneten Redistributionsleistungen zu kompensieren sei, sondern als Barriere für die Wettbewerbsfähigkeit des jeweiligen Ortes, als Hindernis in der Standortkonkurrenz. Städtische Armut und die mit ihr verbundenen Probleme werden dank ihrer sozialräumlichen Konzentration redefiniert als Mangel an sozialer Kohäsion, der soziale und ökonomische Exklusion produziere und als potenzielle Barriere der Wettbewerbsfähigkeit nach politischen Maßnahmen verlange.

Frankreich hat als erstes europäisches Land der Exklusion den Kampf angesagt.[3] Über die EU wurde der neue Diskurs und die entsprechenden integrierten Handlungsansätze für „exkludierte" städtische Teilräume auf Europa ausgedehnt.[4] Unterschiedliche Varianten von territorial-gerichteten Programmen wurden aufgelegt, denen eine Reihe von Merkmalen gemeinsam ist: Sie begegnen den „Exkludierten" mit *umfassenden* Maßnahmen (also solchen, die ökonomische, soziale, und kulturelle Benachteiligungen gleichzeitig mit wohnungs- und stadterneuerungspolitischen Initiativen angehen). Bei diesen aus kumulativen Schritten bestehenden Eingliederungsmaßnahmen in Richtung Arbeitsmarkt und gesellschaftliche Reintegration kommen sozialen Netzen und *sozialem Kapital* große Bedeutung zu. Die Programme betonen allesamt die Kooperation zwischen verschiedenen staatlichen Ebenen und mit *privaten* und *Drittsektorträgern* v.a. auf lokaler Ebene. Schließlich zielen die Programme[5] darauf ab, die „Exkludierten" zu *aktivieren*, d.h. sie sollen selbst an ihrer Wiedereingliederung partizipieren und ihre sozialen Verbindungen wiederherstellen. Sie haben eine reziproke Verpflichtung zu gemeinnütziger Tätigkeit, weshalb die entsprechenden Maßnahmen meist Fördermittel für von gemeinnützigen bzw. Drittsektor-Organisationen (nonprofits) zu entwickelnde sozialwirtschaftliche Trägerstrukturen, nachbarschaftsbezogenen Dienstleistungen oder Umweltprojekte beinhalten. Auch die Veränderungen der jeweiligen nationalen Arbeitsmarktpolitik sowie Reformen der Sozial(hilfe)politik, die mit unterschiedlicher Geschwindigkeit im Lauf der 1990er Jahre alle OECD-Länder erfasst haben, beinhalten den Trend zur Aktivierung der Betroffenen im Rahmen von verpflichtenden *Workfare*-Maßnahmen, die auf das Quartier bezogen sind. Der Bedeutungsgehalt der auch hier häufig verwendeten Termini wie *Empowerment* und Solidarität beinhaltet einen deutlichen Angriff auf „Fürsorgeabhängigkeit", d.h. den sozialen Lohn und andere sozialstaatliche Garantien. Die auf Selbst-Aktivierung zielenden Maßnahmen beinhalten also ein Konzept von individueller oder *community* '*self-reliance*', das deutlich mit einem konservativen Wertekanon harmoniert.

Mit der Verbreitung von Ansätzen der „sozialen Stadtentwicklung" in den 1990er Jahren fand also u.a. eine Verschiebung von einer sozialen zu einer räumlichen Definition von Entwicklung statt: weg von Zielgruppen hin zu Räumen, weg von den universellen Unterstützungsleistungen des keynesianischen Wohlfahrtsstaats hin zu Formen wirtschaftlicher Regeneration, die über auf spezifische Orte gerichtete Erneuerungsmaßnahmen erreicht werden soll. Mittel und Aufmerksamkeit werden auf bestimmte soziale Gruppen gerichtet, die auf der Grundlage ihrer Verortung, ihres Wohnorts, ihrer Nachbarschaft, und der Merkmale ihres Quartiers identifiziert werden. Ob nun Soziale Stadt in Deutschland[6], Neighborhood Renewal Fund in Grossbritannien[7], Entreprises d'insertion und régies du quartiers in Frankreich[8] oder die Palette von EU-Förderprogrammen und Modellprojekten[9]; alle verfolgen Gebiets- anstatt Fachprogramme und bündeln ressourcenübergreifende Maßnahmen mit dem Ziel der (unternehmerischen bzw. erwerbsarbeits-orientierten) Aktivierung der „Exkludierten". Da diese Programme generell noch kaum koordiniert und wenig in die allgemeine städtische Politik und Planung integriert sind, ist ihre Wirkung in Bezug auf Arbeitsmarktintegration oder Steigerung der „sozialen Kohäsion" noch unklar. Aber sie haben bereits deutliche Wirkungen auf die lokalen Trägerorganisationen und zivilgesellschaftlichen Akteure, die bei der Umsetzung dieser Programme maßgeblich beteiligt sind, und tangieren damit die Konturen des lokalen, erweiterten, verhandelnden Staates.

Zentrale Akteure bei der Umsetzung der Programme für „benachteiligte Stadtteile" sind lokale Dritt-Sektor-Organisationen.[10] Diese freien Träger gelten aufgrund ihrer lokalen Kompetenz, ihrer Nähe zu den Betroffenen, ihren Erfahrungen und ihrer Innovationskraft als geeignet, um die neuen Inklusions-Programme an die ausgegrenzten städtischen Problemgruppen zu vermitteln. Nicht nur weil lokale Initiativen den besonderen lokalen Bedürfniskonstellationen und Entwicklungspotenzialen besser Rechnung tragen können, sondern gerade auch weil sie nicht nach Marktgesetzen funktionieren, sondern auf Solidarität und *Empowerment* basieren, wird ihnen hier Vorrang eingeräumt. EU-Programme bspw. knüpfen dezidiert an europäische Traditionen von *non-profit* bzw. gemeinnützigen Organisationen an (Evers u.a. 2000: 28); die nicht-marktförmige Koordination, die sie mittels *community* und Solidarität bewerkstelligen können, ist Voraussetzung, um Marktversagen gegenzusteuern.

Seit jedoch Stadtteilgruppen, gemeinnützige Organisationen, freie Träger und Sozialdienstleister in den 1990er Jahren damit begonnen haben, Vertragsbeziehungen im Rahmen der diversen Entwicklungs- und Erneuerungsprogramme einzugehen, transformieren sich die intermediären Strukturen der freien Trägerlandschaften in der Stadt(teil)entwicklung und Sozialpolitik: Es entsteht eine Grauzone zwischen sozialer Ökonomie, informeller Ökonomie, und stadtteilbezogenen Dienstleistungen, wobei sich auch neue (Mikro-)Unternehmensformen herausbilden; die freien Trägerorganisationen selbst finden sich auf einer Gratwanderung zwischen sozialer/wirtschaftlicher und politischer Arbeit.

Zusammenfassend lässt sich feststellen, dass die Umorientierung von Transfer- und Unterstützungszahlungen bzw. Versicherungsleistungen hin zu aktiver Sozialpolitik und aktiver, Flexibilisierung betonender Arbeitsmarktpolitik, begleitet von der Aufwertung der informellen/sozialen Ökonomie mit dem Ziel des aktiven, produktiven Bürgers alle Elemente des SPWR reflektiert: die Betonung des unternehmerischen Aktivismus, die Privilegierung des lokalen Raums, *workfare* statt *welfare* und die Einbeziehung zivilgesellschaftlicher Akteure. Da die Rolle des letztgenannten Elements in diesem lokalen Regulierungsmuster bislang am wenigsten Aufmerksamkeit erfahren hat, am wenigsten verstanden, aber gleichzeitig herrschaftstechnisch am prekärsten ist, soll sie im folgenden genauer betrachtet werden.

3. Re-Regulierung von sozialen Kompromissen auf lokaler Ebene

Mit den beschriebenen Kooperationsformen entsteht ansatzweise eine neue Konfiguration von (lokalem) verhandelndem Staat-Markt-Dritt-Sektor, die in ihren Konturen keineswegs eindeutig vorherbestimmt ist. Aus regulationstheoretischer Sicht stellt sich die Frage, ob ein Regime entstehen kann, das relevanten - auch benachteiligten - Gruppen Existenz und Entwicklungsperspektiven bieten kann. Denn Hegemonie impliziert - über ökonomische, politische und militärische Dominanz und ideologische Führerschaft hinaus - eine politische Führung, die eine solche integrierende Ordnung garantieren kann. D.h. nur wenn die strukturell Ausgegrenzten sowie die in diesem Bereich arbeitenden politischen und zivilgesellschaftlichen Akteure solche Perspektiven sehen, kann das Regulationsmodell Legitimität und temporäre Kohärenz gewinnen. In der aktuell breit geführten Auseinandersetzung um die *hearts and minds* der Beteiligten geht es um genau diese Legitimität: Weltbank, UNESCO, die EU sowie die jeweiligen nationalen Regierungen betreiben einen beachtlichen Aufwand, um für ihre herunterzonierten, auf der (sub) lokalen Ebene zur Anwendung kommenden Erneuerungs-Policies zur Bearbeitung der sozialen Verwerfungen der gesellschaftlichen Restrukturierung Akzeptanz zu mobilisieren. Ein Großteil des (finanziellen) Engagements der einschlägigen Institutionen geht in ideologische Arbeit: umfassende „Begleitforschung" sowie Fluten von Hochglanzbroschüren streuen millionenfach die *message*, dass der Nutzen der Involvierung sublokaler Drittsektororganisationen und ihres Aktivierungspotenzials nicht nur wirtschaftlicher und sozialer Art sei, sondern auch in politischer und gesellschaftlicher Hinsicht positive Auswirkungen mit sich bringe.[11] Obwohl einschlägige Evaluierungen bestenfalls ein sehr durchwachsenes Bild ergeben (Amin u.a. 1998; Geddes 2000; Mayer 1999; Silver 1998; Stoecker 1997), geht ein Heer von professionellen und auch akademischen Beobachtern von kohäsions- und demokratieförderlichen Effekten der neuen gebietsbezogenen Aktivierungs-Ansätze aus, die es folglich zu stärken und auszuweiten gelte.[12] Auch viele engagierte Gemeinwesenarbeiter und andere Stadtteil-Professionelle sehen hier neue Chancen, die Beteiligung von Bürgern sowie Politikmodelle „von unten" zu fördern - und übersehen dabei häufig den Kontext, in dem diese neuen Politikansätze stehen.

Entgegen der offiziellen Rhetorik, die mit ihrer Betonung von „sozialer Inklusion" und „Kohäsion" politisch mobilisiert, um Legitimation für ihre Projekte zu besorgen, und entgegen den wohlmeinenden *Advocates* von quartiersbezogenen Programmen, setzen sich faktisch häufig andere Tendenzen durch, die von herrschenden Akteuren durchaus als gewollt bezeichnet werden. Eine nüchterne Betrachtung von Untersuchungen in diesem Feld lässt eher problematische Tendenzen sowohl bei den zivilgesellschaftlichen Organisationen (1) als auch ihren Adressaten (2) erkennen.

1. *Die stadtteilverankerten Organisationen bzw. freien Träger*, die - mit mehr oder weniger umfassenden - integrierten Handlungsansätzen arbeiten, reproduzieren sich inzwischen über bewohnernahe Dienstleistungen und nachbarschaftsorientierte Waren- und Dienstleistungsangebote, über territorial-orientierte Aktivierungs- und Entwicklungsmaßnahmen (Beschäftigungspakte, Quartiersmanagement) oder als lokale Beschäftigungs- und Entwicklungsinitiativen, d.h. sie sind relativ institutionalisiert und in Verträge mit den kommunalen oder übergeordneten Behörden eingebunden. Obwohl manche von ihnen Entstehungshintergründe in den emanzipativen Bewegungen der 1960er und 70er Jahre haben und erst seit relativ kurzer Zeit in die Armutsbekämpfungsstrategien inkorporiert wurden, haben sie sich zunehmend zu Dienstleistungsagenturen entwickelt, die frühere Ansprüche - Problemgruppen zu „Empowerment" zu verhelfen oder gar gesellschaftliche Strukturen zu verändern - tendenziell aufgegeben haben zugunsten von eigenen Reproduktionsinteressen.

Erfolgreiche Träger (d.h. solche, denen es gelingt, Klienten in Arbeit zu bringen) mutieren zu konkurrenzfähigen mainstream-Firmen oder werden von privaten Unternehmen geschluckt. Nur wenigen gelingt es, staatliche Programme für selbstbestimmte Ziele und soziale Auseinandersetzungen zu nutzen. Die meisten verausgaben sich, unterfinanziert und an Personalmangel leidend, als Reparaturnetzwerke gegen die sich verschärfende ökonomische und soziale Desintegration. Die kompetitiven Bewerbungsverfahren, die dazu führen, dass Mittel zumeist auf der Basis von Projekt-Formulierungen (und nicht auf der Basis tatsächlicher Bedarfe) zugewiesen werden, bevorteilen Träger mit starker organisatorischer Struktur, die ihnen die notwendigen Projektantrags-, Lobbying-, Verhandlungs- und Implementationsaufgaben erleichtert (Swyngedouw 2002: 565). Die umfängliche Inanspruchnahme durch Modalitäten und Auflagen der neuen Finanzierungsinstrumente lässt darüber hinaus die Distanz dieser Organisationen zu neuen ausgegrenzten und diskriminierten Gruppen (jugendliche Hausbesetzer, kulturelle Aktivisten etc.) wachsen. Damit verlieren sie jedoch tendenziell genau die Solidarität und Loyalität generierenden „empowering" Kompetenzen, die ursprünglich die Basis für ihre Nutzbarmachung und Einbindung darstellte.

2. *Die Adressaten/Quartiere/Klienten.* Dort wo soziale Ökonomie-Ansätze zum Einsatz kommen, erreichen diese selten die erhoffte Nachhaltigkeit. Stattdessen enden sie oft in einer Ghetto-Ökonomie, wo sie zur weiteren Isolierung der Bevölkerung beitragen, indem sie sie in abgekoppelten ökonomischen Kreisläufen belassen. In Gebieten, wo das Quartiersmanagement zum Einsatz kommt, ist ein häufig beobachteter Effekt, dass bestimmte Stadtteilbewohnergruppen beteiligt werden bei gleichzeitiger Ausgrenzung anderer (unerwünschter oder problematischer) Gruppen.

Wo die Trägerorganisationen ihre Klienten in den Niedriglohnsektor vermitteln (bspw. in Großstädten, in denen eine starke Nachfrage existiert), geht es nicht mehr um die konkrete Ausgestaltung des Arbeitsplatzes oder den gesellschaftlichen Nutzen der hergestellten Produkte, nicht um selbstbestimmte, gesellschaftlich sinnvolle Arbeit, sondern um *work first*. Im besten Fall wird den Klienten geholfen, mit ihrer Ausgrenzungssituation irgendwie zu recht zu kommen, aber es besteht kein Anspruch mehr, Ausgrenzung zu überwinden. Solche Ziele werden von territorialgerichteten Programmen wie Quartiersmanagement auch nicht formuliert. Weder geht es um Umverteilung, noch um Desegregation, sondern lediglich darum, die „sich selbst verstärkende Spirale der Abwärtsentwicklung" durch „eine stabilisierende Unterstützung" aufzuhalten (Häussermann/Kapphan 2000: 232/234).[13]

Was sich - mit Unterstützung supra-nationaler, nationaler und einzelstaatlicher Programme - auf lokaler (und sublokaler) Ebene herausbildet, ist in der Tat ein neues, integriertes Zusammenwirken von (lokalem) Staat, Zivilgesellschaft und Markt, wobei v.a. den zivilgesellschaftlichen Drittsektororganisationen die Rolle zukommt, lokale Selbstorganisation zu aktivieren. Sie sind unverzichtbar, um die Strategien lokaler Orientierung und nicht-marktförmiger Koordination umzusetzen, um damit einerseits Kooperation zwischen Staat, Kapital, Beschäftigten und lokaler Bevölkerung zu entwickeln und andererseits Marktversagen auszugleichen.

Sie sind in doppelter Hinsicht essentieller Akteur in dieser neuen Konfiguration: Zum einen verfügen nur sie über die Ressourcen nicht-marktförmiger Koordination wie Solidarität und *Empowerment*, mit denen seit der zweiten „Glokalisierungsphase“ versucht wird, die entfesselten Marktkräfte politisch einzuhegen; zum andern kann es nur über sie gelingen, Markt- und Konkurrenzrationalität in (zivil-) gesellschaftliche Bereiche einzuführen, die ansonsten schwer vom globalen Kapital zu durchdringen wären. Nur mittels ihrer Intervention ist es möglich, zivilgesellschaftliche (ähnlich wie staatliche) Bereiche zu ökonomisieren, zu sozialem „Kapital“ zu machen. In ihrer „best practice“ würden sie die Verschmelzung von Markt und *Empowerment* verkörpern, effektiver noch als die Ich-AG!

Die heute praktizierten Modelle und Praktiken unterscheiden sich nicht nur von Land zu Land (je nach Intensität der sozialräumlichen Polarisierung, die in Ländern mit sozialdemokratischer Tradition weniger scharf ausfällt als in stärker liberal-konservativen Ländern), sondern auch von Region zu Region (innerhalb Deutschlands werden stärker neoliberale Ansätze [z.B. in Leipzig], eher neokommunitaristische [in NRW-Städten] oder neokorporatistische [in Berlin] gefahren). Alle sind sie jedoch bemüht, die „Exkludierten“ zu Agenten ihres Überlebens und ihre Zuarbeit zu ihrer (Re-)Integration in den Arbeitsmarkt (bzw. in Mikrounternehmen) zu aktivieren, womit sie dazu beitragen, dass Marktkriterien dort Einzug halten, wo bislang wohlfahrtsstaatliche Kriterien und soziale Rechte galten. Die unterschiedlichen Akzente verdeutlichen nur, dass wir es hier mit einem strategischen, strukturell-selektiven Feld zu tun haben, wo ein neuer institutioneller Kompromiss (bzw. spatio-temporal fix) gesucht und erkämpft wird. Genau hier wird die Auseinandersetzung um eine wesentliche Komponente postfordistischer Regulation ausgetragen, um die Ausgestaltung des prekären Gleichgewichts zwischen der ständigen Produktion und Reproduktion von Ungleichheiten durch Konkurrenz einerseits und den komplexen politischen Prozessen des *Empowerment* der Marginalisierten andererseits. Die notwendige Re-Regulierung sozialer Kompromisse muss wegen der beschriebenen neuen räumlichen Differenzierung v.a. auf lokaler Ebene angesiedelt sein; hier wird aktuell der Kampf um eine neue hegemoniale Ordnung ausgetragen, für die ein prekäres Gleichgewicht zwischen totaler Marktdynamik und der (korrigierenden) Politik des *Empowerment* zentral ist.

4. Resümee: Territoriale Armutspolitik und Lokale Regulationstheorie

Sicherlich handelt es sich bei der Regulierung kontingenter Arbeitsmärkte und dem Management der städtischen „underclass“ um strategisch wichtige Politikfelder. Aber die dargestellten Neuerungen im Bereich der lokalen Sozialpolitik, die sich durch ihre territoriale (Quartiers-)Ausrichtung, die „Aktivierung“ ihrer Zielgruppen, und die neuen Kooperationsformen zwischen verschiedenen staatlichen Ebenen und lokalen 'Drittsektor'-Organisationen auszeichnen, stellen lediglich einen Teilausschnitt der neuen sozialstaatlichen Regulation in diesen Bereichen dar.

Obendrein sind sie – trotz großen ideologischen und z.T. auch finanziellen Aufwands – keineswegs flächendeckend und ohne rechtlich-normierenden Status. Sowohl die EU-Stadtentwicklungspolitik als auch die Programme der einzelnen nationalen Regierungen formulieren zumeist Modellprojekte, geben Anreize und bieten Kommunen und anderen lokalen Organisationen die Möglichkeit zur Akquisition zusätzlicher Finanzquellen (womit sie allerdings definieren und beeinflussen, wie innovative Sozial- und Stadtentwicklungspolitik umzusetzen ist). Es ist also schwierig, präzise auszumachen, welches Gewicht diesen neuen Politiken und den sich in ihrem Zusammenhang herausbildenden Regimen zukommt. Ebenso unklar bleibt, in welchem Verhältnis diese neuen Experimente zum parallel stattfindenden Abbau traditioneller sozialstaatlicher Rechte und Garantien, bzw. ihrer Ersetzung durch sozial-autoritäre Pakete von „Rechten und Pflichten" stehen.

Auf relativ abstrakter Ebene hat Jessop solche für die Frage der postfordistischen Regulationsformen relevante Klärungen und Gewichtungen vorgenommen, wenn er die veränderten Formen von Staatlichkeit mit dem Übergang von keynesianischen zu schumpeterianischen, von wohlfahrtsstaatlichen zu auf Arbeitsbereitschaft zielenden Interventionen, vom nationalstaatlichen Rahmen zu supra- und substaatlichen Ebenen der Entscheidung und Erbringung, und mit der Betonung von 'Regimes' bzw. von Governance-Arrangements anstatt „top-down" zentralstaatlicher Intervention markiert (Jessop 1999). Für die lokale Ebene jedoch ist regulationstheoretisch noch ungeklärt, ob es sich bei den beschriebenen Politiken eher um Suchbewegungen handelt und wie weitere Bereiche der lokalen Politik von diesen Tendenzen erfasst werden.[14] Zwar stellt die Anti-Armutspolitik in der Tages- und Fachpresse inzwischen ein gewichtiges Segment der lokalen Politik dar, dennoch wäre die Verbindlichkeit der hier beobachteten Tendenzen von Zusammenwirken gesellschaftlicher und staatlicher Akteure, der Lokalisierung sozialstaatlicher Politik und des „aktivierenden Staats" für andere Bereiche lokaler governance erst noch zu erforschen. Insbesondere müsste der Analyserahmen erweitert und sowohl die anderen Veränderungen im Bereich der Regulation der Reproduktion der Arbeitskraft (parallel zur Entstehung neuer Formen territorialer Armutspolitik findet ein Umbau des Wohlfahrtsstaats in Form von Kürzungen und Beschneidungen und eine Flexibilisierung des Arbeitmarkts statt, gleichzeitig bleiben in den meisten kontinentaleuropäischen Ländern zentrale sozialstaatliche Institutionen noch erhalten), als auch die neue Form und Funktion lokaler Staatlichkeit insgesamt betrachtet werden. Zu klären wäre hier, inwiefern im neuen Zusammenspiel der verschiedenen staatlichen Ebenen der lokalen tatsächlich eine veränderte Rolle zukommt: Einerseits ein Kompetenzzuwachs, insofern sie nicht mehr nur umsetzt und verwaltet, was auf höherer Ebene beschlossen wurde, sondern selbst entsprechend der lokalen Bedingungen Programme entwickelt, um endogenes Potenzial zu nutzen und zu fördern, und selbst aktivierend eingreift, insofern sie – angereizt über Modellprojekte – eigene workfare- und sozialräumliche Entwicklungsmaßnahmen auflegt. Andererseits werden die Handlungsspielräume der Kommunen eingeschränkt, insofern ihre Kompetenzen auf höhere und besonders supranationale Regulierungsebenen verlagert werden, und die Bereitstellung öffentlicher Aufgaben nach und nach aus dem Staat in den privaten Sektor verlagert und marktwirtschaftlichen Prinzipien unterworfen wird (vgl. Raza 2001).

Falls die Erfahrungen im Segment der neuen territorialen Armutspolitik ein Hinweis sein können, lenken sie die Aufmerksamkeit auf die Re-regulierung sozialer Kompromisse auf lokaler Ebene über die Mittel Wettbewerb und Anreize. Die zentral- und überstaatlich gesetzten Anreizstrukturen gewähren den (konkurrierenden) Kommunen Finanzmittel und Programme, deren Vorgaben und Auflagen mit den Zielsetzungen des von Jessop idealtypisch beschriebenen SWPR kompatibel sind. Die Finanznot der Kommunen ist so stark, dass sie ihre Suchbewegungen also in eine bestimmte Richtung lenken: über *competitive contracting* konkurrieren sie um Möglichkeiten, ihren sozialstaatlichen Aufgaben nachzukommen. Sie konkurrieren also nicht nur um Investoren und Standortvorteile, sondern auch um Finanzmittel von (Bundes)Regierung und EU zur Durchführung quartiersbezogener und aktivierender Entwicklungsmaßnahmen - und akzentuieren damit die räumliche Differenzierung soziopolitischer Territorialisierung. Damit entstehen nicht nur neue räumliche Ungleichzeitigkeiten und Ungleichheiten (die in der Konkurrenz nicht erfolgreichen oder nicht partizipierenden Kommunen müssen ihre Armut statt mit Quartiersmanagement und *re-insertion* mit rein repressiven und ausgrenzenden Maßnahmen verwalten), sondern auch neue staatliche Regime, die nicht-staatliche Mechanismen und nicht-staatliche Akteure auf sub- und supranationalen Ebenen in die Politik einbinden. Und es verändern sich dabei die Strukturen staatlichen Handelns weg von der flächendeckenden Gesetzgebung, der 'imperativen Koordination' durch den souveränen Staat, hin zu (selektiven) Kooperationen und Partnerschaften mit privaten sowie gemeinnützigen Akteuren, wobei der kommunalen/lokalen Form der (Sozial)Staatlichkeit - die nun selbst der Konkurrenz unterworfen ist - komplexe aktivierende und intervenierende Funktionen zukommen, um lokal differenzierte soziale Kompromisse zu organisieren und zu regulieren.

Anmerkungen

1 Die strategische Bedeutung supranationaler Ebenen für die postfordistische Regulation ist weit besser beforscht, siehe bspw. Gill 1998, Jessop 2000; Swyngedouw 2000.

2 Bei dieser von Jessop (1999) eingeführten idealtypischen Beschreibung wird der keynesianische nationale Wohlfahrtsstaat (KWNS - Keynesian welfare national state) durch ein „Schumpeterian workfare postnational regime" (SWPR) ersetzt.

3 Der Begriff der Exklusion hat seinen Ursprung in der französischen Sozialpolitik und basiert auf der langen Tradition des französischen Republikanismus, der Solidarität und Inklusion als zentrale Bestandteile von Bürgerrechten definiert (Silver 1996). Inklusion bzw. Einschließung implizierte also ursprünglich die republikanische Vorstellung universalistischer, vom Staat garantierter, Rechte, und stellte damit die Grundlage für die späteren Eingliederungsmaßnahmen („reinsertion") für Marginalisierte dar.

4 Im Maß wie sich die EU diese Terminologie (Solidarität/Inklusion, Exklusion, soziale Kohäsion) als Basis zur Entwicklung einer übergreifenden europäischen Sozialpolitik aneignete, um wirtschaftliches Wachstum und Konkurrenzfähigkeit mit sozialer Solidarität zu verknüpfen,

verlor sich die Verkopplung mit den ursprünglichen sozioökonomischen und politischen Bedeutungsgehalten des französischen Republikanismus. In der Praxis werden die Begriffe jetzt meist über einen Set von Indikatoren - wie z.B. Beteiligung, Zugang zum Arbeitsmarkt o.ä. - definiert. Im Gegensatz zu den traditionellen Armuts- Begrifflichkeiten verweist die „Exklusion" auf soziale Spaltungslinien jenseits von am Erwerbssystem orientierten Schichten- und Klassenschemata; sie betont den multidimensionalen Charakter der Ausgrenzung und Benachteiligung, die nicht nur ökonomische und soziale Ursachen und eine entsprechend breite Palette von Folgen haben, und deren Behandlung deshalb auch umfassender Maßnahmen und der Kooperation verschiedener staatlicher Ebenen mit privaten und Drittsektor-Trägern bedarf (Silver 1998:16).

5 Dies ganz im Gegensatz zu den traditionellen Einkommenstransfers (aus versicherungsbasierten oder Fürsorgeprogrammen), die nun als Isolierung und Passivität befördernd und menschliche Ressourcen vergeudend angesehen werden.

6 In der Bundesrepublik gab es zunächst lediglich lokale und Landesinitiativen (NRW, Hamburg) für „integrierte Förderung von Stadtteilen mit besonderer Erneuerungspriorität", erst seit 1999 existiert eine nationale Politik der sozialen Stadtentwicklung. Das Bund-Länder-Programm unterstützt 180 Quartiere in mehr als 160 Städten bei der Entwicklung und Durchführung lokaler Handlungsansätze. Der Bund stellt jährlich 50 Mio. Euro zur Verfügung, weitere 50 Mio. Euro kommen jeweils von Ländern und Gemeinden. Bereits vorher existierende lokale Handlungsansätze wie Quartiersmanagement werden seither durch das Bund-Länder-Programm aufgestockt (vgl. DIFU 2002; Alisch 2002).

7 Gebietsbezogene Maßnahmen begannen in Großbritannien mit dem *City Challenge*-Programm und, darauf aufbauend, dem *Single Regeneration Budget,* die Mittel aus unterschiedlichen Ministerien bündelten und mittels kompetitiver Verfahren an Kommunen und einzelne Projektinitiativen vergaben. Diese noch stark *top-down*-strukturierten Programme wurden Ende der 1990er Jahre durch eine stärkere Einbeziehung der sublokalen/*Community* Ebene als Partner sowohl herunterzoniert als auch stärker auf die Bekämpfung „sozialer Exklusion" ausgerichtet. Die direkt beim Premierminister angesiedelte *Social Exclusion Unit* betont „community empowerment" nicht nur rhetorisch, sie stellte auch 800 Mio. £ für einen Neighborhood Renewal Fund und diverse kleinere Budgets für 17 verschiedene *Pathfinder*-Pilot-Projekte für die 88 am meisten benachteiligten Gebiete bereit, mit denen „community empowerment" betrieben und über dezentralisierte und partizipatorische Dienstleistungserbringung „soziale Kohäsion" gesichert werden soll (Geddes/Root 2000).

8 In Frankreich kann der Beginn einer nationalen Stadt(teil)entwicklungspolitik auf die 1981er Unruhen in Les Minguettes zurückverfolgt werden, die zur Gründung einer Nationalen Kommission für die Soziale Entwicklung von Nachbarschaften (Développement Social des Quartiers, DSQ) geführt haben. Auch eine Reihe weiterer Initiativen verfolgte im Verlauf der 1980er Jahre das Ziel, soziale und Wohnungs- und Infrastrukturprobleme auf dezentraler, wenn auch primär experimenteller Basis auf integrierte Weise anzugehen. Parallel zu den stadt(teil)entwicklungspolitischen Maßnahmen und Institutionen entstanden (bereits seit 1979) Programme für auf dem Arbeitsmarkt benachteiligte Gruppen, die mit *entreprises d'insertion*, *associations intermediaries*, und *régies du quartiers* zivilgesellschaftliche Organisationen einbinden, um wirtschaftliche mit sozialen Zielsetzungen zu verknüpfen: Diese Organisationen sollen die „Problemgruppen" mittels maßgeschneiderter sozialer Unterstützung in Arbeit (im ersten Arbeitsmarkt oder in öffentlich subventionierten Bereichen) bringen (Silver 1998; Morel 1998).

9 Neben den im Rahmen des Europäischen Sozialfonds (ESF) und des Fonds zur regionalen Entwicklung (EFRE) bestehenden Förderprogrammen (Gemeinschaftsinitiative URBAN I und URBAN II zur Förderung städtischer Problemgebiete) wurden in den letzten Jahren auf EU-Ebene auch „Lokale Entwicklungs- und Beschäftigungsinitiativen" aufgelegt, mit denen die EU die Instrumente der Strukturfonds stärker zur Schaffung von Arbeitsplätzen in städtischen Problemgebieten einsetzen will (Evers u.a. 2000; Europäische Kommission 1995; 1996). Mit

diesem Ansatz sollen gleichzeitig lokalisierte Handlungsstrategien gefördert werden sowie marktgesteuerte Dynamik mit (sozial)staatlicher sowie gesellschaftlicher Initiative verkoppelt werden, wobei nichtstaatliche Anbieter Vorrang haben sollen. „Soziale Unternehmen" und „neue Sozialwirtschaft" sollen die Grenze zwischen sozialstaatlichen Angeboten einerseits und völlig dem Markt überlassenen privaten Dienstleistungsmärkten andererseits überwinden, und territoriale Beschäftigungspakte sollen zur aktiven Einbeziehung und Selbstorganisation von lokalen Gruppen als potenziellen Koproduzenten und Konsumenten von zu entwickelnden neuen Angeboten führen (Evers u.a. 2000: 28). Ende 1997 legte die Generaldirektion V (Beschäftigung und soziale Angelegenheiten) das Programm „Drittes System und Beschäftigung" auf, diese EU-Gemeinschaftsinitiative fördert Pilotprojekte und deren wissenschaftliche Begleitung. Dabei wird das „Dritte System" definiert als Sozialökonomie, deren Wirtschaftsweise sich von der des „ersten Systems" (privat, gewinnorientiert) sowie der des „zweiten Systems" (öffentlich, staatlich verfasst) unterscheidet, und die, im Gegensatz zum informellen Dritten System (der Schattenökonomie) mit einer territorialen Begrenzung ausgestattet zur „Gemeinwesenökonomie" avanciert (vgl. Borzaga/Defourny 2001; Geddes 2000). Im Gegensatz zu traditionellen Kooperativen und Genossenschaften involvieren die heutigen „social enterprises" sehr heterogene Partner: Produzenten wie Konsumenten der Dienstleistungen, ehrenamtliche wie angestellte ArbeiterInnen, Unterstützerorganisationen wie lokalstaatliche Vertreter. Diese „multi-stakeholder structure" könne sogar, so wird unterstellt, zur erfolgreichen Konkurrenz mit profitorientierten Unternehmen führen (Defourny 2001:12).

10 Hier finden sich unterschiedliche Ausrichtungen und folglich auch Benennungen. Im angelsächsischen Bereich: Local Development Associations (LDAs), Community Development Corporations (CDCs) und andere „community-based nonprofits"; im frankophonen Bereich: entreprises d'insertion oder regies du quartier.

11 Beispielhaft die Website der Weltbank, wo die Bedeutung der sozialen Kapitalbildung für die Armen in Dritter wie Erster Welt betont wird: http://www.worldbank. org/poverty/scapital/sources/index.htm.

Siehe beispw. Moulaert u.a. 2000; Gittell/Vidal 1998; Löhr 2001; Boos-Krüger 2000; Hinte 1998. Die Literatur zu den positiven Wirkungen von bürgerschaftlichem Engagement und sozialem Kapital ist inzwischen unübersehbar. Meist werden Untersuchungen der neuen Handlungsansätze in den Stadtteilen in den Rahmen dieser Diskurse eingebettet.

13 Die Senatsverwaltung für Stadtentwicklung von Berlin hat zur Vorbereitung ihres Quartiersmanagement-Programms eine Studie „Sozialorientierte Stadtentwicklung" in Auftrag gegeben, die 1998 veröffentlicht wurde (IfS/S.T.E.R.N., Sozialorientierte Stadtentwicklung. Gutachten im Auftrag der Senatsverwaltung für Stadtentwicklung, Umweltschutz und Technologie, Berlin 1998). An ihrer Erstellung waren die genannten Autoren maßgeblich beteiligt. In ihrem Berlin-Buch heißt es zu diesen Quartieren: „Durch selektive Migration und durch die Verarmung der Bewohner können in einem Quartier Prozesse in Gang kommen, die zu einer kumulativ sich selbst verstärkenden Abwärtsspirale führen" (232). „Die Quartiere können sich, wenn der Prozess der sozialen Entmischung erst ein gewisses Niveau erreicht hat, nicht mehr selbst helfen... Ohne eine stabilisierende Unterstützung würden sie sich weiter 'nach unten' entwikkeln, selbst wenn die Eigenart der Subkultur als bewahrenswert angesehen wird" (234). Und zum Quartiersmanagement selbst: „Die Aufgabe von Quartiersmanagement ist nicht die Beseitigung von Armut und der Arbeitslosigkeit... Die Hoffnung ist vielmehr, dass viele Probleme gelöst werden können ohne Parkwächter und mobile Schutztrupps in den Strassen" (263).

14 Vgl. auch Peck/Tickell (2002: 397): „...the processes of institutional searching that have become such compelling factors of the after-Fordist era have been (increasingly?) played out at the urban and subnational scales."

Literatur

Alisch, Monika (2002): Soziale Stadtentwicklung. Widersprüche, Kausalitäten und Lösungen. Opladen.

- (Hg., 2001^2): Stadtteilmanagement: Voraussetzungen und Chancen für die soziale Stadt. Opladen.

-/Jens Dangschat (1998): Armut und soziale Integration. Strategien sozialer Stadtentwicklung und lokaler Nachhaltigkeit.

Blätter der Wohlfahrtspflege (2001): Themenheft Lokale Ökonomie 148, 5+6.

Amin, Ash/Angus Cameron/Ray Hudson (1998): Welfare to Work or Welfare as Work? Combating Social Exclusion in the UK. University of Durham: Department of Geography.

Boos-Krüger, Annegret (2000): Die soziale Stadt - Chancen für eine reformbedürftige (kommunal-)politische Kultur? In: Zeitschrift für Sozialreform 46(7), 662-667.

Borzaga, Carlo/Jacques Defourny (Hg., 2001): The Emergence of Social Enterprise. London: Routledge.

Brenner, Neil (2003): 'Glocalization' as a state spatial strategy: urban entrepreneurialism and the new politics of uneven development in Western Europe. In: Jamie Peck/Henry Yeung (Hg.), Global Connections. Thousand Oaks: Sage (im Erscheinen)

-/Nik Theodore (Hg., 2002): Spaces of Neoliberalism: Urban Restructuring in Western Europe and North America. Antipode 34(3).

Dangschat, Jens S./Ben Diettrich (1999): Regulation, Nach-Fordismus und „global cities" - Ursachen der Armut. In: Jens S. Dangschat (Hg.), Modernisierte Stadt, Gespaltene Gesellschaft. Ursachen von Armut und sozialer Ausgrenzung. Opladen, 73-107.

Defourny, Jacques (2001): Introduction: From third sector to social enterprise. In: Carlo Borzaga/Jacques Defourny (Hg.), The emergence of social enterprise. London: Routledge, 1-28.

DIFU (Deutsches Institut für Urbanistik (Hg., 2002): Die Soziale Stadt. Eine erste Bilanz des Bund-Länder-Programms Stadtteile mit besonderem Entwicklungsbedarf - die soziale Stadt. Berlin: DIFU.

Evers, Adalbert/Matthias Schulze-Böing/Sabine Weck/Werner Zühlke (2000): Soziales Kapital mobilisieren. Gemeinwesenorientierung als Defizit und Chance lokaler Beschäftigungspolitik. Dortmund: ILS.

Farwick Andreas (2001): Segregierte Armut in der Stadt: Ursachen und soziale Folgen der räumlichen Konzentration von Sozialhilfeempfängern. Opladen.

Geddes, M. (2000): 'Tackling social exclusion in the European Union'. The limits of the new orthodoxy of local partnership. In: International Journal of Urban and Regional Research 24(4), 782-800.

Geddes, M./A. Root (2000): Social Exclusion - new language, new challenges for local authorities. In: Public Money and Management 20(2), 55-60.

Gill, Stephen (1998): European governance and new constitutionalism: economic and monetary union and alternatives to disciplinary neoliberalism in Europe. In: New Political Economy 3(1), 417-437.

Gittell, Ross/Avis Vidal (1998): Community Organizing. Building Social Capital as a Development Strategy. Thousand Oaks: Sage.

Häussermann, Hartmut/Andreas Kapphan (2000): Berlin: von der geteilten zur gespaltenen Stadt? Opladen.

Hall, T./P. Hubbard (Hg., 1998): The Entrepreneurial City: Geographies of Politics, Regime and Representation. London: Wiley.

Harloe, Michael (2001): Social Justice and the City: The New 'Liberal Formulation'. In: International Journal of Urban and Regional Research 25(4), 889-897.

Hinte, Wolfgang (2001): Quartiermanagement als kommunales Gestaltungsprinzip, Blätter der Wohlfahrtspflege 148, 5+6, 113-115.

- (1998): Bewohner ermutigen, aktivieren, organisieren. Methoden und Strukturen für ein effektives Stadtteilmanagement. In: Alisch, Monika (Hg.), Stadtteilmanagement. Opladen, 157-180.

Hirsch, Joachim (2001): Postfordismus: Dimensionen einer neuen kapitalistischen Formation. In: Joachim Hirsch et al. (Hg.), 171-209.

-/Bob Jessop/Nicos Poulantzas (2001): Die Zukunft des Staates. Hamburg.

ILS (2000): Lokale sozio-ökonomische Strategien in Stadtteilen mit besonderem Erneuerungsbedarf. Dortmund:. ILS.

Jessop, Bob (1990a): State Theory. Putting Capitalist States in Their Place. Cambridge: Polity Press.

- (1990b): Regulation Theory in Retrospect and Prospect. In: Economy and Society 19(2), 153-216.

- (1998): The narrative of enterprise and the enterprise of narrative: place-marketing and the entrepreneurial city. In: T. Hall/P. Hubbard (Hg.), The Entrepreneurial City. London: John Wiley & Sons, 77-102.

- (1999): The Changing Governance of Welfare: Recent Trends in its Primary Functions, Scale, and Modes of Coordination. In: Social Policy & Administration 33(4), 348-359.

- (2000): The crisis of the national spatio-temporal fix and the ecological dominance of globalizing capitalism. In: International Journal of Urban and Regional Research 24(2), 323-360.

- (2001): Die Globalisierung des Kapitals und die Zukunft des Nationalstaats. Ein Beitrag zur Kritik der globalen politischen Ökonomie. In: Joachim Hirsch et al. (Hg.), 139-170.

Jones, Martin R. (1997): Spatial selectivity of the state? The regulationist enigma and local struggles over economic governance. In: Environment and Planning A 29, 831-864.

Keller, Carsten (1999): Armut in der Stadt: Zur Segregation benachteiligter Gruppen in Deutschland. Opladen.

Europäische Kommission (1995): Lokale Initiativen zur wirtschaftlichen Entwicklung und Beschäftigung. Luxemburg.

- (1996): Erster Bericht über lokale Entwicklungs- und Beschäftigungsinitiativen. Schlussfolgerungen für territoriale und lokale Beschäftigungsbündnisse. Luxemburg.

Kronauer, Martin (1997): 'Soziale Ausgrenzung' und 'Underclass': Über neue Formen der gesellschaftlichen Spaltung. In: Leviathan 25, 28-49.

Kürpick, Susanne/Sabine Weck (1998): Policies against social exclusion at the neighborhood level in Germany. In: Ali Madanipour/Göran Cars/Judith Allen (Hg.), Social exclusion in european cities. Processes, experiences, and responses. London: Jessical Kingsley Publ., 189-210.

Läpple, Dieter (2000): Städte im Spannungsfeld zwischen globaler und lokaler Entwicklungsdynamik. In: ILS 2000, 19-31.

Löhr, Rolf (2001): Wider die sozialräumliche Spaltung. Das Programm ‚Soziale Stadt' und seine Bedeutung für die soziale Arbeit. In: Blätter der Wohlfahrtspflege 148, 5+6, 109-112.

Mayer, Mayer (1990): Lokale Politik in der unternehmerischen Stadt. In: R. Borst u.a. (Hg.), Das neue Gesicht der Städte. Basel, 190-208.

Mayer, Mayer (1991): 'Postfordismus' und 'lokaler Staat'. In: Hubert Heinelt und Hellmut Wollmann (Hg.), Brennpunkt Stadt. Stadtpolitik und lokale Politikforschung in den 80er und 90er Jahren. Basel, S.31-51.

Mayer, Margit (1996): Postfordistische Stadtpolitik. In: Zeitschrift für Wirtschaftsgeographie 40/1-2, 20-27.

- (1999): Die Rolle von Stadtteilorganisationen im Kontext von Workfare. In: S.Lang/M.Mayer/Ch.Scherrer (Hg.), Jobwunder USA - Modell für Deutschland? Münster, 252-264.

Morel, Silvie (1998): The new reciprocity in the 'Relation of Assistance' . American *Workfare* vs. French *Insertion* Policies. In: International Review of Comparative Public Policy 10.

Moulaert, Frank u.a. (2000): Globalization and Integrated Area Development in European Cities. Oxford: Oxford UP.

Painter, Joe (1995): Regulation Theory, Post-Fordism and Urban Politics. In: David Judge/Gerry Stoker/Harold Wolman (Hg.), Theories of Urban Politics. London: Sage, 276-296.

Parkinson, Michael (1998): Combating social exclusion. Lessons from area-based programmes in Europe. Bristol: The Policy Press.

Peck, Jamie/Adam Tickell (1994): Searching for a New Institutional Fix: the *after*-Fordist crisis and global-local disorder. In: Ash Amin (Hg.), Post-Fordism. A Reader. Cambridge, Ma.: Blackwell, 280-315.

-/- (2002): Neoliberalizing Space, Antipode 34(3), Special Issue on Spaces of Neoliberalism, 380-404.

Raza, Werner (2001): Entstaatlichung lokaler öffentlicher Dienstleistungserbringung in der Europäischen Union. Marburg: Forschungsgruppe Europäische Gemeinschaften Arbeitspapier Nr. 21.

Silver, Hilary (1998): Social Exclusion and local citizenship: community economic development in France and the USA. In: Cathérine Pouzoulet/Jacques Portes (Hg.), Des Modèles en Question: Villes, Culture, Citoyenneté en Amérique du Nord. Lille: Universite de Lille.

Stoecker, Randy (1997): The CDC Model of Urban Redevelopment: A Critique and an Alternative. In: Journal of Urban Affairs, 19(1), 1-22.

Swyngedouw, Eric (2000): Authoritarian governance, power and the politics of rescaling. In: Environment and Planning D: Society and Space 18, 63-76.

-/Frank Moulaert/Arantxa Rodriguez (2002): Neoliberal Urbanization in Europe: Large-Scale Urben Development Projects and the New Urban Policy. In: Brenner/Theodore (Hg.), Spaces of Neoliberalism: Urban Restructuring in Western Europe and North America. Antipode 34(3), 542-577.

Taylor, Marilyn (1998): Combating the social exclusion of housing estates. In: Housing Studies 13(6), 819-832.

IV
Ausblick –
Politische und theoretische Perspektiven des Regulationsansatzes

Andreas Novy

Politik, Raum und Wissen. Zentrale Kategorien eines erneuerten radikalen Reformismus am Beispiel Brasiliens

Dieser Artikel reflektiert die im Lager der kritischen Gesellschaftstheorie allerorten anzutreffende „politische Orientierungslosigkeit". Es ist wenige Jahre her, dass diese von einer Gruppe deutscher Regulationisten zum Ausgangspunkt ihrer Forschung gemacht wurde (Esser et al. 1994: 13). In „Politik, Institutionen und Staat - Zur Kritik der Regulationstheorie" wird der Versuch unternommen, den politischen Herausforderungen, die sich aus dem Ende des Fordismus ergeben, gerecht zu werden. Hierbei bereichert Christoph Görg die Regulationstheorie durch die Konzepte von Giddens' Strukturierungstheorie, Thomas Sablowski versucht Ähnliches durch Einbeziehung des Hegemoniekonzepts Gramscis und Joachim Hirsch durch eine ausgezeichnete vertiefende Herleitung der Staatsform. Im Schlusskapitel greifen Esser, Görg und Hirsch die Frage des „Verhältnisses von struktureller Identität und Veränderung" (Esser et al. 1994: 213) erneut auf und schlagen das Konzept des radikalen Reformismus als ein nicht auf den Staat fixiertes Projekt der Gesellschaftsveränderung vor. Jahre später spezifiziert Hirsch (2001: 208) seine Intention: „Gefordert ist nämlich eine tiefgehende Veränderung der Arbeits- und Lebensweisen, der Vorstellungen von einem 'guten Leben', der Konzepte von Fortschritt und Entwicklung. D.h. es geht um eine Kulturrevolution, die nicht nur Bewusstseinsinhalte, sondern vor allem gesellschaftliche und politische Beziehungen und Praktiken umgreift." Weil ich politisch mit diesem Projekt sympathisiere, möchte ich es im Folgenden einer theoretischen Kritik unterziehen. Ich widme mich daher den gleichen Problemen wie Esser, Görg, Sablowski und Hirsch, jedoch mit einer grundlegend anderen Methode. Ich möchte nämlich eine Rückbindung der Abstraktionsarbeit an einen konkreten Fall vornehmen. Dies scheint mir der Marxschen Methode in dreierlei Hinsicht näher als die von den Frankfurter Regulationisten häufig verfolgte Vorgehensweise reiner Theoriearbeit: Zum einen folgt es der direkten Marxschen Empfehlung aus den *Grundrissen*. „Das Konkrete ist konkret, weil es die Zusammenfassung vieler Bestimmungen ist, also Einheit des Mannigfaltigen. Im Denken erscheint es daher als Prozess der Zusammenfassung, als Resultat, nicht als Ausgangspunkt, obgleich es der wirkliche Ausgangspunkt und daher auch der Ausgangspunkt der Anschauung und Vorstellung ist." (Marx 1974: 21f.) Das Konkrete und damit die empirische Forschung stehen gleichzeitig am Anfang und am Ende des Forschungsprozesses. In einem kumulativ-zirkulären Forschungsprogramm bildet die Dialektik von konkret und abstrakt die Basis des Forschens; Forschen wird zu einem ewigen Kreis oder besser gesagt einer Spirale: Ein Phänomen bis ins Detail zu erforschen, verschafft Einblicke in das gesellschaftliche Ganze, die Totalität (Lueger 2001). Zweitens entspricht dieser fallspezifische Zugang dem zentralen Marxschen Anliegen, Theoriearbeit in den Dienst einer politischen Praxis zu stellen. Konkret bedeutet dies zuerst einmal die Reflexion über Möglichkeiten und Grenzen progressiver politischer Projekte. Schließlich können kontextuelle Einsichten über die Peripherie auch zu Lernprozessen in anderen Kontexten anregen und so die der Regulationstheorie angelastete Zentrumsfixierung überwinden (Becker 1998). Aus diesem Grund werde ich die brasilianische Diskussion über Entwicklung nicht nur theoretisch, sondern auch praktisch verorten. Nur so wird verständlich, dass ein progressives politisches Projekt nur in der gleichzeitigen Neukonzeptualisierung von Raum, Macht und Wissen möglich ist.

1. Raum und Macht bei Celso Furtado

Nach Jahrhunderten gehorsamer Unterordnung, in denen es als Peripherie zugerichtet wurde, begann Lateinamerika nach dem Zweiten Weltkrieg den universellen Segen des dominanten liberalen Entwicklungsmodells abzustreiten: Was für das Zentrum gut sein mag, muss dies keineswegs auch für die Peripherie sein, lautete die Kritik am „falschen Universalismus" der ökonomischen Theorie (Furtado 1997b: 12). Im Rahmen der UN-Kommission für die wirtschaftliche Entwicklung Lateinamerikas CEPAL entstanden ab den 1940er Jahren eigenständige Theorieproduktionen (Bielschowsky 2000a und b). Diese sahen den Raum Lateinamerika nicht nur als ein geographisches Gebiet, sondern ordneten ihm eine spezifische sozioökonomische Struktur zu (Furtado 1976: 3). Es handelt sich bei diesem Theoriezugang um den Versuch, die Gegenwart durch Berücksichtigung der Vergangenheit zu verstehen. Strukturen werden als die „Last der Geschichte", als „harter Zement" (Furtado 1997a: 50) verstanden, als gewachsene gesellschaftliche Beziehungen, welche die gegenwärtige Entwicklung belasten. Die Kolonialgeschichte wirkte in unterschiedlichen Räumen verschieden und zementierte über die Jahrhunderte eine spezifische Raumhierarchie von Zentrum und Peripherie. Phasen der sozioökonomischen Entwicklung legen sich demnach wie Schichten übereinander, die Geschichte bestimmt den gegenwärtigen Handlungsspielraum (Massey 1984). Die Bodenbesitzverhältnisse behindern die Landwirtschaft, die Sklaverei hemmt die demokratische Entwicklung, die Importabhängigkeit bremst die Industrialisierung. Der CEPAL folgend kann aufgrund dieser räumlichen Unordnung die im Zentrum beobachtbare Modernisierung an der Peripherie nicht ohne grundlegende Reformen stattfinden. Damit geht der *Cepalismo* über die ahistorischen Ansätze der Neoklassik in den Wirtschaftswissenschaften und der Rational Choice Theorien in der Politikwissenschaft hinaus. Trotzdem weist er wesentliche theoretische Schwächen auf (Kay 1989, Jäger/Novy 2002).

Furtado geht es darum, das Besondere der lateinamerikanischen und insbesondere der brasilianischen Entwicklung nicht bloß als Abweichung von einer Norm festzuhalten (vgl. Tavares et al. 2000).[1] Damit wird auf einen zentralen raumwissenschaftlichen Gedanken verwiesen: Gleicher technischer Fortschritt und dieselbe marktwirtschaftliche Steuerung führen in verschiedenen Räumen aufgrund spezifischer sozialer Situationen zu unterschiedlichen Ergebnissen (Cardoso 1993:

38), ungleiche Entwicklung ist Teil der Dynamik kapitalistischer Ökonomien. Trotz allem konzentriert sich die cepalinische Kritik nicht auf die Logik kapitalistischer Marktwirtschaften an sich, sondern einzig auf deren perverse Effekte an der Peripherie. Die dort beobachtbare Unordnung habe ihre Wurzeln in einer räumlichen Hierarchie, nicht aber in einer dem Kapitalismus inhärenten Widersprüchlichkeit. Ein weiterer Aspekt, dem die lateinamerikanische Theorie ungenügend Rechnung trägt, ist das Problem der Macht. Furtado (1997a: 21) verortet die Entscheidungsmacht über die strukturellen Entwicklungen im Nationalstaat. Macht ist Staatsmacht. Ein Präsident mit einem guten Beraterstab könne so Maßnahmen setzen, die Unordnung in seinem Territorium zu verringern. Eine Reformpolitik sei demnach eine Politik, die innerhalb der Grenzen eines Machtraums in die Infrastruktur investiert, soziale Dienste bereitstellt und eine kulturelle Modernisierung ermöglicht. Auf diese Weise wird Macht jedoch auf das „Ausüben" von Macht reduziert. Macht ist eine simple Mechanik, wonach der Machthaber seine Untergebenen zu Handlungen zwingt. Er benützt die von der objektiven Wissenschaft produzierte Abbildung der Wirklichkeit, betätigt das Räderwerk der Sozialtechnik und führt ein bestimmtes Ergebnis herbei. Dieses positivistische Politikverständnis überschätzt die Möglichkeit, eine Gesellschaft durch Sozialtechniken steuern zu können und unterschätzt die gesellschaftlichen Kräfteverhältnisse, die das politische Machtfeld schaffen. Daher ist Furtados Ansatz zwar der neoklassischen Theorie überlegen, aber seine Grundkonzepte weisen trotzdem massive Schwächen auf. Die theoretische Herausforderung besteht darin, die cepalinischen Einsichten nicht zu vergessen und gleichzeitig eine wirksamere Theorie gesellschaftlicher Veränderung zu entwickeln. Der Weg dorthin führt über die politische Ökonomie, insbesondere die kritische Geographie und die Regulationstheorie.

2. Menschen machen Geschichte und Geographie

In den 1980er Jahren gelang der angelsächsischen radikalen Geographie ein bedeutsamer theoretischer Durchbruch, indem sie Marx und Geographie zusammenführten (Dunford/Perrons 1983, Harvey 1982). Diese radikale Analyse überwand die Trennung von Sozial- und Raumwissenschaften. In dem Sammelband von Gregory und Urry (1985) spitzten eine Reihe herausragender angelsächsischer GeographInnen und SozialwissenschaftlerInnen die Fragestellung auf den Zusammenhang von sozialen Beziehungen und Raumstrukturen zu. Rückblickend kann festgehalten werden, dass diese Reintegration räumlicher und nichträumlicher Disziplinen teilweise gelungen ist. Sie erlaubte auch konzeptuelle Fortschritte bei der für eine kritische Sozialwissenschaft so bedeutsamen Integration von Struktur- und Handlungstheorien, von Mikro- und Makroanalysen (Storper 2001: 158). Wie kaum ein anderes Zitat weisen die am Anfang des „18. Brumaire des Louis Bonaparte" stehenden Sätze auf die Integration von Struktur und Handlung hin: „Die Menschen machen ihre eigene Geschichte, aber sie machen sie nicht aus freien Stücken unter selbstgewählten, sondern unter unmittelbar vorhandenen, gegebenen und überlieferten Umständen." (Marx 1965: 9) Der äußerst anspruchsvolle Ansatz der Giddensschen Strukturierungstheorie (Giddens 1988, zur Kritik vgl. Görg 1994a) ist vom Gedanken inspiriert, dass Menschen innerhalb von Strukturen handeln, die in der Vergangenheit gewachsenen sind. Als Raummacht-Analyse geht sie sogar einen Schritt weiter und betont, dass Menschen nicht nur Geschichte, sondern auch Geographie machen (Giddens 1988: 34f., Pred 1990). Wenn sich KautschukzapferInnen gegen die Rodung des Regenwaldes wehren und die Errichtung von Extraktionsreservaten durchsetzen, so verändern sie den Lauf der Geschichte und schaffen gleichzeitig einen neuen Raum, ein Reservat, in dem Abholzung und Vertreibung nicht länger möglich sind. Sie produzieren ein Territorium, in dem bestimmte Regeln gelten. Prozesse von Re- und Entterritorialisierung verändern die Strukturen von Raum und Macht. Sie können Gegenmacht fördern aber auch untergraben. Hierbei handelt es sich immer um durch Menschen gemachte Prozesse und damit um politische Entwicklungen, um Widerstand, Ermächtigung oder Entmachtung. Dies ins Zentrum der Gesellschaftsanalyse zu stellen, macht eine im ursprünglichen Sinn des Wortes „radikale" Untersuchung notwendig. Dies ist, wie das Bild von der Wurzel schon anzeigt, ein historisches Unterfangen, ein Nachspüren nach den Ursprüngen und ein geographisches Unterfangen eines Forschens in die Tiefe (Giddens 1988: 422, Marx 1983: 15, für Brasilien: Holanda 1989); es ist damit gleichzeitig Abstraktionsarbeit (Sayer 1984). Die folgenden Überlegungen gehen von der ontologischen Einheit von Raum, Zeit und Sozialem aus (vgl. Giddens 1988: 413-427). Hierzu ist die Rückkehr zu konkreten Analysen unabdingbar (Massey 1985). Den geeigneten konzeptuellen Rahmen für diese Integration liefert Swyngedouws Analyse der *Glokalisierung* (Swyngedouw 1992), die sich sowohl den Bewegungsgesetzen des Kapitals als auch dem Klassenkampf widmet (vgl. auch Eisenschitz/Gough 1998).

Die politische Ökonomie kritisiert statische Konzepte und stellt die Produktion von Wirklichkeit in den Vordergrund. In der Regionalforschung findet sich dies in der Kritik an einem statischen Verständnis von Territorium als Behälter wieder (vgl. Läpple 1991, Taylor 1994, 1995). Was aber in der kritischen Geographie in den letzten Jahren aus den Augen verloren wurde, ist die Produktion von Gesellschaft als einem Prozess sozialer Auseinandersetzungen. Selbst in so genannten neogramscianischen Ansätzen wird Hegemonie zunehmend als eine Strategie der Herrschenden und nicht länger als Produkt eines dialektischen Prozesses von Herrschaft und Widerstand verstanden. Darauf weisen MacLeod und Goodwin (1999: 721) zu Recht hin: „The key point here is that the present state form is at least in part the product of past strategies." Aber auch bei ihnen erfahren wir wenig über die Strategien von unten, während die Strategien der Herrschenden detailreich geschildert werden. Die folgende Kontextanalyse soll deshalb erneut den Umstand in Erinnerung rufen, dass auch die Unterdrückten Geschichte und Geographie machen, wenngleich nicht auf die Weise, wie sie es gerne hätten. Das Konzept der Raumproduktion muss deshalb um ein Konzept der Gesellschaftsproduktion als ebenso widersprüchlicher Prozess ergänzt werden. AkteurInnen ausfindig zu machen, die nach Alternativen zum Bestehenden suchen, ist nämlich nicht bloß ein politisches Unterfangen, sondern auch Voraussetzung zum Verständnis der kapitalistischen Entwicklung als eines von Menschen und nicht von einer Kapitallogik gemachten Prozesses.

3. Vom nationalen Behälterraum zum globalen Verflechtungsraum

Die brasilianische Nation wurde in einem jahrhundertelangen Prozess konstruiert und stellt keineswegs den einzigen brasilianischen Machtraum dar. Im kolonialen Brasilien kontrollierte der portugiesische Hof den Handel und damit die Warenströme in und aus dem Behälter Brasilien. Die Zuckerbarone wiederum beherrschten vor Ort den lokalen Machtraum des Zuckerguts. Im 19. Jahrhundert sicherte der Kaiser die nationale Einheit und garantierte damit den Sklavenhalterpakt auch gegen den Widerstand Englands (Becker/Egler 1992: 12). In der Alten Republik (1889-1930) erfolgte eine Stärkung des intermediären Raumes der Bundesstaaten zulasten sowohl der Zentralregierung als auch der lokalen Machthaber, der *Coroneis*, die zu politischen Zwischenhändlern degradiert wurden. Die Gouverneure regierten ihre Bundesstaaten, und der Nationalstaat diente weiter als kollektiver Schutz für die regionalen Eliten, um das Aufkommen von Opposition vor Ort zu unterbinden. Es war dies weiterhin genau der von Portugals Krone eingeführte patrimoniale Staat und ein Machtfeld, in dem der Staat öffentliche Ressourcen weitgehend ohne Rechenschaftspflicht an Private vergab. Opposition war inopportun, da dies den Ausschluss aus dem Machtfeld des Staates und dem System des politischen Tausches zur Folge gehabt hätte. Die lokale Macht ordnete sich daher opportunistisch der jeweils regierenden regionalen Macht unter (Faoro 1997: 625ff.).[2]

Politisch ging es bei der Schwächung der kleinräumigen Machträume also immer darum, „eine souveräne Macht zu schaffen, die imstande ist, ein großes Territorium zu beherrschen und über ein Volk zu regieren" (Nunes 1996: 32). Ab 1930 wandelte sich die Rolle des Nationalen. Der Nationalstaat sicherte nicht länger einzig die lokale und regionale Macht ab, sondern er wurde selbst zum Knotenpunkt der Macht. Es entstand eine neue Raummacht im Sinne einer neuen Dialektik von lokal/regional und national. Das Nationale wurde als Modernes und Fortschrittliches konstruiert, ohne zu sehen, dass sich all das „Reaktionäre und Rückschrittliche des Lokalen" diese neue Raummacht aneignete und ihre vermeintlich vormodernen Übel auf die nationale Ebene transferierte (Fernandes 1987, Fiori 1994).[3] Im Fordismus als einer binnenorientierten Entwicklungsweise fielen auch in den großen Staaten der Peripherie der politische und der wirtschaftliche Raum weitgehend zusammen (Becker 1998: 122). In den letzten Jahrzehnten geriet der periphere Fordismus aus bekannten Gründen in die Krise, die hier nicht weiter auszuführen sind (vgl. Altvater 1987, Lipietz 1998: 132f.). Damit erschöpfte sich auch die nationalstaatszentrierte Entwicklungsweise. Wie schon zu Zeiten des Imperialismus im 19. Jahrhundert strukturieren erneut extensive Akkumulationsstrategien den wirtschaftlichen Verflechtungsraum (Arrighi 2000).

Die Konzeptualisierung von Peripherie, wie sie von der CEPAL vorgenommen wurde, konzentriert sich auf geographische Räume und verortet das Entwicklungsproblem in einer räumlichen Hierarchisierung. Peripherisierung ergibt sich demnach aus dem Wechselspiel von internen und externen Faktoren, weshalb der Endogenisierung der wirtschaftlichen Dynamik eine Schlüsselrolle im Entwicklungsprozess zukommt. Für Furtado steht hierbei die Frage danach, wer die Entscheidungen über ein Territorium treffen kann, im Mittelpunkt. Endogenisierung bedeutet für ihn Entscheidungsautonomie. Ob ein Akkumulationsregime außen- oder binnenorientiert ist, ist deshalb das entscheidende Periodisierungskriterium. Die Endogenisierung der Wirtschaftsdynamik in Lateinamerika allgemein und die Konstituierung eines lokalen Produktivsystems in São Paulo im Besonderen konstituierten demnach bedeutende wirtschaftsgeschichtliche Ereignisse (Mello 1998). Celso Furtado und andere Cepalisten setzten ihre Hoffnung darauf, dass eine staatlich gesteuerte kapitalistische Entwicklung auch zu einer gesellschaftlichen Modernisierung führen würde. Deshalb engagierte sich Furtado Ende der 1950er Jahre bei der Gründung der Sudene, einer Regionalentwicklungsbehörde für den Nordosten (Fernandes 1998). Furtado wurde ihr erster Leiter, und er führte ein groß angelegtes Industrialisierungs- und Modernisierungsprojekt in dieser rückschrittlichsten Region Brasiliens durch. Auf diese Weise hoffte er, die Peripherie durch Reformen zu entwickeln, ohne die politisch und ökonomisch dominanten Gruppen direkt herauszufordern. Furtados Hoffnungen mussten mit dem Militärputsch 1964 begraben werden.

Die theoretische Aufarbeitung der praktischen Niederlage bedurfte einiger Jahre, und sie führte zum Aufschwung der Dependenztheorie, die im Vergleich zum Cepalismus von einer deutlich pessimistischeren Einschätzung der Reformierbarkeit des Kapitalismus ausgeht (Lehmann 1990). Francisco de Oliveira, Mitarbeiter Furtados, kritisierte die cepalinische Kopplung von Macht an Raum, weil sie keine Klassenanalyse vornimmt. Die Ökonomie wird als eine Marktwirtschaft und nicht als Kapitalismus verstanden, und damit wird der auch an der Peripherie zentrale Konflikt zwischen Arbeit und Kapital ausgeblendet (Oliveira 1987: 24). Die cepalinische Kritik des Welthandels ortet eine räumliche Abhängigkeit der Peripherie im Bereich von Technologie und Finanzierung. Dies begründet eine räumliche Unordnung. Oliveira erlebte die politischen Auseinandersetzungen im Nordosten Brasiliens mit, bei denen mehr auf dem Spiel stand als die Überwindung einer räumlichen Unordnung. Es ging sowohl um die Gegnerschaft zur imperialistischen Einmischung der USA als auch um eine soziale und politische Auseinandersetzung zwischen Arbeiterschaft und Bauernligen einerseits und der regionalen Oligarchie und guten Teilen des Bürgertums andererseits. Imperialismus und Klassenkampf kulminierten im von den USA geförderten und der Oligarchie umgesetzten Militärputsch 1964. Neben dem räumlichen gibt es also auch ein politökonomisches Konfliktfeld. Herrschaft zeigt sich für Oliveira also nicht einzig in der Hierarchie von Räumen, Zentrum-Peripherie, sondern ebenso im Widerspruch zwischen sozialen Klassen.

Die Beständigkeit der Finanzkrisen der 1990er Jahre bestärkten den Eindruck, dass die Unordnung nicht einzig hausgemacht und das Ergebnis von Misswirtschaft ist, sondern strukturelle Ursachen hat. Eine Un-Ordnung ist daher keine bloße Unordnung, kein Chaos, sondern eine spezifische widersprüchliche Ordnung. Da sich an der Peripherie diese Widersprüche besonders massiv und oft zeigen, liegt es nahe, von einer strukturellen Un-Ordnung der Peripherie zu sprechen. Kapitalistische Gesellschaften konstituiert aber aufgrund ihrer inneren Widersprüchlichkeit immer auch eine sozioökonomische Un-Ordnung, die Un-Ordnung des Kapitals. Dieser Grundwiderspruch zwischen der Logik der Akkumulation und dem eigensinnigen Wunsch der Menschen nach einem guten Leben kann immer nur vorübergehend gelöst werden, so die regulationistische Kernthese (Görg 1994b: 97ff.). Daher wird selbst die räumliche Un-Ordnung nicht durch die Endogenisierung von Entwicklung allein gelöst, sondern bedarf der Bearbeitung des Widerspruchs zwischen Akkumulation und Handlungsstrategien.

Die Regulationstheorie beschäftigte sich intensiv mit der Frage der phasenweisen Stabilisierung der kapitalistischen Un-Ordnung (Aglietta 1987, Lipietz 1998, Boyer/Saillard 1995). Das Konzept der Regulationsweise wurde für den Fordismus, einer ungewöhnlich stabilen Phase kapitalistischer Entwicklung, entworfen.[4] Es ermöglicht die Stabilisierung von Akkumulation durch eine geeignete Institutionalisierung von Arbeitskraft, Geld, Konkurrenz und Natur. Seit den 1970er Jahren hat sich die historisch ungewöhnlich kohärente und stabile Struktur des Fordismus aufgelöst, und die Vielfalt intervenierender AkteurInnen hat zugenommen. Von verschiedenen räumlichen Ebenen wird Einfluss auf die Regulation genommen, und es zeigt sich, dass die Regulation immer eine spezifische Anordnung von Regeln und Regulierungen auf verschiedenen räumlichen Ebenen ist. Daher spricht Becker (2002) von einem Regulationsdispositiv. Mit dem Konzept des Dispositivs werden regulationistische und diskursanalytische Konzepte verbunden (Jessop/Sum 2000). Im Sinne Foucaults (1978) sind unter einem Dispositiv Denkordnungen zu verstehen, die tiefer liegen als Ideologien, inhaltliche Auseinandersetzungen und klar definierte Diskurse. Foucault versteht darunter ein verfestigtes diskursives Feld, auf dem sich Diskurse und Praktiken anordnen und zueinander in Beziehung treten. Ein Dispositiv stellt also eine integrierend wirkende Ordnung dar, die sowohl strukturiert als auch Raum für Widerspruch lässt, denn Widerstand ist für Foucault (1983: 116) immer Teil der Macht. Ein Dispositiv ist also gleichzeitig vereinheitlichend und pluralistisch, es wirkt mehr in die Breite als in die Tiefe und lenkt Diskurse mehr als dass es ihren Inhalt festlegt. So kann in den Jahrzehnten nach dem Zweiten Weltkrieg von einem nationalstaatszentrierten Entwicklungsdispositiv gesprochen werden. Die Probleme konnten gänzlich unterschiedlich sein - von der industriellen Entwicklung bis zur Gesundheit und dem ländlichen Raum. Wo immer ein Problem auftrat, wurde die Lösung in einer durch nationalstaatliche Planung organisierten Entwicklung gesehen - und dies unabhängig davon, ob

Diktatoren oder Guerillas an den Schalthebeln der Macht saßen. In diesem Machtfeld, in dem Staat und Nation die stabilen Knoten bildeten, schienen die Hobbesschen Souveränitätsvorstellungen besonders zutreffend, wiewohl selbst im Fordismus Souveränität immer eingeschränkt war.

Als ein diskursives Machtfeld ist ein Dispositiv ein Konzept, das nicht an den Kapitalismus gebunden ist und daher auch in *nicht-kapitalistischen* Gesellschaften anwendbar wäre. Das nationalstaatszentrierte Entwicklungsdispositiv der Nachkriegsjahrzehnte ist demnach eine Verknüpfung von Entwicklungs- und Planungsdiskurs mit dem Positivismus, der in einer bestimmten Phase in allen gesellschaftlichen Bereichen dominierte. Die Regulationstheorie hingegen basiert auf einer formationsspezifischen Analyse und ihre Kategorien beanspruchen *nur im Kapitalismus Gültigkeit*. Deshalb können die strukturellen Formen von den RegulationistInnen exakter benannt werden. Die Phase stabiler Nachkriegsentwicklung kann nun sowohl als nationalstaatszentriertes Entwicklungsdispositiv bezeichnet werden als auch als fordistisches Regulationsdispositiv. Diskurstheoretische und regulationistische Sichtweisen schließen sich nicht aus, sondern ergänzen sich (vgl. Novy 2002: Kap. 8 und 9, Jessop/Sum 2000).

Regulation ist die Stabilisierung einer widersprüchlichen Ordnung, die Diskurse und Praktiken auf verschiedenen räumlichen Ebenen strukturiert. Eine historisch-geographische Analyse zeigt, dass dies immer politisch umkämpft ist und daher immer nur auf bestimmten Ebenen und zu bestimmten Zeiten stabilisiert werden kann. Schon in der dezentral, außenoriertierten Entwicklungsweise der Alten Republik hatte die nationale Ebene als einendes Band eine wichtigere Rolle für die Gesamtstruktur Brasiliens als dies gemeinhin angenommen wurde. Für die nationalstaatszentrierte Entwicklungsweise des peripheren Fordismus wiederum war die Nicht-Intervention globaler AkteurInnen in der Zeit von 1930 bis 1953 entscheidend. Und auch in der gegenwärtigen Phase der Aushöhlung des Nationalstaats ist dessen Machtverlust zugunsten der Kommunen und globaler AkteurInnen keineswegs unwiderruflich. Vielmehr sind Rezentralisierungstendenzen auf der nationalen Ebene beobachtbar. Die brasilianische Zentralbank entscheidet weiterhin über die Geld- und Währungspolitik und damit über den Wert von Einkommen, Investition und Vermögen. Gleichzeitig schränkte die Bundesregierung mit dem vor kurzem beschlossenen Gesetz über fiskalische Verantwortlichkeit den fiskalischen Handlungsspielraum der föderativen Einheiten Brasiliens ein.

Was die Hierarchie der verschiedenen, ein Regulationsdispositiv konstituierenden strukturellen Formen betrifft, gehen die Meinungen auseinander. Wie der Begriff Fordismus andeutet, weisen viele RegulationistInnen dem Lohnverhältnis eine bestimmende Stellung unter den sozialen Formen zu (Hübner 1990: 177ff.). Becker (2002) hingegen betont die dominante Stellung des Staates, da dieser sowohl Teil der Regulation ist als auch die Instanz, welcher die Gesamtheit an Regeln und Normen zu sanktionieren hat; als ein Feld ist er Ausdruck raum-zeitlich stabilisierter Klassenkompromisse. Schließlich betont Oliveira (1989: 17) die Vorrangstellung des Geldes: G - W - G′ (Geld-Ware-Geld) ist der Weg, den das Kapital zu seiner

Reproduktion zurücklegen muss; am Anfang und am Ende dieses Prozesses steht also das Geld. Die Realisierung der Mehrwertaneignung erfolgt im Nachhinein und via Geld. Dass Mehrwertaneignung und die Wertbestimmung des Geldes weitgehend im gleichen Raum stattfinden, war die Voraussetzung für die Durchsetzung eines intensiven Akkumulationsregimes. Der Kern der Periode nach 1930 bestand in Brasilien darin, dass das nationale Geld das allgemeine Äquivalent der gesamten Nationalökonomie wurde (Tavares/Fiori 1998). Durch die geringen Außenverflechtungen konstituierte sich ein autonomer Raum der Kapitalreproduktion.

Die Geldbeschränkung spielt bei der Diskreditierung progressiver Politik und der Delegitimierung eines demokratisch kontrollierten Machtbehälters immer eine wichtige Rolle (Pereira 1998, Fiori 2001: 239, vgl. Aglietta/Orléan 1984: 181ff.). Seit den 1970er Jahren untergruben Schuldenkrise und Inflation den nationalen Machtraum. Zusammen mit massiven Konzentrationsprozessen via multinationaler Unternehmen und Finanzmärkte wurde in Brasilien nach 1994 das um Nation, Staat und Entwicklung strukturierte Machtfeld zerstört (Biondi 1999, Gonçalves 1999, Fritz 2000). Es gelang den progressiven politischen und sozialen Bewegungen fürs Erste, ein wohlfahrtsstaatliches Regime in der Verfassung von 1988 festzuhalten und damit den gesetzlichen Rahmen für einen sozialen und demokratischen Machtbehälter abzustecken. Noch an der Wende zu den 1990er Jahren war die politische Auseinandersetzung durch ein sehr unklar strukturiertes Machtfeld mit hybriden und widerstreitenden Elementen gekennzeichnet. War dies noch Ausdruck eines in der Krise befindlichen um Nation und Staat strukturierten Machtfeldes, so verfestigte sich unter F.H. Cardoso die liberale Regulation. Mit dem *Plano Real* schuf er innerhalb von vier Jahren ein neues Regulationsdispositiv. Das soll nicht heißen, dass alles in Brasilien anders geworden ist, aber Brasilien hat sich auf einen bestimmten Pfad begeben, der eine bestimmte Art von Entwicklung nahelegt. Dies umfasst ein privatisiertes und internationalisiertes Geldregime, eine Flexibilisierung des Arbeitsrechts und eine zunehmende Warenförmigkeit von Natur. Im Kern des neuen Regulationsdispositivs steht demnach eine stärkere Marktzentrierung des Konkurrenzverhältnisses, das gleichzeitig internationalisiert und internalisiert wird. Wettbewerb wird zur bestimmten Form, in der Räume - seien es Städte, Regionen oder Nationen - miteinander in Beziehung treten. Konkurrenz wird aber auch zu der Form, in der die Menschen, die sich zunehmend als rational agierende und ihre Lebensstrategien optimierende Wesen verstehen, ihre sozialen Beziehungen organisieren (Bröckling 2000).

Nach Jahrzehnten der Krise des peripheren Fordismus kann also heute erneut ein Dispositiv ausgemacht werden, in dessen Mittelpunkt die Organisation von Wettbewerb durch Markt und Unternehmung steht. Im Voranschreiten der Krise kann also eine Verschiebung der Hierarchien der strukturellen Formen Arbeitskraft, Geld, Wettbewerb und Natur festgestellt werden. Das fordistische Lohnverhältnis geriet durch die Liberalisierungsschritte nach dem Ende der fixen Wechselkurse 1973 unter Druck. Mit der US-amerikanischen Hochzinspolitik und der lateinamerikanischen Verschuldungskrise kam der Geldbeschränkung die Aufgabe zu, das Entwicklungsdispositiv zu zerstören. Dies gelang in Brasilien endgültig mit dem Plano Real und der Internationalisierung von Geld- und Kreditmarkt. Auf dieses neoliberale Zerstörungswerk folgte eine sozialliberale Aufbauarbeit, in deren Zentrum die Reform des Staates stand (Jäger et al. 2001). Es verfestigte sich ein liberales Dispositiv, dessen Kernelement die Umgestaltung des Staates nach unternehmerischen Gesichtspunkten ist. Nicht mehr nur die Ökonomie, auch das Soziale hat sich nun als Markt zu organisieren, und der Wettbewerb stellt die Form dar, in der Mensch und Gesellschaft gesteuert werden. Räumlich läuft dies auf ein *Glokalisierungsdispositiv* hinaus mit den beiden Momenten des Globalen und Lokalen (Swyngedouw 1992). „Global denken und lokal handeln", das vermeintlich progressive Motto sozialer Bewegungen, ist Ausdruck dieser liberalen Regulation. Da nämlich der von Swyngedouw noch in den Mittelpunkt der Analyse gestellte Klassenkampf aus dem diskursiven Feld verschwindet, kann das Globale nur noch gedacht und erkannt, nicht aber beeinflusst werden. Handlungsmöglichkeiten ergeben sich einzig lokal und zwar als Spielräume, die durch globale Strukturen offengelassen werden. Politik wird so zum Ausgestalten der ökonomisch determinierten Sachzwänge.

Die brasilianische Regionalforschung hat Kategorien entwickelt, die diese aktuellen Phänomene erklären können. Oliveira (1987: 27) sieht eine Region als einen Raum an, in dem eine spezifische Form der Reproduktion des Kapitals erfolgt. In einem Währungsraum können daher unterschiedliche Regionen bestehen, wie dies mit der Zucker- und Baumwollregion des Nordostens und der Kaffeeregion des Südostens Brasiliens der Fall war. Es sind dies, wirtschaftlich gesprochen, Machträume mit einer eigenen Form der Kapitalakkumulation und des Klassenkampfes (Oliveira 1987: 29). Ab einem bestimmten Moment der Kapitalintegration, der in Brasilien durch die Regionalpolitik der Sudene nach 1959 gekommen war, begann sich eine spezifische Logik - die des paulistanischen Industriekapitals - über die verschiedenen Logiken der anderen Teilräume der Nation zu legen: Industrieunternehmen aus São Paulo eroberten den Binnenmarkt, indem sie die lokale KonkurrentInnen aus dem Markt drängten. Das fordistische Lohnverhältnis wurde dominant. Die Macht der national dominanten Kapitalfraktion zwang die einzelnen Regionen dazu, ihre spezifische Form des Wirtschaftens, Arbeitens und Lebens zum Teil anzupassen und zum Teil aufzugeben. Das Lokale hatte sich fortan am Nationalen zu orientieren und wurde vom nationalen Zentrum aus strukturiert. Damit endete nicht jegliche regionale Besonderheit, und schon gar nicht kam es zu einer Aufhebung regionaler Unterschiede. Homogenisierung im Sinne Oliveiras bedeutet also keine Ent-Polarisierung, wie dies der Regionalökonom Pacheco (1998: 26) fälschlicherweise unterstellt. Tatsächlich spricht Homogenisierung im politökonomischen Sinne etwas gänzlich Anderes an als die von Pacheco in den Vordergrund gestellte, mittels Statistiken messbare Verteilung im Raum. Homogenisierung bedeutet die Tendenz zur Vorherrschaft einer bestimmten Form der Kapitalverwertung bzw. die Ausbreitung eines Dispositivs, das das Spielfeld und die Spielregeln sozioökonomischer Beziehungen strukturiert. Das Entwicklungsdispositiv schuf eine nationale Homogenisierung - und zufälligerweise auch die regionale Umverteilung, die Pacheco analysiert. Konsum und Produktion erfolgten auf ähnliche Weisen, nach identischen Maßstäben und mit gleichen Technologien: sei dies bei Bier oder Hemden. Die Homogenisierung umfasste aber nicht einzig die Akkumulation, sondern auch die politische Auseinandersetzung. Klassenkampf und Regulation blieben territorial verankert und wurden gleichzeitig in einen größeren Raum eingegliedert. Als die Machtbasis der Agraroligarchie in den 1960er Jahren zu schwinden drohte, verbündete sie sich mit dem paulistanischen und internationalen Kapital, um die nationale Volksbewegung zu besiegen. Und umgekehrt wurde aus dem lokalen Widerstand der Metallarbeiter São Paulos Ende der 1970er Jahre eine nationale Bewegung gegen die Diktatur.

Diese Ausführungen Oliveiras über die Auflösung der Regionen und der nationalen Homogenisierung am Höhepunkt des peripheren Fordismus können angesichts der Globalisierung auf einer höheren Stufenleiter fortgesetzt werden. Der Ansiedlungswettbewerb, der mit einem Steuer- und Sozialdumping zwischen Brasiliens Regionen geführt wurde, hatte zur Folge, dass außerhalb von São Paulo hochsubventionierte regionalisierte Produktionskomplexe entstanden. Diese Dezentralisierung der Produktion bedeutet heute, dass nun auch die begünstigten Regionen direkt in den globalen Verwertungsprozess dieser multinationalen Unternehmungen eingegliedert werden. Es wird auch in peripheren Regionen nach Welt-Standards produziert. Die Direktinvestitionen ausländischer Konzerne führten dazu, dass diese nun den Akkumulationsprozess bestimmen (Gonçalves 1999, Exame 1998). Die Internationalisierung von Geld und Finanzierung erzwingt dies (Fiori 1999). Die Dollarisierung, wie sie Argentinien radikal und Brasilien klugerweise nur ansatzweise durchführte, bedeutet die Ankopplung an einen fremden Währungsraum, der sich als Machtraum entpuppt. Die nationale Autonomie zerrinnt. Entscheidungskompetenzen fließen genauso ab wie das Fluchtkapital. Im Umstand, dass der Wert des Geldes nicht mehr am Ort des Produktionsprozesses festgelegt wird, liegt die Wurzel von Fragmentierung. Brasilien leidet heute unter chronischen Zahlungsbilanzproblemen, weil es in erhöhtem Ausmaß Gewinne und Zinse abführen und Ersatzteile importieren muss. Ihre Kapitalverwertung verortet sich auf einem die ganze Welt integrierenden Machtfeld, was - Oliveira weiterdenkend - der Tendenz nach zur Auflösung der Nation führt. Wenn der Akkumulationsraum nicht erneut eingeschränkt wird, und zwar sowohl durch Kapitalverkehrskontrollen als auch den erneuten Aufbau eines nationalen Produktivsystems, kann keine nationale Politik durchgeführt werden, sei es in Richtung Demokratisierung, Eigenständigkeit, Nachhaltigkeit oder Wohlfahrtsstaat. Territorien wären erneut zu Protektoraten degradiert.

4. Der Wandel des Macht-Wissens-Feldes in Brasilien

In den 1980er Jahren war Brasilien ein Ort der Veränderung, der Möglichkeit und des Wandels. Die Ränder der Städte, die Landlosen des Hinterlands, die besten KünstlerInnen und die intellektuelle Opposition, sie alle rüttelten an den Grundfesten der alten Ordnung. Sie alle experimentierten mit neuen Formen von Raum und Macht. Es war ein Jahrzehnt der Hoffnung auf einen grundlegenden Wandel in einer der ungerechtesten Gesellschaften der Welt (Sader 1988, Novy 1994). Die sozialen Bewegungen hatten mit ihrem Kampf für Demokratie und soziale Gerechtigkeit die Machtbalance in der öffentlichen Auseinandersetzung dramatisch nach links verschoben. Im Präsidentschaftswahlkampf 1989 war die Begeisterung zu spüren, mit der Millionen BrasilianerInnen nach Jahrzehnten der Diktatur die Bühne der Wahlauseinandersetzung nutzten, um das eigene Schicksal in die Hand zu nehmen, Subjekt der Gesellschaftsveränderung zu werden. Die Rechte konnte nicht länger direkt am Status Quo festhalten, sondern musste der Gesellschaft ein Angebot zur Veränderung machen (Dreifuss 1989). Zum einen hieß dies, mit Collor de Mello einen Retter des Vaterlandes zu produzieren. Zum anderen setzte sie auf Mario Covas, der mit seiner sozialdemokratischen Partei Brasilien „von links" einen „kapitalistischen Schock" verordnen wollte. Die Rechte musste sich erneuern, um sicherzustellen, dass alles so bleibt wie es ist. Dies umso mehr, als sich auf der Linken eine neue Kraft herausbildete, die imstande war, die Macht, welche die sozialen Bewegungen auf die Straße trugen, auch aufzugreifen und organisatorisch zu bündeln. Die Arbeiterpartei PT schaffte, was gegenwärtig in Argentinien selbst bei einer viel weiter gehenden Delegitimierung des Establishments nicht möglich ist: den sozialen Protest in ein politisches Projekt zu bündeln. Schließlich unterlag der ehemalige Metallarbeiter Lula trotzdem knapp dem korrupten Aufsteiger Collor. Die PT stärkte sich als institutionalisierte Opposition. Aber nach 1989 ähnelte kein zweiter Wahlkampf mehr diesem, die Menschen verloren das Interesse an dieser Bühne. Macht schien in den 1990er Jahren zunehmend woanders zu Hause zu sein. Es bedurfte nicht einmal der Militärs, sondern es genügte der Freundeskreis rund um den ehemaligen Dependenztheoretiker F.H. Cardoso, um dem Traum von der Veränderung ein Ende zu setzen.

Macht konkretisiert sich im Raum. Sie benötigt den Raum, um ihn zu benutzen, zu zerstören und zu produzieren. Ohne das Wissen über diese Raummacht können Entwicklungsprozesse nur unzureichend verstanden werden. Doch gleichzeitig kann dieses Wissen immer zum Machtinstrument im Dienste der Herrschenden werden. Es erlaubt, mittels Sozialtechniken Teilbereiche zu modifizieren, ohne an den Machtstrukturen als Gesamtheit zu rütteln. Das Überlaufen progressiver TheoretikerInnen zum neoliberalen Projekt der Regierung Cardoso zeugt davon. Es zeigt aber auch den beschränkten Raum, der heute für die Modifikation der Machtverhältnisse via Sozialtechnik offen steht. Es war in den Hochphasen demokratischer Auseinandersetzung, in den 1950er und 1980er Jahren, in denen SozialreformerInnen einen anerkannten Platz in der Gesellschaft hatten. Mit der Sudene unterstützte die brasilianische Zentralregierung einen großangelegten Versuch der sozialreformerischen Modernisierung des Nordostens (Furtado 1997a, Oliveira 1987). Getragen von einer Massenbewegung waren in Teilbereichen der Sozialstruktur Reformen möglich. Die jahrhundertelang gewachsenen Strukturen einer Sklavenhalter- und Großgrundbesitzergesellschaft – die Un-Ordnung Brasiliens - begannen, ins Wanken zu geraten. So sehr, dass wichtige Gruppen im Putsch 1964 den einzig möglichen Ausweg sahen. Der gewaltsame Tausch der Machthaber diente der Stabilisierung von Herrschaft und trug zur Domestizierung von Planung und Sozialtechnik bei. Das Entwicklungsdispositiv wurde beibehalten, Inhalte und Machtknoten wurden verschoben. Von demokratischen Institutionen und einem Interesse an sozialer Gerechtigkeit verlagerte sich Diskurs und Praxis hin zum staatlichen Management von Wirtschaftswachstum. Doch weder die mittlere Ebene der Staatsbürokratie noch die akademische Wissenschaft nahmen dies zur Kenntnis. In naiver Selbstüberschätzung glaubten die aus der Mittelschicht stammenden SozialreformerInnen weiterhin an die Macht von Sozialtechniken. Sie verstanden nicht, dass sie Macht nicht einfach besitzen und ausüben, sondern ihre Mächtigkeit durch tieferliegende Prozesse von Raummacht produziert wird. So blieben auch unter den Militärs nach 1964 Sozialtechniken Grundlage der wissenschaftlichen Ausbildung von PlanerInnen. In einem Prozess der De-Kontextualisierung wurden die eingesetzten Methoden und Instrumente in die autoritäre Praxis der Planung eingebunden. Es wurde, ganz in der positivistischen Wissenschaftstradition stehend, so getan, als wären Wissenschaftstechniken wertneutral, Teil positiver Forschung. Die neuen staatlichen Machthaber benutzten diese Ideologie neutraler Planung unter der Auflage, Macht nicht zu thematisieren. Unter der Diktatur mussten die PlanerInnen noch dazu gezwungen werden, Raummacht auszublenden. Im Laufe der 1990er Jahre verlor sich das Wissen um die Un-Ordnung der Peripherie ganz „zwanglos". Die jahrzehntelang vor allem von der Universität von São Paulo forcierte Professionalisierung von Wissenschaft, Expertentum und Planung zeigte Wirkung (Sorj 2001). Nicht wenige progressive Intellektuelle fanden sich in der liberalkonservativen Regierung F.H. Cardosos. Sie agierten im Sinne der Machtstruktur, weil sie nicht verstanden, dass progressive staatliche Politik nicht allein von TechnokratInnen, sondern zusammen mit sozialen Kräften außerhalb des Staates gemacht wird. Genau diese Lehre hätte ihnen aber der Blick auf die 500-jährige Geschichte Brasiliens eröffnet (Bosi 1999, Chaui 2000): Jahrzehntelange Kampagnen endeten in der Sklavenbefreiung und der Republikgründung 1889, erstarkende Gewerkschaften und soziale Bewegungen beschleunigten den Übergang zur Homogenisierung der Nation durch den Staat nach 1930. Die Demokratie der 1950er Jahre eröffnete Spielräume für Reformer wie Celso Furtado. Schließlich war die Massenbewegung gegen die Diktatur die Grundlage des sozialen Reformeifers der 1980er Jahre. Dieser kurze geschichtliche Abriss zeigt, dass am Anfang immer die politische Bewegung stand, danach kam die Antwort des Staates. Indem sie die Macht produzierten, die der Staat dann ausüben konnte, bereiteten die progressiven sozialen und politischen Bewegungen strukturell den Boden für das progressive Handeln staatlicher AkteurInnen (vgl. Novy 2001: Kap. 4).

Auf der lokalen Ebene war dies in den 1980er Jahren nicht anders. Das Nationale war durch die Militärdiktatur diskreditiert, es wurde mit Autoritarismus und Technokratie gleichgesetzt. Das Entwicklungsdispositiv löste sich auf und Dezentralisierung wurde zum Synonym für Demokratisierung (Fiori 1995). Sozialreformerische Bemühungen erlebten erneut einen Aufwind, da mit dem diktatorischen Regime auch das Establishment diskreditiert war. Auf lokaler Ebene wurden, erneut getragen durch eine breite Massenbewegung, zahlreiche beachtliche Reformen der Staatlichkeit verwirklicht. BürgerInnenmitbestimmung, partizipative Budgeterstellung und massive Investitionen in die öffentliche Infrastruktur öffneten den Lokalstaat für breitere Bevölkerungsschichten. In einzelnen Teilbereichen gab es Versuche, Herrschaft, die in der zentralistisch-technokratischen Form des Nationalstaats verkörpert war, abzubauen. Jedoch wurde hierbei die wichtige regulationistische Einsicht vergessen, dass sich strukturelle Formen nur dann stabilisieren, wenn die Gesamtstruktur verändert wird. Und die Gesamtstruktur kapitalistischer Gesellschaften verortet sich nicht nur auf der nationalen oder gar lokalen Ebene, sondern ergibt sich aus einem Zusammenspiel verschiedener räumlicher Ebenen, das heißt auch der internationalen. Das nun breit diskutierte „nationale Projekt" kann als Absage an die verführerischen sozialliberalen Versprechungen der Glokalisierung gedeutet werden, die die Ökonomie als Sachzwang verstehen und politisches Handeln auf Fürsorgemanagement reduzieren (Globalization Challenge Initiative 2002, Novy 2000).

5. Demokratisierung von Machträumen und Raummacht

Schon diese kurze geschichtliche Abhandlung macht klar, dass es den BrasilianerInnen trotz aller Widrigkeiten gelang, einen zunehmend eigenständigeren Machtraum zu produzieren. Angesichts des Zerstörungsprozesses der letzten Jahre (vgl. Lesbaupin 1999, Sampaio 1999) und in Reflexion grundlegender Entwicklungsprozesse fordern heute erneut viele der besten PolitökonomInnen und Teile der Linken ein „nationales Projekt" und damit eine Stärkung des Nationalstaats (Cano 1999, Furtado 1992, 1999). Dabei beobachten wir gelegentlich eine gewisse nostalgische Verklärung der nationalstaatsdominierten „Ära Vargas", benannt nach dem Langzeitpräsidenten und zeitweiligen Diktator Getúlio Vargas (Cano 1997: 253f., Cano 1998: 309). Zugrunde liegt dem die Hobbessche Konzeption des souveränen, d.h. diktatorischen und personalisierten Machthabers, der sich um seinen Behälterraum kümmert: Vargas hatte Macht und konnte sie ausüben; eine Ermächtigung der im Territorium lebenden Menschen war dies aber nur eingeschränkt. Trotzdem ist oftmals eine unspezifische Forderung nach einer Repolitisierung bzw. einem anzustrebenden Primat der Politik über die vereinheitlichende sich verselbstständigende Kapitallogik und den Funktionsraum Weltmarkt zu hören. Ein derart gestärkter Nationalstaat könne nationale Souveränität zurückgewinnen. Ich streite hierbei nicht die Sinnhaftigkeit der Zielsetzung ab. Eine gestärkte nationale Souveränität erscheint mir als ein wichtiger Schritt jeglicher Reformpolitik in Lateinamerika, weil durch sie in Teilbereichen die Überwindung der von der CEPAL seit Jahrzehnten konstatierten Un-Ordnung möglich werden könnte: Eine erhöhte Binnenorientierung der Ökonomie, mehr nationale Entscheidungsautonomie, eine Stärkung der kleinbäuerlichen Landwirtschaft und der solidarischen Ökonomie wären mehr als wünschenswert. Überzogene Hoffnungen auf eine nationale Industrie- und Regionalpolitik, die ein aufgeklärter Machthaber samt Technokratie mit einem „nationalen Projekt" (Pacheco 1998: 268) durchführen soll, gehen aber ohne Analyse des Geld- und Währungsregimes ins Leere. Es ist also weniger die normative Sinnhaftigkeit der Forderung nach politischer Souveränität, die ich anzweifle, als die theoretische Konzeptualisierung und die damit einhergehenden technizistischen Lösungsvorschläge. Die Stärkung der Nation kann nämlich nur als ein Prozess der erneuten Produktion von Raum, konkret der Wiederherstellung des Nationalen im globalen Raum verstanden werden. Es erfordert eine soziale und politische Bewegung der Raum-Schaffung, der Errichtung von Grenzen und der Einschränkung von Wettbewerb. Ein Machthaber allein schafft dies genauso wenig wie die Staatstechnokratie. Dies herzustellen bedeutet vielmehr, Geographie zu machen, und zwar unter den strukturellen Bedingungen von Globalisierung. Die Produktion eines neuen Machtraums ist ohne Zweifel ein anspruchsvolles politisches Projekt. An sich ist dies aber nichts gänzlich Neues, denn politische Räume wurden stets in Prozessen der Territorialisierung produziert.

6. Von Brasilien lernen

Das Macht-Wissens-Feld weist in Brasilien trotz aller Mängel große Vorzüge gegenüber dem europäischen auf. In diesem abschließenden Kapitel möchte ich einige Lehren festhalten, die aus der brasilianischen Erfahrung für Theorie und Praxis eines progressiven politischen Projekts in Europa gezogen werden können.

Anhand der politökonomischen Entwicklung Brasiliens wurde die Dialektik von Struktur und Handlung verständlicher. Dabei zeigte sich, dass in Brasilien bis heute die Vorstellung, dass auch Unterdrückte Geschichte und Geographie machen, in einem höheren Maße wachgehalten wird als in Europa. Dies ist einerseits älteren Intellektuellen wie Celso Furtado zu verdanken, zum anderen ist es auch Ergebnis des Umstandes, dass progressive soziale und politische Bewegungen in Brasilien offensichtlich weiterhin entsprechende Erfahrungen machen. Es gibt bis heute eine linke Partei und eine kritische Zivilgesellschaft, die sich nicht nur als soziale, sondern auch als politische Bewegung versteht und seit dem Widerstand gegen die Militärdiktatur organisch mit kritischen Intellektuellen verbunden ist. Wiewohl die Akademisierung der Wissenschaft in den letzten 15 Jahren diesem Bündnis aus Intellektuellen und Bewegungen einen schweren Schlag versetzte, bestehen wichtige Verbindungen bis heute fort. Im Feld progressiver Politik treffen sich soziale und politische Bewegungen, Gewerkschaften, Intellektuelle und die Arbeiterpartei, was die Schaffung eines alternativen hegemonialen Projekts begünstigt. Es ist kein Zufall, dass das Weltsozialforum seinen Sitz in Porto Alegre, Brasiliens südlichster Landeshauptstadt, gefunden hat.

Eine wichtige Aufgabe der Intellektuellen besteht in der Erarbeitung von Konjunkturanalysen (Fiori 1995). Die historisch-geographischen Darstellungen der vorangegangenen Abschnitte können als politökonomische Konjunkturanalysen, die auf regulationstheoretischen Analysen aufbauen, verstanden werden.[5] Die Konjunktur ist die Gegenwart, eingebettet in eine Struktur; sie ist der Moment der Offenheit der Geschichte, eingebettet in den sozialen Beton, der den Fluss der Zeit determiniert. Diese Offenheit ist nicht zu jedem Zeitpunkt gleich, wiewohl Menschen und Organisationen zu jedem Zeitpunkt bedeutsame Entscheidungen treffen. Deshalb sind die regulationstheoretischen Diskussionen, wie Hirsch (2001: 171) festhält, eben keine theoretischen Sandkastenspiele, sondern politisch höchst bedeutsam, da sie etwas über den Grad der Offenheit und damit die Veränderbarkeit der Zukunft aussagen. So kann verstanden werden, warum erfolgversprechende Prozesse sozialer Mobilisierung, wie sie im Gefolge der Demokratisierung zu beobachten waren, fünfzehn Jahre später im Desaster von Währungs- und Finanzkrisen enden konnten. Es wird aber auch verständlich, wie in jedem Moment der Offenheit erneut eine politische Kraft vorhanden ist, die das Establishment zum Handeln zwingt.[6] Die Analyse der gegenwärtigen Konjunktur zeigt, dass die aus den 1970er und 1980er Jahren stammende Kritik an Staat und Nation heute viel von ihrem progressiven Gehalt verloren hat. Progressive politische Strategien sind heute daher nicht länger in der Negation von Staat und Nation, sondern in einer radikalisierten Reform zu suchen. Gerade an diesem Punkt zeigt sich der große Wert komparativer Analysen. Die in Brasilien beobachtbare Wiederentdeckung der Nation als wirtschaftliche Akteurin muss vor dem Hintergrund des neoliberalen Ausverkaufs und der Verlagerung wirtschaftlicher und politischer Macht in den Norden gesehen werden. Und wieder zeigt sich, dass der politische Organisierungsprozess, dessen Wurzeln in den 1950er Jahren liegen und dessen Früchte mit der Gründung der PT im Demokratisierungsprozess aufgingen, Brasilien auch heute noch vom Rest Lateinamerikas unterscheidet. Während der Kontinent in einer ökonomischen Krise versinkt und auf der Linken fast überall ein organisatorisches Vakuum auszumachen ist, scheint Brasilien heute das einzige Land, das dem US-amerikanischen Projekt einer amerikanischen Freihandelszone etwas entgegenzusetzen hat. Der Präsidentschaftswahlkampf 2002, bei dem Lula nun zum vierten Mal antritt, gewinnt daher erneut eine weit über das Land hinausreichende Bedeutung. Ein „nationales Projekt" ist die historisch mögliche Alternative zur definitiven Eingliederung des Kontinents in den US-amerikanischen Einflussbereich (Pinheiro Guimarães 2000). Wenn es den sozialen Bewegungen zusammen mit der Arbeiterpartei gelingt, ein Staatsprojekt durchzusetzen, das sich der Freihandelszone verweigert, bestehen in Lateinamerika politische Gestaltungsräume fort. Sollte die PT erneut verlieren, wird es schwerlich zu verhindern sein, dass Lateinamerikas Nationen zu Protektoraten verkümmern.

Wie auf einem anderen Stern fühlt man sich hingegen, wenn in Europa gute Teile der GlobalisierungskritikerInnen, symbolisiert in der Forderung nach „No border, no nation", von der Auflösung jeglicher Machträume eine progressive Zukunft erhoffen. Die zwangfreie, unstrukturierte Anarchie erscheint ihnen als Alternative zum nationalen Machtbehälter. Die Bedeutung des Nationalen ist aber weder hier noch dort ohne eine genaue Analyse der Raummacht einschätzbar. Mit

Raummacht beschreibe ich jene strukturellen Beziehungen zwischen Machträumen, die Hierarchien schafft und die Interaktion zwischen Räumen strukturiert. Weder das Globale, noch das Nationale oder das Lokale sind in jeder konkreten Form von Raummacht gleich. Es gibt keine wesensmäßig „beste" Ebene für politökonomische Interventionen (Swyngedouw 1992).

In den 1990er Jahren wurde der bis dahin immer gemäßigt reformistische Furtado zu einem zunehmend härteren Kritiker des Ausverkaufs Brasiliens durch die Regierung Cardoso. 1999 meinte er sogar, dass „niemals in unserer Geschichte die Kluft zwischen dem, was wir sind, und dem, was wir als Nation sein wollen, so groß war wie heute" (Furtado 1999: 26). Das Nationale an sich ist aber nicht progressiv, es wird erst durch politische AkteurInnen und soziale Bewegungen als ein progressiver Machtraum produziert. Das von Furtado forcierte nationale Projekt strebt daher danach, die Gestaltungsräume der BewohnerInnen durch Demokratisierung zu erweitern. Eine erneute Aufwertung des Nationalen ohne jegliche Ausweitung der Teilhabe der Gesamtbevölkerung erscheint nach den Ereignissen des 11. September 2001 als durchaus möglich.

Von Brasilien kann gelernt werden, dass die Produktion und Gestaltung von Machträumen auch nach dem Ende des Fordismus weiterhin zentraler Bestandteil jeglichen demokratischen und sozialistischen Projekts ist. Sicherlich darf dies nicht ausschließlich auf eine nationale Machtraumstrategie reduziert werden. Hirsch (2001: 208) erinnert zu Recht an das umfassendere Anliegen des radikalen Reformismus, nämlich an die Notwendigkeit einer grundlegenden Reformulierung des Begriffs von Politik und emanzipativer politischer Praxis an sich. Ich teile Hirschs Intention der Kritik staatsfixierten politischen Handelns, insofern sie sich auf die auch von Personen wie Celso Furtado genährte Illusion bezieht, der Staat sei neutraler Verwalter des Allgemeinwohls. Was ich aber nicht verstehe, ist die zugespitzte These, dass eine Rückkehr zu staatsreformistischen Politikformen nicht mehr möglich sei. Damit akzeptiert er das Glokalisierungsdispositiv und produziert diskursiv die eingangs von ihm selber konstatierte „politische Orientierungslosigkeit". Die Stadtregierung von Porto Alegre genauso wie die Landesregierung von Rio Grande do Sul widerlegen aber diese defaitistische Behauptung, indem sie demokratische und sozialistische Territorien produzieren (Abers 1998, Becker 2000). Statt einer undialektischen Ablehnung des Staates wäre es sinnvoller, Foucault folgend das Spiel zu spielen, aber es gleichzeitig anders zu spielen (Lemke 1997: 369). Ein radikaler Reformismus wird nicht ohne Staatsreformen möglich sein, d.h. durch Reformen, die der Staat einleitet, und auch durch Reformen des Staates selbst, die diesen in Richtung eines sich selbst organisierenden öffentlichen Staates umgestalten. Es ist dies auch die Praxis der von Hirsch (2001: 209) zitierten brasilianischen Landlosenbewegung. Es stimmt, dass diese Alltag und Wirtschaftsweise zu revolutionieren trachtet und damit so etwas wie die von Hirsch angesprochene Kulturrevolution realisiert. Aber kein Mitglied dieser Bewegung wäre so naiv, darüber zu vergessen, wie viel sie der Landesregierung von Rio Grande do Sul verdankt. Die Landlosenbewegung weiß, dass ihr Projekt einer Kulturrevolution durch progressive Machthaber abgesichert werden muss. Sie versteht besser als staatskritische europäische Intellektuelle, dass politisches Handeln dialektisch, d.h. im und gegen den Staat gleichzeitig zu erfolgen hat. Progressive Politik hat also gleichzeitig zwei Zielsetzungen zu verfolgen: die Demokratisierung von Machträumen und die Demokratisierung der Beziehung zwischen den Machträumen. Es geht also einerseits um einen öffentlichen Staat, in dem Staat und Zivilgesellschaft sich für die Teilhabe der Bevölkerung öffnen. Die Demokratisierung der Budgeterstellung, die kollektive Entscheidungsfindung über Investitionen und die zentralen Fragen zukünftiger Entwicklung spielen hierbei eine Schlüsselrolle. Andererseits geht es aber genauso um die Gestaltung von Raummacht, d.h. um andere Welthandelsregeln, eine andere internationale Finanz- und Rechtsarchitektur und eine solidarische Beziehung der verschiedenen Territorien der Einen Welt untereinander (Novy 2002: Kap. 13). Die Forderung von Altvater und Mahnkopf (1996: 585), Geld und Energie zu besteuern und Arbeit zu entlasten, zielt genau in diese Richtung einer Umgestaltung von Raummacht als Voraussetzung einer anderen Art von Machtraum-Politik.

Zusammenfassend kann also festgehalten werden, dass Regulation weder mit staatlicher Regulierung gleichzusetzen ist, wie dies das technokratische Politikverständnis nahe legt, noch ein sich selbststeuernder gesellschaftlicher Prozess ist, auf den politische Bewegungen keinen Einfluss nehmen können. Regulation ist ein Prozess der bewussten und unbewussten Gestaltung eines Machtraums und der Regelsetzungen, durch die Beziehungen zu anderen Machträumen organisiert sind. Weder kann weiter dem naiven Glauben angehangen werden, es sei innerhalb kurzer Zeiträume ein grundlegender sozialer Wandel möglich, noch ist der in Europa verbreitete politische Defaitismus zu rechtfertigen, der darauf verzichtet, Subjekte der Veränderung überhaupt noch zu thematisieren. Die schmerzhaften politischen Niederlagen der 1980er und 1990er Jahren haben einen großen Vorteil: Sie erlauben einen nüchternen Blick auf die bestehende Un-Ordnung, und sie zeigen, wie notwendig eine Re-Theoretisierung von Gesellschaftsveränderung ist. Raum, Macht und Wissen stellen hierbei Schlüsselkategorien dar. Sie helfen, die bestehende Un-Ordnung zu verstehen, sie können aber auch dazu genutzt werden, wirksamer Geschichte und Geographie zu machen - sei dies in sozialen oder politischen Bewegungen, Gewerkschaften oder politischen Parteien, sei es auf lokaler, nationaler oder internationaler Ebene (Jessop 2001: 169f.). Die Gewissheiten fordistischer Politik mit ihrer Fixierung auf Staatsmacht und den nationalen Behälterraum sind unwiederbringlich vorbei. Geschichte und Geographie werden aber weiterhin gemacht, wenngleich es heute weder im Vorhinein auserkorene AkteurInnen noch privilegierte Räume gibt.

Anmerkungen

1 Eine kontextuelle Analyse unterscheidet den lateinamerikanischen Strukturalismus vom ökonomischen Mainstream (Cardoso/Faletto 1976: 37): Das zentrale Thema war „the distinctiveness of development paths in the periphery and the leading role of the state in an industrialization process“ (Lehmann 1990: 3). Es gibt demnach einen Widerspruch zwischen

der Nation als Territorium mit einem internen Machtsystem einerseits und dem globusumspannenden Prozess der Einbindung in eine von den Zentren dominierte Struktur andererseits (Cardoso/Faletto 1976: 38). Ersteres stellt einen Machtraum dar, zweiteres eine Struktur der Raummacht, die Raum und Macht in einer spezifischen Weise strukturiert und die verschiedenen Machträume zueinander in Beziehung setzt (Novy 2001: Kap.1).

2 Faoro (1997: 631) illustriert die entsprechende politische Mentalität: „Was die Politik betrifft, bin ich starr: Ich wähle die Regierung". Oder: „Die Regierung wechselte, aber ich wechsle nicht: Ich bleibe mit der Regierung."

3 So war noch 1994 der Plano Real, Brasiliens vermeintlicher Aufstieg in die Erste Welt, nur durch die Unterstützung der archaischsten politischen Kräfte, der unterentwickeltsten Regionen und der gesamten Agraroligarchie möglich.

4 Zu den Veränderungen der Akkumulation in Brasilien weg von intensiven zurück zu extensiven Akkumulationsstrategien vgl. Faria (1995) und Conceição (1989a und b),

5 Diese Art der Analyse orientiert sich an den Ausführungen von Marx im „18. Brumaire" (Marx 1965). Im Rahmen der Befreiungstheologie hat dies zum sogenannten Dreischritt von Sehen-Urteilen-Handeln geführt. Auf die sozialwissenschaftliche Analyse (Sehen) folgt das ethische Urteilen, basierend auf der Bibel und der Tradition der Kirche, um schließlich in einem dem konkreten historischen Moment angepassten Handeln zu münden.

6 Fiori 1995 liefert hierzu eine bahnbrechende Analyse; in Novy 2001: Kap. 4 versuche ich, diese Anregungen zu vertiefen.

Literatur

Abers, R. (1998): Learning democratic practice: distributing government resources through popular participation in Porto Alegre, Brazil. In: Douglass, M./Friedmann, J. (Hg.): Cities for Citizens. Chichester und New York, 39-66.

Aglietta, M. (1987): A Theory of Capitalist Regulation. The US-Experience. London.

-/Orléan, A. (1984): La violence de la monnaie. 2. Auflage. Paris.

Altvater, E. (1987): Sachzwang Weltmarkt. Hamburg.

-/Mahnkopf, B. (1996): Grenzen der Globalisierung. Ökonomie, Ökologie und Politik in der Weltgesellschaft. Münster.

Arrighi, G. (2000): Der globale Markt. Gemeinsamkeiten und Unterschiede zwischen dem Anfang und dem Ende des 20. Jahrhunderts. In: Journal für Entwicklungspolitik 4/00, 359- 392.

Becker, B./Egler, C. (1992): Brazil: A New Regional Power in the World-Economy. A Regional Geography. Cambridge.

Becker, J. (1998): Regionale Integration und Regulation: EU und Mercosur im Vergleich. In: Journal für Entwicklungspolitik 2/98, 119-138.

- (2000): Gegen den Strom. Alternative Kommunalpolitik im Cono Sur. In: Raza, W. (Hg.): Recht auf Umwelt oder Umwelt ohne Recht? Atención. Jahrbuch des Österreichischen Lateinamerika Instituts. Band 4. Frankfurt am Main, 228-253.

- (2002): Akkumulation, Regulation, Territorium. Zur kritischen Rekonstruktion der französischen Regulationstheorie. Marburg.

Bielschowsky, R. (Hg., 2000a): Cinquenta anos de pensamento na CEPAL. Volume 1. Rio de Janeiro.

- (Hg., 2000b): Cinquenta anos de pensamento na CEPAL. Volume 2. Rio de Janeiro.

Biondi, A. (1999): O Brasil privatizado. Um balanço do desmonte do Estado. São Paulo.

Bosi, A. (1999): A dialética da colonização. São Paulo.

Boyer, R./Saillard, Y. (Hg., 1995): Théorie de la régulation. L'état des savoirs. Paris.

Bröckling, U. et al. (2000): Gouvernementalität der Gegenwart. Studien zur Ökonomisierung des Sozialen. Frankfurt am Main.

Cano, W. (1997): Base e superestrutura em São Paulo: 886-1929. In: Lorenzo, H.C. de/Costa, W.P. da (Hg.): A década de 1920 e as origins do Brasil moderno. São Paulo, 235-254.

- (1998): Desequilíbrios regionais e concentração industrial no Brasil. 1930-1970. 1970-1995. Campinas.

- (1999): Soberania e Política Economica na América Latina. São Paulo.

Cardoso, F.H. (1993): As Idéias e seu Lugar. Petrópolis.

-/Faletto, E. (1976): Abhängigkeit und Entwicklung in Lateinamerika. Frankfurt am Main.

Chaui, M. (2000): Cultura e Democracia o discurso competente e outras falas. 8. Auflage. Sao Paulo

Conceição, O. A. C. (1989a): Grandes Crises e Estágios da Economia Brasileira: Uma revisão da literatura para uma proposta da periodização. In: Faria et al., Desvendando a espuma. Reflexões sobre crise, regulação e capitalismo brasileiro. Porto Alegre, 165-208.

- (1989b): Da Crise do Escravismo à Crise do Fordismo Periférico no Brasil: uma proposta de periodização sob a ótica regulacionista. In: Faria et al., Desvendando a espuma. Reflexões sobre crise, regulação e capitalismo brasileiro. Porto Alegre, 209-222.

Dreifuss, R.A. (1989): O Jogo da Direita na Nova República. São Paulo.

Dunford, M./Perrons, D. (1983): The Arena of Capital. London.

Eisenschitz, A./Gough, J. (1998): Theorizing the State in Local Economic Governance. In: Regional Studies 32.8, 759-768.

Esser, J./Görg, Ch./Hirsch, J. (Hg., 1994) Politik, Institutionen und Staat. Zur Kritik der Regulationstheorie. Hamburg.

Exame (1998):. Melhores e Maiores. As 500 maiores empresas do Brasil. São Paulo.

Faoro, R. (1997): Os donos do poder. Formação do patronato brasileiro. Rio de Janeiro.

Faria, L. A. E. (1995): Um estudo sobre o regime de acumulação da economia brasileira. Porto Alegre.

Fernandes, A. C. (1998): Economic integration of a peripheral region: From state developmentism to globalisation in northeast Brazil. In: Journal für Entwicklungspolitik 2/98, 193-212.

Fernandes, F. (1987): A Revolução Burguesa no Brasil. Ensaio de interpretação sociológica. Rio de Janeiro.

Fiori, J. L. (1994): O Nó Cego do Desenvolvimento Brasileiro. In: Novos Estudos. No.40, 125-144.

- (1995): O vôo da coruja. Uma leitura não-liberal da crise do estado desenvolvimentista. Rio de Janeiro.

- (Hg., 1999): Estados e moedas no desenvolvimento das nações. Rio de Janeiro.

- (2001): Brasil no Espaço. Rio de Janeiro.

Foucault, M. (1978): Dispositive der Macht. Über Sexualität, Wissen und Wahrheit. Berlin.

- (1983): Der Wille zum Wissen. Sexualität und Wahrheit I. Frankfurt am Main.

Fritz, B. (2000): Stabilisierung und De-Stabilisierung. Währungskrisen als Kehrseite des Modells wechselkursbasierter Entwicklung. Der Fall Brasilien. In: Boris, D. et al., Finanzkrisen im Übergang zum 21. Jahrhundert. Marburg, 289-318.

Furtado, C. (1976): Economic Development of Latin America. Cambridge.

- (1992): Brasil: a construção interrompida. São Paulo.

- (1997a): Obra Autobiográfica. Band II. São Paulo.

- (1997b): Obra Autobiográfica. Band III. São Paulo.

- (1999): O longo amanhecer. Reflexões sobre a Formação do Brasil. São Paulo.

Giddens, A. (1988): Die Konstitution der Gesellschaft. Frankfurt am Main.

Globalization Challenge Initiative (2002): Growing Dangers of Service Apartheid. News & Notice for IMF and World Bank Watchers. Vol. 2, No.5.

Görg, Ch. (1994a): Der Institutionenbegriff in der „Theorie der Strukturierung". In: Esser, J./ Görg, Ch./Hirsch, J. (Hg.), 31-84.

- (1994b): Krise und Institution. In: Esser, J./Görg, Ch./Hirsch, J. (Hg.), 85-132.

Gonçalves, R. (1999): Globalização e desnacionalização. Rio de Janeiro.

Gregory, D./Urry J. (Hg., 1985): Social Relations and Spatial Structures. London.

Harvey, D. (1982): The Limits to Capital. Oxford.

Hirsch, J. (2001): Postfordismus: Dimensionen einer neuen kapitalistischen Formation. In: Hirsch, J./Jessop, B./Poulantzas, N.: Die Zukunft des Staates. Hamburg, 171-209.

Holanda, S. Buarque de (1989): Raízes do Brasil. Rio de Janeiro und São Paulo.

Hübner, K. (1990): Theorie der Regulation. Eine kritische Rekonstruktion eines neuen Ansatzes der Politischen Ökonomie. Berlin.

Jäger, J./Melinz, G./Zimmermann, S. (2001): Sozialpolitik in der Peripherie. HSK 19. Frankfurt am Main und Wien.

Jäger, J./Novy, A. (2002): Politische Implikationen von Entwicklungstheorien. Die Dialektik von theoretischer Praxis und Entwicklungsprozess. In: Fischer, K. et al.: Internationale Entwicklung. GEG. Band 4, 91-102.

Jessop, B. (2001): Die Globalisierung des Kapitals und die Zukunft des Nationalstaates. Ein Beitrag zur Kritik der globalen politischen Ökonomie. In: Hirsch, J./Jessop, B./Poulantzas, N.: Die Zukunft des Staates. Hamburg, 139-170.

-/Sum, N. (2000): Pre-disciplinary and Post-disciplinary Perspectives. In: New Political Economy 5 (1), 89-101.

Kay, C. (1989): Latin American Theories of Development and Underdevelopment. London und New York.

Läpple, D. (1991): Essay über den Raum. In: Häußermann, H. et al.: Stadt und Raum. Pfaffenweiler, 157-207.

Lehmann, D. (1990): Democracy and Development in Latin America. Economics, Politics and Religion in the Post-War Period. Cambridge.

Lemke, Th. (1997): Eine Kritik der politischen Vernunft. Foucaults Analyse der modernen Gouvernementalität. Berlin und Hamburg.

Lesbaupin, I. (Hg., 1999): O desmonte da nação. Balanço do governo FHC. Rio de Janeiro.

Lipietz, A. (1998): Nach dem Ende des „Goldenen Zeitalters". Regulation und Transfomation kapitalistishcer Gesellschaften. Ausgewählte Schriften. Herausgegeben von H.-P. Krebs. Berlin.

Lueger, M. (2001): Auf den Spuren der sozialen Welt. Methodologie und Organisierung interpretativer Sozialforschung. Frankfurt am Main.

MacLeod, G./Goodwin, M. (1999): Reconstructing an urban and regional political economy: on the state, politics, scale, and explanation. In: Political Geography 18, 697-730.

Marx, K. (1965): Der 18. Brumaire des Louis Bonaparte. Frankfurt am Main.

- (1974): Grundrisse der Kritik der Politischen Ökonomie. Berlin.

- (1983): Das Kapital. Berlin.

Massey, D. (1984): Spatial Divisions of Labour: Social Structures and the Geography of Production. London.

- (1985): New Directions in Space. In: Gregory/Urry (Hg.): Social Relations and Spatial Structures. London.

Mello, J. M. C. de (1998): O Capitalismo Tardio. Contribuição à Revisão Crítica da Formação e do Desenvolvimento da Economia Brasileira. Campinas.

Novy, A. (1994): Lokaler Widerstand und struktureller Wandel in Brasilien: Lokalinitiativen der Armen an der Peripherie von São Paulo. Frankfurt am Main.

- (2000): Verschuldungs- und Finanzkrisen als Wegbereiter der sozialliberalen Hegemonie. In: Boris, D. et al.: Finanzkrisen im Übergang zum 21. Jahrhundert. Marburg, 289-318

- (2001): Brasilien: Die Unordnung der Peripherie. Von der Sklavenhaltergesellschaft zur Diktatur des Geldes. Edition Weltgeschichte, Band 3. Wien.

- (2002): Entwicklung gestalten. Gesellschaftsveränderung in der Einen Welt. Geschichte - Entwicklung - Globalisierung (GEG) 5. Frankfurt am Main und Wien.

Nunes, E. (1996): Poder Local, Descentralização e Democratização: um Encontro dificil. In: São Paulo em Perspectiva 10 (3), 32-39.

Oliveira, F. de (1987): Elegia para uma Re(li)gião. 5. Auflage. Rio de Janeiro.

- (1989): A Economia da Dependência Imperfeita. Rio de Janeiro.

Pacheco, C. A. (1998): Fragmentação da Nação. Universidade Estadual de Campinas: Instituto de Economia.

Pereira, J. M. (1998): Geld, politische Legitimität und regionale Integration in Lateinamerika. In: Journal für Entwicklungspolitik 2/98, 39-152.

Pinheiro Guimarães, S. (2000): Quinhentos anos de periferia. Porto Alegre.

Pred, A. (1990): Making Histories and Constructing Human Geographies. The Local Transformation of Practice, Power Relations, and Consciousness. Boulder.

Sader, E. (1988): Quando novos personagens entraram em cena. Experiências e lutas dos trabalhadores da Grande São Paulo 1970-80. São Paulo.

Sampaio jr., P. de A. (1999): O impasse da „formação nacional". In: Fiori, J. L. (Hg.): Estados e moedas no desenvolvimento das nações. Rio de Janeiro, 415-447.

Sayer, A. (1984): Method in Social Science: A Realist Approach. London.

Sorj, B. (2001): A construção intelectual do brasil contemporâneo. Da resistência à ditatura ao governo FHC. Rio de Janeiro.

Storper, M. (2001): The poverty of radical theory today: From the false promises of Marxism to the mirage of the cultural turn. In: International Journal of Urban and Regional Research 25.1, 155-179.

Swyngedouw, E. (1992): The Mammon quest. „Glocalisation", interspatial competition and the monetary order: the construction of new scales. In: Dunford, M./Kafkalas, G. (Hg.): Cities and Regions in the New Europe: The Global-Local Interplay and Spatial Development Strategies. London, 39-67.

Tavares, M. da C.; Fiori, J. L. (Hg., 1998): Poder e dinheiro. Uma economia política da globalização. Petrópolis.

Tavares, M. da C. et al. (2000): Celso Furtado e o Brasil. São Paulo.

Taylor, P. (1994): The state as container: territoriality in the modern world-system. In: Progress in Human Geography 18.2, 151-162.

Taylor, P. (1995): Beyond containers: internationality, interstateness, interterritoriality. In: Progress in Human Geography 19.1, 1-15.

Ulrich Brand

Regulation und Politik. Theoretische Probleme der Internationalisierung und die „Empire"-These

Die Attraktivität der Regulationstheorie misst sich heute auch daran, inwieweit sie die Entstehung postfordistischer Verhältnisse entschlüsseln kann. Dazu bedarf es aber, dies wird in verschiedenen Beiträgen des Bandes deutlich, einer stärkeren gesellschaftstheoretischen Fundierung. Ansonsten droht der innovative Ansatz bei der Suche nach „postfordistischen Regularitäten" stecken zu bleiben, wobei die Kriterien zur Identifikation einer neuen Formation unklar sind. Ich will in meinem Beitrag den Versuch unternehmen, die historisch-materialistische Theorie sozialer Formen insbesondere für die Analyse des sich herausbildenden postfordistischen Politischen fruchtbar zu machen. Dafür werde ich knapp die Grundthesen der Regulationstheorie skizzieren, auf diverse Probleme eingehen, anschließend an die so genannte Staatsableitungsdebatte und die damit in den 70er Jahren aktualisierte Diskussion um soziale Formen erinnern, um dann anzudeuten, in welche Richtung eine Verknüpfung von Regulationstheorie und Formanalyse erfolgen könnte. Meine These lautet, dass sich einerseits in den gegenwärtigen Transformationen die Formanalyse verändern muss. Insbesondere muss sich diese aus ihrem impliziten Bezug auf den Nationalstaat lösen. In den 90er Jahren wurde bereits deutlich, dass die Regulationstheorie der historisch-materialistischen Staatstheorie ermöglicht, sich stärker auf die Diskontinuitäten und konkreten Entwicklungen zu beziehen. Gleichwohl bedarf es einer „postfordistischen" und gesellschaftstheoretischen Reformulierung. Umgekehrt wird eine revidierte, auf der Höhe der Zeit stehende Formanalyse weitgehendere Einsichten in die postfordistischen Verhältnisse ermöglichen. Abschließend will ich, eher kursorisch, auf einige Anregungen des viel diskutierten Buches „Empire" eingehen, weil damit - trotz der grundlegend unterschiedlichen Herangehensweise - auf zentrale Schwächen aktueller regulationstheoretischer Arbeiten hingewiesen werden kann. Insgesamt handelt es sich, wie noch deutlich werden wird, eher um eine Forschungsskizze hinsichtlich einer noch auszuarbeitenden historisch-materialistischen Theorie internationaler Politik.[1]

1. Innovationen der Regulationstheorie und ihre „blinden Flecken"

Eine zentrale Innovation der Regulationstheorie besteht darin, die grundlegend krisenhafte und instabile bürgerlich-kapitalistische Entwicklung als prekäres, sich jedoch gegebenenfalls stabilisierendes Verhältnis von Akkumulation und Regulation zu verstehen.[2] Die Regulationstheorie konnte die Dialektik von Kontinuität und Bruch kapitalistischer Vergesellschaftung konzeptualisieren, indem zwischen allgemeinen und historisch-spezifischen Merkmalen unterschieden wurde. Zentral ist dafür die Theorie sozialer Formen, auf die noch zurückzukommen sein wird.

Gelingende Regulation, als „glücklicher Fund“ im Sinne erfolgreicher Widerspruchsbearbeitung und relativ stabiler Bedingungen des eingebetteten Akkumulationsprozesses, ist zudem kein intentional herstellbarer Zustand (etwa durch das Kapital oder den Staat gesteuert), sondern ergibt sich als kapillarer Prozess vielfältiger und unterschiedlich machtförmiger Strategien im Kampf um Hegemonie, der nicht unabhängig aber auch nicht determiniert ist von gesellschaftlichen Strukturen. An dieser Stelle erfolgt in der deutschsprachigen Diskussion gewöhnlich das Zitat von Alain Lipietz, dass sich ein soziales Verhältnis „trotz und wegen seines konfliktorischen und widersprüchlichen Charakters“ reproduziert (1985: 109) und die Tatsache der Regulation den ganzen Laden Kapitalismus nicht aufgrund seiner antagonistischen Konstitution auseinander reißen lässt. Der Akkumulationsimperativ wird damit nicht mehr „überhistorisch“ verstanden, sondern es kann der Blick auf die konkreten Modi der Akkumulation gelenkt werden. Schließlich: Krisen werden nicht ökonomistisch, sondern vielfältig bestimmt aus dem widersprüchlichen und irrationalen gesellschaftlichen Zusammenhang (und damit von Phasen gelingender Regulation unterschieden). Allerdings werden sie nicht per se als Krisen *des* Kapitalismus identifiziert, sondern als Krisen innerhalb einer bestimmten oder aber der gesamten Entwicklungsweise.

Dass ein Akkumulationsregime nicht von sich aus bestehen kann, dem wurde mit dem Begriff der Regulationsweise - als nicht-funktionales Komplement des Akkumulationsregimes - auf der „intermediären“ Ebene Rechnung getragen. Damit sind gesellschaftliche Normen, Werte und Institutionalisierungsprozesse gemeint, die in Auseinandersetzungen entstehen, Gegenstand solcher bleiben und gleichwohl soziale Akteure orientieren. Die Regulationsweise stellt ein historisches Ensemble struktureller bzw. institutioneller Formen dar, welche eine stabile Akkumulation ermöglicht.[3]

Dennoch war der Ansatz von Beginn an mit Problemen behaftet. So wurden Ende der 80er Jahre einige Schwachstellen immer deutlicher, insbesondere das Fehlen eines elaborierten Staats- und Politikbegriffes in dem weitgehend von Ökonomen entwickelten Ansatz. Denn die französischen Arbeiten betrachteten den Staat vor allem aus der Perspektive der Intervention in die Ökonomie (Lipietz 1992). Im regulationstheoretischen „Klassiker“ geht Michel Aglietta (1979: 26) nur in der Einleitung und sehr kurz auf den Staat ein: „Analysis of the state has always been the Achilles' heel of social sciences. [...] As far as economists are concerned, their naïvety vis-à-vis anything that involves the state is a notorious fact.“ Robert Boyer (1990) verstand in einer der prominentesten Arbeiten zur Regulationstheorie den Staat eher additiv als eine von fünf institutionellen Formen. Eng verbunden war damit ein zweites Problem: Mit dem Begriff der Regulation wurde eine spezifische Verknüpfung der Struktur- und der Handlungsebene zu konzeptualisieren versucht. Das blieb jedoch nicht ausgeführt, d.h. das Verhältnis von Struktur, Handlung und Institution sowie der Stellenwert gesellschaftlicher Totalität bzw. des Gesellschaftsbegriffs blieben insgesamt unklar. Christoph Görg (1994: 22) wies darauf hin, dass Widersprüchlichkeiten in regulationstheoretischen Arbeiten allzu oft mit der Nicht-Einheitlichkeit der institutionellen Verhältnisse gleichgesetzt wurde. Unscharf blieben auch der Begriff und die konkrete Erforschung sozialer Auseinandersetzungen. Allzu oft dominierte eine Art „ex-post-Funktionalismus", der die Interessen und Strategien verschiedener Akteure und das Ringen um gesellschaftliche Kompromisse aus der Sicht der dann etablierten Institutionen und Normen interpretierte. Schließlich arbeitete Karin Waringo (1998) heraus, dass die empirischen Arbeiten im Rahmen der Regulationstheorie häufig Konsistenz suggerierten, tatsächlich eher eklektisch vorgingen und vor allem zu keiner Klärung der Grundkategorien und Konzepte beitrugen.

Zu Beginn der 90er Jahre gab es Versuche, die Regulationstheorie stärker gesellschaftstheoretisch zu fundieren (Demirović et al. 1992, Esser et al. 1994). So wurde vorgeschlagen, die Dichotomisierung von Struktur und Handlung mit Giddens' Begriff der Strukturierung anzugehen (Esser et al. 1994, Görg 1995 sowie Christoph Görg in diesem Band), andere rezipierten die Diskurstheorie von Laclau/ Mouffe kritisch (Scherrer 1995). Die „staatstheoretische Lücke" (Demirović et al. 1992: 5) zu schließen versprach, die Theorie stärker gesellschaftstheoretisch zu fundieren und sie nicht lediglich als „Theorie mittlerer Reichweite" zu verstehen. „Ein Versuch, das staatstheoretische Defizit der Regulationstheorie zu beheben, ist daher nicht als Ergänzung, sondern als theoretische Reformulierung des gesamten Ansatzes zu verstehen." (Hirsch 1994: 158) Der „ökonomistischen Beschränkung" wurde ein Staatsbegriff gegenüber gestellt, der die Ergebnisse der so genannten Staatsableitungsdebatte der 70er Jahre fruchtbar machte (vgl. vor allem Hirsch 1994).

Insbesondere der Begriff der Hegemonie gewann an Bedeutung, im Sinne der Etablierung und Reproduktion gemeinsamer gesellschaftlicher Wert- und Ordnungsvorstellungen sowie der Fähigkeit der herrschenden Klassen, ihre Interessen durch gesellschaftliche Kompromisse hindurch zu verallgemeinern. Jessop (1992) wies auf zentrale Analogien zwischen dem regulationstheoretischen Konzept der „integralen Ökonomie" und des gramscianischen Begriffs des „integralen Staates" hin.[4] Dies geschah auch mit der wissenschaftspolitischen Absicht, der Theorie eine deutlichere herrschaftskritische Ausrichtung zu geben und ihren impliziten oder expliziten „Klassismus" anzugehen. Nicht umsonst machten sich auch Theoretiker, die sich mit den so genannten neuen sozialen Bewegungen auseinandergesetzt hatten, an diese Erweiterung (Hirsch/Roth 1986, Esser et al. 1994). Eine akzentuiertere gesellschaftstheoretische Fundierung sollte auch vor einer weiteren Verkürzung schützen: Nämlich lediglich ein historisch-deskriptives Verständnis kapitalistischer Phasen zu entwickeln und entsprechend gesellschaftliche Regularitäten als Indikatoren für stabile Entwicklungsmuster zu begreifen. Gleichwohl blieb der Hegemoniebegriff häufig unscharf oder fungierte gar als „Residualkategorie" (Sablowski 1994, Demirović 1992: 133f., Borg 2001, Jens Winter in diesem Band).

Diese Versuche der gesellschaftstheoretischen Fundierung hatten einen geringen Einfluss auf die Regulationstheorie insgesamt. Dies führte Bernd Röttger (1997, 2001) zu der Diagnose – vor dem Hintergrund der globalisierungsvermittelten

Umbrüche formuliert -, dass man an einer Theorie nicht immer nur weiter anbauen könne, wenn sie sich ihrer gesellschaftstheoretischen Grundlagen nicht versichere.

2. Regulationstheorie in der postfordistischen Restrukturierung

Die Veränderungen der letzten beiden Jahrzehnte haben auch die Regulationstheorie herausgefordert. Überwog in den 80er Jahren noch die Analyse des Fordismus und die Anwendung der Theorie auf sehr unterschiedliche Gegenstände, so gab es in den 90er Jahren erste Versuche, eine neue Formation zu identifizieren. Damit wurde auch die Frage aufgeworfen, ob der Regulationsansatz Teil eines „fordistischen Marxismus" (Haug 1996) sei.

Mehrere Beiträge, nicht nur in diesem Band (vgl. Altvater 1988: 152f., Bruch/Krebs 1996, Becker et al. 1997, Waringo 1998: 77ff., Hein 1998), weisen darauf hin, dass insbesondere die Fixierung auf den Nationalstaat, die sich für die Analyse des Fordismus als fruchtbar erwiesen hatte, in vielfacher Hinsicht problematisch ist, weil sie den verschiedenen räumlichen Ebenen von Auseinandersetzungen, Kräftekonstellationen, institutionellen Verdichtungen, Hegemonie etc. nicht gerecht wird und so entsprechenden Konsequenzen für die intermediären Konzepte wie Akkumulationsregime, Regulationsweise und Entwicklungsweise aus dem Weg geht.

Bereits in den 80er Jahren nahmen wichtige regulationstheoretische Arbeiten internationale Verhältnisse in den Blick. Lipietz' „Mirages and Mircales" (1987), das sich u.a. mit den Entwicklungs(un)möglichkeiten peripherer, „subfordistischer" Gesellschaften während des Fordismus sowie mit den Potenzialen der Krise des Fordismus auseinandersetzte, war in dieser Hinsicht ebenso bedeutsam wie Jacques Mistrals' (1986) These, dass Wachstumsregime in eine politisch konstituierte Weltökonomie integriert sind.[5] Die so genannte Grenobler Variante arbeitete mit dem Begriff des Produktivsystems (vgl. Michaela Bohn in diesem Band). Allerdings wurde dieser Ansatz nicht besonders stark rezipiert wegen seiner ökonomistischen Ausrichtung, welche soziale Auseinandersetzungen, Institutionen und Politik wesentlich auf die Erfordernisse der Kapitalakkumulation und die Konkurrenz der Produktivsysteme reduziert (Waringo 1998; Becker 2002).

Die Internationalisierung des Politischen ist natürlich kein gänzlich neuer Prozess, er gewinnt aber eine neue Qualität. Konsens ist inzwischen, dass der „methodologische Nationalismus" aufgegeben werden muss. Der Bezug auf den Nationalstaat - nicht gedacht als Entgegensetzung des Weltmarktes, wohl aber als zentrales Terrain politischer Auseinandersetzungen, Kompromissbildungen und Institutionalisierungen - hatte historisch gute Gründe. Gleichzeitig gab es immer über den Weltmarkt hinaus politische Prozesse wie Migration, internationale Politik etc. Reinhart Kößler (2001: 15) weist nochmals darauf hin, dass die Gleichsetzung des Schlüsselbegriffs der „Gesellschaftsformation" erst in der Folge der strukturalistischen Marx-Lektüre kongruent mit den konkreten, nationalstaatlich definierten Gesellschaften wurde. Marx selbst entwickelte seine Kategorien relativ unabhängig vom nationalstaatlichen Bezugsrahmen, wie übrigens auch soziologische Klassiker wie Durkheim oder Max Weber.

Dennoch: Die Regulationstheorie war eher als andere Ansätze in der Lage, die Umbrüche zu verstehen, und hat sich vor diesem realhistorischen Hintergrund weiterentwickelt. Bei der Restrukturierung von Unternehmen und internationaler Arbeitsteilung konnte darauf zurückgegriffen werden. Mit der kritisch-staatstheoretischen Variante wurde es möglich, die (Selbst-)Transformation des Staates im umfassenden gesellschaftlichen Übergang vom Fordismus zum Postfordismus zu begreifen. Joachim Hirschs Begriff des „nationalen Wettbewerbsstaates" oder Bob Jessops „Schumpeterianisches Leistungsregime" versuchen, diesen Umbruch begrifflich zu fassen. Als institutionalistische Theorie setzt die Regulationstheorie in der Globalisierungsdebatte einen Kontrapunkt gegen die These vom „Verschwinden" des Nationalstaates durch die als zuvorderst ökonomisch verstandene Globalisierung. Das sich verändernde Verhältnis von Politik und Ökonomie, selbst Teil von Kräftekonstellationen, Strategien und nicht-intentionalen Folgen, wird vielmehr als zentral erachtet (Röttger 1997, Hirsch 1995).

An der Frage, ob es nicht eine bereits bestehende postfordistische Konstellation gibt oder ob wir es mit einem weiterhin stattfindenden Restrukturierungsprozess zu tun haben, entzündete sich in den letzten Jahren eine Debatte um das theoretische Verständnis von Kohärenz und Krise. Hintergrund der Diskussion ist die Frage, welche Kriterien für die Periodisierung des Kapitalismus überhaupt geeignet sind (vgl. Albritton et al. 2001, Candeias/Deppe 2001, Jens Winter in diesem Band).[6] Einige Ergebnisse sind: Die Frage der Periodisierung, auch über die Regulationstheorie hinaus, ist vor allem eine theoretische, d.h. sie kann nicht ausschließlich empirisch beantwortet werden. Ausschlaggebend sind auch nicht einzelne Indikatoren, sondern ihre Korrelation (Lipietz 1998: 37). Der Raum des Kapitals ist zudem nicht vorgegeben, sondern gesellschaftlich produziert und historisch variabel, weswegen es keine logische Koinzidenz zwischen kapitalistischer Produktionsweise und Nationalstaat gibt. Daher muss es auch zu einer „Verräumlichung" der intermediären Konzepte kommen, d.h. der „spatial fix" ist selbst Gegenstand der Regulation und die Schaffung von Räumen ist Teil von Machtstrategien (vgl. Christian Schmid und Andreas Novy in diesem Band). Weniger Konsens herrscht darüber, was makroökonomische und sozio-politische Kohärenz bedeuten und auf welcher Ebene sie angesiedelt sind. Wenn ein wie auch immer zu verstehender Postfordismus in sich instabiler ist als der Fordismus, was zeichnet Kohärenz dann überhaupt aus? In welchem Verhältnis steht sie zur Regulation, die ja auch in Krisenzeiten stattfindet?[7]

Zunehmend anerkannt wird der Sachverhalt, dass der fordistische „Idealtypus" - nicht zuletzt aufgrund Agliettas Studie (1979) - eng mit der realhistorischen Entwicklung der USA verknüpft war. Es würde zwar niemand bestreiten, dass es neben kapitalistischen auch immer nicht-kapitalistische und neben (post)fordistischen auch immer nicht-(post)fordistische Muster gibt, die sich historisch konkret miteinander artikulieren. Gleichwohl ist noch nicht ausreichend entwickelt, wie das zu denken ist. Wir haben (in Alnasseri et al. 2001) den Vorschlag gemacht, von „hegemonialen Entwicklungsweisen" zu sprechen, um die je spezifischen Artikulationsverhältnisse in verschiedenen Räumen zu fassen. Theoretisch herauszuarbeiten ist dann, was die sozialen Durchsetzungskräfte sowie die ökonomischen, politischen und ideologischen Momente ihrer wie auch immer gebrochenen Adaption sind.

Hinter der Periodisierungsdiskussion stand auch ein politisches Erkenntnisinteresse. Haben subalterne und (potenziell) emanzipative Akteure erweiterte kritische Handlungsmöglichkeiten in Zeiten der Krise, der Restrukturierung oder einer etablierten Entwicklungsweise? Diese Frage ist genauso wenig beantwortet (und vielleicht auch nicht beantwortbar). Esser, Görg und Hirsch (1994) machen mit ihrer Systematisierung verschiedener Handlungstypen deutlich, dass diese nicht von der Frage stabiler Formationen oder Krisen abhängen. Auch Frank Deppe (2001) nimmt diese Frage dahingehend auf, dass die spezifischen Bedingungen von Auseinandersetzungen identifiziert werden müssen, heute eben neoliberale.

3. Staats- und Politiktheorie im postfordistischen Kapitalismus

Im Folgenden möchte ich einen Vorschlag machen, wie die Regulationstheorie bzw. der Stellenwert des Politischen in ihr angesichts der defizitären gesellschaftstheoretischen Fundierung wie auch vor dem Hintergrund der gegenwärtigen Transformationsprozesse reformuliert werden könnte. Dafür soll versucht werden, die so genannte Staatsableitungsdebatte zu aktualisieren. Denn diese bietet die Möglichkeit, die Existenz von Staat und Politik und damit den Prozess der Regulation mittels der Marxschen Formanalyse gesellschaftstheoretisch zu verstehen. Die formanalytisch angeleitete Untersuchung des globalen Kapitalismus muss sich vergegenwärtigen, wie sich die Merkmale der kapitalistischen Produktionsweise heute verändern und reproduzieren. Dies sollte nicht den Fehler der Staatsableitungsdebatte der 70er Jahre wiederholen, theoretische Einsichten recht unvermittelt neben die konkrete historische Analyse zu stellen. Im Grunde war ja die Rezeption der Regulationstheorie gerade in Deutschland ein Versuch, diese fehlende Vermittlung zu überwinden. Dennoch kann die Verknüpfung von Regulationstheorie und Formanalyse bzw. Staatsableitung nicht bruchlos erfolgen.

Gerade in postfordistisch-globalisierten Zeiten ist es für die theoretische Weiterentwicklung der Regulationstheorie und einen adäquaten Staats- und Politikbegriff produktiv, an die Staatsableitungsdebatte anzuschließen. *Soziale Formen* wie Ware, Kapital, Recht, Staat und Geld, ein in der Marxschen Theorie zentraler Begriff, bilden in kapitalistischen Gesellschaften überhaupt erst die Möglichkeit, dass sich Gesellschaftlichkeit herstellt. Die grundlegenden Widersprüche der auf vergesellschafteter Produktion und privater Aneignung, Lohnarbeit, Klassenspaltung und Konkurrenz basierenden Gesellschaft werden durch die Existenz sozialer Formen bearbeitbar. Die theoretische Kategorie der sozialen Form ist also zunächst die abstrakte Feststellung struktureller Zusammenhänge, welche die Reproduktion bürgerlich-kapitalistischer Gesellschaften ermöglichen. Grundlegende kapitalistische Strukturen sind dabei begriffliche Abstraktionen, die in „Reinform" nicht vorkommen. Sie werden historisch durch gesellschaftliche Kämpfe hindurch reproduziert, stellen jedoch gleichzeitig den Handlungsrahmen innerhalb bürgerlich-kapitalistischer Gesellschaften dar (der prinzipiell überschreitbar ist). Es handelt sich dabei um eine abstraktere Kategorie als bei den regulationstheoretischen intermediären Konzepten.[8] Man könnte bei sozialen Formen auch von grundlegenden Vergesellschaftungsprinzipien sprechen, die in historisch konkreter Weise Wahrnehmungen und Handeln orientieren und sich in Institutionen materialisieren. Letztere sind aber keine funktionale Ableitung, sondern selbst ein zwar formbestimmter, aber je nach Kräftekonstellationen spezifischer Ausdruck gesellschaftlicher Widersprüche. Der Begriff der *institutionellen Form* vermittelt zwischen sozialen Formen als Strukturmerkmal und konkreten Institutionen. Denn damit kann deutlich gemacht werden, wie sich allgemeine Strukturmerkmale wie die politische Form in verschiedenen Phasen unterschiedlich ausbilden: Eben als keynesianischer Wohlfahrts- oder nationaler Wettbewerbsstaat mit spezifischen Erweiterungen als „integraler Staat". Die konkreten Institutionalisierungen sind dann ein weiterer Schritt vom Abstrakten zum Konkreten und vom Einfachen zum Komplexen.

Die grundlegende *Formbestimmung* des bürgerlich-kapitalistischen Staates – als materielle Verdichtung gesellschaftliche Kräfteverhältnisse – liegt darin, die Reproduktion der bürgerlich-kapitalistischen Gesellschaft und die Regulation damit verbundener Widersprüche zu ermöglichen. Der Staat schafft planbare Rahmenbedingungen und rechtsstaatliche Verhältnisse (vor allem zur Sicherung des Privateigentums an Produktionsmitteln, Regeln für soziale und ökonomische Beziehungen wie etwa Arbeits- oder Kaufverträge) für einen dauerhaften Verwertungsprozess. Außerökonomische, das heißt nicht-warenförmige Reproduktionsformen wie Recht und Politik entstanden historisch, um den stummen Zwang ökonomischer Kräfte der Kapitalakkumulation zu sichern (Offe 1972). Damit konnte auch theoretisch herausgearbeitet werden, warum der Staat in bürgerlich-kapitalistischen Gesellschaften zum einen durch das Monopol legitimer Gewaltsamkeit gekennzeichnet ist. Kapitalistische Klassenherrschaft kann nämlich nicht einzig auf *direkter* Gewalt gründen (insbesondere nicht der Prozess der Aneignung des Mehrwerts und die Ausbeutung von Arbeitskraft).

Die Sicherung der allgemeinen Reproduktionsbedingungen setzt sich über Konflikte durch, für die der Staat ein institutionelles Terrain bildet. Hier werden soziale Kompromisse organisiert, die über das Politische hinaus auch die gesamte Gesellschaft betreffen. In diesem Sinne werden die vielen Partikularinteressen, die sich teilweise erst in Auseinandersetzungen konstituieren, zu einem „Allgemeininteresse" verdichtet. Eine weitere zentrale Aufgabe des Staates ist daher die permanent umkämpfte Schaffung von sozialer Kohäsion bzw. von Konsens in klassen- und anderweitig gespaltenen und grundlegend widersprüchlichen Gesellschaften, was Nicos Poulantzas die „allgemeine politische Funktion des Staates" nannte (Konsens verstanden als auf unterschiedlichen Interessen und Kräften basierender Kompromiss). Der Staat wurde damit in den übergreifenden kapitalistischen Reproduktionszusammenhang gestellt und schafft in antagonistischen Gesellschaften politische Gemeinschaftlichkeit. Daher drückt er so etwas wie das gesellschaftliche Allgemeinwohl aus - und steht scheinbar oberhalb verschiedener sozialer Kräfte und ihrer Partikularinteressen.

„Das heißt, die politische Form transformiert soziale Antagonismen und Klassenverhältnisse in den Gegensatz von 'Volk' und 'Staat', in bürokratische Konflikte, in die Konkurrenz von Parteien- und Interessenverbänden. Damit verändert sich aber auch, was als das 'gesellschaftliche Interesse' erscheint. Es nimmt einen von dieser politisch-sozialen Form bestimmten Inhalt an." (Hirsch 1995: 29)

Staat ist damit zwar kein soziales Subjekt, aber dennoch nicht nur Terrain, sondern über seine Apparate auch zentraler Akteur im Prozess der Regulation gesellschaftlicher Widersprüche. Der Reproduktionsprozess des Kapitals und die kapitalistische Klassenherrschaft sind die materiellen Bedingungen für den Bestand des kapitalistischen Staates. Obwohl der Staat Garant und Teil von Klassenherrschaft ist, unterliegt politische Herrschaft dennoch anderen Modalitäten. Damit ist der Staat mit den grundlegenden Klassenstrukturen verbunden und dennoch Objekt und Terrain bzw. strategisches Feld hegemonialer Kämpfe und Kompromissbildungsprozesse.

Staat kann als spezifische und materielle Verdichtung eines Kräfteverhältnisses zwischen Klassen und Klassenfraktionen - oder allgemeiner: zwischen verschiedenen gesellschaftlichen Gruppen[9] - begriffen werden; er ist nichts Homogenes, sondern ein hochgradig konfliktives Ensemble (Poulantzas 1978: 114ff.). Mit der Verdichtung sozialer Kräfteverhältnisse ist nicht gemeint, dass Staat nur deren Ausdruck ist, sondern dass er diese wiederum stabilisiert und durch seine bestehende Materialität hindurch verändert. Die Materialität in Form von Staatsapparaten bedeutet gleichzeitig, dass staatliche Politik nicht immer direkter Ausdruck gesellschaftlicher Kräfteverhältnisse und ihrer Veränderungen ist, sondern unter Umständen eine gegen Veränderungen widerständige Unabhängigkeit, d.h. relative Autonomie, erlangt. Auch in den widersprüchlichen Maßnahmen einzelner Apparate konkretisiert sich die relative Autonomie des Staates.

Was bringt die Theorie sozialer Formen für die Fundierung und „Aktualisierung" der Regulationstheorie? Natürlich kann diese Frage in einem Aufsatz nicht umfassend beantwortet werden, sondern bleibt Gegenstand weiterer empirischer und theoretischer Arbeiten.[10] Hier sollen lediglich einige „Schneisen" geschlagen werden (das kräftige, wenig auf Feinabstimmung zielende Bild ist durchaus gewollt).

1. Die Besonderung des Politischen und damit das Verhältnis von Politik und Ökonomie muss heute multiskalar konzeptualisiert und erforscht werden. Das hat weitgehende theoretische wie zeitdiagnostische Implikationen. Eine zentrale Differenz zum nationalstaatlichen Fokus ist die Tatsache, dass das internationale Politische sich durch ein Strukturmerkmal des internationalen Systems hindurch herstellt, das einerseits die Dynamik bürgerlich-kapitalistischer Vergesellschaftung ausmacht und andererseits (und zunehmend) der Regulation bedarf: *Die Existenz verschiedener fraktionierter Räume und ihre Konkurrenz zueinander.* Dabei wäre es zu kurz gedacht, das internationale Politische als Bereich der Kooperation und das Ökonomische als jenen der Konkurrenz zu identifizieren. Die „Internationalisierung des Staates" ist also vor diesem Hintergrund zu betrachten: Zum einen

artikulieren sich internationale mit regionalen, nationalstaatlichen und lokalen Prozessen. Und zum anderen sind sie eingebettet in ein komplexes Verhältnis von Kooperation und Konkurrenz.

2. Das an den Nationalstaat gebundene *Gewaltmonopol* wird zunehmend diversifiziert. Es kann immer weniger von einem relativ einheitlichen, an den Nationalstaat gebundenen Gewaltmonopol ausgegangen werden. Dies wurde in den „heißen“ Kriegen der Post-Kalte-Kriegs-Zeit der 90er Jahre sowie in der Umorientierung der NATO deutlich. Insgesamt muss festgestellt werden, dass in kritisch-hegemonietheoretischen Arbeiten die Frage der Gewalt bzw. der Legitimität ihrer Anwendung häufig unterschätzt wird. Aber auch auf einem anderen Terrain wird das Gewaltmonopol zunehmend untergraben. Mit der Entstehung der WTO wird eine Institution geschaffen, die mit einer völlig neuartigen „relativen Autonomie“ ausgestattet ist (wenngleich die Umsetzung ihrer Beschlüsse bislang weiterhin nationalstaatliche Angelegenheit bleibt). Stephen Gill spricht in Abwandlung Gramscis für die internationale Ebene von „Zwang gepanzert mit Konsens“, d.h. die offensichtlichen Gewaltverhältnisse treten unmittelbarer zutage. Allerdings *stellt sich gerade legitime Gewaltsamkeit im Kontext zunehmender Konkurrenz her* und kann daher nicht als Evolution eines nationalstaatlichen Gewaltmonopols, etwa im Rahmen der UNO, gedacht werden.

3. Der (nationale) Staat ist zwar weiterhin eine zentrale Instanz, um die allgemeinen Reproduktionsbedingungen zu sichern. Auch die Herstellung sozialer Kohäsion und politischer Gemeinschaftlichkeit bleiben weiterhin wesentlich nationalstaatliche Prozesse. Die Einführung des Euro zeigt jedoch beispielsweise die koordinierte inter-gouvernamentale Bereitstellung und Sicherung von Geld. Angesichts der zunehmenden Internationalisierung politisch-ökonomischer Prozesse werden Rechts- und Planungssicherheit zunehmend international gewährleistet. Einige Mainstream-Ansätze arbeiten dies sehr deutlich heraus: Es geht weniger um die Schaffung eines kohärenten internationalen Staates, sondern um ein *rule of law*, also die Herrschaft der Gesetze, welche durch „interlocking institutions“ erreicht werden soll (vgl. etwa Kaldor 2000: 108, die zwischen analytischen und normativen Argumenten schwankt und die Frage der Durchsetzung der Herrschaft der Gesetzte nicht aufwirft).

4. In einigen Arbeiten, insbesondere in der neogramscianischen Internationalen Politischen Ökonomie, ist bereits darauf hingewiesen worden, dass *Hegemonie zunehmend international geschaffen und reproduziert* wird - und damit potenziell infrage gestellt (vgl. grundlegend für die deutschsprachige Diskussion Bieling/Deppe 1996 sowie die Studie von Scherrer 1999). Damit stellt sich die Frage, inwieweit Staat im engeren Sinne wie auch der integrale Staat, also ergänzt um zivilgesellschaftliche Strukturen und Prozesse, international gedacht werden muss. Damit ist nicht nur die zweifellos wichtige Internationalisierung des politischen Institutionensystems gemeint. Politik, das lehrt die kritische Staats- und Hegemonietheorie, ist ein voraussetzungsvoller gesellschaftlicher Prozess, bei dem sich politische Terrains durch komplexe staatliche und zivilgesellschaftliche Prozesse hin-

durch herausbilden und gesellschaftliche Kräfteverhältnisse eine entscheidende Rolle spielen. Bislang nimmt die Internationalisierungsdiskussion noch zu wenig in den Blick, inwieweit jene Prozesse etwas mit veränderten Normen und Gewohnheiten zu tun haben. Zu sehr wird bislang entweder auf das Regulierungssystem i.e.S. abgezielt, wie es etwa in der „Trias" von Hirsch und Jessop (Denationalisierung, Entstaatlichung und Internationalisierung von Policy-Regimes) der Fall ist. Umgekehrt fallen die zuvorderst ökonomischen Analysen der gegenwärtigen Transformationsprozesse von Aglietta (2000) und Boyer (2000) gerade deshalb so pointiert aus, weil sie ihr „ökonomistisches" Interpretationsmuster nicht verlassen haben. Auch die eher Klassenverhältnisse in den Blick nehmenden Ansätze einer neogramscianischen Internationalen bzw. Globalen Politischen Ökonomie interessieren sich bislang wenig für die kapillaren Prozesse von Lebensgewohnheiten und der dort angesiedelten Verallgemeinerung von Interessen. In den neueren Studien zur Gouvernementalität (Bröckling et al. 2000) taucht diese Problematik teilweise auf, hier bleibt jedoch die internationale Ebene wenig berücksichtigt. Zudem bleibt der Staat, ganz in der Tradition Foucaults liegend, unterbestimmt.

5. Wenn es aber ein Kennzeichen des Fordismus war, dass die Reproduktionssphäre der Kapitalakkumulation direkter als zuvor unterworfen wurde und die Subjekte stärker als zuvor zum Gegenstand umfassender staatlicher und Kapitalstrategien wurden, dann stellt sich die Frage, was das heute bedeutet.[11] Dabei wird jedoch eine Stärke des Ansatzes, gesellschaftliche Verhältnisse umfassend zu verstehen und nicht ökonomistisch oder politizistisch zu verkürzen, bislang verschenkt. *In der Konzeptualisierung internationaler Politik spielen sich verändernde Orientierungen und „Alltagsverständnisse" kaum eine Rolle.* Den Fokus bildet in der Regel das Verhältnis von Politik und Ökonomie. Insofern droht der Hegemoniebegriff auch bei der Analyse internationaler Verhältnisse wieder zu dem zu werden, was ihm früher bei der Analyse nationaler Formationen bereits vorgeworfen wurde: zu einer Residualkategorie. Wenn mit dem Hegemoniebegriff aber angezeigt wird, dass es um die Verallgemeinerung der Interessen der herrschenden Klassen sowie gemeinsamer Vorstellungen über gesellschaftliche Werte, Ordnung und Entwicklungsperspektiven geht, dann fragt sich natürlich, was das jenseits des Nationalstaates bedeutet.[12] Inwiefern können hegemoniale Verhältnisse unter anderem daran festgemacht werden, dass relevante Akteure die spezifischen Terrains zur Bildung von Kompromissen akzeptieren bzw. nicht in der Lage sind, sie infrage zu stellen?

6. Ein anderer Sachverhalt wird in konzeptionellen und empirischen Arbeiten auch zu wenig berücksichtigt: Nämlich das *widersprüchliche Verhältnis der internationalen politischen Institutionen zueinander* und die theoretische Begründung dieser Widersprüchlichkeit. An verschiedenen Bereichen lässt sich verdeutlichen, dass es eben nicht klare Zuständigkeiten gibt, sondern verschiedene Apparate für ähnliche Fragen verantwortlich sind. Weltbank *und* UNDP für „Entwicklungsfragen", das WTO-TRIPS-Abkommen *und* Biodiversitätskonvention für die Regulierung geistigen Eigentums auf nicht-menschliches Leben, um nur zwei prominente Beispiele zu nennen.

7. Eine weitere deutliche Verschiebung stellt die Tatsache dar, dass im Nationalstaat die bürgerliche Form der (Klassen-)Herrschaft als das Politische und entsprechend der Staat als Verdichtung gesellschaftlicher Kräfteverhältnisse konzeptualisiert werden kann. Auf der internationalen Ebene stellt sich diese Verdichtung ungleich komplexer dar, weil die Nationalstaaten bzw. ihre Institutionen ja selbst Kräfte sind. *Es wäre also zu klären, was ein Verständnis des Staates als materielle Verdichtung sozialer Kräfteverhältnisse gerade angesichts der Internationalisierung des Staates bedeutet.* Deutlich wurde in den vergangenen 20 Jahren, dass die postfordistische Veränderung gesellschaftlicher Kräfteverhältnisse gerade durch eine Auffächerung politischer Entscheidungszentren und damit einhergehende Aushöhlung etablierter demokratischer Prozesse erfolgte. Dabei geht es nicht nur um internationale Institutionen, sondern um Verdichtungsprozesse auf verschiedenen Ebenen. Denn es gibt permanente Auseinandersetzungen darum, wo spezifische politische Fragen verhandelt und institutionalisiert werden. Dies ist keineswegs evolutionistisch vorgegeben durch die Internationalisierungsprozesse. Den Begriff des „Netzwerkes internationaler Regulation“ (vgl. etwa Görg/Brand 2001: 89ff.) halte ich für produktiv, um die vielfältigen Terrains und *scales* des postfordistischen Politischen auf internationaler Ebene zu begreifen und erforschen zu können. Allerdings sollten diese eher institutionellen Fragen um jene der Hegemonie ergänzt werden. Und schließlich ist ein umfassender Prozess der *Privatisierung von (Welt-)Politik* zu beobachten, in dem die Grenze zwischen „öffentlich“ und „privat“ neu gezogen wird (vgl. Brühl et al. 2001).

8. In regulationstheoretischen Arbeiten wurde vielfach sowohl in empirischer wie auch in theoretischer Hinsicht ein Aspekt unterschätzt: Verlaufsformen und Stellenwert sozialer Auseinandersetzungen. Der „ex-post-Funktionalismus“ mag für die ex-post-Analyse des Fordismus durchaus seine Berechtigung gehabt haben. Gleichwohl scheint mir heute eine Perspektive fruchtbarer, die in der Lage ist, sich herausbildende Regulationsweisen, d.h. die Etablierung von institutionellen Terrains und Normen, systematischer als Teil von Auseinandersetzungen zu verstehen. Gerade angesichts der Aversionen gegen gesellschafts- und herrschaftstheoretische Ansätze scheint das Potenzial der Regulationstheorie wichtig: Es geht um ein Verständnis des historischen Prozesses als Produkt sozialer Auseinandersetzungen, ohne die strukturellen Dimensionen zu negieren. Eine theoretisch wie politisch spannende Frage lautet dabei unter anderem, inwieweit in politischen Krisensituationen und durch soziale Auseinandersetzungen hindurch verdinglichte soziale Zusammenhänge als historisch gewordene Machtverhältnisse aufgezeigt werden können.

Damit sind umfassende Forschungsfragen skizziert, die in den kommenden Jahren bearbeitet werden sollten. Besonders wichtig wird es sein, die Kräfte der Verallgemeinerung eines Entwicklungsmodells und die Suche dominanter Kräfte nach den von ihnen präferierten Terrains von Auseinandersetzungen genauer ins Verhältnis zu setzen. Gerade hier wären empirische Untersuchungen hilfreich, die nicht zuletzt deshalb kompliziert sind, weil Akteure und Terrains nicht mehr eindeutig festlegbar sind und sich in verschiedenen Fragen ausdifferenzieren. Aber vielleicht wären Muster genauer zu identifizieren, nach denen soziale Auseinandersetzungen, Kompromissbildungsprozesse und die Institutionalisierung politischer Terrains heute ablaufen. Dies basiert auf einem theoretisch elaborierten Verständnis internationaler Politik und hat Rückwirkungen auf die Theoriearbeit selbst. Fragen des Rechts wie auch der Trennung von öffentlich und privat sollten hier aufgegriffen werden.

4. „Empire" als postfordistisches Politisches?

Seit einiger Zeit wird heftig über ein Buch diskutiert, das einige der hier aufgeworfenen Fragen in herrschaftskritischer Absicht behandelt. Eine wichtige Einsicht von Michael Hardt und Antonio Negri, wenngleich am Ende des Buches formuliert, lautet folgendermaßen: „Political theory is forced by this new reality to redefine itself radically." (Hardt/Negri 2000: 388) Mit dem Begriff des „Empire" wollen die Autoren den in sich ungleich heterogeneren Begriffen des Imperialismus und der Globalisierung etwas entgegenstellen.[13] Mich interessiert im Folgenden die Frage, was der Ansatz von Hardt und Negri zur Entwicklung einer historisch-materialistischen Theorie internationaler Politik beitragen kann. Dabei stimme ich Sonja Buckel und Jens Wissel (2001) zu, dass die eigentliche theoretische Arbeit durch das Buch nicht geleistet wird, sondern noch aussteht. Ich verstehe es daher eher als produktiven Steinbruch denn als konsistenten Vorschlag. Hardt/Negri identifizieren mit „Empire" die postmodern-postfordistische Herrschaftskonstellation, die sie als im Entstehen begreifen. Gerade dieser Sachverhalt macht „Empire" interessant.

Wichtig ist zunächst: Ihre staats- und gesellschaftstheoretischen Annahmen sind nicht plausibel. Insbesondere die These, dass der Staat der Staat des Kapitals sei, grundiert ihre Ausführungen (Hardt/Negri 2000: 304ff.). Es gebe heute keine Autonomie des Politischen mehr. Der Nationalstaat sei als Sphäre der Konsensbildung und Mediation zwischen konfligierenden Parteien obsolet. Regierung und Politik würden vollständig in das System transnationaler Kommandos integriert, die Trennung von Politik und Ökonomie im „Empire" aufgehoben. Das hat weitreichende Konsequenzen: Zum einen impliziert die These vom Niedergang der Nationalstaaten und der Zentralisierung von Macht, dass die Konkurrenz der Nationalstaaten als wesentliches Element von Dynamik einfach wegfällt. Und zum anderen wird auch Kapital nur als Gesamtkapital gesehen, und weder wird es als soziales Verhältnis betrachtet, noch werden Konkurrenz und interne Dynamiken beachtet, die in der marxistischen Theorie zentral sind. Hardt/Negri sprechen daher viel häufiger von Spaltung (die intentionalen Anteile der Herrschenden sind hier höher) als von Konkurrenz (was ja auch ein strukturelles Merkmal ist). Und schließlich interessieren sie sich nicht für gesellschaftliche Institutionen, ihre Konstitution als Verdichtung gesellschaftlicher Kräfteverhältnisse, ihre Verflochtenheit und Konkurrenz. Entsprechend ist politische Auseinandersetzung auch nicht *in*, sondern nur *gegen* Institutionen denkbar. M.E. könnte ihnen ein ausgearbeiteter Institutionenbegriff nur hinderlich sein bei der Fanfare auf das ohnehin nicht fassbare Empire. Denn sie müssten sich mit den Widersprüchen innerhalb und zwischen den herrschenden Institutionen auseinandersetzen, mit den (Un-)Möglichkeiten institutioneller Politik. Die zentrale Schwäche des Ansatzes besteht darin, dass Fragen (sich auflösender) territorialer Souveränität über den Sachverhalt diverser Konkurrenzverhältnisse gestellt werden. Daraus folgt eine quasi-messianische politische Perspektive, die eng an den Begriff der „Multitude" gekoppelt ist. Das Kapital bedürfe zwar auch heute der Regierungen (ebd.: 349). Aber dass Regierungen bzw. Staat für Klassenkämpfe, Umverteilung, Gerechtigkeit und Demokratie von Bedeutung waren, diese Zeiten seien vorbei. Vielmehr würden sie ein despotisches Mittel der Herrschaft und der totalitären Produktion von Subjektivität. Sie konstatieren durch den Wegfall der Mediationsfunktion des Nationalstaates eine Konstellation des Endkampfes:

„Having achieved the global level, capitalist development is faced directly with the multitude, without mediation. [...] Class struggle, pushing the nation-state toward its abolition and thus going beyond the barriers posed by it, proposes the constitution of Empire as the site of analysis and conflict. Without that barrier, then, the situation of struggles is completely open. Capital and labor are opposed in a directly antagonistic form. This is the fundamental condition of every theory of communism." (ebd.: 237)

Mit ihren spekulativ-voluntaristischen Diagnosen wollen sie in operaistischer Tradition als Intellektuelle emanzipative Akteure orientieren und nehmen es mit quer zu ihren Absichten liegenden Tendenzen und Widersprüchen nicht so genau.

Dennoch bietet der Entwurf einige Anregungen für eine historisch-materialistische Theorie internationaler Politik. Bei allen Verkürzungen gelingt es ihnen erstens, die gegenwärtigen Umbrüche mit einem sehr weiten Hegemoniebegriff zu denken: dem Begriff der Biopolitik. Damit kommen Alltagspraxen verschiedener Akteure in den Blick, die in anderen Analysen internationaler Verhältnisse meist außen vor bleiben. Hardt/Negri weisen zweitens auf einen wichtigen Umstand internationaler Politik hin, nämlich die Herausbildung eines globalen Monopols legitimer Gewaltsamkeit. Und drittens insistieren sie auf soziale Kämpfe als integralen Bestandteil gesellschaftlicher Entwicklung.[14]

1) Eine der Stärken des Buches ist zweifellos die Skizze dessen, wie sich Hegemonie in der „Postmoderne" verändert. Dies geschieht mit einem umfassenden Hegemoniebegriff, der die Bereiche gesellschaftlicher Produktion und Reproduktion in den Blick nimmt. Die Neue Weltordnung gehe Hand in Hand mit einem neuen Produktionsregime und entsprechenden Subjektivitäten, die auf dem Terrain der Produktion entstünden, wobei Produktion heute immer weniger ein klar definierter Prozess sei, sondern stärker sich mit reproduktiven Tätigkeiten überlagere. Die Herausbildung eines neuen Paradigmas sei insbesondere durch die wachsende Immaterialität der Arbeit und die damit verbundene Produktion immaterieller Güter gekennzeichnet (zur Kritik des Begriffs vgl. Haug 2000). Die umfassenden Veränderungen des Produktionsprozesses redefinieren laut Hardt/Negri tiefgreifend das Politische. Damit können sie abstrakt angeben, dass sich politische Kämpfe nicht nur auf das Politische i.e.S. beziehen dürfen. Sie privilegieren zudem nicht das Internationale als adäquate Handlungsebene, sondern öffnen mit den Begriffen

Biopolitik und Gouvernementalität durchaus den Blick auf die Komplexität von Herrschaftsverhältnissen - und damit die Möglichkeit ihrer Infragestellung.

2) Die von ihnen als Empire bezeichnete neue Herrschaftskonstellation besteht zudem in einer „new global constitution of imperial authority" (Hardt/Negri 2000: 182). Das Empire operiere durch drei globale und absolute Mittel hindurch: die Bombe, das Geld und den Äther. Die imperiale Bombe symbolisiere die Anwendung physischer Gewalt. Geld als zweites „imperiales Vorrecht" bedeutet die Schaffung des Weltmarktes und die monetäre Zerstörung nationaler Märkte. Mit dem Stichwort „Äther" wollen die Autoren drittens anzeigen, dass das Management der Kommunikation, die Struktur des Bildungssystems und die Regulierung der Kultur zentrale Herrschaftsmechanismen werden. Der erste Aspekt, nämlich die Anwendung physischer Gewalt auf internationaler Ebene, ist gerade für hegemonietheoretische Arbeiten wichtig, gleichwohl sie oft unterschätzt wird. Eine der zentralen Thesen von Hardt und Negri besteht darin, dass sich auf internationaler Ebene ein Gewaltmonopol herausbilde. Internationale Konflikte fänden nicht mehr als Intervention von außen statt, sondern als polizeiliche Intervention. Das imperiale Gewaltmonopol bedürfe der Legitimität, wobei die Idee von Frieden und Gerechtigkeit (die machtförmig definiert wird) zentral für die Entwicklung und Expansion des Empire sei. Die Herrschaft der Gesetze bleibe wichtig (ebd.: 26); allerdings werde das Recht auf die Frage der Effektivität reduziert, und Kriege würden zur polizeilichen Intervention in einem permanenten Ausnahmezustand, der nicht nur militärisch, sondern auch ideologisch und moralisch abgesichert wird (wobei NGOs eine wichtige Rolle spielen; ebd.: 35). Die Feinde seien eher eine ideologische als eine militärische Bedrohung. Angesichts der Aushöhlung nationaler Souveränität werde jeder Krieg in der Welt ein Bürgerkrieg, also Teil von Innenpolitik. Das Rechtsmodell des Empire sei damit mehr als internationales Recht, sondern ein umfassenderer Prozess von Hegemonie. Hardt und Negri insistieren darauf, dass Legitimität im Herzen sozialer Produktion hergestellt wird (ebd.: 41). Ökonomische Produktion und politische Konstitution koinzidierten jedoch zunehmend. Die Quelle imperialer Rechtsetzung/Normativität sei nicht die polizeiliche Intervention im Namen von Frieden und Gerechtigkeit, diese sei eher der sichtbarste Ausdruck. Entscheidende Basis sei „a new economic-industrial-communicative machine".

Hier stellen Hardt/Negri eine interessante Überlegung an, die m.E. in weiteren Untersuchungen auf verschiedene internationale Verrechtlichungsprozesse bezogen werden könnte. Die USA sei nicht wegen des Sieges über die Sowjetunion ein zentraler Baustein des Empire: „US is privileged in a more important way by the imperial tendency of its own Constitution." Die imperiale Verfassung „is constructed on the model of rearticulating an open space and reinventing incessantly diverse and singular relations in networks across an unbounded terrain." (ebd.: 182) Die gegenwärtige Idee des Empire sei aus der globalen Expansion des internen Verfassungsprojektes der USA entstanden. Hardt und Negri skizzieren knapp ihr Verständnis der US-Verfassung, die wesentlich auf dem Prinzip des *checks and balances* basiere:

„The Constitution was designed to resist any cyclical decline into corruption by activating the entire multitude and organizing its constituent capacity in networks of organized counterpowers, in flows of diverse and equalized functions, and in the process of dynamic and expansive self-regulation.“ (ebd.: 163)

Soziale Macht in Zeiten moderner Souveränität sei immer konfliktorisch, immer Macht und Gegenmacht. Politik als permanente Bewegung zu verstehen, das sei die kopernikanische Wende gewesen. Souveränität bilde sich also in den USA als Resultat produktiver Synergien heraus, die zum einen der Kontrolle bedürfe und zum anderen, ab dem Zeitpunkt ihrer Konstitution, der Negation der konstituierenden Macht der Multitude. In der Tendenz handle es sich um ein offenes, expansives Projekt, das auf einem unbegrenzten Territorium agiere. Dieses Verständnis der US-(Verfassungs-)Geschichte übertragen sie auf die heutige Situation. Das Empire erweitere und konsolidiere das Modell der Netzwerkmacht und schaffe so die imperiale Souveränität, um die begrenzte moderne Souveränität zu überwinden (ebd.: 166). Früher hätte internationales Recht zwischen Parteien verhandelt werden müssen, heute „right involves instead an internal and constitutive institutional process.“[15]

Diese Aussage ist, wenn man sich die gegenwärtige internationale Politik ansieht, nicht richtig. Internationales Recht entsteht gerade im Völkerrecht weiterhin als intergouvernamentaler Prozess. Dennoch würde eine genauere Untersuchung lohnen, inwieweit Rechtsnormen aus dem US-amerikanischen Recht - und allgemeiner: aus US-amerikanischen Verfassungsvorstellungen - heraus internationalisiert werden.

Die USA, so Hardt/Negri, sei nicht mit dem Empire gleichzusetzen, denn Letzteres sei ungleich komplexer. Die USA werde aber zur weltweiten Polizeimacht, was sich erstmals im Golfkrieg äußerte: Hier habe sie gezeigt, dass sie als einzige weltweit Frieden und Gerechtigkeit sichern kann. Sie agiert also nicht aus nationalen Motiven, sondern nach Ansicht der Autoren im Namen eines globalen Rechts. Dies lässt sich zwar trefflich bestreiten, denn die Begründungen der offiziellen US-Politik sind ja durchzogen von *national interests* oder des nicht zur Disposition stehenden *american way of life*. Aus ihrem Ansatz heraus müssen sie jedoch so argumentieren, weil sie ja gar keinen Begriff mehr haben von „nationalen Interessen“ und entsprechenden Konkurrenzen innerhalb der globalen Bourgeosie. Europäische oder US-Politik als Ausdruck einer spezifischen internen und gleichwohl in internationale Verhältnisse verwobenen Konstellation spielt daher nur noch eine untergeordnete Rolle.

Einen weiteren hegemonietheoretisch und -politisch wichtigen Aspekt thematisieren Hardt und Negri bei ihrer Unterscheidung zwischen Empire und imperialer Verwaltung (ebd.: 339ff.). Sie sind ihnen zufolge nicht dasselbe, die Verwaltung sei auch nicht Teil des Empire. Empire ist wohl eher als ein vereinheitlichendes Herrschaftsmuster anzusehen, das weltweit wirkt. Die Singularitäten sozialer Verhältnisse würden aber nicht nur von diesen übergreifenden Mechanismen der physischen Gewalt sowie der ökonomischen und kommunikativen Macht beherrscht. Um den Prozess sozialer Integration zu sichern sowie die separierten und segmentierten Kräfte zu befrieden, zu mobilisieren und zu kontrollieren, bedürfe es etwas Zusätzlichem: des mikro- und/oder makropolitischen Managements der Bevölkerung. Das notwendige Maß an Konsens und Legitimation, ohne gewaltsame Mechanismen zu öffnen, werde hier gesichert: „The unifying matrix and the most dominant value of imperial administration lie in its local effectiveness." (ebd.: 342) Lokale Autonomie ist dabei eine zentrale Bedingung der Entwicklung des imperialen Regimes.

Hardt und Negri bieten einige Anregungen, um Phänomene internationaler Politik besser zu fassen als mit den herkömmlichen Theorien wie beispielsweise der Regimetheorie. Allerdings denken sie „Empire" zu homogen und widerspruchsfrei. Denn es bildet sich heute zwar ein internationaler rechtlicher Rahmen heraus, der ist jedoch keineswegs konsistent. In eigenen Untersuchungen im Bereich globaler Umweltpolitik (Görg/Brand 2000; Brand/Görg 2001) wird sehr klar, dass unterschiedliche und teilweise konkurrierende Systeme entstehen. Das bedeutet, dass die vielfach bemängelten „Kompetenzüberschneidungen" in der internationalen Politik zum integralen Bestandteil werden und nicht einfach Ausdruck noch fehlender, bald jedoch zu erwartender Kohärenzen.[16] Die internationalen Institutionen eines sich etablierenden Völkerrechts (Abkommen und Organisationen) sind Teile eines „Netzwerkes internationaler Regulation". Sie ermöglichen gerade dominanten Akteuren, auf verschiedenen Terrains unterschiedlich zu agieren. Genauer theoretisch und empirisch zu entschlüsseln wäre allerdings, inwieweit sie materielle Verdichtungen sozialer Kräfteverhältnisse sind. Zudem müsste ein anscheinend säkularer Trend in der internationalen Politik, insbesondere im Völkerrecht, stärkere Berücksichtigung finden: dass zwar immer mehr Prozesse international verrechtlicht werden, dass herrschende Kräfte - insbesondere die USA - dieses Recht aber auch brechen. Hardt und Negri haben jedoch gar kein Interesse an einem theoretisch ausgearbeiteten Begriff internationaler Politik. Denn dann wären diese Überschneidungen internationaler Institutionen theoretisch zu begreifen. Sie interessieren sich aber weder für Institutionen, noch für deren widersprüchliche Konstitution.

3) Am Beispiel Alain Lipietz' kritisierte Alex Demirović (1992) die immer wieder vorkommende Engführung der Regulationsweise auf einen Mechanismus, durch den Erwartungen und Verhaltensweisen auf dominante Produktions- und Konsummuster in gewisser Weise funktional abgestimmt werden, sowie die Vernachlässigung der Auseinandersetzungen und Kompromisse um die Modi der Regulation. Damit ist eine Schwäche der Regulationstheorie und ein zentrales Element der Attraktivität von „Empire" ausgemacht. Die These, dass im postfordistischen Kapitalismus die kommunikativ-kooperativen Potenziale der Lohnabhängigen wichtiger werden und durch Herrschaft nicht zerstört, sondern nur kontrolliert werden können, ist zwar nicht so neu, aber dennoch in ihrem Stellenwert anregend.

Wie Hardt und Negri das machen, ist unterkomplex und politisch ärgerlich. Ihre Annahme ist, dass die Multitude gegen die von der modernen Souveränität auferlegte Sklaverei kämpfe, nämlich zu einer Nation, einer Identität, einem Volk zu gehören. Der „postkoloniale Held" sei der territoriale und ethnische Migrant. Befreiung hieße Grenzen zu zerstören, sich Raum anzueignen, die Macht der Multitude. „[T]he most wretched of the earth becomes the most powerful being, because its new nomad singularity is the most creative force and the omnilateral movement of its desire is itself the coming liberation." (ebd.: 363) Insbesondere die Argumentation, dass die Multitude in der Krise des Fordismus neue Bedürfnisse und Wünsche autonom entwickelt habe und diese das neue Produktionsparadigma vorgäben, überzeugt nicht. Denn das Kapital, verstanden als soziales Verhältnis statt (wie bei Hardt/Negri) vornehmlich als Akteur, produziert auch diese Wünsche und Bedürfnisse entscheidend mit. Hardt/Negri erwähnen dieses Problem ein einziges Mal und gehen in dem ganzen Buch nicht weiter darauf ein. „Empirisch" - ein Begriff, der bei Hardt/Negri nun gar keine Rolle spielt - dominieren heute wohl auch hier eher Spaltungen, und politisch angesagt wäre es, diese Spaltungen in Auseinandersetzungen sowie Lern- und Erfahrungsprozessen zu überwinden, statt ihre Überwindung einfach voluntaristisch zu konstatieren. Einer der interessantesten fehlenden Aspekte ist jener der Politisierung und Organisierung. Die Multitude ist per se freiheitssuchend und strebt mit ihrer Bedürfnisbildung über die ihr auferlegten Grenzen hinaus. Diese Annahme enthebt von den schwierigen und widersprüchlichen Fragen von Politisierung, Organisierung, Bündnissen. Hardt/Negri analysieren nicht konkrete Kräfte*verhältnisse*, sondern lediglich die Rolle der Multitude in der Dynamisierung kapitalistischer Gesellschaften und insbesondere des Postfordismus.

„Empire" bleibt daher vage, und viele Interpretationen geraten schief, weil wichtige historische und aktuelle Entwicklungen zu sehr in das vorgegebene Schema gezwängt werden. Dennoch regen Hardt/Negri dazu an - mit anderem theoretischen Handwerkszeug und empirische Verhältnisse überhaupt zur Kenntnis nehmend - soziale Auseinandersetzungen systematisch zu konzeptualisieren. Gleichzeitig sollten die Kontingenzen nicht zu weit verstanden werden, denn sie drohen sonst in Voluntarismus umzuschlagen, der sich um gesellschaftliche Strukturen nicht mehr kümmert.

5. Politische Perspektiven der Regulationstheorie

Kritische theoretische Verständigung dient immer auch dazu, aktuelle gesellschaftliche Entwicklungen zu begreifen und Teil der komplexen Suchprozesse ihrer Veränderung zu sein. Die Ansprüche an Veränderungen sind dabei keineswegs klar. An neo-schumpeterianischen wie flexibel-spezialisierten Postfordismus-Analysen wird deutlich, dass es vielen Autoren um die Identifizierung von im Wettbewerb erfolgreichen Mustern ging, um sie wettbewerbsschwächeren Regionen anzuempfehlen. Insbesondere die öffentliche Hand bzw. der Staat werden dafür häufig zuständig erklärt. Auch in der Regulationstheorie wird immer wieder der Staat als Krisenlöser oder als „eigentlicher" Vertreter des gesellschaftlichen Allgemeinwohls verstanden. Hier wird deutlich, wie problematisch eine fehlende Staatstheorie und

-analyse ist. Denn Letztere zeigt, dass in staatliche Strukturen gesellschaftliche Machtverhältnisse tief eingelassen sind und Kontingenzen höchst relativ sind.

Den (internationalisierten) Staat in seinen „Staatsfunktionen" zu verstehen bedeutet auch, Herrschaftsaspekte und strukturelle Zwänge stärker zu fokussieren, ohne sie als determinierend zu begreifen. Dann geht es jedoch darum, wie Herrschaft abgebaut und gesellschaftliche Selbstbestimmung erhöht werden können und weniger um die Stärkung von „Politik" gegen „Ökonomie". Dies ist eine Frage gesellschaftlicher Kräfteverhältnisse, und entsprechend geht es auch um das Ausloten von Handlungsspielräumen für subalterne und emanzipative Akteure, die vielfach an sehr unterschiedlichen gesellschaftlichen Widersprüchen ansetzen und diese zu politisieren versuchen.

Empirisch heißt das unter anderem, die Analyse konkreter Akteure in verschiedenen politischen Bereichen voranzutreiben. Jens Winter macht in diesem Band den Vorschlag, Probleme stärker konfliktfeld- und widerspruchsspezifisch aufzunehmen. Das ist eine wichtige Orientierung, denn gerade für empirisches Arbeiten lohnt der widerspruchs- und konfliktfeldspezifische Zugang, die Evaluation der Bedeutung sich herausbildender Terrains und Wertorientierungen. Dennoch sollten zum einen die Stabilitätsreserven des Postfordismus wie auch die übergreifenden Entwicklungen identifizierbar bleiben. Empirische Untersuchungen zu postfordistischen Verhältnissen sind hochgradig davon abhängig, welches allgemeine Verständnis es von den Transformationsprozessen insgesamt gibt. Die Herausforderung scheint daher zu sein, spezifische und übergreifende Entwicklungen miteinander zu vermitteln.

Eigentlich hätte eine reformulierte Regulationstheorie, deren Fordismusbegriff ja in den 80ern in der politischen Linken durchaus eine Rolle spielte, gute Chancen, auch in Zeiten zunehmender „Globalisierungskritik" über die sozialwissenschaftliche Diskussion hinaus Gehör zu finden. Allerdings ist zu vermuten, dass dies nicht in Form einer umfassenden Rezeption geschieht, sondern sich herrschaftskritische Akteure eher über Begriffe annähern und dabei Interesse entsteht - wie seinerzeit mit dem Fordismus-Begriff. In der bundesdeutschen Diskussion war es zuletzt am ehesten der Begriff des „nationalen Wettbewerbsstaates" von Joachim Hirsch, der breiter rezipiert wurde. Allerdings bringt er bei weitem nicht jene Konnotation (oder den „Kick"?) des ganz Neuen wie „Empire" und „Multitude". Vielleicht sollte sich kritische Theorie dem auch besser entziehen oder zumindest Begriffe entwickeln, die Widersprüche zulassen. Jener des „radikalen Reformismus" scheint mir dafür immer noch sehr geeignet (Esser et al. 1994, Brand 2001).

Eine neue Qualität der praktischen wie theoretischen Globalisierungskritik besteht darin, den antagonistischen, spaltenden und herrschaftsförmigen Charakter sozialer Formen aufzuzeigen (insbesondere der Rechts- und Staats-, aber auch der Geldform). Das ist nicht wenig. Dies geschieht im politischen Spektrum natürlich nicht in diesen Begriffen, aber als Sachverhalt. Meinem (natürlich selektiven) Einblick zufolge wächst die Bereitschaft, sich auf Widersprüche des eigenen Handelns einzulassen. Insofern wäre zu hoffen, dass es sich bei simplifizierenden und messianischen Ansätzen wie „Empire" um Moden handelt. Theorie sollte sich bescheiden, weniger Klarheit suggerieren und „anleiten" wollen - zumal dem immer eine autoritäre Position eingeschrieben ist -, sondern sich mit ihrem Strukturwissen als Teil einer „Kritik im Handgemenge" verstehen.

Anmerkungen

1 Für Hinweise danke ich Erik Borg, Werner Raza und Bernd Röttger.

2 Natürlich bin ich mir der Tatsache bewusst, dass es nicht „die" Regulationstheorie gibt (vgl. bis heute instruktiv Jessop 1990). Ich schließe an die bundesdeutsche Variante an, welche den zuvorderst von französischen Ökonomen entwickelten Ansatz hegemonie- und politiktheoretisch weiterentwickelte.

3 Teilweise werden beide Typen synonym verwendet, teilweise werden die strukturellen Formen gemäß der Marxschen Methode des Gangs vom Abstrakten zum Konkreten auf einer etwas abstrakteren, d.h. invariableren Ebene angesiedelt und die institutionellen Formen auf einer etwas konkreteren (vgl. den Beitrag von Bernd Röttger).

4 Übrigens schlug bereits Aglietta vor, ohne es weiter auszuführen, Gramscis Hegemoniebegriff fruchtbar zu machen, wenngleich er diesen auf den Nationalstaat beziehen wollte (1979: 29). Allerdings sollte umgekehrt nicht vergessen werden, dass der Begriff der „integralen Ökonomie" auch den Hegemoniebegriff präzisierte, denn in den Blick gelangten auch die Prozesse makroökonomischer Kohärenz.

5 Waringo (1998: 158f.) betont, dass die Arbeiten von Alain Lipietz, insbesondere die zum Postfordismus, immer stärker den Charakter politischer Interventionen annahmen, in denen verfestigte Machtverhältnisse zunehmend ignoriert und die Kontingenz von Geschichte und insbesondere der Handlungsmöglichkeiten autonomer Nationalstaaten (über)betont wird.

6 Ob wir noch in der Krise des Fordismus leben, unter postfordistischen Bedingungen oder die Eule der Minerva bereits den Niedergang des Postfordismus verkündet, soll hier nicht diskutiert werden (vgl. Alnasseri et al. 2001, Candeias/Deppe 2001). Meine Position ist, dass der Prozess der postfordistischen Restrukturierung recht weit vorangekommen ist (wir also längst nicht mehr in einer Krise des Fordismus leben), aber insbesondere auf internationaler Ebene zentrale Konstitutionsmerkmale umkämpft sind.

7 Der Regulationsbegriff wird häufig eng mit Phasen relativ stabiler Entwicklungsphasen verknüpft. Suggeriert werden könnte, dass in Zeiten von Krise und Restrukturierung keine Regulation bestehe, gleichwohl kapitalistische Gesellschaften sich natürlich reproduzierten. Diese Frage ist noch wenig geklärt (vgl. Becker 2002). Umstritten ist zudem, ob es sich beim Neoliberalismus um eine Strategie bzw. ein Projekt der Krise des Fordismus handelt, der aber nicht hegemonial werden kann. Oder aber doch um ein hegemoniales Projekt, weshalb entsprechend heute von einer neoliberale Regulations- oder gar Entwicklungsweise gesprochen werden könnte. Und: Ist der Neoliberalismus die dominante Strategie oder eine neben anderen (wie Jessop 1994 noch vermutete, nämlich neben neokorporatistischen und neo-etatistischen)?

8 Aglietta (1979: 13) spricht gar von der „regulation of a mode of production", denkt also Regulation auch auf der Ebene höchster Abstraktion und verwendet noch den Begriff der sich reproduzierenden „determinant structure of a society". Dieses Verständnis wurde in späteren Arbeiten in Frage gestellt.

9 Um die „klassistischen" Verkürzungen zu vermeiden, die Poulantzas immer wieder vorgeworfen wurden.

10 Birgit Sauer weist aus feministischer Perspektive darauf hin, dass die politikwissenschaftliche Staatsdiskussion, inklusive ihrer historisch-materialistischer Varianten, systematische Ausblendungen betreibt: „Drei Mechanismen machen politikwissenschaftliche Konzepte systema-

tisch geschlechtsblind: die Trennung von öffentlich und privat, ein fehlender gesellschaftstheoretischer Bezug und die Entsubjektivierung von Politik." (Sauer 2001: 29)

11 Die Hinweise darauf sind eher spärlich und auch nicht besonderes systematisch (vgl. etwa Hirsch 2001).

12 Alex Demirović gibt hier eine interessante Anregung: „Die globale Zivilgesellschaft erweitert durch die Eigeninitiative einer Vielzahl von globalen Akteuren, NGOs, aufgeklärten und nichtaufgeklärten globalen Eliten sowie einer Vielzahl von Intellektuellen, die transnationalen politischen und staatlichen Netzwerke und bildet für sie das zivile „Vorfeld", in dem ein globaler Konsens ausgearbeitet wird." Die globale ZG stellt hier also nicht die Erweiterung eines Weltstaates dar, sondern fordere „den klassischen Nationalstaat heraus und trägt aktiv und von unten zu seiner Transformation bei." (Demirović 1997: 258) Demgegenüber hält Joachim Hirsch (2002: 144) am Zusammenhang vom mit umfassenden Macht- und Interventionsmittel ausgestatteten Staat und Zivilgesellschaft auch für die internationale Ebene fest und hält den Begriff der internationalen Zivilgesellschaft für problematisch.

13 Mit „Empire" ist jeweils das Buch, mit Empire ohne Anführungszeichen das von Hardt/Negri Bezeichnete benannt. Der Frage, inwieweit die politische Dimension der Empire-versus-Multitude-These fruchtbar ist, gehe ich an anderer Stelle nach und komme zu einer sehr kritischen Einschätzung. Hardt/Negri sind, ganz in operaistischer Tradition, voluntaristisch und biegen sich ihre mehr hypotetisch-spekulativen denn analytischen Überlegungen mit dem Ziel zurecht, soziale Kämpfe heute zu orientieren (vgl. ausführlich Brand 2002, Panitch/Gindin 2002, zahlreiche Literatur auf dem Website www.rosaluxemburgstiftung.de).

14 Dies geschieht allerdings mit einem verkürzten Begriff von Macht. Diese wird - in Anschluss an Foucault - zu umfassend gedacht, womit sie nicht in der Lage sind, die unterschiedlich starken Verdichtungen von Macht in spezifischen Institutionen zu denken. Alles ist Macht - und damit nichts.

15 Panitch und Gindin (2002) werfen den „Empire"-Autoren hier vor, dass sie die US-Verfassungsgeschichte stilisieren würden. Selbst wenn dies der Fall ist, handelt es sich dennoch um einen originellen Gedanken.

16 In der Regimetheorie wird das noch zaghaft unter dem Begriff der *overlapping regimes* diskutiert; vgl. Rosendahl 2000. Die politischen Klagen sind häufiger zu hören; vgl. für den Bereich geistigen Eigentums CEAS 2000.

Literatur

Aglietta, Michel (1979): A Theory of Capitalist Regulation. The US Experience. London.

- (2000): Shareholder value and corporate governance: some tricky questions. In: Economy and Society 29(1), 146-159.

Albritton, Robert et al. (Hg., 2001): Phases of Capitalist Development. Booms, Crises and Globalizations. Wiltshire.

Alnasseri, Sabah/Brand, Ulrich/Sablowski, Thomas/Winter, Jens (2001): Raum, Regulation und die Periodisierung des Kapitalismus. In: Das Argument 239, 23-42.

Altvater, Elmar (1988): Die Enttäuschung der Nachzügler oder: Der Bankrott „fordistischer" Industrialisierung. In: Mahnkopf, Birgit (Hg.): Der gewendete Kapitalismus. Kritische Beiträge zur Theorie der Regulation. Münster, 144-181.

Becker, Joachim (2002): Akkumulation, Regulation, Territorium. Eine kritische Rekonstruktion der französischen Regulationstheorie. Marburg.

Becker, Steffen/Sablowski, Thomas/Schumm, Wilhelm (Hg., 1997): Jenseits der Nationalökonomie? Weltwirtschaft und Nationalstaat zwischen Globalisierung und Regionalisierung. Berlin und Hamburg.

Bieling, Hans-Jürgen/Deppe, Frank (1996): Gramscianismus in der Internationalen Politischen Ökonomie. Eine Problemskizze. In: Das Argument 217, 729-740.

Borg, Erik (2001): Projekt Globalisierung. Soziale Kräfte im Konflikt um Hegemonie. Hannover.

Boyer, Robert (1990): The Regulation School: A Critical Introduction. New York und Oxford.

- (2000): Is a finance-led growth regime a viable alternative to Fordism? In: Economy and Society 29(1), 111-145.

Brand, Ulrich (2001): Radikaler Reformismus im globalisierten Kapitalismus. Neubestimmungen nach „Seattle" und „Genua". In: ila 248. <http://www.ila-bonn.de/artikel/248neu.htm>.

- (2002): Die Revolution der globalisierungsfreundlichen Multitude. „Empire" als voluntaristisches Manifest. In: Das Argument 245, 209-219.

-/Görg, Christoph (2001): Access & Benefit Sharing - Das Zentrum des Konfliktfelds Biodiversität. Germanwatch und Forum Umwelt & Entwicklung. Bonn.

-/Demirović, Alex/Görg, Christoph/Hirsch, Joachim (Hg., 2001): Nichtregierungsorganisationen in der Transformation des Staates. Münster.

Bröckling, Ulrich/Krasmann, Susanne/Lemke, Thomas (Hg., 2000): Gouvernementalität der Gegenwart. Studien zur Ökonomisierung des Sozialen. Frankfurt/M.

Bruch, Michael/Krebs, Hans-Peter (Hg., 1996): Unternehmen Globus. Facetten nachfordistischer Regulation. Münster.

Brühl, Tanja/Debiel, Tobias/Hamm, Brigitte/Hummel, Hartwig/Martens, Jens (Hg., 2001): Die Privatisierung der Weltpolitik. Entstaatlichung und Kommerzialisierung im Globalisierungsprozeß. Bonn.

Buckel, Sonja/Jens Wissel (2001): Rezension von Hardt/Negri, *Empire*, in: Das Argument 241, 416f.

CEAS (2000): Study on the Relationship between the Agreement on TRIPS and Biodiversity Related Issues. Center for European Agricultural Studies. Final Report for DG TRADE European Commission. <http://europa.eu.int/comm/trade/miti/intell/ceas.htm>.

Candeias, Mario/Deppe, Frank (Hg., 2001): Ein neuer Kapitalismus? Akkumulationsregime - Shareholder Society - Neoliberalismus und Neue Sozialdemokratie. Hamburg.

Demirović, Alex (1992): Regulation und Hegemonie. Intellektuelle, Wissenspraktiken und Akkumulation. In: ders. et al. (Hg.), 128-157.

- (1997): Demokratie und Herrschaft. Münster.

-/Krebs, Hans-Peter/Sablowski, Thomas (Hg., 1992): Hegemonie und Staat. Kapitalistische Regulation als Projekt und Prozess. Münster.

Deppe, Frank (2001): Neue Formation - neue Epoche - neue Politik? Anmerkungen zu einer offenen Debatte. In: Candeias, Mario/Deppe, Frank (Hg.), 48-66.

Esser, Josef/Görg, Christoph/Hirsch, Joachim (Hg., 1994): Politik, Institutionen und Staat. Zur Kritik der Regulationstheorie. Hamburg.

Görg, Christoph (1994): Regulation - ein neues „Paradigma"? In: Esser, Josef et al. (Hg.), 13-30.

- (1995): Plädoyer für Gesellschaftstheorie. Eine Replik auf Christoph Scherrer. In: Prokla 101, 625-643.

-/Brand, Ulrich (2000): Global environmental politics and competition between nation-states: On the regulation of biological diversity. In: Review of International Political Economy 7(3), 371-398.

-/Brand, Ulrich (2001): Postfordistische Naturverhältnisse. NGOs und Staat in der Biodiversitätspolitik. In: Brand, Ulrich et al. (Hg.), 65-94.

Hardt, Michael/Negri, Antonio (2000): Empire. Cambridge/Mass. und London.

Haug, Wolfgang Fritz (1996): Was kommt nach dem fordistischen Marxismus. In: Das Argument 214, 183-199.

Haug, Frigga (2000): Immaterielle Arbeit und Automation. In: Das Argument 235, 204-214.

Hein, Wolfgang (1998): Transnationale Politik und soziale Stabilisierung im Zeitalter postfordistischer Globalisierung. In: Nord-Süd-Aktuell. 3, 458-481.

Hirsch, Joachim (1994): Politische Form, politische Institutionen und Staat. In: Esser, Josef et al. (Hg.), 157-211.

- (1995): Der nationale Wettbewerbsstaat. Staat, Demokratie und Politik im globalen Kapitalismus. Amsterdam und Berlin.

- (2001): Postfordismus. Dimensionen einer neuen kapitalistischen Formation. In: Hirsch, Joachim/Jessop, Bob/Poulantzas, Nicos: Die Zukunft des Staates. Hamburg, 171-209.

- (2002): Herrschaft, Hegemonie und politische Alternativen. Hamburg.

-/Roth, Roland (1986): Das neue Gesicht des Kapitalismus. Vom Fordismus zum Postfordismus. Hamburg.

Jessop, Bob (1990): Regulation Theories in Retrospect and Prospect. In: Economy and Society 19(2), 153-216.

- (1992): Regulation und Politik. Integrale Ökonomie und integraler Staat. In: Demirović, Alex et al. (Hg.), 232-262.

- (1994): Post-Fordism and the State. In: Amin, Ash (Hg.), 251-279.

Kößler, Reinhart (2001): Grenzen in der Weltgesellschaft: Zu den Problemen der Homogenität und der Exklusion. In: Peripherie 83, 7-35

Lipietz, Alain (1985): Akkumulation, Krisen und Auswege aus der Krise: Einige methodische Überlegungen zum Begriff 'Regulation'. In: Prokla 58, 109-137.

- (1987): Mirages and Miracles: The crises of Global Fordism. London.

- (1992): Allgemeine und konjunkturelle Merkmale der ökonomischen Staatsintervention. In: Demirović, Alex et al. (Hg.), 182-202.

- (1998): Drei Krisen. Die Metamorphosen des Kapitalismus und die Arbeiterbewegung. In: ders. Nach dem Ende des „Goldenen Zeitalters“, hg. von Hans-Peter Krebs. Berlin und Hamburg, 24-58.

Mistral, Jacques (1986): Régime international et trajectoires nationales. In: Boyer, Robert (Hg.): Capitalismes fin de siècle. Paris, 167ff.

Offe, Klaus (1972): Strukturprobleme des kapitalistischen Staates. Frankfurt/M.

Panitch, Leo/Gindin, Sam (2002): Gems and Baubles in *Empire*. Manuskript.

Poulantzas, Nicos (1978): Staatstheorie. Politischer Überbau, Ideologie, Sozialistische Demokratie. Hamburg.

Röttger, Bernd (1997): Neoliberale Globalisierung und eurokapitalistische Regulation. Die politische Konstitution des Marktes. Münster.

- (2001): New Economy - old theory. Die Regulationstheorie am Ende der Fahnenstange? In: Blätter des iz3w 254, 38-41.

Rosendal, G. Kirstin (2001): Impacts of Overlapping International Regimes: the Case of Biodiversity, in: Global Governance 7(1), 95-117.

Sablowski, Thomas (1994): Zum Status des Hegemoniebegriffs in der Regulationstheorie. In: Esser, Josef et al. (Hg.), 133-156.

Sauer, Birgit (2001): Die Asche des Souveräns. Staat und Demokratie in der Geschlechterdebatte. Frankfurt/M. und New York.

Scherrer, Christoph (1995): Eine diskursanalytische Kritik der Regulationstheorie. In: Prokla 100, 457-482.

- (1999): Globalisierung wider Willen? Die Durchsetzung liberaler Außenwirtschaftspolitik in den USA. Berlin.

Waringo, Karin (1998): Die Internationalisierung der Produktion in der französischen Regulationstheorie. Frankfurt/M. und New York.

Erik Borg

Tagung im Bruno Kreisky-Forum für Internationalen Dialog am 5. und 6. Oktober 2001 in Wien

Die Regulationstheorie befindet sich gegenwärtig in einer paradoxen Situation: Während sie einerseits in neue Bereiche sozialwissenschaftlicher Forschung Eingang findet (etwa Stadtforschung, europäische Integration etc.), häufen sich andererseits die Abgesänge auf ihre Analyseperspektive und ihr Begriffsinstrumentarium. Mit der titelgebenden Frage trugen die Organisatoren *Werner Raza* und *Ulrich Brand* dieser Paradoxie Rechnung: Zur Diskussion stand die Tauglichkeit der Regulationstheorie für die Analyse einer Phase kapitalistischer Entwicklung, die sie einst selbst 'entdeckte'.

Im Mittelpunkt der Vorträge und Diskussionen standen Fragen der politischen Ökologie und des Raumes. *Johannes Jäger* und *Werner Raza* widmeten sich am Beispiel der städtischen Bodenregulation der Integration der politischen Ökologie in das Instrumentarium der Regulationstheorie und schlugen vor, das gesellschaftliche Naturverhältnis als „ökologische Restriktion" in den regulationstheoretischen 'Katalog' der „strukturellen Formen" aufzunehmen. *Christoph Görg* hingegen kritisierte gerade den Begriff der „strukturellen" bzw. „institutionellen Form", da er die Differenz zwischen verselbständigten sozialen Formen (Staat und Wert) und Institutionen verwische und somit ein wesentliches Fundament kritischer Gesellschaftstheorie untergrabe. Außerdem sei der Gesellschaft-Natur-Nexus nur als eine in allen gesellschaftlichen Zusammenhängen präsente *Pluralität* gesellschaftlicher Naturverhältnisse adäquat zu begreifen. Die Diskussion konzentrierte sich auf die Frage der Objektivität der „ökologischen Restriktion": Der Vorstellung einer diskursiv-praktischen Konstruktion von Grenzen stand dabei die Warnung gegenüber, der Glaube an die Kontingenz des Gesellschaftlichen gehe dem Freiheitsversprechen des Kapitalismus auf den Leim.

Sabah Alnasseri sprach sich in seinem Vortrag gegen die Identifikation von kapitalistischen und nicht-kapitalistischen Produktionsweisen mit getrennten Räumen wie „Zentrum" und „Peripherie" aus - stattdessen gelte es, deren Artikulation im Sinne eines widersprüchlichen *Binnenverhältnisses* zu fassen, welches jeweils konkrete historisch-örtliche Ausprägungen annehme. Umstritten blieb, in welchem Maße gemeinhin als „vor-kapitalistisch" bezeichnete Institutionen wie die Sklaverei in ihrer heutigen Einbindung in kapitalistische (Re-)Produktionszusammenhänge nicht selbst als kapitalistisch zu betrachten seien - womit auf den notwendig paradoxen Kern einer Analyse hingewiesen war, die sich mit einer Aufspaltung des Kapitalismus in ein - auch räumlich verstandenes - Innen und Außen nicht zufrieden gibt. *Michaela Bohn* stellte mit der „Grenobler Schule" einen nicht nur in der deutschen Rezeption weitgehend vernachlässigten Strang der Regulationstheorie vor. Attraktiv erscheine dieser Ansatz im Vergleich zur bekannteren „Pariser Schule" nicht zuletzt wegen seiner *transnationalen* Analyseperspektive, die sich in dem zentralen Begriffs des „Produktivsystems" verdichte. Nichtsdestotrotz förderte Bohns kritische Würdigung Probleme zu Tage (z.B. unklarer Kohärenzbegriff, mangelndes Differenzierungsvermögen im Hinblick auf (semi-)periphere Länder, staatstheoretische Lücke etc.), die z.T. auch aus der Diskussion um den Pariser Strang der Regulationstheorie bekannt sind.

Thomas Sablowski gab einen Überblick über die wissenschaftlichen Diskurse zu „Finanzialisierungsprozessen" im Postfordismus und setzte sich dabei insbesondere mit Robert Boyers Perspektive eines „finanzgetriebenen Akkumulationsregimes" auseinander. Zur Diskussion standen sowohl die (eher wackeligen) empirischen Grundlagen einer solchen Prognose, als auch die daraus zu ziehenden politischen Schlussfolgerungen: Hier bestand weitgehende Einigkeit in der Ablehnung des Plädoyers Michel Agliettas, die Einrichtung von Lohnfonds als neues Projekt der Linken zu betrachten. Mehr noch: Es wurde generell Kritik laut an der Tendenz der jüngeren Regulationstheorie, sich im Sinne eines ebenso ungeklärten wie fetischisierten Stabilitätsbegriffs dem planifikatorischen 'Zuschneiden' neuer Regulationszusammenhänge zu widmen, anstatt die gegenwärtigen sozialen Kämpfe als mögliche Basis von Emanzipation zu betrachten. Auch *Christoph Scherrer* bezog sich kritisch auf das Konzept des finanzgetriebenen Akkumulationsregimes: Boyers Überlegungen gingen von der Hypothese einer geschlossenen Nationalökonomie aus, um diese schließlich selbst in Zweifel zu ziehen. Auf der Suche nach einem neuen Akkumulationsregime stelle sich mithin die Frage nach der geeigneten Analyseeinheit im Weltmaßstab. Scherrer schlug hier als erste Annäherung die Vorstellung einer „Wolke" von Akkumulationsräumen vor, die zwar nicht mehr mit der OECD-Welt identisch sei, hier aber noch ihren „Anker" habe. In diesem Zusammenhang wurden zentrale Annahmen der Regulationstheorie retrospektiv auch für die Phase des Fordismus kritisiert: So sei es eine Verklärung der Vergangenheit, den Fordismus als krisenfreie Phase der Stabilität zu begreifen. Doch auch wenn die Regulationstheorie die Fokussierung auf den Nationalstaat übertrieben habe, so *Bob Jessop*, sei dieser doch im Hinblick auf die Regulation der dominierende „spatio-temporal fix" gewesen, für den es bisher noch keinen 'Ersatz' gebe; es sei daher notwendig, so betonte auch *Jens Winter*, zu analysieren, wie sich die räumlichen Ebenen der Widerspruchsbearbeitung verschieben und miteinander artikulieren. Inwieweit sich das Instrumentarium der Regulationstheorie hierfür noch eignet, blieb umstritten. *Joachim Becker* plädierte diesbezüglich für eine begriffliche Rekonstruktion, welche die Regulationstheorie für die Perspektive einer möglichen Nichtkongruenz von Akkumulations- und Regulationsräumen öffnet. *Christian Schmid* stellte Henri Lefebvres Verständnis des Raums als Ensemble gesellschaftlicher Verhältnisse vor, das sich als „Territorialverhältnis" regulationstheoretisch operationalisieren lasse. *Margit Mayer* schließlich widmete sich dem Umbruch von Regulationsformen im Rahmen des lokalen Staates: Im Zuge der 'Bearbeitung' sozialer Spaltungen im städtischen Raum komme es zu einer Reorganisation des Zusammenhangs von Markt, Staat und Zivilgesellschaft, in deren Verlauf sozialpolitisch engagierte Initiativen mehr und mehr zu unterfinanzierten

„Reparaturbetrieben" mutierten, deren emanzipatorische Ideale zusehends auf der Strecke blieben - denn das Ziel einer solchen „lokalen Governance" sei keineswegs die Beseitigung von Ausgrenzung, sondern deren „Handhabbarmachung" im Sinne einer wettbewerbsfreundlichen Außenwirkung des jeweiligen Standorts. Die Frage sei, inwiefern es sich hier bereits um ein tragfähiges urbanes Regulationsmodell auf der Basis neuer Kompromissstrukturen handele.

Im Schlusspanel kehrte *Joachim Hirsch* zur Titelfrage des Workshops zurück und skizzierte die Umrisse des Postfordismus als neuer kapitalistischer Formation, die es gegen die Stilisierung fordistischer Stabilität zum einzigen Maßstab festzustellen gelte. Die postfordistische Weltordnung kennzeichnete Hirsch als nicht-hegemonial: Der herrschende Marktliberalismus werde nötigenfalls auch mit militärischer Gewalt durchgesetzt; an die Stelle der Übernahme von Anpassungskosten seitens der USA sei die Devise „America First!" getreten - dies zeige sich gerade auch in den Reaktionen auf die Anschläge vom 11. September 2001. Heiß diskutiert wurde, ob Hirsch hier nicht selbst die Vergangenheit verkläre: Auch im Fordismus habe sich die friedlich-konsensuale Seite der US-Hegemonie ja nur auf die verbündeten Staaten bezogen. Zudem sei fraglich, ob der Begriff der Hegemonie nicht generell aus der herkömmlichen Staatenperspektive gelöst und stärker als verallgemeinerte Denk- und Praxisformen interpretiert werden müsse: In diesem Sinne sei sehr wohl von einer weitgehenden Hegemonie der „Marktwirtschaft" auszugehen. *Alex Demirović* skizzierte die Herausbildung eines Herrschaftsmodus', der gerade auf extremer Erwartungs*unsicherheit* basiere und somit den Stabilitätserwartungen der Regulationstheorie zuwiderlaufe. Dennoch plädierte er dafür, den Grundimpuls der Regulationstheorie, die Entwicklung kapitalistischer Vergesellschaftung als Resultat sozialer Konflikte zu verstehen, in einen umfassenderen „Wachstumspfad" kritischer Gesellschaftstheorie zu integrieren. Eine solche Theorie müsse sich wieder stärker dem Verhältnis von Produktivkraftentwicklung und Produktionsverhältnissen widmen und die herrschende Arbeitslosigkeit als potenzielle Freiheit von Arbeit diskutieren. Wiederum blieb umstritten, inwiefern hier nicht ein grundlegend neuer Theorieentwurf von Nöten sei - Bob Jessop etwa deutete an, dass es womöglich an der Zeit sei, die Regulationstheorie als „klassischen Text" im Sinne Luhmanns zu betrachten: nicht mehr tauglich, um heutige Fragen zu klären, aber instruktiv im Hinblick auf die *Herangehensweise* an theoretische Probleme. Die Titelfrage blieb so in produktiver Weise unbeantwortet.

Erstmals erschienen in Das Argument, *Nr. 2/2002.*

Autorinnen und Autoren

Sabah Alnasseri, Politikwissenschaftler, beendet derzeit eine Promotion am Fachbereich Gesellschaftswissenschaften der Universität Frankfurt/M. zur gesellschaftstheoretischen Bestimmung peripherer Gesellschaften mit dem Beispiel Algerien. Jüngste Veröffentlichung: *Zur Krisensituation der arabischen Gesellschaften* (Prokla 125/2001).
Email: mohamed@stud.uni-frankfurt.de

Joachim Becker, ao. Professor am Institut für Volkswirtschaftstheorie und -politik der Wirtschaftsuniversität Wien, arbeitet vor allem zur Regulations- und Staatstheorie, zu Finanzkrisen und zur vergleichenden Stadt- und Integrationsforschung mit einem regionalen Schwerpunkt auf dem Cono Sur und Zentraleuropa. Jüngste Veröffentlichungen: *Akkumulation, Regulation, Territorium. Zur kritischen Rekonstruktion der französischen Regulationstheorie*, Marburg 2002; *Economía política de Montevideo. Desarrollo urbano y políticas locales*, Montevideo 2001 (mit Johannes Jäger und Werner Raza).
Email: Joachim.Becker@wu-wien.ac.at

Michaela Bohn, ATER (Attaché temporaire de l'enseignement et de la recherche) an der Universität Pierre Mendès France, Grenoble, Frankreich, arbeitet zu Südafrikas interner und internationaler Integration, Wirtschaftliche Integration der Länder des Südlichen Afrika, Internationaler Politischer Ökonomie, Entwicklungstheorie.
Email : Michaela.Bohn@wanadoo.fr

Erik Borg, Politikwissenschaftler, Promovend an der Universität Kassel, arbeitet zu Globaler Politischer Ökonomie und Neo-Gramscianismus. Jüngste Buchveröffentlichung: *Projekt Globalisierung. Soziale Kräfte im Konflikt um Hegemonie*. Hannover 2001.
Email: erikborg@gmx.de.
Internet: www.uni-kassel.de/fb5/globalization/eb.html.

Ulrich Brand, wissenschaftlicher Assistent an der Universität Kassel, Fachgebiet „Globalisierung & Politik", arbeitet zu internationaler politischer Ökonomie, Regulations- und Staatstheorie, internationaler Umweltpolitik und Globalisierungskritik. Jüngste Buchveröffentlichung: *Mythen globaler Umweltpolitik. „Rio + 10" und die Sackgassen nachhaltiger Entwicklung*. Münster 2002 (Hg. mit Christoph Görg).
Email: ulibrand@uni-kassel.de
Internet: www.uni-kassel.de/fb5/globalization

Alex Demirović, vertritt z.Z. eine Professur für allgemeine und politische Soziologie an der GHS/Bergische Universität Wuppertal. Jüngste Buchveröffentlichungen: *Konjunkturen des Rassismus*, Münster 2002 (Hrsg., mit Manuela Bojadzijev); *Nicos Poulantzas' Staatstheorie*, Hamburg 2002 (Hrsg., gemeinsam mit Bob Jessop und Joachim Hirsch).
Email: Demirovic@em.uni-frankfurt.de

Christoph Görg, Privatdozent an der Universität Frankfurt/Main, z.Z. Vertretungsprofessor an der Universität Kassel, Schwerpunkte: Staats- und Gesellschaftstheorie, kritische Theorie und gesellschaftliche Naturverhältnisse, arbeitet u.a. in einem Forschungsprojekt zur internationalen Biodiversitätspolitik an der Universität Frankfurt/M. Jüngste Buchveröffentlichungen: *Gesellschaftliche Naturverhältnisse*, Münster

1999; *Mythen globaler Umweltpolitik. „Rio + 10“ und die Sackgassen nachhaltiger Entwicklung* (Hg. mit Ulrich Brand); Regulation der Naturverhältnisse. Münster 2002.
Email: goerg@soz.uni-frankfurt.de
Homepage des Projekts „Biodiversitätspolitik“: www.rz.uni-frankfurt.de/FB/fb03/biodiv.-pol

Johannes Jäger, Volkswirt, Assistent an der Wirtschaftsuniversität Wien, wissenschaftlicher Mitarbeiter an der Österreichischen Akademie der Wissenschaften, arbeitet zu internationaler politischer Ökonomie sowie zu Stadt- und Regionalentwicklung. Jüngste Buchveröffentlichung: *Eine regulationstheoretische Konzeptualisierung der Theorie der Bodenrente. Politökonomischer Entwicklungsprozeß und urbane Raumstruktur in Wien und Montevideo.* Wien 2002.
Email: johannes.jaeger@wu-wien.ac.at
Internet: http://www.oeaw.ac.at/isr/Menu-Institut/FSA_Mitglieder.htm

Bob Jessop, Professor für Soziologie an der Lancaster University/UK, arbeitet zu Staatstheorie, Kritische Politische Ökonomie, zur wissensbasierten Ökonomie und zum Wohlfahrtsstaat. Jüngste Buchpublikation: *The Future of the Capitalist State*, Cambridge 2002.
Email: R.Jessop@lancs.ac.uk
Internet: http://www.comp.lancs.ac.uk/sociology/rjessop.html

Margit Mayer, Professorin für Politikwissenschaft an der Freien Universität Berlin. Arbeitsschwerpunkte: Vergleichende Politik, Stadt- und Regionalpolitik, Soziale Bewegungen; ein aktuelles Forschungsprojekt behandelt die Veränderungen in der lokalen Sozial- und Beschäftigungspolitik (Vergleich Berlin/Los Angeles). Jüngste Buchpublikationen: *Urban Movements in a Globalizing World*. London 2000 (Hg. mit P. Hamel, H. Lustiger-Thaler).
Email: mayer@zedat.fu-berlin.de
Internet: http://userpage.fu-berlin.de/~mayer/!margit.htm

Andreas Novy, ao.Universitätsprofessor an der Abteilung für Stadt- und Regionalentwicklung, Wirtschaftsuniversität Wien. Forschungsschwerpunkte sind Lateinamerika (insbes. Brasilien) und Fragen der komparativen Stadtentwicklung und Entwicklungsforschung. Jüngste Buchpublikationen: *Brasilien: Die Unordnung der Peripherie,* Wien, 2001; *Entwicklung gestalten. Gesellschaftsveränderung in der Einen Welt*, Frankfurt/Wien, 2002.
Email: andreas.novy@wu-wien.ac.at

Werner G. Raza, Wirtschaftswissenschaftler, Lehrbeauftragter an der Wirtschaftsuniversität Wien. Arbeitsgebiete: Regulationstheorie, Internationale Politische Ökonomie, Internationale Handelspolitik, Umwelt und Entwicklung. Jüngste Buchpublikationen *Recht auf Umwelt oder Umwelt ohne Recht? Zu den Auswirkungen des neoliberalen Wirtschaftsmodells auf Umwelt und Gesellschaft in Lateinamerika*. Frankfurt/Main & Wien 2000.
Email: werner.raza@wu-wien.ac.at
Internet: www.wu-wien.ac.at/inst/vw7/raza.htm

Vanessa Redak, Wirtschaftswissenschaftlerin, ist Lektorin für Volkswirtschaft in Wien und Bankangestellte. Arbeitsschwerpunkte: Finanzmärkte, Geldtheorie und -politik, Regulationstheorie und Regionalentwicklung. Jüngste Veröffentlichungen: *Börse*, Rotbuch, Hamburg 2000 (gem. mit Beat Weber); Mitherausgeberin der Zeitschrift Kurswechsel Nr. 2/2001: *Aktionärskapitalismus - Corporate Governance, Finanzialisierung, Vermögensregime* (www.kurswechsel.at)
Email: vanessa.redak@hotmail.com

Bernd Röttger, wissenschaftlicher Mitarbeiter am Forschungsinstitut Arbeit, Bildung, Partizipation (FIAB) in Recklinghausen. Arbeitsschwerpunkte: Globale Politische Ökonomie, Staats- und Regulationstheorie, Arbeitspolitik. Jüngste Veröffentlichungen: *Neoliberale Globalisierung und eurokapitalistische Regulation. Die politische Konstitution des Marktes*, Münster 1997; *Das neue Marktregime. Konturen eines nachfordistischen Produktionsmodells*, Hamburg 2002 (Hrsg., zusammen mit Klaus Dörre).
Email: bernd.roettger@ruhr-uni-bochum.de

Christian Schmid, Geograph und Stadtforscher, ist Dozent für Soziologie am Departement Architektur der ETH Zürich und Gründungsmitglied des International Network for Urban Research and Action (INURA). Arbeitsschwerpunkte: Internationale vergleichende Stadt- und Regionalentwicklung, Theorien der Stadt und des Raumes. Theoretische Schwerpunkte: Radical Geography, Regulationsansatz, Theorien von Henri Lefebvre. Jüngste Publikationen: *Stadt, Raum und Gesellschaft - Zur Theorie der Produktion des Raumes von Henri Lefebvre* (publ. 2003); *Possible Urban Worlds - Urban Strategies at the End of the 20th Century,* Basel 1998 (INURA, Hg. mit R.Wolff u.a.).
Email: schmid@arch.ethz.ch

Jens Winter, wiss. Mitarbeiter am Institut für Arbeit und Wirtschaft der Universität Bremen, arbeitet zu Inter- und Transnationalen Beziehungen, Regulationstheorie, kritischer Hegemonietheorie, Globaler Politischer Ökonomie, Internationaler Arbeits- und Sozialpolitik. Jüngste Veröffentlichung: *Space, Regulation and the Periodization of Capitalism* (gem. mit Sabah Alnasseri, Uli Brand und Thomas Sablowski), in: Albritton et al. (2001): *Phases of Capitalist Development*. Palgrave.
Email: jwinter@iaw.uni-bremen.de